Die Geschäftspolitik amerikanischer Banken
in Deutschland, 1960-1990

Europäische Hochschulschriften
Publications Universitaires Européennes
European University Studies

Reihe V
Volks- und Betriebswirtschaft

Série V Series V
Sciences économiques, gestion d'entreprise
Economics and Management

Bd./Vol. 2701

PETER LANG
Frankfurt am Main · Berlin · Bern · Bruxelles · New York · Oxford · Wien

Carsten Hartkopf

Die Geschäftspolitik amerikanischer Banken in Deutschland, 1960-1990

PETER LANG
Europäischer Verlag der Wissenschaften

Die Deutsche Bibliothek - CIP-Einheitsaufnahme

Hartkopf, Carsten:

Die Geschäftspolitik amerikanischer Banken in Deutschland, 1960-1990 / Carsten Hartkopf. - Frankfurt am Main ; Berlin ; Bern ; Bruxelles ; New York ; Oxford ; Wien : Lang, 2000
(Europäische Hochschulschriften : Reihe 5, Volks- und Betriebswirtschaft ; Bd. 2701)
Zugl.: Berlin, Freie Univ., Diss., 2000
ISBN 3-631-37414-3

D 188
ISSN 0531-7339
ISBN 3-631-37414-3

Meinen Eltern

Vorwort

Die vorliegende Arbeit wurde im Frühjahr 2000 vom Fachbereich Wirtschaftswissenschaft der Freien Universität Berlin als Dissertation angenommen. An dieser Stelle möchte ich jenen danken, die das Entstehen der Arbeit unterstützt haben.

An erster Stelle gebührt mein großer Dank meinem akademischen Lehrer, Herrn Professor Dr. Carl-Ludwig Holtfrerich, der meine Dissertation mit großem Interesse und viel Geduld betreut hat. Seine wertvollen Hinweise, gezielten Anmerkungen und konstruktive Kritik haben in hohem Maße zum Gelingen dieser Arbeit beigetragen. Herrn Professor Dr. Manfred Hein danke ich sehr herzlich für die Übernahme des Zweitgutachtens.

Ein wesentlicher Bestandteil der Dissertation waren Interviews, die ich mit Vertretern von amerikanischen Banken, Mitarbeitern des Bundesaufsichtsamtes für das Kreditwesen, Wissenschaftlern und weiteren Personen geführt habe. Dabei ist dieses Buch kein Auftragswerk und wurde auch von keiner der amerikanischen Banken finanziell gefördert. Einigen Interviewpartnern möchte ich besonders danken. Hier ist Herr Dr. Robert Dickler zu nennen, der mir in einem frühen Stadium der Arbeit zahlreiche Ideen und Literaturhinweise mit auf den Weg gegeben hat. Den Herren Professoren Ingo Walter und Roy C. Smith verdanke ich ein besseres Verständnis der amerikanischen Sicht auf den deutschen Bankenmarkt. Durch Professor Walter erhielt ich Zugang zur Bobst Library an der New York University. Herr Professor Richard Sylla überließ mir in großzügiger Weise ein Manuskript zu meinem Thema. Herr Dr. Benedikt Fehr brachte mir die Situation der amerikanischen Banken in ihrem Heimatmarkt sehr nahe. Zu den herausragenden Kennern der amerikanischen Banken in Deutschland zählen Herr Rudolf Bachfeld, Herr James P. Miscoll, Herr Wilfried Scheele, Herr Dr. Ludwig Stauch und Herr Kurt F. Viermetz. Ihnen habe ich zu verdanken, daß der Nebel, von dem Banken und ihre Strategien oft umgeben sind, etwas gehoben werden konnte.

Als assoziiertes Mitglied des Graduiertenkollegs "Demokratie in den USA" am John F. Kennedy-Institut der Freien Universität Berlin war es mir möglich, meine Arbeit in den Seminaren auch Doktoranden und Habilitanden anderer Fachrichtungen vorzustellen. Für diesen kritischen Dialog bin ich dankbar. Der Deutschen Forschungsgemeinschaft danke ich für die finanzielle Unterstützung während einer Forschungsreise in den Vereinigten Staaten.

Bei der Auswertung der Zeitungen und Zeitschriften wäre ich ohne die große Hilfsbereitschaft von Herrn Gerold Streif von der Wirtschaftswissenschaftlichen Bibliothek der Freien

Universität Berlin nicht sehr weit gekommen. Er ließ mich zu jeder Zeit unbürokratisch in den Zeitungskeller abtauchen. Dem Verband der Auslandsbanken in Deutschland e.V. danke ich für die zur Verfügung gestellten Broschüren und Auskünfte seiner Mitarbeiter.

Frau Irene Stöhrer und Herrn Volker Stöhrer möchte ich meinen besten Dank für ihre Gastfreundschaft während meiner Aufenthalte in Frankfurt am Main sagen. Herrn Don Kennedy fühle ich mich sehr verbunden, weil mir seit der Zeit eines Praktikums bei der First City Bank of Richardson, Dallas, Texas, amerikanische Banken sehr vertraut sind.

Schließlich hat mich Herr Professor Reinhard R. Doerries als Betreuer meiner Diplomarbeit an der Universität Erlangen-Nürnberg an das wissenschaftliche Arbeiten herangeführt und meine Sinne für das Verständnis der Institutionen und Akteure in den Vereinigten Staaten geschärft. Ihm zu danken, bedeutet mir eine große Freude. Während eines Doktoranden-Colloquiums ließ mich Herr Professor Dr. Gerd Hardach viel neuen Mut in einer Phase erneuter Zweifel an der Transparenz von Bankstrategien schöpfen. Herrn Dr. Welf Werner schulde ich Dank für die Durchsicht eines Teils des Manuskripts sowie Verbesserungsvorschläge und weiterführende und anspornende Kritik während des gesamten Dissertationsprojekts. Frau Sarah Meckling, Frau Anne Hinrichs, Herrn Ulrich von der Ohe, meiner Schwester, Silke Freifrau von Lepel, und meinem Vater, Herrn Gerhard Hartkopf, danke ich sehr herzlich dafür, daß sie sich den Mühen des Korrekturlesens mit so großer Sorgfalt unterzogen haben.

Carsten Hartkopf

INHALTSVERZEICHNIS

Verzeichnis der Tabellen

Verzeichnis der Abbildungen

Abkürzungsverzeichnis

ABECOR	Associated Banks of Europe Corporation, Brüssel
AG	Aktiengesellschaft
AInvG	Gesetz über den Vertrieb ausländischer Investmentanteile und über die Besteuerung der Erträge aus ausländischen Investmentanteilen
BIS	Bank for International Settlements
BIZ	Bank für Internationalen Zahlungsausgleich
CEO	Chief Executive Officer
d.V.	der Verfasser
DM/D-Mark	Deutsche Mark
DTB	Deutsche Terminbörse G.m.b.H.
e.V.	Eingetragener Verein
EBIC	European Banks' International Company
EDV	Elektronische Datenverarbeitung
ETCI	Euro-Travellers Cheque International
EU	Europäische Union
EWG	Europäische Wirtschaftsgemeinschaft
f.	und folgende Seite
ff.	und folgende Seiten
G + V	Gewinn und Verlust
GmbH	Gesellschaft mit beschränkter Haftung
GZS	Gesellschaft für Zahlungssysteme
Hrsg.	Herausgeber
IOS	Investors Overseas Services Management Ltd., Montreal
k.A.	keine Angabe
KWG	Gesetz über das Kreditwesen
LIBOR	London Interbank Offered Rate
Mio.	Million(en)
Mrd.	Milliarde(n)
n.b.	nicht bekannt
O.V.	ohne Verfassername
OECD	Organisation for Economic Cooperation and Development
OEEC	Organisation for European Economic Cooperation
OPEC	Organization for Petroleum Exporting Countries
p.a.	pro anno/jährlich
REIT	Real Estate Investment Trust
SFE	Societé Financière Européenne
TDM	Tausend DM
US	United States

I. Einleitung

In der vorliegenden Arbeit wird die Geschäftspolitik der amerikanischen Banken in Deutschland von 1960 bis 1990 untersucht.[1]

In diesem Zeitraum vollzog sich der Aufstieg und Abstieg der amerikanischen Banken in den Ranglisten der führenden multinationalen Banken in der Welt. Dabei gelten als multinationale Banken solche Institute, die außerhalb ihres Heimatmarktes mit eigenen Filialen, Tochterbanken oder im Rahmen von Beteiligungen tätig wurden.

Den Aufstieg charakterisierte, daß 1960 noch über zwei Drittel der 25 größten amerikanischen Banken keine multinationalen Banken waren; 1978 war dagegen jede dieser 25 Banken eine multinationale Bank geworden.[2]

In den 80er Jahren kam es zum Abstieg: In den Listen der international bedeutendsten Banken rutschte die Bank of America in der Zeitspanne von 1969 bis 1988 vom 1. auf den 41. Platz, die Citicorp vom 2. auf den 11. Platz, die Chase Manhattan vom 3. auf den 39. Platz, Manufacturers Hanover vom 5. auf den 66. Platz und J.P. Morgan vom 6. auf den 43. Platz.[3]

Die Aktivitäten dieser Banken in Deutschland waren ein Teil der Entwicklung. Innerhalb der Gruppe der Auslandsbanken in Deutschland nahmen die amerikanischen Banken im Untersuchungszeitraum eine zentrale Rolle ein. Sie vereinigten als einzelne Ländersektion den größten Teil des Geschäftsvolumens auf sich, waren Schrittmacher bei den Finanzinnovationen und setzten sich für Verbesserungen am Finanzplatz Deutschland ein.

In Deutschland begannen wesentliche Aktivitäten der amerikanischen Banken mit dem Jahr 1960, als die Chase Manhattan Bank, die Bank of America und die First National City Bank, die spätere Citibank, ihre ersten Zweigniederlassungen gründeten, nachdem sie zuvor schon Repräsentanzen in Deutschland besaßen. 1965 stieß Morgan Guaranty Trust dazu. Weltweit galten diese vier Banken als Anführer des multinationalen Bankgeschäfts.

Weitere amerikanische Banken folgten ihnen, so daß gegen Ende der 60er Jahre in Europa schon von einer Invasion der amerikanischen Banken die Rede war.[4] In Deutschland

---

[1] Der Begriff Banken umfasst in dieser Arbeit sowohl *commercial banks*, die nach den amerikanischen Gesetzen nur im Einlagen- und Kreditgeschäft tätig sein durften, als auch *investment banks*, die nur das Wertpapier-, Handels- und Beratungsgeschäft betreiben durften. Bis Mitte der 80er Jahre sind die Begriffe Bank und *commercial bank* in dieser Arbeit allerdings gleichzusetzen, weil erst dann die amerikanischen *investment banks* mit eigenen Tochtergesellschaften nach Deutschland kamen.

[2] Thomas F. Huertas, "US multinational banking: history and prospects", *Banks as multinationals*, Hrsg. Geoffrey Jones (London: Routledge, 1990) 257.

[3] Hervé de Carmoy, *Global Banking Strategy* (Cambridge, Ms: Basil Blackwell, 1990) 132. Einschränkend muß gesagt werden, daß die Ranglisten nach dem Kriterium der Bilanzsumme aufgestellt wurden, was insofern die amerikanischen Banken in ein schlechtes Licht rückte, als diese Mitte der 80er Jahre einen Kurs der Verringerung des Wachstums der Bilanzsummen und der Stärkung des Eigenkapitals eingeschlagen haben. Daneben verlor der Dollar gegenüber anderen Währungen beträchtlich an Wert.

[4] Sieghardt Rometsch, "Multinationale Banken", *Frankfurter Allgemeine Zeitung*, 31. Oktober 1972, 15.

erhöhte sich die Zahl der amerikanischen Bankenstützpunkte in den Jahren 1965 bis 1970 sprunghaft von 6 auf 30.

Tabelle 1: Die Auslandsstützpunkte der amerikanischen Banken

Jahr	Zahl der Auslandsfilialen weltweit (a)	Zahl der Auslandsfilialen und Tochterbanken in Deutschland (b)
1960	131	3
1965	211	6
1970	536	30
1975	666	44
1980	808	47
1985	920	40
1990	826	27

(a) Auslandsfilialen von *Federal Reserve member banks*. (b) Auslandsfilialen = Zweigniederlassungen und regionale Niederlassungen. Tochterbanken = Hauptsitz und regionale Filialen. Bei den Banken des Privatkundengeschäfts wurde nur der Hauptsitz gezählt.

Quellen: James V. Houpt, "International Activities of U.S. Banks and in U.S. Banking Markets", *Federal Reserve Bulletin* (September 1999): 614f. Eigene Berechnungen.

Nach dem Zweiten Weltkrieg waren die amerikanischen Banken den wachsenden Auslandsinteressen der amerikanischen Firmenkundschaft gefolgt. Aus dieser Position wuchsen sie in zunehmend lokales Geschäft hinein.

Bis Mitte der 70er Jahre boten die amerikanischen Banken in Deutschland als Hauptprodukte kurzfristige, am Geldmarkt orientierte Kredite, Außenhandelsfinanzierungen und Devisenhandel an. Ein natürlicher Geschäftsschwerpunkt lag im Großkundengeschäft, vor allem mit den deutschen Tochtergesellschaften amerikanischer Industriekonzerne.

Nach 1973 verfolgten die größeren Banken das Ziel, den deutschen Universalbanken ähnlicher zu werden. Dazu erweiterten sie ihr Sortiment, z.B. um mittelfristige Finanzierungen oder Leasing, und konzentrierten sich im Firmenkundengeschäft verstärkt auf auslandsorientierte deutsche Unternehmen. Die Citibank und die Chase Manhattan Bank gingen noch einen Schritt weiter und stiegen in den deutschen *retail banking*-Markt[5] ein.

---

[5] Markt für das Privatkundengeschäft.

In den 80er Jahren setzten die nach höheren Eigenkapitalrenditen strebenden US-Banken auf Finanzinnovationen wie Cash Management oder Derivate. Das Provisionsgeschäft wurde gegenüber dem Zinsgeschäft bevorzugt. Dazu paßten auch die Finanzdienstleistungen des Investment Banking, die zuerst von den größeren *commercial banks* und dann von den amerikanischen *investment banks*, die ab 1986 mit eigenen Tochtergesellschaften nach Deutschland kamen, angeboten wurden.

Einige Institute sahen ihre Chancen auch in der Fokussierung auf den deutschen Mittelstand. Die zweite Hälfte der 80er Jahre war bei den meisten amerikanischen *commercial banks* vom Rückzug aus dem Kreditgeschäft, der Schließung regionaler Filialen oder der Aufgabe des deutschen Standortes gekennzeichnet. Bei insgesamt geringem Wachstum - in einigen Fällen auch Rückgang - der Geschäftsvolumina sowie sich verschlechternden Erträgen gewannen das Interbankengeschäft, das Aufstocken der Wertpapierbestände und der Eigenhandel an Bedeutung.[6]

Parallel zum weltweiten Aufstieg und Abstieg der amerikanischen Banken in den Bestenlisten war auch deren Marktanteil in Deutschland in Relation zu allen Bankengruppen in Deutschland seit Mitte der 70er Jahre zurückgegangen. Trotz der bedingten Aussagefähigkeit von Marktanteilen wird eine schwächer gewordene Position der amerikanischen Banken in Deutschland sichtbar.[7] Dagegen hatte sich der Marktanteil aller Auslandsbanken in Deutschland erhöht.

---

6 Bei den meisten Banken waren die Erträge aus dem multinationalen Bankgeschäft unbefriedigend. Die Investmentbank Salomon Brothers errechnete, daß die Rendite der größten Banken Großbritanniens, Frankreichs und Amerikas im Zeitraum von 1986 bis 1990 weniger betrug als die Rendite einer risikolosen Regierungsanleihe. Es lag an den Bemühungen um weltweite Marktanteile, die sich amerikanische, aber auch europäische und japanische Institute in den 80er Jahren aufbauen wollten. Dies geschah auf Kosten der Betriebsergebnisse. Stuart I. Greenbaum und Anjan V. Thakor, *Contemporary Financial Intermediation* (Fort Worth: The Dryden Press, 1995) 631. Speziell in Deutschland verloren dabei viele Auslandsbanken ihr Geld, wenn auch stets die Langfristigkeit der Engagements betont wurde. Roy C. Smith, *Comeback: The Restoration of American Banking Power in the New World Economy* (Boston: Harvard Business School Press, 1993) 177.

7 Es liegt an den unterschiedlichen Erhebungsmethoden und der Orientierung am Geschäftsvolumen. Letzteres bewirkt, daß der Marktanteil zu wenig berücksichtigt, daß die US-Banken in den 80er Jahren vermehrt in bilanzunwirksamen Geschäftsfeldern, z.B. der Abwicklung des Zahlungsverkehrs (*clearing*) und insbesondere Devisen-, Zins- und Wertpapiertermingeschäften (als *swaps*, *financial futures* oder *options*), tätig waren oder beispielsweise im Devisenhandel eine starke Stellung hatten.

Tabelle 2: Marktanteile der Zweigniederlassungen und Tochterbanken von US-Banken und Auslandsbanken in Deutschland in Relation zu allen Bankengruppen in Deutschland[8]

	1960	1973	1976	1980	1985	1990
US-Banken in Deutschland	0,2% (a)	1,95%	1,88%	1,61%	1,57%	1,08%
Auslandsbanken in Deutschland	0,4%	2,6%	2,6%	3,5%	4,57%	5%

Quellen: (a) Geschätzt. R. M. Pecchioli, *The Internalisation of Banking: The Policy Issues*, Hrsg. OECD (1983) 69. Verband der Auslandsbanken in Deutschland e.V. O.V., "Das Engagement der Ausländer", *Wirtschaftswoche* Nr. 48, 1. Dezember 1972, 96. O.V., "Ausländische Banken in der Bundesrepublik, *Handelsblatt*, 17. September 1973, 15. Eigene Berechnungen.

Vieles deutet daraufhin, daß die amerikanischen Banken in den 70er und 80er Jahren mit fehlerhaften Strategien[9] angetreten sind. Es mögen gegen Ende der 80er Jahre auch Zweifel am Konzept des multinationalen Bankgeschäfts aufgekommen sein.[10] Läßt sich dies anhand der Erfahrungen der amerikanischen Zweigniederlassungen und Tochterbanken in Deutschland bestätigen?

---

[8] In dieser Arbeit werden die Marktanteile so berechnet: Die Geschäftsvolumina (plus 10%, weil die Deutsche Bundesbank den "Verrechnungssaldo" nach der Brutto-Methode berechnet) der Zweigniederlassungen und Tochterbanken von US-Banken in Deutschland werden in Relation zu allen Bankengruppen in Deutschland gesetzt. Die Kritik an dieser gängigen Berechnung lautet: 1. Die meisten amerikanischen Banken sind in ihrer Bilanzstruktur eher mit den Kreditbanken zu vergleichen. 2. In dem Geschäftsvolumen aller deutschen Bankengruppen ist auch deren Auslandsgeschäft in den ausländischen Stützpunkten enthalten, d.h. der Marktanteil der Auslandsbanken am rein deutschen Inlandsgeschäft müsste größer sein. 3. Viele der bei den Auslandsbanken in Deutschland angebahnten Geschäfte finden sich nicht in den deutschen Bilanzen verbucht wieder, sondern in den Bilanzen von Filialen außerhalb Deutschlands oder der Muttergesellschaft.

[9] Die Begriffe Strategien und Geschäftspolitik werden in dieser Arbeit als Synonyme verwendet.

[10] Nach Meinung des *Chairman* von der britischen *merchant bank* Hambros waren die 70er und 80er für alle Banken schwierige Jahre: "It is a regrettable fact that the 1970s and 1980s will not be treated kindly by banking historians. Collectively we threw common sense to the winds and appeared to forget the one golden rule - what is our money doing and who is looking after it while it is out of care?" Chips Keswick, "A Time for Common Sense", *The Banker* (November 1988): 51.

1. Die Ziele der Arbeit

Zunächst besteht ein wesentliches Ziel der Arbeit darin, die Gründe zu bestimmen, aus denen die amerikanischen Banken nach Deutschland kamen und in diesem Markt eine bestimmte Geschäftspolitik verfolgten. Es fällt auf, daß sich das stark lokal geprägte Bankensystem der Vereinigten Staaten in den 1960er Jahren unerwartet schnell dem Weltfinanzsystem öffnete.[11]

Viele der Gründe für die Auslandsexpansion der amerikanischen Banken sind Gegenstand der Theorien des multinationalen Bankgeschäfts. Allerdings wurden die Theorien erst nachträglich, nachdem die 60er Jahre-Expansionswelle schon abgeschlossen war, aufgestellt. Wahrscheinlich ist, daß die amerikanischen Banken den Gang ins Ausland mit Argumenten aus der Theorie der multinationalen Industrieunternehmen gerechtfertigt haben, unter denen die Argumente Diversifizierung und Internalisierung sicher die bedeutsamsten waren. Hinzu kam noch das Motiv, bestehende Regulierungen umgehen zu wollen.

Es wird in den Kapiteln dieser Arbeit aber nicht das Ziel verfolgt, die Theorien des multinationalen Bankgeschäfts anhand der Erfahrungen der amerikanischen Banken in Deutschland empirisch zu prüfen, wenngleich einzelne Theorien immer wieder herausgestellt werden, vor allem in der Zusammenfassung der Arbeit.

Da die Geschäftspolitik etlicher amerikanischer Banken in der zweiten Hälfte der 70er und in den 80er Jahren häufiger wechselte, ist von Unsicherheiten bei der Suche nach einer passenden Geschäftspolitik für den deutschen Markt auszugehen.

Den Eindruck fehlerhafter Strategien könnte auch der ab Mitte der 70er Jahre rückläufige Marktanteil der amerikanischen Banken vermitteln, wobei hier die Veränderungen der Rahmenbedingungen genauer untersucht werden müssen. Ferner sind grundsätzliche Veränderungen in der Geschäftspolitik, z.B. die durch Derivate verursachte Zunahme des nicht bilanzwirksamen Geschäfts, zu berücksichtigen.

Inwieweit die äußeren Bedingungen, etwa das Ende des Bretton-Woods-Systems[12] fester Wechselkurse oder die veränderten Niederlassungsbedingungen in Deutschland, zu dem schwindenden Einfluß amerikanischer Banken in Deutschland beigetragen haben, soll anhand von zwei Thesen geklärt werden:

---

[11] Arthur F. Burns, *The Ongoing Revolution in American Banking* (Washington D.C.: American Enterprise Institute for Public Policy Research, 1988) 20.

[12] Darby sah mit dem Ende von Bretton-Woods eine neue Ära des internationalen Bankgeschäfts kommen: "During the 1960s and 1970s American Banks began to go offshore in large numbers primarily to avoid certain banking regulations, taxes, and capital controls. Subsequent to the breakdown of the Bretton Woods system, general relaxation of capital controls initiated a new era of international banking." Michael R. Darby, "The Internalization of American Banking and Finance: Structure, Risk, and World Interest Rates", *Journal of International Money and Finance*, 5 (1986): 404.

1. Die erfolgreiche Expansion der amerikanischen Banken in Deutschland von 1960 bis 1973 ging - mit Ausnahme der weltweiten Präsenz dieser Banken - weniger auf Wettbewerbsvorteile zurück, als vielmehr auf Faktoren, die mit der allgemeinen wirtschaftlichen Führungsrolle der Vereinigten Staaten nach dem Zweiten Weltkrieg, einschließlich der Leitwährung Dollar und den ins Ausland expandierenden amerikanischen Industrieunternehmen, einerseits und den begrenzten Wachstumsmöglichkeiten der amerikanischen Banken im Heimatmarkt andererseits zusammenhingen.

2. Nach 1973, unter schwieriger gewordenen Rahmenbedingungen für die Auslandsbanken in Deutschland, setzten die amerikanischen Banken geschäftspolitisch zu sehr auf konventionelle Finanzdienstleistungen, besonders auf das Kreditgeschäft, und zu wenig auf eigene Stärken, die in der internationalen Präsenz und im Bereich der Finanzinnovationen lagen. Wegen dieser Orientierung fiel es ihnen schwer, sich in einem überbesetzten, hart umkämpften deutschen Bankenmarkt eine natürliche Kundenbasis aufzubauen.

Zur weiteren Analyse der Geschäftspolitik in Deutschland wird der Untersuchungszeitraum von 1960-1990 in vier verschiedene Phasen unterteilt, in denen jeweils vier Themenfelder untersucht werden.

Zum ersten geht es darum, in jeder Phase die Faktoren des rechtlichen und wirtschaftlichen Umfelds in Deutschland und den Vereinigten Staaten herauszuarbeiten, die für die strategischen Entscheidungen von Bedeutung waren.

Zum zweiten sollen die Gemeinsamkeiten und Unterschiede in der Geschäftspolitik der US-Banken in Deutschland aufgezeigt werden, denn die Geschäftspolitik war keineswegs heterogen, und außerdem betätigten sich die Banken in so unterschiedlichen Bankgeschäftsarten wie dem *retail banking* oder dem Großkundengeschäft.

Im dritten Themenfeld werden die Wettbewerbsvorteile untersucht, die amerikanische Banken im deutschen Bankenmarkt hatten; hierzu gehören auch Vergleiche mit den deutschen Banken und ihren Bilanzstrukturen.

Eng damit verknüpft ist das vierte Themenfeld, das die Finanzinnovationen betrifft. Dadurch, daß die amerikanischen Banken eine Reihe von Finanzinnovationen nach Deutschland brachten, haben sie in besonderer Weise zur Weiterentwicklung des Finanzplatzes Deutschland beigetragen.

Definiert werden amerikanische Banken in dieser Studie als in Deutschland zugelassene Kreditinstitute mit mehrheitlich amerikanischen Eigentümern, die selber die Eigenschaft von

Banken haben.[13] Ihre Erscheinungsformen sind die rechtlich unselbständige Zweigniederlassung, die rechtlich selbständige Tochtergesellschaft als AG, GmbH oder Personengesellschaft sowie die Bankbeteiligung.[14] Repräsentanzen werden in dieser Arbeit nicht betrachtet.

Geschäftspolitik soll definiert sein als die Gesamtheit der Ziel- und Handlungsentscheidungen der Bank, die durch die Geschäftsführung getroffen werden und die für die Zielerfüllung erheblich und von nachhaltiger Wirkungsdauer sind. Sie umfaßt sowohl Aktionsparameter der Leistungsprogrammpolitik, der Refinanzierungs- und Liquiditätspolitik als auch der Konditionen-, Risiko- und Personalpolitik.[15]

Die Geschäftspolitik wirkt sich auf drei Ebenen aus, die im Verlauf der Arbeit stets im Auge behalten werden: Geschäftsfeld, Kundenkreis und Geschäftsgebiet.

Dabei ist festzuhalten, daß die Mehrzahl der Auslandsbanken in Deutschland das Ziel verfolgt, das inländische Marktpotential zu erschließen. Dies unterscheidet den deutschen Finanzmarkt, dessen Zentrum in Frankfurt liegt, ganz wesentlich von London. London ist ein *Off-shore*-Markt, an dem die Auslandsbanken eine dominierende Stellung einnehmen, weil sie dort Finanzprodukte in allen international bedeutsamen Währungen handeln. Aus Sicht der Auslandsbanken eines *Off-shore*-Marktes sind die Inlandsmärkte des Gastgeberlandes eher von geringer Bedeutung.[16]

Der thematische Ansatz bringt es mit sich, daß diese Arbeit nicht eine umfassende Analyse jeder einzelnen amerikanischen Bank in Deutschland liefert. Bei einigen Problemkreisen und in verschiedenen Zeitperioden werden die einen Banken mehr untersucht als die anderen.[17] Im Mittelpunkt stehen aber die *money center banks*[18].

---

[13] Die in Deutschland vertretenen Institute Ford Bank, Opelbank oder IBM-Bank finden also keine Berücksichtigung.

[14] Die Deutsche Bundesbank verwendet statt des Begriffs "Zweigniederlassung", wie ihn das Aktiengesetz, das Handelsgesetzbuch und der Verband der Auslandsbanken in Deutschland verwenden, den Begriff "Zweigstelle". Diese Begriffe sind dem Inhalt aber nach gleich. Christoph Weber, *Marktzugang von Auslandsbanken: unter Berücksichtigung der neuen Regeln des GATS* (Heidelberg: Verlag Recht und Wirtschaft, 1996) 29.

[15] Manfred A. ten Brink, "Geschäftspolitik deutscher Banken im 'commercial banking' an ausländischen Finanzplätzen", *Mitteilungen und Berichte*, Jahrgang 19, Nr. 55 (1988): 48.

[16] Jürgen Eicke, "Die Rolle der Auslandsbanken bei der Internationalisierung des Finanzplatzes Frankfurt", *Finanzplatz Frankfurt*, Hrsg. Landesbank Hessen-Thüringen (Frankfurt: Knapp, 1994) 145, 151.

[17] Im Zentrum dieser Arbeit standen vor allem Citibank, Chase Manhattan Bank, Bank of America und Morgan Guaranty. Das Übergewicht dieser Häuser erklärt sich aus dem Umstand, daß von ihnen die meisten Aktivitäten unter den amerikanischen Banken ausgingen und darüber auch am meisten berichtet wurde. In den 70er Jahren war die Citicorp, die Holdinggesellschaft der Citibank, die größte ausländische Bank in Deutschland, einschließlich der Mehrheitsbeteiligungen an Trinkaus & Burkhardt und KKB Kundenkreditbank. Umgekehrt, waren auch die Investitionen der Citicorp in Deutschland die größten, die diese Holding in einem Land außerhalb der Vereinigten Staaten getätigt hat. O.V., "Citicorp: First National City Bank", *Zeitschrift für das gesamte Kreditwesen* 13 (1975): 618.

[18] Die klassischen *money center banks* waren: Chase Manhattan Bank, Chemical Bank, Citibank und Morgan Guaranty sowie Bankers Trust, Manufacturers Hanover, First Chicago. Die Bank of America war strenggenommen keine *money center bank*, da ihre Refinanzierung im Gegensatz zu den anderen genannten, zumeist in New York ansässigen Banken im wesentlichen auf Kundeneinlagen beruhte. Anthony Saunders, *Financial Institutions Management* (Chicago: Irwin, 1996) 2.

2. Forschungsstand

Im Schrifttum liegt bisher keine Untersuchung der Geschäftspolitik der amerikanischen Banken in Deutschland vor. Mit dieser Arbeit wird daher Neuland betreten.

Es existieren lediglich Untersuchungen, die sich der gesamten Gruppe der Auslandsbanken in Deutschland widmen.

Hier sind die Arbeiten von Goeke und Hofmann zu nennen.[19] Goeke trägt eine Vielzahl von Quellen zusammen, er kommt allerdings in seiner Betrachtung kaum zu richtungsweisenden Ergebnissen, außer daß die Gruppe der Auslandsbanken ein Randgruppendasein führt.[20] Hofmann schreibt den Auslandsbanken unter anderem gute Gesamtergebnisse für die zweite Hälfte der 80er Jahre zu, doch scheinen dabei die Verwaltungskosten zu wenig berücksichtigt worden zu sein.[21]

Desweiteren beleuchtet eine unveröffentlichte Diplom-Arbeit von Arnoldussen die Marktpolitik der Auslandsbanken.[22] Die Ergebnisse seiner Arbeit beruhen auf einer schriftlichen Umfrage unter den Auslandsbanken in Deutschland. Die Rücklaufquote von ca. 35% muß allerdings als gering bezeichnet werden, weshalb unter anderem diese Methode in der vorliegenden Arbeit nicht verwendet wurde. Bei Umfragen ergibt sich auch das Problem, daß allein die Angabe, ein bestimmtes Geschäftsfeld in Deutschland, wie z.B. das *Mergers & Acquisitions*-Geschäft, zu betreiben, noch nichts über den Umfang dieser Aktivitäten aussagen würde.

Die Aktivitäten der US-Banken in Europa sind auch das Thema von Richard Sylla.[23] Er weist deutlich auf das Fluchtmotiv hin, das amerikanische Banken angesichts der vielfältigen Beschränkungen ihrer Geschäftstätigkeit im Heimatmarkt hatten. Sylla, der nur wenig über die Bankgeschäfte der Amerikaner in Deutschland schreibt, kommt zu dem Schluß, daß die amerikanischen Banken zwar einige Finanzinnovationen nach Europa exportiert haben, daß ihnen aber daraus wegen der leichten Imitierbarkeit keine längerfristigen Wettbewerbsvorteile entstanden sind.

Anmerkungen zum Verhalten amerikanischer Banken in Europa finden sich auch in einer umfassenden Studie über die Strategien japanischer Banken in Europa.[24] Im Jahr 1990

---

[19] Manfred Goeke, *Die Foreign Banks in der Bundesrepublik Deutschland* (Dissertation Universität Erlangen-Nürnberg, 1978). Sabine Hofmann, *Die Beurteilung der Inlandskonkurrenz der Foreign Banks in der Bundesrepublik Deutschland*, Veröffentlichungen des Lehrstuhls für Allgemeine, Bank- und Versicherungs-Betriebswirtschaftslehre an der Friedrich-Alexander-Universität Erlangen-Nürnberg, Nr. 56 (1989).

[20] Goeke, *Die Foreign*, 272.

[21] Hofmann, *Die Beurteilung*, 104.

[22] Ludger Arnoldussen, *Die Marktpolitik ausländischer Banken in der Bundesrepublik Deutschland*, unveröffentlichte Diplomarbeit (Köln: 1987).

[23] Richard Sylla, US Banks and Europe: strategy and attitudes (erscheint demnächst).

[24] J. Thorsten Düser, *International Strategies of Japanese Banks: The European Perspective* (London: MacMillan, 1990).

erschienen, handelt die Studie von Düser von japanischen Banken, die auf dem Höhepunkt ihres Daseins die amerikanischen Banken aus der Spitzengruppe der größten Banken der Welt verdrängt hatten.

Allgemeiner zu dem Thema der internationalen Banken hat sich Ursel Steuber in zwei Werken geäußert.[25] Auf die strategischen Aspekte des *retail banking* und *wholesale banking* innerhalb des Investment Banking geht Bernhard Brinker in einer neueren Arbeit ein.[26]

Wertvolle Informationen liefert die jährliche Publikation des Verbands der Auslandsbanken in Deutschland e.V. mit dem Titel: "Die Auslandsbanken in Deutschland". Darin finden sich die Bilanzen der Auslandsbanken, Statistiken und Darstellungen der geschäftlichen Aktivitäten. Die Reihe erscheint seit 1987. Jedoch muß angemerkt werden, daß der Verband das verfügbare Zahlenmaterial über die Auslandsbanken nur auf kleiner Flamme kocht, denn die Publikation liefert in Teilen weniger Informationen als das ihr zugrunde liegende Banken-Jahrbuch von Hoppenstedt. In diesem finden sich z.B. Angaben über die Gesellschaftsverhältnisse, die Geschäftsleitung, die Entwicklung des Eigenkapitals, die Zahl der Mitarbeiter oder manchmal auch etwas zur Gewinnentwicklung der letzten Jahre.

Ein neuerer Aufsatz von James Houpt von der amerikanischen Notenbank enthält umfangreiches Zahlenmaterial und zeigt die großen Linien des internationalen Engagements von US-Banken auf; die Aktivitäten in Deutschland werden aber, bis auf die Zahlen zu den Filialen und der Aktiva, nicht gesondert dokumentiert.[27]

In den Unternehmensgeschichten der Citibank, Chase Manhattan Bank, J.P Morgan, Bank of America oder Bank of Boston kommen die Geschehnisse in Deutschland gar nicht oder nur am Rande vor.[28]

Die Deutsche Bundesbank veröffentlicht in ihren Monatsberichten seit 1968 die Zahlen für die "Zweigniederlassungen ausländischer Banken" und ab 1987 auch für die ausländischen Tochterbanken - beide zusammen bilden die Kategorie der "Auslandsbanken"; eine Aufteilung nach der Herkunft der Auslandsbanken nimmt die Bundesbank jedoch nicht vor. In den Monatsberichten wurden den Auslandsbanken ferner einige Aufsätze gewidmet.[29]

---

[25] Ursel Steuber, *Internationale Banken* (Hamburg: Weltarchiv, 1974). Ursel Steuber, *Internationale Bankenkooperation: Deutsche Banken in internationalen Gruppen* (Frankfurt: Knapp, 1976).

[26] Bernhard Brinker, *Strategische Herausforderungen im Investment-Banking* (Wiesbaden: DUV, 1998).

[27] James V. Houpt, "International Activities of. U.S. Banks and in U.S. Banking Markets", *Federal Reserve Bulletin* (September 1999): 599-615.

[28] Harold van B. Cleveland und Thomas F. Huertas, *Citibank: 1812-1970* (Cambridge: Harvard University Press, 1985). John Donald Wilson, *The Chase: The Chase Manhattan Bank, N.A., 1945-1985* (Boston: Harvard Business School Press, 1986). Ron Chernow, *The house of Morgan: an American banking dynasty and the rise of modern finance* (New York: Touchstone, 1990). Gary Hector, *Breaking the Bank: The Decline of BankAmerica* (Boston: Little, Brown and Company, 1988). Moira Johnston, *Roller Coaster: The Bank of America and the Future of American Banking* (New York: Ticknor & Fields, 1990). Ben Ames Williams, Jr., *Bank of Boston 200* (Boston: Houghton Mifflin, 1984).

[29] Zum Beispiel O.V., "Die Zweigstellen ausländischer Banken in der Bundesrepublik", *Monatsberichte der Deutschen Bundesbank* (April 1972): 21-32. O.V., "Die Auslandsbanken - eine neue Untergruppe der Bankenstatistik", *Monatsberichte der Deutschen Bundesbank* (Januar 1987): 32-37.

Von 1960 bis 1975 unterlagen die Zweigniederlassungen der US-Banken in Deutschland keiner Veröffentlichungspflicht. Erst mit dem Geschäftsjahr 1976 erschienen Pflichtveröffentlichungen der Jahresabschlüsse der Zweigniederlassungen ausländischer Banken im Bundesanzeiger, was eine Folge der Verschärfungen des Kreditwesengesetzes (KWG) war. Für ausländische Banken in der Rechtsform der Kapitalgesellschaft galt die Publizitätspflicht auch schon vorher.

3. Vorgehensweise

Untersuchungen von internationalen Bankstrategien, wie hier im Falle der amerikanischen Banken und ihrer Geschäftspolitik in Deutschland, bringen naturgemäß etliche Schwierigkeiten mit sich.[30] Die erste besteht darin, daß niemand ohne Not seine Strategien preisgeben möchte. Die Forschung tendiert deshalb dazu, informell und qualitativ zu sein, und die Beweise neigen dazu, am Einzelfall orientiert zu sein, oder es haftet ihnen manchmal etwas Anekdotisches an. Hieran sind die Vertraulichkeit und das Fachwissen der Akteure schuld, die ein kritischer Faktor in den Wettbewerbsbeziehungen bei den Finanzdienstleistungen zu sein scheinen. Banker ihrerseits neigen dazu, sehr zurückhaltend über spezielle Dinge ihrer Geschäfte zu sprechen; aus guten Gründen. Gleichwohl werden dadurch nicht immer automatisch die Kunden geschützt, sondern vielleicht auch das eigene Mitwirken an einer fehlgeschlagenen Strategie.

Insgesamt können aber in dieser Arbeit robuste Schlüsse gezogen werden. Die Hauptquellen der Arbeit bildeten neben der bestehenden Literatur verschiedene Tageszeitungen, vor allem Handelsblatt, Wall Street Journal und Börsen-Zeitung, Bankzeitschriften, hier besonders The Banker und Zeitschrift für das gesamte Kreditwesen, Geschäftsberichte von amerikanischen Banken in Deutschland, die aus dem Bundesanzeiger zusammengetragenen Daten der Jahresabschlüsse und vor allem Interviews. Letztere hat der Verfasser mit amtierenden oder ausgeschiedenen Vertretern von amerikanischen Banken, Verbänden, Mitarbeitern des Bundesaufsichtsamts für das Kreditwesen und Wissenschaftlern geführt. Eine Liste der Interviewpartner befindet sich im Quellen- und Literaturverzeichnis. Die Protokolle der Interviews liegen dem Verfasser vor.

Leider bestand keine Gelegenheit, Archivmaterial der betreffenden amerikanischen Banken zu verwenden. Geschäftsberichte konnten trotz Nachfrage nur selten eingesehen werden.

---

30 Auch Guth sieht das so: "Analysing discernible trends in multinational banking branch banking (including the subsidiaries) is by no means easy as banks rarely announce their true strategies in this field so that we can judge only on the basis of past evidence; and this evidence is not unequivocal at first sight." Wilfried Guth, "International banking: the next phase", *The Banker* (Oktober 1981): 31.

Der Erfolg der amerikanischen Stützpunkte wurde nicht streng anhand der Bilanzen und Gewinn- und Verlustrechnungen der einzelnen Institute gemessen. Dies lag daran, daß zum einen die Daten für den Zeitraum vor 1976 nicht verfügbar waren und zum anderen in Deutschland zwar ansässige aber weltweit arbeitende Banken bestimmte Finanzdienstleistungen aus unternehmensinternen, rechtlichen oder steuerlichen Gründen auch in einer anderen als der deutschen Bilanz verbuchen konnten.

Die Bilanzsummen der amerikanischen Banken in Deutschland bildeten folglich das deutsche Geschäft nur sehr unvollständig ab. Ein großer Teil des deutschen Geschäfts wurde in London verbucht. Die Chase Manhattan Bank veranschlagte z.B. ihr Euromarktgeschäft in London 1976 auf die gleiche Höhe wie das Bilanzvolumen ihrer deutschen Niederlassung, in jenem Jahr also auf 2,21 Mrd. DM.[31]

Hinzu kamen die vielen innovativen Finanzdienstleistungen, wie beispielsweise Derivate, *clearing*-Dienstleistungen im Wertpapiergeschäft und Zahlungsverkehr oder Beratungsleistungen im *Mergers & Acquisitions*-Geschäft, die nicht mehr aus den Bilanzen ersichtlich waren.

Speziell bei der Beurteilung des Jahresüberschusses kann außerdem ein grundsätzliches Problem nicht aus dem Weg geräumt werden, das die sonstigen Erträge und die sonstigen Aufwendungen betrifft: Der Außenstehende kann nicht erkennen, ob die sonstigen Erträge tatsächlich Erträge sind, die z.B. aus dem Devisen- und Wertpapiereigenhandel der Bank stammen, oder ob diese nicht durch Bewertungsänderungen, namentlich die Auflösung stiller Reserven, zustande gekommen sind.[32]

Angesichts der geschilderten Unwägbarkeiten bei der Analyse von Daten multinationaler Banken gaben besonders die Interviews, ergänzt um die Meldungen der Tagespresse und die eingehende Betrachtung der wirtschaftlichen und rechtlichen Bedingungen für Auslandsbanken in Deutschland, wertvolle Hinweise auf die Schwerpunkte und die Erfolge oder Mißerfolge der Geschäftspolitik amerikanischer Banken in Deutschland.

---

31 O.V., "Chase Deutschland wird eine AG", *Börsen-Zeitung*, 1. September 1977, 2.

32 O.V., "Die Ertragslage der Banken im Jahre 1976", *Monatsberichte der Deutschen Bundesbank* (Januar 1978): 14.

II. Theorien des multinationalen Bankgeschäfts

1. Vorbemerkungen

Das folgende Kapitel ist den Theorien des multinationalen Bankgeschäfts gewidmet. Die Theorien erklären, warum es multinationale Banken gibt oder warum eine Bank das multinationale Bankgeschäft betreiben sollte. Die Frage nach den Wettbewerbsvorteilen, die eine Bank in fremden Bankenmärkten haben kann, steht dabei im Mittelpunkt.

Für das multinationale Bankgeschäft gilt, daß es von Banken betrieben wird, die Niederlassungen, Tochtergesellschaften oder Bankbeteiligungen in mehr als nur einem Land haben.[1] Voraussetzung für das multinationale Bankgeschäft ist also eine Direktinvestition.[2]

Damit unterscheidet sich das multinationale Bankgeschäft vom internationalen Bankgeschäft, das ein weitergehenderes Konzept beinhaltet, zu dem besonders Außenhandelsfinanzierungen und Auslandskredite gehören. Zwar sind multinationale Banken häufig auch in diesen Sparten engagiert, doch lassen sich diese klassischen internationalen Bankgeschäfte auch ohne Auslandsfilialen ausführen. Die international ausgerichteten *merchant banks* des 19. Jahrhunderts wie Morgan oder Rothschild würde man deshalb dem internationalen Bankgeschäft zuordnen, weil diese auf größere Stützpunktnetze im Ausland verzichteten.

Es führen zwei Wege zum Aufbau einer multinationalen Bank: Erstens der Ausbau des eigenen Stützpunktnetzes im Ausland durch Gründung von Filialen oder Tochterbanken. Zweitens der Erwerb von Banken oder Bankbeteiligungen im Ausland.[3]

Multinationale Banken stellen eine Variante des multinationalen oder auch transnationalen Unternehmens dar; deshalb knüpfen die Theorien der Banken sehr stark an die Theorien der multinationalen Industrieunternehmen an.[4]

In den Theorien wird meistens vom Typ der *commercial bank* ausgegangen, der bis in die 80er Jahre hinein auch zugleich der vorherrschende bei den amerikanischen Banken war.

---

[1] Geoffrey Jones, "Introduction", *Multinational and International Banking*, Hrsg. Geoffrey Jones (Aldershot: Edward Elgar, 1992) xiii.

[2] Eine Repräsentanz scheidet daher als Form der Multinationalisierung aus.

[3] Alfred Herrhausen, "Die strategischen Implikationen der Globalisierung für die deutschen Banken", *Banken und Börsen im internationalen Wettbewerb*, Hrsg. Georg Bruns und Karl Häuser (Frankfurt: Knapp, 1988) 179.

[4] Die Unterscheidung zwischen internationalem Handel und internationalem Finanzgeschäft ist eher ein neueres Phänomen. Bis zur Mitte des 19. Jahrhunderts betrieben manche Händler auch Bankgeschäfte und fast alle Bankiers waren auf eigene Rechnung an internationalen Handelsgeschäften beteiligt. Es gab Banken, die wegen ihrer häufig überregionalen Tätigkeiten als die ersten multinationalen Unternehmen überhaupt gelten konnten. Die italienischen Bankiers, die zunächst in Frankreich vor allem im Handel und im England des 13. und 14. Jahrhunderts vornehmlich als Bank tätig wurden, gehörten in diese Kategorie. Rondo Cameron, "Introduction", *International Banking, 1870-1914*, Hrsg. Rondo Cameron und V. I. Bovykin (New York: Oxford University Press, 1991) 5.

Für die in der zweiten Hälfte der 80er Jahre international an Bedeutung gewinnenden *investment banks* liegen keine eigenständigen Expansionstheorien vor.[5]

Der überwiegende Teil der theoretischen Studien handelt entweder von Banken, die sich in den Vereinigten Staaten niedergelassen haben oder von amerikanischen Banken, die ihrerseits ins Ausland gegangen waren. Dies liegt an den historisch bereits aufgearbeiteten Expansionsstrategien der amerikanischen Banken sowie der größeren Verfügbarkeit von Daten aus den Vereinigten Staaten.

Die Studien widmen sich hauptsächlich den Auslandsbanken in der Rechtsform der rechtlich unselbständigen Zweigniederlassung; Tochterbanken kommen nur am Rande vor.[6]

Lediglich ein Modell, das unter anderem Elemente der Theorie des bestreitbaren Marktes enthält, reicht in seiner Analyse bis an die Ebene der Kundengruppen, Geschäftsgebiete und Produkte heran: das C-A-P-Modell von Smith und Walter.[7]

Auf die Besonderheiten eines weltweit betriebenen Privatkundengeschäfts wird in den Theorien insgesamt zu wenig eingegangen. Das liegt jedoch auch daran, daß das Großkundengeschäft mit Industrieunternehmen den natürlichen Geschäftsschwerpunkt von Auslandsbanken bildet, was auch für die Aktivitäten in Deutschland gilt.

Bei den Theorien des multinationalen Bankgeschäfts stehen die Wettbewerbsvorteile einer Bank und die gesetzlichen Rahmenbedingungen des Heimat- sowie des Gastgeberlandes im Mittelpunkt. Dale geht davon aus, daß die Rahmenbedingungen entscheidend zur Entstehung multinationaler Banken beigetragen haben.[8]

Weitere Einflüsse gehen von den Wettbewerbsverhältnissen aus, damit sind das Verhalten der Konkurrenz oder des Marktführers gemeint. Viele strategische Entscheidungen im

---

[5] Zwar werden noch immer die Begriffe *investment banking* und *commercial banking* verwendet, doch wird es bei der wachsenden Vernetzung immer weniger möglich sein, diese beiden Arten des Bankgeschäfts voneinander abzugrenzen. Spricht man von der Bank der Zukunft, so lassen sich die jüngsten und auch künftigen Entwicklungen der Finanzbranche nicht mehr mit Begriffspaaren wie etwa Universalbankensystem und Trennbankensystem, *investment banking* und *commercial banking* oder Transaktionsbank und Beratungsbank kategorisieren. Inge Kloepfer, "Eine eindeutige Überlebensstrategie für Banken gibt es nicht", *Frankfurter Allgemeine Zeitung*, 8. Februar 1997, 15.

[6] Nur die Arbeit von Miller und Parkhe trennt ausdrücklich nach Filialen und Tochterbanken, ohne jedoch für die Aktivitäten im Ausland größere Unterschiede zwischen den beiden Formen festzustellen. Tochterbanken bieten vor allem die Möglichkeit, ein größeres Sortiment anzubieten. Stewart R. Miller und Arvind Parkhe, "Pattern in the Expansion of U.S. Banks' Foreign Operations", *Journal of International Business Studies*, 29, 2 (Zweites Quartal 1998): 359-390.

[7] Roy C. Smith und Ingo Walter, *Global Banking* (New York: Oxford University Press, 1997) 401. Siehe Seite 20 dieser Arbeit.

[8] Es waren regulatorische Anomalien, die dem multinationalen Bankgeschäft den Weg geebnet haben. Wenn durch ein unnötig hohes Regulierungsniveau die Expansionsmöglichkeiten von Banken eingeschränkt werden, umgehen sie die Regulierungen. Als Präsident Johnson 1967 angesichts der hohen Defizite der amerikanischen Zahlungsbilanz Beschränkungen der Investitionen der amerikanischen Wirtschaft im Ausland anordnete, sahen sich die Auslandsniederlassungen der amerikanischen Banken veranlaßt, neue Geldquellen aufzuspüren; die Wahl fiel auf den Euromarkt. Dieses Verhalten entspricht nach Dale einer Multinationalisierung, wohingegen das internationale Bankgeschäft auf natürliche ökonomische Phänomene zurückgeht, insbesondere auf reine Wettbewerbsvorteile. Richard Dale, *The Regulation of International Banking* (Cambridge: Woodhead-Faulkner, 1984) 1.

internationalen Bankgeschäft lassen sich so erklären. Banken sind bekannt dafür, daß sie die Strategien ihrer Konkurrenten nachahmen oder aus den Fehlern anderer lernen wollen.

Während das Phänomen der multinationalen Industrieunternehmen jedoch viel Beachtung in der Wissenschaft fand, galt dies nicht in gleichem Maße für die multinationalen Banken. Ihr Verhalten wurde erst spät theoretisch erklärt, und die empirische Überprüfung der Theorien steht in etlichen Fällen noch aus, zumal mit anderen als amerikanischen Banken oder einem anderen Bankenmarkt als dem amerikanischen.[9] Der empirische Rückstand erklärt sich zu einem Teil aus der beschränkten Verfügbarkeit der Daten von grenzüberschreitenden Bankgeschäften.

Auch die vorliegende Studie kennt das Problem schwer zu beschaffender Daten von Auslandsbanken und vor allem der geographischen Zuordnung dieser Daten, besonders bei den Ertragszahlen.

Im deutschen Schrifttum haben Baumanns und Glüder umfassende Arbeiten zum Thema multinationale Banken vorgelegt, es handelt sich jedoch dabei in einem engeren Sinne nicht um neue Theorien.[10]

Baumanns entwirft einen strukturierten Entscheidungsrahmen, der die wesentlichen Faktoren einer Institutionalisierungsentscheidung der Kreditinstitute aufzeigt; es gibt aber nur wenige Hinweise auf das tatsächliche Verhalten von Banken und der Beweis der Richtigkeit des Entscheidungsrahmens wird nicht geführt.

Glüder strebt dagegen mit der Analyse von verschiedenen Erklärungskonzepten eine größere Nähe zu den tatsächlichen Entwicklungen auf den Bankenmärkten an. Er entkräftet die These von der Kundennachfolge als dem wesentlichen Bestimmungsfaktor für die Gründung multinationaler Banken und setzt an seine Stelle den Netzwerkaufbau. Für ihn sind Netzwerkvorteile in der Bankbranche die treibende Kraft, die hinter der Multinationalisierung steht, wenn auch der empirische Test seiner These ausbleibt.[11]

Als positiv am eklektischen Ansatz von Dunning, der in diesem Kapitel noch ausführlich zu behandeln sein wird, stellt Glüder heraus, daß es zahlreiche Einzelfaktoren sind, die Banken multinational werden lassen. Es muß allerdings Glüder entgegen gehalten werden, daß die amerikanischen Bankgründungen in Deutschland in den frühen 60er Jahren stark auf

---

9 Während die große amerikanische Bankenansiedelung in Europa in den 60er Jahren erfolgte, erschienen die ersten theoretischen Erklärungen in der zweiten Hälfte der 70er Jahre. Ein größeres Interesse am Dienstleistungssektor insgesamt kam sogar erst ab Mitte der 1980er Jahre auf. Zuvor wurde dieser Sektor als ein Bereich mit nur sehr niedriger Produktivität und begrenztem technologischen Fortschritt angesehen. Trotz des hohen Regulierungsniveaus und der Schwierigkeiten bei der Ermittlung der Kosten und Preise setzte dann verstärkt die wissenschaftliche Auseinandersetzung mit dem Dienstleistungssektor ein. Karl P. Sauvant und Padma Mallampally, "Introduction: Transnational Corporations in Services", *Transnational Corporations in Services*, Hrsg. Karl P. Sauvant und Padma Mallampally (London: Routledge, 1993) 1.

10 Frans Joseph Baumanns, *Faktoren einer Internationalisierungsentscheidung der Kreditinstitute* (Frankfurt: Harri Deutsch, 1984). Dieter Glüder, *Die Entstehung multinationaler Banken* (Wiesbaden: Gabler, 1988).

11 Glüder, *Die Entstehung*, 334.

Motive der Kundennachfolge zurückgingen und daß bis Mitte der 70er Jahre der Aufbau und die Nutzung von Netzwerken weniger ein fundamentaler Bestandteil von amerikanischen Bankstrategien war als schlicht der große Erfolg mit am Euromarkt refinanzierten und daher zinsgünstigen Krediten, der technischen Überlegenheit im Devisenhandel, der weltweiten Präsenz der US-Banken und dem Trend zur internationalen Diversifikation, die eine Idee von Unternehmensberatern war.

Daneben gibt es eine theoretische Studie von Walter und zwei Teilaspekte in neueren Untersuchungen bei Schubert und Cordes, von denen erstere die Internationalisierung im Umfeld von strategischen Allianzen betrachtet und letztere, mehr volkswirtschaftlich orientiert, die Zusammenhänge von internationalen Kapitalströmen, multinationalen Banken und staatlichen Regulierungen aufzeigt.[12] Deutlich mehr theoretische und auch empirisch getestete Konzepte für das multinationale Bankgeschäft hat das englische Schrifttum hervorgebracht. Hier sind beispielsweise Grubel, Gray und Gray, Aliber, Tschoegl, Walter und Gray, Kindleberger, Goldberg und Saunders, Yannopoulos zu nennen.[13]

Auf der Seite der empirischen Arbeiten sind beispielsweise zu erwähnen: Ball und Tschoegl; Cho; Erramilli und Rao; Goldberg und Johnson; Goldberg und Saunders; Nigh, Cho und Krishnan; Sabi; Sagari sowie Miller und Parkhe.[14] Ein bankhistorisches Werk über das multinationale Bankgeschäft der britischen Banken in der Periode von 1830 bis 1990 hat Jones vorgelegt.[15] Darin wird mit dem Wettbewerbsvorteil nach Porter argumentiert.

---

12 Ingo Walter, "Erklärungskonzepte zum Internationalisierungsprozeß der Banken", *Internationales Bankgeschäft*, Hrsg. Hans-Jacob Krümmel (Berlin: Duncker & Humblot, 1985) 163-193. Thomas Schubert, *Strategische Allianzen im internationalen Bankgeschäft* (Wiesbaden: Gabler, 1995). Jens Cordes, *Internationale Kapitalströme, multinationale Banken und staatliche Regulierungen* (Aachen: Shaker, 1995).

13 Die Werke werden im Verlauf der Arbeit aufgeführt.

14 Clifford Ball und Adrian Tschoegl, "The decision to establish a foreign bank branch or subsidiary: An application of binary classification procedures", *Journal of Financial and Quantitative Analysis*, 17 (1982): 411-424. K. R. Cho, "Determinants of Multinational Banks", *MIR*, Vol. 26 (1986/1): 10-23. Leider benutzt Cho empirische Daten aus nur zwei Ländern, Singapur und Südkorea. M. Krishna Erramilli und C. P. Rao, "Choice of foreign market entry modes by service firms: Role of market knowledge", *Management International Review*, 30 (1990): 135-150. Lawrence G. Goldberg und Denise Johnson, "The determinants of US banking activity abroad", *Journal of International Money and Finance*, 9 (1990): 123-137. Lawrence G. Goldberg und Anthony Saunders, "The cause of US banking expansion overseas: The case of Great Britain", *Journal of Money, Credit, and Banking*, 12 (1980): 630-643. Douglas Nigh, Kang Rae Cho und Suresh Krishnan, "The Role of Location-Related Factors in U.S. Banking Involvement Abroad: An Empirical Examination", *Journal of International Business Studies* (Herbst 1986): 59-72. Manijeh Sabi, "An application of the theory of foreign direct investment to multinational banking in LDCs", *Journal of International Business Studies*, 19 (1988): 433-447. Silvia B. Sagari, "United States foreign direct investment in the banking industry", *Transnational Corporations*, Vol. 1 Nr. 3 (Dezember 1992): 93-123. Stewart R. Miller und Arvind Parkhe, "Pattern in the Expansion of U.S. Banks' Foreign Operations", *Journal of International Business Studies*, 29, 2 (Zweites Quartal 1998): 359-390.

15 Geoffrey Jones, *British Multinational Banking, 1830-1990* (Oxford: Clarendon Press, 1993).

2. Der Ansatz des komparativen Vorteils

Dieser auf Ricardo zurückgehende Ansatz besagt im Kern, daß sich unter der Gegebenheit des Freihandels jedes Land auf die Produktion solcher Güter konzentrieren solle, die es im Vergleich zum Ausland relativ billiger herstellen kann, d.h. für die es einen komparativen Vorteil hat. Es ist allerdings festzuhalten, daß Ricardo keine Direktinvestitionen vorgesehen hat, während die Konzepte des multinationalen Bankgeschäfts aber darauf gerade beruhen.

Die erste allgemeine Theorie des multinationalen Bankgeschäfts lieferte Grubel im Jahr 1977.[16] Sie erschien in Anbetracht des schon viel länger bekannten Phänomens und der großen Expansionswelle der amerikanischen Banken in den 60er Jahren erstaunlich spät. Grundlage für die theoretische Ausführungen waren die Erklärungen von Kindleberger[17], besonders die der ausländischen Direktinvestitionen, und die Ansätze von Hymer[18] und Caves[19]. Innerhalb der Theorien des komparativen Vorteils gehören Grubels Thesen wiederum in das Feld der Industrieökonomik.[20]

Grubel bediente sich einer Dreiteilung der Geschäftsfelder in das multinationale Privatkundengeschäft, Servicebankgeschäft und Großkundengeschäft. Für das Privatkundengeschäft folgerte er, daß Finanzinstitute, die Managementtechniken und Marketing-Know-how zur fruchtbaren Nutzung im eigenen Land bereits entwickelt hatten, diese auch zu niedrigen marginalen Kosten im Ausland einsetzen könnten. Aus Sicht der Bank hätte das überdies den Vorteil, über eine geographische Diversifizierung zu einer stabileren Ertragssituation zu gelangen.[21]

Dabei übersieht Grubel jedoch, daß der Eintritt in das Marktsegment der Privatkunden auf fremdem Boden äußerst schwierig ist. Dabei sind es nicht die Kosten der Banklokale etwa,

---

[16] Herbert G. Grubel, "A Theory of Multinational Banking", *Banca Nazionale del Lavoro Quarterly Review*, 123 (Dezember 1977): 349-363.

[17] Charles P. Kindleberger, *American Business Abroad* (New Haven: Yale University Press, 1969).

[18] Steven Herbert Hymer, *The International Operations of National Firms: A Study of Direct Foreign Investment* (Cambridge: The MIT Press, 1976). In Anlehnung an Hymer können nicht nur multinationale Unternehmen, sondern auch multinationale Banken Unvollkommenheiten des Marktes ausnutzen. Die Ertragspotentiale ergeben sich aus den Unterschieden zwischen den einzelnen Volkswirtschaften. Ebenso kann eine multinationale Bank zur Diversifizierung ihrer Erträge beitragen, indem sie z.B. auf verschiedenen nationalen Kreditmärkten tätig ist. Miller und Parkhe, "Patterns", 360.

[19] Richard E. Caves, "International Corporations: The Industrial Economics of Foreign Investment", *Economica* (Februar 1971): 1-27.

[20] Die Industrieökonomik (*industrial organization theory*) geht von dem Grundsatz aus, daß das Verhalten und die Ertragskraft von Firmen durch die Marktstrukturen bestimmt werden. Auf der Industrieökonomik basieren auch die Theorien: Andrew F. Brimmer und Frederick R. Dahl, "Growth of American International Banking: Implication for Public Policy", *Journal of Finance* (Mai 1975): 341-363. Norman S. Fieleke, "The Growth of U.S. Banking Abroad: An Analytical Survey", *Federal Reserve Bank of Boston Conference Series*, 18 (Oktober 1977): 9-40. Sarkis J. Khoury, *Dynamics of International Banking* (New York: Praeger, 1980). Lawrence G. Goldberg und Anthony Saunders, "The Growth of Organizational Forms of Foreign Banks in the United States", *Journal of Money, Credit and Banking* (August 1981): 365-374.

[21] Grubel, *A Theory*, 352.

sondern die enormen Kosten des Aufbaus einer lokalen Kundenbasis, die ins Gewicht fallen. Es erscheint daher auch zweckmäßig, eine bereits bestehende Bank mit Niederlassungsnetz zu erwerben und eine Neugründung zu vermeiden.[22]

Den zweiten Bereich siedelt Grubel bei der reinen Serviceleistung für Firmenkunden und im Ausland tätige Landsleute an. Die Bank ist aufgefordert, ihren inländischen Kunden in die neuen Märkte zu folgen. Diesen Kunden kann die multinationale Bank schnell und kostengünstig weiterhelfen, weil auf Informationen des Mutterhauses und bestehende Kontakte zu demselben zurückgegriffen werden kann. Ein weltweit tätiges Unternehmen kann deshalb als Kunde einer multinationalen Bank mit einer effizienten Entscheidung vor Ort rechnen, weil Kreditrisiko und Konditionen schon einmal im Konzern ermittelt wurden.

Ein dritter Vorteil könnte darin bestehen, daß für eine multinationale Bank selbst kleine Zinsmargen auskömmlich sein könnten, während die inländischen Gegenspieler, die nur auf das Inland ausgerichtet sind, davon nicht leben könnten. Doch leider läßt Grubel, der die Euromärkte vor Augen hat, offen, worin die Ursache für diesen Wettbewerbsvorteil liegt.

Weitere theoretische Überlegungen zu komparativen Vorteilen im multinationalen Bankgeschäft stammen von Aliber.[23] Er schreibt solchen Banken eine besondere Expansionsneigung ins Ausland zu, die wegen der geringen Spannen zwischen Einlagen- und Kreditzinsen im Heimatmarkt gelernt haben, unter Einsatz von Niedrigkosten-Technologien ihre Finanzdienstleistungen sehr günstig anzubieten. Für diese Banken folgert Aliber, daß es nur natürlich wäre, die günstige Produktionsweise für Bankdienstleistungen auch in anderen Ländern anzuwenden. Diese Banken haben einen unternehmensspezifischen Vorteil.

Zu hinterfragen bleibt dabei allerdings, ob es nicht auch standortspezifische Vorteile sein können, die ein Wirtschaften mit kleinen Spannen möglich machen. Ungeklärt muß auch der Aspekt bleiben, warum zur Ausnutzung der Niedrigkosten-Vorteile ausgerechnet eine Filiale im Ausland die Lösung sein soll. Das Großkundengeschäft der US-Banken mit deutschen Firmen z.B. konnte auch von New York oder London aus betrieben werden, was oft der Fall war. Ferner läßt sich die Behauptung nicht halten, die US-Banken wären in den deutschen Bankenmarkt gegangen, nur weil der Heimatmarkt trotz ausgefeilter Bankentechnologie unprofitabel geworden ist. Da die Banken sichtbar Wert darauf gelegt haben, im Ausland vor Ort zu sein, müssen andere als nur rechnerisch-komparative Vorteile ausschlaggebend gewesen sein, denn die Kosten einer Auslandsfiliale waren hoch.

---

22 Jose-Paulo Esperanca, "International Business Strategies in the European Service Sector", *International Business and Global Integration*, Hrsg. Mark Casson (Basingstoke: Macmillan, 1992) 102.

23 Robert Z. Aliber, "Toward a Theory of Multinational Banking", *Economic Review, Federal Reserve Bank of San Francisco* (Frühling 1976): 5-8.

3. Ein hoher Konzentrationsgrad im Heimatmarkt als Expansionsvoraussetzung

In einem weiteren theoretischen Ansatz von Aliber wird davon ausgegangen, daß Banken in Ländern mit hohem Konzentrationsgrad, d.h. wenn nur wenige Banken den Markt dominieren, niedrigere Refinanzierungskosten haben und aufgrund größerer Zinsmargen auch höhere Erträge erzielen können.[24] Mit solchen Vorteilen ausgestattet, sollte eine Bank multinationale Bankgeschäfte betreiben. Der ausschlaggebende Faktor sind dabei die unterschiedlichen Refinanzierungskosten in zwei einzelnen Ländern.

Die Wettbewerbstheorie nach Stigler erklärt das Verhalten von Firmen einer bestimmten Branche aus dem Konzentrationsgrad heraus, gemessen durch den Herfindahl Index: Je größer die Anzahl der Firmen einer Branche ist, je näher ist das Gleichgewicht an einer Cournot Lösung und desto schwerer sind geheime (Preis)absprachen.[25]

Diese Vorteile kommen aber nur zum Tragen, wenn der Wettbewerb unter den Banken des Heimatmarktes schwach ausgeprägt ist und ausländische Banken wenig Einfluß auf den Bankenmarkt haben. Unter diesen Voraussetzungen und unter der Annahme eines bereits vollkommen erschlossenen und damit begrenzten Heimatmarktes liegt für diese Banken eine internationale Expansion auf der Hand. Zusätzlich zu den laufenden Erträgen erlaubt die gute Ertragslage den nötigen Spielraum für Kapitalerhöhungen oder die Fremdkapitalaufnahme durch Bankanleihen. So braucht die Bank nur noch die richtigen Investitions- und Akquisitionsentscheidungen zu treffen und dabei zu berücksichtigen, auch eine kritische Masse im internationalen Bankgeschäft zu erreichen.[26]

Diese Einsicht liegt darin begründet, daß Marktmacht im internationalen Handel nicht nur durch Exportkartelle entsteht, sondern auch, wenn der Konzentrationsgrad des Angebots in dem einen Land höher ist als in dem anderen, mit dem Handelsbeziehungen bestehen.[27] Bei geringeren Kapitalkosten kann eine Bank eine andere verdrängen, was nach Aliber auch an der Tobin Q ratio festgemacht werden kann. Danach ist das Verhältnis des Marktwerts einer Unternehmung zum Buchwert - ausgedrückt in der Tobin Q ratio - insofern für eine Bank von Bedeutung, als daß Banken mit Sitz in Ländern mit einer hohen Q ratio leichter ins Ausland expandieren können als solche mit niedrigerer Q ratio.

Das Feststellen des Q Punktes, der Vergleiche zwischen den einzelnen Ländern zuläßt, erweist sich allerdings wegen der häufig unterschiedlichen Bilanzierungsgewohnheiten als

---

[24] Robert Z. Aliber, "International Banking: A Survey", *Journal of Money, Credit and Banking XVI 4, Part 2* (1984): 677.

[25] Einschränkend muß gesagt werden, daß Stigler von abgeschlossenen oligopolistischen Märkten ausgeht. Andere potentielle Mitwettbewerber können also in diese Märkte gar nicht eintreten. George Stigler, "A theory of oligopoly", *Journal of Political Economy*, Vol. 72 (Februar 1964): 44-61.

[26] Cho, "Determinants", 12.

[27] Manfred Neumann, *Theoretische Volkswirtschaftslehre II* (München: Vahlen, 1987) 301.

problematisch.[28] Daneben ist zu fragen, warum sich Banken das Kapital für Expansionsvorhaben nicht auf externen Kapitalmärkten beschaffen, besonders wenn man bedenkt, daß interne Kapitalerhöhungen nicht unbedingt günstiger sein müssen. Schließlich zeigen Banken aus Singapur und Hongkong sogar ein gegenteiliges Verhalten: Trotz eines geringen Konzentrationsgrads in ihren Ländern gehen sie verstärkt ins Ausland; wahrscheinlich um dem eigenen Konkurrenzdruck zu entfliehen oder über die Auslandserfahrung zugleich die Marktposition im Heimatland zu stärken.

In den Niederlanden herrscht schon seit Mitte der 60er Jahre, als die Algemeene Bank Nederland (ABN) und die Amsterdam-Rotterdam Bank (AMRO) aus Zusammenschlüssen hervorgingen sowie noch weitere Fusionen stattfanden, eine hohe Bankenkonzentration.[29] Doch könnten auch bei den niederländischen Banken andere Gründe für die Expansion geltend gemacht werden, als die einer hohen Konzentration und vermeintlich hoher Inlandserträge. So ist für die niederländischen Banken aufgrund des begrenzten Heimatmarktes Wachstum nur im Ausland möglich. Ein weiterer Grund könnte sein, daß die Banken auf den Spuren ihrer Vorfahren wandeln, die jahrhundertelang international erfolgreiche Kaufleute waren.

Unabhängig von der Konzentration argumentierte der frühere Commerzbank-Chef Seipp, daß eine Bank im Ausland nur so stark sein könne, wie sie es zuhause ist. Die Erfahrung der 80er Jahre lehrte: "Ausgangspunkt aller ihrer (einer Bank, d. V.) strategischen Überlegungen muß jedoch die heimische Basis sein. Hier wird noch immer das meiste verdient."[30]

Die Gleichung, daß Erfolge im Inland auch zu Erfolgen im Ausland führen, muß allerdings nicht immer aufgehen, wofür gerade die amerikanischen Banken in den 70er und 80er Jahren ein Beispiel abgaben: Es fiel auf, daß zwar die amerikanischen international aktiven Adressen auch national von Bedeutung waren, es aber die internationalen Aktivitäten waren, die im Verhältnis zur jeweiligen Heimatmarktbasis mehr Gewicht hatten.[31]

---

28 Jones, "Introduction", xiv.

29 Die niederländischen Banken ABN Amro und ING Group befinden sich im Falle der ersteren Bank schon seit den 70er Jahren und der zweiteren Bank seit den 90er Jahren auf internationalem Expansionskurs. Die Konzentration der Banken in den Niederlanden liegt bei mehr als 80%. Es hilft, mit einem hochrentablen Heimatmarkt im Rücken zu expandieren. Denn am Anfang jeder Multinationalisierung steht eine gut gefüllte Expansionskasse, damit eine Bank Schritte ins Ausland erst unternehmen und mögliche Fehlentscheidungen auch verkraften kann. Inge Kloepfer, "Die Expansion von ABN Amro ist noch lange nicht zu Ende", *Frankfurter Allgemeine Zeitung*, 7. April 1997, 18. Helma Houtman-De Smedt und Herman van der Wee, "Beneluxländer", *Europäische Bankengeschichte*, Hrsg. Hans Pohl (Frankfurt: Knapp, 1993) 572.

30 Walter Seipp, "Strategien und Perspektiven im International Banking", *Die Betriebswirtschaft* 49 (1989): 685.

31 Wolfgang Röller, "Globalisierung in der Banking-Industrie", *Zeitschrift für Betriebswirtschaft, Ergänzungsheft 2/92: Globalisierung und Wettbewerb*, Hrsg. Horst Albach (Wiesbaden: Gabler, 1992) 131.

4. Das C-A-P-Modell

Um die Wettbewerbsstrukturen im internationalen Finanzdienstleistungssektor einschätzen zu können, haben Smith und Walter ein Modell eingeführt, das erlaubt, Geschäftsfelder zu identifizieren, die überdurchschnittliche Erträge ermöglichen. Ihr Modell beruht auf den Konzepten von *strategic groups, contestable markets* und *predatory behaviour*.[32]

Das C-A-P-Modell reicht in seiner Analyse bis an die Ebene der Kundengruppen, Geschäftsgebiete und Produkte heran und versucht die Komplexität einer strategischen Entscheidung so weit wie möglich zu reduzieren. Das C (*Client*) steht für die Kundengruppe, A (*Arena*) für das geographische Geschäftsgebiet einschließlich der Regulierung und P (*Product*) für das Bankprodukt.

Die Wettbewerbsstärke einer Finanzinstitution im internationalen Bankgeschäft wird nach dem C-A-P-Modell auf folgende Ursachen zurückgeführt: Erstens auf die Wettbewerbsstärke einer Institution, die von den eigenen Ressourcen abhängt. Zweitens auf die strukturellen Merkmale der verschiedenen Geschäftsfelder, die von der Bank bearbeitet werden. Drittens sind die lateralen, horizontalen und vertikalen Integrationsgewinne aus der Verbindung der Geschäftsfelder untereinander bedeutsam. Viertens spielen *economies of scale* und *economies of scope*, die innerhalb von Geschäftsfeldern und zwischen Geschäftsfeldern möglich sind, eine große Rolle.

Jede dieser Dimensionen muß analysiert werden, damit eine Bank sich strategisch positionieren kann, einschließlich der Berücksichtigung ihrer relativen Stärken und Schwächen.

Der Vorteil des Modells liegt darin, daß es mit sehr marktnahen Informationen arbeitet. Durch die Kleinteiligkeit des Modells, die sich darin zeigt, daß Geschäftsfelder noch weiter in einzelne Zellen aufgeteilt werden, ist es möglich, bei der strategischen Positionierung einer multinationalen Bank eine Vielzahl einzelner Faktoren zu berücksichtigen. Der Nachteil liegt darin, daß ein Außenstehender, der naturgemäß nur wenig Einblick in die Geschäftspolitik von Banken hat, die vielen notwendigen Daten hinsichtlich der Produkte, Regionen und Kundengruppen nur unter Schwierigkeiten sammeln kann.

In den Kapiteln der vorliegenden Arbeit wird das C-A-P-Modell zur Beurteilung der Geschäftspolitik immer wieder herangezogen. Die Anwendung des Modells geht jedoch mangels verfügbarer Informationen über die amerikanischen Banken in Deutschland nicht so weit, daß am Ende die Bankprodukte, die eine amerikanische Bank in Deutschland in einer bestimmten Periode angeboten hat, tabellenartig aufgelistet werden könnten. Vielmehr werden einzelne Geschäftsschwerpunkte herausgearbeitet und nach ihrer Wettbewerbsfähigkeit im deutschen Bankenmarkt beurteilt.

---

32 Smith und Walter, *Global*, 436.

5. Die eklektische Theorie zur Erklärung des Phänomens multinationaler Banken

An dieser Stelle soll die eklektische Theorie von Dunning, die den umfassendsten Ansatz zur Erklärung des Phänomens multinationaler Banken bildet, untersucht werden.[33] Nach der eklektischen Theorie ist ein Unternehmen dann erfolgreich im Ausland tätig, wenn die folgenden gleichzeitig zu erfüllenden, notwendigen Bedingungen vorliegen:

1) Unternehmensspezifische Vorteile gegenüber anderen Unternehmen,

2) Standortvorteile des Gastlandes,

3) Internalisierungsvorteile.

A. Anmerkungen zur eklektischen Theorie und ein Literaturüberblick

Dunnings eklektische Theorie gehört zu den Modellen mit Integrationsanspruch. Diese Theorie will eine möglichst große Nähe zur Realität und zeichnet sich durch das gleichzeitige Einbeziehen mehrerer Einflußfaktoren aus. Es ist ein umfassender und nicht nur partialanalytischer Erklärungsansatz, der die Industrieökonomik, die Standort- und die Internalisierungstheorie sowie die Ansätze der Management-, Organisations-, Finanzierungs- und Marketingtheorie kombiniert. Es geht darum, die Effizienzgewinne von multinationalen Unternehmen zu erklären.[34]

Allerdings darf hinterfragt werden, ob die Komplexität der Annahmen und Variablen nicht doch dazu führt, daß der Erklärungsbeitrag zur Theorie der internationalen Unternehmen leicht in den Aufzählungen möglicher Einflußfaktoren von Markteintrittsformen untergeht.[35] Da Komplexität hier nicht reduziert werden kann, muß die Umsetzung in die

---

[33] John H. Dunning, "Towards an Eclectic Theory of International Production: Some Empirical Tests", *Journal of International Business Studies*, 11 Jg., Nr. 1 (1980): 9-31. John H. Dunning, "The Study of International Business: A Plea for a More Interdisciplinary Approach", *Journal of International Business Studies*, 20 Jg., Nr. 3 (1989): 411-436. John H. Dunning, *Multinational Enterprises and the Global Economy* (Wokingham: Addison-Wesley, 1993).

[34] Jean M. Gray und H. Peter Gray, "The Multinational Bank: A Financial MNC?", *Journal of Banking and Finance* 5 (1981): 33-63.

[35] Dunning bemerkt im Einklang mit Wilkins, daß es überflüssig und wenig lohnend wäre, eine allgemeingültige Theorie der multinationalen Unternehmung aufzustellen. Es ist aber keineswegs so, daß Dunning und das eklektische Paradigma, das die Internalisierungstheorie und andere Erklärungsansätze in eine Synthese überführt, angetreten sind, um im Namen der Wissenschaft monopolistische Praxis und *big business* zu verteidigen. Dunning und Casson, die prominentesten Fürsprecher des eklektischen Paradigmas und der Internalisierungstheorie, stellen beide die Vor- und Nachteile der Internalisierung heraus. Dunning

Praxis schwer bleiben.[36] Dunning selber sprach angesichts seines "eklektischen Paradigmas" lieber von einem Rahmen für die Analyse als von einer Theorie.[37]

Zu beobachten ist, daß Finanzdienstleistungen in ausländischen Märkten häufiger via Direktinvestition und viel seltener über ein Korrespondenzbankverhältnis angeboten werden. Die Gründe dafür sind zweifacher Natur: Zum einen besteht der überwiegende Teil von Finanzdienstleistungen aus sehr persönlichen Kenntnissen und Informationen, die vertraulich, teuer zu produzieren, komplex und spezifisch, aber leicht nachzumachen sind. Zum anderen eröffnen sich in der Hierachie eines multinationalen Unternehmens entlang - als vertikale Integration - oder quer - als horizontale Integration - über Wertschöpfungsketten hinweg grundlegende Synergieeffekte aus der geographischen Diversifikation, z.B. solche aus der Risikoteilung und der Arbitrage von Leuten, Gütern, Geld und Informationen.[38]

In der Literatur haben die Autoren Gray und Gray die eklektische Theorie des multinationalen Unternehmens auf Banken übertragen. Auch Yannopoulos hat den eklektischen Ansatz auf den Bankensektor angewendet.[39] Leider finden sich in beiden Studien keine Tests, die das eklektische Modell mit den tatsächlichen Erfahrungen der multinationalen Banken konfrontieren, wobei strenggenommen das Modell, da es keiner echten Theorie entspricht, empirisch gar nicht überprüfbar ist.

Gray und Gray konzentrieren ihre Analyse auf die Internalisierungs- und Standortfaktoren; die unternehmensspezifischen Vorteile betrachten sie als gegeben. In der Studie werden verschiedene internationale und lokale Faktoren identifiziert, beispielsweise unvollkommene Produktmärkte, die entstehen, weil es Barrieren des Marktzutritts, der Produktdifferenzierung und Unvollkommenheiten in Faktor- und Einsatzmärkten gibt sowie Skalenvorteile durch internationale Aktivitäten, die Sicherung bestehender Kundenbeziehungen, der Eintritt in Wachstumsmärkte und der gesicherte Zugriff auf Refinanzierungsquellen. Es wird dabei aber nicht klar, was genau die unternehmensspezifischen Vorteile sind und was Gegenstand der Internalisierung ist; es fehlen empirische Tests.

---

hinterfragt in verschiedenen Aufsätzen die positivistische Natur der Theorien des multinationalen Unternehmens und plädiert für weitere Erforschung der Kosten und Vorzüge von Direktinvestitionen im Hinblick auf die Gastgeberländer. Siehe z.B. John H. Dunning, "Trade, Location of Economic Activity and the Multinational Enterprise: A Search for an Eclectic Approach", *The Theory of Transnational Corporations*, Hrsg. John H. Dunning (London: Routledge, 1993) 183-218.

36 Klaus Macharzina und Michael-Jörg Oesterle, "Das Konzept der Internationalisierung im Spannungsfeld zwischen praktischer Relevanz und theoretischer Unschärfe", *Handbuch Internationales Management*, Hrsg. Klaus Macharzina und Michael-Jörg Oesterle (Wiesbaden: Gabler, 1997) 16.

37 Bernard Marois und Francois Lépineux, "Universal Banks' Internalization: Contradictory Lessons from Theoretical Research - the Need for a New Integrated Approach", *Advances in International Banking and Finance*, Volume 1, Hrsg. Sarkis Joseph Khoury (Greenwich, Connecticut: Jai Press, 1995) 211.

38 Dunning, "Multinational", 52. Leider unterscheidet Dunning an dieser Stelle nicht zwischen *commercial banking* und *investment banking*. Schließlich lassen sich die Dienstleistungen von *investment banks* leichter grenzüberschreitend erbringen als diejenigen von *commercial banks*.

39 George Yannopoulos, "The growth of transnational banking", *The growth of international business*, Hrsg. Mark Casson (London: George Allen and Irwin, 1983).

Zu Recht sehen Gray und Gray im Euromarkt einen besonderen Fall, weil dort größtenteils Standardprodukte gehandelt werden und unternehmensspezifische Gründe eher eine untergeordnete Rolle spielen. Gleichwohl können die Größe oder Bonität einer Bank im Euromarkt von Vorteil sein. Am Anfang lockte die Banken die Aussicht auf höhere Erträge, die in unregulierten Märkten möglich sind.[40] Wettbewerb mit den einheimischen Banken im inländischen Geschäft fand im Grunde nicht statt.[41] Die Existenz des Euromarkts widerlegt zugleich auch die Theorie, nach der Banken nur in unvollkommenen Märkten expandieren. Der Euromarkt war für sich genommen sehr vollkommen, was der beständige Druck auf die Margen nur verdeutlichte.[42]

B. Die Anwendung des eklektischen Ansatzes auf multinationale Banken

1) Unternehmensspezifische Vorteile

Unternehmensspezifische Vorteile sind typischerweise:

- Zugriff auf gut ausgebildetes Personal,
- spezialisierte Finanzdienstleistungen,
- Zugang zu günstigen Refinanzierungsquellen,
- Besitz eines weitreichenden und effizienten Netzwerks,
- angehäuftes Wissen und Erfahrung in multinationalen Transaktionen,
- Technologieführerschaft,
- *economies of scale* (Größenvorteile),
- Expertise für die Belange bestimmter Kundengruppen,
- die gründliche Kenntnis ganzer Wirtschaftssektoren,
- eine hohe Kreditwürdigkeit in den Kreisen multinationaler Banken.

Wichtig ist - weil die meisten Banken sich im Besitze dieser Eigenschaften fühlen -, daß diese Eigenschaften ihren Niederschlag in ganz bestimmten Verfahren finden, denn letztere machen das Unternehmensspezifische in erster Linie aus.

Von Bedeutung ist auch die Eigenschaft einer Bank, Produktdifferenzierung zu betreiben, wobei die eingeschränkten Möglichkeiten zur Schaffung gänzlich neuer Bankprodukte und das Nichtvorhandensein eines geeigneten Patentiersystems stets eine natürliche Grenze

---

[40] Gray und Gray, "The Multinational", 33.

[41] Ibid., 53.

[42] James L. Darroch, *Canadian banks and global competitiveness* (Montreal: McGill-Queen' s University Press, 1994) 259.

bilden.[43] Gleichwohl wurden aufgrund besonderer Markt- und Kundenkenntnis oder durch Ausnutzen von Gesetzeslücken etliche Finanzinnovationen in den 60er Jahren entwickelt - in den 70er, 80er und 90er Jahren kamen dagegen kaum Finanzinnovationen auf den Markt. Ginge es nach dem Managementguru Drucker, der allerdings sehr strenge Maßstäbe für Innovationen anlegt, so hat es in den letzten 30 Jahren sogar überhaupt keine Finanzinnovationen gegeben.[44]

Im ganzen dürfen die Wettbewerbsvorteile, die durch Finanzinnovationen zu erzielen sind, aber nicht so hoch angesetzt werden.[45] Zwar mag es angesichts der Komplexität mancher Finanzinnovationen einen gewissen Vorsprung für den Innovator geben, aber es stellte sich heraus, daß Produkte wie Cash Management, *certificate of deposits* oder der am Geldmarkt orientierte Kredit, mit denen die amerikanischen Banken die ausländischen Märkte eroberten, schnell Nachahmer fanden.[46] Denn hätte die kontinuierliche Nachahmung nicht stattgefunden, hätten die amerikanischen Banken ihre Führungsrolle in der Nachkriegszeit im Bankensektor behalten.

Es liegt auch in der Natur der Finanzinstrumente, daß ihre Wirksamkeit in liquiden Märkten, d.h. bei einem möglichst großen Kreis von Anwendern, erhöht werden kann. Insofern schufen die amerikanischen Banken mit ihren Innovationen eine Plattform für alle Banken und nahmen dabei in Kauf, sich am Ende selber überflüssig zu machen.[47]

Im multinationalen Bankgeschäft streben die Banken ferner nach Größe, die sich traditionell aus der Höhe der Bilanzsumme ableitet. Von großen Banken nimmt man eher an, daß sie ein weltweites Filialnetz haben.

Daneben ist die Annahme weit verbreitet, daß große Banken weniger leicht in Konkurs gehen können als kleinere Institute. Doch nimmt die Bedeutung von "too big to fail"-Argumenten ab, was sich daran zeigt, daß die Bankenregulierer die Banken bei der Ermittlung ihrer eigenen Risiken stärker in die Pflicht nehmen wollen.

---

43 Da Bankprodukte sich leicht imitieren lassen, haben Banken wenig Raum für bahnbrechende Produkterfindungen. Dies gilt insbesondere im Vergleich zu Industrieunternehmen. Gunter Dufey und Ian Giddy, "Innovation in the International Financial Markets", *Journal of International Business Studies* (Herbst 1981): 33.

44 Peter Drucker, "Innovate or die", *The Economist*, 25. September 1999, 31.

45 Glüder, *Die Entstehung*, 316. K. R. Cho, *Multinational Banks: Their Identities and Determinants* (Ann Arbor: Umi Research Press, 1985) 56.

46 Walter, "Erklärungskonzepte", 172.

47 In Deutschland kam hinzu, daß die Finanzinnovationen amerikanischer Banken nur sehr zögerlich angenommen wurden. Die Cash Management-Systeme fanden in den 70er Jahren erst von dem Zeitpunkt an größere Verbreitung, als die deutschen Banken diese Produkte auch anboten. Die Praxis sah häufig so aus, daß deutsche Unternehmer den Vertretern amerikanischer Banken (nicht selten waren dies junge amerikanische College-Absolventen) aufmerksam zuhörten, um sich dann anschließend bei ihrer Hausbank nach den Innovationen zu erkundigen und das Geschäft, falls es machbar war, lieber dort abschlossen.

Für multinationale Banken gilt daneben das Argument der *economies of scale*, wobei der Zusammenhang von Kosteneffizienz und absoluter Größe einer Bank eines eindeutigen Beweises noch bedarf.[48] Das gilt gleichermaßen für die *economies of scope*.

Gerade die größten unter den Banken litten in den 80er Jahren unter *diseconomies of scope*. Da es nur wenige Fälle von multinationalen Banken gibt, die in den nationalen Bankenmärkten nennenswerte Marktpositionen erreicht haben, ist davon auszugehen, daß in internationalen Märkten *economies of scale* kaum geltend gemacht werden können.[49]

Kindleberger wies ebenfalls auf die entgegenlaufende Effekte beim Management sehr großer Unternehmen hin und prägte den Begriff der "*diseconomies of scale*".[50]

Daß es aber Größenvorteile, in diesem Fall *economies of scale*, bei der Erstellung von Finanzdienstleistungen analog den Industrieprodukten gibt, verdeutlicht ein Beispiel aus dem Investment Banking: Man stelle sich vor, daß ein *lead manager* bei Eurobond-Emissionen über eine erhebliche Grundausstattung an Personal, Expertise und Technologie verfügen muß. Und diese Infrastruktur unterscheidet sich wenig zwischen einem Anbieter, der jährlich 100 Emissionen abwickelt, und einem, der jährlich nur 20 solcher Geschäfte tätigt. Für die Ertragsseite bedeutet dies, daß sich der laufende Aufwand für das Vorhalten dieser Dienstleistung bei den zwei angesprochenen Anbietern wie 2:1 verhalten mag, das Verhältnis der Einnahmen jedoch, da es volumenbezogen ist, wie 10:1.[51]

Häufig werden *economies of scale* and *economies of scope* im Zusammenhang mit Fusionen betrachtet. Bei Fusionen erwarten die Bankmanager die größten Einsparpotentiale im Bereich des *back-office*. Hierzu zählen die Zusammenführung von Rechenzentren und die Vereinheitlichung der Software, aber auch der Abbau von Arbeitsplätzen in diesen Bereichen.[52] Gleichzeitig sind allerdings hohe Investitionen in die Informationstechnologie, die Betriebsausstattung und das Know-how des Bankpersonals notwendig. Von größeren Banken könnte man deshalb annehmen, daß sie eher zu den "Letzter-Stand-der-Technik-Unternehmen" gehören.[53]

Gleichwohl sind mit den neuen Vertriebswegen wie Internet oder Mobiltelefon Bankgründungen denkbar, die ihre Finanzdienstleistungen sehr kostengünstig produzieren

---

48 Robert S. Dohner und Henry S. Terrell, "The Determinants of the Growth of Multinational Banking Organisations: 1972-86", *Protectionism and International Banking*, Hrsg. Gerhard Fels und George Sutija (London: Macmillan, 1991) 100ff.

49 Anthony Saunders und Ingo Walter, *Universal Banking in the United States* (New York: Oxford University Press, 1994) 82.

50 Charles P. Kindleberger, *American Business Abroad* (New Haven: Yale University Press, 1969) 19.

51 Röller, "Globalisierung", 126.

52 Stuart I. Greenbaum und Anjan V. Thakor, *Contemporary financial intermediation* (Fort Worth: The Dryden Press, 1995) 699.

53 Große Banken investieren mehr in die Informationstechnologie als kleine Banken. Jordi Canals, *Competitive strategies in European banking* (Oxford: Clarendon, 1993) 40.

können, nicht zuletzt, weil sie eine sehr leistungsfähige Informationstechnologie haben. Die Größe der Bank stellt in diesem Fall kein Erfolgskriterium mehr dar.

Die Prozeßtechnologie darf aber trotz ihres einzigartigen Charakters für die einzelne Bank und die involvierten Mitarbeiter auch nicht überbewertet werden, weil sie nicht nur schwer zu patentieren, sondern auch noch schwer geheimzuhalten ist. Die unternehmensspezifischen Vorteile multinationaler Banken liegen daher ebenso in den Unternehmungsführungs- und Marketingfähigkeiten, ergänzt durch die technische Infrastruktur, die jederzeit Zugang zu Informationen, z.B. über die multinationalen Unternehmen des Heimatlandes, erlaubt.[54]

Nicht im Widerspruch zu einer großen weltumspannenden Bank stand, daß die Filiale einer ausländischen Bank wegen des kleinen und überschaubaren Apparats etwas vom Stil einer Privatbank hatte und auf Kunden auch so wirken konnte.[55]

Auf die Refinanzierungskosten einer Bank können sich die Größe der Bank, der Umfang des betrieblichen Netzwerkes, die Reputation und die Nationalität einer Bank positiv auswirken.[56]

Weitere Pluspunkte sammeln multinationale Banken durch ihre Möglichkeiten zur geographischen Diversifikation und den leichteren Zugang zu Krediten.[57]

Die geographische Diversifikation erlaubt vor allem die Risikostreuung, aber auch die Konzentration auf die Präsenz in außergewöhnlichen Wachstumsgegenden.[58]

Im Kreditgeschäft kann die Risikosteuerung und die Refinanzierung durch den Präsenzaufbau im Ausland erleichtert werden. Ein Kredit aus dem Inland etwa, der an einen im Ausland domizilierenden Kunden vergeben wird, beinhaltet neben dem Bonitätsrisiko auch das Transfer-/Länderrisiko. Letzteres Risiko kann durch eine Niederlassung in dem betreffenden Land vermieden werden, vorausgesetzt, daß die Refinanzierung des Geschäfts ebenfalls in diesem Land erfolgt.[59]

In der Citibank hatte man unter dem Chef Walter Wriston sehr klare Vorstellungen davon, wie eine breite Streuung der Aktivitäten, besonders in geographischer Sicht, die Erträge

---

54 Sauvant und Mallampally, "Introduction", 10.

55 Wilfried Scheele, "Die Bedeutung ausländischer Banken in der Bundesrepublik Deutschland", Manuskript eines Vortrags in Dresden, 26. September 1991, 7.

56 Cho, *Multinational*, 56.

57 Sauvant und Mallampally, "Introduction", 11.

58 Ibid., 8. Dunning geht davon aus, daß Größe die Hauptvoraussetzung für transnationale Aktivitäten ist. John H. Dunning, "Multinational Enterprises and the Growth of Services: Some Conceptual and Theoretical Issues", *Transnational Corporations in Services*, Hrsg. Karl P. Sauvant und Padma Mallampally (London: Routledge, 1993) 42.

59 Jürgen Krumnow, "Konzernsteuerung in Kreditinstituten", *Bank- und Versicherungslexikon*, Hrsg. Henner Schierenbeck (München: Oldenbourg, 1990) 386.

verstetigen konnte. Ziel mußte es daher sein, ein weltweit tätiges Finanzinstitut zu werden:

> "The only protection of an international bank is geographic dispersion. We will have problems in one country and not in another, or problems in three and not elsewhere, and problems in ten but not in the other sixty - somewhere around the world the sun is always shining."[60]

Es gibt allerdings nur schwache wissenschaftliche Beweise für die Vorteile einer internationalen Diversifizierung.[61]

Eine lohnende Perspektive für einen Bankkonzern ist aber außerdem, daß er durch die internationalen Stützpunkte direkten Einblick in länderspezifische Probleme erhält, d.h. Zugang zu Informationen aus erster Hand hat.[62]

Schließlich kann die Eigenschaft einer Bank, multinational zu sein, für sich genommen, auch schon ein unternehmensspezifischer Vorteil sein.[63]

2) Standortvorteile des Gastgeberlandes

Standortvorteile, die zweite der notwendigen Bedingungen zur Erklärung des Phänomens multinationaler Banken, ergeben sich aus den gesetzlichen Rahmenbedingungen des Gastgeberlandes. Dazu zählen die Bankenregulierung, das Fiskalsystem und das Arbeitsrecht im Gastgeberland.[64]

Der Einfluß von Bankregulierungen ist Gegenstand der Untersuchungen von Adrian E. Tschoegl sowie von Ingo Walter und H. Peter Gray.[65] Dieser Ansatz folgt der *International Investment*-Theorie. Entscheidend für den Erfolg multinationaler Banken ist danach, daß diese im Ausland nicht durch die Regulierungen der einzelnen Gastgeberländer benachteiligt

---

60 Zitiert in: Wilfried Scheele, "Die unterschiedlichen Strategien amerikanischer Banken im Ausland, insbesondere in der Bundesrepublik Deutschland", Manuskript eines Vortrags, gehalten am 16. Januar 1976, Institut für Banken und Industrie, Geld und Kredit, Freie Universität Berlin, 18.

61 Siehe Alan M. Rugman, *International diversification and the multinational enterprise* (Lexington, MA: Lexington Books, 1979). Sarkis J. Khoury, "International banking: A special look at foreign banks in the U.S.", *Journal of International Business Studies* 10, Nr. 3 (1979): 36-52. Adrian E. Tschoegl, "Size, growth, and transnationality among the world's largest banks", *Journal of Business* 56, Nr. 2 (1983): 187-201.

62 Krumnow, "Konzernsteuerung", 386.

63 Barry Williams, "Positive Theories of Multinational Banking: Eclectic Theory versus Internalisation Theory", *Journal of Economic Surveys*, Vol. 11, Nr. 1 (März 1997): 95.

64 Paul Campayne, "The impact of multinational banks on international financial centres", *International Business and Global Integration*, Hrsg. Mark Casson (Basingstoke: Macmillan Press, 1992) 129.

65 Adrian E. Tschoegl, "International Retail Banking as a Strategy: An Assessment", *Journal of International Business Studies* 19, 2 (Sommer 1987): 67-88. Ingo Walter und H. Peter Gray, "Protectionism and International Banking", *Journal of Banking and Finance* 7 (April 1983): 597-609.

werden. Anders als bei den Direktinvestitionen der Industrie, sehen sich Banken wegen ihres natürlichen Einflusses auf Geldpolitik und Investitionen eines Landes zahlreichen Ressentiments ausgesetzt. Länder mit nur mäßig entwickeltem Bankensektor werden sich deshalb grundsätzlich protektionistischer gegenüber ausländischen Banken verhalten, wobei auch in liberalen Ländern die Regulierungsstellen dazu neigen, bis zu einem gewissen Punkt ein gegen den Wettbewerb gerichtetes, kartell-ähnliches Verhalten der inländischen Kreditinstitute zu tolerieren.[66]

Tschoegl beschreibt die fundamentale Rolle der Offenheit in einzelnen Länder, wenn es um Direktinvestitionen geht. Mit Blick auf das *retail banking* stellt Tschoegl den großen Einfluß heraus, den sowohl die Regulierung des Heimatlandes als auch des Gastgeberlandes auf die Verhaltensweisen im multinationalen Bankgeschäft haben.

Walter und Gray betonen, daß Finanzdienstleistungsunternehmen, die eine langfristige Perspektive einnehmen, ein viel größeres Interesse an Direktinvestitionen haben als am Export von Finanzdienstleistungen. Die Banken wollen vor Ort sein, wenn sie ihre Kunden bedienen. Von zentraler Bedeutung ist daher die Frage des Marktzugangs.

a) Die Standortbedingungen in Deutschland

Für die Auslandsbanken stellte die Bankenregulierung in Deutschland nie ein Hindernis in dem Sinne dar, die Aktivitäten dort einzustellen. Die Auslandsbanken stuften die deutsche Regulierung als liberal ein. Gleichwohl gab es eine Reihe von hinderlichen Faktoren, zu denen an prominenter Stelle die Mindestreservebestimmungen der Deutschen Bundesbank gehörten, wenn auch jede andere Bank in Deutschland genauso davon betroffen war.

Noch unnötiger und störender empfanden die Auslandsbanken die Unterhaltung eines Dotationskapitals, weil die Mutterbanken ohnehin jederzeit voll für ihre Auslandsfilialen hafteten.[67] Dem Bundesaufsichtsamt für das Kreditwesen diente das Dotationskapital als Bezugsgröße für eine Vielzahl von Vorschriften. Es sollte aber fraglos durch die Pflicht zur Unterhaltung eines Dotationskapitals auch der Eifer ausländischer Institute, sich in Deutschland weiter auszudehnen, etwas gebremst werden.

In einer Untersuchung der Direktinvestitionen amerikanischer Banken im Ausland wurde festgestellt, daß die Wahl des Standorts von der Bankenregulierung, der Anwesenheit inländischer multinationaler Firmen und der Marktgröße abhängt. Es konnte jedoch keine Abhängigkeit von der Wettbewerbsfähigkeit der Banken des Gastgeberlandes gefunden

---

66 Smith und Walter, *Global*, 416.

67 Siehe hierzu Seite 198 dieser Arbeit.

werden. Gleiches galt auch für die Anziehungswirkung der schon etablierten Banken in dem Markt.[68]

Speziell vom deutschen Universalbankensystem ging eine gewisse Anziehung aus, weil es den stark spezialisierten US-Banken, die aus einem Trennbankensystem kamen, die Möglichkeit des Kennenlernens neuer Geschäftsfelder bot.

Die deutschen Arbeitsgesetze müssen dagegen wegen ihrer Starrheit als klarer Standortnachteil angesehen werden. Die Steuergesetze sind wegen ihrer hohen marginalen Steuersätze ebenfalls wenig geeignet, qualifizierte Leute anzuziehen, die in der Regel aus Finanzzentren mit moderaten Einkommensteuern kommen.

Weiteren Einfluß auf die Güte des Standortes hat die Lage innerhalb der Zeitzonen. Von daher liegt Frankfurt sehr günstig zwischen den Zeitzonen New York und Tokio. Doch tut dies London auch und profitiert zusätzlich von den Konzentrationsbestrebungen der Banken auf nur einen Stützpunkt pro Zeitzone. In der Citibank gab es sogar schon einmal die Überlegung, wegen des Zeitzonenvorteils London - anstelle New Yorks - zum Hauptfirmensitz der Citibank zu machen, wobei dies erhebliche rechtliche Probleme aufwerfen würde.

Eines der Argumente, warum der deutsche Bankenmarkt aus der Sicht multinationaler Banken kein weißer Fleck auf der Karte bleiben darf, betrifft die ökonomische Situation. Damit werden die Größe und der Entwicklungsstand der Volkswirtschaft, das Humankapital, die Struktur der Wirtschaft und der Außenhandel angesprochen.[69] Mit zunehmender Größe, Entwicklung und internationaler Integration einer Region steigen auch die Chancen für multinationale Banken, unternehmensspezifische Vorteile zu entfalten.[70]

Die Anwesenheit von Banken hängt auch vom Rechtssystems eines Standortes ab. So werden z.B. bei Konsortialkrediten viele Anwälte gebraucht, was wegen der größeren Spezialisierung und Erfahrung britischer Anwälte auf diesem Gebiet mehr für London als für Frankfurt spricht.[71]

Standortvorteile leiten sich schließlich aus der Währung ab. So liegt ein wesentlicher Grund, sich in Frankfurt niederzulassen, in der internationalen Rolle der DM. Die Zunahme

---

68 Silvia B. Sagari, "United States foreign direct investment in the banking industry", *Transnational Corporations*, Vol. 1, Nr. 3 (Dezember 1992): 93.

69 Cho, *Multinational*, 58.

70 Der Zugriff auf Bankpersonal schien in Deutschland dank der guten Ausbildung dort auf den ersten Blick kein Problem zu sein. Gleichwohl berichteten die Vertreter amerikanischer Banken von Schwierigkeiten, bestimmte Experten einzustellen. Hinzu kam, daß die Versetzung eines Londoner Devisenhändlers nach Frankfurt von demselben kaum als Auszeichnung empfunden wurde. Zu dieser Einschätzung trugen die hohen Steuern und sozialen Abgaben in Deutschland bei. Überdies fehlte in Frankfurt so etwas wie der *smell of the market*, den es in London gibt.

71 Campayne, "The impact", 134. Übertragen auf die Verhältnisse in Asien bedeutet es, daß ein Standort wie Hongkong im Vergleich zu Singapur attraktiver ist, weil in der langjährigen Kronkolonie die besseren juristischen Fähigkeiten verfügbar sind. So wird Hongkong als Platz für die Verbuchung von Krediten angesehen, während Singapur vor allem der Platz für die Refinanzierung durch Einlagen ist. Lee Sheng Yi, "Developing Asian Financial Centres", *Pacific Growth and Financial Interdependence*, Hrsg. Augustine H.H. Tan und Basant Kapur (Sydney: Allen and Unwin, 1986) 216.

der internationalen Verwendung der DM fiel in den 80er Jahren besonders hoch aus; die gesamten DM-Anlagen von Ausländern, bezogen auf Deutschland und den Euromarkt, betrugen Ende 1989 rund 860 Mrd. DM. Das bedeutete für die 80er Jahre in etwa eine Verdreifachung des damit verbundenen Transaktionsvolumens.[72]

b) Die Kundennachfolgethese

Wenn die These zutrifft, daß die multinationalen Banken ihren Kunden folgen, so handelt es sich ebenfalls um einen Standortvorteil im Sinne des eklektischen Ansatzes von Dunning.[73] Der Vorteil ergibt sich daraus, daß Banken ihre Geschäfte mit den Kunden des Hauptquartiers auch im Ausland fortsetzen können.

Vieles spricht für die Richtigkeit der Kundennachfolgethese, besonders in Europa in den 60er Jahren, als sich an die Welle der expandierenden amerikanischen Industrieunternehmen eine Welle der Banken anschloß, wenn auch mit Verzögerung.[74]

In den 60er Jahren waren die schnell wachsenden Volkswirtschaften in Europa in Verbindung mit dem zur wichtigsten Reservewährung aufgestiegenen und daher auch vielfach überbewerteten Dollar der Auslöser für viele multinationale US-Unternehmen, Industriebeteiligungen in Europa einzugehen oder Produktionsstätten aufzubauen.[75] Den multinationalen Unternehmen folgten schließlich die US-Banken, indem diese ebenfalls ausländische Filialen gründeten.

Seit den Nachkriegstagen hat keine andere Wirtschaftsentwicklung einen größeren Einfluß auf die ökonomische, soziale und politische Weltordnung gehabt als die Entstehung und Verbreitung von multinationalen Unternehmen. Das enorme Wachstum multinationaler Unternehmen zeigt die hohe Lebensfähigkeit dieser Organisationsform: Anfang der 90er

---

[72] Landeszentralbank in Hessen, Hrsg., "Auslandsbanken in Frankfurt", *Frankfurter Finanzmarkt-Bericht*, Ausgabe 2/90 (November 1990): 1.

[73] "Banks follow industry" oder "follow-the-client". Roy C. Smith und Ingo Walter, *Global Financial Services: Strategies for Building Competitive Strengths in International Commercial and Investment Banking* (New York: Harper Business, 1990) 28. Yannopoulos wendet das eklektische Paradigma auf den Bankensektor an. George Yannopoulos, "The growth of transnational banking", *The growth of international business*, Hrsg. Mark Casson (London: Allen and Irwin, 1983). Die These von der Kundennachfolge vertritt auch Fieleke, ergänzt um die zwei damit verbundenen Ziele einer höheren Rentabilität und Diversifikation der Risiken. Norman S. Fieleke, "The Growth of US Banking Abroad: An analytical Survey", *The Internationalisation of Financial Markets and National Economic Policy* (New York: JAI Press, 1983) 195-243.

[74] Historisch hat diese Abfolge von Direktinvestitionen der Industrie und Direktinvestitionen der Banken mindestens schon einmal stattgefunden, und zwar vor dem Zweiten Weltkrieg, als die britischen Banken expandierten. Grubel, *A Theory*, 353.

[75] Günther E. Greiner, "Citibank", *Zeitschrift für das gesamte Kreditwesen* 21 (1980): 1016.

wurde mindestens ein Viertel des Welthandels zwischen den Einheiten multinationaler Unternehmen abgewickelt anstatt über die Märkte.[76]

Bei der Chase Manhattan Bank in Frankfurt hieß es: "There's a tremendous increase in American companies here, and our policy is to serve them."[77]

Im Fall der First National City Bank war die räumliche Expansion eng mit den multinationalen US-Unternehmen verwoben, die sich über den Globus verteilten. Eine Mitte der 60er Jahre erstellte Studie zeigte, daß eine Gruppe von 187 Firmen für 3/4 der US-Direktinvestitionen des Industriesektors verantwortlich waren und daß von diesen 187 Firmen allein 165 Kunden der First National City Bank waren.[78]

Die Deutsche Bundesbank stellte fest, daß der größte Teil der Ausleihungen von ausländischen Banken im Jahr 1972 an Industrieunternehmen in den Branchen Chemie, Öl, Stahl, Maschinenbau und Automobil ging und daß diese Unternehmen in aller Regel von großen, ausländischen Konzernen kontrolliert wurden.[79]

Für einen späteren Zeitraum, von 1987 bis 1995, bestätigen die These von der Kundennachfolge auch Miller und Parkhe.[80] Anhand einer Stichprobe von 32 Ländern weisen sie für die Gruppe der Industrieländer eine positive Korrelation zwischen den Direktinvestitionen und dem Ausmaß der Aktivitäten nach, das sich nach der Anzahl und der Höhe der Vermögenswerte der Auslandsfilialen bestimmt. Im Kreditgeschäft war es ein Vorteil, wenn man seine Kunden vollständig kannte, besonders wenn es sich um Unternehmen handelte, deren Stammsitz außerhalb des eigenen Geschäftsgebiets lag. Während deutsche Banken im Falle amerikanisch-stämmiger Kunden kaum mehr als das, was sie vor Ort sahen, zur Entscheidungsgrundlage machen konnten, hatten amerikanische Banken Einblick in das Gesamtunternehmen und seine Marktposition im Heimatmarkt.

Darüber hinaus waren amerikanische Banken aber auch den deutschen Banken gegenüber im Vorteil, wenn es galt, Kunden zu umwerben, die ihren Stammsitz in den Vereinigten Staaten hatten, aber noch keine Kunden im Heimatmarkt waren. Amerikanische Banken und amerikanische Unternehmen waren sich weniger fremd, demgegenüber mußte sich eine deutsche Bank das Vertrauen eines amerikanisch-stämmigen Kundens erst noch verdienen. Auch verlangten die Banken des Gastgeberlandes möglicherweise zu viele Sicherheiten,

---

76 Siegfried G. Schoppe, *Kompendium der Internationalen Betriebswirtschaftslehre* (München: Oldenbourg, 1991) 49.

77 Igor Oganesoff, "Global U.S. Finance: Big American Banks, Brokers Speed Opening Of Branches Overseas", *The Wall Street Journal*, 8. September 1964, 1.

78 Harold van B. Cleveland und Thomas F. Huertas, *Citibank 1812-1970* (Cambridge: Harvard University Press, 1985) 267.

79 Es waren diese Bankbeziehungen zu ausländischen Konzernen, die von der Bundesbank als die größten Wettbewerbsvorteile der ausländischen Banken in Deutschland angesehen wurden. O.V., "Foreign banks in Germany", *The Banker* (April 1972): 590.

80 Miller und Parkhe, "Patterns", 376.

insbesondere Garantien von anderen Banken oder die Einbindung weiterer Banken in ein Kreditkonsortium.[81]

Man kann schließlich auch davon sprechen, daß sich die Existenz multinationaler Unternehmen und multinationaler Banken gegenseitig bedingte, weil multinationale Unternehmen in Folge gestiegener Kapitalintensität bei gleichzeitig sinkender Selbstfinanzierungsquote beträchtliche Finanzmittel benötigten. Andererseits galt aber auch speziell für die Tochtergesellschaften amerikanischer Unternehmen, daß diese - im Gegensatz zu den Auslandstöchtern deutscher Unternehmen - eine Innenfinanzierung über den Cash Flow anstrebten. So gesehen, brauchten die US-Tochterunternehmen im Ausland weniger Fremdkapital und waren kaum auf Banken angewiesen.[82]

Schließlich gibt es noch eine Studie von Kindleberger, in der jedoch ein unklares Bild vom Expansionsverhalten der Banken gezeichnet wird. Als Folge der Vermischung von Bank- und Industriefunktionen hatten Banken in Deutschland, Österreich, Italien und teilweise auch in den Vereinigten Staaten, man denke in letzterem Falle an John Pierpont Morgan einerseits oder Henry Ford andererseits, meist sehr enge Beziehungen zu Industrieunternehmen, nicht zuletzt durch wechselseitige Aufsichtsratsmandate und das Depotstimmrecht der Banken.[83] Banken und Industrieunternehmen sind dabei zwei Bestandteile eines globalen Netzwerkes. Auf die Frage, ob Banken im internationalen Geschäft folgen oder es anführen, findet Kindleberger deshalb keine schlüssige Antwort. Manchmal haben Industrieunternehmen nur ein einzelnes Objekt im Auge, Banken dagegen eine ganze Region - dann führen Banken diese Entwicklung an. Aber auch die umgekehrte Situation ist möglich, wenn Industriefirmen eine Region für sich entdecken und wesentliche Infrastrukturmaßnahmen selber einleiten.[84]

3) Internalisierungsvorteile

Die Theorie der Firma nach Coase hat Rugman als einer der ersten auch auf die Aktivitäten internationaler Banken angewendet.[85] Daraus ist der Internalisierungsansatz zur Erklärung

---

[81] Igor Oganesoff, "Global U.S. Finance: Big American Banks, Brokers Speed Opening Of Branches Overseas", *The Wall Street Journal*, 8. September 1964, 16.

[82] Eine Studie hatte zum Ergebnis, daß amerikanische Tochterunternehmen sich zu fast zwei Dritteln aus dem Cash Flow finanzieren. Ehrenfried Pausenberger und Harald Völker, *Praxis des internationalen Finanzmanagement: Eine empirische Untersuchung von Finanzierung, Kapitalstrukturgestaltung und Cash Management in internationalen Unternehmen* (Wiesbaden: Gabler, 1985) 45.

[83] Charles P. Kindleberger , "International Banks as Leaders or Followers of International Business", *Journal of Banking and Finance* 7 (1983): 590.

[84] Ibid., 583.

[85] Ronald H. Coase, "The Nature of the Firm", *Economica*, Vol. 4, Nr. 16 (1937): 386-405. Alan M. Rugman, *Inside the Multinationals* (London: Croom Helm, 1981).

multinationaler Banken entstanden. Rugman verweist auf externe Effekte in den internationalen Finanzmärkten und folgert, daß nur multinationale Banken mit Hilfe ihrer Auslandsfilialen diese Unvollkommenheiten eliminieren können. Grundsätzlich speist sich das Verlangen nach vertikaler oder horizontaler Integration aus der Annahme, daß die Kosten einer Marktlösung höher ausfallen als die Kosten einer Hierarchielösung.[86] Unvollkommenheiten können z.B. im Verhältnis zu einer Korrespondenzbank auftreten, wenn es darum geht, die Bankpreise so zu kalkulieren, daß jeder Partner bezüglich seiner unternehmensspezifischen Vorteile angemessen berücksichtigt wird. Allerdings läßt sich an seinem Modell auch Kritik üben. So reicht es nicht aus, nur von unternehmensspezifischen Vorteilen zu sprechen, diese müssen auch benannt werden. Es ist ferner zu klären, wieso es kommt, daß gleichgroße und annähernd gleichartige Banken unterschiedliche Multinationalisierungsgrade aufzeigen.

Die Internalisierung begünstigt eine multinationale Bank auf drei Feldern:

Erstens: Innerhalb einer multinationalen Bank sind mehrere Refinanzierungsquellen verfügbar und - im Vergleich mit ausschließlich national tätigen Banken - zu geringeren Kosten nutzbar, nicht zuletzt durch die Möglichkeit zur Berechnung von Transferpreisen.

Zweitens: Alle Marktinformationen und unternehmerischen Fähigkeiten stehen der Gesamtbank zur freien Verfügung und lassen sich effizient nutzen.

Drittens: Kundenkontakte lassen sich effizient nutzen.

Zu Erstens: Netzwerkvorteile lassen die Transaktions- beziehungsweise Opportunitätskosten der Bank sinken.[87] Durch die zentrale Kontrolle und Koordinierung lassen sich Liquiditätsüberschüsse innerhalb der Bank verwenden. Dies wirkt kostenreduzierend auf die Refinanzierung, wie es auch die Nutzung interner Transferpreise erlaubt. Internationale Besteuerungs- und Regulierungsunterschiede lassen sich im Sinne von Arbitragegeschäften ausnutzen, etwa durch die Beeinflussung von Transferpreisen mit dem Ziel, Gewinne in

---

86 Dunning, "Multinational", 51.

87 Es läßt sich aber auch von einem Paradoxon berichten. Auf der einen Seite wird die interne Kontrolle und Koordinierung von Eigentümer- und Standortspezifischen Vorteilen multinationaler Unternehmen als immenser Vorteil angesehen, auf der anderen Seite vollzieht sich auf nationaler Ebene der Prozeß der Verlagerung von Serviceeinheiten auf eigenständige Firmen: das *Outsourcing*. Soll, was auf internationaler Ebene die Transaktionskosten senkt, auf nationaler Ebene das Gegenteil bewirken, nämlich einen Anstieg der Transaktionskosten, falls alle Serviceeinheiten unter einem Dach bleiben? Zum Teil mögen diese Unterschiede an der wenig verbreiteten internationalen Handelbarkeit von Dienstleistungen (der Anteil der Dienstleistungen am Welthandel lag 1999 bei rund 20%) liegen, die möglicherweise nicht so leicht als Fremdbezug organisiert werden können. Savant und Mallampally, "Introduction", 21. O.V., "Financial Indicators: Trade in Services", *The Economist*, 29. April 2000, 117.

Niedrigsteuerländern auszuweisen. So besteht die Möglichkeit, vom Londoner Stützpunkt aus einen stark vergünstigten Kreditzins an die eigene Filiale in der Karibik zu gewähren. Dies führt in London naturgemäß zu einer Reduzierung des zu versteuernden Einkommens, während die Filiale in der Karibik das Geld zu marktüblichen Konditionen weiter verleihen oder es der Mutter überlassen kann. Rugman belegt, daß bei Anwendung von Transferpreisen die Gesamtrendite einer multinationalen Unternehmung gesteigert werden kann.[88]

Ein Kostenvorteil eines Stützpunktes in Deutschland ergibt sich auch daraus, daß eine amerikanische Bank den gesamten DM-Zahlungsverkehr nicht mehr über die deutschen Korrespondenzbanken abwickeln muß.

Zu Zweitens: Da Banken im wesentlichen mit Informationen handeln, und die Märkte für Informationen als unvollkommene Märkte gelten, bietet sich die Internalisierung im Bankenbereich geradezu an. Banken haben einen Informationsvorsprung gegenüber kreditsuchenden Firmen, aber auch gegenüber neu in das Marktsegment eintretenden Banken.[89] Es liegt nahe, diese "informational rent" in einer Vielzahl von Ländern abzuschöpfen.[90] Daneben ist die Internalisierung der Aktivitäten in ausländischen Stützpunkten ein sehr wirksames Mittel, um fremde Märkte mit eigenen Augen und nicht durch die Augen anderer kennenzulernen.

Ein weltweites Datennetz erlaubt die Reduzierung der Kosten und Risiken von Transaktionen sowie eine erhöhte Flexibilität beim Management der Aktiva und der Verbindlichkeiten. Es kommt sehr auf die Konfiguration der weltweiten Aktivitäten an.

Da Informationen einen "Öffentlichen-Gut-Charakter" haben, erzeugt deren Internalisierung durch multinationale Banken positive Skalenerträge.[91] Informationen über ein deutsches Unternehmen, das in den Vereinigten Staaten investieren möchte, stellen z. B. einen nicht patentierbaren monopolistischen Vorteil dar, den man gern innerhalb der eigenen Bank nutzen möchte. Würde die US-Bank hier in Deutschland über eine Korrespondenzbankenbeziehung arbeiten, wäre es leicht möglich, den Kunden an diese Bank zu verlieren. Ferner zieht man sich künftige Konkurrenten heran, wenn man seinen Korrespondenzbanken außergewöhnliche Geschäfte überläßt.

---

88 Rugman, *Inside*, 83.

89 Dieser Informationsvorsprung und die Vernetzung der Informationen galt auch schon zu Zeiten der Bankiers Rothschild als vorteilhaft, deren Blütezeit in das frühe 19. Jahrhundert fiel.

90 Dieser Vorsprung wird bei Kay Mitusch bei mehrperiodigen Kreditbeziehungen festgestellt, wenn auch ohne Berücksichtigung der internationalen Aspekte. Es läßt sich aber daraus folgern, daß die bei einer ersten Kreditbeziehung erhaltenen Informationen auch für weitere Geschäfte nützlich sein können, unabhängig davon, an welchem Ort. Kay Mitusch, *Modelle zur Funktion der Bank* (München: Verlag V. Florentz, 1995) 210.

91 Ingo Walter, *Global Competition in Financial Services* (Cambridge: Ballinger, 1988) 82-86.

Weiterhin kann die Multinationalität einer Bank positiv auf die Reputation wirken, so daß die Chancen steigen, interessante, neue Kunden zu gewinnen oder fähige Mitarbeiter zu rekrutieren.

Schließlich lassen sich in einem Konzern zwischen den einzelnen Einheiten sehr gut Transfers von Technologie und Management Know-how organisieren.

Zu Drittens: In multinationalen Banken können effiziente Kundenkontakte einen Internalisierungsvorteil darstellen. Hiermit wird das Problem der asymmetrisch verteilten Informationen in Banken angesprochen. Langfristige Kundenbeziehungen können asymmetrisch verteilte Informationen abbauen helfen. Die Ausgangslage ist dergestalt, daß eine Bank einen ihr schon länger bekannten Kunden auch bei seinen Geschäften im und mit dem Ausland betreut. Bedient sich die Bank nun keiner Korrespondenzbank, sondern einer eigenen Auslandsfiliale, werden keine Informationen an potentielle Konkurrenten übertragen. Im Ausland eingeschaltete Korrespondenz- und unvermeidlich auch Konkurrenzbanken können daher nicht von den Informationen des Inlandsinstituts zu Grenzkosten nahe Null profitieren. Wenn keine Korrespondenzbank eingeschaltet wird, reduziert sich also deutlich die Gefahr des Trittbrettfahrerverhaltens.[92]

In der Tat können persönliche Kontakte zwischen Kunde und Bank eine Hauptquelle monopolistischer Erträge in Banken darstellen. Diese Kontakte sollten möglichst langfristig, umfangreich und intensiv sein: "Starke Kundenbeziehungen erbringen ein Mehrfaches an Erträgen bei vergleichsweise geringen Kosten." Voraussetzung dafür ist die Kundenfokussierung.[93]

Die positiven Auswirkungen starker Kundenbeziehungen relativierend, stellte die Bank für Internationalen Zahlungsausgleich (BIS) jedoch 1991 fest, daß die besser informierten Firmenkunden weniger wert auf langfristige Bankverbindungen legen würden.[94] Da diese wenig loyalen Firmenkunden zu den Hauptzielgruppen von multinationalen Banken zählen, lassen sich Internalisierungsvorteile also keineswegs leicht erzielen.

---

92 Cordes, *Internationale*, 130.

93 Hans-Paul Bürkner und Claudia Woerz, "Entwicklung und Implementierung von Strategien im Firmenkundengeschäft", *Handbuch Firmenkundengeschäft*, Hrsg. Klaus Juncker und Erich Priewasser (Frankfurt: Knapp, 1993) 725.

94 Bank für internationalen Zahlungsausgleich (BIS), *61. Jahresbericht*, 1. April 1990 - 31. März 1991, Basel (1991): 120.

6. Der Einfluß von Regulierungen im Heimatland und auf internationaler Ebene

Bankregulierungen und Regierungsmaßnahmen in den Heimatländern können die Unternehmensspezifischen, die Standort- und die Internalisierungsvorteile, die den Kern des eklektischen Paradigmas bilden, stark beeinflussen. Ebenso wirken sich internationale Regelungen, z.B. neue Eigenkapitalrichtlinien, auf das Verhalten von Banken aus.

Wenn es um den Einfluß von einheimischen Regulierungen geht, so betonen Walter und Gray, daß die amerikanischen *commercial banks* nicht jede Restriktion oder Einschränkung tatenlos hingenommen, sondern nach Möglichkeiten gesucht haben, diese zu umgehen. Zum Teil gab es gerade in sehr restriktiven Umgebungen die Chance, außergewöhnliche Gewinne zu realisieren.[95]

Für die amerikanische Bankenregulierung galt, daß man ihr entkommen mußte, um uneingeschränkt mit der Bilanzsumme wachsen zu können, neue Ertragsfelder zu erschliessen und mehr Erträge als im Inland zu erwirtschaften.

Das Anwachsen der amerikanischen Bankenpräsenz in Europa in den 1960er und 1970er Jahren ging daher in hohem Maße auf die Einschränkungen im amerikanischen Bankenwesen zurück. Insbesondere die restriktiven Vorschriften der amerikanischen Regierung für die Kapitalströme machten den Zugang zu anderen als den heimischen Kapitalquellen notwendig.[96]

Aufgrund des *Voluntary Foreign Credit Restraint Program* war es beispielsweise nicht mehr möglich war, die Kreditaufstockungen an ausländische Gläubiger mit den Mitteln der amerikanischen Zentrale gegenzufinanzieren.

Daneben gab es andere Hindernisse. So hatte die amerikanische Notenbank die Fähigkeit amerikanischer Banken eingeschränkt, *certificates of deposits* an inländische Investoren zu verkaufen, mit der Folge, daß die Refinanzierung in Übersee nochmals dringlicher wurde.[97]

Daß hier triftige Gründe vorlagen, vor der eigenen Bankenregulierung zu fliehen und das internationale Geschäft ins Ausland zu verlagern, besonders in den unregulierten Euromarkt, ist auch die These von Greenbaum und Thakor[98] sowie Richard Sylla.[99]

---

[95] Walter und Gray, "Protectionism", 608.

[96] Im einzelnen waren das der *Interest Equalization Tax Act* von 1964 (Mit dieser steuerlichen Regelung wurden die Zugangsmöglichkeiten von Ausländern zu den amerikanischen Kapitalmärkten eingeschränkt.), das *Voluntary Foreign Credit Restraint Program* (Dieses Programm beschnitt das Auslandskreditgeschäft amerikanischer *commercial banks.*) und die *Overseas Foreign Direct Investment Guidelines* (Diese Richtlinien limitierten die Möglichkeiten amerikanischer Unternehmen, Kapital für Direktinvestitionen ins Ausland zu transferieren.).

[97] Fred H. Klopstock, "A New Stage in the Evolution of International Banking", *Revue Internationale d'Histoire de la Banque* 6 (1973): 11, 12.

[98] Greenbaum und Thakor, *Contemporary*, 633.

[99] Richard Sylla, US Banks in Europe: strategy and attitudes (erscheint demnächst) 29.

Jedoch muß eingeräumt werden, daß die Aufhebung der strengen amerikanischen Bestimmungen 1974 nicht zu einem allgemeinen Rückgang der amerikanischen Bankaktivitäten in Übersee geführt hat. Die Expansion hielt an.[100] Es schien, als ob die Eigendynamik und der Schwung der Vorjahre dazu führten, daß die Banken eine einmal aufgebaute Präsenz im Ausland nicht wieder aufgeben wollten.

Besondere internationale Einflüsse erreichten die Banken 1988 in Form der neu verabschiedeten Eigenkapitalbestimmungen von Basel, die bis Ende 1992 umgesetzt werden sollten. Die meisten der in den 80er Jahren international tätigen US-Banken waren deutlich unterkapitalisiert, so daß die Auswege aus dieser Situation darin bestanden, zusätzliches Eigenkapital aufzunehmen, die Bilanzsumme zu verkleinern oder das Portfolio-Risiko zu vermindern.[101]

Wie stark der Einfluß von Regulierungen des Heimatlandes sein kann, zeigt die Situation der amerikanischen *commercial banks* in den 90er Jahren. Weil die Banken erstmals in der Geschichte sich mit Hilfe von Ausnahmegenehmigungen, Fusionen und *bank holding*-Strukturen vergleichsweise frei im eigenen Land bewegen konnten - *de facto* wurde damit die Aufhebung des Verbots des Filialbankgeschäfts eingeleitet - zielten ihre Strategien auf die Erschließung des Inlandsmarktes ab. Das Bankgeschäft im Ausland zu betreiben, war damit nur noch ein nachgeordnetes Strategieziel.[102]

Abschließend ist allerdings zu sagen, daß die Reaktion auf oder die Umgehung von Bankregulierungen angesichts der Liberalisierungstendenzen bei den Finanzdienstleistungen immer weniger als Gründe für die Multinationalisierung von Banken dienen können.[103]

7. Behaviourismus und die Bankennachfolgethese

In Abwandlung der These, daß Banken ihren Kunden folgen, läßt sich ebenso die These aufstellen, daß "Banken den Banken folgen". Den theoretischen Rahmen dafür bildet der Behaviourismus, der zu den Strategie-Theorien gehört.[104] Im Behaviourismus wird behauptet, daß Entscheidungen sehr häufig auf der Basis einer begrenzten Kenntnis der

---

100 Cho, *Determinants*, 13.

101 Miller und Parkhe, "Patterns", 364.

102 Die beiden in der zweiten Hälfte der 90er Jahre durch Fusionen entstandenen Großbanken Bank of America (NationsBank mit Bank of America) und Bank One (Bank One mit First Chicago) verfolgten das Ziel einer Inlandsexpansion.

103 Welf Werner, "Etappensieg auf dem Weg zur Weltfinanzordnung", *Frankfurter Allgemeine Zeitung*, 20. November 1999, 15.

104 Gegenüber den genannten volkswirtschaftlich orientierten Theorien multinationaler Banken, die sich stark auf die Gründe der Entstehung und Existenz dieser Unternehmen beziehen, erklären die Strategie-Theorien die interne Organisation und die Entscheidungsprozesse in multinationalen Banken.

Umwelt getroffen werden und daß diese von den persönlichen Wertesystemen der Manager abhängen.

Mit ähnlichem Ergebnis, aber im Rahmen der Monopol-Theorie, argumentiert auch Knickerbocker, der herausfand, daß Oligopolisten gleichzeitig und im gleichen Land Direktinvestitionen durchgeführt haben. Diese "oligopolistische Reaktion" steht für ein defensives Verhalten der Banken.[105]

Auffallend war, daß die Expansionsbewegung der amerikanischen Banken sehr wellenartig verlief.[106] Nachdem die drei Großbanken Citibank, Chase und Bank of America in den 60er Jahren den Anfang machten, begaben sich in den frühen 70er Jahren auch die anderen größeren Banken auf Aufholjagd. Dies waren Manufacturers Hanover Trust, Chemical Bank, Morgan, Bankers Trust, Continental Illinois, First National of Chicago, First National of Boston, Marine Midland und Wells Fargo.

Sie hatten dabei die gleichen Dinge im Sinn wie ihre Vorbilder: 1. Die Diversifizierung der Ertragsquellen; 2. Die Präsenz in 10 bis 15 internationalen Finanzzentren; 3. Die Mitgliedschaft in Konsortiumsbanken.[107]

Zu dem stärkeren Konkurrenzbewußtsein trug auch bei, daß die meisten amerikanischen Banken in den frühen 70er Jahren mit dem Gewinnanteil aus dem Auslandsgeschäft öffentlich warben. Die Dynamik einer Bank wurde mit ihrem Auslandserfolg gleichgesetzt.[108]

Die Banken aus Chicago z.B. begründeten ihr Expansionsverhalten mit dem Wettbewerbsdruck, dem sie sich ausgesetzt sahen. Sie ergriffen daher die Gelegenheit, Stützpunkte auch in Frankfurt aufzubauen, weil zu befürchten war, daß Kunden der amerikanischen Zentralen zu einer der in Frankfurt schon länger ansässigen New Yorker Großbanken überwechseln würden. Diese wiederum waren von dem Zuzug weiterer US-Banken nicht erbaut und wurden nicht müde, in Gegenwart von Journalisten von den erheblichen Kosten zu sprechen, die in einer Auslandsfiliale anfielen, bis sie Erträge abwerfen würde. Mitte der 60er Jahre sprach man von 1 Mio. Dollar, die in den ersten drei Jahren bis zum Erreichen der Ertragsschwelle zu investieren wären, und wie unklug es für kleinere Banken wäre, diese Summe im Ausland zu riskieren.[109] Viele Banken vermuteten aber hinter solchen Äußerungen nur Motive der Abschreckung: "Maybe the big chaps do not like the extra competition - and smaller banks do not want others from the same city following them

---

105 Manfred Perlitz, "Entwicklung und Theorien der Direktinvestitionen im Ausland", *Internationale Unternehmensführung: Management-Probleme international tätiger Unternehmen*, Hrsg. Wilhelm H. Wacker (Berlin: Schmidt, 1981) 103.

106 Neil Coulbeck, *The Multinational Banking Industry* (London: Croom Helm, 1984) 64.

107 O.V., "Readjustment for America's big banks?", *The Banker* (August 1973): 911f.

108 Alfred Knör, "Währungskrise engt Ausländer-Aktivität ein", Banken International, *Handelsblatt*, 24. Juli 1973, XIII.

109 O.V., "Readjustment", 909.

either."[110] Gleichwohl hat sich diese Warnung in der zweiten Hälfte der 70er Jahre bewahrheitet, als den Banken die Kosten aus dem Ruder liefen.

In den 70er Jahren mußten etliche US-Banken die Frage über sich ergehen lassen, ob sie denn im Ausland etwas verdienten. Der für Bankfragen im amerikanischen Kongress zuständige Thomas M. Rees beschrieb seine Erfahrungen so: "Manche Auslandsfilialen können nicht einmal ihre Spesen hereinbringen. Die weltweite Gründungswelle war oft nur ein "ego trip" des Vorstandsvorsitzenden mit dem Ziel, seinen Konkurrenten in der Zahl der Auslandsdependancen zu übertrumpfen."[111]

In der Tat spiegelten sich in den internationalen Strategien auch die persönlichen Neigungen der Chefs wider, aber gerechtfertigt wurde die Expansion damit, auf das Verhalten der Konkurrenz reagieren zu müssen - übertriebene Reaktionen waren dabei allerdings nicht auszuschließen.[112]

Es gehörte für eine US-Bank in den Jahren der großen Expansion der frühen 70er Jahre zum guten Ton, in Deutschland vertreten zu sein. Der *Chairman* besuchte gern seine Auslandsstützpunkte.[113] Ein Vorstandsmitglied der deutschen Citibank formulierte: "Die Strategie in den sechziger Jahren bestand - zumindest bei den Großen - darin, präsent zu sein, d.h. um fast jeden Preis zunächst Filialen oder wenigstens Repräsentanzen zu eröffnen; auch wenn die ökonomischen Gründe hierfür nicht immer klar zu erkennen waren. Nur selten wurden detaillierte Marktanalysen angefertigt, um die Entscheidung zu rechtfertigen. Ein gewisses Prestigedenken spielte in diesem Zusammenhang eine große Rolle."[114]

8. Bestreitbare Märkte

Die Theorie der bestreitbaren Märkte (*contestable markets*) wurde von Baumol entwickelt. Anders als in Stiglers Oligopoltheorie, bei der die neuen Akteure keinen Zugang zu dem oligopolistischen Markt haben, ist das Kennzeichen der bestreitbaren Märkte gerade der freie Marktzutritt. Ein bestreitbarer Markt liegt vor, wenn die Markteintritts- und Marktaustrittskosten ungefähr bei Null liegen. Daraus folgt, daß die alteingesessenen Institute wegen des

---

110 Ibid.

111 O.V., "Fremdfinanzierung: Schon 49 Auslandsbanken in Deutschland", Capital 2 (1976): 112. Von den beiden Bank of America-Chefs Beise und Peterson war zu erfahren, daß sie das Betreiben eines großen Niederlassungsnetzes in Kalifornien als wenig herausfordernd ansahen. Der Aufbau von Auslandsfilialen mag da verlockender gewesen sein. Gary Hector, *Breaking the Bank: The Decline of BankAmerica* (Boston: Little, Brown and Company, 1988) 68.

112 Steven Davis, "International bank strategies beyond the debt crisis", *The Banker* (Juni 1984): 32.

113 Dr. Ulrich Colsman-Freyberger, früherer Vice-President, First National Bank of Boston, Frankfurt, Telefongespräch am 19. August 1998.

114 Scheele, "Die unterschiedlichen", 9.

potentiellen Markteintritts anderer Banken ständig in Gefahr sind, in ihrer Rentabilität beeinträchtigt zu werden. Sie verhalten sich deshalb so, als ob die Marktneulinge schon da wären.

Auf den Bankensektor bezogen bedeutet dies, daß ausländische Finanzinstitute ungehindert in nationale Märkte eintreten können. Da diese Theorie von Multiproduktfirmen ausgeht, läßt sie sich in besonderer Weise auch auf Banken anwenden. Neue Technologien haben maßgeblich dazu beigetragen, die Markteintrittskosten zu verringern. Bankgeschäfte per Telefon oder Computer sowie die gemeinsame Nutzung eines Geldautomatennetzes erlauben neu gegründeten Finanzinstitutionen, schnell und mit geringem Aufwand in Bankenmärkte einzutreten.[115]

Das Hauptmerkmal der bestreitbaren Märkte ist, daß das Verhalten von Firmen nicht von der Anzahl der Firmen einer Branche abhängt, sondern von den Bedingungen des Markteintritts und -austritts. Ein außenstehender Anbieter von Finanzdienstleistungen kann daher in einem frei zugänglichen Markt zu denselben Konditionen anbieten, wie es die bisherigen Marktteilnehmer tun. Um Kunden von den alteingesessenen Banken abzuwerben, wird der neue Anbieter mit niedrigen Preisen kalkulieren, niedriger als die der alteingesessenen Konkurrenz. Nach erfolgreicher Abwerbung der überwiegend preis- und zinsempfindlichen Kundschaft ist zu erwarten, daß die alteingesessenen Banken ebenfalls mit den Preisen heruntergehen. Dies könnte der Zeitpunkt für den Neuling sein, den Markt zu verlassen und das Kapital woanders zu investieren, immer unter der Annahme, es fallen geringe bis gar keine versunkenen Kosten an. Im Ergebnis führt dieser "hit-and-run"-Wettbewerb[116] zu Bedingungen gleich denen vollkommener Märkte. Daraus leitet sich auch ab, daß wenn bestreitbare Märkte vorliegen, der Konzentrationsgrad der Bankbranche ein ungenügender Indikator für die Intensität des Wettbewerbs ist. Vielmehr entscheidet das Ausmaß des freien Marktzugangs darüber, wie potentielle Marktneulinge den alteingesessenen Banken die tendenziell monopolistische Macht streitig machen können.[117]

Für die Marktzugangsschranken gilt, daß je höher und effektiver diese bei einem Markteintritt oder -austritt sind, desto weniger bedrängt müssen sich die etablierten Banken fühlen.

Bedenkenswert erscheint der Einwand, daß potentielle Marktneulinge zwar mit den gleichen Kosten arbeiten können, der Kapitaleinsatz aber, um das Kostenniveau der alteingesessenen Firmen zu erreichen, erheblich sein kann.

Nun halten Verfechter der bestreitbaren Märkte dagegen, daß erstens die Finanzmärkte auch Marktneulingen die Aufnahme von Kapital zu marktüblichen Preisen ermöglichen und daß zweitens keine versunkenen Kosten vorliegen, da hohe Anlaufkosten in andere Bereiche mit neuen Produkten und Dienstleistungen transferiert werden können. Demgegenüber sind

---

115 O.V., "Cross-border alliances in banking and financial services in the single market", *Bank of England Quarterly Bulletin* (August 1993): 372.

116 Schlagen und Weglaufen, der Grundvorgang jedes Baseball-Spiels.

117 Smith und Walter, *Global,* 410.

allerdings Bankgeschäfte in hohem Maße von Vertrauen und Loyalitäten geprägt, auf die sich ein Marktneuling nicht von Anfang an stützen kann.

Für den Fall, daß doch versunkene Kosten anfallen, ist damit zu rechnen, daß es zu Preiskämpfen kommt, wobei mit steigenden versunkenen Kosten die Wahrscheinlichkeit eines Preiskrieges abnimmt. Vermutlich führen höhere versunkene Kosten auch zu einer Zunahme von Preis(absprach)en, so daß ein großer Anteil der Firmen Gewinne machen wird.[118] Dieser Fall wäre bei den Auslandsbanken in Deutschland, die sich in der Minderheit befinden, allerdings kaum denkbar.

A. Versunkene Kosten im Bankgeschäft

Zur Beurteilung der versunkenen Kosten im Bankgeschäft müssen zwei Fälle betrachtet werden, das *wholesale banking* (Großkundengeschäft) und das *retail banking* (Privatkundengeschäft).

Zunächst das *wholesale banking*. Dieses war historisch gesehen immer das klassische Betätigungsfeld der Auslandsbanken. Im Gegensatz zu den Märkten für das *retail banking* galten *wholesale*-Märkte mit Segmenten wie Firmenkundengeschäft, Geld- und Kapitalmärkte sowie Unternehmensberatung als viel bestreitbarer. Versunkene Kosten treten beim *wholesale banking* in geringerem Umfang auf, da keine großen und kostenträchtigen Vertriebsnetze benötigt werden. Ferner liegt es in der Natur von Geschäftsfeldern wie dem Devisen- und Geldhandel, daß sie auf einer globalen Basis betrieben werden. Dies hat den Vorzug, daß die an einem Standort einmal erlangte Reputation sich auch leicht auf andere Standorte in der Welt übertragen läßt. Davon profitiert wiederum das grenzüberschreitende Geschäft anderer Sparten, etwa das *Mergers & Acquisitions*-Geschäft.

Ganz anders verhält es sich mit dem *retail banking*. Die *retail*-Märkte für Finanzdienstleistungen sind aufgrund ihrer nationalen und manchmal auch regionalen Eigenarten sehr fragmentiert; die Profitabilität ist sehr hoch einzustufen, besonders für größere Banken. Doch herrscht, was das globale *retail banking* angeht, Skepsis bei den Finanzinstitutionen vor. Sind *retail*-Märkte wirklich bestreitbar?

Die Probleme beginnen bei der Suche nach einem Filialnetz, das verfügbar ist und sich erwerben läßt. Nationale Bankenmärkte sind oft von nur wenigen großen und einflußreichen Institutionen überzogen. Für Deutschland gilt dies in bezug auf die Konzentration einiger weniger Häuser zwar nicht, aber ein ausgeprägter Sparkassen- und Genossenschaftsbankensektor und die insgesamt hohe Bankendichte lassen Marktneulingen wenig Spielraum. Die

---

[118] Alfred Lewis und Gioia Pescetto, *EU and US Banking in the 1990s* (London: Academic Press, 1996) 174f.

alteingesessenen Banken können sich daher der Abschreckung der hohen versunkenen Kosten des *retail banking* sicher sein.

Im einzelnen verbergen sich hinter den versunkenen Kosten die sehr großen Vertriebsnetze, die in vielen Jahren erworbene Reputation einzelner Institute und, damit verbunden, die Kundenbasis, sowie die auf lokale Märkte zugeschnittenen Fähigkeiten und die Kenntnisse der Marktbedingungen im allgemeinen. Hinzu kommen kulturelle Unterschiede und die praktische Anwendung der Bankgesetze, die für potentielle Mitbewerber eine Herausforderung darstellen können.[119]

Eine Ausnahme in bezug auf die hohen Kosten eines Filialnetzes bilden höchstens Banken, die sich ausschließlich oder überwiegend auf die neuen Vertriebsformen wie das Internet, das Telefon oder die Kundenselbstbedienung stützen. Diese Banken können auf Filialen aus "Stein und Mörtel" verzichten.

B. Die Arten der versunkenen Kosten

Die versunkenen Kosten bei Banken lassen sich insbesondere beim Neuanfang an einem bestimmten Standort beziffern. Im Vergleich mit den versunkenen Kosten bei Industrieunternehmen fallen sie allerdings weniger ins Gewicht.[120]

Unter versunkene Kosten bei Banken fallen Büromieten, die Betriebs- und Geschäftsausstattung, aber auch Forschung und Entwicklung, die Ausbildung der Mitarbeiter sowie Marketing-Ausgaben. Die Geschäftsräume wieder aufzugeben, ist in städtischen Lagen kein Problem, schon eher eines in ländlichen Gegenden. Computersysteme, die hohe Investitionen verlangen, lassen sich leasen. Zumindest die Hardware wäre auch in anderen Branchen verwendbar. Die sehr spezifische Software einer Bank, die ein bestimmtes Sortiment oder eine bestimmte Größe hat, verursacht dagegen versunkene Kosten. Dies betrifft auch die Marketing-Ausgaben, von denen die Werbung am augenscheinlichsten eine nie wieder regenerierbare Ausgabe verkörpert. Ausgaben für Forschung und Entwicklung fallen in der Regel im Mutterhaus an. Allerdings können beachtliche Marktforschungskosten entstehen, die beim Rückzug aus einem Markt unwiederbringlich verloren gehen.

Eine zweite wesentliche Kategorie der versunkenen Kosten bringt die Kapitalaufnahme mit sich. Hier ist zu argumentieren, daß, falls das für die Kreditvergabe notwendige Fremdkapital ohne Zinsrisiko und Kreditrisiko aufgenommen wird, dieses auch wieder im Interbankenmarkt zu Marktpreisen verkauft werden kann.[121]

---

119 O.V., "Cross-border ", 373.

120 E. P. Davis, "International Financial Centres - An Industrial Analysis", *Bank of England Discussion Paper*, Nr. 51 (September 1990): 6.

121 Lewis und Pescetto, *EU*, 175ff.

Bei der Schließung von Filialen können erhebliche Kosten entstehen, von denen die immateriellen, also die eines Imageverlustes noch am höchsten sein können, weil sie auf die Gesamtbank abstrahlen.[122] Im *retail banking* wäre der Gesichtsverlust besonders groß, weil eine Vielzahl von Personen das Scheitern mitbekommen würde. Im *wholesale banking* wäre bei Schließungen einzelner Standorte das Emissionsgeschäft mehr von Imageschäden betroffen als das Handelsgeschäft.[123]

Es ist hier allerdings auch ein Unterschied zwischen europäischen und amerikanischen Banken festzustellen. Danach denken europäische Banken erst in einem Szenario von Bürgerkrieg oder Bankenverstaatlichung über Schließungen ihrer Institute nach, wohingegen amerikanische Banken schon bereit sind, Auslandsniederlassungen aufzugeben, wenn diese nicht mehr ihren Renditeerwartungen entsprechen.[124]

122 Glüder, *Die Entstehung*, 93.

123 E. P. Davis, "International", 6.

124 Steven I. Davis, *The Management Function in International Banking* (New York: John Wiley & Sons, 1979) 114.

III. Die Internationalisierung der amerikanischen Banken und ihre Anfänge als Auslandsbanken in Deutschland

1. Amerikanische Bankaktivitäten im Ausland vor 1960

A. Verspätete Banken im multinationalen Bankgeschäft

Nachdem die Vereinigten Staaten in den 1880er Jahren der ersten Industrienation der Welt, Großbritannien, den Rang insofern abgelaufen hatten, als nun sie über die weltweit größte industrielle Produktion verfügten, erhöhte sich der amerikanische Anteil an der Weltproduktion kontinuierlich. Im Jahr 1913 betrug dieser Anteil 36%, gegenüber 14%, der Großbritannien noch verblieb, und 16%, den Deutschland erreicht hatte.[1]

Während bei den großen amerikanischen Unternehmen die internationalen Aktivitäten immer mehr an Gewicht gewannen, galt dies jedoch nicht für die amerikanischen Banken. Mit wenigen Ausnahmen war ihr Geschäftsgebiet das Inland.[2] Die Hauptursache hierfür bildete das streng regulierte Bankwesen in den Vereinigten Staaten, das die Banken in die Schranken kleiner segmentierter Märkte verwies und selbst den größten unter den New Yorker Banken bis 1913 nicht erlaubte, ins Ausland zu expandieren.[3] Wer den Rat und die Dienstleistungen einer international erfahrenen Bank benötigte, wandte sich an eine britische oder eine andere europäische Bank.

Die Briten blieben im multinationalen Bankgeschäft bis in das Jahr 1914 hinein mit über 30 international tätigen Banken und rund 1.300 Filialen in Übersee die führenden Bankiers in der Welt, eine Rolle, in die sie wegen der fortgeschrittenen Industrialisierung und des

---

1 Alfred D. Chandler, Jr., *Scale and Scope: The Dynamics of Industrial Capitalism* (Cambridge: The Belknap Press of Harvard University Press, Paperback, 1994) 4.

2 Nur bei Banken, die vornehmlich im Wertpapiergeschäft tätig waren, gab es schon frühzeitiger eine internationale Orientierung. Die ersten Anfänge gingen auf die 1860er Jahre zurück, als es einigen New Yorker Bankhäusern erfolgreich gelang, während des amerikanischen Bürgerkriegs US-Regierungsanleihen auch außerhalb der eigenen Grenzen, z.B. in Deutschland, zu verkaufen. Firmen wie J. & W. Seligman, Kuhn Loeb, Lehman Brothers und Goldman Sachs hatten dank ihrer deutschen Wurzeln sehr gute Verbindungen nach Europa und konnten neben den Regierungsanleihen auch noch die Anleihen von amerikanischen Handelsfirmen, Eisenbahnen oder Maschinenbauunternehmen bei deutschen Investoren unterbringen. In den Jahren nach 1900 wurde die Plazierung amerikanischer Papiere im Ausland allerdings immer weniger dringlich, da es in den Vereinigten Staaten genügend Anlagekapital gab. Bis zum *Glass-Steagall Act* von 1933 waren auch Banken wie die Citibank im Wertpapiergeschäft tätig. Harold van B. Cleveland und Thomas F. Huertas, *Citibank, 1812-1970* (Cambridge: Harvard University Press, 1985) 72. Roy C. Smith und Ingo Walter, *Global Financial Services: Strategies for Building Competitive Strengths in International Commercial and Investment Banking* (New York: Harper Business, 1990) 44.

3 Das Bedürfnis, das Bankwesen stark zu regulieren, hatte in den Vereinigten Staaten eine lange Tradition. Es gab eine sonderbar tiefsitzende Furcht vor der wirtschaftlichen und politischen Macht der Banken, die ihren Ausdruck in Beschränkungen bei der Filialisierung, bei Geschäften zwischen einzelnen Bundesstaaten, bei den Geschäftsfeldern sowie bei den Bankpreisen fand. Im allgemeinen wollte die amerikanische Politik die Banken immer möglichst klein, lokal und zahlreich haben. Lawrence J. White, "Why Now? Change and Turmoil in U.S. Banking", *Occasional Paper 38*, Hrsg. Group of Thirty (Washington, DC: 1992) 6.

riesigen Kolonialreiches schon seit dem frühen 19. Jahrhundert hineingewachsen waren.[4] Den Außenhandel finanzierten die Amerikaner daher üblicherweise auf Sterling-Basis.

Tatsächlich waren amerikanische Banken für Bankgeschäfte im Ausland noch nicht gut vorbereitet. Von mehr als 23.000 amerikanischen Banken im Jahr 1913 verfügten nur 6 Institute über insgesamt 26 Filialen, die außerhalb der Vereinigten Staaten lagen. Seit dem Bürgerkrieg hatte sich der Außenhandel verzehnfacht, und mit dem Ersten Weltkrieg wechselten die Vereinigten Staaten von der Rolle eines Nettoschuldners in die eines Nettogläubigers.[5] Doch die Banken hielten mit dieser Entwicklung nicht Schritt. Ihnen waren im Hinblick auf das Geschäftsgebiet Fesseln angelegt.

National banks war es nicht erlaubt, Filialen zu haben, weder im eigenen Land noch im Ausland. Die meisten *State banks* wiederum waren häufig viel zu klein, um Expansionsschritte, gleich welcher Art, zu unternehmen.[6] Es nahm daher nicht Wunder, daß eine entsprechende Kommission beklagte: "... the impediments in the way of the development of our international trade are numerous. Perhaps none of these is more important than the absence of American banking facilities in other countries. The organisation of such banks is necessary for the development of our trade".[7]

Die notwendigen Veränderungen brachte erst der *Federal Reserve Act* von 1913, mit dem auch die amerikanische Notenbank ins Leben gerufen wurde.[8] Es entstand in der Folge ein Diskontmarkt, der für das internationale Geschäft, insbesondere für die Akzeptkredite, von großer Bedeutung war. Der Erfolg dieses Marktes hing wiederum vom Vertrauen der anderen Länder in die neue Währung ab und nicht zuletzt von niedrigen Diskontsätzen. Die Regelungen des *Federal Reserve Act* wirkten sehr positiv in diese Richtung. Aber auch der Stabilitätsverlust des Pfund Sterling und anderer europäischer Währungen sowie der enorme und unerwartete Anstieg der amerikanischen Goldreserven nach 1914 halfen, den Boden zu bereiten, auf dem die amerikanischen Banken einschließlich ihrer internationalen Ambitionen gedeihen konnten.[9]

---

[4] Geoffrey Jones, "Introduction", *Banks and Money: international and comparative finance in history*, Hrsg. Geoffrey Jones (London: Frank Cass & Co., 1991) 4. Smith und Walter, *Global Financial*, 50. Banken aus Frankreich und dem Deutschen Reich kamen zusammen auf 500 ausländische Filialen. Robert Z. Aliber, "International Banking", *Journal of Money, Credit, and Banking*, Vol. 16, Nr. 4 (November 1984, Teil 2): 661.

[5] Carl-Ludwig Holtfrerich und Hans Otto Schötz, *Vom Weltgläubiger zum Weltschuldner: Erklärungsansätze zur historischen Entwicklung und Struktur der internationalen Vermögensposition der USA* (Frankfurt: Knapp, 1988) 9.

[6] Glyn Davies, *A History of Money: From Ancient Times to the Present Day* (Cardiff: University of Wales Press, 1994) 523.

[7] National Monetary Commission Reports USA, Hrsg. N.W. Aldrich u.a.(1908-12), in: Davies, *A History*, 673. Robin Pringle, "Why American Banks Go Overseas", *The Banker* (November 1966): 773.

[8] Mit der Gründung der Federal Reserve Bank im Jahre 1913 erhielt das amerikanische Bankensystem erstmalig einen *lender of last resort*, was für die Gläubiger von Banken bedeutete, daß sie jederzeit ihre Einlagen ausgezahlt bekamen, auch wenn eine Bank zeitweise illiquide sein sollte. White, "Why", 6.

[9] Clyde William Phelps, *The Foreign Expansion of American Banks* (New York: Ronald Press, 1927) 102.

Nach Sektion 25 des *Federal Reserve Act* konnten Banken, die ein Eigenkapital von mehr als 1 Mio. Dollar hatten, mit Genehmigung des *Federal Reserve Board* Filialen im Ausland eröffnen. Weiterhin erlaubte ein *Amendment* von 1916 den kleinen Banken, zum Zwecke des internationalen Bankgeschäfts Gemeinschaftsunternehmen zu gründen, die sogenannten *Agreement Corporations*.

Die Sektion 25 (a) schließlich kam 1919 auf Druck des Senators Walter Edge aus New Jersey zustande; danach konnte der *Federal Reserve Board* solchen Banken eine Erlaubnis erteilen, die sich nur im internationalen Bankgeschäft engagieren wollten.[10] Die mit dem *Edge Act* verbundene Absicht lag darin, den US-Banken beim Wettbewerb in Übersee auf eine Stufe mit den stärker diversifizierten nicht-amerikanischen Banken zu stellen.[11] Diese *"Edge Act Corporations"* konnten - vorausgesetzt, sie dienten ausschließlich dem Außenhandel - überall in den USA ihre Standorte haben. Für eine Bank aus dem Mittleren Westen bestand zum Beispiel die Möglichkeit, eine Zweigstelle in Miami aufzumachen.[12] Und eine New Yorker Bank konnte einen internationalen Kredit an eine in Houston ansässige Ölfirma durch ihre dortige *Edge Act* Tochtergesellschaft vergeben. Diese an Bedingungen gekoppelte Zulässigkeit des *interstate banking* bedeutete so etwas wie eine Durchbrechung des bisherigen Bankensystems, doch mit dem *McFadden Act* von 1927 wurde das Verbot für US-Banken, ein Filialnetz zu haben, unmißverständlich erneuert.

Insgesamt konnten jedoch in den Jahren 1913 bis 1919 die gesetzlichen Hindernisse für die Auslandsaktivitäten von Banken beseitigt werden, so daß sich die Zahl der Auslandsfilialen von 1913 bis 1920 von 26 auf 180 erhöhte.[13] Viele der Niederlassungen befanden sich in Südamerika, um den auf Dollar-Basis abgeschlossenen Handel für südamerikanische Kreditnehmer finanzierbar zu machen.[14]

---

10 Während aber 1919 und noch lange Zeit danach die *Edge Act Corporations* im Grunde keine Rolle spielten, kamen sie im Verlauf der 60er Jahre wieder in Mode. Als am Ende der 70er Jahre die heftige internationale Expansionsphase der US-Banken zugunsten einer stärkeren Konzentration auf den heimischen Markt an Fahrt verlor, flammte das Interesse der Banken an der Einrichtung von *Edge Act Companies* nochmals auf. Dara M. Khambata, *The Practice of Multinational Banking* (New York: Quorum Books, 1986) 11. O.V., "Yankee Doodle comes home", Survey International Banking, *The Economist*, 4. März 1978, 36.

11 Theoretisch hätte dies die Legitimierung für amerikanische Banken sein können, jede nur erdenkliche Bankaktivität im Ausland zu entfalten. Tatsächlich interpretierte der *Federal Reserve Board* aber die erlaubten Aktivitäten einer *Edge Act*-Tochtergesellschaft immer mit dem Blick darauf, ob sie "*finance related*" wären. Während das Emissionsgeschäft und auch andere Investmentbank-Tätigkeiten zugelassen waren, konnten *Edge Act*-Unternehmen z.B. nicht in Anleihen von Versicherungen investieren oder Immobilien über eine Immobiliengesellschaft erwerben. Steven I. Davis, "U.S. banks abroad: one-stop shopping?", *Harvard Business Review* (Juli-August 1971): 79.

12 Davies, *A History*, 524.

13 Phelps, *The Foreign*, 4.

14 Eine andere Motivation, nach Südamerika zu gehen, ergab sich aus der Situation des Ersten Weltkrieges heraus. Vor allem europäische Banken eröffneten in Südamerika Filialen, um die vor dem Krieg aus Europa flüchtenden Gelder wieder einzusammeln. Die niederländische ABN Amro gehörte beispielsweise zu diesen Banken. P. Jan Kalff, "The Internalization of ABN AMRO in the period from 1975 to 1999", *European*

Ende Juni 1929 verfügten allerdings nur drei ***national banks*** über Filialen im Ausland: die National City Bank[15], die spätere Citibank, mit 69, Chase National Bank mit 3 und First National Bank of Boston mit 2 Filialen, wobei die National City, neben den Stützpunkten auf Kuba und in Südamerika, als einzige auch Filialen in China, Japan und verschiedenen europäischen Staaten - jedoch nicht in Deutschland - besaß.[16]

Die erste der National City Filialen wurde auf dringendes Anraten eines Kunden, der U.S. Steel, 1914 in Argentinien eröffnet.[17] Die acht größten US-Banken, die das Feld im nationalen und multinationalen Bankgeschäft anführten, waren: National City Bank, Chase National Bank, American Exchange Irving Trust Company, Guaranty Trust Company, National Bank of Commerce, First National Bank of Boston, Equitable Trust Company und Bankers Trust Company.

Zu den Erfolgsaussichten der National City im Ausland äußerte sich ihr Präsident, Frank Vanderlip, skeptisch: "I do not expect much profit out of it. Indeed, I shall not be surprised if there is something less than any profit, but I hope to get a very considerable return by offering facilities that other banks cannot offer to exporters, and thus attract their accounts to the City Bank."[18]

Doch machte die City Bank schon bald die Erfahrung, daß Auslandsfilialen auch Gewinne abwerfen konnten. So trugen 1917 die 34 Auslandsfilialen fast 20% zum Gewinn und zu den Aktiva der Bank bei. Der überzeugte Vanderlip betrachtete die Auslandsfilialen

---

Banking Overseas 19th-20th Century, Konferenz der European Association for Banking History, Amsterdam, 18. Juni 1999, 3.

[15] Der ursprüngliche Name zur Zeit der Gründung 1812 war City Bank of New York. Daraus wurde The National City Bank of New York, als die Bank sich dem *national banking system* 1865 anschloß. *First* kam zum Namen 1955 hinzu, die Folge einer Fusion. Ab 1962 hieß das Institut First National City Bank. 1968 kam die Bank als Tochtergesellschaft unter das Dach der neu gegründeten *one-bank holding company* First National City Corporation, mit einem Namenswechsel zu Citicorp. im Jahr 1974. Zwei Jahre später wurde der Name in Citibank, N.A., geändert. Die in der Studie verwendeten Namen entsprechen jeweils dem Gebrauch der Zeit.

[16] League of Nations, Hrsg. *Commercial Banks: 1913 - 1929* (Genf: 1931) 327. Europäische Filialen der First National City Bank waren in: Belgien, Frankreich, Spanien und Italien. Phelps, *The Foreign*, 142-147. Der Verfasser der Unternehmensgeschichte der Citibank, Huertas, gibt 97 Auslandsfilialen der Citibank am Ende des Jahres 1930 an, von denen sich rund 60 in Südamerika befanden. Thomas F. Huertas, "US multinational banking: history and prospects", *Banks as multinationals*, Hrsg. Geoffrey Jones (London: Routledge, 1990) 251.

[17] Diese Filialgründung verlief entsprechend der These, daß Banken ihren Kunden folgen, denn der Chef von U.S. Steel offerierte der Citibank die Einsichtnahme in die Geschäftsunterlagen argentinischer Stahlimporteure und stellte gleichzeitig in Aussicht, eine hohe Einlage bei der noch zu gründenden Auslandsfiliale zu machen. Ibid., 250. Die National City entwickelte sich von 1891 bis in die 1920er Jahre von einer unbedeutenden New Yorker *commercial bank* zur größten Bank in der westlichen Hemisphäre. Sie wurde ein Marktführer im Devisenhandel. Bereits im Jahr 1902 war es innerhalb von 24 Stunden möglich, an jedem Ort der Welt im Namen von National City jede Summe Geld zu bekommen. Dies gelang ohne Filialnetz, nur durch ein großes internationales Korrespondenzbankennetz. Vincent P. Carosso und Richard Sylla, "U.S. banks in International Finance", *International Banking: 1870-1914*, Hrsg. Rondo Cameron und V. I. Bovykin (New York: Oxford University Press, 1991) 68.

[18] Zitiert nach Huertas, "US multinational", 250.

nicht mehr länger nur als zusätzlichen Service, sondern als das Fundament für eine "'all world' bank".[19]

Der Erste Weltkrieg begünstigte die wirtschaftliche Entwicklung der Vereinigten Staaten sehr, vor allem den Außenhandel. Während in Europa die Hoffnungen auf eine fortschreitende Globalisierung der Finanzmärkte einen Dämpfer erhielten, bot sich für New York die Gelegenheit, in den 20er Jahren zum neuen Weltfinanzzentrum aufzusteigen.

In diesem Umfeld kam es auch zur Belebung des Kapitalverkehrs zwischen den Vereinigten Staaten und dem Deutschen Reich, speziell in den Jahren von 1926 bis 1929, als die deutsche Industrieerzeugung den Stand der letzten Jahre vor dem Ersten Weltkrieg erreichte.[20] Deutsche Unternehmen, z.B. die Ufa, nahmen amerikanische Kredite und Anleihen auf. Die Vereinigten Stahlwerke etwa erhielten 1927 einen amerikanischen Großkredit, und die finanziellen Probleme der Lufthansa wurden 1929 durch Kredite der Bankhäuser Dillon, Read & Co. und Harris, Forbes & Co. gelöst.[21] Die August Thyssen-Hütte verhandelte über einen 8 Millionen-Dollar-Kredit mit Dillon Read, "which was noted for its vigorous leadership and aggressive bond sales techniques."[22] Ferner kam es im Frühjahr 1929 zum Verkauf von 80% der Opel-Aktien an General Motors.[23] Das zweite große Feld waren Kredite an die Öffentliche Hand; die langfristigen Schuldverschreibungen von Kommunen, Ländern und dem Reich, die im Ausland begeben wurden, übertrafen in den Jahren 1925, 1926 und 1928 die der privaten Schuldner.[24] Doch es bedurfte zu diesen Transaktionen keiner Filialen in Deutschland, da die deutschen Konzerne und Körperschaften mit Hilfe von Repräsentanten in direktem Kontakt mit den Banken in New York

---

[19] Ibid., 251. Insgesamt blieben die Ergebnisse aber gemischt, es gab Verluste in Rußland und Kuba, dann folgten steigende Gewinne in den 20er Jahren und schließlich wendete sich das Blatt wieder mit der *Great Depression*. Cleveland und Huertas, *Citibank*, 205.

[20] Die deutschen Banken blieben auch in der Zwischenkriegszeit einflußreich, denn die Bankvorstände saßen weiterhin in den Aufsichtsräten und stellten wie gewohnt Betriebsmittelkredite und langfristige Finanzierungen zur Verfügung. Nur waren die Banken nicht mehr in der Lage, risikobehaftete Geschäfte zu finanzieren, wie es zu Beginn der Industrialisierung im Chemiesektor, beim Stahl und in der Elektrotechnik der Fall war. Nach den Jahren der Instabilität und der Inflation hatten die deutschen Banken zu den Refinanzierungsquellen keinen Zugang mehr. Deshalb kam nach 1924 das Kapital zu einem großen Teil aus dem Ausland, vornehmlich aus den Vereinigten Staaten. Die deutschen Banken halfen dabei, dieses Kapital an die Abnehmer weiterzuleiten. Chandler, *Scale*, 513.

[21] Das Bankhaus Dillon, Read & Co. war in größerem Umfang in Geschäfte mit deutschen Kunden eingebunden. Gerald D. Feldman, "Die Deutsche Bank vom Ersten Weltkrieg bis zur Weltwirtschaftskrise 1914-1933", *Die Deutsche Bank 1870-1995*, Hrsg. Lothar Gall, Gerald D. Feldman, Harold James, Carl-Ludwig Holtfrerich und Hans E. Büschgen (München: Beck, 1995) 255. Ibid., 237, 233, 249.

[22] William C. McNeil, *American Money and the Weimar Republic* (New York: Columbia University Press, 1986) 72. Der Präsident der Reichsbank, Schacht, hielt Dillon Read allerdings für eine zweitklassige Firma. Ibid., 259.

[23] Feldman, "Die Deutsche", 244.

[24] McNeil, *American*, 282. Bankers Trust hatte ein besonderes Interesse daran, mit größeren Städten Kredite zu vereinbaren, die durch Rechte an den Versorgungsunternehmen dieser Städte besichert wurden, so daß Bankers Trust die Chance hatte, z.B. Anteilseigner der Elektrizitätswerke der Stadt Köln zu werden. Ibid., 246.

standen.[25] Die Gründung einer Filiale einer ausländischen Bank wäre in den 20er Jahren in Deutschland möglich gewesen, wenn auch, umgekehrt, deutsche oder andere ausländische Banken in New York und Kalifornien keine Filialen gründen durften.[26]

Die Chase Manhattan Bank und die National City Bank eröffneten 1928 jeweils Repräsentanzen in Berlin, um sich direkteren Zugang zu den deutschen Kunden zu verschaffen. Die National City Bank unterhielt ihre Repräsentanz in Berlin bis 1941.[27] Ein starkes Interesse an deutschen Krediten hatte auch die Bankers Trust Company, die in Berlin und zumindest auch für den süddeutschen Raum jeweils einen Repräsentanten eingesetzt hatte. Sehr aktiv in Deutschland war auch Lee Higginson and Company. Große Zurückhaltung gegenüber der Finanzierung von deutschen Unternehmen oder der Öffentlichen Hand übte dagegen die mächtigste Privatbank der Vereinigten Staaten, J.P. Morgan and Company.[28] In den 20er Jahren warnten die Partner von Morgan sowohl öffentlich als auch privat immer wieder vor exzessiven Krediten an Deutschland.

Mit der Ausweitung des bargeldlosen Zahlungsverkehrs in Deutschland nahm schließlich die Bedeutung von Einlagen anderer Banken zu, darunter in den 20er Jahren zunehmend auch solcher von ausländischen Banken.[29]

Mit dem Ausbruch der Weltwirtschaftskrise versiegten die internationalen Kapitalquellen jedoch wieder. In den 30er Jahren wollte jede Regierung durch Kapitalkontrollen und Zölle die eigene Wirtschaft von den Auswirkungen der weltweiten Krise isolieren. Insbesondere der deutsche Markt beunruhigte die amerikanischen Geldgeber schon Anfang 1929 etwas, als die Verhandlungen über ein neues Reparationsabkommen auf große fiskalische Probleme der deutschen Regierung hindeuten ließen.[30]

Die National City Bank, die von den amerikanischen Banken in der Zwischenkriegszeit noch die aktivste im multinationalen Geschäft war, verbuchte für ihre ausländischen Filialen

---

25 Ibid., 257. Das Engagement ausländischer Anleger am deutschen Aktienmarkt war verhältnismäßig gering und belief sich auf nur 10 Prozent der deutschen Aktien, die sich Mitte 1923 in ihrem Besitz befanden. Hartmut Kiehling, *Kursstürze am Aktienmarkt* (München: Deutscher Taschenbuch Verlag, 1991) 103.

26 Phelps, *The Foreign*, 191. In Europa verteilten sich per 30. Juni 1926 die Filialen oder Tochterbanken amerikanischer Banken folgendermaßen: Belgien 6; England 10; Frankreich 5; Italien 2 und Spanien 2. Die American Express Company, Inc., die nur im Ausland als Bank auftreten durfte, besaß insgesamt 32 Einheiten in Europa, davon seit 1907 eine Tochtergesellschaft in Deutschland. Ibid., 212.

27 O.V., "Citicorp: First National City Bank", *Zeitschrift für das gesamte Kreditwesen* 13 (1975): 617.

28 McNeil, *American*, 83. Über Jack Morgan sagte ein deutscher Diplomat einmal, daß er "a notorious enemy of Germany" wäre. Jack Morgan selber verwies darauf, daß die führenden deutschen Unternehmer und Regierungsmitglieder, nicht zuletzt Außenminister Gustav Stresemann, noch immer Monarchisten wären. Nach Ansicht von Jack Morgan hätten diese Eliten den Kaiser zurückholen und aus Revanche einen Krieg befürworten können, wenn sie nur die Gelegenheit dazu gehabt hätten. Ibid., 82.

29 Carl-Ludwig Holtfrerich, "Zur Entwicklung der deutschen Bankenstruktur", *Standortbestimmung: Entwicklungslinien der deutschen Kreditwirtschaft*, Hrsg. Deutscher Sparkassen- und Giroverband (Stuttgart: Deutscher Sparkassenverlag, 1984) 28f.

30 Feldman, "Die Deutsche", 258.

für jedes der fünf Geschäftsjahre von 1930-1934 nur Verluste.[31] Der führenden deutschen Überseebank in Südamerika, der Deutschen Ueberseeischen Bank, war es für das Jahr 1931 nicht möglich, eine Dividende zu zahlen; auch die nachfolgenden Jahre verlangten einen Dividendenaufschub.[32]

Ebenfalls getroffen, aber mit bemerkenswerter Überlebenskraft, steuerten die britischen multinationalen Banken ihr ausländisches Filialnetz durch diese Zeiten; das Netz blieb größtenteils intakt wie die Banken selbst auch, die im internationalen Kreditgeschäft, größtenteils über *merchant banks*, bis in die 30er Jahre hinein führend blieben.[33]

In den Vereinigten Staaten wurde 1933 im Zuge der Weltwirtschaftskrise und unter dem Eindruck vieler Bankenzusammenbrüche der *Glass-Steagall Act* verabschiedet. Mit ihm vollzog sich die Trennung der amerikanischen Banken in Kredit- und Einlagenbanken sowie Wertpapierbanken.[34]

In den 30er und den 40er Jahren reduzierte sich dann das internationale Bankgeschäft auf Kernfunktionen, da der Marktmechanismus als gescheitert angesehen wurde und die Aufsichtsbehörden an Einfluß gewannen; die Banker, die von eigenen Fehlern und faulen Krediten in den Bilanzen gezeichnet waren, fügten sich in die defensive Rolle eines Finanzverwalters.[35]

Bis zum Ende des Zweiten Weltkrieges hielten sich die Banken für gewöhnlich aus dem grenzüberschreitenden Kreditgeschäft mit Staaten zurück. Nach 1945 traten die traditionellen Käufer von Regierungsanleihen - private und institutionelle Investoren - immer weiter zugunsten der nun auch staatliche Stellen finanzierenden Banken in den Hintergrund.[36] In

---

31 Cleveland und Huertas, *Citibank*, 207.

32 Manfred Pohl, *Deutsche Bank Buenos Aires*, 1887-1987 (Mainz: Hase und Köhler, 1987) 76.

33 Ibid., 183. *Merchant banks* vergaben keine direkten Kredite, sondern traten als Emissionsbank und Konsortialführer von Anleihen auf. Richard Dale, *The Regulation of International Banking* (Cambridge: Woodhead-Faulkner, 1984) 9.

34 Der *Glass-Steagall Act* führte zur Herausbildung von zwei Banktypen: den *commercial banks* und den *investment banks*. Die *commercial banks* durften Einlagen annehmen und Kredite bei der amerikanischen Notenbank aufnehmen, die auch als *lender of last resort* diente. Mit Ausnahme von US-Regierungsanleihen und bestimmten Kommunalanleihen durften *commercial banks* keine Wertpapiergeschäfte machen. Letztere waren den *investment banks* vorbehalten, die im Grunde überhaupt keine Banken waren, sondern *underwriter, broker* und *dealer* von Wertpapieren. Die *investment banks* durften Wertpapierkäufe finanzieren und *commercial paper* emittieren. Anfangs waren *commercial paper*-Programme den *commercial banks* untersagt, doch da die *Glass-Steagall*-Gesetzgebung außerhalb der Vereinigten Staaten nicht galt, verlagerten sie das Geschäft mit *commercial paper* nach Europa und anderswo, mit der Folge eines plötzlich scharfen Wettbewerbs zwischen *commercial banks* und *investment banks*. Seit 1975 war das Wertpapiergeschäft in den USA viel stärker gewachsen als das traditionelle Bankgeschäft, so daß *commercial banks* stets an einer Aufweichung oder gar Abschaffung des *Glass-Steagall Act* Interesse hatten. In Teilbereichen, wie etwa dem *commercial paper*-Geschäft, war dies den *commercial banks* gelungen; die großen Felder des *underwriting* bei Aktien und der Handel mit Wertpapieren blieben ihnen allerdings verschlossen. Smith und Walter, *Global Financial*, 46. Zur gegenwärtig anhaltenden Diskussion über die Vor- und Nachteile des Universalbankensystems siehe Anthony Saunders und Ingo Walter, Hrsg., *Universal Banking: Financial System Design Reconsidered* (Chicago: Irwin, 1996).

35 Smith und Walter, *Global Financial*, 45.

36 Dale, *The Regulation*, 9.

den Kriegsjahren war die Geschäftspolitik vom Abbau auswärtiger Bankfilialen gekennzeichnet; 1945 unterhielten 10 US-Banken nur noch 78 Stützpunkte in Übersee; verglichen mit 83 Filialen, die allein die National City 1930 noch besaß.[37] Die National City Bank schloß zu Beginn des Zweiten Krieges alle Filialen auf dem europäischen Kontinent; nur die Filiale in London blieb geöffnet.

B. US-Banken nach dem Zweiten Weltkrieg und in den 50er Jahren

Unmittelbar nach 1945 konzentrierten sich die amerikanischen Banken auf die eigene Wirtschaft.[38] Eine der Notwendigkeiten war, die beachtlichen Produktivitätsfortschritte der US-Unternehmen zu finanzieren, doch die Ressourcen dazu waren eher bescheiden. Als Vermächtnis des Krieges hatten sich in den Bankbilanzen große Bestände amerikanischer Regierungsanleihen angesammelt, die erst nach und nach, bei entsprechender Kreditnachfrage, durch Verkauf in Schulden des privatwirtschaftlichen Sektors umgewandelt werden konnten.[39] Die Finanzierung des wachsenden Außenhandels stellten die inländischen Banken in ausreichender Weise sicher. Niemand dachte daran, Bankfilialen im Ausland zu gründen. Der amerikanische Bankensektor blieb sogar selbst dann noch auf internationaler Ebene zurückhaltend, als die ausländischen Investitionen amerikanischer Unternehmen im Maschinenbau und in der Erdölindustrie, die ab den 40er Jahren einsetzten, stark zunahmen. Von 1945 bis 1960 waren die amerikanischen multinationalen Unternehmen für rund 85% aller neuen Direktinvestitionen verantwortlich.[40]

Die Errichtung einer größeren Anzahl von Auslandsniederlassungen schien auch deshalb nicht so dringlich, weil den Vereinigten Staaten in den 50er Jahren ohnehin die Rolle des "Bankers der Welt" zugefallen war.[41] Mit ihrem eigenen Kredit- und Geldmarkt hielten die Amerikaner einen Anteil von 40 Prozent der von westlichen Banken vergebenen

---

[37] Richard Sylla, US Banks and Europe: strategy and attitudes (erscheint demnächst) 7. Siehe auch Cleveland und Huertas, *Citibank*, 260ff.

[38] Die Größe der US-Wirtschaft machte in den 1950er Jahren mehr als ein Drittel der Weltwirtschaft aus. Wegen dieser Größe und der hartnäckigen Anti-Konzentrations-Mentalität der amerikanischen Bankenregulierer kamen nicht einmal die größten unter den US-Banken, die auch die größten der Welt waren, auf mehr als 3% der Aktiva von allen amerikanischen Banken. Sylla, US Banks, 4.

[39] Ibid., 7.

[40] Geoffrey Jones, "Concentration and Internationalisation in Banks after the Second World War", *International Banking in an Age of Transition*, Hrsg. Sara Kinsey und Lucy Newton (Aldershot: Ashgate, 1998) 137.

[41] Die Rolle des "Banker der Welt" sah der *Undersecretary of the Treasury*, Robert V. Roosa, 1963 als sehr gewinnbringend an: "Vier bis fünf Milliarden Dollar am Bruttosozialprodukt wären schätzungsweise der amerikanischen Wirtschaft während der letzten fünfzehn Jahre verlorengegangen, wenn die USA nicht Weltbankier geworden wären." Karl Lanz, "Finanzmarkt Europa", *Zeitschrift für das gesamte Kreditwesen* 2 (1965): 55.

Auslandskredite.[42] Gleichwohl fehlte es den Kapitalmärkten an der gewohnten Liquidität. Hier war die Erinnerung an die internationale Schuldenkrise der 30er Jahre noch zu wach. Es beunruhigte Investoren, die neue Geschäfte im Ausland eingehen wollten, daß ein Teil der Schuldner von Auslandsemissionen die Zahlungsverpflichtungen nicht fristgemäß erfüllt hatte.[43]

Das Haupthindernis für jede Entwicklung stellte das hohe Regulierungsniveau im Bankensektor dar.[44] Es hielt Banken davon ab, ins Ausland zu gehen oder sich für die Entwicklung innovativer Bankprodukte zu interessieren; viele der Produkte der Nachkriegszeit, z.B. Wechselfinanzierungen, kannte man schon seit dem 19. Jahrhundert. In den Vereinigten Staaten sollte das dichte Netz der Regulierungen unbedingt verhindern, daß sich die für Banken so katastrophalen 1930er Jahre noch einmal wiederholen könnten. Allerdings nahm diese amerikanische Bankenregulierung in den 50er Jahren merkwürdige Züge an: Während die älteren amerikanischen Industrieunternehmen wie Ford und General Electric oder sogar die junge Firma McDonald's ihre Produkte überall in den USA und in großen Teilen der Welt produzieren und verkaufen durften, konnten amerikanische Großbanken wie die First National City und die Chase Manhattan keine andere Bank kaufen oder auch nur eine einzige Filiale außerhalb von New York City eröffnen. Bedeutsame Banken, die nicht aus New York kamen, z.B. die First National of Chicago oder Continental Illinois, waren sogar auf nur eine einzige Geschäftsstelle innerhalb der Vereinigten Staaten festgelegt.[45]

In der Nachkriegszeit galt das Expansionsinteresse der US-Banken zunächst Südamerika, insbesondere Mexiko, und Japan. Dann folgte Europa, wo allerdings die vielen Währungskrisen die ausländischen Banken verunsicherten; in Großbritannien gab es zwischen 1955 und 1957 allein vier solcher Krisen.[46]

Die europäischen Zentralbanken und Regierungen trugen mit ihren Devisenkontrollen und Einschränkungen der Währungskonvertibilität wenig zum Fortschritt im multinationalen Bankgeschäft bei. Selbst im demonstrativ liberalen Großbritannien konnten ausländische

---

[42] Rainer Schäfer, "Finanzmärkte, internationale," *Handwörterbuch Export und Internationale Unternehmung*, Hrsg. Klaus Macharzina und Martin K. Welge (Stuttgart: Poeschel, 1989) 646.

[43] Investoren, die trotzdem in ausländische Papiere investieren wollten, mußten mit Kapitalverkehrskontrollen rechnen. Barry Eichengreen, *Globalizing Capital: A History of the International Monetary System* (Princeton: Princeton University Press, 1996) 188.

[44] Der Tradition nach waren die Bankenmärkte der einzelnen Länder segmentiert. Sie existierten in engen räumlichen Grenzen. Dies war auf die Eigenarten von Regulierungssystemen oder auch Kartellen in den jeweiligen Ländern zurückzuführen. Die Kosten für internationale Transaktionen waren hoch und zwischen den Staaten bestanden zahlreiche Hindernisse für Direktinvestitionen, einschließlich des Phänomens asymmetrisch verteilter Information zwischen den Akteuren einzelner Länder. Die Märkte waren daher nicht nur geographisch voneinander getrennt, sondern auch durch ungenügenden Informationsfluß, so daß es den Investoren an Arbitrage-Möglichkeiten mangelte. Brian Scott-Quinn, "US investment banks as multinationals", *Banks as multinationals*, Hrsg. Geoffrey Jones (London: Routledge, 1990) 275.

[45] Sylla, US Banks, 4.

[46] Khambata, *The Practice*, 10. Mit dem Jahr 1958 zeichnete sich jedoch bezüglich der US-Dollar-Paritäten mit den europäischen Währungen eine Besserung ab. Ibid. 11.

Banken in den 1950er Jahren zwar eine Filiale eröffnen, jedoch nicht am Abrechnungsverkehr unter den britischen Banken teilnehmen; das beschnitt ihre Geschäftschancen erheblich. Die 60er Jahre brachten dann viele Verbesserungen, besonders im Zusammenhang mit dem Euromarkt, so daß Großbritannien gegenüber Kontinentaleuropa in dem Punkt Regulierung besser abschnitt, bis auf den Fall, daß die Akquisition einer britischen Bank durch eine US-Bank etwa noch bis in die 80er Jahre wegen des starken Einflusses der Bank of England *de facto* unmöglich gewesen war, obwohl es kein Gesetz gab, das dieses verboten hätte.[47] In Deutschland schien dagegen eine gewisse Großzügigkeit zu walten, wie die Beispiele der Übernahmen der Deutsche Unionbank, KKB Kundenkreditbank und des Bankhauses Trinkaus & Burkhardt durch amerikanische Banken demonstrierten.

Der größte Teil der internationalen Bankgeschäfte in den 50er Jahren erstreckte sich auf Außenhandelsfinanzierungen, die über Korrespondenzbankbeziehungen geregelt wurden. Bei grenzüberschreitenden Ex- oder Importgeschäften brauchte es aus Sicherheitsgründen immer eine inländische und eine ausländische Bank. Im besetzten Deutschland kam neben diesen Geschäften unmittelbar nach dem Krieg noch ein spezielles Geschäftsgebiet dazu: Finanzdienstleistungen für die Besatzungsmächte und ihre Angehörigen. Die Lizenz für diese *military facilities* erhielten unter den amerikanischen Banken nur zwei Institute, die Chase Manhattan Bank, Heidelberg, und die American Express Co. Beide errichteten ihre Niederlassungen in der Nähe amerikanischer Militärbasen in Deutschland.[48] American Express war schon seit 1946 als Militärbank im Einsatz, wobei diesem Institut in den Vereinigten Staaten selbst der Bankenstatus fehlte.

Mit der Eröffnung von Repräsentanzen in Frankfurt und Stuttgart kam die Chase Manhattan Bank 1947 als erste amerikanische *commercial bank* wegen des Firmenkundengeschäfts ins Nachkriegsdeutschland. Im Geschäft mit deutschen Firmenkunden war sie auf die Zusammenarbeit mit den deutschen Banken angewiesen. Der Bankbetrieb für das Militär wurde vom Firmenkundengeschäft getrennt geführt.[49]

Von Frankfurt konnte man 1947 noch nicht mit Sicherheit annehmen, daß es einmal das deutsche Finanzzentrum werden würde. Allerdings hatte sich die amerikanische Militärregierung seit dem November 1947 für Frankfurt als dem Sitz der Bank deutscher Länder, dem Vorgängerinstitut der Deutschen Bundesbank, ausgesprochen.[50]

---

47 Jones, "Concentration", 137.

48 Die Bank of Montreal war die dritte ausländische Bank, die als *military facility* in Deutschland tätig werden durfte. Manfred Goeke, *Die Foreign Banks in der Bundesrepublik Deutschland* (Dissertation Universität Erlangen-Nürnberg, 1978) 55.

49 John Donald Wilson, *The Chase: The Chase Manhattan Bank, N.A., 1945-1985* (Boston: Harvard Business School Press, 1986) 33.

50 Hamburg hätte wegen seiner führenden Rolle im deutschen Außenhandel oder Düsseldorf wegen seiner Nähe zum wichtigsten Industriegebiet, dem Ruhrgebiet, ebenso als Standort der neuen deutschen Zentralbank in Frage kommen können. Carl-Ludwig Holtfrerich, *Finanzplatz Frankfurt: Von der mittelalterlichen Messestadt zum europäischen Bankenzentrum* (München: Beck, 1999) 232.

Den gesetzlichen Rahmen für die ausländischen Kreditinstitute bildete das Militärregierungsgesetz, wonach die ausländischen Kreditinstitute in Deutschland aufgrund einer unter devisenpolitischen Aspekten erteilten Speziallizenz nur eine beschränkte Geschäftstätigkeit ausüben durften.[51] So war es den Auslandsbanken in den 50er Jahren nicht erlaubt, Einlagen von inländischen Kunden anzunehmen oder Wertpapiergeschäfte abzuschließen; die Kreditgewährung an Inländer war beschränkt. Ausgenommen waren davon jene ausländische Banken, die schon vor dem Zweiten Weltkrieg Zweigstellen in Deutschland unterhalten hatten, beispielsweise die Allgemeine Elsässische Bankgesellschaft und die Societé Générale de Belgique S.A.[52]

Um sich intensiver an der wachsenden Zahl internationaler Finanztransaktionen in Deutschland zu beteiligen, eröffneten die Bank of America 1951 eine Repräsentanz in Düsseldorf und die First National City Bank 1953 eine Repräsentanz in Frankfurt. Daß die National City im Vergleich zur Chase später nach Deutschland kam, lag an ihrer Einschätzung, daß die Volkswirtschaften in Europa noch länger am Boden liegen würden.[53] Die Bank berichtete von der Tendenz zum Tauschhandel und daß der Kommunismus immer weiter in Richtung Westen vorrückte.[54] Später war von diesen Ängsten der National City allerdings nichts mehr zu spüren, denn die Bank entwickelte sich zum größten Investor unter den Auslandsbanken in Deutschland.

Die National City Bank knüpfte ebenso wie die Chase Manhattan Bank an Zeiten vor dem Zweiten Weltkrieg an, als beide schon einmal Repräsentanzen in Deutschland besaßen. Für die Bank of America war es ein Neuanfang.

Die geschäftlichen Schwerpunkte der Chase Repräsentanz lagen in den 50er Jahren zum einen auf der finanziellen Abwicklung der Importe, die im Zusammenhang mit dem Marshallplan vor allem aus den Vereinigten Staaten kamen, und zum anderen auf der sich schnell wiederbelebenden deutschen Exportindustrie und den Exportfinanzierungen, die stets in Zusammenarbeit mit den deutschen Banken abgewickelt wurden. Im Fall der Importe war es zum damaligen Zeitpunkt noch unerläßlich, mit Akkreditiven zu arbeiten, die für den amerikanischen Exporteur oft dann erst akzeptabel waren, wenn das von einer deutschen Bank eröffnete Importakkreditiv von einer bekannten amerikanischen Bank bestätigt wurde. Im Fall der deutschen Exportgeschäfte bestätigte die Chase gegenüber deutschen

---

[51] Goeke, *Die Foreign*, 55ff.

[52] O.V., "Die Zweigstellen ausländischer Banken in der Bundesrepublik", *Monatsberichte der Deutschen Bundesbank* (April 1972): 21.

[53] Nur in Paris eröffnete 1948 die National City wieder eine Filiale. Cleveland und Huertas, *Citibank*, 261.

[54] Die Demokratie in der Tschechoslowakei wurde nach einem stalinistischen Staatsstreich 1948 durch den Kommunismus ersetzt; eine kommunistische Guerilla, unterstützt von Rußland und Jugoslawien, besetzte einen großen Teil Griechenlands; die französische kommunistische Partei blieb trotz des Regierungsverlustes 1947 eine Gefahr; in Italien konnten Kommunisten und Sozialisten bei der Wahl 40% der Stimmen auf sich vereinigen; in Frankreich und Italien standen die wichtigsten Gewerkschaften unter starkem kommunistischen Einfluß. Ibid., 219.

Kreditinstituten jene Akkreditive, die von Banken in anderen Ländern eröffnet wurden.[55] Der Vorteil der Chase lag für den Kunden in ihrem riesigen Korrespondenzbankennetz, das ständig erweitert wurde.[56] Das Netz war auch die Grundlage, um amerikanische und europäische Unternehmen bei der gegenseitigen Kontaktaufnahme unterstützen zu können.

Da die Chase und die anderen US-Banken in Deutschland aber nur Teile des klassischen Bankgeschäfts abdeckten, weil ihnen der devisenrechtliche Spielraum noch fehlte, konnte von einer ausgeprägten Strategie der US-Banken in den 50er Jahren kaum die Rede sein.[57] Es gehörte vielmehr ein gewisser Mut dazu, sich im Ausland niederzulassen, denn vieles war für Auslandsbanken noch sehr unzureichend geregelt. Man mußte befürchten, "im Gestrüpp der Währungsbestimmungen der einzelnen Länder hängenzubleiben."[58] Das Personal, das die Auslandsbanken leitete, gehörte in der Regel der Vorkriegsgeneration an.

Außer den genannten Banken kamen in den 50er Jahren keine weiteren amerikanischen Banken mehr nach Deutschland. Allerdings gab es auch Banken, die ohne eine Repräsentanz nach dem Ende des Zweiten Weltkrieges in Deutschland aktiv wurden. So räumte als eine der ersten Banken die Chemical Bank der gerade erst gegründeten Zentralbank, der Bank deutscher Länder, eine Kreditlinie ein. Für die deutschen *blue ship*-Unternehmen, die sich in den 50er Jahren in der Phase des Wiederaufbaus befanden, stellte die Chemical Bank ebenfalls Kredite zur Verfügung.[59] Viele dieser Wiederaufbaufirmen gehörten auch noch in den späteren Jahren zu den Chemical-Kunden.

Bei Morgan Guaranty Trust in New York hielt man die Zeit für eine größere Expansion nach Europa für noch nicht gekommen: "In the 1950s, so long as America was rich and other countries poor, bright young Morgan bankers avoided international banking."[60]

Die Morgan Banker sahen einen neuen Abschnitt in der amerikanischen Wirtschaft, den des intensiven internationalen Handels und der Direktinvestitionen, erst mit Beginn der 1960er Jahre heraufziehen. Gleichwohl hielt die Morgan Banker diese Äußerung nicht davon ab, doch noch 1959 Repräsentanzen in Frankfurt, Rom und Tokio zu eröffnen.

---

55 Sieghardt Rometsch, "Chase Manhattan Bank", *Zeitschrift für das gesamte Kreditwesen* 13 (1975): 592.

56 Chase Bank AG, *Geschäftsbericht 1981*, 6.

57 Wilfried Scheele, "Die unterschiedlichen Strategien amerikanischer Banken im Ausland, insbesondere in der Bundesrepublik Deutschland", Vortrag, gehalten am 16. Januar 1976, Institut für Banken und Industrie, Geld und Kredit, Freie Universität Berlin, 7.

58 Ibid.

59 Chemical Bank, Hrsg., "Manhattan on the Main", *Chemical Chronicle*, Volume 23, Nr. 2 (April-Mai 1989): 4.

60 Ron Chernow, *The house of Morgan: an American banking dynasty and the rise of modern finance* (New York: Touchstone, 1990) 541.

2. Die Motive der Expansion amerikanischer Banken in den 60er Jahren

Die Mehrheit der größeren amerikanischen Banken befand in den 60er Jahren eine Strategie für richtig, nach der die amerikanischen Banken ihre Geschäftstätigkeit auf andere Länder ausweiten müßten. Dies sollte über den schnellen Aufbau eigener Auslandsfilialen geschehen. In Deutschland bot sich dazu schon 1960 die Gelegenheit, als die First National City Bank, die Chase Manhattan Bank und die Bank of America die Bankerlaubnis erhielten und somit ihre Repräsentanzen in Filialen umwandeln konnten.

Die Voraussetzungen für Expansionsstrategien waren am Anfang der 60er Jahre günstig, denn erstmals seit dem Ersten Weltkrieg befand sich das Währungssystem wieder in einem Zustand, in dem Kapital ungehindert von einem Land ins andere fließen konnte.[61] Auf Seite der amerikanischen Bankengesetzgebung verbesserten im Verlaufe der 60er Jahre zwei *Amendments* des *Federal Reserve Act* die Ausgangslage für die amerikanischen Banken. Das eine *Amendment* erweiterte 1962 die Befugnisse ausländischer Filialen bis hin zur Gleichstellung mit den Rechten der Banken des Gastgeberlandes. Das andere *Amendment*, 1965 eingeführt, erlaubte es den Banken, sich direkt an ausländischen Instituten zu beteiligen; zuvor war dies nur indirekt über *Edge* oder *Agreement corporations* möglich.[62]

Im einzelnen gingen bei den amerikanischen Banken die Motive der Expansion in Deutschland sowohl auf *pull*-Faktoren als auch *push*-Faktoren zurück.

A. Die *pull*-Faktoren: Die gesetzlichen und wirtschaftlichen Rahmenbedingungen in Deutschland

Der Ära des multinationalen Bankgeschäfts in Deutschland begann für die Auslandsbanken mit dem Aufeinandertreffen mehrerer Ereignisse. Ein wichtiger *pull*-Faktor war die Aufhebung der Devisenbestimmungen in den Jahren 1957/58. Damit war ab 1958 die freie Konvertibilität der D-Mark gegeben; andere wichtige europäische Länder zogen mit ihren Währungen nach oder hatten die Konvertibilität schon eingeführt.[63] Dies gab vor allem dem Euromarkt die Chance, seine Anziehungskräfte endlich voll entfalten zu können. Der

---

[61] Eichengreen, *Globalizing*, 3. Der Erste Weltkrieg bildete speziell für das internationale Geschäft der deutschen Banken eine Zäsur. Von 1914 bis 1958 gab es in Deutschland keinen Kapitalexport. Die Rückkehr in Geschäftsfelder, wie z.B. die Emission von Auslandsanleihen, gelang den deutschen Banken erst ab 1958, als die Konvertibilität der DM und die Kreditfähigkeit Deutschlands wiederhergestellt waren. Manfred Pohl, "Festigung und Ausdehnung des deutschen Bankwesens zwischen 1870 und 1914", *Deutsche Bankengeschichte Band* 2, Hrsg. Institut für bankhistorische Forschung e.V. (Frankfurt: Knapp, 1982) 242.

[62] Sydney J. Key, "The Internationalization of U.S. Banking", *Handbook for Banking Strategy*, Hrsg. Richard C. Aspinwall und Robert A. Eisenbeis (New York: John Wiley & Sons, 1985) 269.

[63] *De facto* war die Konvertibilität der D-Mark schon seit 1955 wiederhergestellt. Holtfrerich, *Finanzplatz*, 269.

Euromarkt in London nahm eine zentrale Funktion bei den außeramerikanischen Aktivitäten von US-Banken ein. Bezüglich der Konvertibilität ging man in Deutschland sogar noch einen Schritt weiter, indem zugleich die Ausländer- und Inländerkonvertibilität eingeführt wurde, während fast alle anderen OEEC-Staaten nur zur Ausländerkonvertibilität übergingen.[64]

Mit dem Kreditwesengesetz (KWG), das 1962 offiziell in Kraft trat, war erstmals eine umfassende liberale Regulierung für ausländische Banken entstanden. Zuvor sorgte 1958 die Aufhebung der Bedürfnisprüfung für die Errichtung von Bankniederlassungen dafür, daß den Banken in der Filialbildung keine Grenzen mehr gesetzt waren. Diese Maßnahme wirkte sich zwar nicht direkt auf die anfangs noch filiallosen Auslandsbanken aus, aber sie setzte ein Zeichen für mehr Wettbewerb unter den Banken. Insbesondere die Großbanken fingen an, Deutschland mit Filialen zu übersäen, um in das Mengengeschäft mit den Lohn- und Gehaltsempfängern einzusteigen.[65] Ein paar Jahre zuvor wäre das noch undenkbar gewesen, denn zur Kundschaft der deutschen Großbanken zählten traditionell nur Firmen, Regierungen oder vermögende Personen. Die Großbanken nahmen als erste den Ratenkredit für Konsumenten ins Sortiment; später überholten dann die Sparkassen die Großbanken in dieser Sparte beim Volumen. Zugleich mußten sich die Teilzahlungsbanken, die bis dahin das Ratenkreditgeschäft in Deutschland abdeckten, auf schwierigere Zeiten einstellen. Stefan Kaminsky von der KKB Kundenkreditbank beschrieb die kleine Revolution so: "Im Jahre 1959 stiegen die deutschen Kreditinstitute vom Podest und setzten den Fuß in den Staub des Marktes."[66]

Vor die Wahl gestellt, in welches europäische Land man am Ende der 50er Jahre investieren sollte, sprach aus Sicht des Bankeninvestors einiges für Deutschland. Hier wären die Größe des Marktes zu nennen und die sich vollziehende Integration innerhalb der Europäischen Wirtschaftsgemeinschaft (EWG), die Deutschland nach einem idealen Brückenkopf

---

64 Gut, "Die Internationalisierung", 84. Jones, *Banks*, 9.

65 In den USA hatte man den Konsumenten schon lange als Bankkunden entdeckt. Die Citibank trieb Anfang der 1960er Jahre die Evolution des Bankgeschäfts sogar noch weiter voran, indem sie das Privatkundengeschäft zu einem ihrer wichtigsten Kundensegmente erklärte. Diese stärkere Zuwendung in den USA und die erstmalige Zuwendung der deutschen Großbanken zum Privatkunden paßten auch in das Bild, das Galbraith mit seinem 1958 in den USA erschienen Buch "The Affluent Society" entwarf. Danach leiten der allgemeine wirtschaftliche Aufschwung und die damit verbundene Steigerung der Masseneinkommen eine neue Entwicklung ein, in deren Verlauf der Konsument zunehmend zu einem Machtfaktor wird, weil weite Kreise des Wirtschaftslebens von ihm abhängig sind. John Kenneth Galbraith, *The Affluent Society* (Boston: Houghton Mifflin, 1958).

66 Stefan Kaminsky war persönlich haftender Gesellschafter der KKB Kundenkreditbank Kommanditgesellschaft auf Aktien. Er merkte an: "Eine Branche lernte das ABC des Verkaufs. Aus passiven Kapitalsammelstellen wurden aktive Dienstleistungsbetriebe. Erfolg, Macht und Ansehen las man nicht mehr an der Höhe der Einlagen ab, sondern an der Zahl treuer Kunden." Stefan Kaminsky, "Die technologische Herausforderung", *Die Finanzen des privaten Haushalts: Festschrift für Walter Kaminsky*, Hrsg. Franz Schneider (Frankfurt: Knapp, 1969) 172. Die anfängliche Gelassenheit bei den Teilzahlungsbanken gegenüber der neuen Konkurrenz verschwand jedoch Anfang der 70er Jahre, als die ungünstige Refinanzierung und die hohen Vermittlungsgebühren Zinsen erforderlich machten, die am Markt nicht mehr durchsetzbar waren. Hinzu kam, daß die deutschen Kreditinstitute ihre Kredite nicht entsprechend der Kosten kalkulierten.

für den Gemeinsamen Markt aussehen ließ.[67] Außerdem galt das multinationale Bankgeschäft der deutschen Banken als rückständig.

Die Gründung der EWG gab schon 1957 das Signal für amerikanische Firmen, sich mit eigenen Produktions- und Distributionsstätten innerhalb dieses einheitlichen Zollgebiets niederzulassen. In der Tat löste das Jahr 1957 in Verbindung mit der Einführung der Währungskonvertibilität 1959 eine große Welle von amerikanischen Unternehmenskäufen und Neugründungen in Europa aus, die vom starken Wechselkurs des Dollars zur DM begünstigt wurde. Während 1958 die Zahl der amerikanischen Unternehmen und Einzelunternehmer, die in der Bundesrepublik Deutschland und Westberlin Niederlassungen unterhielten, noch bei 370 lag, waren es 1960 schon 555 amerikanische Muttergesellschaften, die in Deutschland investiert hatten - ein Anstieg um 50%.[68]

Zu der Gründungswelle trug auch bei, daß in den Vereinigten Staaten gegen Ende der 50er Jahre der Inlandsboom abflaute und die Kapazitäten der Industrieunternehmen drohten, nicht genügend ausgelastet zu werden.[69] Die Anziehung der Unternehmen, ins Ausland zu gehen, übertrug sich auch auf die Banken, die ihren Kunden dank der besseren Rahmenbedingungen zu Anfang der 60er Jahre entschiedener nach Europa folgten als noch ein paar Jahre zuvor. Dieses Verhalten entsprach der "Banken-folgen-Kunden-These", einem Standortvorteil im Sinne des eklektizistischen Ansatzes von Dunning. Mit der Zeit ergab sich daraus eine Variation, die "Banken-folgen-Banken-These".

Die Banken achteten stets genau darauf, was die Konkurrenz machte. Als die First National City Bank sich am Ende der 50er Jahre für eine massive internationale Filialexpansion entschied, kamen Banken derselben Größe schnell auf die gleiche Idee. So erklärt sich, daß die Chase Manhattan Bank, die hauptsächlich Kontakte zu großen Unternehmen hatte, den Filialwettlauf mit der First National aufnahm, obwohl für den traditionellen Kundenkreis der Chase eine einzige Filiale pro Land ausreichend gewesen wäre.

Um nicht den eigenen aus dem Heimatland bekannten Kunden zu verlieren, der sich in den 60er Jahren mit großem Interesse in den überseeischen Märkten ansiedelte, - ihn vor allem nicht an die amerikanische Bankenkonkurrenz zu verlieren, die eventuell schon eine Bankfiliale im Ausland zu bieten hatte, expandierte man besser selber auch. Es war eine defensive Strategie.

Einmal vor Ort, kamen die amerikanischen Banken natürlich unvermeidlich mit den inländischen Banken in Berührung, die im Falle Deutschlands aus einer weniger starken

---

67 Sieghardt Rometsch, "Banken mit weltumspannenden Filialnetz", *Blick durch die Wirtschaft*, 6. November 1972, 3.

68 Heinz Hartmann, *Amerikanische Firmen in Deutschland* (Köln und Opladen: Westdeutscher Verlag, 1963) 35.

69 Daher setzte 1958 die erste größere Welle internationaler US-Aktivitäten von Industrieunternehmen ein. Diesen folgten kurze Zeit später Werbeagenturen, Unternehmensberater, Wirtschaftsprüfer und eben Banken an die neuen Standorte in Übersee. Rometsch, "Banken", 3.

Wettbewerbstradition kamen. Allerdings gingen die amerikanischen Banken in den Anfangsjahren noch nicht so weit, mit Nachdruck deutsche Kunden zu gewinnen, wie es etwa die amerikanischen Investmentfonds getan haben. Entscheidend war zunächst, daß amerikanische und andere ausländische Banken in Deutschland freien Marktzutritt hatten. In Kanada und Australien durften amerikanische Banken zum Beispiel gar nicht aktiv werden.[70]

B. Die *push*-Faktoren: Die Flucht vor den Beschränkungen im amerikanischen Bankensektor

Im Sinne einer von *push*-Faktoren bestimmten Expansionsstrategie interessierten sich die amerikanischen Banken im Verlauf der 60er Jahre besonders aus drei Gründen für die neuen Geschäftsgebiete: 1. Der Möglichkeit, im Ausland mit der Bilanzsumme zu wachsen. 2. Der Möglichkeit, mit den Auslandsaktivitäten die Erträge zu steigern. 3. Der Möglichkeit, im Ausland in neuen Geschäftsfeldern tätig zu werden.

Der Hintergrund dieser Überlegungen waren die restriktiven amerikanischen Bankgesetze. Den amerikanischen Banken waren die Hände gebunden, sowohl bezüglich der Geschäftsarten - eine *commercial bank* durfte keine Wertpapiergeschäfte machen - als auch bezüglich der geographischen Ausdehnung - den amerikanischen Banken war es nicht erlaubt, Filialen auch außerhalb ihres Heimatstaats zu haben.[71]

Eine weitere Last hatten die US-Banken vor allem im Zeitraum von 1964 bis 1974 zu tragen: Im Rahmen einer restriktiven Geldpolitik der amerikanischen Notenbank und der *Regulation Q*[72], die eine Zinsobergrenze für Einlagen darstellte, kam es besonders im

---

70 Kindleberger beschreibt die Motive der Abschottung so: "This reaction is rationalized on the ground that banking is what Lenin called "a commanding height" of the economy, a place where foreign bankers can gather confidential credit information on local enterprise, and perhaps pass it on to their U.S. customers who are in competition with local business. Since there is no evidence of such a conduct, the fear is best regarded as Populist, and at worst as paranoid." Charles P. Kindleberger, "Introduction", *The International Corporation*, Hrsg. Charles P. Kindleberger (Cambridge: The M. I. T. Press, 1970) 9.

71 Einige Bundesstaaten gingen sogar noch weiter und untersagten den Banken, mehr als eine Filiale innerhalb des Bundesstaates zu haben. Die Citibank konnte als Folge des *McFadden Act* von 1927 keine Zweigstellen außerhalb des Stadtgebiets von New York betreiben. Mit den Neuerungen des *Edge Act* und dem *Bank-Holding Company Act* verbesserte sich die Situation in den 60er Jahren zwar etwas, weil es für bestimmte Geschäfte begrenzte Handlungsräume für eine Ausdehnung der Tätigkeiten auf das gesamte Bundesgebiet der Vereinigten Staaten gab, aber der Spielraum für Expansionen blieb klein. Günther E. Greiner, "Citibank", *Zeitschrift für das gesamte Kreditwesen* 21 (1980): 1016. Diese geographischen Beschränkungen galten bis 1994. Als die Bankgesetze geändert wurden - in der Mehrzahl der Fälle mit Wirkung des Jahres 1996 - wurde es für die Banken viel leichter, andere Banken zu kaufen oder zu fusionieren, was sie dann auch taten. Die Gesamtzahl der amerikanischen Banken wurde 1999 so auf unter 9.000 gedrückt, ausgehend von 14.500 zu Mitte der 80er Jahre. Richard Cookson, "Renaissance men", Survey International Banking, *The Economist*, 17. April 1999, 6.

72 Es handelt sich dabei um das Verzinsungsverbot in den Vereinigten Staaten: Untersagt waren besonders die Verzinsung von Sichteinlagen mit einer Laufzeit von bis zu 29 Tagen und die Überschreitung von Höchstzinssätzen für Termineinlagen. Im Londoner Euromarkt konnte man das umgehen. Ekkehard Storck, *Euromarkt: Finanz-Drehscheibe der Welt* (Stuttgart: Schäffer-Poeschel, 1995) 11.

Rezessionsjahr 1966 und von 1969 bis 1970, der Zeit der Kreditverknappung, dazu, daß Gelder aus den USA in Richtung Euromarkt abflossen, wo die Einlagen höher verzinst werden konnten. Die Motivation war groß, diese Gelder wieder in eigenen Auslandsfilialen aufzufangen. US-Banken, denen eine solche Ausweichmöglichkeit im eigenen Bankkonzern noch fehlte, nutzten also die Gunst der Stunde und gingen mit einer Filiale ins Ausland, vorzugsweise nach London.[73] Wesentliche Motive für die Bankaktivitäten in Übersee, insbesondere im Euromarkt, schuf die amerikanische Regierung allerdings durch Maßnahmen, die mit der Bankengesetzgebung gar nicht in Verbindung standen.[74] Es ging um die restriktiven Maßnahmen zur Eindämmung von Kapitalexporten, die der US-Regierung aus folgender Situation heraus für geboten erschienen: Nach dem Zweiten Weltkrieg wiesen die USA sehr hohe Leistungsbilanzüberschüsse auf, die in einer Welt fester Wechselkurse nur deshalb nicht inflationär wirkten, weil ihnen ein hoher Kapitalexport gegenüberstand. Insgesamt gab es aber trotz leichter Leistungsbilanzüberschüsse ein Zahlungsbilanzdefizit, das die Finanzierung von Investitionen amerikanischer Unternehmen im Ausland seit Mitte der 50er Jahre und die in den USA vom Ausland aufgenommenen günstigen Kredite widerspiegelte.[75] Die Leistungsbilanzüberschüsse nahmen jedoch zum Ende der 50er und am Anfang der 60er Jahre rapide ab, während gleichzeitig die Kapitalexporte weiter anhielten, d.h. zahlreiche ausländische Schuldner die niedrigen Zinsen des ergiebigen amerikanischen Kapitalmarkts nutzten.[76] Dies veranlaßte Präsident Kennedy zur Gegensteuerung. Am 18. Juli 1963 verkündete er die *Interest Equalization Tax*[77], um den Dollar-Abfluß abzuschwächen. Die Auswirkung dieser Maßnahme auf die Strategien amerikanischer Banken sollte erheblich sein. Der *Chairman* von Morgan Guaranty, Henry Alexander, erklärte noch am selben Tag vor versammelter Mannschaft: "This is a day that you will all remember forever. It will change the face of American banking and force all the business off to London. It will take years to get rid of this legislation."[78]

In der Folge und nach zwei weiteren Maßnahmen, dem *Voluntary Credit Restraint Program* (1965) und dem *Foreign Direct Investment Program* (1968), verlor schließlich der US-Kapitalmarkt tatsächlich seine Funktion als Hauptkapitalquelle für internationale Finanzierungen.[79]

---

73 Ibid., 39. Khambata, *The Practice*, 12.

74 Sarkis J. Khoury, *Dynamics of International Banking* (New York: Praeger Publishers, 1980) 68.

75 Storck, *Euromarkt*, 87.

76 John C. Haley und Barnard Seligman, "The Development of International Banking by the United States", *The International Banking Handbook*, Hrsg. William H. Baughn und Donald R. Mandich (Homewood, Illinois: Dow Jones-Irwin, 1983) 39. Diese Schuldverschreibungen waren die sogenannten "Yankee-Bonds". Storck, *Euromarkt*, 87.

77 Zinsausgleichsteuer.

78 Chernow, *The house*, 544.

79 Nach Einführung der *Interest Equalization Tax* wurde der amerikanische Kapitalmarkt für ausländische Kapitalnehmer weniger attraktiv, weil sich die effektive Rendite ausländischer, aber in den USA emittierter

Allerdings konnte mit diesen Programmen die Reduzierung des Zahlungsbilanzdefizits nicht wirklich erreicht werden. Speziell mit der *Interest Equalization Tax* ließ sich höchstens Zeit gewinnen, um das Kapital am Abfließen zu hindern.[80] Erreicht wurde so etwas wie eine zeitweilige Autonomie in der Innenpolitik, aber einen effektiven Anpassungsmechanismus stellten die Kapitalverkehrskontrollen nicht dar.[81] Eichengreen hält fest: "The array of devices to which the Kennedy and Johnson administrations resorted became positively embarrassing. They acknowledged the severity of the dollar problem while displaying a willingness to address only the symptoms, not the causes. Dealing with the causes required reforming the international system in a way that diminished the dollar's reserve-currency role, something the United States was still unwilling to contemplate."[82]

C. Attraktion Euromarkt

Der Aufstieg der amerikanischen Banken in Europa stand in engem Zusammenhang mit dem Euromarkt in London, der sich aus kleinen Anfängen zu einem bedeutsamen Interbankenmarkt entwickelt hatte. Vom Begriff her ist der Euromarkt ein internationaler Markt für finanzielle Transaktionen, die in einer Währung getätigt werden, die nicht Landeswährung ist. Die Bank für Internationalen Zahlungsausgleich (BIZ) definierte den Euro-Dollar als eine in US-Dollar denominierte Währungseinlage, die eine Bank mit Sitz außerhalb der USA erwirbt und unmittelbar oder nach Umtausch zur Kreditgewährung an einen

---

festverzinslicher Wertpapiere verkleinerte, und amerikanische Investoren diese deshalb nicht mehr erwarben. Cho, *Multinational*, 41. Die Rendite nach Steuern für ausländische Langläufer dürfte sich um ungefähr 1 Prozentpunkt reduziert haben. Eichengreen, *Globalizing*, 129. Die an sich höhere Rendite ausländischer Emittenten wurde auf die amerikanische Rendite zurückgestutzt. Allerdings bemerkte man zunächst nur im ersten Jahr nach Einführung der *Interest Equalization Tax*, 1964, die Abwanderung des Emissionsgeschäfts aus New York. Ein Kommittee der Investment Bankers Association berichtete, daß in 1964 ein Anteil von 207 Mio. Dollar an internationalen Anleihen in New York gemanagt wurde, gegenüber 399 Mio. Dollar in London und 290 Mio. Dollar in den Kapitalmarktzentren auf dem Kontinent. Das Jahr 1965 hingegen brachte schon wieder internationale Emissionen in Höhe von 500 Mio. Dollar nach New York; 169 Mio. Dollar verblieben in London, 245 Mio. Dollar in Frankfurt und 100 Mio. Dollar in anderen Finanzzentren auf dem Kontinent. O.V., "Investment Bankers in U.S. Said to Regain Much Foreign Business", *The Wall Street Journal*, 3. Dezember 1965, 13. Zum Ende des Jahres 1965 grassierte aber erneut die Furcht, das Finanzzentrum New York werde unwiederbringlich Geschäft an die europäischen Kapitalmärkte verlieren. Die Investment Bankers Association betrachtete die massiven Kapitalverkehrskontrollen der US-Regierung als kaum geeignet zur Wiederherstellung einer ausgeglichenen Zahlungsbilanz, solange nicht die Ausgaben für den Vietnamkrieg - hier lag das Grundübel der unausgeglichenen Zahlungsbilanz - gedrosselt würden. Als Nebeneffekt profitierten die europäischen Banken von dieser Entwicklung, indem sie amerikanisches *underwriting* erlernten. O.V., "International Finance Hub Shifts to Europe, Banking Group Says", *The Wall Street Journal*, 1. Dezember 1966, 32.

80 Auch die Deutsche Bundesbank bezweifelte die Wirkung der Maßnahmen, weil es zu einem massiven privaten Kapitalexport aus den Vereinigten Staaten nach Europa kam. Storck, *Euromarkt*, 88.

81 Eichengreen, *Globalizing*, 120. Die Kapitalverkehrskontrollen wurden 1965 angezogen, parallel zur Eskalation des US-Einsatzes in Vietnam, sowie auch in den Jahren 1966 und 1968. Ibid., 125.

82 Ibid., 129.

Nichtbankenkunden verwendet, wobei andere Banken zwischengeschaltet sein können.[83] Später konnte eine "Eurowährung" aber auch jede andere frei konvertierbare Währung sein.[84] Dabei war der Euromarkt, in dem das Mindestvolumen für Einlagen bei 250.000 DM und für Eurofinanzierungen etwa bei 1 Mio. DM oder des entsprechenden DM-Gegenwerts lag, den nationalen Märkten gewissermaßen übergeordnet; seine Existenz läßt sich allerdings an bestimmten Finanzzentren wie London oder Luxemburg lokalisieren.[85] Die Euromärkte waren begehrt, weil sie nicht reguliert waren.[86] Ihre spezifische Struktur bestand in Zins- und Konditionenvorteilen, steuerlichen Aspekten, unbürokratischer Abwicklung der Geschäfte sowie, da alle Teilnehmer eine gute Bonität hatten, im weitgehenden Verzicht auf dingliche Sicherheiten.[87] Es gab im Euromarkt keine Pflicht zur Mindestreserve, keine Devisenkontrollen, keine Zinsbegrenzungen oder andere Restriktionen.[88]

Es ließen sich drei Marktsegmente des Euromarkts definieren: der Euro-Geldmarkt, der Euro-Kreditmarkt und der Euro-Kapitalmarkt. Der Euro-Geldmarkt stand für den Handel mit bei den Eurobanken unterhaltenen Guthaben in Fremdwährung. Im Euro-Kreditmarkt kamen mittel- und langfristige Kreditbeziehungen zwischen Bank und Kunde zustande, bei überwiegend kurzfristiger Refinanzierung der zur Verfügung gestellten Mittel. Für den Euro-Kapitalmarkt hingegen galt, daß dort mittel- und langfristig verbriefte Forderungen emittiert und gehandelt wurden.

Erfahrungen in einem großen Interbankenmarkt, die für die geschäftliche Ausbreitung in Europa von großem Nutzen waren, sammelten die amerikanischen Banken bereits zuhause im *federal funds market*, einem in den 50er und frühen 60er Jahren beliebt gewordenen Refinanzierungsmarkt für die *money center banks*.[89]

---

[83] Ekkehard Storck, "Euromarkt", *Enzyklopädisches Lexikon des Geld-, Bank- und Börsenwesens*, Hrsg. Zeitschrift für das gesamte Kreditwesen u.a. (Frankfurt: Knapp, 1999) 528.

[84] Die anderen frei konvertierbaren Währungen waren: Deutsche Mark, Schweizer Franken, Holländischer Gulden, Französischer Franc, Britisches Pfund und Japanischer Yen.

[85] Ekkehard Storck, "Off-shore-Märkte", *Handbuch des Firmenkundengeschäft*, Hrsg. Klaus Juncker und Erich Priewasser (Frankfurt: Knapp, 1993) 550. Greenbaum und Thakor, *Contemporary*, 124. Weitere Finanzzentren neben London (Euro-Dollar) und Luxemburg (Euro-DM) waren ferner, trotz der Bezeichnung Euromarkt, auch New York, Karibik (insbesondere Cayman Islands und Bahamas, die auch als Off-shore-Zentren bezeichnet wurden), Bahrain, Tokio, Singapur und Hongkong. Die letzten vier Standorte nannte man auch Asien-Dollar-Märkte.

[86] Ursel Steuber, *Internationale Bankenkooperation: Deutsche Banken in internationalen Gruppen* (Frankfurt: Knapp, 1976) 36.

[87] Eine Erhebung bei amerikanischen Banken ergab, daß die Ausfälle im Auslandskreditgeschäft in den Jahren vor 1979 geringer waren als im Inlandsgeschäft. Für den Zeitraum 1976/77 verhielt sich dieses Verhältnis von 1/3% zu 3/4%. Ekkehard Storck, "Internationale Banken tragen zur Integration der Weltwirtschaft bei", Beilage Banken International, *Handelsblatt*, 26. März 1979, 12.

[88] Joseph F. Sinkey, Jr., *Commercial Bank Financial Management* (New York: Macmillan, 1983) 587. Hans E. Büschgen, "Geld und Banken nach dem Zweiten Weltkrieg: Internationale Kapitalbewegungen, Bankensysteme, grenzüberschreitende Kooperation", *Europäische Bankengeschichte*, Hrsg. Hans Pohl (Frankfurt: Knapp, 1993) 463.

[89] Sylla, US Banks, 12. Zu den *money center banks* siehe Seite 7 dieser Arbeit.

Die Geburtsstunde des Euro-Kapitalmarktes schlug am 1.7.1963, als eine Anleihe für die italienische Autobahnbetreiber-Gesellschaft Autostrada in Höhe von 15 Mio. Dollar unter Führung der Londoner *merchant bank* S.G. Warburg plaziert wurde.[90]

Das Volumen der einzelnen Teilmärkte des Euromarkts vervielfachte sich in kurzer Zeit; vom ursprünglichen Geschäft der *Euro-Loans*, womit Konsortialkredite mehrerer internationaler Banken gemeint waren, ging man später mehr und mehr zum Euro-Bond-Geschäft über, zu der auch die Emission von mittel- und kurzfristigen Geldmarktpapieren gehörte. Seit 1983 - unter dem Eindruck der internationalen Schuldenkrise - überstieg das Volumen der neu aufgelegten Euroanleihen im Euro-Kapitalmarkt dasjenige der neu vergebenen mittel- und langfristigen Kredite im Euro-Kreditmarkt.[91]

Historisch läßt sich die Entstehung der Euromärkte in die Zeit der frühen 1950er Jahre zurückdatieren, als die Sowjetunion bei einer in sowjetischem Besitz befindlichen Bank in Paris, der Banque Commerciale pour l' Europe du Nord, kurz "Eurobank", Dollars gehalten hat.[92] Man sagte, dies geschah aus Furcht davor, daß die Dollar-Guthaben bei einer amerikanischen Bank hätten eingefroren werden können. Dieser scheinbar politische Anstoß - es gibt auch Zweifel an der Richtigkeit dieser Überlieferung -, war allerdings nicht denkbar ohne die anderen Einflüsse.[93]

So gab es im September 1957 einen wichtigen Impuls durch die Pfund-Krise. Damals untersagten die britischen Behörden aus währungspolitischen Gründen die Verwendung von Pfund-Sterling beim Handel zwischen Dritten, weshalb die in London ansässigen Banken zur Refinanzierung dieser Geschäfte mit Vorliebe in den Dollar gingen.[94] Es folgte 1958, im Einklang mit anderen OEEC-Ländern, die Erklärung der vollen Konvertibilität der wichtigsten Währungen.[95] Auf dieser Grundlage setzte rasch eine Internationalisierung der Finanzmärkte ein, unter starker Zunahme von Devisengeschäften und dem Ausnutzen von Zinsdifferenzen. Häufiger als erwünscht stand die neugewonnene Kapitalmobilität allerdings

---

90 Storck, *Euromarkt*, 57.

91 Ibid., 43.

92 Seitdem ist der Begriff "Eurodollar" in Gebrauch. Dale, *The Regulation*, 9. Chernow, *The house*, 545.

93 Rainer E. Gut vermag die Erzählung nicht zu bestätigen, nach der die Russen durch die Übertragung ihrer Dollarguthaben auf eine europäische Bank an der Wiege der Euromärkte gestanden haben sollen. Rainer E. Gut, "Die Internationalisierung des Kreditgeschäfts", *Banken: Erfahrungen und Lehren aus einem Vierteljahrhundert 1958 - 1983*, Hrsg. Landesbank Rheinland-Pfalz (Frankfurt: Knapp, 1983) 84. Auch Borchert fand diese Erklärung nicht sehr überzeugend, denn wegen der damaligen Abwertungstendenzen beim Dollar hätten sich andere Währungen mehr angeboten. Manfred Borchert, "Euro-Geldmarkt", *Handwörterbuch des Bank- und Finanzwesens*, Hrsg. Wolfgang Gerke und Manfred Steiner (Stuttgart: Schäffer-Poeschel, 1995) 534.

94 Greenbaum und Thakor, *Contemporary*, 630. Insbesondere konnten keine Pfund-Sterling-Kredite mehr verlängert werden und bei Handelsgeschäften mußte mindestens ein britischer Kontrahent nicht in der Pfund-Sterling Zone domizilieren. Nach Storck wurde der Niedergang des britischen Pfunds mit der Einführung des Bretton-Woods-Systems schon vorweggenommen. Storck, *Euromarkt*, 8.

95 Gut, "Die Internationalisierung", 84. Jones, *Banks*, 9.

den Zielen nationaler Wirtschaftspolitik entgegen, so daß Kapitalverkehrskontrollen eingeführt wurden. Dies bewog die Marktteilnehmer, auf den Euromarkt auszuweichen.

3. Die Reaktion der deutschen Banken auf die amerikanische Bankenexpansion

A. Traditionelles Korrespondenzbankensystem

Innerhalb Europas war Deutschland unter anderem nicht nur wegen der Größe des Marktes und der führenden Wirtschaftsunternehmen eine bevorzugte Standortwahl für amerikanische Banken, sondern auch wegen der geringen internationalen Präsenz seiner eigenen Banken. Während britische, französische, italienische und auch japanische Banken seit der freien Konvertierbarkeit der Währungen im Jahr 1958 damit beschäftigt waren, Filialen in Übersee zu eröffnen, hielt es die deutschen Banken im eigenen Land zurück.[96]

Die Gründe für das entschlossene Fernbleiben von den ausländischen Standorten waren vielschichtig.[97] Es waren zugleich auch die Gründe, warum die deutschen Banken lieber am Korrespondenzbankensystem festhielten: Schutz vor Ressentiments im Ausland, Personalmangel für die Aufgaben im Ausland, entsprechende Risiken im Ausland, genügende Auslastung durch die kapitalhungrige Wirtschaft im Inland und verstärkter Ausbau der inländischen Filialnetze.[98] Es mag auch die Erinnerung mitgeschwungen haben, daß die Vermögenswerte deutscher Banken im Ausland während zweier Weltkriege enteignet wurden.[99] Da in den Chefetagen der deutschen Banken überwiegend Männer aus der Vorkriegszeit saßen, bestand die Geschäftspolitik zuvorderst darin, nach den Wirren der Kriegs- und Nachkriegszeit möglichst an die alten Verbindungen mit den Partnern im Ausland wieder anzuknüpfen und diese Kontakte keineswegs durch direkte Konkurrenz im Land des

---

96 Die ausländischen Filialnetze der europäischen Banken gingen meistens auf die Kolonialzeit zurück. Die Standorte dieser Filialen waren oft in Entwicklungsländern, so daß diese Form der Internationalisierung für die deutschen Banken - im Gegensatz zu der Internationalisierung der amerikanischen Banken - nur eine begrenzte Gefährdung darstellte. Allerdings besaßen diese europäischen Banken Startvorteile auf dem internationalen Parkett und hätten eines Tages vielleicht doch noch die deutschen Industriekunden abwerben können. Thomas Schubert, *Strategische Allianzen im internationalen Bankgeschäft* (Wiesbaden: Gabler, 1995) 21.

97 Robin Pringle, "New Freedom for German Banks", *The Banker* (August 1967): 687.

98 Als amerikanische Banken die internationale Expansion schon mit Elan vorantrieben, betonte Herman J. Abs 1963 auf dem X. Deutschen Bankentag die Vorteilhaftigkeit von Korrespondenzbankbeziehungen, die ein tragfähiges Fundament für internationale Arbeitsgebiete darstellten. Büschgen, "Die Deutsche", 726.

99 Pringle, "New", 687. Noch vor dem Ersten Weltkrieg waren die deutschen Banken in Gestalt der deutschen Überseebanken zu einem frühen Zeitpunkt im Ausland vertreten, zunächst hauptsächlich in Südamerika und Asien. Später eröffneten etliche der Berliner Großbanken Filialen oder rechtlich unabhängige Institute im Nahen Osten, auf dem Balkan, in Italien, Belgien, den Niederlanden und London. Sie erwarben auch Beteiligungen an Banken in diesen und weiteren Ländern. Als Ergebnis des Ersten Weltkrieges gingen die meisten dieser ausländischen Stützpunkte verloren, bis auf jene in Südamerika und Mexiko. League, *Commercial*, 131.

anderen zu gefährden.[100] Ferner gab es eine Tradition der Beteiligungen bei deutschen Großbanken, mit der im Auslandsgeschäft in den 1880er Jahren gute Erfahrungen gemacht wurden, weil eine Beteiligung - etwa in Form der Kommanditeinlage - einen relativ leichten Zugang zu ausländischen Märkten ermöglichte und überdies relativ kostengünstig war.[101]

Die hohen Kosten eines ausländischen Stützpunktes wurden in den 70er Jahren erneut als Hinderungsgrund für die Auslandsexpansion angeführt: "Indeed, many German bankers still reckon it makes more sense to send a man from Frankfurt to London for the day to do a deal than to establish an independent branch in London - which explains why, although German banks are now very active in international business, they still do not have all that many branches abroad."[102] Noch weiter ging die Auffassung, in den möglichen Auslandsfilialen reine Verlustbringer zu sehen, die nicht nur die Korrespondenzbanken verärgern, sondern aus ihnen auch noch gefährliche Konkurrenten machen könnten.[103]

Diese resolute Haltung, die auch ihr Gutes hatte, weil sie die Banken vor manchem verlustreichen Auftritt im Ausland bewahrte, schien den schnellen Veränderungen in multinationalen Unternehmen und vor allem in amerikanischen Banken aber immer weniger gewachsen zu sein. Die deutschen Banken begannen deshalb, langsam an die internationalen Bankenschauplätze zurückzukehren, die sie während des Ersten Weltkrieges verlassen hatten. Bei der Commerzbank und der Deutschen Bank waren dies allerdings nicht die großen Finanzzentren. Den Anfang machten sie mit Repräsentanzen. Verwunderlich war, daß die deutschen Banken London wenig Aufmerksamkeit schenkten, obwohl die Stadt in der zweiten Hälfte der 60er Jahre einen Boom als globales Finanzzentrum erlebte.[104]

Der Druck, dem internationalen Geschäft mehr Bedeutung beizumessen, erhöhte sich speziell im Jahr 1967, als bereits 20 ausländische Banken in direktem Wettbewerb mit den deutschen Banken standen und die völlige Aufhebung der Zinsbindung den Kreditbanken zur zusätzlichen Last zu werden drohte, weil ihnen die Sparkassen, die anders kalkulieren konnten, plötzlich im Nacken saßen. Die Dresdner Bank hinterfragte als erste deutsche Bank das Korrespondenzbankensystem, indem sie Repräsentanzen in wichtigen ausländischen Finanzzentren errichtete, in Paris (1958), New York (1965) und London (1967). Mit den bis dahin bestehenden Korrespondenzbankenverbindungen konnte man den neuen Ansprüchen der Kunden weder quantitativ noch qualitativ genügen.[105] Für Geschäfte im Euromarkt wurde 1967 eine Dresdner Bank Tochter in Luxemburg eröffnet.

---

100 "Indeed, by the late 1950s these correspondent relationships had become so good that German banks feared they might actually lose business if they upset them by opening branches of their own." O.V., "Breaking out", Survey of International Banking, *The Economist*, 27. Januar 1973, 63.

101 Phelps, *The Foreign*, 29

102 O.V., "Breaking", 63.

103 Bernd Baehring, "Are the Germans happy in clubs?", *The Banker* (August 1973): 917.

104 Ibid., 915.

105 Steuber, *Internationale*, 1.

Gleichwohl hielten das Mißtrauen in die Solidität und die Gefahr der Abhängigkeit vom Euromarkt die deutschen Banken lange davon ab, sich der kurz- und langfristigen Finanzierungen des Euromarkts zu bedienen. Luxemburg wurde gegenüber London vorgezogen, weil es als leichter angesehen wurde, sich im Falle des Scheiterns von dort zurückzuziehen. Ein eventueller Rückzug aus London hätte einen zu großen Gesichtsverlust bedeutet. Außerdem sprach der große Unterschied bei den Mietpreisen ebenfalls für Luxemburg.[106]

Schließlich waren die Gründungen von immer mehr und besser ausgestatteten Filialen amerikanischer Banken in Deutschland alarmierend: Von 1965 bis 1970 stieg die Anzahl der Zweigniederlassungen und regionalen Niederlassungen sowie Tochterbanken und deren regionale Filialen von 6 auf 30, was einer Verfünffachung entsprach. Die Finanzdirektoren deutscher, mittlerweile multinationaler Unternehmen hatten sich an die Zusammenarbeit mit den amerikanischen Banken draußen in der Welt so sehr gewöhnt, daß diese Zusammenarbeit auch auf reine Inlandsgeschäfte mit den Filialen in Deutschland ausgeweitet wurde, die ihrerseits seit dem Ende der 60er Jahre die deutschen Unternehmen als Kunden aggressiv umwarben.[107] Dieses vor Augen, einschließlich der beginnenden Kreditgeschäfte in Konsortien, ließ die deutschen Banken nicht mehr länger am Korrespondenzbankensystem festhalten. Es wurde Zeit, mit dem Aufbau eines eigenen internationalen Filialnetzes zu beginnen oder sich zumindest in den Konsortiumsbanken zu engagieren.[108]

B. Die Gründung von Konsortiumsbanken als Zwischenschritt

Die Gründung von Konsortiumsbanken - auch Bankenclubs genannt - durch europäische Banken geschah in erster Linie, um das internationale Bankgeschäft nicht nur den amerikanischen Banken zu überlassen, die in Europa erstaunlich gut Fuß gefaßt hatten.[109] Unerfahrene Banken konnten durch die Beteiligung an einer Konsortiumsbank einen schnellen Einstieg in das internationale Bankgeschäft finden. Die Gründungen dieser Gemeinschaftsinstitute leiteten ab Mitte der 1960er Jahre eine neue Phase der Internationalisierung von Banken ein.[110] Sie führten Banken zusammen, die sich vom internationalen Geschäft

---

106 Baehring, "Are", 917.

107 Schubert, *Strategische*, 21

108 Baehring, "Are", 915.

109 Kurt F. Viermetz, "Ziele und Aktivitäten einer Auslandsbank in der Bundesrepublik Deutschland", *Semesterbericht Nr. 19 des Instituts für Kredit- und Finanzwirtschaft*, Leiter: Prof. Dr. Süchting, Ruhr Universität Bochum (Referat am 29. November 1983): 33. Möglicherweise hatten die Partner solcher Konsortiumsbanken wie der EBIC sogar noch mehr vor, als nur eine Gegenoffensive im Hinblick auf die amerikanischen Banken zu starten: Sie hätten zu einer Europabank fusionieren können. Dieses Ziel erreichten die Banken jedoch nicht. Büschgen, "Die Deutsche", 837.

110 Die Deutsche Bank, Dresdner Bank und Commerzbank mitbegründeten 1967 jeweils eigene Konsortiumsbanken, nachdem zuvor losere Formen der Partnerschaft zwischen den verschiedenen Banken bestanden

angezogen fühlten, aber dieser allein Aufgabe nicht gewachsen waren. Man wollte die ersten Schritte lieber gemeinsam mit einigen Partnern gehen. Die europäischen Banken schätzten diese grenzüberschreitenden Kooperationen, weil man sich so bei geteiltem Risiko und gebündeltem Wissen mit den Gepflogenheiten an den Euromärkten vertraut machen konnte.[111] Die Absicht war, mit leistungsfähigeren Einheiten die im Euromarktgeschäft üblichen Größenordnungen darzustellen. Das Prinzip Konsortiumsbank bedeutete, daß zwischen mehreren Banken eine Zusammenarbeit umfassender Art oder auch nur bestimmter Leistungsarten vertraglich vereinbart wurde.

Es gab auch Konsortiumsbanken, an denen US-Banken mitwirkten, üblicherweise aber nur mit geringer Kapitalbeteiligung.[112] Die Bank of America engagierte sich bei der Societé Financière Européenne (SFE), woraus später die ABECOR-Gruppe wurde. Eine andere Einrichtung war die Orion-Gruppe, zu der die Chase Manhattan Bank gehörte und die auf den Gebieten des *investment banking*, des Geldmarkt- und Kreditgeschäfts sowie auch des Leasing-Geschäfts tätig war.[113] Manufacturers Hanover beteiligte sich an einem Konsortium mit der britischen N.M. Rothschild & Sons sowie einem italienischen und japanischen Partner. Manufacturers Hanover und auch die Chase sahen die Konsortiumsbanken als ein einmaliges Instrument an, um an größeren internationalen Geschäften teilzuhaben.[114]

Die Banken unternahmen große Anstrengungen, um diese Konsortiumsbanken zum Erfolg zu führen, wenn auch Verluste und die damit verbundenen gegenseitigen Anschuldigungen nicht ausblieben. Einige amerikanische Banken wie die Citibank und Bankers Trust waren froh, daß sie von vornherein den Alleingang gewählt hatten.

Zum Ende der siebziger Jahre hin verloren die Konsortiumsbanken dann an Bedeutung, weil einzelne Banken begannen, ihre Gruppen zu dominieren oder sich für einen Alleingang zu entscheiden.[115] Es wurde offenkundig, daß die Konsortiumsbanken für die meisten

---

haben. Bernd Rudolph, "Die deutsche Kreditwirtschaft im europäischen Markt", *Geschichte der deutschen Kreditwirtschaft seit 1945*, Hrsg. Hans Pohl (Frankfurt: Knapp, 1998) 470. Die Phase der Konsortiumsbanken dauerte aus Sicht der Deutschen Bank bis 1976 an. Büschgen, "Die Deutsche", 825.

111 Key, "The Internationalization", 276. Die vermeintlichen Lernkurveneffekte stellen sich jedoch nicht in jedem Falle ein. Mit Blick auf die britischen Banken stellt Jones fest, daß sich beim Personal wegen schwacher Organisationsstrukturen und nicht ausreichender Fortbildungsmaßnahmen die Lernkurveneffekte in Bankkonsortien in Grenzen gehalten hatten. Die amerikanischen Banken setzten hingegen viel mehr auf das Training der Mitarbeiter und legten wohl auch deshalb ein so hohes Tempo bei den Produktinnovationen vor. Geoffrey Jones, *British Multinational Banking, 1830-1990* (Oxford: Clarendon Press, 1993) 384.

112 Steven I. Davis, "U.S. banks abroad: one-stop shopping?", *Harvard Business Review* (Juli-August 1971): 77. Siehe auch den Überblicksartikel von Michael von Clemm, "The rise of consortium banking", *Harvard Business Review* (Mai-Juni 1971): 125-142.

113 Büschgen, "Geld", 484.

114 Bowen Northrup, "Consortiums of Banks Multiply in Europe: Some U.S. Banks Join, Others Shy Away", *The Wall Street Journal*, 25. Mai 1973, 28.

115 Büschgen, "Geld", 485. Auch bei der Deutschen Bank erkannte man, daß sich die Idee der Konsortiumsbanken - dort hießen sie EBIC, European American Banking und European Asian Bank - überlebt hatte. Die Deutsche Bank AG begann 1976, sich vermehrt im Ausland niederzulassen. Alfred Herrhausen, "Die strategischen Implikationen der Globalisierung für die deutschen Banken", *Banken und Börsen im internationalen Wettbewerb*, Hrsg. Georg Bruns und Karl Häuser (Frankfurt: Knapp, 1988) 185.

international orientierten Banken nur eine Zwischenlösung waren, solange an Expansionsschritte aus eigener Kraft nicht zu denken war.[116] Zumindest ab 1970 fühlten sich viele Banken stark genug, um den internationalen Weg allein zu gehen.

Ein häufiger Vorwurf lautete, daß den Konsortiumsbanken nur solche Kreditanträge vorgelegt wurden, die von den Mutterbanken bereits abgelehnt wurden. Tatsächlich war eine Folge, daß sich die Kreditportfolios der Konsortiumsbanken zunehmend verschlechterten.[117] Die jeweiligen Repräsentanten der Mutterbanken, die in den Konsortiumsbanken saßen und darüber befanden, wer welche Risiken zu tragen hätte oder ob die Mutterbank auch noch auf eigene Rechnung daran zu beteiligen wäre, waren um ihre Aufgabe nicht zu beneiden. Der Aufwand für die Entscheidungsfindung dürfte ziemlich groß gewesen sein. Natürlich konnte ein Konsortium auch jederzeit auseinanderbrechen. Ein Repräsentant der Mitsubishi Bank beschrieb seine Lage mit dem Satz: "I wear two hats."[118]

Insbesondere die amerikanischen Banken, wie z.B. die Chase Manhattan, mußten sich eingestehen, daß sie sich selber Konkurrenz machten. Die europäischen Banken erkannten dies erst später.

4. Die Geschäftspolitik der amerikanischen Banken in Deutschland seit 1960

A. Liberale Rahmenbedingungen für Auslandsbanken

Ausländische Banken, die in den 60er Jahren eine Präsenz im deutschen Bankensektor anstrebten, konnten mit einer sehr liberalen Haltung der deutschen Zulassungsstellen rechnen.[119] Es hieß, daß in Deutschland ein günstiges Klima für die Betätigung ausländischer Banken herrschte.[120] Die Tabelle 3 zeigt die Niederlassungen ausländischer Banken, die im Mai 1960 in Deutschland bestanden haben[121]:

---

116 Steuber, *Internationale Bankenkooperation*, 25. Michel Brosset, *Multinationale Bankenverflechtungen - Joint Ventures und Partnerschaften* (Bern: Haupt, 1983) 185.

117 Horst Müller, "Das Verhältnis von Kooperation und Alleingang im internationalen Geschäft einer Großbank", *Internationales Bankgeschäft (Gastvorträge 1994)*, Berichte und Materialen Heft 19, Hrsg. Manfred Hein, Institut für Bank- und Finanzwirtschaft, Freie Universität Berlin (1994): 19.

118 Brosset, *Multinationale*, 185.

119 O.V., "Deutsch-amerikanische Banken-Kooperation", *Zeitschrift für das gesamte Kreditwesen* 3 (1966): 104.

120 Friedrich Reischauer, "Die Niederlassung ausländischer Banken in der Bundesrepublik", *Zeitschrift für das gesamte Kreditwesen* 10 (1960): 434.

121 Die Tabelle wurde um die First National City Bank ergänzt, deren Frankfurter Repräsentanz nach dem Stichtag im Mai 1960 in eine Zweigniederlassung umgewandelt wurde. Damit waren es 16 Auslandsbanken bei Zählung der Hauptstellen.

Tabelle 3: Die Niederlassungen ausländischer Banken in Deutschland 1960

Bank	Ort	Hauptsitz	Errichtet
• The Chartered Bank Hamburg Agency	Hamburg	London	1903
• Bank of West Africa Limited	Hamburg	London	1904
• The Standard Bank of South Africa Limited Hamburg Agency	Hamburg	London	1904
• Hongkong and Shanghai Banking Corporation Hamburg Branch	Hamburg	Hongkong	1909
• Banque de la Société Générale de Belgique S.A.	Köln	Brüssel	1919
• Société Générale Alsacienne de Banque, Allgemeine Elsaessische Bankgesellschaft	Köln (und Kehl, Offenburg, Saarbrücken)	Straßburg	1919
• Nederlandse Overzee Bank N.V. Filiale Hamburg	Hamburg	Amsterdam	1922
• Barclays Bank D.C.O. Hamburg Branch	Hamburg	London	1930
• Banque Nationale pour le Commerce et l' Industrie Paris S.A. Succursale de Sarrebruck	Saarbrücken (und St. Wendel)	Paris	1947
• The Chase Manhattan Bank-New York	Frankfurt	New York	1947
• Credit Lyonnais A.G.	Saarbrücken	Paris	1950
• Bank of America	Düsseldorf	San Francisco	1951
• Banco Espanol en Alemania S.A.	Frankfurt (und Hamburg)	Madrid	1953
• First National City Bank	Frankfurt	New York	1953
• The Bank of Tokyo, Ltd.	Hamburg	Tokio	1954
• Finter Bank Zürich	Frankfurt	Zürich	1960

Quelle: Friedrich Reischauer, "Die Niederlassung ausländischer Banken in der Bundesrepublik", *Zeitschrift für das gesamte Kreditwesen* 10 (1960): 434.

Wie die Tabelle zeigt, war um das Jahr 1960 Hamburg der beliebteste Standort für Auslandsbanken. Wer den Außenhandel finanzieren wollte, ging nicht nach Frankfurt, sondern nach Hamburg. Erst mit dem Siegeszug der EDV in den Banken, der Zunahme des Interbankenhandels und vor allem des Devisenhandels wurde Frankfurt als Standort interessanter. Anfangs reichte den Banken noch ein Büro in Frankfurt; später, in den Expansionsphasen der siebziger Jahre, wollten die meisten ausländischen Banken ihren Hauptsitz gleich in Frankfurt haben.[122]

Noch 1965 war Hamburg die deutsche Stadt mit den meisten Niederlassungen ausländischer Banken, es waren 11 Institute. Damit dokumentierte Hamburg seinen Weg von einem traditionellen Standort für *merchant bankers* zu einem internationalen Geschäftszentrum mit *commercial banks*.[123]

Die als liberal eingestufte Haltung der Aufsichtsbehörden fand jedoch 1960 noch keinen Niederschlag im geltenden Bankenrecht. So übten die in der Tabelle 3 aufgeführten Institute jeweils unterschiedliche Arten der Betätigung aus. Da das Kreditwesengesetz (KWG) erst am 1. Januar 1962 in Kraft trat, war auch der rechtliche Status dieser Niederlassungen nicht einheitlich. Noch immer bestand das Alliierte Devisengesetz Nr. 53, das alle Geschäfte von Ausländern und mit Ausländern verbot, soweit nicht eine besondere oder allgemeine Devisengenehmigung vorlag.[124] Etliche der Niederlassungen ausländischer Banken arbeiteten in Deutschland unter der Devisengenehmigung, die wichtige Geschäfte wie das Depositen- und Kreditgeschäft mit Inländern untersagte, es sei denn, diese Geschäfte dienten ausdrücklich dem Außenhandel und wurden sofort abgewickelt.

Als 1960 die Konvertibilität der Währungen schon seit zwei Jahren bestanden hatte, mutete die Devisengenehmigung allerdings nicht mehr zeitgemäß an. Zunächst betrieben die ausländischen Zweigstellen ihre Geschäfte noch unter Übergangsvorschriften. Dann kam das KWG, unter dessen Bestimmungen die ausländischen Banken genauso wie inländische Banken behandelt wurden, das hieß, sie unterlagen als rechtlich selbständige Banken den gleichen Gesetzen und Regulierungen; entsprechende Sonderbestimmungen wurden im § 53 des KWG geregelt.

Gleichwohl sorgte sich die deutsche Kreditwirtschaft darum, daß die ausländischen Niederlassungen bei Aufhebung der Devisenbestimmungen möglicherweise Wettbewerbsvorteile hätten, weil für sie, solange das KWG noch nicht in Kraft war, das Recht ihrer Heimatländer galt. Dies gab ihnen die Möglichkeit, die Kreditpolitik der Deutschen

---

122 Dr. Ludwig Stauch, Leitender Regierungsdirektor i. R., Bundesaufsichtsamt für das Kreditwesen, Berlin, Interview, geführt am 2. September 1997, Berlin.

123 O.V., "First National City Bank jetzt auch in Hamburg", *Handelsblatt*, 21. Oktober 1965, 10. Jürgen Moormann, "Die Bankenstruktur am Platz Frankfurt", *Zeitschrift für das gesamte Kreditwesen* 22 (1991): 1044.

124 Reischauer, "Die Niederlassung", 435.

Bundesbank, die auf das deutsche Kreditgewerbe oft einschränkend einwirkte, zu umschiffen.

Die Sorge der deutschen Kreditwirtschaft betraf die Tatsache, daß ausländische Niederlassungen zwar nicht schlechter, aber eben auch nicht besser gestellt werden sollten als inländische Banken. Dies bezog sich z.B. auf ein angemessenes Betriebskapital.[125]

Ein weiteres Problem stellten Gelder der ausländischen Zentralen dar, die über das Dotationskapital, dem vom Gesetz vorgeschriebenen fiktiven Eigenkapital, hinausgingen und aktiv im deutschen Inlandsgeschäft verwendet werden konnten.[126] Sollten die Zinsen für Einlagen im Heimatland niedriger gewesen sein, so hätte es lohnend sein können, diese im deutschen Kreditgeschäft einzusetzen. Auf diese Gelder, die wegen der kredit- und zahlungspolitischen Linie der Bundesbank wie eine Fremdverpflichtung gehandhabt werden sollten, wäre die Anwendung der Mindestreservebestimmungen sinnvoll gewesen. Denn die Behandlung als Fremdkapital hätte einen Beitrag zur Wettbewerbsgleichheit der Auslandsbanken mit den deutschen Instituten geleistet, die genauso für Einlagen ausländischer Banken eine Mindestreserve unterhalten mußten. Im Ergebnis sollten sich die ausländischen Niederlassungen nicht leichter oder günstiger refinanzieren können als die deutschen Banken.

Die tatsächliche Gesetzeslage der Auslandsbanken unter dem KWG war so, daß der Saldo der Verbindlichkeiten und der Forderungen gegenüber dem eigenen Unternehmen, soweit es sich um Fristen von unter 4 Jahren handelte, mindestreservepflichtig war.

Die formale Gleichbehandlung bei der Refinanzierung führte aber faktisch doch zu einer Benachteiligung der Auslandsbanken, weil diese wegen der Konzentration auf Großkunden und ihrer Filiallosigkeit kaum Zugang zu den Spar-, Sicht- und Termineinlagen der inländischen Bevölkerung hatten. Eine den deutschen Banken vergleichbare Refinanzierungsbasis war den Auslandsbanken also nicht gegeben.

---

125 In anderen Ländern gab es auch entsprechende Vorschriften. So trat am 1.1.1961 im Bundesstaat New York ein Gesetz in Kraft, wonach ausländische Banken Vermögenswerte von wenigstens 100.000 Dollar in Staatstiteln oder Bankguthaben zu unterhalten hätten. Desweiteren sollten alle in New York zahlbaren Verbindlichkeiten dieser Banken in Höhe von 108% durch Staatspapiere gedeckt sein, d.h., alle Einlagen und sonstigen Gelder von Inländern sollten zu mehr als 100% in besonders spezifizierten Inlandswerten angelegt werden. Gegenüber diesen strengen Regelungen in New York empfand man, daß sich die Auslandsbanken in Deutschland frei bewegen konnten. Ibid.

126 Das Dotationskapital, das die rechtlich unselbständigen Zweigniederlassungen der Auslandsbanken in Deutschland vorweisen mußten, war der Zankapfel vieler Auseinandersetzungen zwischen Vertretern der Auslandsbanken und dem Bundesaufsichtsamt für das Kreditwesen. Siehe z.B. Jürgen Eicke, "Das Haftkapital der Auslandsbanken", *Zeitschrift für das gesamte Kreditwesen* 34 (1981): 520-524.

B. Eine neue Wettbewerbssituation

Mit der 1960 möglich gewordenen Erlaubnis, als ausländisches Kreditinstitut in Deutschland auch als Vollbank tätig zu werden, veränderte sich das Wettbewerbsverhältnis zwischen deutschen Kreditinstituten und amerikanischen Banken auf spürbare Weise. Beschränkten sich die Geschäfte der amerikanischen Banken in den 50er Jahren wegen der deutschen Gesetzeslage nur auf besondere Kundengruppen wie das amerikanische Militärpersonal oder die deutschen Banken, so erlaubte der neue Status die Erschließung anderer Kundenkreise und die Ausweitung der Aktivitäten, besonders auf das Kreditgeschäft.[127]

Nach dem KWG waren die amerikanischen Banken den deutschen ebenbürtig. Diese Tatsache veranlaßte die amerikanischen Banken, das neue Konkurrenzverhältnis herunterzuspielen. Bei der Frankfurter Chase-Niederlassung hieß es: "Sie (die Chase, d. V.) gedenke jedoch die Lizenz nicht in Anspruch zu nehmen, da sie den deutschen Banken keine Konkurrenz machen wolle, wodurch das ausgezeichnete Verhältnis zu den deutschen Instituten getrübt werden könnte."[128] Auch die First National City Bank, deren neuer Abschnitt als Vollbank ebenfalls 1960 begonnen hatte, kam auf leisen Sohlen, räumte aber ein, daß es zu Konkurrenzsituationen kommen könnte. Bis auf das Effektengeschäft, das nicht betrieben wurde, sah sich die drittgrößte Bank der Vereinigten Staaten vom Sortiment her den deutschen Banken gleichgestellt. Es wurde betont, daß die Pflege der engen Beziehungen zu den deutschen Kreditinstituten im Vordergrund stehen sollte; nur in beschränktem Maße würde die First National als Konkurrent der deutschen Institute auftreten, etwa durch den Aufbau eines eigenen Einlagengeschäfts. Die First National City Bank Frankfurt wollte amerikanischen Geschäftsleuten für ihre Bankgeschäfte in Deutschland zur Verfügung stehen.[129]

Andere Banken sahen aus taktischen Gründen erstmal davon ab, eine Filiale zu gründen. Dies traf auf Morgan Guaranty zu und auch auf die Chemical Bank. Letztere entschied sich 1960 bereits für eine 10%-Beteiligung an der Frankfurter Bank, der späteren BHF-Bank, deren Ruf als innovative Bank mit Erfahrung im Factoring-Geschäft zur Zusammenarbeit reizen mußte. Die Minderheitsbeteiligung entsprach der Absicht der Bank, Konkurrenznachteile zu vermeiden, "... sowohl im eigenen Markt hinsichtlich der angestammten Industriekundschaft wie auch im deutschen Markt im Hinblick auf die bereits bestehenden Geschäftsverbindungen."[130] Niemand wollte in der Chemical Bank unnötig Porzellan zerschlagen, denn die Bank, insbesondere ein Mitglied der Geschäftsleitung in New York,

---

[127] Rometsch, "Chase Manhattan Bank", 592.

[128] O.V., "Chase Manhattan Bank macht keine Konkurrenz", *Handelsblatt*, 13. September 1960, 10.

[129] O.V., "First National City Bank in Frankfurt", *Handelsblatt*, 18. Oktober 1960, 6.

[130] Alfred Knör, "Chemical Bank", *Zeitschrift für das gesamte Kreditwesen* 13 (1975): 594.

verfügte über gute Kontakte zur deutschen Wirtschaft. Chemical unterstützte deutsche Unternehmen dabei, im amerikanischen Markt Fuß zu fassen.[131]

Offenbar weniger Rücksicht auf bestehende Beziehungen in Deutschland mußte die Bank of America nehmen. In einer Anzeige in der Handelsblatt-Ausgabe vom 2. November 1961 warb die Bank, die angab, mit ihrer Düsseldorf Branch "im Dienste der deutschen Wirtschaft" zu sein, mit folgenden Produkten: Spar- und laufende Konten, Inkassi, Überweisungen und Akkreditive.[132]

Wie sehr die Schachzüge amerikanischer Banken zur Kenntnis genommen wurden, zeigten die Reaktionen anläßlich der Eröffnung einer Filiale der First National City Bank 1965 in Hamburg.[133] Ein Vorstandsmitglied der Dresdner Bank AG äußerte sich ziemlich abfällig über die amerikanische Ansiedlung und kündigte an, alle Verbindungen, einschließlich der Korrespondenzbankbeziehungen, zur First National City Bank abbrechen zu wollen.[134]

Die Einbeziehung des Themas Korrespondenzbank verriet, was die deutschen Banken zu verlieren hatten: Was früher bei internationalen Geschäften durch die Bücher von zwei oder mehreren Banken ging, sollte nun nur noch durch das Buch eines Bankkonzerns, genauer, eines amerikanischen Bankkonzerns laufen. Das Ende der bequemen Einnahmen aus Korrespondenzbankgeschäften auf deutschem Boden deutete sich an.

Die First National City dehnte ihre Geschäftsinteressen in Deutschland ab 1965, wie das Beispiel Hamburg zeigte, auch auf die Regionen aus. Im Rahmen einer großangelegten Strategie wurden in Europa zwischen 1965 und 1969 allein 20 neue Filialen aus der Taufe gehoben.[135]

Im neuen Hamburger Stützpunkt betrieb die First National City Bank alle Bankgeschäfte mit Ausnahme des Effekten-An- und Verkaufs, das die Heimatgesetze der City Bank nicht erlaubten. Mit der Hamburger Filiale beabsichtigte die Bank vor allem, den Einstieg in das Kundengeschäft zu schaffen, mit Schwerpunkten bei Konsumentenkrediten, Spareinlagen und Reiseschecks. Die Bank zeigte sich bereit, sowohl auf der Aktiv- als auch auf der Passivseite mit den Kunden auf Dollarbasis zusammenzuarbeiten. Gedacht war hierbei an einen Personenkreis, der regelmäßig Dollarzahlungen erhielt, sei es in Form von Pensionen, Renten, Vermögenserträgnissen oder anderen regelmäßig wiederkehrenden Leistungen. Dem

---

[131] Die Beteiligung wurde wieder aufgegeben, als die Chemical Bank 1969 eine eigene Zweigniederlassung in Frankfurt eröffnete. Ibid.

[132] Anzeige im *Handelsblatt*, 2. November 1961, 6.

[133] Auch in anderen europäischen Ländern sah man die Expansion der amerikanischen Banken kritisch: "American banks in Europe are sometimes accused of spoiling markets and being too eager in the quest for customers, in short, being too hot on the warpath." Julien-Pierre Koszul, "American Banks in Europe", *The International Corporation*, Hrsg. Charles P. Kindleberger (Cambridge: The M.I.T. Press, 1970) 283.

[134] Wilfried Scheele, früheres Vorstandsmitglied der Citibank AG, Frankfurt, Interview, geführt am 23. April 1998, Frankfurt.

[135] Cleveland und Huertas, *Citibank*, 324.

Bankplatz Hamburg prognostierte man ein reges Dollargeschäft, da die Stadt über einen bedeutenden Anteil ausländischer Bürger verfügte.[136]

C. Bankgeschäfte in den Pionierjahren

Am Anfang der Tätigkeit einer neuen Filiale stand meistens die Übertragung von bestehendem Kundengeschäft des Mutterhauses auf die Filiale. Die zweite Säule bildeten die sehr lebendigen Bankgeschäfte mit den jeweiligen Mutter- und Schwesterbanken; bei den Termineinlagen im Ausland z.B. kamen die Niederlassungen ausländischer Banken Mitte 1963 mit 31% und Mitte 1965 mit 35% sogar auf den höchsten Anteil, auf den eine einzelne Institutsgruppe in Deutschland kam.[137]

In dieser Pionierphase setzten sich die Kunden der US-Banken zu 80% aus Tochtergesellschaften von US-Gesellschaften zusammen.[138] Daran änderte sich bis 1967 wenig. Gleichwohl waren die amerikanischen Gesellschaften wie Procter & Gamble, Opel und IBM nicht automatisch auch Kunden amerikanischer Banken. So war es für die First National City Bank keineswegs leicht, mit der General Motors-Tochter Opel ins Geschäft zu kommen, weil Opel bereits über sehr gute Verbindungen zur Deutschen Bank verfügte. Es war ein Herantasten. Da die ersten amerikanischen Industrieunternehmen zeitlich vor den Banken im deutschen Markt waren, hatten in den meisten Fällen die deutschen Banken eine Art Hausbankfunktion für die amerikanischen Tochtergesellschaften übernommen. Eine Bankverbindung zur Zweigstelle einer ausländischen Bank diente nur als Ergänzung.[139]

Die Hauptprodukte der US-Banken in den 60er Jahren waren Außenhandelsfinanzierungen, Devisenhandelsgeschäfte und Korrespondenzbankgeschäfte auf Dollarbasis.

Der kurzfristige Unternehmenskredit befand sich noch eher in den Anfängen. Seine Refinanzierung erfolgte im Interbankenmarkt in Deutschland und zunehmend im Euromarkt.[140] Allerdings erlaubte das bis 1965 bestehende Soll- und Habenzinsabkommen und die sich

---

[136] O.V., "First National City Bank in Hamburg", *Zeitschrift für das gesamte Kreditwesen* 22 (1965): 1087.

[137] Manfred Hein, *Die internationalen Geldmarktgeschäfte westdeutscher Banken* (Berlin: Duncker & Humblot, 1966) 130.

[138] Bei den japanischen Banken, von denen die Fuji Bank 1963 mit einer Filiale nach Düsseldorf kam, verhielt es sich ähnlich. Gefragt waren Handelsfinanzierungen für japanische Handelshäuser und Industrieunternehmen, also japanisch-japanische Geschäfte. Die Fuji Bank kam, als die Eisen- und Stahlindustrie eine Blütezeit erlebte und viele japanische Hersteller ihre deutschen Verkaufsgesellschaften einrichteten, in der Regel in Düsseldorf. Der Unterschied zu den amerikanischen Banken war nur, daß sich bei den Amerikanern mit zunehmender Vertrautheit des deutschen Marktes das Geschäftsinteresse auf Firmen und Privatkunden des Gastlandes verlagerte, während die japanischen Banken noch bis in die 80er Jahre große Mühe damit hatten, lokales Geschäft aufzubauen. Kusuo Shigyo, "Auf dem Wege vom Spezialanbieter zur konkurrenzfähigen Universalbank", Beilage Banken International, *Handelsblatt*, 5. Mai 1988, B 13.

[139] Rometsch, "Chase Manhattan Bank", 592.

[140] Donald R. Marsh, "Foreign Branches", *The International Banking Handbook*, Hrsg. William H. Baughn und Donald R. Mandich (Homewood, Illinois: Dow Jones-Irwin, 1983) 557.

daran bis 1967 anschließende Zinsverordnung in Deutschland den Auslandsbanken nicht, ihr Kreditgeschäft mit günstigen Zinsangeboten nennenswert auszubauen. Die amerikanischen Banken gaben jedoch zu verstehen, daß es ihnen aufgrund ihrer weltweiten Präsenz gelang, die deutschen Kreditzinsen auch zu unterbieten, was bei ihnen aber kaum zu Schuldgefühlen geführt hat.[141] Im Einlagenwettbewerb hielten sie dagegen alle Regeln ein und unterließen es, mehr als das gesetzliche Maximum zu zahlen, auch wenn gerade die deutschen Banken Wege fanden, die Einschränkungen zu umgehen.[142] Die US-Banken liebten den Wettbewerb. Es durfte deshalb nicht verwundern, daß "(sie) die Ruhe der deutschen Bank-Bürokraten durch ungewohnte Wettbewerbspreise störten."[143]

In den Jahren 1960 bis 1965 wirkte sich der starke Dollarkurs vorteilhaft auf die Investitionsentscheidung in Deutschland aus. Der Wechselkurs nahm aber unter den Motiven zur Gründung von Auslandsfilialen eher eine Nebenrolle ein.[144] Denn es gab in den frühen 70er Jahren bei einem schwächeren Dollar die größte Anzahl von amerikanischen Bankgründungen in Deutschland, wenngleich dies auch damit zu erklären wäre, daß die Akteure mit einer weiteren Abschwächung des Dollars rechneten und deshalb investierten.

In den Pionierjahren wurden die Zweigniederlassungen der amerikanischen Banken in Deutschland vorwiegend von Amerikanern geleitet. Das ist insofern interessant, als daß im Industriesektor vorwiegend deutsches Führungspersonal für die amerikanischen Niederlassungen in Deutschland verantwortlich war.[145]

Einen gewissen Vorbildcharakter für alle europäischen Filialen der First National City Bank erlangte die Filiale in Frankfurt, in der man in den Anfangsjahren 1960 den Devisenhandel, den lokalen Geldhandel und die Transaktionen in den Eurowährungen nach und nach zu einer Einheit zusammenführte. Mit diesem Leistungsbündel konnte die Bank für den Kunden einen Kredit in jeder Währung bereitstellen, und das Kapital konnte von einem Land ins andere fließen, ohne daß es ein Wechselkursrisiko für den Kunden oder die Bank gegeben hätte.[146]

---

141 Es war sogar die Rede davon, daß die Auslandsbanken bei deutschen Kreditinstituten Gelder aufnahmen und diese zu sehr günstigen Bedingungen an deutsche Industrieunternehmen weitergaben, was auf deutsche Banken wie Dumping wirken mußte. Hein, *Die internationalen*, 130.

142 Pringle, "New", 689. Unmittelbar nach Inkrafttreten der Zinsverordnung begannen verschiedene Kreditinstitute damit, Kassenobligationen zu begeben und umgingen so die Verordnung wie auch die Mindestreservepflicht. Günter Franke, "Notenbank und Finanzmärkte", *Fünfzig Jahre Deutsche Mark*, Hrsg. Deutsche Bundesbank (München: Beck, 1998) 297.

143 O.V., "Falscher Dampfer", *Der Spiegel*, Nr. 41 (1980): 158.

144 Bei den amerikanischen Industrieunternehmen spielten Wechselkursüberlegungen eine größere Rolle. Susan Hine und John Olienyk, "The Evolution of US Multinational Banking", *The global structure of financial markets: an overview*, Hrsg. Dilip K. Gosh und Edgar Ortiz (London: Routledge, 1997) 320.

145 Hartmann, *Amerikanische*, 74. Erst im Verlaufe der 70er Jahre setzten sich in den amerikanischen Bankfilialen mehr und mehr deutsche Geschäftsleiter durch.

146 Cleveland und Huertas, *Citibank*, 267.

Die First National City Bank hatte am Ende der 50er Jahre begonnen, auf globaler Ebene den Ausbau des Filialsystems zu forcieren.[147] Im Jahr 1960 befanden sich 83 ausländische Geschäftsstellen der First National in insgesamt 28 Ländern. Bei einer Gesamtzahl von 16.265 Mitarbeitern arbeiteten für die Bank 6.800 Mitarbeiter im Ausland.[148] Von 1960 bis 1967 eröffnete die First National City insgesamt 85 Auslandsfilialen: 54 in Lateinamerika und der Karibik, 14 im Fernen Osten, 15 in Europa und 2 im Nahen Osten. Damit gab es 148 Auslandsfilialen in 42 Ländern, ergänzt um 93 Bankstellen von Tochtergesellschaften oder Beteiligungen in 21 Ländern.[149]

Die Fortschritte mit dem Filialsystem der First National City waren erheblich. Die Kredite, Einlagen und Erträge wuchsen im Ausland schneller als im Inland.[150] Wurden 1960 noch 970 Mio. Dollar an internationalen Krediten in den Auslandsfilialen, Tochtergesellschaften und in New York verbucht, so waren es 1967 schon rund 2,7 Mrd. Dollar, ein jährlicher Anstieg um durchschnittlich 16%.[151] Sicher waren die wirtschaftlichen und politischen Umstände in den 60er Jahren auch sehr günstig. So verlief von 1961 bis 1969 der bis dahin längste Aufschwung in der amerikanischen Wirtschaftsgeschichte.

In Deutschland eröffnete die First National 1965 als erste der Auslandsbanken neben der Zweigniederlassung in Frankfurt, wo etwa 80 Mitarbeiter beschäftigt waren, noch zwei weitere Niederlassungen, in Hamburg und Berlin.[152]

Der Chef der City Bank, Walter Wriston, führte zu dieser Zeit im Euromarkt gerade das *certificate of deposit* (*CD*) ein, die bei weitem wichtigste Innovation zur Refinanzierung von Banken. Wenn sich für eine Bank eine gute Kreditgelegenheit ergab, mußte sie im Falle

---

147 Walter Wriston's, als dem Chef der First National City Bank, Philosophie einer umfassenden Filialexpansion basierte auf einer einfachen Überlegung: "... to be everywhere there was a reasonable chance of turning a profit. He (Wriston, d.V.) reasoned that many countries open to First National City would not remain so. Sooner or later, the combination of nationalism and resistance by local banks would exclude latecomers. Being 'everywhere' also helped diversify the bank's portfolio, and depth and experience of the international staff enabled the bank to make money in countries where its competitors could not." Cleveland und Huertas, *Citibank*, 262.

148 O.V. "The First National City Bank of New York", *Zeitschrift für das gesamte Kreditwesen* 6 (1960): 244.

149 Cleveland und Huertas, *Citibank*, 264.

150 Die Zunahme der internationalen Finanzintermediation führte in den letzten 40 Jahren zu einem starken Wachstum der Volumina auf den internationalen Finanzmärkten. Während die Weltproduktion um ungefähr 9% pro Jahr anstieg und die Exporte mit rund 12% pro Jahr von 1964 bis 1992 zunahmen, erhöhte sich das Volumen der Bankkredite mit Zuwachsraten von 23% pro Jahr. Randall S. Kroszner, "Introduction to the International Capital Market", *University of Chicago: Graduate School of Business: Bus 481* (Frühling 1995): 7. Für den Zeitraum der 60er Jahre allein ist von einer Verdoppelung des Volumens des Welthandels und der fast Verfünffachung des Volumens der internationalen Ausleihungen auszugehen. Wilfried Guth, "Die amerikanische Herausforderung - Wandlungen im internationalen Kapitalverkehr", *Zeitschrift für das gesamte Kreditwesen* 9 (1969): 770.

151 Cleveland und Huertas, *Citibank*, 275.

152 O.V., "First National City Bank", *Zeitschrift für das gesamte Kreditwesen* 2 (1965): 71. Die Bank kam im November 1965 weltweit auf 136 Auslandsfilialen. O.V., "First", 1087.

eines ausgeschöpften Kreditvolumens nicht mehr ablehnen, sondern konnte den Kredit mit einem eigens zu emittierenden *CD* refinanzieren.

CDs waren wertpapierähnliche Instrumente, die dokumentierten, daß ein Anleger sein Kapital der Bank für eine feste Periode zu einem festen Zinssatz überließ. Sie lauteten über große Summen und waren handelbar. Um das Jahr 1967, nur 6 Jahre nach der Einführung in den USA, lag das Volumen der handelbaren *CDs* über dem der *commercial paper*.

Commercial paper wurden von Nichtbank-Unternehmen als amerikanisches Geldmarkt-Instrument emittiert und waren eine große Konkurrenz für die Banken geworden. Das Erfreuliche für die Banken war nun, daß die Gelder der Unternehmen, die in den 50er Jahren im *commercial paper*-Markt und Staatsanleihe-Markt angelegt wurden, in den 60er Jahren als *CDs* wieder in die Banken zurückflossen. Statt sich vom Markt für *commercial paper* ins abseits stellen zu lassen, beteiligten sich die Banken an ihm.[153]

Das Jahr 1965 war das Eintrittsjahr der Morgan Guaranty Trust Company in Frankfurt.[154] Die Morgan Zweigniederlassung ging aus der 1961 begründeten Repräsentanz in Frankfurt hervor und war mit ungefähr 40 Mitarbeitern eine vollständige kleine *commercial bank*. Die Aufgabe der Zweigniederlassung bestand darin, amerikanische Interessen hinsichtlich von Geschäfts- und Investitionsmöglichkeiten in Deutschland, der Schweiz, Österreich und Skandinavien zu unterstützen; umgekehrt half die Bank, europäische Kunden näher an den amerikanischen Markt heranzubringen.[155] Im Mittelpunkt stand aber das Mitbegleiten der *overseas investments*. Denn die internationalen US-Firmen wie General Motors, Ford und Exxon nahmen in den 60er Jahren große Investitionen in Europa vor und erwarteten von ihren Banken, daß sie da hingingen, wo sie sich engagierten.[156]

Morgan Guaranty hatte sich in den 60er Jahren bereits von London und Paris aus, wo die Bank lange vor Frankfurt Filialen besaß, in Europa zum Anführer unter den US-Banken im Emissionsgeschäft und der Unternehmensfinanzierung hochgearbeitet, nicht immer zur Freude der europäischen Banken und Aufsichtsbehörden.[157] Im Stammhaus in New York blieb der Bank das Wertpapiergeschäft aufgrund der Gesetzeslage versagt.

---

153 Sylla, US Banks, 13.

154 O.V., "Frankfurter Niederlassung der Morgan-Bank, *Zeitschrift für das gesamte Kreditwesen* 14 (1965): 681.

155 O.V., "Morgan Guaranty Trust jetzt auch in der Bundesrepublik", *Handelsblatt*, 5. Dezember 1961, 9. Die Verbindungen von Morgan Guaranty zu Deutschland gingen unter anderem auch auf den Firmengründer John Pierpont Morgan zurück, der, bevor er 1860 die Morgan Guaranty Trust Co. in New York gründete, in den Jahren 1856/57 in Göttingen Geschichte und Mathematik studierte. O.V., "Das Großkundengeschäft erfordert eine große Flexibilität und Innovationskraft", *Handelsblatt*, 2. Mai 1984, 6.

156 Kurt F. Viermetz, Retired Vice Chairman, J.P. Morgan & Co. Inc., New York, Interview, geführt am 5. November 1998, Berlin.

157 Sylla sah, daß die emsigen US-Banken Unruhe brachten: "US bank tactics also disturbed European national authorities who viewed a securities issue in their currency arranged by Americans operating in a different country as a violation of their sovereignty." Sylla, US Banks, 24.

Im Zusammenhang mit einem deutschen Kunden wurde 1963 der Pariser Stützpunkt, Morgan et Compagnie, S.A., eingeschaltet - eine deutsche Morgan Zweigniederlassung mit Bankeigenschaft gab es noch nicht. Es ging um Deutschlands größtes Versandhaus Neckermann. Der Inhaber Josef Neckermann beabsichtigte, mit seinem Unternehmen an die Börse zu gehen. Dabei achtete er darauf, daß die zum Verkauf stehenden Anteile eines anderen Teilhabers, des Industriellen Friedrich Flick, nicht in die Hände deutscher Banken gelangten, sondern international plaziert wurden. Die Wahl fiel deshalb auf die Pariser Morgan Bank als Emissionshaus. Die 30 Millionen Eurodollar-Emission konnte zum Erfolg geführt werden. Die Aktien wurden bei belgischen, Schweizer und niederländischen Banken sowie in London untergebracht.[158]

Von dem Jahr 1966 ging offenbar eine Aufbruchstimmung aus, die viele kleinere amerikanische Banken als Startsignal für ihre Internationalisierung nutzten. Einige der kleineren Banken knüpften sogar an die Zeit vor 1930 an, als sie die Bühne des internationalen Bankgeschäfts schon einmal betreten hatten. Folgende drei Punkte verbanden sie mit der Auslandsexpansion: 1. Das Streben nach Prestige; 2. Der Wunsch, die internationalen Bedürfnisse der inländischen Kundschaft zu befriedigen; 3. Die Aussicht, auf leichte Weise Geld im Eurokreditmarkt zu verdienen.[159]

Damit unterschieden sich ihre Absichten nicht von denen der "big twelve" oder "big thirteen", nur, daß die großen amerikanischen Banken in der Nachkriegszeit schon 6 Jahre früher nach Europa gekommen waren.[160] Zur Zeit der frühen 60er Jahre-Welle des multinationalen Bankgeschäfts besaßen die "big twelve" - bis auf zwei - alle 244 amerikanischen Auslandsfilialen. Die drei Banken Bank of America, Citibank und Chase Manhattan kamen allein auf 210.[161]

---

158 Die deutschen Banken schlugen das Angebot aus, auch Neckermann-Aktien zu zeichnen. Die Deutsche Bank AG fühlte sich übergegangen; Morgan richtete sich ganz nach den Kundenwünschen. Chernow, *The House,* 547. Bei der Emission weiterer Versandhausaktien, diesmal von Friedrich Schwab and Company, behielt die Deutsche Bank die Oberhand. Durch den Druck auf andere deutsche Banken erreichte die Deutsche Bank, daß dieser Börsengang für Morgan in Paris ein schwieriges und teures Unternehmen wurde. In der Folge beteiligte sich Morgan für mehr als 10 Jahre nicht mehr an Aktienemissionen am Euromarkt. Ibid., 548.

159 Tony Thomas und Anne Segall, "The smaller they are the harder they fall", Survey of American Finance, *The Economist*, 22. Januar 1977, 13.

160 Zu den "big twelve" zählten nach einer Studie des House Banking Committee, die als FINE-Studie bekannt wurde, folgende 12 amerikanische Hauptbanken: Bank of America, Citibank, Chase Manhattan, Manufacturers Hanover, Morgan Guaranty, Chemical Bank, Bankers Trust Company, Continental Illinois, First National Bank of Chicago, Wells Fargo, Marine Midland of New York und First National Bank of Boston. Ibid.

161 Ibid. Zur Mitte der 70er Jahre sind die "big thirteen" dann unbestritten zu Schwergewichten in der Gruppe der multinationalen Banken geworden: Zusammengenommen bezogen sie mehr als die Hälfte ihrer Gewinne aus dem Überseegeschäft. Bei J. P. Morgan und Bankers Trust waren es mehr als zwei Drittel, bei der Citibank fast drei Viertel. Ibid.

Die US-Banken erlernten das multinationale Bankgeschäft schnell. Der talentierteste Bankennachwuchs hielt sich Mitte der 60er Jahre in den internationalen Abteilungen auf. Es hieß: "International banking is fashionable."[162]

Da für *commercial banks* in Deutschland der Handel mit Wertpapieren aufgrund der amerikanischen Bankgesetze nicht erlaubt war, nahmen sich amerikanische Broker dieser Aufgabe an. Bis auf Bache & Co. und später Hutton, waren Broker mit Sitz in Deutschland aber eher eine Seltenheit.

Die amerikanische Broker-Firma Bache & Co. nahm ihre Tätigkeit 1959 in Frankfurt auf.[163] Im Jahr 1965 kam eine Niederlassung in München dazu, 1966 eine weitere in Hamburg. Der Schwerpunkt der Hamburger Niederlassung lag auf dem Gebiet des Warenterminhandels, neben dem An- und Verkauf amerikanischer Wertpapiere. Als Besonderheit stand Bache & Co. die eigene "Stockmaster"-Computer-Anlage zu Diensten, die eine laufende elektronische Kursübermittlung von den amerikanischen Börsen ermöglichte. Im Jahr 1965 erhöhte sich die Zahl der in Deutschland betreuten Kunden um 60%, womit die Zahl "unter 10.000 und über 5.000" lag, wie man sich ausdrückte.[164]

Durch den Erwerb des Mantels des Frankfurter Bankhauses J. Ph. Kessler gegen Ende des Jahres 1966 wurde der Broker zur Bank und firmierte unter Bankhaus Bache & Co. GmbH. Durch die Übernahme des bisherigen persönlich haftenden Gesellschafters der Kessler-Bank, Adolf Melber, der eine Börsenzulassung hatte, konnte die Bank an der Frankfurter Wertpapierbörse tätig werden. Es bestand jedoch nur die Absicht, bei Konsortialgeschäften oder bestimmten Investment-Transaktionen selbst an der Börse tätig zu werden. Kundenaufträge für deutsche Wertpapiere würde man auch, wie bisher, über befreundete deutsche Banken ausführen. Die Broker-Bank, die die erste ihrer Art in Deutschland war, sah sich selbst als Spezialbank für Wertpapierangelegenheiten an; die Geschäftszeiten gingen täglich bis 20.30 Uhr.[165]

Die Entwicklung nahm jedoch einen anderen als den erwarteten Verlauf: Bache & Co. GmbH gab 1975 die Banklizenz wieder zurück. Begründet wurde dies mit steuerlichen Erwägungen. Bache gab zu, schon seit 1969 - also nur drei Jahre nach dem verheißungsvollen Start - keine Bankgeschäfte im Rahmen der Lizenz mehr getätigt zu haben. Für eine Investmentbank - wenn dies die Idee gewesen sein sollte, war es in Deutschland noch

---

162 Pringle, "Why", 773.

163 Ein Broker ist ein Börsenhändler, der hauptsächlich zwei Funktionen ausübte: Er tritt als Händler in Aktien und Obligationen auf und spielt eine große Rolle bei der Ausgabe und im Vertrieb von Investmentanteilen.

164 O.V., "Bache-Filiale in Hamburg eröffnet", *Handelsblatt*, 22. Februar 1966, 8.

165 O.V., "Bache wird Bank", *Handelsblatt*, 27. Dezember 1966, 7.

entschieden zu früh. Mittels Repräsentanten betrieb die Bache Inc. das Broker-Geschäft in Deutschland aber weiter.[166]

D. Die langjährige Verbindung zwischen American Express und Deutschland

Eine besondere Stellung unter den amerikanischen Banken in Deutschland nahm die American Express Company m.b.H. ein, die bis 1965 unter ihrem Dach noch drei verschiedene Geschäftszweige betrieb: Bankgeschäft, Spedition und Reisebüro. Von dieser Kombination versprach man sich, Dienste und Informationen gegenseitig nutzen zu können.[167] American Express eröffnete 1961 in Düsseldorf die achte Filiale in Deutschland.[168] Mit 32 Filialen in Europa von insgesamt 40 Auslandsfilialen lag der geographische Schwerpunkt des Unternehmens eindeutig in Europa.[169] Daneben war American Express von 1946 bis 1989 als Militärbank für die amerikanischen Streitkräfte und deren Angehörige in Deutschland tätig.[170] Zusammen mit diesen Militärbankfilialen kam American Express 1964 auf 77 Filialen in Deutschland.[171]

Die in den USA seit 1850 bestehende American Express Company begann früh, ins Ausland zu expandieren. Mit den 1898 gegründeten Niederlassungen in Hamburg und Bremen, sowie jenen in Berlin (1910) und München (1929) sowie Heidelberg (1932) hatte sich American Express an Orten niedergelassen, an denen vor allem Auswanderer, Einwanderer und Touristen zusammentrafen.[172]

Wegen der amerikanischen Bankgesetze, die der Gesellschaft ein Niederlassungsnetz im Ausland nicht erlaubten, wurde die Tochtergesellschaft The American Express Company, Inc. als Dachorganisation sämtlicher Filialen außerhalb der USA gegründet. Der Hauptsitz von American Express war viele Jahre in Berlin, bis die Gesellschaft im Jahr 1941 auf Anweisung der amerikanischen Regierung die Tätigkeit einstellen mußte. Nach längerer Pause, abgesehen von den reinen Militärbankgeschäften, erfolgte die Wiederaufnahme der Geschäfte in Deutschland am 1. Mai 1956 in Frankfurt unter der Firma American Express

---

166 O.V., "Bache-Bank gibt Lizenz zurück", *Handelsblatt*, 3. Juni 1975, 29.

167 O.V., "American-Express-Filiale in Düsseldorf", *Handelsblatt*, 5. Januar 1961, 4.

168 Die anderen Filialen befanden sich in Frankfurt, Bremen, Düsseldorf, Hamburg, Heidelberg, München, Stuttgart und Wiesbaden; 1962 kam Berlin hinzu.

169 An Hauptniederlassungen besaß American Express Ende 1962 z.B. in Frankreich und den Niederlanden je 4 Filialen, in Italien 6, in Großbritannien und der Schweiz je 7 sowie 8 Filialen in Deutschland.

170 Im Jahr 1989 wurde ein entsprechender Vertrag mit dem amerikanischen Finanzministerium nicht verlängert. Die *Military Banking Units* wurden ab 1989 von der amerikanischen Bank Merchants National übernommen. American Express Bank GmbH, Frankfurt, Schreiben vom 30. Oktober 1997.

171 O.V., "American Express Company", *Zeitschrift für das gesamte Kreditwesen* 5 (1964): 188.

172 Eine andere Quelle gibt für Hamburg das Gründungsjahr 1907 an. O.V., "The American Express Company, Inc.", *Zeitschrift für das gesamte Kreditwesen* 23 (1963): 1101.

Company mbH. In den frühen 60er Jahren nahmen der Auslandsüberweisungs- und Devisendienst breiten Raum ein. Großer Beliebtheit erfreuten sich die American Express Reiseschecks, die in aller Welt als Zahlungsmittel akzeptiert wurden, sowie die seit 1958 gestartete American Express Kreditkarte.[173]

1966 wurde das Bankgeschäft in die separate Firma American Express Bank GmbH eingebracht.[174] In den Filialen Frankfurt, Hamburg, München und Düsseldorf bezeichnete die Bank ihre Geschäftsfelder als üblichen Service deutscher Kreditinstitute, also das Einlagen-, Kredit- und Wertpapiergeschäft, wobei ein Schwerpunkt naturgemäß bei den Außenhandelsfinanzierungen lag.[175]

Bezeichnend für American Express war, daß die Gesellschaft aufgrund der langen Anwesenheit davon ausging, den deutschen Markt besser zu kennen als andere US-Banken. Sie erhoffte sich auch, den von Reiseschecks und Kreditkarten her bekannten Namen American Express, der einer der seltenen Markennamen in der Finanzbranche ist, auf Universalbankgeschäfte übertragen zu können.

Tabelle 4: Die Geschäftsfelder der American Express Bank GmbH

	Geschäftsfelder
1960 - 1965	Universalbank. Bankgeschäfte aller Art, sowie alle mit dem Reiseverkehr zusammenhängenden Geschäfte.
1966 - 1970	Universalbankgeschäft
1970 - 1975	Schwerpunkt *retail banking*
1975 - 1980	Immobilienfinanzierung (überwiegend Bauherrenmodelle, Vorfinanzierung und Zwischenfinanzierung von Bausparverträgen), Beginn des Korrespondenzbanken- und des Außenhandelsfinanzierungs-Geschäfts
1980 - 1990	Schwerpunkte: Ausweitung des Korrespondenzbanken- und des Außenhandelsfinanzierungs-Geschäfts, Investmentbanking, Projektfinanzierung, Mergers & Acquisitions-Geschäft, Leasing

Quelle: Brief von American Express Bank GmbH, Frankfurt, 30.10.1997. Eigene Ergänzungen.

173 Ibid.

174 O.V., "American Express Bank GmbH mit 10 Mill. DM Stammkapital", *Handelsblatt*, 2. November 1966, 9.

175 O.V., "Amex-Bank aktiviert das Deutschlandgeschäft", *Handelsblatt*, 17. April 1967, 7.

In den späten 60er und 70er Jahren sah die Bank ihre Zukunft in Feldern wie dem *retail banking* und dem Firmenkreditgeschäft. Es folgten auch Ausflüge in die Bauträgerfinanzierung. Die 90er Jahre standen im Zeichen der Konsolidierung und befreiten American Express vor allem vom Kreditgeschäft, das für die Bank spätestens seit den 80er Jahren wegen des Fehlens einer natürlichen Kundenbasis ein schwieriges Geschäftsfeld war. Die Konsolidierung brachte die American Express Bank wieder in die Nähe ihrer ursprünglichen Geschäftsfelder in Deutschland, zu denen vor allem das Korrespondenzbankengeschäft und das Außenhandelsfinanzierungs-Geschäft zählten.

IV. Die Blütezeit der amerikanischen Banken in Deutschland, 1967-1973

Die Periode des Aufstiegs und der erfolgreichen Aktivitäten von amerikanischen Banken in Deutschland umrahmten vier Ereignisse: Erstens bildete die völlige Zinsfreigabe mit dem Jahr 1967 den Auftakt zu mehr Wettbewerb in der deutschen Kreditwirtschaft. Zweitens handelte es sich in der Zeit von 1969-1973 um eine Hochkonjunktur in Deutschland. Drittens gingen nach bereits starken Wechselkursschwankungen die Industriestaaten 1973 zu einem Währungssystem flexibler Wechselkurse über; der Dollar hatte gegenüber der DM von 1967 bis 1973 ungefähr 40% seines Wertes verloren. Viertens bildete das Jahr 1973 den Abschluß dieser Periode, weil die Änderung der Wirtschaftslage 1974 starke Auswirkungen auf die Kreditnachfrage hatte, auch mit der Folge rückläufiger Betriebsergebnisse bei den Zweigniederlassungen ausländischer Banken in Deutschland.

1. Verstärkter Wettbewerb ab 1967

Mit der Aufhebung der Zinsverordnung im Frühjahr 1967 wurden in Deutschland die Voraussetzungen für einen allgemeinen Zinswettbewerb geschaffen.[1] Dies war für die Auslandsbanken in Deutschland ein einschneidendes Datum, insbesondere, weil die Zinsbindungen in diesem Land früher fielen als in den meisten anderen Industriestaaten.[2] In den Jahren von 1967 bis 1973 erhöhte sich die Anzahl der amerikanischen Filialen in Deutschland rapide von 9 auf 27.[3]

[1] Zinsempfehlungen der Verbände waren aber weiterhin erlaubt. O.V., "Die Geschäftsentwicklung der Bankengruppen, 1960-1970", *Monatsberichte der Deutschen Bundesbank* (April 1971): 32.

[2] Herbert Wolf, "Deutschland: Geld und Banken nach dem Zweiten Weltkrieg: Internationale Kapitalbewegungen, Bankensysteme, grenzüberschreitende Kooperation", *Europäische Bankengeschichte*, Hrsg. Hans Pohl (Frankfurt: Knapp, 1993) 527.

[3] Hier wurden nur die Zweigniederlassungen gezählt, d.h. ohne Zählung der regionalen Niederlassungen, die einige amerikanische Banken besaßen. In den Monatsberichten der Deutschen Bundesbank wurden die Zweigstellen ausländischer Banken erstmals 1968 statistisch erfaßt.

Tabelle 5: Die internationale Expansion der amerikanischen Banken[4]

	Filialen Welt	Filialen Europa	Filialen Deutschland
1965	211	43	6
1970	536	116	21
1975	666	166	27
1980	808	186	27
1985	920	210	18
1990	826	157	15

Quelle: James V. Houpt, "International Activities of U.S. Banks and in U.S. Banking Markets", *Federal Reserve Bulletin* (September 1999): 614.

Die völlige Zinsfreigabe veränderte jedoch nicht nur die Wettbewerbssituation zwischen ausländischen und deutschen Banken, sondern auch zwischen Kreditbanken und Sparkassen sowie Genossenschaftsbanken. Dies ist erwähnenswert, weil die ausländischen Banken stets etwas unter dieser innerdeutschen Wettbewerbssituation leiden mußten. Sparkassen und Genossenschaftsbanken kamen zusammen auf einen Marktanteil von rund 70% in Deutschland, so daß die Kreditbanken nicht erfreut waren, den Wettbewerb auch noch mit den Auslandsbanken aufzunehmen, die ihre Marktanteile wegen der gleichartigen Geschäfte am meisten beschneiden konnten. Die Kreditbanken bevorzugten ohnehin das alte System der festen Zinssätze, weil die Sparkassen wegen der anderen Strukturen ihres Kreditgeschäfts, z.B. mehr Volumen bei den Ratenkrediten und bessere Zinsmargen, höhere Einlagenzinsen zahlen konnten.[5]

Es verwunderte daher nicht, daß von den 20 ausländischen Filialen in Deutschland die zuletzt gekommenen spürten, daß das Klima 1967 für Auslandsbanken rauher geworden war. Die deutschen Kreditinstitute vernahmen kritisch, daß hinter der beschleunigten Expansion nur das Ziel stehen konnte, auch verstärkt ins lokale Geschäft einzudringen.

Die Aufbruchsstimmung der US-Banken wurde aber von vielen Faktoren getragen. Es zeigte sich gegen Ende der 60er Jahre, daß Deutschland angesichts von Pfundkrise und Dollarschwäche über eine vergleichsweise harte Währung verfügte. Viele Banken hielten deshalb einen Stützpunkt in diesem Währungsgebiet für erstrebenswert.[6] Dabei wirkte sich

[4] Die Zählung erfaßt *Federal Reserve member banks*. Die Filialen entsprechen Zweigniederlassungen ohne die regionalen Niederlassungen, die etliche amerikanische Banken in Deutschland hatten.

[5] Robin Pringle, "New Freedom for German Banks", *The Banker* (August 1967): 690.

[6] O.V., "Ein "neuer" Amerikaner in Frankfurt", *Zeitschrift für das gesamte Kreditwesen* 21 (1968): 1021.

für die amerikanischen Banken günstig aus, daß nach dem Rezessionsjahr 1966 in den Vereinigten Staaten eine expansive Geldpolitik gemacht wurde.[7]

Tabelle 6: Filialen ausländischer Banken in Deutschland im Jahr 1967 nach Standorten

Frankfurt	Hamburg	Düsseldorf	Andere Orte
Banco Espanol en Alemania	Bank Melli Iran	Bank of America	Banque Nationale de Paris
The Chase Manhattan Bank	Bank Saderat Iran	The Fuji Bank	Crédit Lyonnais
The First National Bank of Chicago	The Bank of Tokyo	The Chase Manhattan Bank	Osmanli Bankasi
First National City Bank	Barclays Bank DCO		Société Générale Alsacienne de Banque
Morgan Guaranty Trust	The Chartered Bank		Société Générale de Banque SA
	The Hongkong & Shanghai Banking Corporation		Bank of America (München)
	Nederlandse Overzee Bank NV		First National City Bank (Berlin)
	The Standard Bank		
	First National City Bank		

Quelle: Robin Pringle, "New Freedom for German Banks", *The Banker* (August 1967): 689.

Europa war in den 60er Jahren das Investitionsziel vieler amerikanischer Firmen geworden. Zwar kamen die amerikanischen Banken erst später als die Industrieunternehmen, aber 1967 erschien ein aufsehenerregendes Buch, das die Furcht zum Ausdruck brachte, daß Europa eines Tages von den amerikanischen Unternehmen überrollt werden könnte. Der französische Autor Servan-Schreiber sprach in dem Buch "Die amerikanische

[7] Wilfried Fuhrmann, *Die Aktivastruktur deutscher Kreditinstitute* (Berlin: Duncker & Humblot, 1978) 20.

Herausforderung" davon, daß schon in naher Zukunft die drittgrößte Industriemacht der Welt nach den Vereinigten Staaten und der Sowjetunion nicht Europa, sondern die amerikanische Industrie in Europa sein würde.[8] Doch dieser Fall trat bekanntlich nicht ein. Über amerikanische Banken konnte man bei Servan-Schreiber nichts lesen. Leider hatte der Autor dem umgekehrten Kapitalstrom von Europa in die USA und nach Japan überhaupt keine Beachtung geschenkt.[9]

Im deutschen Bankensektor machte sich der angezogene Wettbewerb bemerkbar. Als sich 1969 bei der American Express Bank GmbH die Kundeneinlagen von 40,5 Mio. auf 65,1 Mio. DM erhöht hatten, stellte die Bank unter Mühen klar, daß sie nicht die Absicht hatte, verstärkt Einlagen durch attraktive Zinsen anzuziehen. In erster Linie finanzierte sich die Bank durch Einlagen von den Filialen der Mutterbank und anderer Kreditinstitute. Die Zusammenarbeit mit anderen deutschen Banken wäre ausgezeichnet, und der Schwerpunkt der Geschäftspolitik lag auf der Außenhandelsfinanzierung.[10] Das Erstaunliche an American Express war, daß die Bank in ihrem Heimatland gar nicht als *commercial bank* tätig war, sondern nur im Ausland in dieser Funktion in Erscheinung trat.[11] Es hatte den Vorteil, daß jene amerikanischen *commercial banks*, die selber keine Filialen im Ausland besaßen, die internationalen Geschäfte ihrer Kunden gern an American Express weiterleiteten, weil ihnen dieses Institut im amerikanischen Inlandsgeschäft nie als Konkurrent gefährlich werden konnte.[12]

---

[8] Das Buch beschwört die Gefahr einer amerikanisch beherrschten europäischen Industrie und damit einer Wachstumsabhängigkeit von den USA. Nach Servan-Schreibers Mutmaßung hätte der Einfluß der amerikanischen Industrie in Europa bereits 1983 ganz erheblich sein sollen. Jean-Jacques Servan-Schreiber, *Die amerikanische Herausforderung* (Berlin: Deutsche Buch-Gemeinschaft, 1969) 31. Auf französische Initiative hin sollten in Europa insgesamt die als bedrohlich empfundenen Kapitalzuflüsse aus den USA eingedämmt werden. Doch die unterschiedlichen Interessenlagen der EU-Länder verhinderten dies. Richtig war, daß durch Rationalisierungsbemühungen und Fusionen sowie intensivierter Forschungs- und Entwicklungstätigkeit die europäischen gegenüber den amerikanischen Unternehmen wettbewerbsfähiger wurden und den US-Direktinvestitionen damit etwas der Boden entzogen wurde. Vergleicht man die sechziger und frühen siebziger Jahre mit dem Zeitraum von 1980-1985, so ergibt sich ein umgekehrtes Bild: Für einen Dollar amerikanischen Kapitalexports (Kapitalabfluß einschließlich reinvestierter Gewinne) investierten ausländische Investoren mehr als 3 Dollar in den Vereinigten Staaten (Kapitalzufluß). Henry Krägenau, *Internationale Direktinvestitionen* (Hamburg: Verlag Weltarchiv, 1987) 40.

[9] Mira Wilkins, "The Evolution of Manufacturing Multinational Enterprise", *Wirtschaft, Gesellschaft, Unternehmen: Festschrift für Hans Pohl zum 60. Geburtstag*, Hrsg. Wilfried Feldenkirchen, Frauke Schönert-Röhlk und Günther Schulz (Stuttgart: Steiner, 1995) 1219.

[10] O.V., "American Express gut im Geschäft", *Handelsblatt*, 17./18. Oktober 1969, 11.

[11] Vermutlich wäre American Express schlecht beraten, in den USA die Geschäfte einer *commercial bank* zu betreiben, denn alle inländischen *commercial banks* waren Verkäufer ihrer *traveller cheques*, die eine Hauptsäule des Unternehmens bildeten.

[12] O.V., "Interview mit Howard Clark, Chairman of American Express", *The Banker* (Juni 1970): 563. Mit der Gründung der The American Express Company, Incorporated, im Jahr 1919 faßte die American Express Company ihr gesamtes Überseegeschäft unter einem Dach zusammen, zu dem auch das Bankgeschäft im Ausland gehörte. Mit der Entscheidung zur Reorganisation dieses internationalen Zweiges im Jahre 1959 erneuerte American Express das Interesse, am internationalen Geschäft teilzunehmen, das mit den multinationalen Firmen und dem Euromarkt viele Chancen bot. Ibid., 557.

Unter den Innovationen, die amerikanische Banken gegen Ende der 60er Jahre nach Deutschland brachten, war das Tagesgeldgeschäft für Firmenkunden.[13] Strategisch noch bedeutsamer waren allerdings geldmarktorientierte Darlehn, insbesondere unter Ausnutzung der Möglichkeiten am Euro-DM-Markt. Diese Kredite erlaubten es den amerikanischen Banken, sich intensiv um deutsche Firmen zu bemühen. Den deutschen Banken waren diese innovativen, zinsgünstigeren Darlehn ein Dorn im Auge. Die amerikanischen Banken bewegten sich vor allem im Euromarkt mit großer Leichtigkeit, dessen Plattform sie in den 60er Jahren für sich entdeckt und als großen Interbankenmarkt kontinuierlich ausgebaut hatten.

Die Lage der amerikanischen Banken sollte sich aber noch weiter verbessern. Die First National City Bank, die stets auf der Jagd nach Innovationen war, entdeckte nämlich eine Gesetzeslücke in der amerikanischen Bankenregulierung. Diese Lücke erlaubte es, daß eine Bank eine *one-bank holding company* gründen konnte, sich darin selbst anordnete, um dann als *holding company* in Geschäftsfelder und Geschäftsgebiete einzutreten, die der Bank versagt oder die aus Gründen der Regulierung nicht attraktiv waren.[14] Eines dieser neuen Geschäftsgebiete war die Emission von *commercial paper* im Geldmarkt. Mit diesem Instrument erhielten die Banken endlich Gelder für die Refinanzierung von Krediten, die nicht wie Bankeinlagen Gegenstand der Zinsbeschränkungen nach *Regulation Q* oder von Mindestreservebestimmungen der Notenbank waren. *Commercial paper* entpuppten sich gegen Ende der 60er Jahre, bis in die 70er Jahre hinein, als eine der Hauptrefinanzierungsquellen für *commercial banks.*

Bei der Bank of America fielen 1967 zwei wichtige Entscheidungen. Zum einen wurde nach dem Start 1960 in Düsseldorf die nächste Filiale in Betrieb genommen, die war in München.[15] Zum anderen gelang es der Bank of America als erster amerikanischer Bank, über den Erwerb des Bankhauses Centrale Credit AG gezielt in das deutsche Mengengeschäft vorzustoßen. Dieses Institut mit Hauptsitz in Mönchengladbach ging aus einer Teilzahlungsbank hervor und wurde aus kleinen Anfängen nach und nach zu einer in der Fläche aktiven Universalbank des Mengengeschäfts ausgebaut.[16]

Im Firmenkundengeschäft konnte die Bank of America in den 60er und in der ersten Hälfte der 70er Jahre den deutschen Großunternehmen sehr wertvolle Dienste anbieten. Unternehmen wie Siemens erhielten durch die Bank of America die Gelegenheit, an 68 Orten

---

[13] Wilfried Scheele, "Die Bedeutung ausländischer Banken in der Bundesrepublik Deutschland", Manuskript eines Vortrags in Dresden, 26. September 1991, 6.

[14] Richard Sylla, US Banks and Europe: strategy and attitudes (erscheint demnächst) 21.

[15] O.V., "Das Filialnetz der Bank of America", *Zeitschrift für das gesamte Kreditwesen* 21 (1967): 555.

[16] O.V., "25 years Bank of America in Germany", *Zeitschrift für das gesamte Kreditwesen* 19 (1976): 914. Zum Bankhaus Centrale Credit AG siehe Seite 166 in dieser Arbeit.

in der Welt mit nur einer Bank zusammenzuarbeiten, sei es im internationalen Zahlungsverkehr oder bei Akzeptkrediten. Das konnte keine deutsche Bank leisten.[17]

Nachdem die Chase Manhattan Bank 1966 eine Niederlassung in Düsseldorf eröffnet hatte, ließ die Bank 1968 eine Niederlassung in München folgen. Das Geschäftsvolumen von über 500 Mio. DM entsprach dem einer großen deutschen Privatbank. Der überwiegende Teil des deutschen Geschäfts entfiel auf die Kreditvergabe und hier wiederum auf den kurzfristigen Bereich. Die Bank wollte mit der deutschen Großindustrie und den amerikanischen Tochtergesellschaften zusammenarbeiten.[18]

Die First National Bank of Chicago eröffnete ihre zweite Niederlassung 1969 in Düsseldorf. Neben Frankfurt, wo die Bank als erste aus der Gruppe der mittelgroßen US-Banken 1966 die Arbeit aufnahm, wollte man auch im westdeutschen Industriezentrum Düsseldorf vertreten sein, um die Kundenbetreuung und die Zusammenarbeit mit befreundeten deutschen Banken zu verbessern.[19]

In der zweiten Hälfte der 60er Jahre gab es auch erstmals größere organisatorische Umwälzungen in Banken. Die First National City Bank antwortete auf den sich aufbauenden Wettbewerbsdruck im amerikanischen Heimatmarkt mit einem ständig erweiterten Sortiment von Kredit sowie Nicht-Kreditbankleistungen, einschließlich von *investment banking*-verwandten Diensten wie der Finanzplanung für Firmenkunden. Das galt für das Inland und Ausland gleichermaßen. Mit dem Jahr 1967 erwies sich diese Diversifikationsstrategie als erfolgreich, denn First National City kam im großen amerikanischen Firmenkundenmarkt besser zurecht als die engsten Konkurrenten Chase Manhattan und Morgan Guaranty.[20]

Dies mochte auch mit den Unternehmensberatern von McKinsey and Company zusammenhängen, die sich die City Bank 1967 ins Haus holte. Am Ende kam eine neue Organisation heraus, die M-Form, eine multidivisionale Organisationsstruktur, die Vorbild für viele US-Banken wurde.[21] Damit verfügten die Institute über eine Unternehmensstruktur, die durch Divisionen auf der Ebene der Produkte und der Regionen den Entscheidungsträgern klare Kategorien vorgab. Ein Schutz vor schlechten Entscheidungen war es allerdings nicht.

Die Suche nach Marktnischen veranlaßte Morgan Guaranty dazu, im Jahr 1968 in Brüssel eine zentrale Abrechnungsstelle für Wertpapiere namens *Euro-clear* zu gründen. Diese wurde notwendig, weil man wegen der beträchtlichen Umsätze am Euromarkt bei der Lieferung

---

17 James P. Miscoll, Vice Chairman (Retired), Bank of America, San Francisco, Telefongespräch, 14. August 1998.

18 O.V., "Chase Manhattan stark im deutschen Geschäft", *Handelsblatt*, 6. Juni 1968, 7.

19 O.V., "First National Bank of Chicago jetzt auch in Düsseldorf", *Handelsblatt*, 18./19. April 1969, 11.

20 Harold van B. Cleveland und Thomas F. Huertas, *Citibank, 1812-1970* (Cambridge: Harvard University Press, 1985) 271.

21 Geoffrey Jones, *British Multinational Banking 1830-1990* (Oxford: Clarendon Press, 1993) 277.

effektiver Stücke an Grenzen stieß.[22] Dank der amerikanischen Technologie von Morgan verkürzten sich die Abrechnungszeiten, und die Transaktionskosten verringerten sich auch. Die europäischen Banken sahen es allerdings nicht gern, daß bei den Teilnehmern von *Euroclear* die amerikanischen Banken dominierten und darüber hinaus nur eine einzige Bank als Träger fungierte. Im Jahr 1972 verzichtete die Morgan Guaranty Trust Company zugunsten internationalen Streubesitzes auf die Mehrheit.[23]

Als letzte der größeren US-Banken aus New York schlugen 1969 die Chemical Bank und Manufacturers Hanover ihre Zelte in Frankfurt auf. Verglichen mit den Konzern-Bilanzsummen von Citibank und Chase Manhattan, kam Manufacturers Hanover ungefähr auf die Hälfte; die Bilanzsumme von Chemical lag noch darunter.

Manufacturers und Chemical Bank einte, daß beide in den 70er Jahren und in den 80er Jahren auf Expansion setzten, als einige andere US-Banken in Deutschland schon lange den Rückwärtsgang eingelegt hatten. Manufacturers sah die eigenen Chancen vor allem im Umgang mit Firmen des Mittelstands und errichtete deshalb in den späten 70er Jahren auch ein Filialnetz, während Chemical sich nur auf das Großkundengeschäft konzentrierte, was am Ende erfolgreicher war. Eine Fusion im Jahre 1992 brachte überraschend beide Banken mit Namen Chemical Bank unter ein Dach.

Mit der Wahl von Frankfurt als Sitz der ersten Chemical Filiale auf dem europäischen Kontinent, mit Zuständigkeit für die Region Mitteleuropa, gab die Bank ein Zeichen, daß Frankfurt sich zu einem bedeutenden internationalen Finanzzentrum entwickelt hatte. Es gab viele amerikanische Firmen in der Bundesrepublik, die zu den Kunden der Chemical Bank zählten, so wie es umgekehrt deutsche Unternehmen gab, die eine neue Heimat in den Vereinigten Staaten suchten. Es bestand der Wunsch, mit den deutschen Banken eng zusammenzuarbeiten. Das kommerzielle Aktivgeschäft sollte aus dem kommerziellen Passivgeschäft refinanziert werden.[24] Daß die Chemical Bank vergleichsweise spät mit einer eigenen Filiale nach Deutschland kam, mochte daran gelegen haben, daß direkte Konkurrenzverhältnisse mit deutschen Banken vermieden werden sollten.[25] Im Gegensatz zu manch anderer Bank, nahm die Chemical Bank ihre Arbeit in Frankfurt mit sehr konkreten Vorstellungen auf. Die Bank beschränkte sich auf sehr große Firmen mit hohem Export- oder Importanteil am Gesamtumsatz oder solchen mit eigenen Produktions- oder

---

[22] Hans E. Büschgen, "Geld und Banken nach dem Zweiten Weltkrieg: Internationale Kapitalbewegungen, Bankensysteme, grenzüberschreitende Kooperation: Allgemeine Entwicklungslinien", *Europäische Bankengeschichte*, Hrsg. Hans Pohl (Frankfurt: Knapp, 1993) 479.

[23] Ibid.

[24] O.V., "Chemical Bank in Frankfurt", *Handelsblatt*, 10. November 1969, 7.

[25] Vor der Gründung der Zweigniederlassung hatte die Chemical Bank eine 10%ige Beteiligung an der Frankfurter Bank. Diese gab die Chemical Bank im Februar 1969 auf. Damals fusionierte die Frankfurter Bank mit der Berliner Handelsgesellschaft. O.V., "Chemical's branch in Frankfurt", *The Banker* (Dezember 1969): 1364.

Verkaufsstützpunkten im Ausland. Produktseitig lag der Schwerpunkt auf der kurzfristigen Finanzierung, die im Rahmen globaler Kreditlinien arrangiert werden konnte, einschließlich der Außenhandelsfinanzierung, des Zahlungsverkehrs und des Devisengeschäfts. Im Einklang mit der Pflege und dem Ausbau langjähriger Verbindungen zu deutschen Korrespondenzbanken wollte die Chemical Bank dort als internationale Bank sein, "wo sie als sinnvolle Ergänzung zu bestehenden Verbindungen - und ohne diese zu beeinträchtigen - tätig werden konnte."[26]

In den 70er Jahren zog die Chemical Bank das Tempo der internationalen Expansion weiter an. Noch 1970 koordinierte die Bank ihr gesamtes Geschäft von New York und London aus, doch plötzlich eröffnete sie rund 12 internationale Filialen und investierte noch einmal in ungefähr 12 Tochtergesellschaften.[27]

2. Die Invasion amerikanischer Banken in Deutschland, 1970-1973

A. Internationale Filialisierung als Hauptstrategie

Die Filialisierung der Banken auf internationaler Ebene verzeichnete in den 1970er Jahren ein spektakuläres Wachstum, das in erster Linie von rund einem Dutzend amerikanischer Banken, aber auch von einer mindestens gleichen Anzahl europäischer und japanischer Banken vorangetrieben wurde. Bei den amerikanischen Banken stammte in den 70er Jahren ein Großteil der Gewinne aus den Geschäften im Ausland und mit dem Ausland.[28] Sie erreichten es, in der ersten Hälfte der Dekade die Geschäftsvolumina und Gewinne der ausländischen Filialen zu verfünffachen, wohingegen der Heimatmarkt nur niedrige und stagnierende Gewinne ermöglichte.[29] Im Jahr 1975 erzielten allein die 13 größten US-Banken mit annähernd 48% fast die Hälfte ihrer Erträge aus den *overseas operations*.[30]

---

[26] Alfred Knör, "Chemical Bank", *Zeitschrift für das gesamte Kreditwesen* 13 (1975): 595.

[27] O.V., "Readjustment for America's big banks?", *The Banker* (August 1973): 913.

[28] Die 70er Jahre verzeichneten jährliche Zuwachsraten bei den weltweiten Importen und Exporten von nominal 20 Prozent - eine Verdoppelung gegenüber den Raten der 60er Jahre. Der Außenhandel im Jahr 1970 lag fünf mal höher als der Durchschnitt der 1960er Jahre. Ein Teil der steilen Zuwächse war allerdings auch auf die Verteuerung des Öls und seiner Folgeprodukte zurückzuführen. John C. Haley und Barnard Seligman, "The Development of International Banking by the United States", *The International Banking Handbook*, Hrsg. William H. Baughn und Donald R. Mandich (Homewood, Illinois: Dow Jones-Irwin, 1983) 38.

[29] Untersuchungen ergaben, daß die amerikanischen Banken mit dem größten Auslandsgeschäft ihre internationalen Erträge von 177 Mio. Dollar im Jahr 1970 auf 836 Mio. Dollar im Jahr 1975 steigern konnten, was einem durchschnittlichen Wachstum von 36,4% pro Jahr entsprach. Die Erträge aus dem inländischen Geschäft erbrachten in dieser Periode dagegen bloß eine Wachstumsrate von 0,7%. Der Anteil der Erträge aus dem internationalen Geschäft hatte sich deshalb in dieser Periode mehr als verdoppelt, von 16,7% im Jahr 1970 auf 47,7% im Jahr 1975. Zu dieser Gruppe mit dem größten Auslandsgeschäft gehörten 13 Institute: Bank America, Citicorp, Chase Manhattan, Manufacturers Hanover, J.P. Morgan,

Das positive Bild der Geschäfte in Übersee änderte sich jedoch in der zweiten Hälfte der 70er Jahre. Zwar verdoppelten sich die Kreditvolumina in diesem Zeitraum, aber zusätzliche Erträge waren damit nicht verbunden. Noch deutlicher wurde der Rückgang der Erträge, wenn die Ergebnisse des Devisenhandels herausgerechnet wurden.[31] Die Banken spürten insbesondere, daß Routinetätigkeiten wie Außenhandelsfinanzierungen und Devisenhandel wegen des Übergangs zu einem System flexibler Wechselkurse seit den frühen siebziger Jahren plötzlich mit mehr Risiken behaftet waren.[32] In der zweiten Hälfte der 70er Jahre verstärkten die führenden europäischen und japanischen Banken ihre Bemühungen, außerhalb der Heimatmärkte zu expandieren. In den Jahren 1977 bis 1979 ging deshalb der inländische und auch ausländische Marktanteil der US-Banken zurück.[33] Zwar stieg die Zahl der Stützpunkte weiter an, doch es verminderten sich die Wachstumsraten. Eine erste, wenn auch leichte Konsolidierung der Aktivitäten ließ sich an den Erträgen erkennen, die zunehmend aus dem Provisionsgeschäft kamen, so aus dem Devisenhandel und den Konsortialkrediten. Gleichwohl wurde in den meisten Auslandsfilialen noch immer eine breite Dienstleistungspalette vorgehalten, die um neue Informations-, Leasing- und EDV-gestützte Bankdienstleistungen erweitert wurde.

In den 70er Jahren machte sich auch der relative Verfall des Dollars gegenüber einer Reihe anderer Währungen bemerkbar, was insofern eine neue Erfahrung für die Amerikaner war, als daß bis dahin jeder amerikanischen Auslandsinvestition ein starker Dollar zugrunde lag. Allerdings hatte in der ersten Hälfte der 70er Jahre die starke Abwertung des Dollars gegenüber der DM nicht zu rückläufigen Direktinvestitionen in Deutschland geführt; im Gegenteil, es entstanden in dem Zeitraum von 1970 bis 1973 mehr Filialen als je zuvor. Die Erwartung einer noch nicht an ihr Ende gekommenen Aufwertung der DM mochte diese Entscheidungen mitbeeinflußt haben.

Zu dem allgemein sich verschlechternden Umfeld kamen die hohen Inflationsraten in den Industrieländern, die den ambitionierten US-Bankern plötzlich zeigten, wie kostenanfällig personalintensive Dienstleistungen in fremden Ländern sein konnten. Mit Aufschlägen von bis zu 2/3 auf die üblichen Personalkosten einer durchschnittlichen Bankeinheit hatten die

---

Bankers Trust, Chemical, First Chicago, Continental Illinois, Charter New York, First National Boston, Wells Fargo und Security Pacific. Tony Thomas und Anne Segall, "Moneyweight contenders", Survey American Finance, *The Economist*, 22. Januar 1977, 6. Nicht jeder sah solche enormen Erträge aus dem internationalen Geschäft voraus: "Economists might wonder what has happened to the theory which explained everything a firm did in terms of profit maximization. The order of the day on the international banking scene now seems to be business maximization irrespective of profits, though it is hoped, of course, that the one will follow from the other." O.V., "The Top 300: The Banker's list of leading commercial banks", *The Banker* (Juni 1971): 661.

30 O.V., "US-Banken im Ausland", *Die Bank* 7 (1980): 321.

31 Wilfried Guth, "International banking: the next phase", *The Banker* (Oktober 1981): 31.

32 Arthur F. Burns, *The Ongoing Revolution in American Banking* (Washington D.C.: American Enterprise Institute for Public Policy Research, 1988) 19.

33 O.V., "US-Banken", 321.

internationalen Banken besonders unter den Lohnerhöhungen der 70er Jahre zu leiden.[34] In Deutschland verdoppelte sich bei den Zweigstellen ausländischer Banken der Personalaufwand von 1973 bis 1976, während das Geschäftsvolumen nur um die Hälfte stieg.[35]

Die gute Seite dieser ungünstigeren Bedingungen war, daß die Banken anfingen, Finanzinstrumente zu entwickeln, die vor hoher Inflation, steigenden und volatilen Zinsen oder Währungsrisiken schützen konnten, namentlich die Derivate. Das Cash Management gehörte ebenfalls zu den Innovationen dieser Zeit.[36]

1) Beschleunigte Expansion der US-Banken in Deutschland

Mit dem Übergang von den 60ern auf die 70er Jahre verbesserten sich für die US-Banken die Rahmenbedingungen. In den USA profitierten die US-Banken von der Möglichkeit, sich in eine *one-bank holding company* umzuwandeln. So konnten sie vor allem den Markt für *commercial paper* als neue Refinanzierungsquelle nutzen.[37] Ebenfalls weitreichend waren die Abschaffung der Zinsobergrenzen für bestimmte Anlageformen und das Nachlassen der harten inländischen Kreditkonditionen durch Zinssenkungen. Statt der Hochzinspolitik, die die US-Banken nicht zuletzt in den Euromarkt getrieben hatte, schwenkte die amerikanische Zentralbank aus binnenwirtschaftlichen Gründen auf eine Niedrigzinspolitik um: die Rendite am Geldmarkt - für dreimonatige Schatzwechsel - fiel von 8% im Januar 1970 auf 3% im März 1971. Dies setzte ein Signal für die amerikanischen Banken, von ihrer hohen Auslandsverschuldung auf dem Euromarkt herunterzukommen. Schon 1970 flossen 13 Mrd. DM vom Euromarkt in europäische Länder ab, die sich der zuströmenden Liquidität kaum erwehren konnten.[38] Ein Großteil davon fand seinen Weg als kurzfristiges Kapital auch in die Zweigniederlassungen der amerikanischen Banken in Deutschland.[39]

---

[34] Steven I. Davis, *The Management Function in International Banking* (New York: John Wiley & Sons, 1979) 113.

[35] Deutsche Bundesbank, Hrsg., *Monatsberichte der Deutschen Bundesbank* (Januar 1978): 20f.

[36] Burns, *The Ongoing*, 16.

[37] Zu *commercial paper* siehe Seite 77 dieser Arbeit. Die Citibank rief 1968 die Citicorp. als Holding ins Leben, um mit neuen Beteiligungsgesellschaften wie Leasing, *merchant banking*, Konsumentenkredite, Unternehmens- und Finanzberatung, Vermögensverwaltung und Treuhandgeschäft flexibler auf Kundenwünsche eingehen zu können. Wilfried Scheele, "Citibank", *Zeitschrift für das gesamte Kreditwesen* 13 (1975): 589.

[38] Carl-Ludwig Holtfrerich, "Geldpolitik bei festen Wechselkursen (1948-1970)", *Fünfzig Jahre Deutsche Mark*, Hrsg. Deutsche Bundesbank (München: Beck, 1998) 427.

[39] Obwohl im Jahr 1969 nur 8 Niederlassungen in Kontinentaleuropa gegründet worden waren - mehr als die Hälfte der auswärtigen Bilanzsummen von US-Banken lag in London -, erreichte die Zuwachsrate des Volumens in Kontinentaleuropa mehr als das Doppelte der durchschnittlichen Expansion amerikanischer Auslandsbanken im Jahr 1970. O.V., "US-Banken expandieren weltweit", *Zeitschrift für das gesamte Kreditwesen* 24 (1971): 1137.

Die Tabelle 7 zeigt den Anstieg der Geschäftsvolumina der Zweigniederlassungen ausländischer Banken, zu dem die US-Banken mehr als 70% beitrugen, in den Jahren von 1970 bis 1973, ein Anstieg um fast das zweieinhalbfache.[40] Keine andere Bankengruppe in Deutschland konnte ihr Geschäftsvolumen derart vermehren.[41] Die Zahl der Zweigniederlassungen ausländischer Banken in Deutschland erhöhte sich im Zeitraum von 1970 bis 1973 sprunghaft von 25 auf 42, wobei dies nur die Hauptfilialen waren. Die Zahlen enthielten nicht die Tochtergesellschaften und Beteiligungen von ausländischen Banken.

Tabelle 7: Die Geschäftsvolumina von ausländischen Banken und deutschen Großbanken in Deutschland in Mrd. DM und die Wachstumsrate

	1970	1971	1972	1973	70-73 durchs.
Zweigstellen ausländischer Banken	12,0	15,3	19,7	28,1	
- Wachstumsrate gegenüber dem Vorjahr	14,3%	27,5%	28,8%	42,6%	32,8%
Deutsche Großbanken	83,5	93,7	107,3	115,6	
- Wachstumsrate gegenüber dem Vorjahr	12,8%	12,2%	14,5%	7,7%	11,5%

Quelle: Deutsche Bundesbank, Hrsg., *Deutsches Geld- und Bankwesen in Zahlen 1876-1975* (Frankfurt: Knapp, 1976) 170 und 254.

Offensichtlich kamen die US-Banken in einem Währungssystem, in dem die Wechselkurse flexibler gehandhabt wurden, besser zurecht als die Inlandsbanken. Es hieß, daß die Auslandsbanken in den 70er Jahren gesetzliche Bestimmungen in Deutschland vorfanden, die zu den liberalsten aller Länder gehörten.[42] Rückenwind erhielten die US-Banken von den Direktinvestitionen der amerikanischen Unternehmen in Deutschland, die nach der umfangreichen Zunahme Mitte der sechziger Jahre in den Jahren 1971 und 1972 erneut zulegten.[43] Dieser Investitionsschub dürfte mit der Erweiterung der Europäischen

[40] In der früher gelegenen Periode von 1968 bis 1971 expandierten die ausländischen Zweigniederlassungen ebenfalls schneller als der Durchschnitt aller Banken: Das Geschäftsvolumen erhöhte sich in der genannten Periode von 6,8 Mrd. auf 15,4 Mrd. DM. O.V., "Die Zweigstellen ausländischer Banken in der Bundesrepublik", *Monatsberichte der Deutschen Bundesbank* (April 1972): 24.

[41] Deutsche Bundesbank, Hrsg., *Deutsches Geld- und Bankwesen in Zahlen 1876-1975* (Frankfurt: Knapp, 1976) 170.

[42] Wilfried Scheele, "Die unterschiedlichen Strategien amerikanischer Banken im Ausland, insbesondere in der Bundesrepublik Deutschland", Vortrag, gehalten am 16. Januar 1976, Institut für Banken und Industrie, Geld und Kredit, Freie Universität Berlin, 12.

[43] Deutsche Bundesbank, Hrsg., *Geschäftsbericht der Deutschen Bundesbank für das Jahr 1972*, 94.

Gemeinschaft zusammengehangen haben. Erhebliche Direktinvestitionen flossen 1972 auch den Zweigniederlassungen ausländischer Banken in Deutschland zu, insbesondere den Neugründungen; ihnen wurde ein zusätzliches Dotationskapital in Höhe von 500 Mio. DM zugeführt, nachdem es im Vorjahr nur 100 Mio. DM waren.[44] Ein Motiv könnte die Erwartung an eine DM-Aufwertung gewesen sein. Diese Dynamik wirkte ansteckend auf die Nachzügler, die immer zu den führenden Banken der Branche aufschauten: "Chase's German branches led other American banks in extending credit in that country."[45] Insbesondere die Chase Manhattan Bank setzte ein Zeichen womöglich größerer Ausbaupläne, als sie 1972 ein 14-stöckiges Verwaltungsgebäude im Frankfurter Bankenviertel bezog.[46]

Ein vollständiges Bild der Aktivitäten der ausländischen Stützpunkte in Deutschland ergab sich sogar erst, wenn man noch die direkt bei ausländischen Banken aufgenommenen Kredite mitberücksichtigte. Für das Jahr 1971 beliefen sich diese auf 10,8 Mrd. DM. In den Büchern der Zweigniederlassungen in Deutschland waren dagegen nur 4,4 Mrd. DM als Kredite an inländische Unternehmen ausgewiesen, also ungefähr die Hälfte der tatsächlich vergebenen Kredite, selbst wenn dabei berücksichtigt wurde, daß in der Zahl von 10,8 Mrd. DM auch die aufgenommenen Kredite bei den Auslandstöchtern deutscher Banken enthalten waren.[47] Es wurde hieran sichtbar, daß die in Deutschland ausgewiesenen Kredite oder Geschäftsvolumina nur unzureichend die tatsächlichen Aktivitäten ausländischer Filialen und Tochterbanken wiedergaben, ein Problem, das bei der Beurteilung der Leistungen in multinationalen Banken immer wieder auftauchte.

Die Banken insgesamt waren an hohes Wachstum gewöhnt, zumindest bis zur Verschärfung der Kreditpolitik im März 1973. Hierfür sorgten die erwähnten hohen Mittelzuflüsse aus dem Ausland und die ausgiebige Kreditgewährung der Banken an Unternehmen und private Haushalte.[48]

Andererseits führten die Erleichterungen für die Banken in den USA, insbesondere die neu hinzugewonnene Refinanzierungsquelle *commercial paper*, dazu, daß die für das Ende der 60er Jahre noch so charakteristischen Interbankbeziehungen zwischen Mutter- und

---

[44] Ibid.

[45] John Donald Wilson, *The Chase: The Chase Manhattan Bank, N.A., 1945-1985* (Boston: Harvard Business School Press, 1986) 182.

[46] Als die neuen Geschäftsfelder nannte 1972 der *Chairman* der Chase Manhattan Bank, David Rockefeller, die Baufinanzierung, Computer-Dienstleistungen und den Konsumentenkredit. Für letzteres Geschäftsfeld wollte man keine Tochtergesellschaft gründen (Ein Jahr später tat die Chase es aber doch). Das Bilanzvolumen des in Deutschland bilanzierten Geschäfts der Chase betrug 1972 rund 2 Mrd. DM, das Grundkapital belief sich auf 88,5 Mio. DM, es gab 460 Mitarbeiter. O.V., "Chase Manhattan Bank: 25 Jahre in Frankfurt", *Wirtschaftswoche* Nr. 48, 1. Dezember 1972, 46.

[47] O.V., "Die Zweigstellen ausländischer Banken in der Bundesrepublik", *Monatsberichte der Deutschen Bundesbank* (April 1972): 25.

[48] O.V., "Neuere Geschäftsentwicklung der Bankengruppen", *Monatsberichte der Deutschen Bundesbank* (Mai 1974): 24.

Tochterbanken - entstanden aus dem Kapitalbedarf der Mutterbanken - plötzlich ihre Grundlage verloren, und die Mutterbanken in den 70er Jahren damit begannen, das bei den eigenen Auslandsfilialen ausgeliehene Geld wieder zurückzuzahlen. So rückte in den Auslandsfilialen in London statt der Beschaffung von Einlagen für die amerikanischen Mutterbanken schnell das Kreditgeschäft in den Mittelpunkt der Geschäftspolitik.[49]

In Deutschland waren die Auslandsbanken Ende 1968 auch Nettokapitalexporteure, hervorgerufen durch ihre Nettoschuldnerposition gegenüber inländischen Kreditinstituten und die Nettogläubigerposition gegenüber inländischen Nichtbanken, ausländischen Banken und ausländischen Nichtbanken. Doch Ende 1971 drehte sich das Bild - die Auslandsbanken wurden zu Nettokapitalimporteuren. In diese Position gerieten sie, weil sie Nettoschuldner gegenüber ausländischen Banken - eigenes Haus und andere ausländische Banken - sowie auch noch Nettogläubiger in erster Linie gegenüber inländischen Nichtbanken und fast in gleichem Ausmaß gegenüber inländischen Banken waren. Die Ursachen für diesen Rollenwechsel waren noch am ehesten in den Zinsgefällen zu suchen, denn außerhalb Deutschlands lagen die Zinsen bis ins Jahr 1970 höher; danach war es bis 1973 umgekehrt.

Im übrigen konnten die Mindestreservevorschriften den Kapitalimport und damit den Rollenwechsel der Auslandsbanken nicht verhindern, weil es das Phänomen der Umwandlung von Inlandsaktiva in Forderungen ans "eigene Haus" gab und weil im Ausland langfristige Gelder aufgenommen wurden, die nicht der Mindestreserve unterlagen. Letztere Freiheit wurde ab März 1972 durch die Vorschriften der Bardepotregelung beschnitten.[50] Gleichwohl konnten verschiedene amerikanische Banken sogenannte Altverträge mit Kreditnehmern vorweisen, die es ihnen auch weiterhin erlaubten, sich der langfristigen, zinsgünstigen Refinanzierung am Euromarkt zu bedienen, ohne dafür der Mindestreserve und der Bardepotpflicht zu unterliegen.

2) Der Wettlauf um Filialen - kleinere Banken folgen größeren Banken

Als im Oktober 1968 die Continental Illinois National and Trust Company of Chicago eine Zweigniederlassung in Frankfurt eröffnete, zeigte dies, daß auch Banken aus der zweiten

---

49 Den dramatischen Wechsel dokumentieren die Zahlen: Ende 1969 repräsentierten ca. 40% der Nettoaktiva in Höhe von 33,7 Mrd. Dollar der Auslandsfilialen Forderungen an die Zentralen in den USA. Im Gegensatz dazu betrugen die Forderungen der Auslandsfilialen an ihre Zentralen im August 1974 nur noch 5,7% der Nettoaktiva, die auf 122 Mrd. Dollar angestiegen waren. Allen B. Frankel, "International Banking: The Activities of U.S. Banks Abroad", *Current Perspectives in Banking*, Hrsg. Thomas M. Havrilesky und John T. Boorman (Arlington Heights, Ill.: AHM Publishing, 1976) 296.

50 O.V., "Die Zweigstellen", 28. Zur Bardepotregelung siehe Seite 102 dieser Arbeit.

Reihe nicht mehr auf Filialen im Ausland verzichten wollten.[51] Diese Entwicklung nahm für die Mehrheit der kleineren Banken schon ab 1966 ihren Lauf, als das Geld in der USA sehr knapp war und eine Kapitalquelle im Ausland dafür die Lösung zu sein schien.[52]

In Frankfurt hielt die Continental Illinois ein breites Angebot vor, mit Betonung auf der Außenhandelsfinanzierung, Kreditgewährung und Devisengeschäften sowie besonderer Expertise bei Geldmarkttransaktionen.[53] Für eine Niederlassung in Deutschland sprachen die wachsende Bedeutung Frankfurts als Geldmarkt-Platz auf dem europäischen Kontinent und eine gegenüber dem Pfund und Dollar recht stabile Währung. Doch noch wichtiger waren Wettbewerbsgründe: "The reason that Chicago banks have established overseas branches was and is to serve Chicago area customers. A branch in a foreign centre frequently enables a bank to keep an important customer that it might otherwise lose to a competitor. It was through their foreign networks in the 60's that New York banks began to attract customers that Chicago banks were servicing in the Midwest. And when they began to lose domestic business Chicago banks started to establish branches abroad."[54]

Die Irving Trust Co. aus New York zog es Ende 1972 mit einer Zweigniederlassung nach Frankfurt. Daß die Ankunft in eine Zeit fiel, in der das Weltwährungssystem starken Belastungen ausgesetzt war, einschließlich der Maßnahmen zur Eindämmung der unerwünschten Devisenzuflüsse auch vom deutschen Markt, konnten die Amerikaner nicht vorhersehen, weil zwischen dem Beschluß und der tatsächlichen Ansiedlung zwei Jahre lagen. Die ursprüngliche Konzeption, sich in hohem Maße über den Euromarkt zu refinanzieren, wurde verworfen. Der Irving Trust war somit auf den innerdeutschen Geldmarkt angewiesen, doch neue Schwierigkeiten traten ein, als die Deutsche Bundesbank dieser Auslandsbank zunächst den Notenbankkredit in Form der Rediskontierung von Wechseln und der Aufnahme von Lombardkrediten versagte. Diese wenig gastfreundliche Bestimmung, von denen möglicherweise auch noch andere ausländische Institute betroffen waren, zielte darauf

---

[51] Im Falle der Continental Illinois war der Vorstoß nach Deutschland allerdings nicht ganz neu. Die Bank besaß in den 20 Jahren - neben der Repräsentanz in London - schon einmal ein Büro in Berlin. Jörg P. Schäfer, "Continental Bank", *Zeitschrift für das gesamte Kreditwesen* 21 (1980): 1019.

[52] Tony Thomas und Anne Segall, "Like Topsy, they just grow'd", Survey of American Finance, *The Economist*, 22. Januar 1977, 13.

[53] O.V., "Ein "neuer" Amerikaner in Frankfurt", *Zeitschrift für das gesamte Kreditwesen* 21 (1968): 1021. O.V., "Weitere amerikanische Großbank in Frankfurt", *Zeitschrift für das gesamte Kreditwesen* 21 (1968): 1034.

[54] Alfred F. Miossi, "Chicago as an international financial centre", *The Banker* (Dezember 1971): 1508. Miossi war *Senior Vice-President* der Continental Illinois. Auch die andere große Bank aus Chicago, die First National Bank of Chicago, beklagte den Verlust von Geschäft an die internationaler orientierten New Yorker Banken. Die Gegenseite bestätigte diese Bedenken der Chicagoer Banken. Als die Firmenkunden 1965 Probleme bekamen, die von der amerikanischen Regierung ergriffenen Maßnahmen zur Verbesserung der Zahlungsbilanz einzuhalten, wichen sie auf die Auslandsfilialen der First National City Bank aus, wobei der Euromarkt in London dabei eine zentrale Funktion einnahm. Diese Manöver im Ausland gingen zulasten solcher amerikanischen Banken, die noch über keine Filialen im Ausland, insbesondere in London, verfügten. Cleveland und Huertas, *Citibank*, 267.

ab, den übernational tätigen Banken keine Vorteile im Zusammenhang mit der Mindestreserve mehr einzuräumen.[55]

Nach der höchst aktiven Bank of America und Wells Fargo's Beteiligung an der Allgemeinen Deutschen Credit-Anstalt (ADCA), gesellte sich mit der Security Pacific National Bank, Los Angeles, noch eine weitere Bank aus dem Westen der USA zum Kreis der Frankfurter Auslandsbanken. Die kalifornische Bank startete 1972, mit Ambitionen im Kreditgeschäft und im innerdeutschen Geldhandel.[56] Später kamen Leasing und Absatzfinanzierungen hinzu.

Seit 1974 unterhielt auch die First National Bank of Boston eine Zweigniederlassung in Frankfurt. Sie verfügte über gute Kontakte nach Südamerika und viel Erfahrung im Leasing-Geschäft. Der Geldhandel war ein wichtiger Grund für die Anwesenheit in Deutschland.[57]

Die Banken aus den Regionen standen sicher nicht auf so festen Füßen wie die New Yorker Großbanken, weil sie mehr noch als die Großbanken ihre eigenen US-Kunden bedienten und das allein kaum kostendeckend sein konnte. Aus inneramerikanischen Wettbewerbsgründen hielten sie diesen Service für die eigene Kundschaft aber für notwendig. Gegen Ende der sechziger Jahre, speziell in den Jahren 1966 und von 1969 bis 1970, spielte es noch eine Rolle, daß die US-Banken wegen der Verknappung sehr auf die Filialen und Töchter im Ausland als Kapitallieferanten für den Heimatmarkt angewiesen waren.[58] Doch das betraf den Euromarkt in London und war in den 70er Jahren nicht mehr von Bedeutung. Nach Deutschland zog die kleineren Banken das Vorbild der großen US-Banken, die vormachten, wie am Euromarkt refinanzierte Kredite lukrative Geschäfte ermöglichten. Nur wurde den kleineren, oft regionalen Banken in Deutschland im Verlauf der siebziger Jahre der Handlungsspielraum eingeschränkt, und eine ihrer wichtigen Geschäftsgrundlagen, die Zinsdifferenz zwischen Euromarkt und Inlandsmarkt, entfiel durch Regulierung und später durch den Wettbewerb. Manche traf es gerade, wie den Irving Trust, als die Filiale in Deutschland eröffnet wurde. Die zukünftige Geschäftspolitik bewegte sich immer in dem Dreieck, neue inländische Kunden zu gewinnen, mit niedrigen Margen zu kalkulieren und Nischenprodukte anzubieten. Das Leasing, wie es die Security Pacific und die First National Bank of Boston betrieben, war der richtige Ansatz für einen mit Innovationen nicht verwöhnten deutschen Markt.

---

55 O.V., "Irving Trust enthüllt ein Geheimnis: Eine Auseinandersetzung über den Notenbankkredit", *Blick durch die Wirtschaft*, 4. November 1972, 6.

56 Gerhard Kutscher, "Security Pacific schon nach einem Jahr im Plus", *Handelsblatt*, 18. Juli 1974, 8.

57 O.V., "Gewinnexplosion trotz Rezession", *Handelsblatt*, 30. Oktober 1979, 18.

58 Im September 1969 standen die amerikanischen Mutterbanken bei ihren Auslandsstützpunkten mit mehr als 14 Mrd. Dollar in der Kreide. Thomas und Segall, "Like", 10.

B. Die Beurteilung der Wettbewerbsvorteile amerikanischer Banken

1) Vorbemerkungen

Von den 30 Zweigniederlassungen ausländischer Banken, die es 1972 in Deutschland gab, kamen 11 aus den Vereinigten Staaten, die aber mehr als zwei Drittel des Geschäftsvolumens aller in Deutschland tätigen Auslandsbanken auf sich vereinigten.[59] Innerhalb Deutschlands unterhielten diese amerikanischen Banken ein Netz von 25 Zweigstellen. Nicht eingerechnet in diese Zahlen waren die Tochterbanken oder deutsche Banken im Mehrheitsbesitz von amerikanischen Banken, von denen es 4 gab.[60]

Zum Stichtag 31. August 1973 ermittelte das Bundesfinanzministerium, daß 42 ausländische Banken mit 72 Zweigstellen in Deutschland vertreten sein würden. Die gesamte Bilanzsumme dieser Institute belief sich auf 21,3 Mrd. DM; das entsprach rund 2% der Bilanzsumme aller deutschen Kreditinstitute. Hinzu kamen noch die Banken im ausländischen Mehrheitsbesitz, das waren 28 nach deutschem Recht gegründete Banken, die mit einer Bilanzsumme von 5,9 Mrd. DM auf einen Anteil von 0,6% kamen. Der gesamte Marktanteil der Auslandsbanken in Deutschland lag damit bei 2,6%.

Angeführt wurde die Riege von 13 Banken aus den USA mit 30 Zweigstellen, gefolgt von 6 Banken aus Japan mit 8 Zweigstellen, 5 Banken aus Großbritannien mit 6 Zweigstellen, 4 Banken aus Frankreich mit 10 Zweigstellen, 3 Banken aus Kanada mit 3 Zweigstellen, 2 Banken aus dem Iran mit 3 Zweigstellen und 2 Banken aus Spanien mit 4 Zweigstellen.[61]

Die Geschäftsstruktur der Auslandsbanken unterschied sich stark von derjenigen der inländischen Konkurrenz. Im Kern traten die amerikanischen Banken in der ersten Hälfte der 70er Jahre mit der sogenannten "deutschen Auswahl" an: Kurzfristige Finanzierungen, Auslandsfinanzierungen und Devisenhandel. Zu den Auslandsfinanzierungen gehörte das Akkreditiv-, Inkasso- und Überweisungsgeschäft.

Die Hauptzielgruppe waren die Tochtergesellschaften amerikanischer Unternehmen. Der Anteil deutscher Unternehmen an der Kundschaft stieg jedoch in den 70er Jahre kontinuierlich. Innerhalb der "deutschen Auswahl" lag ein besonderes Gewicht auf dem Großkredit sowie den Krediten an multinationale Unternehmen. Einzelne Auslandsbanken versuchten es aber auch immer wieder, Kredite herauszulegen, die größenmäßig unter den Großkrediten

---

59 Im einzelnen: Chase Manhattan Bank, Bank of America, Citibank, Chemical Bank, Morgan Guaranty, Manufacturers Hanover, Continental Illinois, First Bank of Chicago, Irving Trust, National Bank of Detroit, Security Pacific.

60 Die Tochterbanken waren: American Express Bank GmbH, Deutsche Unionbank GmbH, Bankhaus Centrale Credit AG, State Street Bank GmbH.

61 O.V., "Ausländische Banken in der Bundesrepublik, *Handelsblatt*, 17. September 1973, 15.

lagen und die für weniger umsatzstarke Unternehmen, vor allem Firmen deutscher Herkunft, interessant waren. Die ersten Versuche der Citibank am Anfang der 70er Jahre in diesem Segment, denen der Erfolg versagt blieb, deuteten allerdings an, daß das Segment des Mittelstands und der mittelgroßen Kredite für Auslandsbanken ein heikles werden würde.[62]

2) Professionalität im Devisenhandel

Als sich der Devisenhandel am Ende der 60er Jahre zu einer gefragten Bankendisziplin in Europa entwickelte, richteten sich die Blicke schnell auf die amerikanischen Banken. Nur sie beherrschten die technische Abwicklung von Devisengeschäften bis ins letzte Detail und verfügten über große Erfahrung im Umgang mit der wichtigsten Reservewährung, dem Dollar.[63]

Die Geschäftsjahre 1972 und 1973, in denen die Bundesbank den Dollar freigab und das Floaten einsetzte, wurden zur Hochphase für die amerikanischen Banken. Bei der Chemical Bank in Frankfurt verdoppelte sich 1973 die Bilanzsumme von rund 750 Mio. DM auf 1,5 Mrd. DM.[64] Auch die Banken anderer Länder sahen diesen Aufschwung und werteten dies als Signal, in den deutschen Markt einzutreten. Es kam zu einem Gründungsboom. Kanadische und brasilianische Institute fühlten sich vom deutschen Finanzmarkt angezogen.[65]

Den amerikanischen Banken dürften auch größere Teile von Betriebsguthaben zugeflossen sein, die amerikanische Konzerne in dem Gefühl, die nächste Runde einer Aufwertung der DM stünde bevor, auf die Konten ihrer Tochtergesellschaften in Deutschland übertragen hatten.[66] Die Furcht vor einer weiteren Abwertung des Dollars war sehr verbreitet.

Den deutschen Banken entging ebenfalls nicht das große Ertragspotential im Devisenhandel und der Folgegeschäfte daraus - nur fehlte ihnen noch die Ablauforganisation, um diese Geschäfte ausreichend kontrollieren zu können.[67]

Unterdessen gingen die US-Banken schon einen Schritt weiter und boten Devisen-Swaps an.[68] Die Bank of America nutzte die allgemeine Verunsicherung während der Währungskrise 1973, um von London aus zum größten Devisenhändler der Welt aufzusteigen, obwohl

---

62 O.V., "30 Auslandsbanken im Bundesgebiet", *Handelsblatt*, 17. April 1972, 17.

63 Dr. Ludwig Stauch, Leitender Regierungsdirektor i. R., Bundesaufsichtsamt für das Kreditwesen, Berlin, Interview, geführt am 2. September 1997, Berlin.

64 Teile des Bilanzsummenwachstums gingen allerdings auf die hohe Inflationsrate und Wechselkursveränderungen zurück. O.V., "Chemical verdient im Ausland besser", *Handelsblatt*, 4. Juni 1974, 14.

65 Schließlich wollten auch mexikanische Banken in den deutschen Bankenmarkt vordringen, was aber das Bundesaufsichtsamt für das Kreditwesen zu verhindern wußte.

66 Deutsche Bundesbank, Hrsg., *Jahresbericht der Deutschen Bundesbank für 1972*, 37.

67 Stauch, Interview, 2. September 1997.

68 Johnston, *Rollercoaster*, 13.

die Bank nicht über dieselben starken Traditionen im Devisenhandel verfügte wie die Chase Manhattan Bank oder Citibank.[69]

Großes Interesse seitens der Kunden bestand natürlich an der Vorhersage der Kursentwicklung des Dollars. Doch hier kamen teilweise auch sehr konventionelle Methoden zur Anwendung, etwa die des Vorausbezahlens von Rechnungen, um einer erwarteten Dollarabwertung noch in letzter Minute entgehen zu können.[70] Es war auch möglich, gegen die Bundesbank zu spekulieren oder daraus eine Gegenspekulation zu machen.[71] Mit letzterer Strategie hatten die bewährten Adressen im Devisenhandel, die Chase Manhattan Bank, die Citibank und die Chemical Bank, einigen Erfolg.[72]

3) Die Innovation geldmarktorientierter Kredite

Die amerikanischen Banken erkannten in den späten 60er Jahren, daß sie ihren Kundenkreis erweitern mußten. Nach Geschäftsjahren, in denen die Kunden teilweise bis zu 95% amerikanischer Herkunft waren, begannen die amerikanischen Banken, das Eurodollar-Geschäft auch auf nicht-amerikanische Firmen auszuweiten und Kredite auf lokaler Ebene zu vergeben.[73] In Deutschland verhalf ihnen dazu der geldmarktorientierte Kredit, der mit Laufzeiten zwischen 1 bis 6 Monaten auf dem Euromarkt refinanziert wurde.

Entscheidend war das Zusammenspiel zwischen Euromarkt und Filiale in Deutschland. Die Euromarktzentren waren zur Hauptsache in London und Luxemburg lokalisiert, was den Vorteil hatte, bei den Geschäften mit den Filialen auf dem Kontinent einer gemeinsamen Zeitzone anzugehören.[74]

Die kurzfristigen Kredite waren sehr konkurrenzfähig, weil sie im Vergleich zu den Kontokorrentkrediten, die deutsche Banken vergaben, eine Innovation darstellten und aufgrund des Zinsgefälles zwischen Euromarkt und Inland in der Phase von 1970 bis 1973 auch noch günstig waren. Weitere Bezeichnungen dafür waren Eurogeld, Kredite zu Geldmarktkonditionen, Sonderkredite oder auch 1- bis 6-Monats-Inlandsfinanzierungen auf

---

[69] Ibid., 90.

[70] O.V., "Who goes home?", *The Economist*, 14. April 1973, 103.

[71] Dies gelang, weil die Bundesbank in den frühen 70er Jahren durch Swap-Geschäfte zum Export und Re-Export von kurzfristigen Bankengeldern ermutigen wollte, um die Kapitalzuflüsse zu bekämpfen: "...; however, as the banks tended to make increasing use of these facilities for benefitting from "merry-go-round" transactions, i.e. deliberate capital import and re-export operations, the use of the technique was abandoned in the early seventies." OECD, Hrsg., *Regulation* (1978) 24.

[72] Stauch, Interview, 2. September 1997.

[73] Thomas und Segall, "Like", 10.

[74] Frankel, "International", 296.

Geldmarktbasis gemäß den Gewohnheiten am Euromarkt[75]; die Kreditgröße, die Konditionen und die Laufzeit waren genau festgelegt, wobei es zwei Varianten gab.[76] Durch die schnelle Verbreitung dieser Kredite, die in den Jahren 1968/69 begann, fiel der Begriff vom "Eurobonanza".

Die neuen geldmarktorientierten Kredite hinterließen deutliche Spuren im deutschen Kreditmarkt. Bei den Großbanken ging der Marktanteil an den kurzfristigen Krediten an inländische Unternehmen und Privatbanken von 24% im Jahr 1968 auf 19% im Jahr 1973 zurück.[77] Die traditionelle Rolle der Großbanken als Hausbanken wurde dadurch jedoch nicht in Frage gestellt.[78] Zwar entrüsteten sich die Inlandsbanken über die amerikanischen Eindringlinge, aber an der Hauptsäule ihres Kreditgeschäftes, den althergebrachten, eher teuren Kontokorrentkrediten, änderten sie dem Grundsatz nach nichts. Erst die um die Jahreswende 1970 gegründeten Euromarkt-Töchter in Luxemburg versetzten die deutschen Banken in den Stand, auf Nachfrage ebenfalls geldmarktorientierte Kredite anbieten zu können.

Aber die amerikanischen Banken verschafften sich rasch Vorteile aus der Unbeweglichkeit der Zinssätze in Europa. Nicht nur in Deutschland, sondern auch in Belgien legten sie Kredite zu Zinssätzen heraus, die unter den "Kartellzinsen" der einheimischen Banken lagen.[79]

Morgan Guaranty fiel in den frühen 70er Jahren mit soviel Elan in den Euromarkt ein, daß die Firma fast 600 Leute in London beschäftigte - das entsprach ungefähr der Größe der gesamten Bank in den 1950er Jahren. Große Kunden wie die Siemens AG, die Morgan Guaranty vorher im deutschen Markt betreute, drängte es, direkt nach London zu gehen.[80]

Die Niederlassungen der amerikanischen Banken in Deutschland funktionierten in erster Linie wie ein Verteilernetz für die Kreditvergabe. Es entstand so unter dem Dach einer multinationalen Bank eine Einheit aus Eurodollar-Markt und den Filialen in den einzelnen Ländern, die auf drei ökonomischen Sachverhalten beruhte: Erstens den Zinsdifferenzen zwischen den verschiedenen Geldmärkten, zweitens der Konvertibilität der Währungen und

---

75 Hans-Georg Engel, "Der Finanzplatz Frankfurt aus der Sicht der Auslandsbanken", *Zeitschrift für das gesamte Kreditwesen* 2 (1991): 60.

76 Die eine Variante des Eurodollar-Kredits war der *floating-rate loan*, der wegen seiner Abhängigkeit vom aktuellen Zinssatz das Zinsrisiko des Gläubigers eliminierte und so für größere Kreditsummen den Weg freimachte. Die andere Variante war der Konsortialkredit. Die Bank übernahm hier im Grunde die Rolle eines *bond underwriter*, der mit dem Schuldner die Konditionen des Kredites aushandelte und dann andere Banken daran beteiligte. Die Anführer solcher Konsortialkredite erhielten neben den Zinsen auf ihre Tranche auch noch eine "*up front*" Gebühr; das war sehr lohnend. Cleveland und Huertas, *Citibank*, 268.

77 Fuhrmann, *Die Aktivastruktur*, 45.

78 Joachim Krahnen, "Banken in der aktuellen Konkurrenz wandelnder Finanzierungsangebote an die Unternehmen", *Der Bankbetrieb zwischen Theorie und Praxis: Festschrift zum 60. Geburtstag von Karl Friedrich Hagenmüller*, Hrsg. Joachim Süchting (Wiesbaden: Gabler, 1977) 106.

79 Robin Pringle, "Why American Banks Go Overseas", *The Banker* (November 1966): 783.

80 Chernow, *The House*, 590.

drittens der Möglichkeit zur Kursabsicherung, weil die Schlüsselwährung hinreichendes Vertrauen genoß.

Schließlich sorgte das Bretton-Woods-System dafür, daß Wechselkursschwankungen des Dollars gegenüber anderen Währungen nur in einer Bandbreite von +/- 1% stattfinden durften.[81]

Dies war das Umfeld, in dem die amerikanischen Banken tätig wurden, indem sie eine Kette bildeten, deren vorderste Glieder die Eurogeld-Transaktionen waren, und an deren Ende die kurzfristigen DM-Betriebsmittelkredite an die Kunden in Deutschland, vor allem die multinationalen US-Gesellschaften, standen. Jeweils dazwischengeschaltet war der Devisenhandel. Solche Geschäfte versprachen gute Erträge, weil es sich um Großkredite handelte, die Kreditnehmer in der Regel allererste Adressen waren und die kurzfristigen Kredite im Rahmen von unausgenutzten DM-Kreditlinien vergeben wurden.[82] Neben wenig Formalitäten hatten die Festkredite noch den Vorteil, fristenkongruent refinanziert zu sein, was die Sicherheit erhöhte.

4) Bankgeschäfte unter der Bardepotpflicht

So stimulierend die Maßnahmen der amerikanischen Regierung in den 60er Jahren auch auf das Anwachsen von Dollar-Liquidität außerhalb der USA gewirkt und damit entscheidend zur Expansion des Euromarktes beigetragen hatten, so sehr entfaltete der Euromarkt in den frühen 70er Jahren auch seine Eigendynamik. Diese äußerte sich in spekulativen und unerwünschten Devisenbewegungen als Folge der massiven Kapital- und Geldbewegungen in einem Umfeld währungspolitischer Unsicherheiten sowie starker internationaler Zinsdifferenzen. Die Regierungen und Aufsichtsbehörden zahlreicher europäischer Länder griffen deshalb zum Teil zu heftigen Abwehrmaßnahmen.[83] Ein vordringliches Ziel war, die Kreditaufnahme im Ausland zu verteuern.

In Deutschland wurde hierzu das Gesetz zur Änderung der Außenwirtschaftsverordnung vom 23. Dezember 1971, das Bardepotgesetz, erlassen. Es erschwerte den Unternehmen in Deutschland den Zugang zu den internationalen Finanzmärkten, indem die Unternehmen ab

---

81 Sieghardt Rometsch, "Banken mit weltumspannenden Filialnetz", *Blick durch die Wirtschaft*, 6. November 1972, 3.

82 Ibid.

83 Unter normalen Bedingungen war Deutschland eine bedeutsame Quelle für Netto-Kapital-Exporte, was der grundsätzlichen Position eines Netto-Exporteurs von Gütern und Dienstleistungen entsprach. Traditionell fand dies unter einem Regime freier Kapitalbewegungen, wie vor dem Ersten Weltkrieg, statt. Doch schon in den 60er Jahren schien die DM wegen der dauerhaften Zahlungsbilanzüberschüsse eine interessante Investitionswährung zu sein. Dies führte, gepaart mit den Erwartungen einer Aufwertung der Währung, zu destabilisierenden Kapitalzuflüssen, denen die Behörden mit Kapitalverkehrskontrollen begegneten. OECD, Hrsg., *Regulations Affecting International Banking Operations of Banks and Non-Banks* (Paris: 1978) 23.

dem 1. März 1972 einen Teil der im Ausland aufgenommenen Finanzkredite als Bardepot bei der Bundesbank zinsfrei unterhalten mußten; der Bardepotsatz betrug anfangs 40%, die Freigrenze lag bei 2 Mio. DM.[84] Das Bardepot betraf auch diejenigen von Banken aufgenommenen Gelder, die nicht mindestreservepflichtig waren.[85] Dies hatte zum Ergebnis, daß die privaten langfristigen Kapitalimporte 1972 nur noch knapp 1 Mrd. DM betrugen, gegenüber 6 Mrd. DM im Vorjahr.[86] Per Saldo führte es dazu, daß sowohl Banken als auch Nichtbanken keine längerfristigen Kredite im Ausland mehr aufnahmen.

Neben weiteren Verschärfungen der Bardepotpflicht wurde am 29.6.1972 die Genehmigungspflicht nach §23 Außenwirtschaftsgesetz für den Erwerb inländischer Inhaber- und Orderschuldverschreibungen von Inländern durch Ausländer erlassen.[87] Dies kam einem Verbot dieser Geschäfte gleich, wenn es auch sogenannte Koffergeschäfte gab, die für beide Seiten, den Käufer und den Verkäufer von Anleihen, über die Einbeziehung der in Luxemburg ansässigen Banken eine Abmilderung schufen.

Anfang 1973 wurden alle Kreditaufnahmen im Ausland sowie der Erwerb von deutschen Aktien durch Ausländer einer Genehmigungspflicht unterworfen.

Eine Erhöhung der Reservesätze der Mindestreservebestimmungen für Auslandsverbindlichkeiten, die schon seit 1970 in Kraft waren, diente ebenfalls dem Ziel, sich dem Zufluß internationaler Liquidität zu erwehren.[88]

Die Banken reagierten jedoch auf ihre Weise. Da zum einen die Bardepotpflicht bestand und zum anderen auch eine beträchtliche Zinsdifferenz - teilweise bis zu 2 Prozentpunkten - zwischen Euromarkt und deutschem Inlandsmarkt am Anfang der 70er Jahre bestand, suchte sich das Geld einen eigenen Weg: Dieser begann mit der Aufnahme 4-jähriger Euro-DM-Gelder im Euromarkt, die zunächst in Jersey, später dann über Stützpunkte auf den Bahamas abgewickelt wurden, und dann auf einer *roll-over*-Basis direkt in die deutschen Filialen führte, wo daraus Betriebsmittelkredite wurden.[89] Diese ganz legale Umgehung der

---

84 In Höhe des Vomhundertsatzes der bardepotpflichtigen Verbindlichkeiten hatten Wirtschaftsunternehmen, aber auch Banken, bei bestimmten Kreditaufnahmen im Ausland ein zinsloses Depot bei der Bundesbank zu unterhalten.

85 OECD, *Regulations*, 24.

86 Deutsche Bundesbank, *Geschäftsbericht 1972*, 94.

87 Am 1.7.1972 wurde der Bardepotsatz auf die gesetzliche Höchstgrenze von 50% erhöht bei gleichzeitiger Reduzierung des Freibetrags auf 0,5 Mio. DM. Am 1.1.1973 reduzierte die Bundesregierung den Bardepot-Freibetrag auf 50.000 DM. Die Höchstgrenze für den Bardepotsatz wurde schließlich am 22.2.1973 auf 100% angehoben. Weitere Informationen zur Konjunktur und den Maßnahmen finden sich in Deutsche Bundesbank, *Geschäftsbericht 1972*, 16f.

88 Unter dem Strich hatten die deutschen Banken 1972, einschließlich der Zweigniederlassungen ausländischer Banken, keine Geldmittel importiert. In Belgien, Luxemburg, Frankreich und der Schweiz sahen diese eindämmenden Maßnahmen ganz ähnlich aus. Ekkehard Storck, "Euromarkt", *Enzyklopädisches Lexikon des Geld-, Bank- und Börsenwesens*, Hrsg. Zeitschrift für das gesamte Kreditwesen (Frankfurt: Knapp, 1999) 532.

89 Ein *roll-over*-Kredit war typisch für den Euromarkt. Es handelte sich dabei um einen mittel- bis langfristigen Großkredit, der kurzfristig refinanziert wurde. Der Zinssatz wurde nicht für die gesamte

deutschen Mindestreserven, bei gleichzeitiger Vermeidung der Bardepotpflicht, versetzte die amerikanischen Banken in die Lage, den deutschen Kunden sehr günstige Finanzierungen anzubieten. Das Zinsgefälle zwischen Deutschland und dem Euro-DM-Markt war teilweise derart groß, daß sogar trotz des Bardepotsatzes in Höhe von 50% Kreditaufnahmen von Unternehmen im Ausland aus Zinsgründen reizvoll waren. Im Juli und August 1972 nahmen deutsche Unternehmen kurzfristige Finanzkredite in Höhe von 2,7 Mrd. DM im Ausland auf.[90] Die folgende Abbildung zeigt die Verwerfungen, die die Kapitalverkehrsbeschränkungen hervorgerufen haben.

Abbildung 1: Externe und interne Geldmärkte für Dreimonatsgelder in D-Mark, Januar 1973 bis August 1974

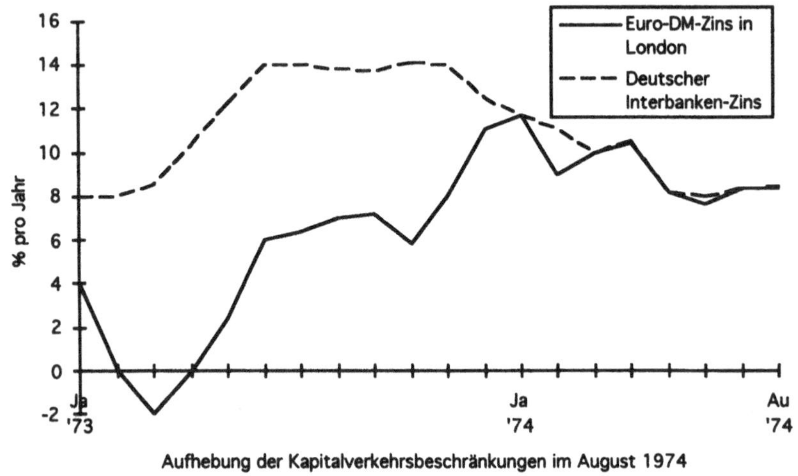

Quelle: Randall S. Kroszner, *Introduction to the International Capital Market* (Seminarunterlagen: John F. Kennedy-Institut, Freie Universität Berlin/University of Chicago, Sommersemester 1995) 9.

Hinzu kamen Überlegungen der steuerlichen Optimierung, die eine Verbuchung in der Filiale in Nassau auf den Bahamas ohnehin nahelegten.[91] Die US-Banken erhielten dadurch

Laufzeit festgelegt, sondern periodisch, etwa in 3 bis 6 Monatsabständen, an den Marktzinssatz angepaßt. Das Risiko oder die Chance einer Zinsänderung trug der Schuldner.

90 Deutsche Bundesbank, *Geschäftsbericht 1972*, 96.

91 Ein Beispiel aus Großbritannien: "A bank will minimize taxes on profits if, when it funds a loan in a high-tax country such as the United Kingdom, it books the loan in a center, such as Nassau, where taxes

Zugang zu den großen deutschen Unternehmen. Mit dem Fuß in der Tür war natürlich auch mit Folgegeschäften zu rechnen, z.B. im Devisenhandel. Die meisten amerikanischen Banken beteiligten sich an diesen Transaktionen, nur in der Citibank hatte man anfangs noch gewisse Bedenken, die aber verschwanden, als 1971 ein neuer Leiter für das Europageschäft aus New York kam. Dank der Umgehung des Bardepots und der Zinsdifferenzen zwischen Euromarkt und Inlandsmarkt waren es sogar glänzende Geschäfte. Walter und Gray heben diese lukrativen Nischen für Banken hervor, die sich gerade da ergeben, wo die Regulierung besonders restriktiv ist.[92]

Eine Reaktion auf das Bardepot, die Umgehungscharakter hatte, war 1972 auch die Zuführung von zusätzlichem Dotationskapital in Höhe von 500 Mio. DM für die bereits tätigen oder neu eröffneten Filialen ausländischer Banken in Deutschland, nachdem es ein Jahr zuvor nur 100 Mio. DM waren. Dieser Mittelzufluß konnte - da es sich um eine Direktinvestition handelte - ohne Belastung durch die Mindestreserve und das Bardepot in die Bankbilanzen gelangen.[93]

Wenn Grubel schreibt, daß das Bardepot und die erhöhten Mindestreservebestimmungen das gesamte Eurowährungsgeschäft aus Deutschland vertrieben haben, so trat dies also ausgerechnet in der Zeit der Beschränkungen im Falle der größeren amerikanischen Banken nicht ein.[94] Allerdings ist Grubel zuzustimmen, wenn er von den langfristigen Folgen spricht. Denn während die Bardepotregelung 1974 wieder aufgehoben wurde, blieben die hohen Mindestreserveanforderungen in Deutschland bestehen. Dies führte dazu, vor allem, als die Zinsen sich zwischen Euromarkt und deutschem Inlandsmarkt anglichen, daß die großen deutschen Unternehmen vermehrt direkt an den Euromarkt gingen. Finanzierungen, sei es Konsortialkredite oder *commercial paper*, waren dort günstiger zu haben als in der Heimat. Organisatorisch reagierten die US-Banken in Deutschland mit einer starken Reduzierung des Personals in den Regionalfilialen und der Beendigung des Schalterverkehrs.

Als Antwort auf die Konkurrenz der amerikanischen Banken und die rigiden, mittelverteuernden Mindestreservebestimmungen organisierten die deutschen Kreditinstitute vergleichbare Euromarkt-Aktivitäten in Luxemburg. Damit war der Grundstein dafür gelegt,

---

are low. The branch in the United Kingdom will have a liability to the London market and an equivalent claim on its sister branch in Nassau. Service on the loan will be through the Nassau branch and subject to the relatively favorable tax treatment accorded in that center. Stephen V.O. Clarke, "American Banks in the International Interbank Market", *The Monograph Series in Finance and Economics: Salomon Brothers Center for the Study of Financial Institutions* (New York: 1984) 20.

92 Ingo Walter und H. Peter Gray, "Protectionism and International Banking", *Journal of Banking and Finance* 7 (1983): 604.

93 Deutsche Bundesbank, *Geschäftsbericht 1972*, 94.

94 Herbert G. Grubel, *Multinational Banking*, Research Notes and Discussions Paper No. 56, Institute of Southeast Asian Studies (Singapur: 1985) 13.

daß auch die deutschen Banken das internationale Geschäft außerhalb ihres Heimatmarktes betreiben konnten.[95]

Die Deutsche Bundesbank, für die die Geldwertstabilität höchste Priorität hatte, nahm den Fortgang des Eurowährungsgeschäfts aus Deutschland scheinbar bewußt in Kauf. Die Zahlen deuteten die Veränderungen an: "Foreign business of banks in Germany has expanded more rapidly in recent years than domestic business with the shares of foreign assets and liabilities in balance-sheet totals rising from 6.7 per cent to 10.1 per cent and from 4.9 per cent to 6.2 per cent, respectively, between end-1973 and end 1976."[96]

Doch war festzuhalten, daß den deutschen Großbanken bis 1972 sowohl Filialen in London als auch auf den Bahamas fehlten; erst 1973 gründeten die Dresdner Bank und die Commerzbank eigene Filialen in London, die Deutsche Bank wandelte ihre seit 1973 bestehende Londoner Repräsentanz 1976 in eine Filiale um.[97] Von einem Durchbruch auf internationalem Parkett sprach die Deutsche Bank im Jahr 1979, dem Gründungsdatum der Filiale in New York.[98]

Die geschilderten gesetzlichen Maßnahmen wurden bis Mitte der 70er Jahre größtenteils wieder aufgehoben, die Bardepotregelung für langfristige Gelder aus dem Ausland speziell im August 1974. Bis auf die Umwege, die die international stark vernetzten Banken gehen konnten, und der Tendenz einer Angleichung der Margen zwischen Euromarkt und Inlandsmärkten, hatten die strengen Maßnahmen einzelner europäischer Länder nicht dazu geführt, die unerwünschten Liquiditätsströme auf breiter Front zu unterbinden. Der Euromarkt existierte ohne nennenswerte Beeinträchtigung seiner Entwicklung und Funktionsfähigkeit weiter.[99] Er zog 1972 infolge der gestiegenen Dollarguthaben außerhalb der Vereinigten Staaten und wegen der bestehenden Kapitalverkehrskontrollen in Deutschland und der Schweiz, wo man diese Guthaben gern in den Landeswährungen DM und Schweizer

---

95 Die deutsche Bankenkolonie in Luxemburg entwickelte sich zeitlich allerdings schon vor den Kapitalverkehrsbeschränkungen. In den Jahren von 1970 bis 1973 entstanden in Luxemburg nicht weniger als 15 Tochtergesellschaften deutscher Banken. Ekkehard Storck, *Euromarkt: Finanz-Drehscheibe der Welt* (Stuttgart: Schäffer-Poeschel, 1995) 115.

96 "The Deutsche Mark is the second most important euro-currency after the US dollar and before the Swiss franc with a market share of roughly 15 per cent at the end of 1976. It is interesting to note that banks in centres outside Germany are more important as international borrowers and lenders of DM funds than the banking system in Germany, with DM assets held by banks outside Germany (including DM assets held with banks located in Germany; the author) amounting at the end of 1976 to the equivalent of US$ 48.7 billions as compared with external DM claims of banks in Germany of the equivalent of US$ 25.9 billion; at the same time, euro-DM deposits amounted to the equivalent of US$ 47.2 billion as compared with external DM liabilities of banks in Germany with the equivalent of US$ 17.4 billion." OECD, Hrsg., *Regulations Affecting International Banking Operations of Banks and Non-Banks* (Paris: 1978) 26.

97 Manfred Pohl und Kathleen Burk, *Die Deutsche Bank in London 1873-1998* (München: Piper, 1998) 88.

98 Hans E. Büschgen, "Die Deutsche Bank von 1957 bis zur Gegenwart: Aufstieg zum internationalen Finanzdienstleistungskonzern", *Die Deutsche Bank, 1870-1995*, Hrsg. Lothar Gall, Gerald D. Feldman, Harold James, Carl-Ludwig Holtfrerich und Hans E. Büschgen (München: Beck, 1995) 854, 858.

99 Ekkehard Storck, "Euro-Markt wächst trotz Krisen weiter", Beilage Banken International, *Handelsblatt*, 24. Juli 1973, XXII.

Franken angelegt hätte, ein Volumen von knapp 100 Mrd. Dollar an. Storck stellte daher fest: "Der internationale Finanzmarkt hatte als Liquiditätsdrehscheibe bereits eine Größe erreicht, die über die Einwirkungsmöglichkeiten der wichtigsten Zentralbanken hinausging."[100]

5) Amerikanische Banken begleiten deutsche Unternehmen ins Ausland

Die Eroberung neuer Märkte im Ausland wurde ab den späten 60er Jahren auch für deutsche Unternehmen zu einem wichtigen Thema. Ein markantes Aufbruchsjahr war 1968.[101] Insbesondere die international orientierten deutschen Elektro- und Chemiekonzerne interessierten sich für ausländische Produktionsstätten, nachdem der Wiederaufbau der inländischen Standorte gegen Ende der 60er Jahre abgeschlossen war. Doch um solche Schritte ins Ausland zu vollziehen, bedurfte es der Hilfe und Begleitung international erfahrener Banken.

In diese Lücke stießen die in Deutschland ansässigen US-Banken, denn nur sie verfügten in den 60er und 70er Jahren über ein umfassendes Stützpunktnetz in der Welt und vor allem in Europa. Deutsche Banken konnten bis dahin nur mit traditionsreichen Korrespondenzbankbeziehungen oder Konsortiumsbanken dienen.[102] Die Stärke der Filialnetze der Amerikaner bestand darin, daß Kredite an die ausländischen Tochtergesellschaften eines deutschen Multis im Rahmen einer einmal für den gesamten Konzern festgelegten DM-Kreditlinie vergeben werden konnten, so daß jederzeit schnelle und unbürokratische Kreditentscheidungen möglich waren. Bei der Citibank verband sich diese Dienstleistung mit dem Namen "World Corporation Group", zu der Mitte der 70er Jahre weltweit 450 multinationale Unternehmen gehörten, einschließlich 21 deutscher Unternehmen.[103] Oft genügte ein Telefonanruf, um irgendwo auf der Welt etwas zu finanzieren. Darüber hinaus konnten die Zinskonditionen für die Bankkunden vorteilhafter gestaltet werden, weil die kostspielige Vermittlung zwischen einzelnen Tochtergesellschaften oder verschiedenen Banken entfiel.

Es war übrigens nicht ohne Ironie, daß ausgerechnet die US-Banken wegen ihres flächendeckenden Niederlassungsnetzes in Europa viel europäischer auftraten als die europäischen Banken selbst: "Mostly they still service their American customers - though they are securing some domestic business too. They have one big advantage - the American banks are the only really European banks. If you have an account with a big US bank, you could transfer your money in one hour from Munich to Paris or London. European banks

100 Storck, "Euromarkt", 532.
101 Sieghardt Rometsch, "Chase Manhattan Bank", *Zeitschrift für das gesamte Kreditwesen* 13 (1975): 593.
102 Jones, *British*, 381. Zum Korrespondenzbanksystem der deutschen Banken siehe Seite 64 dieser Arbeit.
103 Scheele, "Citibank", 589.

could do the same sort of thing, but they have not been so effective in selling their service."[104]

Natürlich nahmen der Dollar und mit ihm die amerikanischen Banken auch deshalb eine dominierende Stellung ein, weil die europäischen Länder erst Ende der fünfziger Jahre zur vollen Konvertibilität ihrer Währungen übergingen. Die Selbstverständlichkeit, mit der internationale Kreditgeschäfte auf Dollar-Basis abgewickelt wurden, konnte fast dazu verleiten, im Dollar eine auf Dauer angelegte Währung im innereuropäischen Kapitalverkehr zu sehen.[105]

In technologischer Hinsicht waren die europäischen Korrespondenzbanken früh auf ihre amerikanischen Mitstreiter angewiesen: Unter dem Namen *Chase Manhattan Payment System* (*Champs*) konnten sie z.B. die Transatlantik-Kabelverbindung der Chase nutzen und so die Übertragungskosten um mehr als 90% reduzieren."[106] Wegen ihrer guten Länderkenntnis kamen die multinationalen Banken auch als Berater in Frage, sei es bei Spitzfindigkeiten ausländischer Steuergesetze oder bei *Mergers & Acquisitions*-Geschäften.

Um die Betreuung der deutschen Kunden optimal zu gestalten, errichteten die großen US-Banken auch Niederlassungen in den deutschen Wirtschaftszentren. In den frühen 70er Jahren schlossen sich diese Filialnetze. Die Citibank, Chase Manhattan und Bank of America waren jeweils in Frankfurt, Düsseldorf, Hamburg, München und Stuttgart vertreten; die Citibank besaß auch noch eine Filiale in Berlin.[107]

6) Nischenanbieter und Nischenprodukte

Mit der Gründung einer Tochtergesellschaft 1970 in München betrat die State Street Bank and Trust Company Neuland, denn es war ihre erste voll funktionsfähige Bankstelle in Übersee überhaupt. Zuvor bestand jedoch schon eine Repräsentanz in München. Die State Street Bank and Trust Company nahm für sich in Anspruch, auf dem Sektor der Investmentfonds das größte Dienstleistungsinstitut der Welt zu sein. In den USA war State

---

[104] Das meinte der Vorstandssprecher der Bayerischen Vereinsbank AG in München. Werner Premauer, "Interview - German Banking", *The Banker* (Januar 1972): 175. Auch Scheele fand, daß die US-Banken die Möglichkeiten des europäischen Marktes am besten genutzt haben. Wilfried Scheele, "Die unterschiedlichen Strategien amerikanischer Banken im Ausland, insbesondere in der Bundesrepublik Deutschland", Vortrag am 16. Januar 1976, Institut für Banken und Industrie, Geld und Kredit, Freie Universität Berlin, 4.

[105] Wolfram Fischer, "Wirtschaft, Gesellschaft und Staat in Europa 1914-1980", *Handbuch der europäischen Wirtschafts- und Sozialgeschichte*, Band 6, Hrsg. Wolfram Fischer (Stuttgart: Klett-Cotta, 1987) 164.

[106] O.V., "Transatlantik-Nachrichtendienst von Chase Manhattan", *Zeitschrift für das gesamte Kreditwesen* 8 (1973): 304.

[107] Die 1965 eingeweihte Zweigstelle in Berlin war die erste Bankstelle einer nicht-deutschen Bank im ehemaligen Bankenzentrum. O.V., "First National City Branch", *The Wall Street Journal*, 12. Juni 1964, 5.

Street für mehr als 80 Kapitalanlagegesellschaften als Depotbank tätig und verwaltete fast 27% des Gesamtvermögens aller amerikanischen Investmentfonds.

Mit der Etablierung der State Street Bank GmbH verband sich die Vorstellung, aus einer frühen Startposition heraus und als Spezialist für das Depotgeschäft am Wachstumsfeld des europäischen und deutschen Investmentgeschäfts teilzuhaben.[108] Dies geschah allerdings zu einem Zeitpunkt, an dem ausländische Investmentfonds in der Bundesrepublik schwer verkäuflich waren. Zu den betreuten Fonds gehörten der Enterprise Fund, der Fidelity Fund und der Keystone Fund sowie der Massachusetts Investors. Für die später pleite gegangene Investment Gesellschaft IOS lehnte es die State Street Bank glücklicherweise ab, als Depotbank tätig zu werden.[109]

Neben dem Schwerpunkt, die Depots von Investmentsparern zu betreuen, übte die Bank alle banküblichen Geschäfte aus. Hierzu zählte auch die Pflege des Kreditgeschäfts und das Angebot an Firmen, bei der Gründung von Zweigniederlassungen in den Vereinigten Staaten behilflich zu sein.[110]

Den Standort München sah man als das sich entwickelnde Zentrum des Investmentgeschäfts an, da zum einen 70% des aus Europa kommenden Kapitals in amerikanischen Investmentfonds aus der Bundesrepublik kam und zum anderen 40% dieses Geschäfts über München abgewickelt wurde. In München waren große Versicherungen und Rückversicherer gleich in der Nähe.

Die Region München galt den Amerikanern darüber hinaus als eines der aufstrebendsten europäischen Geschäftszentren. Trotz dieser Einschätzungen gab die State Street GmbH ihre Bankerlaubnis allerdings zum Ende des Jahres 1975 wieder zurück und schloß die Tochterbank. Ein Grund hierfür war sicher, daß der deutsche Kapitalmarkt noch wenig entwickelt war.[111] Daneben begannen in dieser Zeit auch die deutschen Banken, das Investmentfondsgeschäft stärker ins Bewußtsein der Anleger zu rücken, wenn auch erst viel später, etwa

---

108 O.V., "State Street Bank GmbH", *Zeitschrift für das gesamte Kreditwesen* 23 (1970): 1122.

109 IOS war die aufstrebende Investmentfondsgesellschaft, die mit Stammsitz in Kanada unter ihrem Firmengründer Bernard Cornfeld auch den deutschen Markt erfolgreich bearbeitete, der eine Schlüsselstellung einnahm. Im Jahr 1968 wurden allein 39% aller Investmentprogramme in der Bundesrepublik verkauft. In Kanada wurden nur 6% abgesetzt. Mit Sätzen wie "IOS is not just a company, it's a way of life" versprach Cornfeld mehr als nur rentable Papiere: er versprach die Glückseligkeit. Die Organisation der 13.000 hauptamtlichen Mitarbeiter war straff strukturiert; ein IOS-Mann nannte es "ein ausgeklügeltes Sklavenhaltersystem auf freiwilliger Basis". Gerhard Wagner, "Bernies Reich bekommt neue Provinzen", *Handelsblatt*, 7./8. November 1969, 14. O.V., "US-Fonds-Bank gründet Niederlassung in München", *Handelsblatt*, 24. November 1970, 25.

110 Die Bostoner Bank, die früher hauptsächlich im Großkundengeschäft wurzelte, war mit 17 Geschäftsstellen in Boston und einer Bilanzsumme von 1,2 Mrd. Dollar im Vergleich zu den anderen in Deutschland tätigen US-Banken ein kleines Regionalinstitut. In Nassau auf den Bahamas besaß State Street eine Zweigstelle und in New York eine Tochtergesellschaft. Ibid.

111 Möglicherweise hat auch der Name "State Street Bank" ungünstige Assoziationen ausgelöst. So klingt die Kombination aus "State" und "Bank" für deutsche Ohren stark nach Staatsbank und das Wort "street" etwas gewöhnlich für eine Bank.

1982, von einem florierenden Geschäft der Banken mit Investmentfonds die Rede sein kann.[112]

Einen erneuten Anlauf in München unternahm die Bank im Jahr 1993, wieder unter dem Namen State Street Bank GmbH. Die Bank hatte sich in den 90er Jahren auf der Basis ihres riesigen Depotbank-Geschäfts ein weiteres Standbein aufgebaut, als *Asset Manager* von Index Fonds. In dieser Sparte war die State Street der zweitgrößte Anbieter in der ganzen Welt geworden.[113]

Die Nische der Bank of Detroit in Frankfurt lag in der Zielgruppe der Automobilhersteller und der Zuliefererindustrie, für die das Auslandsgeschäft abgewickelt wurde. Die Bank of Detroit, die 1933 auf Veranlassung von General Motors in den USA gegründet wurde, siedelte sich 1972 in Frankfurt an. Die Stärken der Frankfurter Niederlassung lagen im Automobilgeschäft, Außenhandel und Devisenhandel. Die Mutter in Detroit hatte den Wunsch, daß ihre Bank in Frankfurt wie eine Privatbank geführt werden sollte.[114]

Eine bedeutsame Nische stellte in Deutschland schließlich das Kreditkartengeschäft dar. Hier besaßen die US-Banken aufgrund der Erfahrungen aus dem eigenen Land einen großen Know-how-Vorsprung. Doch bemühten sich die deutschen Banken nach Kräften, Kartenanbietern wie American Express, Diners Club und Citibank die Türen zum deutschen Kartengeschäft verschlossen zu halten.[115]

Hierzu gehörte auch, daß die Europäer schon früh eigene Wege im Zahlungsverkehr gingen. Dies gelang 1968 mit dem *eurocheque*, der aus einer internationalen Kooperation hervorging. Die zentrale Figur bei der Entwicklung dieses Systems, das den Kunden erlaubte, Schecks in 39 Währungen gebührenfrei auszustellen, war Deutsche Bank Vorstand Eckhart van Hooven.[116] Ein weiteres Gemeinschaftsprojekt und Symbol europäischer Eigenständigkeit sollte der Euro-Travellers Cheque International (ETCI) werden, die Antwort

---

112 Carl-Ludwig Holtfrerich, *Finanzplatz Frankfurt: Von der mittelalterlichen Messestadt zum europäischen Bankenzentrum* (München: Beck, 1999) 275.

113 Brian Barry, "All aboard", A Survey of Fund Management, *The Economist*, 25. Oktober 1997, 13.

114 O.V., "National Bank of Detroit in Frankfurt", *Zeitschrift für das gesamte Kreditwesen* 19 (1972): 912. Daß nicht alle international ambitionierten US-Banken eine Zweigniederlassung begründen mußten oder aus einer Repräsentanz eine Zweigniederlassung machten, zeigte das Beispiel der The First Pennsylvania Banking and Trust Company aus Philadelphia. Diese älteste amerikanische Bank betrieb seit 1972 eine Repräsentanz in Frankfurt, die das gesamte kontinentale Europa abdeckte. An die Umwandlung in eine Niederlassung dachte man dort nicht. Kredite wurden zusammen mit deutschen Banken vergeben, zu denen man nicht in Konkurrenz treten wollte. O.V., "The First Pennsylvania in Frankfurt", *Zeitschrift für das gesamte Kreditwesen* 19 (1972): 912.

115 Die Vorgeschichte zum Thema Kreditkarte und Zahlungsverkehrssystem datierte allerdings aus der Mitte der 60er Jahre: Damals entschieden sich die deutschen Banken dafür, nicht um Zahlungsverkehrssysteme zu konkurrieren, sondern um Finanzdienstleistungen. Die Einzelhändler überzeugte man davon, die Zahlungsverkehrssysteme unangetastet zu lassen. Merril Stevenson, "Wiring Main Street", Survey International Banking, *The Economist*, 22. März 1986, 16, 19.

116 "Dr van Hooven's vision of a sensible European retail banking structure has made him a controversial figure. The proof of the pudding, however, is that much of his concept remains." Alan Friedman, "Battle for unity in retail banking", *The Banker* (Januar 1982): 97.

auf die *traveller cheques* von American Express, doch scheiterte diese Einführung 1980, weil ausgerechnet in dieser Zeit die Amerikaner den deutschen Markt intensivst bearbeiteten und der Deutsche Sparkassen- und Giroverband sowie die Genossenschaftsbanken weiterhin am Vertrieb der Amexco Traveller Cheques festhielten. Um eine einheitliche Lösung unter den deutschen Banken nicht zu gefährden, lenkten die drei Großbanken ein: "The German commercial banks were left in the cold and had to go along on the Amex deal."[117]

Der nächste Schritt zur Wahrung der europäischen Interessen stellte die Eurocard dar, die als Kreditkarte anfänglich nur für Reise- und Unterhaltungszwecke der Besserverdienenden gedacht war. Gestalt nahm das Projekt Eurocard gegen Ende des Jahres 1976 an. Ein Ziel dabei war fraglos, den inländischen Zahlungsverkehr vor Eingriffen von außen zu bewahren. Man befürchtete ferner eine unüberschaubare Vermehrung des Volumens für Konsumentenkredite in Deutschland und den Wildwuchs von diversen Kreditkarten-Systemen.[118] Abschreckend wirkten Beispiele aus den USA, wo manche Konsumenten 10 bis 15 verschiedene Kreditkarten aus dem Portemonnaie zogen. Es waren vielschichtige Gründe, aber auch dieser: "Natürlich geht es auch darum, den ausländischen Kreditkarten-Gesellschaften, hinter denen teilweise Banken mit weitergehenden Ambitionen im deutschen Markt stehen, das Feld nicht allein zu überlassen."[119]

Über den Deutsche Bank-Vorstand van Hooven wurde überliefert: "Dangerous, Mr van Hooven thinks, because once banks lose control of payments system, they are in danger of losing the deposits that come because of it and thus of losing the retail business altogether."[120]

Die Eurocard, verbunden mit der MasterCard, war in der Tat eine reichlich späte Selbstverteidigung, um American Express und Visa aus dem Markt herauszuhalten. Die Eurocard kam aber nicht nur spät, sondern durch die Einrichtung einer zentralen Bearbeitungszentrale im Jahr 1982, der Gesellschaft für Zahlungssysteme (GZS), war den Banken auch jede Möglichkeit genommen, das Kartengeschäft und damit die Beziehungen zu den Privatkunden institutsspezifisch zu gestalten.[121] Von den materiell interessanten Aspekten des Kartengeschäfts konnten die Kreditinstitute deshalb ebensowenig profitieren, wie es den Vorständen und Expertenstäben mehrheitlich versagt bleiben mußte, tiefere Einblicke in das

---

117 Ibid., 98.

118 Jonathan Story und Ingo Walter, *Political economy of financial integration in Europe: The battle of the systems* (Manchester: Manchester University Press, 1997) 170.

119 Fritz Hermanns, "eurocard-Kundschaft: Gut situiert und reiselustig", *Handelsblatt*, Beilage Banken International, 25. März 1976, 32.

120 Merril Stevenson, "Plastic money", Survey International Banking, *The Economist*, 22. März 1986, 55.

121 In der GZS waren die Eurocard Deutschland, die Eurocheques Deutschland und die Reste der europäischen Traveller Cheque-Organisation mit Namen ETCI integriert; die Anteilseigner waren mit 40% die Sparkassen, mit 20% die Genossenschaftsbanken und mit weiteren 40% die Kreditbanken.

Kartengeschäft zu erhalten. Für das Kartengeschäft in Deutschland könnte man aus diesem Grund von einer Fehlentwicklung sprechen.[122]

Im wesentlichen waren es zwei amerikanische Kartengesellschaften, Amexco und Diners Club, die in Deutschland aktiv waren. Im Jahr 1976 kamen sie auf 130.000, weltweit auf ca. 8,8 Mio. Karteninhaber.[123]

Für Visa ergaben sich da Nischen, wo sich die Bankenverbände nicht einig waren, beispielsweise gab es Allianzen mit Einzelhändlern, dem Verband der deutschen Automobilhersteller oder BMW.[124]

Von den amerikanischen Banken investierte jedoch zunächst nur eine Bank in diesen sensiblen Bereich, die Bank of America. Die Karte hieß Visa Karte und gehörte als Dienstleistung schon seit 1971 zum Programm der Bank of America; Ende 1979 wurde das Bank-Americard VISA Programm in Deutschland eingeführt. Im gleichen Jahr eröffnete die Bank of America ein Visa-Karten-Zentrum in der Frankfurter Niederlassung, um in Zusammenarbeit mit den 5 Zweigstellen der Bank of America und den 27 Niederlassungen des Bankhauses Centrale Credit AG, der *retail*-Tochter, viele neue Karteninhaber zu gewinnen.[125] Die Bank of America war in den späten 1950er Jahren ein Pionier im Kreditkartengeschäft, sie gehörte mit zu den Erfindern der Karte.

Die Entscheidung, Kreditkarten in Deutschland herauszugeben, hing damit zusammen, daß keine einheimische Bank in den Kartenmarkt vordringen wollte. Die Bank of America nahm auch an, daß das Projekt der deutschen Banken, Eurocard, nicht wirklich eine Kreditkarte war, sondern nur eine "*Travel and Entertainment card*" wie American Express oder Diner's Club.[126]

Auf das Murren der Gegner von Kreditkarten antwortete der für das Europageschäft zuständige Manager der Bank of America: "I know also that some influential voices here say that the entry of "American" credit cards into the German market is not healthy for the German economy. All I can say is: I don't believe it."[127]

Im Ergebnis haben Kreditkarten allerdings erst in der zweiten Hälfte der 80er Jahre eine nennenswerte Verbreitung in Deutschland gefunden, insbesondere Visa und Eurocard, die 1988 zur Massenkreditkarte erklärt wurde. Vielleicht lag die Unlust an der Kreditkarte daran, daß man in Deutschland die Bargeldzahlung liebte, auf dem Girokonto einen persönlichen

---

122 Jan A. M. Hendrix, "Banken entwickeln Kartenangebote für die unterschiedlichen Zielgruppen", Beilage Banken International, *Handelsblatt*, 2. Mai 1989, B 29.

123 Stevenson, "Plastic", 55.

124 Story und Walter, *Political*, 170.

125 O.V., "Visa-Karten-Zentrum in Frankfurt", *Zeitschrift für das gesamte Kreditwesen* 18 (1979): 900.

126 Mont E. McMillen, "Market Position and Market Behaviour of Foreign Banks in Europe - An American View", *International Banking Activities in the Eighties*, Hrsg. Deutsches Komitee der AIESEC und Christoph Brützel (Frankfurt: Knapp, 1981) 48.

127 Ibid.

Kreditrahmen eingeräumt bekam und allgemein jede Art von zusätzlichen Ausgaben vermeiden wollte.

Im Leasing-Geschäft sahen viele US-Banken ebenfalls eine Nische in Deutschland. Die steuerlichen Vorteile und die Flexibilität, die das Leasing den Investoren bot, machten das Leasing in Deutschland, wo die Unternehmen täglich über eine unbefriedigende Kapitalausstattung klagten, als Finanzierungsform interessant. In Deutschland gehörte die Bank of Boston im Jahr 1968 mit zu den ersten Leasing-Anbietern, lange bevor die Bank dort die Bankerlaubnis erhielt.[128] Die Leasing-Aktivitäten etlicher amerikanischer Banken setzten in den frühen 70er Jahren ein und verstärkten sich in dem Maße, wie die geldmarktorientierten Kredite oder andere gewinnbringende Dienstleistungen in Deutschland an Ertragskraft verloren. Die Citibank rechnete in diesem Feld aber erst für 1980 und die nachfolgenden Jahre mit überdurchschnittlichen Zuwachsraten.[129] Beim Leasing taten sich in Deutschland außer den genannten Bank of Boston und Citibank noch Chase, Chemical sowie besonders Security Pacific und Manufacturers Hanover hervor.

C. Die Bilanzstruktur der Auslandsbanken in den 1970er Jahren

Die Bilanzstruktur der Auslandsbanken in Deutschland war davon geprägt, daß die Kredite an Nichtbanken traditionell ein Drittel des Geschäftsvolumens betrugen, gegenüber mehr als zwei Dritteln bei den deutschen Kreditbanken. Der größere Teil des Aktivgeschäfts bei den Auslandsbanken entfiel auf die vielfältigen internen Beziehungen zum Mutterhaus oder zu anderen Banken. Die Fristigkeit der Kredite der Auslandsbanken war in der Regel kurz; der Trend vor allem in der zweiten Hälfte der 70er Jahre ging aber zu längeren Perioden. Wechseldiskontkredite und die Investition in Wertpapiere waren von kaum nennenswerter Bedeutung, wenn auch einige Banken ab 1975 Wertpapiere als willkommene Ersatzdebitoren ansahen und deshalb ihre Bestände erhöhten. In den Jahren 1972 bis 1975 stammten zwischen 5,6% und 5,9% der Kredite an Nichtbanken in Deutschland von Auslandsbanken.[130] Dies betraf nur die in Deutschland verbuchten Kredite.

Im Verlauf der 70er Jahre baute eine Gruppe, bestehend aus Citibank, Chemical Bank und Manufacturers Hanover, ihren Anteil der Kredite an Nichtbanken weiter aus, während eine andere, zu der neben kleineren Banken die Bank of America gehörte, diesen Anteil eher verringerte.

---

128 Steven I. Davis, "U.S. banks abroad: one-stop shopping?", *Harvard Business Review* (Juli-August 1971): 77.

129 Günther E. Greiner, "Citibank", *Zeitschrift für das gesamte Kreditwesen* 21 (1980): 1018.

130 O.V., "Auslandsbanken in der Bundesrepublik", *Zeitschrift für das gesamte Kreditwesen* 23 (1975): 1117.

Auffallend bei den Auslandsbanken war die Eigenkapitalquote, die mit 6,6% höher lag als bei den Kreditbanken (5,3%) oder dem gesamten Bankensektor (3,6%).[131]

Die Passivseite der Bilanz von Auslandsbanken wies wegen des zu vernachlässigenden Einlagengeschäfts mit Nichtbanken einen hohen Anteil fremder Bankengelder aus. Eine Untersuchung der Deutschen Bundesbank ergab, daß sich die ausländischen Banken in Deutschland im Dezember 1971 zu über 80% aus Einlagen und aufgenommenen Krediten von Kreditinstituten refinanzierten.[132] Nur 7% des Geschäftsvolumens machten Einlagen und aufgenommene Kredite von inländischen Nichtbanken aus.[133] Im Jahr 1973 stammte der überwiegende Teil der Bankengelder wiederum von anderen ausländischen Banken, von denen 2/3 den Status verbundener Unternehmen hatten. In den Jahren 1972 und 1973 sicherten sich die Auslandsbanken eine langfristige Refinanzierung vor allem innerhalb der eigenen Bank, um die restriktive Bardepotregelung und die Auswirkungen des einengenden Grundsatzes III des KWG zu überwinden.

Die Verbuchung in den USA zeigte, daß die zehn führenden US-Banken 1973 fast 40% ihrer Einlagen bei ausländischen Töchtern und Zweigniederlassungen unterhielten. Da diese Ausleihungen im Durchschnitt aber nur 27% der Bilanzsummen von US-Bankfilialen im Ausland ausmachten, mußte der Rest und damit der überwiegende Teil des ausländischen Filialgeschäfts auf Interbank-Transaktionen entfallen.[134]

In den Bilanzen der Auslandsbanken fiel der hohe Anteil langfristiger Passiva auf, woraus sich der Schluß ableitete, daß es dabei weniger um die Refinanzierung des überwiegend kurzfristigen Kreditgeschäfts ging, als vielmehr um das Vermeiden der Mindestreservepflicht.[135] Technisch war dies möglich, indem die Auslandsbanken Debitoren und andere

---

131 Ibid.

132 Auch in anderen Ländern war der Anteil der Verbindlichkeiten gegenüber Banken bei den Auslandsbanken sehr groß. In Deutschland fiel jedoch Ende 1981 - vorbehaltlich gewisser von der OECD eingeräumter Schwächen in der Vergleichbarkeit - die sehr unterschiedliche Bilanzstruktur von Auslandsbanken und Inlandsbanken ins Auge; nur in den USA war der Gegensatz noch größer.

Der Anteil der Interbankkonten an den gesamten Verbindlichkeiten in Prozent (Ende 1981)

Land	Auslandsbanken	Inlandsbanken
Belgien	80,6	40,5
Frankreich	78,4	51,2
Deutschland	73,2	23,0
Luxemburg	74,0	39,1
Schweiz	49,6	19,4
Vereinigtes Königreich	22,0	19,4
Vereinigte Staaten	75,5	17,7

Quelle: R. M. Pecchioli, *The Internationalisation of Banking: The Policy Issues* (OECD, 1983) 81.

133 Rometsch, "Banken", 3.

134 O.V., "US-Großbanken wachsen im Ausland schneller", *Handelsblatt*, 6. März 1974, 13.

135 O.V., "30 Auslandsbanken", 17.

inländische Aktiva auf das eigene Haus im Ausland übertrugen, so daß sich Verbindlichkeiten der eigenen Häuser und Forderungen an die eigenen Häuser in fast gleicher Höhe gegenüberstanden. Einige Zweigstellen belegten damit mehr als die Hälfte des Geschäftsvolumens. Es gab jedoch auch Auslandsbanken, denen diese "verwandtschaftlichen Beziehungen" sowohl im Aktiv- als auch Passivgeschäft fremd waren.

Insgesamt wurde deutlich, daß die Refinanzierung der Auslandsbanken wegen der Abhängigkeit von dem "gekauften" Geld anderer Banken problematisch war. Jede Zins- und Wechselkursänderung schlug sich so viel unmittelbarer auf die geschäftliche Lage der Auslandsbanken nieder.[136] Das langfristige Inlandskreditgeschäft der Auslandsbanken war immer ein wunder Punkt, da sich besonders das Überwechseln in eine Niedrigzinsperiode sofort negativ auf die Zinsüberschüsse auswirkte. In der Niedrigzinsperiode von 1975 bis 1978 hatte sich deshalb das Kreditgeschäft der Auslandsbanken nur mäßig entwickelt, obwohl das Marketing der Auslandsbanken optimale Voraussetzungen bot.[137] Die Refinanzierung war ein kritischer Punkt; sie bildete eine natürliche Grenze des Bilanzsummenwachstums der Auslandsbanken.[138]

D. Die bevorzugten Formen der ausländischen Stützpunkte

Zur Begründung eines Bankenstützpunktes in Deutschland konnten die Auslandsbanken zwischen drei unterschiedlichen Unternehmensformen wählen: Dies waren erstens die rechtlich unselbständige Zweigniederlassung, zweitens die rechtlich selbständige Tochtergesellschaft und drittens die Beteiligung an einer inländischen Bank. Bis 1976 entschied sich die große Mehrheit der amerikanischen Banken in Deutschland für die Form der Zweigniederlassung.

Unter den Auslandsbanken hatte die First National City Bank den ausgeprägtesten Willen, die Expansion ins Ausland möglichst über die Gründung von eigenen Filialen zu

---

136 Rometsch, "Banken", 3. Pecchioli, *The Internationalisation,* 83.

137 Wilfried Scheele, "Die Wettbewerbsstellung der ausländischen Banken in Deutschland", Vortrag am 30. Mai 1980, *Berichte und Materialien: Die Internationalisierung des Bankgeschäfts*, Heft 2, Hrsg. Institut für Banken und Industrie, Geld und Kredit der Freien Universität Berlin (November 1980): 97. Enttäuschend fiel geradezu das Geschäftsjahr 1979 für die Zweigniederlassungen ausländischer Banken aus: Der Rückgang des Jahresüberschusses vor Steuern lag bei 48%. Er beruhte in erster Linie auf Ertragseinbußen beim zinsabhängigen Geschäft, hervorgerufen durch das Angewiesensein auf die Einlagen anderer Kreditinstitute, die 1979 im Durchschnitt die Hälfte oder bis zu vier Fünfteln des Geschäftsvolumens ausmachten. Diese Mittel verteuerten sich im Berichtsjahr stark. Zur gleichen Zeit mußten aus Wettbewerbsgründen Zugeständnisse im meist längerfristigen Kreditgeschäft gemacht werden. Die konjunkturelle Entwicklung im Jahr 1979 verlief dagegen günstig. O.V., "Die Ertragslage der Kreditinstitute im Jahre 1979", *Monatsberichte der Deutschen Bundesbank* (August 1980): 24.

138 Rometsch, "Banken", 3.

erreichen.[139] Die Chase und die Bank of America hingegen bevorzugten häufiger die Variante, sich an bestehenden Instituten in den jeweiligen Ländern zu beteiligen oder Joint Ventures ins Leben zu rufen. Besonders die Chase befand sich auf einer Gratwanderung, denn sie arbeitete eng mit den deutschen Banken zusammen und hatte einen guten Namen als Spezialist für das Auslandsgeschäft, so daß eine Strategie des "going it alone" im Sinne der First National City Bank die guten Kontakte in Deutschland gefährden könnte.[140]

Aus Sicht der City Bank hatte die Zweigniederlassung den großen Vorteil, daß hinter dieser das Eigenkapital der Mutterbank stand. Kunden sahen darin eine sehr weitreichende Haftung.[141] Ein eigenes Filialnetz konnte allerdings nur funktionieren, wenn der Bank genügend international erfahrene Manager zur Verfügung standen, die in die Filialen entsandt werden konnten. Die City Bank hatte ein solches Reservoir von Managern. Doch in manchen Fällen kamen auch bei der City Bank Neustarts oder Partnerschaften in Frage: "So there isn't a right way or a wrong way to go, it depends on what management talents you have."[142]

Auch die Chase beschäftigte sich mit den Fragen der optimalen Expansion. Schon in einem Bericht aus dem Jahre 1963 kam zum Ausdruck, daß erstens ein Expansionsstillstand im Hinblick auf die expansiven Europapläne der anderen US-Banken gefährlich wäre und daß zweitens die Filialen in den drei Hauptwirtschaftszentren in Europa - das betraf London, Paris und Frankfurt - in Verbindung mit den Korrespondenzbanken nicht in ausreichender Weise den Bedürfnissen der US-Kunden in Europa nachkommen könnten. Im Bericht stand: "... that management personnel were scarce and that branches could not immediately command the sizable resource base vital to lending."[143] Daraus leitete sich für die Chase ab, daß die Akquisition von Banken, die in Tochtergesellschaften oder Beteiligungen umgewandelt werden konnten, die bevorzugte Strategie war.

---

139 Wegen ihrer zahlreichen Beteiligungen wurde die Chase stets als eine ausgesprochen internationale Bank wahrgenommen, doch es waren Beteiligungen, von denen die Mehrzahl in Afrika lag. Im Jahr 1971 kam die Chase auf 2.000 *overseas offices*. Die City Bank benannte nur 650 ausländische Bankstellen und die Bank of America nicht mehr als 305. Franz-Josef Trouvain und Herbert Wolf, "Die europäische Bankenkooperation", *Das Bankwesen im größeren Europa*, Hrsg. Rudolf Regul und Herbert Wolf (Baden-Baden: Nomos, 1974) 555.

140 Joachim Süchting, "Elemente der Auslandsstrategie einer Bank", *Der Bankbetrieb zwischen Theorie und Praxis: Festschrift zum 60. Geburtstag von Karl Friedrich Hagenmüller*, Hrsg. Joachim Süchting (Wiesbaden: Gabler, 1977) 131.

141 Als später die drei großen *commercial banks* Citibank, Chase und Chemical eigene Tochtergesellschaften in Form einer AG gründeten, wurden die Zweigniederlassungen (*branches*) nicht aufgelöst. Sie betrieben weiterhin Geschäfte in der Zweigniederlassung, weil es ihnen mehr Spielraum gab, und die Zweigniederlassung für Interbankengeschäfte klare Haftungsvorteile hatte. Bei Devisengeschäften kam es vor, daß Marktteilnehmer sich nach dem Status der Bank erkundigten und das Vertrauen in die Bank erst gewonnen war, wenn es sich um eine *branch* handelte.

142 O.V., "Walter Wriston Interview", *The Banker* (April 1971): 467.

143 Wilson, *The Chase*, 172.

Über die Tochtergesellschaften könnte die Bank sowohl die US-Tochtergesellschaften als auch die inländischen Kunden bedienen. Die Empfehlung ging sogar so weit, daß die Chase Beteiligungen an großen Banken selbst in solchen Ländern suchen sollte, in denen es schon Chase-Zweigniederlassungen gab, also auch in Deutschland.

Die Chefs der Chase, George Champion und David Rockefeller, machten sich daher auf den Weg, die Möglichkeiten von Beteiligungen an deutschen und französischen Banken zu erkunden. Doch nach längeren und frustrierenden Gesprächen mit verschiedenen Banken in Deutschland, unter diesen war auch die Berliner Handelsgesellschaft, gab die Bank die Idee auf, derart massiv in Länder wie Deutschland vorzudringen und verlagerte das Interesse auf kleinere Länder.[144]

Im Ergebnis hatte sich die Chase-Kultur im Hinblick auf die Art der Internationalisierung unter der Amtszeit von Champion und Rockefeller in den 60er Jahren aber doch beträchtlich verändert. Statt des Beharrens auf Korrespondenzbank-Beziehungen verlagerten sich die Anstrengungen auf den Aufbau eines weltweiten Niederlassungsnetzes von Filialen und Tochtergesellschaften.[145] Gleichwohl erwies sich die Akquisition bestehender Banken im Ausland als nicht besonders praktikabel, weil die größeren Banken meistens nicht zum Verkauf standen. In vielen europäischen Ländern gab es einen großen Sparkassen- und Landesbankensektor, dessen Institute sich im Besitz der Öffentlichen Hand befanden und nicht zu verkaufen waren.[146]

Offenbar mehr Glück beim Eingehen von Beteiligungen hatte Bankers Trust. Mit dem Erwerb der Deutsche Union Bank GmbH 1967 wollte sich Bankers Trust vor allem Zugang zur deutschen Kundschaft verschaffen. Eine Abhängigkeit von nur deutschen Töchtern ausländischer Gesellschaften galt es zu vermeiden.[147] Bankers Trust sprach sich eindeutig für den Erwerb eines einheimischen Instituts aus. Die bestehende Geschäftsleitung der deutschen Tochter wurde dabei nicht als Nachteil angesehen, weil Personal nicht leicht zu bekommen war und eigenes international erfahrenes Personal nur in Einzelfällen abgestellt werden konnte.

Die unterschiedlichen Strategien schienen sich auch unterschiedlich auf die Ergebnisse auszuwirken. So konnte sich die Chase Manhattan Bank wegen des abwechselnd

---

144 Die Chase ging Beteiligungen in Belgien, Niederlande, Österreich und Irland ein. Sie gründete eine eigene Tochtergesellschaft in der Schweiz und Zweigniederlassungen mit Vollbankenstatus in Griechenland und Italien; das geschah von 1966 bis 1969. Ibid., 173-174.

145 Ibid., 195.

146 Fred H. Klopstock, "A New Stage in the Evolution of International Banking", *Revue Internationale d'Histoire de la Banque*, 6 (1973): 14.

147 Der Bankers Trust-Mann Sias, der die Deutsche Union Bank leitete, sagte: "Im Gegensatz zu Finanzzentren wie London ist es hier nicht möglich, eine Niederlassung durch umfangreiche Euro-Geldmarktoperationen zu stützen, so daß auf lange Sicht eine Tätigkeit in Deutschland nur dann gewinnbringend sein kann, wenn diese die Möglichkeit einschließt, mit deutschen Kunden Geschäfte zu betreiben." David K. Sias jr., "Ausländische Banken in Deutschland", Banken International, *Handelsblatt*, 28. Oktober 1970, III.

rücksichtsvollen und forschen Vorgehens auf internationalem Feld im Vergleich zur City Bank und Bank of America langsamer und weniger zielstrebig positionieren.

Im Jahr 1970 trugen die Erträge aus den ausländischen Stützpunkten bei der Chase nur mäßige 16% zum Gesamtergebnis bei.[148] Bei der First National City Bank lag dieser Anteil dagegen 1972 zum ersten Male in der Geschichte der Bank bei 54%.[149]

In Deutschland gründete die Chase neben Frankfurt noch weitere Niederlassungen, Düsseldorf 1967, München 1968 sowie Stuttgart und Hamburg 1970. Das entsprach zwar nicht ganz der strategisch erwünschten Vorgehensweise, aber es gab in Deutschland keine passende Bank oder Bankbeteiligung zu kaufen.[150] Aus Konkurrenzgründen hielt die Chase es für notwendig, in den führenden Wirtschaftszentren der Bundesrepublik mit einer offiziellen Niederlassung vertreten zu sein.[151] Bis auf die Chemical Bank, die aus nur einer Filiale in Frankfurt heraus arbeitete, sahen die anderen großen *commercial banks* auch die Notwendigkeit einer regionalen Präsenz. Die Citibank wollte in den Filialen in der Region das Geschäft mit deutschen Unternehmen ausweiten, während sich für amerikanische Kunden die überregionale Betreuung von Frankfurt aus bewährt hatte. Erst gegen Ende der 80er Jahre setzte sich die Überzeugung durch, daß im Firmenkunden- oder Interbankengeschäft ein einziger Stützpunkt ausreichte, der je nach Bedarf um anreisende Experten ergänzt werden konnte. Das entsprach auch der Fokussierung auf Großkunden.[152] Von jeher mit dem Großkundengeschäft vertraut, plädierte Morgan Guaranty als eine der ersten Banken dafür, in jedem Land mit nur einem Stützpunkt auszukommen. In Deutschland wich Morgan allerdings wegen der Gründung von Filialen in Düsseldorf und München zeitweise - die Filialen wurden 1984 und 1982 wieder geschlossen - von diesem Prinzip ab.

3. Die Währungskrise engt die Aktivitäten der Auslandsbanken ein

Der Übergang zu einem System flexibler Wechselkurse, der sich von 1970 bis 1973 unter großem Aufwertungsdruck der DM gegenüber dem Dollar vollzog und schließlich zum Zusammenbruch des Bretton-Woods-Systems führte, konfrontierte die Auslandsbanken in Deutschland von 1972 bis 1973 mit Devisengesetzen, die ihre bisherigen Aktivitäten stark beeinträchtigten. Nach Einführung der Mindestreservebestimmungen für ausländische Währungen in Deutschland haben die Auslandsbanken ihre Präsenz erheblich reduziert; das

148 Chase Manhattan Corporation, *Annual Report 1971*, 16.

149 First National City Corporation: First National City Bank, *Annual Report 1972*.

150 Stan Strachan, "US banking - profits and prospects", *The Banker* (April 1973): 415.

151 Gerhard Kutscher, "Chase Manhattan Bank auch in Hamburg", *Handelsblatt*, 2. Juli 1970, 7.

152 Tony Thomas und Anne Segall, "Learning the hard way", Survey American Finance, *The Economist*, 22. Januar 1977, 30.

gesamte Euro-Währungsgeschäft hatte begonnen, das Land zu verlassen.[153] Die Lage war ernst: "In the short time of its existence Foreign Exchange Law in Germany has become a maze in which only a few pathfinders know their way around. The introduction of the new regulations has brought a period of considerable economic freedom to an end."[154]

A. Neue Strategien für Europa

Die neuen Strategien der US-Banken basierten auf dem Gedanken der Diversifizierung. Da mit Beginn der 70er Jahre der Wettbewerb und auch die Risiken, vor allem das Zins- und Währungsrisiko, im Bankgeschäft zugenommen hatten, sollten Banken möglichst in sehr unterschiedlichen Geschäftsfeldern tätig sein. Wenn das eine Geschäftsfeld nicht läuft, läuft das andere; Synergieeffekte waren ebenfalls erwünscht. Die Handlungsanweisung für die amerikanischen Banken in Deutschland lautete deshalb, in Felder wie das *retail banking*, das *investment banking*, das Kreditgeschäft mit dem Mittelstand oder das Leasing beispielsweise vorzustoßen. Die größten Erwartungen verbanden sich dabei mit dem *retail banking*. Erste Überlegungen hierzu gab es in Deutschland bei der Chase Manhattan Bank und auch der First National City Bank am Anfang der 70er Jahre. Öffentlich wurde der Plan der Chase jedoch erst, nachdem die Gründung ihrer Privatkundenbank schon erfolgt war.[155] Die First National hatte ebenfalls die Tür zum *retail banking* geöffnet.

Die langfristige Strategie der Chase Manhattan für Europa begann mit der Feststellung, daß sich alle Banken über die weitere Entwicklung des multinationalen Bankgeschäfts sehr unsicher geworden waren. Der Margenverfall und die gestiegenen Risiken am Euromarkt sowie der mit den Kapitalkontrollen verbundene Dirigismus seitens der Behörden führten einem Teil der Banken vor Augen, daß sie sich in großer Abhängigkeit vom Eurokreditgeschäft befanden.[156]

---

153 Grubel, *Multinational*, 13.

154 Martin Peltzer, "How to invest in Germany despite the snags", *The Banker* (Oktober 1973): 1203.

155 Vermutlich wollte die Chase Bank nachträglich um Verständnis werben, daß sie - und die anderen Auslandsbanken im Grunde auch - angesichts der schwierigen Refinanzierungsverhältnisse in Deutschland keine andere Wahl hatten, als in das Einlagengeschäft mit deutschen Kunden einzusteigen. Die Bank wußte, daß dieser Schritt die deutschen Banken nicht begeistern würde.

156 Bereits 1972 mehrten sich die Zeichen eines ungewöhnlich harten Wettbewerbs am Euromarkt. Die gewohnten *spreads* von einem 3/4 Punkt zwischen der Verzinsung eines *prime loan* und den Refinanzierungskosten mußten 1972 nach unten korrigiert werden; 5/8-Punkte-Margen oder in manchen Fällen sogar 1/2-Punkte-Margen wurden Realität. Für manche Banken sollte dies Grund genug sein, den Euromarkt ganz zu verlassen. "Eurodollar loans "can be justified only in credits to the primest of prime" customers", sagte ein First National City Banker und fügte hinzu, daß auch nur ein einziger Verlust den ganzen Gewinn zunichte machen könnte. Ein Schutz könnte nur die Diversifikation bieten. Man durfte die Aktivitäten am kurzfristigen Euromarkt nicht zu stark werden lassen. Edward P. Foldessy, "U.S. Banks Find Money in Offices Abroad; Foreign Profit Gains Outpace Home Results", *The Wall Street Journal*, 26. Mai 1972, 28.

Überdies gab es Anzeichen dafür, daß die Europäer im Bankenbereich unter sich bleiben wollten: "... a tendency for Europe to put the shutters up."[157]

Die Geburt des Eurogeldmarktes am Ende der fünfziger Jahre war ein herausragendes Ereignis, das international orientierte Banken an den Finanzplatz London strömen ließ. In einer weiteren Welle in der ersten Hälfte der 60er Jahre, in einer vergleichsweise heilen Währungswelt, schien auch die Präsenz in Paris, Zürich und Frankfurt ratsam, um von dort aus an den Euromärkten teilzuhaben. Doch war es dann nicht abzusehen, daß sich in diesen Zentren die Aktivitäten für Auslandsbanken nach der Währungskrise und den verschiedenen devisenrechtlichen Beschränkungen von Mitte 1972 bis Mitte 1973 einengen würden und auch Frankfurt deshalb zu einem Zentrum mit überwiegend nationaler Bedeutung werden würde.[158] Alle Banken bekamen zu spüren, daß die D-Mark - infolge der anhaltenden Schwäche von Dollar und Pfund - mehr und mehr in die Rolle einer zweiten Reservewährung hineinwuchs. Der Deutschen Bundesbank blieb deshalb nichts anderes übrig, als im Zustand der Verzweiflung mit scharfen Restriktionen gegen die Devisenzuflüsse anzugehen, z.B. durch das zeitweise Heraufsetzen der Geldmarktsätze auf bis zu 40%.[159] Darunter litten 1973 alle Geschäftsbanken.[160] Die Auslandsbanken waren jedoch von den Auswirkungen stärker betroffen als die gebietsansässigen Banken. Das war eine Folge ihrer selbstgewählten Beschränkungen - Großkundengeschäft, nur Firmen mit aktivem Auslandsgeschäft und Zurückhaltung im Einlagengeschäft - und der sich daraus ergebenden Refinanzierungsstruktur. Deshalb schlugen einige Banken - anders als ursprünglich geplant - eine Geschäftspolitik ein, die sich von derjenigen der Inlandsbanken kaum noch unterschied.[161] Ganz oben stand der Wunsch bei einigen amerikanischen Banken, die Passivseite ihrer Bilanz auf das Inlandsgeschäft mit breiterer Kundenbasis umzustellen, um sich so von der Refinanzierung auf nationalen und internationalen Finanzmärkten unabhängiger zu machen.[162]

Um diese Ziele erreichen zu können, war bei der Chase z.B. innerhalb eines Zeitraumes von 10 bis 20 Jahren der Aufbau eines voll funktionsfähigen Einlagengeschäfts im Ausland

---

157 O.V., "Readjustment for America's big banks?", *The Banker* (August 1973): 913.

158 Storck, "Euro-Markt", XXII.

159 Die starken Devisenbewegungen machten eine Reihe von DM-Aufwertungen notwendig, solange, bis das allgemeine Floaten einsetzte. Der Wechselkurs des Dollars zur DM lag von 1961 bis 1969 bei 4,00, seit Oktober 1969 bei 3,66, seit Dezember 1971, nachdem schon mehrmonatiges Floaten eingesetzt hatte, bei 3,22. Mit dem 19. März 1973 kam die Phase des Gruppenfloating; der Dollar wurde phasenweise, am 6. Juli 1973, bis auf 2,26 DM gedrückt. Herbert Wolf, "Deutschland: Geld und Banken nach dem Zweiten Weltkrieg: Internationale Kapitalbewegungen, Bankensysteme, grenzüberschreitende Kooperation", *Europäische Bankengeschichte*, Hrsg. Hans Pohl (Frankfurt: Knapp, 1993) 531.

160 Ibid.

161 Alfred Knör, "Währungskrise engt Ausländer-Aktivität ein", Banken International, *Handelsblatt*, 24. Juli 1973, XIII.

162 Glen Moreno, "Die multinationale Geschäftstätigkeit US-amerikanischer Banken", Institut für Bankwirtschaft und Bankrecht an der Universität Köln, *Mitteilungen und Berichte* 19 (1976): 13.

geplant.[163] Eine eigene Refinanzierungsbasis hatte viele Vorteile, denn statt gegen niedrige Margen im internationalen Kreditgeschäft anzukämpfen, verzinste sich Eigenkapital, das im *retail banking* eingesetzt war, mit 10%, 20% oder 30%; außerdem erlaubte es eine breite Risikostreuung.[164] Sollte es rechtliche Widerstände dagegen geben, erwog die Chase sogar, eine neue Gesellschaft in Europa zu gründen, gegebenenfalls auch unter Beteiligung von Inländern.[165]

Die Idee, der Hauptfiliale in einem fremden Land über eine größere Anzahl von Filialen eine Einlagenbasis zu verschaffen, war nicht neu. Die First National City Bank hegte einen solchen Plan schon zu Anfang der 60er Jahre. Er wurde allerdings in der zweiten Hälfte der 60er Jahre wieder verworfen, weil nicht nur die City Bank, sondern auch die Bank of America und die Chase beobachten mußten, daß einige ihrer Auslandsfilialen aus den roten Zahlen nicht mehr herauskamen. Daraufhin hielten die drei US-Banken eine weitere Ausdehnung im Ausland nur noch über Fusionen und Kooperationen mit Banken des Gastlandes für möglich.[166]

Zweigniederlassungen im Ausland, die über hohe Zinsen das Einlagengeschäft aufbauen wollten, liefen darüber hinaus immer Gefahr, den Beziehungen zwischen ausländischen und den Banken des Gastgeberlandes insgesamt zu schaden.[167]

Ein City Bank Manager wies darauf hin, daß die Gewinnmargen in Europa, wo der Bankensektor hoch geschützt war, auf Dauer sehr beschränkt sein würden, solange die Auslandsbanken aufgrund fehlender Filialnetze nicht am Einlagengeschäft mit Nichtbanken teilhaben konnten.

Andererseits wäre die Ausweitung der europäischen Filialnetze für das Firmenkundengeschäft zurückhaltender erfolgt, wenn die Banken nicht so sehr den Bedürfnissen ihrer internationalen Kunden nachgekommen wären.[168] So aber entstand in vielen Ländern eine beachtliche Präsenz amerikanischer Banken, ohne daß deren Marktanteile am jeweils lokalen Bankgeschäft nennenswert wären. Im Jahr 1970 waren es in Großbritannien weniger als 3% Marktanteil, in Frankreich nur 1,7% und in Deutschland noch unter 1,7%, abgesehen von

---

163 O.V., "Chase Manhattan: European strategy", *The Banker* (Mai 1973): 546.

164 Ibid.

165 Ibid. C. M. van Vlierden, "New Era for International Banking", *The Banker* (Februar 1971): 148. Tatsächlich war aber mit rechtlichen Widerständen in Deutschland nicht zu rechnen. Die Chase gründete die Familienbank AG "auf der grünen Wiese" nur deshalb, weil es keine passende deutsche Bank zu kaufen gab und die Zeit drängte. Die Familienbank AG wurde als Tochter der Chase Manhattan Zweigniederlassung in Frankfurt gegründet. Sollte diese Verbindung zwischen Firmenkundenbank und Einlagenbank die Vorstufe zu einer Universalbank demonstrieren? Am 30. Dezember 1974 wurde jedoch das Grundkapital der Familienbank voll auf die Chase Manhattan Banking Corporation, New York, übertragen.

166 Pringle, "Why", 771.

167 Ibid., 780.

168 Julien-Pierre Koszul, "American Banks in Europe", *The International Corporation*, Hrsg. Charles P. Kindleberger (Cambridge: The M.I.T. Press, 1970) 286.

den Geschäften am Euromarkt.[169] Die US-Banken kamen nach Europa, selbst auf die Gefahr hin, damit Konkurrenzkämpfe auf lokaler Ebene auszulösen.[170] Es wäre Anfang der 70er Jahre besser gewesen, wegen der schlechten Aussichten im europäischen *retail banking* z.B. mehr Bankgeschäfte in den Schwellenländern zu machen.

Ambivalent waren die Meinungen in den Vereinigten Staaten zum Thema multinationales Bankgeschäft im ganzen. Ein Teil der Leute kritisierte das internationale Geschäft der amerikanischen Banken, sogar unter Berufung auf Washingtons *Farewell Address*, jener Rede, in der der erste Präsident der Vereinigten Staaten seine Landsleute davor warnte, sich in internationale Angelegenheiten zu verstricken.

Insgesamt spürten die Auslandsbanken, daß sich das Klima für ihre Aktivitäten verschlechterte; das galt für beide Seiten des Atlantiks. Zumindest erwarteten die Amerikaner, daß eine Beschneidung der Freiheiten von ausländischen Banken in ihrem Land - selbst wenn dies dort nur der Gleichbehandlung aller Banken diente - auch zu entsprechenden Gegenreaktionen in Europa führen könnte.[171] In Deutschland wurde in diesem Zusammenhang von der Verstaatlichung von Banken gesprochen.[172]

Es kursierten deshalb verschiedene Vorschläge unter amerikanischen Bankern, wie man Behinderungen der internationalen Geschäftstätigkeit schon von vornherein aus dem Weg gehen könnte. Neben der Schaffung einer eigenen Refinanzierungsbasis durch Aufnahme des Einlagengeschäfts waren dies noch: 1) Fusionen mit ausländischen Banken, möglicherweise unter dem Dach einer internationalen Holding-Gesellschaft; 2) Die Einbeziehung ausländischen Personals in gehobene Positionen in der Zentrale in New York und auch in Übersee bis in gehobene Positionen hinein; 3) Eine groß angelegte Öffentlichkeitsarbeit, die die amerikanische Öffentlichkeit von den Vorzügen des internationalen Bankgeschäfts überzeugt.[173]

Die City Bank, die weniger unter der Immobilienkrise litt als andere New Yorker Banken, dachte noch weiter, indem sie die Anforderungen an eine multinationale Bank mit denen einer ertragsstarken Bank kombinierte. Sie fand heraus, daß auch im internationalen Geschäft die Erträge der Zukunft in den Hosentaschen der Konsumenten liegen würden. Darauf folgte eine Kehrtwende in der Geschäftspolitik. John S. Reed, der spätere Chef der Citibank, war davon überzeugt, daß die Erträge aus dem internationalen Geschäft, die bis Mitte der 70er Jahre zu 75% mit Großkunden und hauptsächlich im Firmenkreditgeschäft erwirtschaftet wurden, in solche aus dem Geschäft mit Konsumenten verwandelt werden müßten. Reed, der in seinen Ansichten vom *Chairman* Wriston unterstützt wurde, sah 1975

---

169 Ibid.

170 Ibid., 289.

171 O.V., "Readjustment", 913.

172 Moreno, "Die multinationale", 15.

173 O.V., "Readjustment", 913.

noch einen weiteren Wandel auf die Branche zukommen, der vor allem das traditionelle Großkundengeschäft betraf: den Übergang vom Zinsgeschäft zum Provisionsgeschäft.[174]

B. Die Umsetzung der neuen Strategien

Trotz oder wegen der währungspolitisch turbulenten Zeiten gelang es zwei amerikanischen Banken, die neuen Strategien einer Verbreiterung der Geschäftsgrundlage auch umzusetzen. Während die Chase Manhattan Bank im März 1973 mit der Familienbank AG eine neue Tochtergesellschaft für das *retail banking* gründete, erwarb die Citibank im Spätsommer 1973 jeweils Beteiligungen an dem Bankhaus Trinkaus & Burkhardt und der KKB Kundenkreditbank. Der Sitz der drei Institute war Düsseldorf. Die Entscheidungen der Amerikaner fielen in eine Periode, in der die Abwertung des Dollars gegenüber der DM schnell voranschritt; ein Tiefstand von 2,28 DM wurde am 9. Juli 1973 erreicht.

Mit Blick auf das Privatkundengeschäft erwies sich die KKB Bank für die Citibank als ein Glücksfall, denn die fortschrittliche und erst 1991 in Citibank umbenannte Konsumentenbank wurde zu einem wichtigen Eckpfeiler in der Strategie der Citibank, das Girokonto zu einem globalen Markenartikel zu machen. Erfolglos hingegen blieb die Chase mit ihrer Neugründung Familienbank AG, das Projekt wurde wegen reichlicher Verluste nach 5 Jahren wieder aufgegeben.

1) Citibank beteiligt sich am Bankhaus Trinkaus & Burkhardt und der KKB Kundenkreditbank

Mit der Beteiligung am Bankhaus Trinkaus & Burkhardt und der KKB Kundenkreditbank konnte die Citibank, die damals noch First National City Bank hieß, vertreten durch die Holding-Gesellschaft Citicorp., genau das umsetzen, was viele andere ausländische Banken, die durch die Währungskrise 1973 in Mitleidenschaft gezogen wurden, auch gerne getan hätten: die Verbreiterung des Angebots von Finanzdienstleistungen in Deutschland einschließlich des Einlagengeschäfts.

Dabei sollte sich auszahlen, daß die Bank nach deutschen Partnern Ausschau hielt und Neugründungen nicht in Erwägung zog. Dem Coup ging eine zweijährige Planungsphase voraus.[175]

---

174 Johnston, *Rollercoaster*, 98.
175 Scheele, "Citibank", 590.

Zunächst erwarb die Citibank 1973 nur eine 15%ige Beteiligung am Bankhaus C. G. Trinkaus & Burkhardt, Düsseldorf, sowie einen 30% Anteil an der C. G. Trinkaus & Burkhardt Vermögensverwaltungsgesellschaft.[176] Angesichts dieser Beteiligungsquoten wäre es möglich gewesen, in dem Vorgehen der Citibank nur eine Finanzbeteiligung zu sehen und noch keine strategische Beteiligung. Dazu würde auch passen, daß die Citibank später ihre Anteile bei Trinkaus nur deshalb zu einer Mehrheitsbeteiligung aufstockte, weil Trinkaus wegen einer Beteiligung an der Bau-Kredit-Bank und eines dortigen Konkurses in Schwierigkeiten geriet.

Doch viel wahrscheinlicher war, daß die Citibank sich allein für die KKB interessierte. Der Weg dorthin führte über die Vermögensverwaltungsgesellschaft, weil diese die KKB Kundenkreditbank kontrollierte. Als die Schieflage bei Trinkaus eintrat, bot sich eine gute Gelegenheit, mit frischem Kapital auszuhelfen. So kam es, daß in der zweiten Jahreshälfte 1973 die Citibank und die Privatbank C.G. Trinkaus & Burkhardt gemeinsam direkt und indirekt mehr als 75% des Kommanditkapitals der KKB kontrollierten; an Trinkaus selbst war die Citibank nur mit einer Minderheit beteiligt.[177] Die Geschäftsführung der KKB blieb unverändert in den Händen der persönlich haftenden Gesellschafter.[178]

Auf die Minderheitsbeteiligung beim Bankhaus Trinkaus & Burkhardt folgte aber dann im September 1974 der Schritt in die Mehrheitsquote von 51%.[179] Die Citibank reagierte damit auf zwei Ereignisse: Erstens ging die Bau-Kredit-Bank in Konkurs, an der Trinkaus beteiligt war. Hierdurch wurden den Gesellschaftern der Bau-Kredit-Bank unerwartet Kapitalerhöhungen abverlangt, während - ausgerechnet in dieser angespannten Lage - bei Trinkaus & Burkhardt wegen der Schließung der Bau-Kredit-Bank die Gelder abflossen. Der mehr als 200 Jahre alten Privatbank fehlte es an Liquidität. Zweitens hatte sich im Sommer 1974 der Zusammenbruch des Bankhauses I. D. Herstatt zugetragen und Trinkaus & Burkhardt fürchtete, mit in den Herstatt-Strudel hineingezogen zu werden.[180]

---

[176] Der Preis der Anteile soll bei mehr als 60 Mio. Dollar gelegen haben. Darauf angesprochen, reagierte ein Citibank-Sprecher mit der Äußerung: "a pretty good guess". O.V., "Citibank Set to Acquire Stake in a German Bank and in Its Affiliate", *The Wall Street Journal*, 25. Juli 1973, 4. Neben der Citibank hielt 1973 anfangs auch die Banque de Suez et de l'Union des Mines, Paris, einen 15,5%igen Anteil an Trinkaus. O.V., "Kooperation Trinkaus & Burkhardt - First National City Bank", *Zeitschrift für das gesamte Kreditwesen* 15 (1973): 739. Den Beteiligungskauf wickelte die Citicorp. über ihre deutsche Holding ab, die GTB Gesellschaft für Transatlantische Beteiligungen mbH, Stuttgart (GTB) ab.

[177] Gemäß Hauptversammlungsbeschluß vom 29.5.1973 erfolgte die Änderung des Firmennamens von KKB Kundenkreditbank Kommanditgesellschaft auf Aktien in KKB Kundenkreditbank Deutsche Haushaltsbank Kommanditgesellschaft auf Aktien. Nach einer erneuten Umbenennung 1981 wurde daraus "KKB Bank Kommanditgesellschaft auf Aktien". In der vorliegenden Arbeit werden die Bezeichnungen KKB oder KKB Kundenkreditbank verwendet.

[178] O.V., "Kooperation Trinkaus & Burkhardt - First National City Bank", *Zeitschrift für das gesamte Kreditwesen* 15 (1973): 739.

[179] C.G. Trinkaus & Burkhardt, Bilanz 1973.

[180] C.G. Trinkaus & Burkhardt war an der Bau-Kredit-Bank AG mit 13% beteiligt. Das waren 2% mehr, als die anderen Anteilseigner hatten, weshalb Trinkaus & Burkhardt den Aufsichtsratsvorsitzenden stellte und für diese Bank verantwortlich war. Als es zum Zusammenbruch der Kun-Baugruppe, eines Kunden der

Die höhere Beteiligungsquote konnte nun aus zwei Blickwinkeln gesehen werden: Die einen sahen es als einen großen Vertrauensbeweis in die deutsche Kreditwirtschaft an, nachdem am 26. Juni 1974 die Schließung des Kölner Bankhauses I. D. Herstatt alle - bis auf die größten - deutschen Banken ziemlich getroffen hatte.[181] Die anderen sahen, daß nach dem Herstatt-Vorfall alle größeren Privatbanken in einem ungünstigen Licht standen und mißtrauisch angesehen wurden. Der Citibank blieb deshalb kaum etwas anderes übrig, als den eigenen Anteil zu erhöhen. Die Amerikaner entsandten einen erprobten Krisenmanager, Robert F.B. Logan, in den Kreis der persönlich haftenden Gesellschafter bei Trinkaus & Burkhardt.[182]

Vor dem Einstieg der City Bank hatte die KKB die Aufmerksamkeit so einiger Banken auf sich gezogen. Auch die Chase Manhattan verhandelte mit den Gesellschaftern von Trinkaus und KKB, doch offenbar nicht so erfolgreich wie der Länderchef der Citibank in Deutschland, der sich gut mit dem KKB-Gesellschafter Stefan Kaminsky, dem Sohn des Bankgründers, verstand.[183] Weitere Banken, die sich in den 70er Jahren für die KKB interessierten, waren die Bank of America sowie auch britische, holländische und deutsche Kreditinstitute. Ausschlaggebend für den Zuschlag an die Citibank dürften allerdings die Erfahrung und Vorreiterrolle dieser Bank in der Konsumenten-Finanzierung gewesen sein.[184]

Die KKB-Bank wurde übrigens schon einmal von der Citibank umworben, das war in den 60er Jahren.[185] Doch während die Citibank entsprechende Institute des Konsumentenkredits in Argentinien, Australien, Hongkong und Großbritannien akquirieren konnte, führten die Verhandlungen mit der KKB, auch unter Mitwirkung des Bundesaufsichtsamts für das Kreditwesen, zu keinem Ergebnis. Die Amerikaner mußten akzeptieren, daß man die älteste deutsche Teilzahlungsbank, die 1926 in Königsberg gegründet wurde, nicht ohne Not an eine ausländische Bank verkaufen wollte.[186]

Bau-Kredit-Bank, kam, mußten die Bau-Kredit-Bank-Aktionäre wegen des Liquidationsvergleichs 45 Mio. DM nachschießen; Trinkaus & Burkhardt beteiligte sich daran mit 12,3 Mio. DM. Das Fallissement der Kun-Baugruppe und in der Folge der Bau-Kredit-Bank kam - Beobachtern zufolge - nicht überraschend. O.V., "C.G. Trinkaus & Burkhardt", *Zeitschrift für das gesamte Kreditwesen* 14 (1974): 634. O.V., "Kun/Bau-Kredit-Bank - ein Menetekel", *Zeitschrift für das gesamte Kreditwesen* 14 (1973): 655.

181 O.V., "Citibank to Increase Stake in German Bank", *The Wall Street Journal*, 19. September 1974, 29.

182 O.V., "Citicorp: First National City Bank", *Zeitschrift für das gesamte Kreditwesen* 13 (1975): 619. An anderer Stelle hieß es mit Blick auf Trinkaus & Burkhardt: "... da entsandten die neuen Eigentümer ihren Troubleshooter Robert Logan in den Partnerkreis - und sorgten damit mittelfristig für ein heilloses Durcheinander." Stefanie von Viereck, "Angriff aus der Nische", *manager magazin* (Dezember 1985): 53.

183 Stefan Kaminsky galt als schillernde Figur in der deutschen Kreditwirtschaft. Er war Bankier und Revolutionär in einer Person.

184 O.V., "Die Citybank steigt bei Trinkaus ein", *Handelsblatt*, 25. Juli 1973, 1.

185 Cleveland und Huertas, *Citibank*, 265.

186 Nur zwei Jahre nach der Gründung der KKB begann auch die City Bank als erstes großes amerikanisches Institut mit der Ausgabe von persönlichen Kleinkrediten. Daß beide Institute sich in der zweiten Hälfte der 20er Jahre nahezu zeitgleich dem Otto-Normalverbraucher als Bankkunden zuwendeten, war verblüffend. O.V., "First National City Bank in Hamburg", *Zeitschrift für das gesamte Kreditwesen* 22 (1965): 1087.

Im Hinblick auf den Zeitpunkt des Einstiegs betonte die Citibank, daß die Verhandlungen mit Trinkaus & Burkhardt schon im Frühjahr 1973 ihren Anfang nahmen, als die Misere der Kun-Baugruppe noch nicht abzusehen war.[187]

Die Umstrukturierung bei Trinkaus bewirkte einen Rückzug aus dem Mengengeschäft einschließlich einer Beschränkung auf die Filialen Essen, Frankfurt und Stuttgart. Teile des Mengengeschäfts wurden auf die KKB Kundenkreditbank übertragen. Trinkaus neuer Weg führte direkt ins Kreditgeschäft, das zunehmend über Bankengelder refinanziert wurde.

Doch war die Mehrheitsbeteiligung der Citibank an Trinkaus vom ersten Tage an problembehaftet, weil es eine starke interne Konkurrenz mit der Citibank Zweigniederlassung in Frankfurt und später mit der Citibank AG gab. Die Citibank AG mußte z.B. die Erfahrung machen, daß es schwierig war, mit den Trinkaus-Kunden ins Geschäft zu kommen, weil diese keinen Vorteil darin sahen, auch noch eine Bankverbindung zur Citibank AG zu unterhalten; Trinkaus und die Citibank AG waren aus Kundensicht ein-und -dieselbe Bank. Zudem waren die Amerikaner im eigenen Ableger in ihren Entscheidungen vollkommen unabhängig, während sie sich bei Trinkaus & Burkhardt mit eigensinnigen Altpartnern auseinandersetzen mußten.

Schließlich sahen die deutschen Citibanker keine andere Möglichkeit mehr, als ihrer amerikanischen Mutter den Verkauf der Trinkaus-Beteiligung zu empfehlen.[188] Die Trennung erfolgte 1980. Der Erwerber war die britische Midland Bank, die einen 60%igen Anteil an Trinkaus & Burkhardt für umgerechnet 107,6 Mio. Dollar übernahm.[189]

2) Die Geburt der Familienbank AG

Die Chase Manhattan Bank, die damals drittgrößte Bank der Welt, vertrat in der ersten Hälfte der 70er Jahre die These, daß das Firmenkundengeschäft kaum noch Wachstumschancen bieten würde. Positiv beurteilte die Bank hingegen die Aussichten im Privatkundengeschäft, wo mit steigender Nachfrage für Konsumentenkredite zu rechnen war und auch mit höheren Gewinnmargen als im Firmenkundengeschäft.[190]

---

[187] O.V., "Citicorp.", 619.

[188] Aus Sicht der 90er Jahre hätte die Citibank wiederum Trinkaus & Burkhardt als Tochterbank für das Investmentbanking in Deutschland gut gebrauchen können.

[189] O.V., "Midland Bank Acquires Citicorp's Holding In West German Bank", *The Wall Street Journal*, 8. Oktober 1980, 39.

[190] Die Unternehmensberater Booz-Allen and Hamilton wiesen 1973 ebenfalls auf das enorme Potential im *retail banking* hin, das es in den Vereinigten Staaten gab. In Deutschland, wo die Kunden im Vergleich zu der Situation in den Vereinigten Staaten von ihren Banken immer recht kurz gehalten wurden, was Zinsen und Service anging, folgerte die Chase, war dieses Potential sogar noch größer. O.V., "Chase on the chase", *The Economist*, 26. Mai 1973, 94.

Ferner bestand der allseits unter Auslandsbanken vernehmbare Wunsch nach einer eigenen Refinanzierungsbasis, der eingebettet war in den noch größeren Wunsch, aus dem Stadium einer "gut etablierten Vertriebsgesellschaft" herauszukommen und endlich, zumindest im Marktsegment des *retail banking*, unter den gleichen Voraussetzungen mit den Banken des Gastlandes zu konkurrieren.[191] Die Chase schien von dieser Idee größerer Eigenständigkeit hinsichtlich der "Produktion" von Geld sehr in den Bann gezogen. Wie andere ausländische Banken auch, war die Chase auf die Geldzufuhr aus dem Ausland, vornehmlich Luxemburg und London, angewiesen. Das ging solange gut, wie die Bundesbank die Geldzufuhr aus dem Ausland nicht sperrte und das Geld an den Euromärkten günstig war. Es blieb aber immer diese Abhängigkeit von der Refinanzierung im Ausland; großen Kreditnehmern war das kaum zuzumuten.[192] Als Ausweg bot sich da nur eine eigene Refinanzierungsbasis in Deutschland an, was für die Auslandsbanken hieß, über ein eigenes Filialnetz zu verfügen und mit den Privatkunden das Einlagengeschäft zu betreiben.[193]

Das Lernen von der Industrie war dabei ein zentraler Ansatz für die Banken, indem ein Vergleich mit der Errichtung von Produktionsstätten im Ausland gezogen wurde, etwa der geplanten Produktion von Volkswagen in den Vereinigten Staaten.[194]

Das Problem war nur, in Deutschland eine Bank mit Filialnetz zu finden, an der man sich beteiligen konnte. Da dieses der Chase in den frühen 70er Jahren trotz Bemühungen nicht gelang, kam nur noch eine Neugründung in Frage. Eine Neugründung in Deutschland schien der Bank im übrigen nicht unsympathisch gewesen zu sein, da die Erfahrungen mit eigenen Bankbeteiligungen in Österreich, Belgien, Irland und den Niederlanden nicht immer gut waren. Die Neustarts in Italien und Griechenland bereiteten der Chase Manhattan Bank dagegen Freude.[195]

Die neue Bank wurde Familienbank AG genannt. Sie wurde am 5. März 1973 in Düsseldorf als hundertprozentige Tochtergesellschaft der "The Chase Manhattan Bank (National Association)", Zweigniederlassung Frankfurt am Main, gegründet.[196]

Die Chase betonte jedoch, daß das Konzept der Familienbank schon seit 1971 entwickelt worden war und daher nicht als ein Ausweichen vor den Folgen der Restriktionspolitik der Bundesbank und den Beschränkungen für internationale Bankgeschäfte gesehen werden

---

[191] Sieghardt Rometsch, "Chase Manhattan Bank", *Zeitschrift für das gesamte Kreditwesen* 13 (1975): 594.

[192] O.V., "Fremdfinanzierung: Schon 49 Auslandsbanken in Deutschland", *Capital* 2 (1976): 112.

[193] O.V., "Chase-Angriffe auf das deutsche Massengeschäft", *Börsen-Zeitung*, 26. Mai 1973, 3.

[194] Ibid. Das Schicksal aber wollte es, daß sowohl die amerikanische Produktionsstätte von VW als auch die von der Chase in Deutschland gegründete Familienbank wieder schließen mußten.

[195] Thomas F. Huertas, "US multinational banking: history and prospects", *Banks as multinationals*, Hrsg. Geoffrey Jones (London: Routledge, 1990) 256.

[196] Volkswirtschaftlich gesehen, spitzte sich am 1. März 1973 die Dollarkrise zu, am 2. März 1973 wurden die Devisenbörsen geschlossen. Als sie am 19. März wieder öffneten, war die Wechselkursbindung an den Dollar aufgehoben.

könnte.[197] Vielmehr lag allen Banken daran, mit neuen Geschäftsfeldern einen Beitrag zur Diversifizierung zu leisten.

C. Das Festhalten an der alten Strategie

Daß nicht jede größere amerikanische Bank, die in Deutschland ein erfolgreiches Bankgeschäft betrieb, den Weg ins *retail banking* nehmen mußte, demonstrierte die Chemical Bank. Die seit ihrer Gründung in Frankfurt auf das Großkundengeschäft spezialisierte Bank konzentrierte ihre internationalen Aktivitäten auf nur wenige Orte. Sie beteiligte sich daher nicht an der Praxis ihrer Konkurrenzinstitute, die neben der Hauptfiliale auch noch Filialen in den deutschen Wirtschaftszentren einrichteten. Stattdessen setzte die Chemical Bank auf Wachstum im Euromarkt selbst, also vornehmlich in London. Die Dynamik offenbarte das Nettoergebnis der beiden Londoner Niederlassungen. Dieses stieg innerhalb von fünf Jahren, von 1968 bis 1972, um 446%. In einer Stellungnahme wollte die Chemical Bank allerdings keine Angaben zur Höhe des Ergebnisbeitrags des internationalen Geschäfts am Gesamtgeschäft machen - aus Wettbewerbsgründen.[198]

Ausschlagebend für die Chemical Bank, an der alten Strategie festzuhalten, waren mindestens zwei Dinge: Zum einen war die Bank in dem Geschäft mit geldmarktorientierten Finanzierungen nur in bestimmten Grenzen engagiert, so daß die Kapitalkontrollen in den frühen 70er Jahren die Chemical Bank weniger aus dem Gleichgewicht brachten als andere Institute. Zum anderen hatte die Bank mit nur einer Filiale in Deutschland eine optimale Infrastruktur für die Zielgruppe der Großkunden gefunden.

Konkurrenzinstitute, die wegen der Refinanzierung des deutschen Kreditgeschäfts stärker von den zwischenzeitlichen Beschränkungen des Kapitalverkehrs betroffen waren, trieb es dagegen immer mehr in Richtung Inlandsgeschäft. So erklärte sich der Einstieg der Chase und Citibank ins *retail banking*. Beide Banken hatten in ihren regionalen Filialen im Firmenkundengeschäft erhebliche Kapazitäten aufgebaut, die sie nicht verlieren wollten.

Die Chemical Bank ließ das unberührt; in der Frankfurter Filiale spezialisierte man sich weiterhin auf Großkunden, innovative Bankprodukte und internationale Transaktionen. Man erwartete von den Industriekunden in Deutschland, daß sie im Auslandsgeschäft engagiert sein und über ein bestimmtes Umsatzvolumen verfügen sollten; das Wertpapiergeschäft reizte die Bank in Frankfurt nicht.

---

197 O.V., "Chase-Angriffe, 3.

198 O.V., "Chemical Bank Expects Profit Abroad to Rise", *The Wall Street Journal*, 20. März 1972, 16.

V. Gebremstes Wachstum in den Auslandsfilialen von US-Banken, 1974-1979

1. Das internationale Bankgeschäft in der Vertrauenskrise

Der Trend zum internationalen Bankgeschäft schwächte sich Mitte der 1970er Jahre ab. Die internationale Expansion der amerikanischen Banken in Europa war weitgehend abgeschlossen.[1] Über viele Jahre hinweg hatten sich die amerikanischen Banken an beachtliche Wachstumsraten ihrer internationalen Aktivitäten gewöhnt. Angefangen mit der Filialexplosion der 60er Jahre, während der sich von 1960 bis 1970 die Zahl der Filialen amerikanischer Banken im Ausland von 124 auf 536 erhöhte, bis zu den jährlichen Zuwächsen von durchschnittlich 30% beim Ertrag aus dem Auslandsgeschäft von 1970 bis 1975. Nun, in der zweiten Hälfte der 70er Jahre, sorgten der starke Wettbewerb im internationalen Kreditgeschäft und die gestiegenen Betriebskosten der Auslandsfilialen dafür, daß die Wachstumsraten der Erträge aus dem Ausland rückläufig waren. In den Jahren von 1977 bis 1978 fielen diese auf 10%. Gleichzeitig mehrte sich in den Vereinigten Staaten die Kritik, daß die Auslandserträge in so hohem Umfang - 1976 waren es mehr als die Hälfte - zum Gesamtergebnis der amerikanischen Banken beitrugen.[2]

Am Ende der 70er Jahre wurde auch sichtbar, daß insbesondere die Eigenkapitalverhältnisse der amerikanischen Banken unter der Ausweitung des internationalen Kreditgeschäfts bei gleichzeitig ungenügenden Margen gelitten hatten, wie Tabelle 8 zeigt.

Tabelle 8: Das Eigenkapital der Banken in Prozent der Aktiva

	1970	1979
Durchschnitt der 4 führenden amerikanischen Banken (Bank of America, Citibank, Chase, Morgan)	5,01	3,58
Durchschnitt der 4 britischen *Clearing*-Banken (Barclays, National Westminster, Midland, Lloyds)	7,63	6.02
Durchschnitt der 3 größten deutschen Banken (Deutsche Bank, Dresdner Bank, Commerzbank)	4,26	3,93

Quelle: Wilfried Guth, "Das internationale Kreditgeschäft der Banken und seine Probleme", *Die Bank* 7 (1980): 313.

---

[1] Richard Sylla, US Banks and Europe: strategy and attitudes (erscheint demnächst) 6.

[2] O.V., "American banks take another trip abroad", *The Economist*, 20. November 1976, 131. Die Bilanzsummen der amerikanischen Filialen im Ausland beliefen sich 1978 zusammengenommen auf 305,6 Mrd. Dollar, was einer Zuwachsrate von 18% gegenüber 1977 entsprach. Das war ein hohes Niveau, aber von 1975 auf 1976 waren diese Bilanzsummen um 24% gewachsen. Wolfgang Schaft, *International Banks: A documentation of their foreign establishments* (Hamburg: Verlag Weltarchiv, 1980) 12.

Die multinationalen Banken gerieten weltweit in den Sog schwacher Konjunkturaussichten. In Deutschland trugen die Banken schwer an der Zunahme der Währungsrisiken, dem Ölpreisschock und den heftig gestiegenen Lohn- und Lohnnebenkosten. Die Umsätze im Devisenhandel und im inländischen deutschen Kreditgeschäft in den Jahren 1974/75 waren rückläufig.

In den Vereinigten Staaten krankte das Bankwesen 1974 an Kreditverknappung. Zusätzliche Schatten warf die REIT-Krise, womit sich das Platzen der Investitionsblase im Immobiliensektor verband, und das Scheitern der Franklin National Bank.[3]

In Deutschland bewegte im Juli 1974 der Zusammenbruch des Bankhauses I.D. Herstatt die Gemüter. Das Bankhaus hatte versucht, die zu knappen Inlandserträge durch überdimensionierte Devisenspekulationen der Luxemburger Tochter auszugleichen.[4]

Am Euromarkt bot sich in dem System floatender Wechselkurse ein Bild sich gegenseitig hochschaukelnder Volumina der gehandelten Währungen, und wegen der Mischung aus größer werdenden Kreditsummen und Neulingen im Markt nahm auch das Insolvenzrisiko in diesem Markt zu. Wie hoch der Einsatz in einigen Fällen war, das offenbarte vielen Teilnehmern erst der Zusammenbruch des Bankhauses Herstatt. Plötzlich wurden die Risiken sichtbar, die besonders die Auslandsbanken eingingen, um aus dem Interbankenhandel ein neues Geschäftsfeld zu machen.[5] Neben Herstatt mußten noch einige andere Banken größere Verluste aus der Devisenspekulation hinnehmen. Mit den Markteintritten immer neuer Institute im Euromarkt verschärfte sich die Konkurrenz, was im Kreditgeschäft zu extremen Laufzeiten und fallenden Margen führte. Verglichen mit der Robustheit, die den Euromarkt trotz der weltweiten Devisenunruhen bis in das Jahr 1973 kennzeichnete, war zur Mitte 1974 von einer "schweren und existenzgefährdenden Vertrauenskrise" des Euromarkts die Rede.[6]

Man argwöhnte, daß das Wachstum der Banken nicht mehr sicher und solide genug war. Es schien auch, daß die multinationalen Unternehmen und Banken während der Währungskrise 1973 die öffentliche Meinung gegen sich hatten. Die amerikanische Notenbank meinte erkannt zu haben, daß sowohl die amerikanischen Banken im Ausland als auch die in den USA ansässigen Auslandsbanken massiv an der Dollarflucht beteiligt waren.[7] Viele

---

[3] REIT steht für Real Estate Investment Trust. Diese Trusts erwarben mit Krediten gewerbliche Immobilien.

[4] Herbert Wolf, "Deutschland, Geld und Banken nach dem Zweiten Weltkrieg: Internationale Kapitalbewegungen, Bankensysteme, grenzüberschreitende Kooperation", *Europäische Bankengeschichte*, Hrsg. Hans Pohl (Frankfurt: Knapp, 1993) 531.

[5] Wilfried Scheele, "Die Bedeutung ausländischer Banken in der Bundesrepublik Deutschland", Manuskript eines Vortrags in Dresden, gehalten am 26. September 1991, 6.

[6] Ekkehard Storck, "Euromarkt", *Enzyklopädisches Lexikon des Geld-, Bank- und Börsenwesens*, Hrsg. Zeitschrift für das gesamte Kreditwesen (Frankfurt: Knapp, 1999) 532.

[7] Claus C. Engelen, "Multinationale Banken und Firmen im Kreuzfeuer", Beilage Banken International, *Handelsblatt*, 24. Juli 1973, XX.

Europäer machten für diese Geldkrise den allzu lockeren Eurodollar-Markt verantwortlich, weil dieser erst den massiven Zufluß ausländischen Kapitals ermöglichte.[8]

Ein Tiefpunkt zeichnete sich ab, als Ende 1973 von einem quasi-Emissionsstop auf dem Euromarkt die Rede war. Die Zukunft Londons als Eurodollar-Zentrum schien durch die Ankündigung Nixons, die Kapitalverkehrskontrollen aufzuheben, in Gefahr zu sein. Viele US-Banken, vor allem die Neulinge, beklagten sich über die hohen Betriebskosten einer Filiale in London: "The joke in London is that no American bank wants to be the first to close up shop, but a lot would be pleased to be the second."[9]

Es hieß, daß viele der Banken den Londoner Finanzmarkt schon klammheimlich verlassen hätten, wenn sie nur einen Funken Vertrauen in die Nixon-Regierung gehabt hätten, daß diese ihr Versprechen, die Kapitalverkehrskontrollen zu eliminieren, auch einlösen würde. New York hätte dann nach mehr als zehnjähriger Abgeschiedenheit wieder die Chance gehabt, das führende internationale Kapitalzentrum zu werden.

Es war die seit dem Zweiten Weltkrieg größte Vertrauenskrise im internationalen Bankgeschäft und zugleich auch das international bis dahin schlechteste Bankenjahr. Die Anleger vertrauten ihre Mittel nur noch einem begrenzten Kreis internationaler Institute an, mit der Folge, daß mittlere und kleinere Banken Refinanzierungsschwierigkeiten bekamen. Die Wachstumsrate des Volumens am Euromarkt schrumpfte zum ersten Mal.[10]

Doch währte diese Schwächephase nur kurz. Das Wachstum dieses globalen Marktes hielt an und kam selbst dann nicht in Gefahr, als die Vereinigten Staaten die ursprünglichen Gründe für seine enorme Aufwärtsentwicklung, die Höchstzinsbegrenzungen und die Kontrollen gegen Kapitalabflüsse im Inland, während der Jahre 1973 und 1974 abschafften. Die Ölpreiserhöhungen und die damit verbundenen massiven Kapitalzuflüsse in den Euromarkt belebten den unregulierten Markt von neuem.[11] Als die führenden Zentralbanken im September 1974 ihr Vertrauen in den Markt durch die Übernahme der Rolle als "Lender of Last Resort" bekundeten, entspannte sich die Lage auch offiziell.[12]

---

[8] Richard F. Janssen, "Economic Worries, Monetary Crisis Make Bankers More Cautious in Business Lending", *The Wall Street Journal*, 1. Juni 1971, 32. Die Deutsche Bundesbank entlastete jedoch den Euromarkt von seiner Schuld. Sie sah vor allem bei den Devisenkrisen im Februar/März 1973 weniger den Euromarkt und seine "vagabundierenden Dollars" als Ursache für den Überfall auf die europäischen Währungen an, als vielmehr Dollarströme, die zwar mittels der Drehscheibenfunktion der Eurobanken, namentlich auch der US-Banken, finanziert wurden, aber letztlich zum Hauptteil aus den Vereinigten Staaten selbst kamen. Deutsche Bundesbank, Hrsg., *Geschäftsbericht der Deutschen Bundesbank für das Jahr 1972*, 37.

[9] O.V., "Who goes home?", *The Economist*, 14. April 1973, 103.

[10] Die Wachstumsrate des Euromarkts verharrte noch immer auf hohem Niveau, aber sie betrug 1974 gegenüber dem Vorjahr nur 14,7%, während die durchschnittliche Rate in den Jahren von 1970 bis 1977 bei ca. 25% lag. Steven I. Davis, *The Management Function in International Banking* (New York: John Wiley & Sons, 1979) 20.

[11] Geoffrey Jones, "Concentration and Internationalisation in Banks after the Second World War", *International Banking in an Age of Transition*, Hrsg. Sara Kinsey und Lucy Newton (Aldershot: Ashgate, 1998) 141.

[12] Storck, "Euromarkt", 1999, 533.

Die freien Wechselkurse waren ein Segen für die großen US-Banken, denn mit ihrer internationalen Reichweite und dem Dollar als Heimatwährung, der ihnen z.B. gegenüber britischen Banken im Euromarkt immer etwas niedrigere Einstandszinsen erlaubte, besaßen sie klare Wettbewerbsvorteile im internationalen Bankgeschäft.[13] Für die Banken war auch ein Anreiz gegeben, in London zu bleiben, weil sich dort neben dem Eurodollar- jetzt auch der Eurowährungsmarkt herausbildete. Die Devisenspekulation und der Handel mit Absicherungsinstrumenten waren bedeutsame Marktsegmente. Die gestiegene Volatilität der Zinsen veranlaßte die US-Banken, im Kreditgeschäft flexible Zinsen einzuführen.[14] Die Märkte für *commercial paper* und Konsortialkredite gaben Raum für kontinuierliche Innovationen, so daß die amerikanischen Banken ihre einflußreiche Position im Euromarkt halten konnten. Doch alle multinationalen Banken litten in der zweiten Hälfte der 70er Jahre im Eurokreditgeschäft unter den fallenden Zinsmargen:

Tabelle 9: Die Konditionen im Eurokreditgeschäft, 1976-1979

Jahr	Quartal	Durchschnittliche Zinsmarge	Niedrigste Zinsmarge	LIBOR[15]
1976	I	1,60%	1,00%	5,44%
	II	1,50	1,12	5.96
	III	1,55	1,25	5,65
	IV	1,45	1,12	5,15
1977	I	1,25	0,94	5,19
	II	1,20	0,94	5,69
	III	1,10	0,88	6,46
	IV	1,17	0,63	7,09
1978	I	1,05	0,63	7,31
	II	1,10	0,63	8,10
	III	0,90	0,25	8,94
	IV	0,87	0,50	11.54
1979	I	0,87	0,50	10,44
	II	0,76	0,38	10,56
	III	0,73	0,38	12,06
	IV	0,64	0,38	14,71

Quelle: Salomon Brothers in: Mary Jane S. Hallow, *Over there: American banks abroad* (New York: Garland, 1993) 100.

13 Harold van B. Cleveland und Thomas F. Huertas, *Citibank: 1812-1970* (Cambridge: Harvard University Press, 1985) 437.

14 Sylla, US Banks, 23.

15 LIBOR: Londoner Interbanken-Angebotssatz.

2. Amerikanische Banken ziehen Bilanz ihrer Expansion

A. Die Bank of America stoppt die maßlose Expansion

Die Bank of America war in solche Dimensionen hineingewachsen, daß sie über den Nutzen ihres internationalen Bankgeschäfts neu nachdenken mußte. Als die größte Bank der Welt bereits 1969 die Bilanz ihrer internationalen Aktivitäten zog, wurde offenkundig, daß sie den Pfad einer Bank verlassen hatte, die nur ihre eigenen Firmenkunden im Ausland versorgte. Längst war die expansive kalifornische Bank an anderen Geschäften beteiligt, wie dem größten Öl-Leasing-Verkauf in Alaska oder einem 350 Millionen-Eurodollar-Konsortialkredit für die Rio Tinto-Zinc Corporation im Südpazifik. Mit der BankAmericard hatte sie die weltweit am meisten verbreiteste Kreditkarte geschaffen.[16] So viele exotische Bankgeschäfte riefen Kritik hervor: "Bank of America operated as a multinational bank with a community bank's funding".[17] Die Bank hatte von 1950 bis 1970 rund 57 Stützpunkte in Übersee aufgebaut, doch die Wurzeln der Bank lagen in Kalifornien, diesem nach dem Zweiten Weltkrieg schnell an Bevölkerung und Ressourcen zugenommenen Bundesstaat, in dem die Bank of America dank der liberalen Erlaubnis des *statewide branching* zu Amerikas größter Bank heranwachsen konnte.[18]

Aus der Perspektive des Fluchtmotivs, wonach die strengen amerikanischen Bankgesetze die *money center banks* ins Ausland getrieben haben, weil nur dort Wachstum möglich war, erschien bemerkenswert, daß die Bank of America ebenfalls in großem Stil ins Ausland ging, obwohl - wegen der größeren Entfaltungsmöglichkeiten im eigenen Bundesstaat - ein Fluchtmotiv weitaus weniger gegeben war. Allerdings verfügte die Bank aufgrund ihres Einlagengeschäfts in Kalifornien über die Mittel, um eine solche Expansion finanzieren zu können.

Absehbar war, daß sich aufgrund des hohen Expansionstempos die Kundenstrukturen bei der Bank of America ändern würden, denn in den ausländischen Stützpunkten dominierten die Großkunden. Dies entsprach einem Bruch mit der Tradition der Firmengründer A.P. Giannini und Sohn Mario: "A.P. and Mario had disliked making loans that were too large, with A.P. admonishing that the little fellow felt loyalty to a bank and stuck with it, while a large corporation only stayed as long as it could get the best deal."[19]

---

[16] Moira Johnston, *Roller Coaster: The Bank of America and the Future of American Banking* (New York: Ticknor & Fields, 1990) 74.

[17] Ibid., 75.

[18] Die anderen großen US-Banken konnten dagegen kein flächendeckendes Filialnetz in ihren Bundesstaaten errichten. Um trotz der gesetzlich vorgeschriebenen geographischen Fesseln wachsen zu können, fusionierten sie. Sylla, US Banks, 11.

[19] Gary Hector, *Breaking the Bank: The Decline of BankAmerica* (Boston: Little, Brown and Company, 1988) 68.

Auf der Höhe des Rennens um die Petrodollar-Einlagen setzte die Bank of America alles daran, die Londoner Position einer führenden internationalen Bank noch weiter auszubauen, was auch für die an London angehängten Stützpunkte von Frankfurt über Kuwait bis Kenia galt. Doch den Augen des 1974 nach London entsandten Chef des internationalen Geschäfts, Alvin C. Rice[20], entging nicht, daß die Aktiva der internationalen Geschäfte seiner Bank schlecht gemanagt war: "The reason I went to Europe is because they couldn't balance the books. It was a disaster. The Italian bank had never even been looked at in detail."[21]

Mit Rice hielt ein neues Kosten- und Ertragsdenken Einzug in die Bank, das den Verantwortlichen der 60er Jahre-Expansion, die Europa mit einem sehr grobmaschigen Filialnetz überzogen, weitgehend fremd war. Noch bis in die 70er Jahre hinein waren die Weichen auf Expansion gestellt, zuletzt von einem Mann namens Pierotti, "- this internationalist - this intellectual and gourmet who loved opera, knew history and the arts, and spoke three languages - ... .", der durchaus einen Riecher für gute Geschäfte hatte, aber die Dimensionen der Expansion vollkommen aus den Augen verlor, wie Rice bemerkte: "They positioned us for great opportunities, but I would have opened five branches where he had about sixty! There were buildings and offices the bank didn't even know it had."[22]

Rice stellte Mitte der 70er Jahre die Schlüsselfragen an seine Bankmanager in Europa: "How do we measure our success? How do we monitor performance? Where's our competitive advantage?"

B. Ernüchterung bei den Auslandsbanken in Deutschland

Nach den Jahren der Hochkonjunktur änderte sich ab 1974 die wirtschaftliche Lage in Deutschland, mit erheblichen Auswirkungen auf die Kreditnachfrage.[23] Die Wachstumsrate des realen Bruttoinlandsproduktes lag für 1974 nur knapp über Null, ein Jahr später sogar darunter.

Nach dem Zusammenbruch des Bretton-Woods-Systems mußten sich Banken und Unternehmen gleichermaßen auf flexible Wechselkurse einstellen. Den Bankmanagern im deutschen Bankensystem, das durch einen hohen Grad an internationaler Offenheit gekennzeichnet

---

20 Rice verkörperte den internationalen Kreditboom wie kein zweiter. Dieser Manager, der die Hälfte seiner Arbeitszeit auf Reisen war, sagte über seine Bank: "The name, Bank of America, was a great door opener. I think half the time in the smaller countries the finance ministers thought you were the Federal Reserve Bank." Ibid., 91.

21 Ibid., 89.

22 Ibid.

23 Wilfried Fuhrmann, *Die Aktivastruktur deutscher Banken* (Berlin: Duncker & Humblot, 1978) 156.

war, wurde eine ständige Änderungs- und Anpassungsbereitschaft abverlangt.[24] In diesem Umfeld war die Situation der ausländischen Banken in Deutschland angespannt. Deutlich werden ließ dies die Entwicklung ihrer Betriebsergebnisse, gemessen in Prozent des durchschnittlichen Geschäftsvolumens, die seit 1974 rückläufig waren.[25] Die Abbildung 2 veranschaulicht diesen Trend, der bis zum Ende der 70er Jahre anhielt.

Man mag einräumen, daß die Jahre 1970 bis 1973 außergewöhnlich ertragreich waren, also eine hohe Ausgangsbasis darstellten. Ebenso gab es in der zweiten Hälfte der Dekade statistische Verschiebungen, namentlich durch die Übertragung des Hauptgeschäfts von Citibank und Chase auf neu gegründete Tochterbanken, die nicht mehr zur Kategorie der "Zweigstellen ausländischer Banken" gehörten. Aber nicht zu übersehen war, daß die in Deutschland erzielbaren Ergebnisse bescheiden waren und eine Wendung zum Besseren im verbleibenden Teil der 70er Jahre nicht mehr eintrat. Die Tendenz wies nach unten. Wohlgemerkt, gaben die Ergebnisse nur das in Deutschland verbuchte Geschäft wieder. Daneben muß eingeräumt werden, daß die US-Banken innerhalb der Gruppe der Auslandsbanken zu den erfolgreichsten gehörten.

Zu dem Abwärtstrend paßte, daß die Zweigstellen ausländischer Banken in einer zu Vergleichszwecken angenommenen Periode von 1974 bis 1978, insbesondere zum Ende, im Rahmen des internationalen Kapitalverkehrs eine negative Fristentransformation durchführten.[26] Dies schadete den Erträgen. Banken waren im allgemeinen bestrebt, eine positive Fristentransformation herbeizuführen, die durch den Erwerb langfristiger Forderungen bei gleichzeitig eingegangenen kurzfristigen Verbindlichkeiten gekennzeichnet war. Gleichwohl stieg mit der Zunahme der Fristigkeit der Kredite c.p. auch das von den Instituten zu tragende Risiko.

---

[24] "Die Expansion der Euro-Märkte, Offshore-Plätze und Freihandelszonen mit der Tendenz eines Inter-Center-Arbitrage-Gleichgewichtes erzwingen jeweils eine höhere sowie ausgedehntere Flexibilität im sogenannten "day-by-day-management" und eine auf die mittel- und langfristige Periodizität von Zahlungsströmen und Risikoereignissen ausgerichtete Konzeption." Wilfried Fuhrmann, "Zum Kapitalverkehr zwischen deutschen und ausländischen Kreditinstituten", *Kredit und Kapital* 2 (1983): 268.

[25] In den Jahren von 1968 bis 1975 verdienten die Zweigstellen ausländischer Banken in Deutschland im Durchschnitt mit 0,82% (Relation des Betriebsergebnisses zum Geschäftsvolumen) besser als die deutschen Großbanken mit 0,50%. Nach 1975 war es umgekehrt. O.V., "Ertragsentwicklung im Bankgewerbe", *Monatsberichte der Deutschen Bundesbank* (November 1976): 24.

[26] Die Kategorie der Gesamtheit aller Banken, ferner die Girozentralen sowie die Großbanken, ausgenommen die Privatbanken, führten im Rahmen des internationalen Kapitalverkehrs keine Fristentransformation durch. Fuhrmann, "Zum Kapitalverkehr", 271.

Abbildung 2: Anzahl der Zweigstellen ausländischer Banken im Vergleich zu ihren Betriebsergebnissen

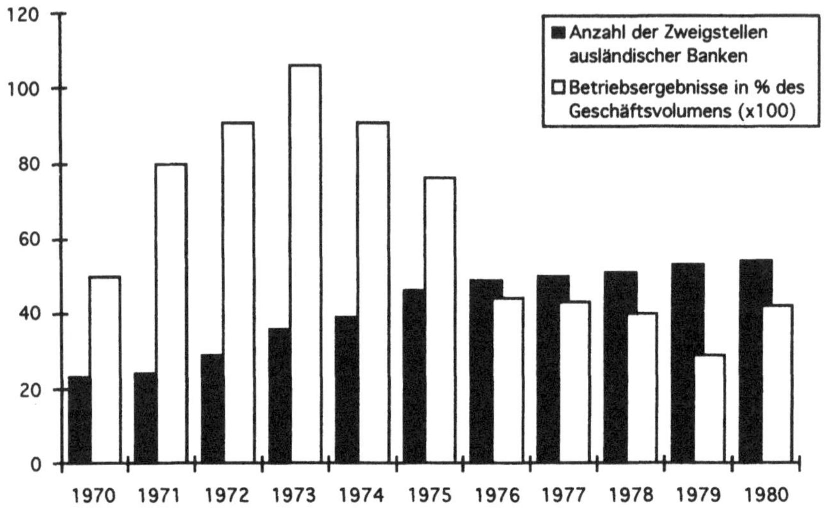

Quellen: Deutsche Bundesbank, Hrsg., *Monatsberichte der Deutschen Bundesbank* (Oktober 1979, August 1980, August 1986).

In der zweiten Hälfte der 70er Jahre büßten die US-Banken auch deshalb an internationaler Bedeutung ein, weil die Banken aus nicht-englisch sprachigen Ländern auf dem Vormarsch waren.[27] In der folgenden Tabelle 10 der größten Banken der Welt wird das Wechseln der Zugpferde beim Vergleich der Jahresdaten 1970 und 1979 sichtbar. Während bei den US-Banken sieben Institute aus der Gruppe herausfielen, kamen bei den deutschen Banken drei Institute hinzu. Die Größe allein war zwar noch kein Indiz für einen großen Marktanteil am internationalen Bankgeschäft, aber eine Korrelation war in dieser Phase des Bankgeschäfts anzunehmen. Die in Dollar ausgewiesenen Zahlen konnten wegen der teilweise starken

[27] Jones, "Concentration", 144. Die deutschen Banken hielten den Sprung ins multinationale Bankgeschäft z.B. für notwendig, weil die Wachstumsmöglichkeiten im eigenen Land als beschränkt angesehen wurden. So gab die Dresdner Bank Ende der 70er Jahre an, die Grenzen des Wachstums im inländischen Markt schon erreicht zu haben. Mit einem Marktanteil, der sich auf der Basis von 1979 konstant bei rund 3% gehalten habe, prognostierte die Bank weiteres Wachstum nur in ausländischen Märkten. Durch das Wachstum wären Ertragssteigerungen realisierbar, die die Kostenentwicklung, insbesondere die Lohnkostensteigerungen, auffangen könnten; Preiserhöhungen im Inland sah man als nicht durchsetzbar an. Karl Friedrich Hagenmüller, "Die Entwicklung von einer nationalen zu einer internationalen Großbank - am Beispiel der Dresdner Bank", Protokoll vom 6. Juli 1979, *Berichte und Materialien*, Heft 2, Die Internationalisierung des Bankgeschäfts, Hrsg. Institut für Banken und Industrie, Geld und Kredit (November 1980): 117.

Wechselkursbewegungen allerdings auch etwas verzerrt sein. Nicht berücksichtigt wurden in dem Größenvergleich die außerhalb der Bilanz stehenden Aktivitäten der Banken.

Tabelle 10: Die Herkunft der nach dem Einlagenvolumen 50 größten Banken der Welt

	1956	1960	1970	1979	1988	1992
USA	25	19	13	6	2	4
Vereinigtes Königreich	7	5	4	4	4	3
Kanada	6	5	5	4	1	2
Frankreich	3	3	3	4	4	6
Deutschland	0	3	4	7	7	8
Italien	3	5	4	2	1	1
Japan	3	8	11	16	25	16
Australien	1	1	1	0	0	0
Niederlande	0	0	1	3	2	2
Schweiz	0	0	3	3	3	3
Andere	2	1	1	1	1	5

Quelle: Geoffrey Jones, "Concentration and Internationalisation in Banks after the Second World War", *International Banking in an Age of Transition*, Hrsg. Sara Kinsey und Lucy Newton (Aldershot: Ashgate, 1998) 144.

3. Wettbewerb um Großkunden und Chancen im *retail banking*

A. Die Herkunft der Auslandsbanken in Deutschland

Im Jahr 1975 waren in Deutschland 49 ausländische Banken mit mindestens einer Filiale vertreten. Diese Zahl erhöhte sich auf 85, wenn man die Banken, die sich ganz oder überwiegend in Auslandsbesitz befanden, dazu zählte. Dazu gab es noch mehr als 100 Repräsentanzen.[28]

[28] O.V., "Auslandsbanken in der Bundesrepublik", *Zeitschrift für das gesamte Kreditwesen* 23 (1975): 1117.

Abbildung 3: Die Anzahl der Auslandsbanken[29] in Deutschland 1975

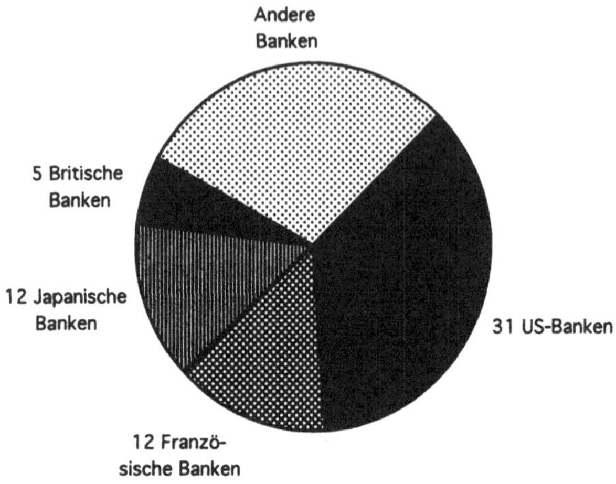

Quelle: O.V., "Auslandsbanken in der Bundesrepublik", *Zeitschrift für das gesamte Kreditwesen* 23 (1975): 1117.

B. Die Auswirkungen auf das Geschäft mit Firmen- und Großkunden

Die amerikanischen Auslandsbanken traten im Verlauf der zweiten Hälfte der 70er Jahre in eine Konsolidierungsphase ein, in der das Produktsortiment und seine Qualität einer Prüfung unterzogen wurden, um die bisherige Strategie zu hinterfragen und Rationalisierungspotentiale zu identifizieren. Das Interesse an banknahen Dienstleistungen wie Leasing stieg, und statt der Eröffnung neuer Filialen verbesserte man das operative Geschäft in den bestehenden Filialnetzen. Um dem Wettbewerbsdruck und Margenverfall im internationalen Großkundengeschäft zu entkommen, wurde ein Ausweg in der Bearbeitung lokaler Märkte gesehen.[30]

---

[29] Mit dem Begriff der Auslandsbanken sind sowohl Zweigniederlassungen als auch Tochterbanken oder Mehrheitsbeteiligungen gemeint. Die Institute des *retail banking* gehen jeweils nur mit der Hauptniederlassung, d.h. ohne die Filialnetze, in die Zählung ein.

[30] Schaft, *International*, 12.

Gefragt war intensives und nicht mehr extensives Wachstum.[31] Selbst die Schließung einzelner Stützpunkte war denkbar, wenngleich die Auslandsbanken in Deutschland, bis auf die State Street Bank GmbH in München, von dieser Option in den 70er Jahren noch keinen Gebrauch machten.[32]

Einige amerikanische Bankenvertreter forderten die Rückbesinnung auf den Heimatmarkt. Aber dort bestanden nur wenig Möglichkeiten, die Erträge zu steigern.[33] Aufgrund der weltweiten Rezession und der Aufhebung der amerikanischen Zahlungsbilanzrestriktionen ließ in den Jahren von 1975 bis 1977 die Kreditnachfrage in den Vereinigten Staaten stark nach, und Kreditausfälle unter den wenigen noch verbliebenen kreditwürdigen Unternehmen waren an der Tagesordnung.[34] Es war deshalb unvermeidlich, daß sich die Hoffnungen auf die Bankfilialen in Übersee richteten, wenn auch dort die Bankgeschäfte ebenfalls schwierig geworden waren: "To compensate for this, the American multinational banks, most of which are in New York, have pushed their overseas subsidiaries hard (probably too hard) to increase assets and to generate earnings."[35]

In Deutschland mangelte es in der zweiten Hälfte der 70er Jahre an guten Kreditnehmern. Selbst bekannten Firmen, denen die Banken aufgrund der Größe und des Namens vertrauten, stellten ihre Zahlungen ein. Es kam zu Kreditausfällen. Manchmal verloren die ausländischen Banken dabei große Teile des Dotationskapitals.[36] Die kleineren unter den Auslandsbanken gingen hohe Risiken ein. Die Citibank entdeckte auf der Suche nach Ersatzdebitoren in Deutschland die Wertpapiere. Mit den Erträgen und Kursgewinnen aus ihrem Rentenportefeuille stand die Citibank in der zweiten Hälfte der 70er Jahre besser da als viele andere.

1) Fokussierung auf Kunden mit Hauptsitz in Deutschland

Viele in Deutschland tätige US-Banken sahen nach dem schwierigen Bankenjahr 1974 die Notwendigkeit, sich vermehrt auf Bankkunden zu konzentrieren, die ihren Hauptsitz in Deutschland hatten. Es mußten Wege gefunden werden, die es ermöglichten, sich weniger von der traditionellen amerikanischen Kundschaft und dem Euromarkt abhängig zu machen.

---

[31] Ibid.

[32] Tony Thomas und Anne Segall, "Like Topsy, they just grow'd", Survey of American Finance, *The Economist*, 22. Januar 1977, 10.

[33] Das traf aber nur auf das Firmenkundengeschäft zu. Tatsächlich hatten die amerikanischen Banken übersehen, daß in den 70er Jahren in Form der Privatkunden und kleineren Geschäftsleute eine neue interessante Kundengruppe herangewachsen war. Doch die Fixierung auf Firmenkunden hatte Tradition bei den Banken.

[34] Die amerikanischen *commercial banks* begannen in dieser Periode, ihre Kredite auf Sektoren auszuweiten, die ihnen wenig Glück brachten: Immobiliensektor, Landwirtschaft und Bausektor.

[35] Tony Thomas und Anne Segall, "The leopards change their spots", Survey American Finance, *The Economist*, 22. Januar 1977, 17.

[36] Wilfried Scheele, Dresden 1991, 6.

Vor allem ging es in der zweiten Hälfte der 70er Jahre darum, auf die nachlassenden Direktinvestitionen amerikanischer Industrieunternehmen zu reagieren.[37] In Deutschland betrugen die amerikanischen Investitionen in der ersten Jahreshälfte 1975 nur 54 Mio. DM, verglichen mit 980 Mio. DM in der ersten Hälfte 1973.[38]

Daß der Anteil lokaler Kunden erhöht werden müßte, wurde zu einer Maxime für alle Auslandsbanken in Europa. Dieser Trend zeichnete sich bereits ab. So bestand 1973 das durchschnittliche Kreditportfolio einer US-Bank zu 50% aus europäischen Firmen und nur noch zu 50% aus US-Firmen. Nur fünf Jahre zuvor sah es in demselben Portfolio so aus, daß mit 95% fast alle Kunden US-Firmen waren.[39] Bei der Frage nach der Herkunft der Kunden durfte jedoch nicht vergessen werden, daß es leicht zu Verzerrungen kam, weil die deutsche Tochtergesellschaft einer US-Firma auch als amerikanischer Kunde eingestuft werden konnte.

Für deutsche Unternehmen als zu favorisierende Kundengruppe sprach, daß diese im Unterschied zu den amerikanischen Unternehmen noch einen großen Nachholbedarf bei der Ausweitung ihrer Aktivitäten im Ausland und daher an grenzüberschreitenden Bankdienstleistungen hatten.

Für Bankers Trust und die Tochter Deutsche Unionbank schien der Aspekt, extra für die deutschen Tochtergesellschaften von US-Unternehmen nach Deutschland gekommen zu sein, schon 1970 viel von seiner ursprünglichen Bedeutung verloren zu haben.

Ähnliche Erfahrungen machte auch die Hamburger Filiale der City Bank. Dort setzte sich die Kundschaft 1971 zu zwei Dritteln aus deutschen Gesellschaften mit großem Auslandsgeschäft, zu 20% aus Tochtergesellschaften amerikanischer und zu 15% aus sonstigen ausländischen Unternehmen zusammen.[40] Im Hauptquartier der City Bank in Frankfurt sah es

---

37 Die Liste der amerikanischen Firmen, die sich gegen Ende der 70er Jahre aus Deutschland teilweise oder ganz zurückzogen, war lang. Viele der Firmen wurden in einer "Dollar-Invasion" amerikanischer Konzerne gekauft, einige auch in der kritischen Zeit der frühen 70er Jahre, als die Abwertung des Dollars extrem schnell vor sich ging. In den 60er Jahren waren die Erwerbspreise der deutschen Firmen oft von untergeordneter Bedeutung - die Amerikaner zahlten nur 25 Cent für eine D-Mark. Mit dem steilen Anstieg der Löhne in den 70er Jahren und den sinkenden Gewinnmargen wurde es jedoch schwieriger, in Deutschland Geld zu verdienen. Einige Beispiele: Der Reifenhersteller Goodrich schloß sein Werk in Koblenz; die Vertriebsbüros von Firestone wurden aufgelöst; US Steel verkaufte die Metallhüttenwerke Lübeck; ITT trennte sich von seiner deutschen Lebensmittelgruppe; Colgate Palmolive wollte Helena Rubinstein verkaufen; Gulf Oil und Occidental Petroleum zogen sich zurück; National Biscuit schloß Werke von Trüller und Xox; Singer verkaufte das Versandhaus Schwab, ein Nähmaschinenwerk machte die Tore zu; NCR schloß Fabriken in Gießen (400 Mitarbeiter) und Berlin (1.500 Mitarbeiter); General Electric stieß Anteile an der AEG ab; Rückzug auch beim Aluminiumkonzern Reynolds. Positive Beispiele waren: IBM, Xerox, 3 M, Texas Instruments sowie Ford und Opel. O.V., "US-Firmen: Riskanter Einstieg", *Der Spiegel* Nr. 52 (1978): 37f.

38 O.V., "Weniger US-Investitionen für die Bundesrepublik - Kostensituation erheblich verschlechtert", *Handelsblatt*, 29. März 1976, 2.

39 O.V., "Chase Manhattan Sets Bank in Britain Aimed at "Middle Market", *The Wall Street Journal*, 2. Juli 1973, 26.

40 Das Geschäftsvolumen der Hamburger City Bank wollte der Leiter anläßlich einer Pressekonferenz nicht mitteilen. O.V., "First National City Bank in Hamburg", *Handelsblatt*, 26. Januar 1971, 17.

wiederum anders aus: Zu Anfang der 70er Jahre dominierten eindeutig die deutschen Tochtergesellschaften amerikanischer Konzerne.[41]

Morgan Guaranty gab einen Zeitraum von 1965 bis 1975 an, in dem die US-Unternehmen in Deutschland die Hauptkundengruppe darstellten.[42]

Bankers Trust fühlte sich insbesondere vom attraktiven deutschen Finanzmarkt angelockt; es ging der Bank weniger darum, ganz konkreten Geschäften nachzugehen.[43] Man erkannte bei Bankers Trust, daß sich wegen der Mindestreservebestimmungen der Deutschen Bundesbank kaum ein nennenswerter europäischer Geldmarkt in Deutschland entwickeln könnte. Diese Funktion fiel London zu, weshalb Bankers Trust dort viel expansiver vorging als in Deutschland. Von Brüssel, als dem Sitz der Europäischen Gemeinschaft, erwartete Bankers Trust im Hinblick auf einen Finanzplatz auch viel Positives - diese Voraussage bewahrheitete sich jedoch nicht.[44]

Die Citibank wandte sich ab 1975 verstärkt der Betreuung multinationaler Unternehmen zu, etwa, indem sie Firmen wie der Hoechst AG überall in der Welt das Konto führte.[45] Zwei andere Segmente, vermögende Privatkunden und mittelständische Unternehmen, die beide nicht zu den Zielgruppen in Deutschland gehörten, bediente die Citibank über das Bankhaus Trinkaus & Burkhardt, an dem eine Mehrheitsbeteiligung gehalten wurde.[46]

Fraglich blieb, ob es sich in den 70er Jahren schon lohnte, von Deutschland aus vermögende Kunden zu betreuen. Üblicherweise legte diese Klientel ihr Geld in Dollar an oder verfügte über ein Nummernkonto in der Schweiz. Es war auch zu beweisen, ob der Mittelstand in dem Maße von den Vorteilen einer internationalen Bank profitieren konnte, wie es die großen multinationalen Unternehmen taten.

Insgesamt unterstrich die Citibank aber mit diesen neuen Zielgruppen, einschließlich der Privatkunden bei der KKB, ihren Anspruch, möglichst universal in Deutschland auftreten zu wollen, sich also von einer inländischen Bank kaum noch zu unterscheiden.

---

41 Gerhard Kutscher, "Citibank: Das Wachstum wird sich verlangsamen", *Handelsblatt*, 24. April 1975, 10.

42 O.V., "Das Großkundengeschäft erfordert eine große Flexibilität und Innovationskraft", *Handelsblatt*, 2. Mai 1984, 6.

43 David K. Sias jr., "Ausländische Banken in Deutschland", Banken International, *Handelsblatt*, 28. Oktober 1970, III.

44 In Brüssel befand sich auch das europäische Hauptquartier der Chase Manhattan Bank. In der zweiten Hälfte 1973 zog die Chase allerdings nach London, wo man hoffte, ein Entscheidungszentrum aufbauen zu können. Bis dahin erhielten die Chase und auch andere amerikanische Banken ihre Anweisungen direkt aus den Zentralen in den USA. Im europäischen Hauptquartier der Chase in Brüssel wurden keine Kreditentscheidungen getroffen, es diente nur der Koordination von unterstützenden Funktionen in der Bank. O.V., "A Chase in the crowd", *The Economist*, 12. Mai 1973, 89.

45 Wilfried Scheele, früheres Vorstandsmitglied Citibank AG, Interview, geführt am 23. April 1998, Frankfurt.

46 Wilfried Scheele, "Citibank", *Zeitschrift für das gesamte Kreditwesen* 13 (1975): 592.

2) Konsortialkredite am Euromarkt

Wegen des Volumens oder bestimmter Anforderungen an die Fristigkeit bzw. der Zinskonditionen ließen sich Eurokredite nicht immer nur von einer Bank allein bewältigen. Eine Neuerung innerhalb des Euromarkts bestand deshalb in der Methode des Konsortialkredits, die es ermöglichte, daß Gruppierungen von bis zu 200 Instituten und mehr sich zusammenfanden, um bei geteiltem Risiko auch größere Kreditbeträge zur Verfügung zu stellen. Daneben hatten im Auslandsgeschäft unerfahrene Banken eine Chance, das internationale Kreditgeschäft kennenzulernen.[47]

Neben den Konsortialaktivitäten am Euromarkt gab es ab Mitte der 70er Jahre auch unter den Auslandsbanken in Deutschland die Tendenz zu Konsortialkrediten. Dies war als Antwort auf die Spannungen am internationalen Kreditmarkt und die neuen, restriktiveren Regulierungen in Deutschland zu verstehen. Generell stieg auch die Nachfrage nach mittel- und langfristigen Finanzierungen, für die sich Konsortialkredite besonders gut eigneten.

Die Citibank engagierte sich verstärkt im mittelfristigen Anlage- und Kreditgeschäft.[48] Bei der Chemical Bank entwickelte man mittelfristige Eurokredite, die in syndizierter Form vor allem an Regierungen und andere offizielle Stellen vergeben wurden.[49]

Für Morgan Guaranty gewann ab Mitte der 70er Jahre der Konsortialgedanke ebenfalls an Bedeutung; mit dem Produkt "Internationaler Kredit" baute sich die Bank ein weiteres Standbein in Deutschland auf. Da Morgan von Anfang an eine große Rolle im Eurodollar-Recycling spielte, fand die Bank einen einfallsreichen Weg, auch die deutsche Niederlassung in diesen Recycling-Prozeß einzubinden, und zwar durch die Ausgabe von DM-Schuldscheinen. Mit der Neubelebung dieses in der deutschen Industriefinanzierung der 60er Jahre häufig benutzten Finanzierungsinstruments verschaffte sich Morgan insbesondere Zutritt zur Kundengruppe der weltweit tätigen Großunternehmen.[50] Das Entscheidende am Schuldschein war, das ihn auch *commercial banks* begeben konnten. Für Morgan gehörte der Schuldschein, ein quasi-Wertpapier, zugleich in einen größeren Kontext, der 1969 mit der Gründung der *one-bank holding company* begann und über den Londoner Euromarkt die Rückkehr Morgans zum Wertpapier- und Handelsgeschäft bewirkte, dem einstigen

[47] In Erinnerung blieben ein 6-Mrd.-Dollar-Vorschuß an Mobil Oil oder der 4-Mrd.-Dollar-Kredit an Frankreich. Rainer E. Gut, "Die Internationalisierung des Kreditgeschäfts", *Banken: Erfahrungen und Lehren aus einem Vierteljahrhundert 1958 - 1983*, Hrsg. Landesbank Rheinland-Pfalz (Frankfurt: Knapp, 1983) 89.

[48] Scheele, "Citibank", 590.

[49] Dieser Kredittyp fand besondere Verbreitung in der zweiten Hälfte der 70er Jahre. O.V., "Chemical New York Cooperation: Chemical Bank", *Zeitschrift für das gesamte Kreditwesen* 33 (1975): 280.

[50] O.V., "Das Großkundengeschäft erfordert eine große Flexibilität und Innovationskraft", *Handelsblatt*, 2. Mai 1984, 6. In Paris wurde diese originelle Form des Recycling durch die Ausgabe von Dollar-Schuldscheinen betrieben. Kurt F. Viermetz, Retired Vice Chairman, J. P. Morgan & Co. Inc., New York, Interview, geführt am 5. November 1998, Berlin.

Aushängeschild der Bank, bevor der 1930er Jahre-New Deal aus der Bank eine *commercial bank* machte.

Ein Konsortialkredit besonderer Art wurde 1976 unter Führung der Bank of America an die DDR vergeben. Das Volumen belief sich auf 175 Mio. Dollar und wurde zusammen mit der Deutschen Außenhandelsbank AG sowie 38 weiteren Banken getragen.[51]

Ob Konsortialkredite immer gute Zinsmargen einbrachten, darüber waren die Meinungen geteilt.[52] Aus Sicht zumindest großer Banken, die sich oligopolistisch verhalten konnten, deutete aber alles daraufhin, daß diese Form des Kreditgeschäfts trotz dahinschmelzender Margen sehr einträglich war, da wegen der erstklassigen Bonität aller Beteiligten kaum Risiken bestanden.[53] Andererseits machten sich bei der Gruppe der Bankkonsortien schrumpfende Margen und zunehmende Risiken bemerkbar.[54] Da es auch Bankpleiten gab, verstärkte sich der Trend, die Gelder bei den größten und sichersten Banken zu konzentrieren.[55]

Im Londoner Euro-Währungsmarkt war die Position der amerikanischen Banken unangefochten. Auf sie entfiel im Mai 1976 ein Marktanteil von 37,9%. Den Rest teilten sich Konsortiumsbanken mit 5,9%, britische Banken mit 19,4%, andere ausländische Banken mit 22,6% und japanische Banken mit 14,2% Marktanteil.[56] 1977 stellten amerikanische Banken ungefähr ein Drittel der Konsortialkredite in Europa. Die Tabelle 11 zeigt die Ranglisten der Anführer von Euro-Konsortialkrediten für 1975 nach der Anzahl und für 1979 nach dem Volumen. Trotz der eingeschränkten Vergleichbarkeit läßt sich erkennen, daß die amerikanischen Banken gegenüber den europäischen und japanischen Instituten bereits zurückwichen. Die Listen bringen allerdings nicht zum Ausdruck, daß an den Konsortialkrediten jeweils auch viele US-Regionalbanken beteiligt waren. Die großen multinationalen Banken beteiligten sich wegen der sicheren Provisionseinnahmen am liebsten als Konsortialführer und trugen zu den Kreditsummen häufig nur Bruchteile bei. Es gab öfters Pannen, die zu Schadensersatzklagen der Regionalbanken führten. Namhaften Konsortialführern wie Morgan Guaranty oder Manufacturers Hanover blieb so etwas nicht erspart.[57]

---

[51] O.V., "Bank of America Group Sets $175 Million Loan To East German Bank", *The Wall Street Journal*, 7. Juni 1976, 20.

[52] Wolfgang Röller, "Globalisierung in der Banking-Industrie", *Globalisierung und Wettbewerb: in memoriam Alfred Herrhausen*, Schriftl. Horst Albach (Wiesbaden: Gabler, 1992) 123.

[53] Jens Cordes, *Internationale Kapitalströme, multinationale Banken und staatliche Regulierungen* (Aachen: Shaker, 1995) 119.

[54] Die US-Banken wurden sich der Risiken im Kreditgeschäft zunehmend bewußt, besonders, als am Anfang der 70er Jahre zu erwarten war, daß sich die amerikanische Rezession auch bis nach Europa ausbreiten würde. "Just before coming to Europe, I took a look at some of our loans and I really blew my stack", sagte ein New Yorker Banker. Janssen, "Economic", 32.

[55] Michel Brosset, *Multinationale Bankenverflechtungen - Joint Ventures und Partnerschaften* (Bern: Haupt, 1983) 184.

[56] Thomas und Segall, "The leopards", 21.

[57] Eckard Paul Imhof, "Der Konsortialkredit gefährdet ... ", *Zeitschrift für das gesamte Kreditwesen* 6 (1977): 214.

Tabelle 11: Euro-Konsortialkredit Anführer 1975 (Anzahl) und 1979 (Volumen)

Rang	1975	Anzahl der Kredite	1979	Volumen der Kredite US-$ Mio.
1	Chase Manhattan	54	Citicorp	11.144,3
2	Bank of America	54	Chase Manhattan	7.993,3
3	Citicorp	50	Crédit Lyonnais	7.459,7
4	Morgan Guaranty	31	Bank of Montreal	7.275,0
5	Manufacturers Hanover	29	Lloyds Bank Group	6.555,3
6	First Chicago	27	Bank of Tokyo	6.243,8
7	Chemical Bank	22	Bank of America	5.361,5
8	Canadian Imperial	22	Morgan Guaranty	5.136,4
9	Bankers Trust	20	WestLb	4.199,4
10	Orion Bank	19	Manufactures Hanover	3.869,0
11	Royal Bank of Canada	18	Deutsche Bank	3.749,6
12	Toronto Dominion	18	Chemical Bank	3.299,0
13	Banque Nationale de Paris	18	Industrial Bank of Japan	2.965,9
14	Wells Fargo	18	NatWest	2.926,5
15	Lloyds Bank	17	Bankers Trust	2.852,0

Quellen: Tony Thomas und Anne Segall, "The leopards change their spots", Survey American Finance, *The Economist*, 22. Januar 1977, 18. M.S. Mendelsohn, "New challenges for the recycling mechanism", *The Banker* (Januar 1980): 63.

3) Organisatorische Veränderungen wegen rückläufiger Geschäfte

Die Continental Bank in Frankfurt war die deutsche Zweigniederlassung der Continental Illinois National Bank and Trust Company, Chicago. Neben der Frankfurter Zentrale gab es noch eine Repräsentanz in Düsseldorf und die 1970 in München eingerichtete Filiale. Letztere bekam die ungünstige Geschäftslage für Auslandsbanken in der zweiten Hälfte der 70er Jahre deutlich zu spüren. Das Geschäftsvolumen in München war zu klein, um die Abwicklungskosten voll abzudecken. Die mittelgroße US-Bank entschied sich daher, ab Mitte 1976 die zentrale Geschäftsabwicklung in Frankfurt anzusiedeln. Die Citibank beschloß ebenfalls Mitte der 70er Jahre die Zentralisierung der administrativen Abteilungen sowie

Kreditabteilungen der Filialen auf die Hauptstelle in Frankfurt. Dies bewirkte einen Rückgang des Personals in den Filialen von ursprünglich durchschnittlich 50 bis 60 Personen auf ca. 20 Personen, im Falle der Citibank Filiale in Berlin sogar auf 10 Personen. Bei der wesentlich kleineren Continental in München verblieben noch 9 von ehemals 22 Mitarbeitern, die einmal für die süddeutsche Region als Betreuer eingesetzt waren und Neukunden akquirierten. Auf diese Region entfiel ein Drittel des Geschäftsvolumens der Continental Bank in Deutschland, die als ihre Schwerpunkte den Geld- und Devisenhandel sowie das kurzfristige Kreditgeschäft ansah.

Den Rückgang des Bilanzvolumens im Jahre 1975 in der deutschen Continental Illinois erklärte der Leiter damit, daß die Bank sich nur noch auf solche Kunden konzentrieren wollte, die auch entsprechende Umsätze brachten.[58] Doch dies dürfte nur ein Teil der Erklärung sein. Da in der zweiten Hälfte der 70er Jahre die Kreditnachfrage bei allen Banken zurückging, waren davon natürlich die Auslandsbanken besonders betroffen. Zugleich machte sich bei der Continental Bank die Politik bemerkbar, die Kreditbestände von Kreditnehmern mit schlechter Bonität zu befreien.

Die Mellon National Bank war als deutscher Abkömmling der Mellon Bank N.A., Pittsburgh, seit 1971 mit einer Repräsentanz und seit 1973 mit einer Niederlassung in Frankfurt vertreten.[59] Doch statt wie geplant, die Geschäfte auszubauen, schränkte die Mellon Bank in den Jahren 1974 und 1975 den Geldhandel in Frankfurt und London wegen der Unsicherheiten mit den flexiblen Wechselkursen ein.[60] Das Geldhandelsvolumen ging in den ausländischen Filialen Frankfurt, London und Tokio um 23% zurück. Zehn Jahre später, 1985, zog sich die Mellon Bank ganz aus Deutschland zurück.[61] Die Begründung lautete, das Europageschäft von London aus betreiben zu wollen. Es mag der Mellon Bank allerdings auch an einer natürlichen Kundenbasis in Deutschland gefehlt haben, obwohl die

---

58 Die Continental Illinois beschäftigte in Frankfurt 72, in München 22 und in der Düsseldorfer Repräsentanz 4 Mitarbeiter. Die Höhe der Bilanzsumme in Deutschland wurde nicht genannt. Gerhard Kutscher, "Illinois bremst deutsche Bilanz", *Handelsblatt*, 27. März 1975, 28.

59 Die gesamte Auslandsoffensive startete die Bank erst Mitte der 60er Jahre, wozu man sich bei Mellon gezwungen fühlte, um nicht das Großkundengeschäft zu verlieren. Die amerikanische Konkurrenz, vorwiegend die an der Küste ansässigen US-Banken, verfügte nämlich schon länger über Bankstellen im Ausland. Vom Engagement in Deutschland erwartete man sich eine Intensivierung des Großkundengeschäfts, vor allem im Kreditbereich. Als weiteres Standbein sollte das Geldmarktgeschäft ausgebaut werden. Mellon National Corporation: Mellon Bank N.A., *Geschäftsbericht 1972*, in: *Zeitschrift für das gesamte Kreditwesen* 4 (1974): 140.

60 Die Frankfurter Niederlassung schloß das erste Geschäftsjahr gleich mit Gewinn ab. Mellon National Corporation, Mellon Bank N.A., *Geschäftsbericht 1973*, in: *Zeitschrift für das gesamte Kreditwesen* 7 (1974): 280.

61 Die Schließung der Niederlassung in Frankfurt betraf 40 Mitarbeiter und ein Bilanzvolumen von ca. 600 Mio. DM. O.V., "Mellon Bank", *Zeitschrift für das gesamte Kreditwesen* 14 (1985): 677. Der Nettogewinn der Bank aus den europäischen Aktivitäten schrumpfte von 22 Mio. Dollar im Jahr 1982 auf 1 Mio. Dollar im Jahr 1984. Die Verlagerung nach London ging auch mit einer Strategieänderung einher. Nach der neuen Strategie wollte Mellon ganz andere Produkte und Dienstleistungen in London und in den Niederlassungen in Griechenland, Italien und Spanien anbieten als noch zu Frankfurter Zeiten. Gerhard Kutscher, "Mellon Bank gibt in Frankfurt auf", *Handelsblatt*, 27. Juni 1985, 7.

Mellon Bank bessere Ergebnisse erzielte als unmittelbare Mitwettbewerber. Wahrscheinlicher für den Rückzug sind noch Schwierigkeiten im Heimatland.

Über eine stagnierende Kreditnachfrage im Jahr 1975 klagte auch die Citibank, erklärte aber, daß das in den deutschen Filialen verbuchte Geschäft kein sehr verläßlicher Indikator für die Aktivitäten der Citibank in Deutschland wäre. Außerdem hatte die Citibank noch die Beteiligungen an Trinkaus & Burkhardt und der KKB Kundenkreditbank.[62]

Bei der Chase Manhattan Bank praktizierte man Kostensenkungen unter anderem durch die Reduzierung der Mietkosten der Geschäftslokale. Im Jahr 1975 zog die Chase mit ihren Filialen in München und Stuttgart aus einer Erdgeschoßlage in den ersten oder zweiten Stock.[63] Dies wurde möglich, weil die Bank 1975 den Schalterverkehr in allen Filialen aufgab.[64] Ähnliche Einsparmaßnahmen hat es auch bei der Citibank gegeben. Dort standen den Kunden ab 1977 die Schalter nur noch in den Filialen Frankfurt und Berlin zur Verfügung; die Filialen Düsseldorf, Hamburg, München und Stuttgart waren schalterlose Bankstellen geworden.[65]

4) Das Konkurrenzverhältnis zwischen deutschen und amerikanischen Banken

Das Thema der Konkurrenz zwischen deutschen und ausländischen Banken erhielt in der zweiten Hälfte der 70er Jahre neuen Auftrieb. Für die Chase Manhattan Bank in Deutschland existierte dieses Konkurrenzverhältnis aber nicht wirklich: "Da deutsche Unternehmen eine sehr gute und meist schon lange traditionelle Beziehung zu deutschen Banken haben, wurde nie wirklich um inländische Mark-Kredite konkurriert."[66] Die Chase empfahl sogar den US-Unternehmen, sich zunächst eine D-Mark-Basis bei einer deutschen und dann erst bei einer ausländischen Bank zu suchen.

Versöhnlich klangen die Worte eines Vertreters der Dresdner Bank: "All of these foreign branches, affiliates and subsidiaries enjoy the extremely liberal banking regulations of Germany and are on an equal footing with domestic banks. These banks have now been fully integrated in the German economy and banking community, and the many close

---

62 Kutscher, "Citibank", 10.

63 O.V., "Was wollen Sie in der Bundesrepublik?", *Capital* 2 (1976): 114.

64 O.V., "Chase Deutschland wird eine AG", *Börsen-Zeitung*, 1. September 1977, 2.

65 O.V., "Citibank AG", *Zeitschrift für das gesamte Kreditwesen* 18 (1977): 934.

66 Das Zitat stammte vom Chase Chef für Zentraleuropa, Sieghardt Rometsch. O.V., "Fremdfinanzierung: Schon 49 Auslandsbanken in Deutschland", *Capital* 2 (1976): 111.

personal relationships between representatives of foreign and German banks attest to this fact."[67]

Es schien die deutschen Banken auch nicht gestört zu haben, daß die US-Banken im internationalen Geschäft einige Basisvorteile hatten, nicht zuletzt die immense Kapitalkraft. Man beklagte sich nicht über diese Konkurrenz.[68]

Eine andere Meinung war wiederum: "In any case, it is becoming quite obvious that foreign banks are by no means leading the life of wallflowers in Germany."[69]

Dieser Einschätzung hätte sich das Bundesaufsichtsamt für das Kreditwesen sicher anschließen können, denn dort wußte man, daß die deutschen Jahresabschlüsse der Auslandsbanken nicht alle in Deutschland stattgefundenen Aktivitäten wiedergaben.[70]

Eine grundlegende Erfahrung von Konkurrenzverhältnissen in Banken war jedoch, daß die Imitierbarkeit von Finanzdienstleistungen wegen des nicht vorhandenen Patentschutzes dafür sorgte, daß Innovationen immer nur für kurze Zeit einen Wettbewerbsvorsprung sichern konnten. So war es das Verdienst der Auslandsbanken, mit Innovationen wie dem geldmarktorientierten Kredit nach Deutschland gekommen zu sein, es sich aber nicht verhindern ließ, daß die deutschen Banken diese Finanzdienstleistungen schnell nachahmten und plötzlich zu Konkurrenten wurden. Aus diesem Blickwinkel betrachtet, war verständlich, daß die deutsche Kreditwirtschaft in den Auslandsbanken keine Gefahr sah.[71]

Darüber hinaus verbesserte sich das Konkurrenzverhältnis im Verlaufe der 70er Jahre in dem Maße, wie deutsche Banken selber Filialen im Ausland gründeten und stärker im internationalen Bankgeschäft mitmischten. Jeder fischte auf einmal im Gewässer des anderen.

Eine Ausnahme bildete nur das Einlagengeschäft. Hier schlugen die Wogen hoch, wenn ein Außenstehender versuchte, das allgemeine Zinsniveau zu unterwandern oder mit bisher nie vorgekommenen Methoden auf Kundenfang zu gehen. Die Chase Bank zog sich als Initiator und Eigentümer der Familienbank jedenfalls den Ärger der gesamten Branche zu.[72] Es grauste den deutschen Banken davor, sich von einer ausländischen Bank zeigen zu

---

67 Karl-Ludwig Bresser, "Market Position and Market Behaviour of Foreign Banks in Europe", *International Banking in the Eighties*, Hrsg. Deutsches Komitee der AIESEC und Christoph Brützel (Frankfurt: Knapp, 1981) 36.

68 Franz-Josef Trouvain und Herbert Wolf, "Die europäische Bankenkooperation", *Das Bankwesen im größeren Europa*, Hrsg. Rudolf Regul und Herbert Wolf (Baden-Baden: Nomos, 1974) 553.

69 Bresser, "Market Position", 37.

70 Um den tatsächlichen Geschäftsumfang und den Gewinn einer Filiale einer Auslandsbank im Hinblick auf die Besteuerung zu ermitteln, waren für die Finanzämter außer dem Jahresüberschuß auch noch die Verwaltungskosten und die Anzahl der Filialmitarbeiter wichtige Indikatoren.

71 "To sum up I would say that this competitive pressure from overseas commercial banks, merchant banks and unit trust organizations has contributed to stimulating efficiency and imagination in the European banking community." Werner Premauer, "Interview - German Banking", *The Banker* (Januar 1972): 175.

72 Siehe Gliederungspunkt Familienbank Seite 171.

lassen, wie man seine Kalkulation transparenter machte oder den Kunden mit längeren Öffnungszeiten mehr Service bot.

4. Neue deutsche Bankgesetze verändern den Geschäftsansatz der Auslandsbanken

A. Die Auswirkungen der Herstatt-Krise

Auf die Herstatt-Krise folgten Änderungen des Kreditwesengesetzes (KWG), die sich insbesondere auf die Situation der Auslandsbanken in Deutschland auswirkten. Noch im Jahr 1974 begrenzte das Bundesaufsichtsamt für das Kreditwesen in einem ersten Schritt mit dem Grundsatz I a die Risiken aus dem Devisengeschäft. Den zweiten Schritt bildete 1976 die sogenannte Sofortnovelle. Sie verbesserte die Sicherheit der Banken und den Gläubigerschutz, indem die Risiken aus Großkrediten stärker begrenzt sowie das Prüfungsrecht und die Kompetenzen des Aufsichtsamtes erweitert wurden.[73]

Gravierend wirkten sich speziell die neuen Großkreditregelungen des KWG aus. Sie verengten den Handlungsspielraum der Auslandsbanken, deren wesentliche Aktivitäten noch immer das Kreditgeschäft mit multinationalen Unternehmen und das Großkreditgeschäft waren.[74]

Im Ergebnis führte die neue Regelung zu Erhöhungen des Eigenkapitals bei den Auslandsbanken, wobei der Umfang darauf hindeutete, daß die Banken Wege gefunden haben, die Kapitalerhöhungen zu vermeiden. Traditionell lag die Eigenkapitalquote bei den Auslandsbanken höher als bei der vergleichbaren Gruppe der Kreditbanken. Eine naheliegende Lösung war, Teile des Geschäfts auf andere Standorte im Konzern zu verlagern. Die japanischen Banken in Deutschland wiesen klar darauf hin, daß man, um das deutsche Dotationskapital zu schonen, auf die Filiale in Luxemburg ausweichen mußte.[75]

Es kamen aber noch weitere Ersatzlösungen in Frage. Im § 53 Abs. 4 des KWG war festgelegt, daß bei den inländischen Zweigniederlassungen ausländischer Banken nur das effektiv zur Verfügung stehende Betriebskapital zum haftenden Eigenkapital gehörte. Um nun eine Erhöhung des Dotationskapitals möglichst nicht zum Tragen kommen zu lassen, weil dieses Kapital für die Bank keinen Nutzen hatte, bot sich die Wandlung der Rechtsform an, und zwar in die der Aktiengesellschaft (AG). Die Citibank machte 1976 hiervon als erste amerikanische Bank Gebrauch. Der Vorteil lag darin, daß die AG neben dem Grundkapital

---

73 Wolf, "Deutschland", 532.

74 Jean Dannenberger, "Die Repräsentanten", *Zeitschrift für das gesamte Kreditwesen* 21 (1980): 1014.

75 Sebastian Frobenius, "Japans Banker empfinden deutschen Markt als ein schweres Pflaster", *Handelsblatt*, 19. Juni 1978, 8.

auch noch Einlagen stiller Gesellschafter erlaubte, und die Verzinsung dieser Einlagen wiederum als Aufwand in die Gewinn- und Verlustrechnung eingehen konnte. Daneben sprach für die AG eine günstigere Besteuerung und die Möglichkeit, als Tochtergesellschaft das Wertpapiergeschäft in Deutschland ausüben zu können.[76]

Eine weitere Möglichkeit, um das Dotationskapital nicht erhöhen zu müssen, bestand in der Aufnahme von langfristigen Krediten in Form von Dreiecksgeschäften: In diesem Fall trat eine ausländische Mutter mit einer inländischen Mutter in Kreditbeziehung und letztere mit ihrer Euro-Tochter, die dann schließlich mit der inländischen Tochter der ausländischen Mutter ein Kreditverhältnis bildete. Möglich war ferner, daß die Mutter nachrangige Kredite gewährte.[77]

Wie sehr die Zweigstellen ausländischer Banken von den beiden zuletzt genannten, flexibleren Lösungen Gebrauch gemacht haben, zeigt die folgende Abbildung 4 der Entwicklung des Nettoforderungsbestandes von 1975 bis 1982. Dabei fällt der Aufbau eines negativen Nettoforderungsbestandes gegenüber ausländischen Banken genau mit den erhöhten Anforderungen an das Eigenkapital gegen Ende des Jahres 1976 und für das Folgejahr 1977 zusammen. Im Gegensatz zu den anderen Kreditinstituten führten die Auslandsbanken einen, wenn auch in der Größe schwankenden, Kapitalimport durch; der Wert der langfristigen Verbindlichkeiten erhöhte sich auf diese Weise.[78] Auffällig war, daß es zum Teil entgegengesetzte Verhaltensweisen hinsichtlich des Kapitalexports und der Fristentransformation bei den ausländischen Zweigniederlassungen und den deutschen Banken gab.

---

76 Der Verband der Auslandsbanken sprach angesichts dieser Vorteile vom Druck in Richtung Tochtergesellschaft oder auch von der "Abdrängung in deutsche Rechtsformen". O.V., "Ausländische Banken: Mehr Zusammenhalt", *Zeitschrift für das gesamte Kreditwesen* 4 (1987): 141.

77 Wilfried Fuhrmann, "Zum Kapitalverkehr zwischen deutschen und ausländischen Kreditinstituten", *Kredit und Kapital* 2 (1983): 279.

78 Ibid.

Abbildung 4: Kennziffern zur Entwicklung des Nettoforderungsbestandes[79]

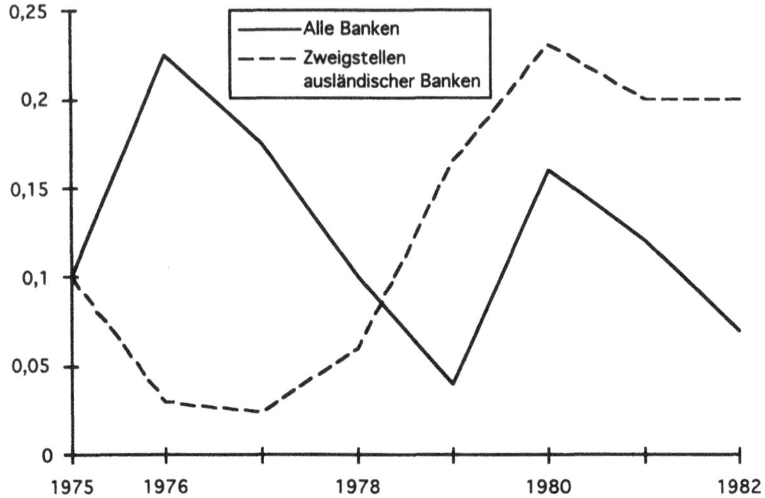

Quelle: Wilfried Fuhrmann, "Zum Kapitalverkehr zwischen deutschen und ausländischen Kreditinstituten", *Kredit und Kapital* 2 (1983): 276.

Schließlich blieb das *Gentleman's Agreement* von 1978 nicht ohne Folgen für die Auslandsbanken: Mit dieser freiwilligen Absprache erwirkte die Deutsche Bundesbank zwar die Einschränkung oder Nicht-Ausdehnung des "Sortiments" beziehungsweise der Palette von Anlagemöglichkeiten für Ausländer, doch die Kompensierung an den Euromärkten war damit nicht aufzuhalten, so daß Geschäfte mit DM-*certificates of deposits*, die in Deutschland nicht zugelassen waren, in London stattfanden.[80]

B. Die amerikanischen Banken gründen Aktiengesellschaften

Auf das geänderte KWG, das alle Banken stärker in die Pflicht nahm, fanden die drei großen amerikanischen Banken unterschiedliche Antworten. Am wenigsten veränderte sich bei der Bank of America; sie hob 1976 allerdings das Dotationskapital von 119 auf 170 Mio. DM

---

[79] Die Herleitung der Kennziffer, N*i* genannt, findet sich bei Wilfried Fuhrmann. Ibid., 274.

[80] Fuhrmann, "Zum Kapitalverkehr", 268.

an.[81] Der Zeitpunkt dafür war günstig, denn die Bank of America selbst bezeichnete das Jahr 1976 als das beste in Deutschland.[82] Es war zugleich auch ein Jahr, in dem sich die deutsche Konjunktur kräftig erholte, um dann allerdings 1977 und 1978 wieder mit Zuwachsraten des realen Bruttosozialprodukts von knapp 3% abzuflachen.[83] Es sah so aus, als ob sich die Bank of America gegen den Trend sinkender Margen und flauer Kreditnachfrage entwickelte, der für Deutschland, Frankreich und Großbritannien in der zweiten Hälfte des Jahres 1976 so charakteristisch war.[84] Erstmals veröffentlichte die Bank Geschäftszahlen, von denen Präsident A.W. Clausen die Eigenkapitalverzinsung der sechs deutschen Filialen hervorhob. Sie lag bei 15%. Der Kundenkreis setzte sich zu 3/4 aus Kreditnehmern mit Geschäftssitz in Deutschland zusammen, was wegen der geringen Abhängigkeit von US-Firmen als positiv angesehen wurde.[85]

An der Rechtsform änderte die Bank of America nichts und begründete dies mit ihrer Positionierung im Großkundengeschäft; außerdem war es ein Vorteil, als internationale Bank die Jahresabschlüsse ihrer Filiale nicht in Deutschland veröffentlichen zu müssen.[86] Letzteres Argument verlor jedoch schon 1976 seine Bedeutung, weil nach den neuen Vorschriften des KWG alle Zweigniederlassungen ausländischer Banken ihre Jahresabschlüsse im Bundesanzeiger zu veröffentlichen hatten.[87]

---

81 O.V., "25 years Bank of America in Germany", *Zeitschrift für das gesamte Kreditwesen* 19 (1976): 914.

82 Diese höheren Inlandserträge korrespondierten offenbar mit den Eurozins-Margen, die sich nach der Herstatt-Krise erholten. 1976 erzielten die Banken Margen, die sich zwischen 1 1/4% für Industrieländer und 2 1/4% für Entwicklungsländer bewegten. Die Laufzeiten lagen zwischen 5 und 7 Jahren. Doch von 1977 bis 1980 machten die internationalen Banken am Euromarkt die Erfahrung eines fast ununterbrochenen Rückgangs der Margen bei gleichzeitiger Verlängerung der Laufzeiten. 1979 betrug der Durchschnitt der Margen für Industrieländer 0,49% und 0,68% für größere Schuldner aus der Gruppe der nicht der OPEC zugehörigen Entwicklungsländer, bei Laufzeiten, die häufig 10 Jahre überstiegen. Wilfried Guth, "Das internationale Kreditgeschäft der Banken und seine Probleme", *Die Bank* 7 (1980): 310.

83 Jürgen von Hagen, "Geldpolitik auf neuen Wegen (1971-1978)", *Fünfzig Jahre Deutsche Mark*, Hrsg. Deutsche Bundesbank (München: Beck, 1998) 458.

84 O.V., "American banks take another trip abroad", *The Economist*, 20. November 1976, 131.

85 Gerhard Kutscher, "Die Bank of America legt zum Jubiläum erstmals Zahlen vor", *Handelsblatt*, 24./25. September 1976, 20.

86 James P. Miscoll, Vice Chairman (Retired), Bank of America, Telefongespräch am 14. August 1998, San Francisco.

87 Die Publizität der Auslandsbanken war bis 1976 verschwindend gering. Nur so ließ sich die Sensation verstehen, als die Chemical Bank 1975 behauptete, die einzige Niederlassung einer ausländischen Bank in Deutschland zu sein, die mit einer Reihe von Zahlen an die Öffentlichkeit ging. Im einzelnen waren dies die Angabe der Bilanzsumme in Höhe von 1,5 Mrd. DM, die Konzentration auf Großkunden, von denen das Kreditgeschäft mit deutschen Firmen einen Anteil von 60-65% ausmachte. Chemical errechnete für sich in der Gruppe der 45 ausländischen Banken in Deutschland einen Marktanteil von 5%. Das Dotationskapital der Bank lag 1975 bei 50 Mio. DM; in Frankfurt beschäftigte man 90 Mitarbeiter, nachdem es 1969 mit 20 Personen begann. Die Ertragslage wurde 1974 mit gut bezeichnet. Die Zinsspanne, die das Verhältnis von Zinsüberschuß zu Geschäftsvolumen ausdrückte, stieg 1974 auf deutlich über 1%. Im Vergleich zu den Großbanken war das allerdings wenig, die im gleichen Jahr auf eine Zinsspanne von 3,07% kamen. O.V., "Chemical New York Cooperation: Chemical Bank", *Zeitschrift für das gesamte Kreditwesen* 33 (1975): 280. O.V., "Die Ertragslage der Kreditinstitute im Jahre 1979", *Monatsberichte der Deutschen Bundesbank* (August 1980): 27.

Tatsächlich muß dieser Schritt als Anfang eines Rückzugs aus Deutschland gesehen werden, denn während die Citibank und Chase Manhattan bis Mitte der 80er Jahre weiter wuchsen, verringerte die Bank of America ihr Geschäftsvolumen ab 1976 kontinuierlich.

Abbildung 5: Die Geschäftsvolumina von Bank of America, Chase Manhattan und Citibank

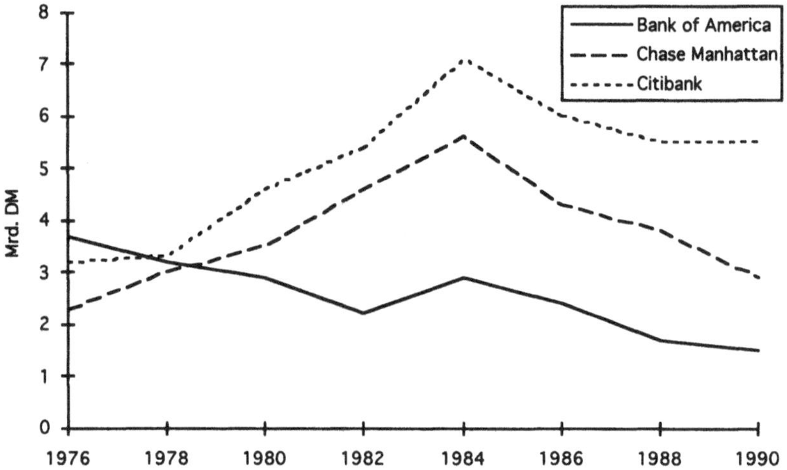

Anmerkung: Chase Manhattan = Chase Bank AG + Chase Manhattan Bank Zweigniederlassung. Citibank (bis 1976 noch First National City Bank) = Citibank AG + Citibank Zweigniederlassung. Quelle: Siehe Anhang 4.

Die First National City Bank ging einen anderen Weg, ihr Engagement in Deutschland war größer als das der Bank of America. So verordnete sich die City Bank 1976 eine neue Unternehmensstruktur, in deren Mittelpunkt die Gründung einer Aktiengesellschaft und die Umbenennung in Citibank stand. Die Aktiengesellschaft nahm den größten Teil der geschäftlichen Aktivitäten der alten Niederlassung und auch der Beteiligungs-Holding in Stuttgart, der Gesellschaft für transatlantische Beteiligungen (GTB), auf. Diese Stuttgarter Holding hatte den Nachteil, daß die Bankenaufsicht das Kapital der gut ausgestatteten Holding nicht als zusätzliche Sicherheit für die Zweigniederlassung gelten lassen wollte, als dort wegen der Expansion und der neuen Großkreditregelung eine Erhöhung des Dotationskapitals um 90 Mio. DM erforderlich wurde. Die New Yorker Zentrale hielt aber eine solche Maßnahme für unangemessen und entschied, durch Gründung einer AG dem ganzen eine neue Form zu geben. Dabei mußte in Kauf genommen werden, daß mit der Auflösung der GTB stille Reserven freigesetzt wurden.

Neben der neuen AG blieb die Zweigniederlassung der Citibank in Frankfurt aber weiter in Betrieb, vor allem für Geld- und Devisenhandelsgeschäfte mit Korrespondenzbanken, weil einer Zweigniederlassung größere Kreditlinien eingeräumt wurden als der "kapitalkleineren" Tochterbank.

In einigen Fällen war die Existenz einer Zweigniederlassung auch aus Gründen der Mindestreservebestimmungen erforderlich. Die Zweigniederlassung behielt die Wertpapierbestände in ihrer Bilanz, weil diese steuerlich nur unter hohen Kosten hätten übertragen werden können.[88]

Durch Übertragungen von der alten Zweigniederlassung und der GTB kam die neue Citibank AG auf Eigenmittel von 460 Mio. DM, die sich unter anderem in 186 Mio. DM Stammkapital, 19 Mio. DM gesetzliche Rücklagen und 225 Mio. DM Einlagen eines stillen Gesellschafters aufteilten. Damit verfügte die Citibank über das höchste Eigenkapital unter den Auslandsbanken in Deutschland; die neuen Großkreditvorschriften berührten die Citibank daher auch nur wenig.

Der stille Gesellschafter war niemand anderes als die amerikanische Mutterbank, was steuerliche Gründe hatte, weil das zum 1.1.1977 in Kraft tretende neue Körperschaftsteuer-System die Ausschüttungen ausländischer Töchter stärker belastete. Die Verzinsung der stillen Einlage verminderte den zu versteuernden Gewinn. Diese vorteilhafte Konstruktion entdeckte die Citibank als erste unter den Auslandsbanken in Deutschland und knüpfte damit an die Tradition an, Gesetzeslücken aufzuspüren, wie schon bei den *certificates of deposit*, *commercial paper*, *loan production offices*, einer Art Filiale, die nicht unter das Filialbankverbot fiel, und der *holding bank*-Konstruktion.[89]

Etwas Positives hatte die Rechtsform der AG auch im Hinblick auf das Marketing, da sich ein Bankleiter jetzt Vorstandsmitglied nennen konnte, was in Vorzimmern und bei manchen Kunden sicher seine Wirkung tat. Außerdem vermittelte der Zusatz AG dem Kunden das Gefühl, eine breit gefächerte Bank vor sich zu haben, eine Universalbank.

Daß die Citibank wegen der neuen Rechtsform publizitätspflichtig wurde, sah die Bank als richtigen Schritt an, weil damit den wachsenden Ansprüchen an die Publizität genügt werden konnte.[90] Ein gewollter Nebeneffekt mochte sein, daß die Citibank mit ihrem

---

[88] O.V., "Citibank AG", *Zeitschrift für das gesamte Kreditwesen* 18 (1976): 892.

[89] Diese Entdeckungen hingen eng mit der unkonventionellen Art des Citibank Präsidenten Walter Wriston zusammen, der offen sagte: "Laws and regulations are sacred. They are there to be changed". Sein Gegenspieler von der Bank of America, A. W. Clausen, war dagegen aus anderem Holz geschnitzt. Clausens Motto war: "A rule is a rule is a rule." Johnston, *Roller*, 382.

[90] Die Citibank betonte, daß sie sich nicht davor scheue, publizitätspflichtig zu werden. Zum einen hätte sie auch bisher schon Zahlen genannt und zum anderen wäre nach den neuen KWG-Bestimmungen eine Offenlegung der Jahresabschlüsse der Zweigniederlassung ohnehin fällig gewesen. O.V., "Citibank AG",

Hauptgeschäft statistisch, d.h. auch bei der Berechnung des Marktanteils, im Zahlenwerk der Deutschen Bundesbank nicht mehr zu den Zweigniederlassungen ausländischer Banken, sondern zu den "Regionalbanken und anderen Kreditbanken" gezählt wurde.

Auf der Aktivseite der Bilanz schlugen die Beteiligungen an Trinkaus & Burkhardt sowie der KKB Kundenkreditbank mit 294 Mio. DM zu Buche. Doch bedeutete es nicht, daß die deutsche AG die Beteiligungen auch kontrollierte - diese Aufgabe nahm die Zentrale in New York wahr.[91]

Trotz der reichhaltigen Eigenmittel plante die Citibank keine weitere Expansion in Deutschland. Zum Kundenkreis zählten mittlerweile 90% der 300 bedeutendsten Unternehmen in Deutschland.

Auf Ebene der Organisation erhoffte sich die Citibank eine größere Arbeitsteilung der drei Institute: Danach war die Citibank AG auf Großkredite und Devisenhandel mit Großkunden, Trinkaus & Burkhardt auf *merchant banking* und die KKB auf das Privatkundengeschäft spezialisiert.[92]

Das Gesicht der Citibank AG sollte sich dabei am meisten ändern. Außer im klassischen kurzfristigen Kreditgeschäft und der Vermittlung von Auslandskrediten, ging es für die neue AG darum, sich noch viel mehr im Inlands- und Auslandszahlungsverkehr, im Inkasso-, Akkreditiv- und Wechselgeschäft sowie im Bürgschafts- und Devisengeschäft zu engagieren. Das Ziel war, sich in Deutschland als Universalbank mit internationalem Zuschnitt zu präsentieren. Zur weiteren Abrundung des Citibankprogramms wurden deshalb die Sparten Exportkreditgeschäft, Renten- und Schuldscheinhandel sowie das Konsortialgeschäft im nationalen und auch im internationalen Bereich weiter ausgebaut oder ganz neu hinzugenommen.[93]

Die Chase Manhattan entschied sich 1977 dafür, in der Form der Aktiengesellschaft zu operieren. Als Grundlage dafür diente ihr die in Düsseldorf ansässige und Probleme bereitende Familienbank AG, die in Chase Bank AG umbenannt und deren Sitz nach Frankfurt verlegt wurde.[94] Von der Zweigniederlassung in Frankfurt, die erhalten blieb, übertrug man den größten Teil der Aktivitäten auf die AG. Im Rahmen der AG war es für die Chase auch möglich geworden, die Überreste aus der Liquidierung der Familienbank AG zu übernehmen, einschließlich der Verlustvorträge. Die Bank selbst gab als Gründe für die neue Unternehmensform an, der Bedeutung der Bank und den Marktgepflogenheiten in der

---

Zeitschrift für das gesamte Kreditwesen 18 (1976): 894. Gerhard Kutscher, "Deutsche Citibank wandelt in Aktiengesellschaft um", *Handelsblatt*, 20. September 1976, 12.

[91] O.V., "Citibank AG", 892.

[92] Kutscher, "Deutsche Citibank", 12.

[93] Wilfried Scheele, "Die Wettbewerbsstellung der ausländischen Banken in Deutschland", Vortrag am 30. Mai 1980, *Berichte und Materialien*: *Die Internationalisierung des Bankgeschäfts*, Heft 2, Hrsg. Institut für Banken und Industrie, Geld und Kredit der Freien Universität Berlin (November 1980): 95.

[94] Chase Bank AG, *Geschäftsbericht 1977*, 1.

Bundesrepublik entsprechen zu wollen, ferner auf die neuen KWG-Bestimmungen zu reagieren und für mehr Transparenz der Deutschlandaktivitäten zu sorgen. Ein Vorteil war, daß unter dem Mantel der Chase Bank AG nun auch die Einlagen von stillen Gesellschaftern, namentlich der Muttergesellschaft Chase Manhattan N.A., New York, als Eigenkapital deklariert werden konnten. Diese stille Einlage betrug 105 Mio. DM; das Stammkapital belief sich bei der Gründung auf 45 Mio. DM.[95]

Die Chase Bank AG, die sich noch vor Gründung der AG als eine "Spezialbank mit Konzentration auf multinationale Unternehmen" sah, öffnete sich stärker den Kundengruppen der deutschen Unternehmen und der Banken. Speziell die neben der AG weiter existierende Niederlassung Chase Manhattan N.A. intensivierte die Devisenberatung sowie den Devisen- und Geldhandel unter Banken; das traditionelle Korrespondenzbankengeschäft wurde wiederbelebt. Im Gegensatz zur Citibank betrieb die Chase allerdings kein Effektengeschäft und kein *merchant banking*. Letzteres übernahm die Londoner Chase-Filiale, die für ganz Europa in diesem Bereich zuständig war.[96]

Bei der Chemical Bank führten die neuen KWG-Vorschriften für Großkredite zu einer Aufstockung des Dotationskapitals um fast 30% auf 70 Mio. DM.[97] Die Bank litt in den Jahren 1976 bis 1978 unter der rückläufigen Nachfrage inländischer Kreditkunden, konnte dies aber durch einen Zuwachs bei den Export- und Projektfinanzierungen im Auslandskreditgeschäft ausgleichen. Die Kreditzusagen im Ausland nahmen um 11% zu.[98] Wegen der Konzentration auf das Großkundengeschäft und ihrer Filiallosigkeit war die Chemical Bank mit Blick auf die Fixkosten besser situiert als die amerikanische Konkurrenz.[99] Mit der Gründung einer AG ließ sich die Chemical Bank, die ein Jahrzehnt später als Chase und Citibank mit einer Zweigniederlassung nach Deutschland gekommen war, noch etwas Zeit. Die Chemical Bank AG nahm Anfang 1982 ihre Geschäfte auf.

---

[95] O.V., "Chase Deutschland wird eine AG", *Börsen-Zeitung*, 1. September 1977, 2.

[96] O.V., "Chase Deutschland", 2. Bei der Chase bestand die Produktpalette aus: Kreditfinanzierungen jeder Art und Laufzeit; Auslandsgeschäft mit dem Auslandszahlungsverkehr, Export-Import-Akkreditive, Dokumenteninkassi und Garantiegeschäft, mittel- und langfristigen Export- und Importfinanzierungen, Dienstleistungen für Korrespondenzbanken; sowie Geld- und Devisenhandel. Chase Bank AG, *Geschäftsbericht 1987*, 9

[97] Gerhard Kutscher, "Die Chemical Bank wich auf Auslands-Markt aus", *Handelsblatt*, 6. April 1977, 13.

[98] Ibid.

[99] Gerhard Kutscher, "Chemical Bank forciert die Exportfinanzierung", *Handelsblatt*, 16. Mai 1978, 10.

C. Aspekte von Zweigniederlassungen und Tochterbanken

Die Bevorzugung der Zweigniederlassung gegenüber der Tochtergesellschaft hatte eine wesentliche Ursache darin, daß die Reputation der Mutterbank sich auch auf die rechtlich unselbständige Zweigniederlassung erstreckte.[100] Dies verdeutlichte der Blick auf die Struktur der Bankbilanzen von Zweigniederlassungen: Per 1976 machten bei den Zweigniederlassungen ausländischer Banken die Forderungen an Kreditinstitute 65% der Bilanzsumme aus gegenüber 27,4% bei allen inländischen Kreditinstituten; im Passivgeschäft beliefen sich die Verbindlichkeiten gegenüber Kreditinstituten auf rund 80%; in der Gruppe aller inländischen Kreditinstitute jedoch nur 20,8%. Hätten Tochtergesellschaften eine ähnliche Bilanzstruktur, so wäre das nur über eine erhebliche Verstärkung des Eigenkapitals möglich. Doch würde die Rendite des zusätzlichen Eigenkapitals von Tochtergesellschaften nach Steuern viel geringer sein, verglichen mit der Zweigniederlassung, wo das Kapital durch Darlehn aufgestockt werden würde.[101]

Im Verhältnis von Zweigniederlassung zu Mutterbank war die Haftungsfrage eindeutig geklärt und nach außen hin sichtbar: Die Mutterbank haftete für die Risiken und Verbindlichkeiten der Zweigniederlassung. Dies war auch der Grund dafür, warum mancher institutioneller Anleger sein Geld bei einer Filiale in größerer Sicherheit wog als bei einer Tochtergesellschaft.[102]

---

100 Beim Vergleich der beiden Formen sprachen auf dem Stand von 1978 für eine Zweigniederlassung und gegen eine Tochtergesellschaft die folgenden Gründe: "Der geschäftliche Ruf der Muttergesellschaft kommt der Zweigniederlassung unmittelbar, der Tochtergesellschaft nur beschränkt zugute; stärkerer Schutz gegen Enteignung; keine Mitbestimmung nach dem Betriebsverfassungsgesetz/Mitbestimmungsgesetz; keine zusätzlichen Verwaltungskosten aufgrund der Rechtsform wie Aufsichtsrat, Hauptversammlung; 'Auslandsverbindlichkeiten' gegenüber der Zentrale und Schwesterniederlassungen im Ausland unterliegen nur mit dem passiven Saldo der Mindestreserve, während Geldaufnahmen inländischer Banken brutto anzusetzen sind; Körperschaftsteuersatz 50 v.H. gegenüber 52 v.H. (Körperschaftsteuer 36 v.H., Kapitalertragsteuer 25 v.H. für Ausschüttungen) bzw. 56 v.H. für thesaurierte Beträge und nicht abziehbare Aufwendungen bei einer Tochtergesellschaft; Verrechnung eines Verlustes mit Gewinnen der ausländischen Hauptniederlassung - bei Tochtergesellschaft nur möglich, wenn eine Regelung entsprechend § 3 AInvG besteht; anteilige Belastung von Zentralekosten möglich; bei einer Tochtergesellschaft nur Verrechnung von Dienstleistungen wie zwischen Dritten, nicht aber von Kontrollkosten." Für eine Tochtergesellschaft und gegen eine Zweigniederlassung sprachen: "Haftungsbeschränkung; bei Banken jedoch zweifelhaft, ob die Reputation die Berufung hierauf erlaubt; es gilt nur das Bankenaufsichtsrecht des Sitzstaates und nicht daneben das des Sitzstaates der Muttergesellschaft; Vorbehalte inländischer Kunden gegenüber ausländischen Unternehmen; Körperschaftsteuer zuzüglich Kapitalertragsteuer (15 v.H.) 46 v.H. des Gewinns vor Körperschaftsteuer für Ausschüttungen gegenüber 50 v.H. bei einer Zweigniederlassung (bei Anwendbarkeit des Doppelbesteuerungsabkommen USA); Inanspruchnahme des Netzes der deutschen DBA's einschließlich Ermäßigung der Kapitalertragsteuer und Steueranrechnung - beides für Zweigniederlassungen nicht möglich." Wolfram Diehl, *Zweigniederlassungen ausländischer Banken: Rechtsfragen und Besteuerung* (Frankfurt: Knapp, 1978) 11, 12.

101 Ibid., 13.

102 Da sich auf Filialen automatisch auch die Bonität des großen Mutterinstituts überträgt, haben Filialen im Interbankenhandel gewisse Vorteile, z.B. bei der Einräumung von Kreditlinien. Bei den rechtlich selbständigen Tochterbanken ist diese Bonität nicht automatisch gegeben. Daher geben die Mutterinstitute Patronatserklärungen ab, die allerdings eine Gleichstellung mit der Bonität der Filialen nicht ganz erreichen. Georg

Bei der Tochtergesellschaft haftete das amerikanische Stammhaus rechtlich gesehen nur bis zur Höhe des dort zugeführten Kapitals. Faktisch war die Situation oft eine andere, insofern, als Patronatserklärungen und das Bestreben nach möglichst guter Rating-Einstufung das Mutterhaus in die Pflicht nahmen, wenn es zu Kapitalengpässen kommen sollte. Aber auch ohne entsprechende schriftliche Erklärungen wird es Banken nicht daran gelegen sein, das eigene Tochterinstitut in Schwierigkeiten zu sehen. Sogar war der Fall denkbar, daß einer Tochtergesellschaft umfassender geholfen werden mußte als einer Filiale, weil die für die Tochtergesellschaft zuständige Regulierungsbehörde des Gastlandes weniger Risikovorsorge vorschrieb als die Heimatregulierung, unter die ja eine Filiale fallen würde.[103]

Eine Bevorzugung der Tochtergesellschaft ließ sich vor allem bei solchen Auslandsbanken feststellen, die einen Schwerpunkt im Mengengeschäft hatten. Ob Übernahme einer bestehenden Bank oder Neugründung, beiden Zutrittsformen war gemeinsam, daß sie den "Auslandscharakter" des Kreditinstituts nicht auf Anhieb offenbarten.[104] Die Citibank wartete daher auch lange damit, von 1974 bis 1991, den Namen KKB Kundenkreditbank durch Citibank Privatkunden AG zu ersetzen.

5. Die Beteiligungen der amerikanischen Banken in Deutschland

Bei den Beteiligungen wird nach Minderheitsbeteiligungen und Mehrheitsbeteiligungen unterschieden. Es werden in dieser Arbeit nur Beteiligungen von Banken an Banken berücksichtigt. Die amerikanischen Bankgesetze ließen erst nach 1965 die direkte Beteiligung einer amerikanischen Bank an einem ausländischen Institut zu.

Brüker, *Probleme der Einlagensicherung inländischer Filialen ausländischer Kreditinstitute* (Berlin: Duncker & Humblot, 1995) 18.

103 Herbert Walter, *Standortpolitik multinationaler Banken* (Frankfurt: Harri Deutsch, 1983) 195.

104 Brüker, *Probleme*, 16.

Tabelle 12: Die Beteiligungen der amerikanischen Banken in Deutschland

Mehrheitsbeteiligungen[105]		Quoten
American Express Inc. (1966-	American Express Bank GmbH	100%
American Express International (1987-1992)	Deutsche Transportbank GmbH, ab 1987: Bankhaus Amex GmbH, 1992 Fusion mit American Express Bank GmbH	80%
Bankers Trust (1967-	Deutsche Unionbank AG, ab 1980: Bankers Trust GmbH	24%, 65%, 75%, 100%
Bank of America (1967-1987)	Bankhaus Centrale Credit AG	100%
Chase Manhattan Bank (1973-1978)	Familienbank AG	100%
Citibank (1973 -	KKB Kundenkreditbank, ab 1991: Citibank Privatkunden AG	< 50% (1973), > 75% (1975), ca. 100%
Citibank (1973-1980)	Bankhaus Trinkaus & Burkhardt	51%, 100%
Security Pacific (1984-1992)	Wifag Bank + Bankhaus Bohl & Co. + Baumeister Kreditbank GmbH = ab 1987: Pacific Bank GmbH	ca. 100%

Minderheitsbeteiligungen		
Wells Fargo (1973-1983)	ADCA (Allgemeine Deutsche Credit-Anstalt)	> 25% (1975), 25%, 17%, 8%
Philadelphia National Bank - jetzt: First Union National Bank (1968-	Bankhaus Joh. Berenberg, Gossler & Co.	15%
First Wisconsin National Bank of Milwaukee (1973-1978)	Bankhaus Koch, Lauteren & Co. - 1980 liquidiert	33%, 7%
Chemical Bank (1960-1969)	Frankfurter Bank	10%

Quellen: O.V., "Beteiligungen ausländischer Banken an deutschen Banken", *Zeitschrift für das gesamte Kreditwesen* 13 (1975): 601. O.V., "Chemical's branch in Frankfurt", *The Banker* (Dezember 1969): 1364. Eigene Ermittlungen.

105 Die Tabelle enthält nicht die Fälle, in denen amerikanische Banken zusätzlich zur Zweigniederlassung noch eine 100%ige Tochterbank gegründet haben. Dies waren: Citibank AG (1976); Chase Bank AG (1977); Chemical Bank AG (1982); Morgan Guaranty GmbH (1984) - 1988 Umbenennung in J.P. Morgan GmbH, Manufacturers Hanover Bank GmbH (1988-1991) und Security Pacific Bank AG (1988-1992).

A. Deutsche Unionbank GmbH

Die Entscheidung der Bankers Trust Company, sich an der Deutsche Unionbank GmbH mit einem 24%-Anteil zu beteiligen, fiel Ende 1966. Der Mehrheitsgesellschafter war der schwedische Zündholzkonzern Svenska Tändsticks Aktiebolaget (STAB) gewesen; einen anderen Anteil übernahm die Hessische Landesbank. Im Jahr 1970 stockte Bankers Trust die Beteiligung auf 65% auf.[106] Bankers Trust gelang damit die erste Mehrheitsbeteiligung einer US-Bank an einer deutschen *commercial bank.* Zur Finanzierung dieser Akquisition nahm die Bank 1966 in Europa einen 20 Millionen-Dollar-Kredit auf.[107]

Bankers Trust hielt diese Beteiligung für notwendig, um den eigenen in Deutschland tätigen US-Kunden dienlich zu sein, wobei ein Vorzug der Deutsche Unionbank darin lag, einen international besetzten Aufsichtsrat zu haben.[108]

Im Jahr 1971 trug das deutsche Geschäft gut die Hälfte der Kredite zum Kreditvolumen bei, wobei Firmen wie IBM-Deutschland als deutsche Firma angesehen wurden.

Die Unionbank startete 1971 im Frankfurter Vorort Schwanheim sogar einen Testlauf im Mengengeschäft in einer eigens dafür eingerichteten Zweigstelle.[109] Doch trotz schwarzer Zahlen dieser *retail*-Zweigstelle, verfolgte die Bank das Experiment Mengengeschäft nicht weiter und versuchte stattdessen, sich noch gezielter im Großkundengeschäft zu etablieren.[110]

Hierzu wurde bei der Deutschen Unionbank umstrukturiert, etwa durch den Abbau des Wechselgeschäfts, die Einrichtung einer Kredit-Marketing-Abteilung, den Ausbau der Analyse in der Wertpapier-Abteilung und die Forcierung des Eigenhandels sowie die Einrichtung einer Arbeitsgruppe für den Unternehmenshandel, das *Mergers & Acquisitions*-Geschäft.[111]

Im Jahr 1975 hatten sich die Gesellschafterverhältnisse dahingehend geändert, daß Bankers Trust mit 75% und die Hessische Landesbank mit 25% an der Deutschen Unionbank beteiligt waren. Mit den Filialen in Hamburg, München und Düsseldorf betrieb die Bank das Firmenkundengeschäft mit Schwerpunkt im kurz- und mittelfristigen Kreditgeschäft; in Frankfurt war die Zentrale. Gut 50% der Kunden kamen aus der deutschen

---

[106] O.V., "Bankers Trust Boots Its Ownership of Bank in Frankfurt to 65%", *The Wall Street Journal*, 5. März 1970, 6.

[107] Da das Geld in Europa aufgenommen wurde, unterlag es auch nicht der Behinderung durch das *Voluntary Credit Restraint Program* der amerikanischen Regierung unter Präsident Johnson. O.V., "Bankers Trust expansion", *The Banker* (Dezember 1966): 881.

[108] O.V., "Bankers Trust Co. beteiligt sich an der Deutschen Unionbank", *Zeitschrift für das gesamte Kreditwesen* 22 (1966): 1089.

[109] O.V., "Deutsche Unionbank", (Bilanz), *Zeitschrift für das gesamte Kreditwesen* 13 (1972): 592.

[110] O.V., "Deutsche Unionbank", (Bilanz), *Zeitschrift für das gesamte Kreditwesen* 14 (1974): 636.

[111] O.V., "Deutsche Unionbank", (Bilanz), *Zeitschrift für das gesamte Kreditwesen* 18 (1973): 912. Die Umstrukturierung legte auch die schwächer gewordene Ertragsentwicklung nahe. Die Dividenden betrugen: 1967 bis 1970 =14% p.a.; 1971 und 1972 = 0; 1973 = 4%; 1974 = 0. Bankers' Almanac 1975/76.

Industrie, 20% waren US-Tochtergesellschaften und 30% der Kunden waren schwedischer Herkunft. Letztere stammten aus den Zeiten, als der schwedische Zündholzkonzern STAB noch Hauptaktionär war. Auf der Passivseite überwogen die Bankengelder, meist von der amerikanischen Mutter kommend, wobei aus Anlaß der Ausweitung der Debitoren auch vermehrt Kundengelder hereingenommen wurden.[112] Um das Jahr 1975 leitete das New Yorker Mutterhaus jedoch Maßnahmen zur geschäftlichen Neuausrichtung ein. Aus der Bank, die in den 70er Jahren eine eher zweitrangige *money center bank* mit Filialnetz in New York und einer guten Vermögensverwaltung war, sollte unter dem Ausbau der eigenen Investmentbank-Bereiche eine "Bank der Banken" werden. Hierzu gab Bankers Trust das Filialnetz in New York und auch andere Bereiche des Privatkundengeschäfts auf. Bankers Trust erkannte die Tendenz, daß sich Banken aktiver in das Wertpapiergeschäft einschalten mußten. Das Motto der Bank hieß deshalb "change or wither"[113]. Einen neuen Kernbereich sah die Bank darin, die aus der Deregulierung der Finanzmärkte zu erwartenden Volatilitäten zu regeln, ob nun bei Währungen, Zinsen oder Ölpreisen.[114]

Im Jahr 1980 übernahm die Bankers Trust Company die Anteile der Hessischen Landesbank und kam vollständig in den Besitz der Deutschen Unionbank. Damit verstärkte die Bank ihre Aktivitäten auf dem deutschen Markt.[115] Der Neuanfang zeigte sich auch in der Umbenennung in Bankers Trust GmbH. Frankfurt blieb weiterhin der Firmensitz, ergänzt um die noch bestehenden Filialen in Düsseldorf, Hamburg und München.

Strategisch wurde in Deutschland nachvollzogen, was die Bank zuvor schon in den USA begonnen hatte. Die Bankers Trust GmbH konzentrierte sich 1982 auf das Kredit- und Dienstleistungsgeschäft mit den multinational operierenden Unternehmen, den Handel in Devisen, Geld- und Wertpapieren und das weltweite Korrespondenzbankengeschäft mit ausländischen Banken. Speziell im Wertpapierbereich sollte der Schwerpunkt im Handel mit Banken und institutionellen Anlegern in festverzinslichen, inländischen und ausländischen Schuldtiteln liegen. Während das Plazierungs- und Wertpapierkonsortialgeschäft eine Aufwertung erfuhr, wurden der Aktienhandel, die Vermögensverwaltung und das Depotgeschäft aufgegeben. Mit der Zusammenführung der Geschäftsbereiche in Frankfurt entledigte man sich 1982 der Filialen. Die Hamburger Filiale, einschließlich des Kundenkreises und Teilen der Kreditengagements der beiden anderen Filialen, wurde von der Deutsch-Skandinavischen Bank AG erworben.[116]

---

112 O.V., "Deutsche Unionbank", *Zeitschrift für das gesamte Kreditwesen* 16 (1975): 785, 786.

113 "Sich ändern oder untergehen".

114 O.V., "Experts Pick Banks They Expect to Be Global Elite by 2000", *The Wall Street Journal*, 25. März 1991, A 4.

115 O.V., "Bankers Trust übernimmt Deutsche Unionbank GmbH", *Zeitschrift für das gesamte Kreditwesen* 1 (1980): 26.

116 O.V., "Bankers Trust GmbH mit neuem Konzept", *Zeitschrift für das gesamte Kreditwesen* 7 (1982): 271.

Im ersten Geschäftsjahr ohne Filialbetrieb, 1982, trugen der verringerte Personalaufwand sowie eine fast 40%ige Steigerung des Nettozinsertrages dazu bei, daß Bankers Trust GmbH die erwünschte Rentabilität erreichen konnte.[117]

Als "Bank der Banken" erwirtschaftete Bankers Trust nach der Umstrukturierung 1984 auch in Frankfurt etwa die Hälfte des Ertrages mit Auslandsbanken. Die Spezialitäten der Bankers Trust GmbH waren Dienstleistungen für ausländische Banken, darunter die Abwicklung des DM-Zahlungsverkehrs, Scheck-*clearing* mit eigenem Kuriersystem und das Großakkreditivgeschäft, daneben Außenhandelsfinanzierungen, *merchant bank*-Aktivitäten sowie Devisen- und Wertpapierhandel.[118]

Innerhalb des Konzerns wurde eine Rendite von 20% nach Steuern auf das eingesetzte Kapital angepeilt, wobei die Erträge nicht immer dort anfielen, wo die Vorarbeit geleistet wurde. Von einzelnen Tochtergesellschaften konnte deshalb diese Rendite nicht unbedingt gefordert werden - und sicher nicht in Deutschland. Die Herabsetzung der Großkreditgrenze von 75% auf 50% der Eigenmittel machte bei Bankers Trust eine Erhöhung des Eigenkapitals um 50 Mio. DM notwendig. Technisch wurde das durch die Aufnahme eines stillen Gesellschafters - das war Bankers Trust selbst - gelöst.[119]

Insgesamt zeigten aber die Ergebnisse von Bankers Trust, daß die verschiedenen neuen Ansätze in der Geschäftspolitik nicht dazu geführt haben, Bankers Trust zu dem Ansehen zu verhelfen, das andere Auslandsbanken in Deutschland wie Citibank, J.P. Morgan und Chemical Bank genossen.

Konsequent war Bankers Trust allerdings in der Strategie, sich gegen Ende der 1960er Jahre - mit Ausnahme einer Filiale in London und einigen Repräsentanzen - nur über Mehrheitsbeteiligungen in Europa zu engagieren.[120] Diese Vorgehensweise unterschied sich klar von den anderen großen US-Banken, die eigenen Zweigniederlassungen den Vorzug gaben. In Deutschland dürfte die größte Schwierigkeit für Bankers Trust darin gelegen haben, sich trotz des Starts mit dem übernommenen Kundenbestand über die Jahre eine natürliche Kundenbasis in den neuen Geschäftsfeldern aufzubauen. Es hat den Anschein, als ob die Strukturen und auch das Personal bei Bankers Trust häufiger wechselten; den meisten Kunden gefiel das weniger. Zur Einführung einer neuen Strategie sollten sich Banken eine Frist von 5 bis 10 Jahren geben, fordert der Bankenberater Davis. Fehler zu machen, war erlaubt: "The outside consultant is tempted to conclude that an imperfect strategy, pursued

---

[117] O.V., "Bessere Struktur", *Handelsblatt*, 22. Juli 1983, 15.

[118] Gerhard Kutscher, "Das neue Konzept trägt bereits reiche Früchte", *Handelsblatt*, 5./6. Juli 1985, 8.

[119] Ibid.

[120] Im Bankers' Almanac 1968-69 werden folgende "Tochterbanken" von Bankers Trust in Europa genannt: Banque du Benelux (Belgien), Rodo International, Ltd. (England), Banque de Suez et de l' Union des Mines (Frankreich), Deutsche Unionbank (Deutschland), Bankers International (Luxembourg) (Luxemburg), Compagnie Internationale de Crédità Moyen Terme, S.A. (Schweiz).

consistently over an extended period of time, may be preferable to a theoretically ideal one overhauled every few years."[121]

B. Minderheitsbeteiligungen einzelner amerikanischer Banken

Als Engagement im deutschen Bankenmarkt kam für einige amerikanische Institute auch die Minderheitsbeteiligung in Frage. Die beiden Finanzinstitute Philadelphia National Bank und die Bank of Montreal beteiligten sich 1968 über eine Kommanditeinlage mit je 15% an dem Bankhaus Joh. Berenberg, Gossler & Co.[122] Auf diese Weise verfolgten die ausländischen Banken das Ziel, ihre amerikanischen bzw. kanadischen Kunden, die in Deutschland mit Niederlassungen vertreten waren, besser betreuen zu können; zugleich sollte dies mit so wenig Kapitaleinsatz wie möglich geschehen.[123]

Ähnliche Überlegungen führten auch bei der First National Bank of Wisconsin dazu, eine Schachtel an dem Bankhaus Koch, Lauteren & Co. zu erwerben. Diese Beteiligung, die 1980 wieder aufgegeben wurde, entsprach 1975 mehr als 40 Prozent.[124]

Wells Fargo & Co. trat 1973 bei der Allgemeinen Deutschen Credit-Anstalt (ADCA) ein, via Schachtelbeteiligung.[125] Die kalifornische Wells Fargo zog diese 25%ige Beteiligung an einer deutschen Bank der Eröffnung einer Zweigniederlassung vor. Mit der Entsendung von zwei eigenen Bankexperten aus Kalifornien stellte Wells Fargo seinen Einfluß auf das

---

121 Steven I. Davis, "International bank strategies beyond the debt crisis", *The Banker* (Juni 1984): 34.

122 Die Beteiligung der Philadelphia National Bank, die heute First Union National Bank heißt, an Berenberg besteht noch immer. Der Zweck dieser Beteiligung liegt vor allem in der Kooperation bei Außenhandelsfinanzierungen.

123 O.V., "Direkter Draht nach Amerika", *Zeitschrift für das gesamte Kreditwesen* 9 (1968): 372.

124 O.V., "Umschau: Beteiligungen ausländischer Banken an deutschen Banken", *Zeitschrift für das gesamte Kreditwesen* 13 (1975): 604.

125 Die Allgemeine Deutsche Credit-Anstalt (ADCA), Leipzig, war bis 1945 die größte mitteldeutsche Regionalbank. Nach dem Verlust von 40 Geschäftsgrundstücken, als Folge des Zweiten Weltkrieges, verfügte die ADCA noch über 120 Filialen, Unterfilialen und Repräsentanzen an 100 Standorten, darunter einer Filiale in Berlin; die Mitarbeiterzahl belief sich auf 2.600. Als eine rein mitteldeutsche Bank traf die ADCA der Zusammenbruch des Deutschen Reiches im Mai 1945 sehr hart. Nur ein paar Federstriche der sowjetischen Militärverwaltung setzten der Bank ein Ende. Alle Filialen wurden geschlossen und die gesamten Vermögenswerte, einschließlich der rund 100 Geschäftslokale sowie anderer Grundstücke, wurden ohne Ausgleichszahlungen konfiziert. Der ADCA blieb nur die Filiale in Berlin. Dort konnte die Bank aufgrund der Wiederzulassung der Berliner Banken, die vor dem Krieg bestanden, ihre Geschäfte am 18. Oktober 1954 wieder aufnehmen. Von einem aktiven Bankgeschäft konnte jedoch erst ab 1965 wieder die Rede sein. 1968 erfolgte die Verlegung des Hauptsitzes nach Frankfurt. Die Bank eröffnete wieder mehrere Filialen. Wegen des Bekanntheitsgrads war die ADCA ein Übernahmekandidat gewesen. Als die amerikanische Wells Fargo und die Norddeutsche Landesbank sich 1973 an der ADCA mit jeweils mindestens 25% beteiligten - zur gleichen Zeit fusionierte die ADCA mit der Norddeutschen Kreditbank AG, Bremen -, lag die Bilanzsumme bei ca. 1 Mrd. DM. Richard Tilly, "ADCA", *Handbook on the History of European Banks*, Hrsg. European Association for Banking History, Schriftleitung Manfred Pohl (Aldershot: Elgar, 1994) 339.

deutsche Kreditinstitut sicher. Die ADCA wiederum konnte von den Niederlassungen ihres Partners an den Euromarkt-Plätzen London und Luxemburg profitieren.[126]

Entgegen dem ursprünglich eingeschlagenen Weg kam es aber dennoch 1974 zur Gründung einer eigenständigen Wells Fargo-Niederlassung in Frankfurt, wenn diese auch schon im selben Jahr wieder geschlossen wurde. Die Schließung begründete Wells Fargo damit, die Beteiligung an der ADCA mit ungeteilter Kraft fördern zu wollen.[127]

Angesichts derart sprunghafter Entscheidungen in Deutschland mußte die Expansionspolitik von Wells Fargo auch unter dem Aspekt gesehen werden, daß die Bank im Heimatmarkt nicht ungehindert expandieren konnte. Der Erwerb der First Western Bank & Trust Co., Los Angeles, war der Bank z.B. aufgrund von Anti-Trust-Einwänden versagt geblieben.[128] Es gilt jedoch die Frage zu beantworten, warum Wells Fargo sich an einer Bank beteiligte, die in der deutschen Kreditwirtschaft kaum noch eine Rolle spielte? Der Expansionsdrang schien größer zu sein als die Beachtung des Geschäftszieles einer angemessenen Eigenkapitalrendite.

Im Jahr 1976 verminderte Wells Fargo & Co. die Beteiligung an der Allgemeinen Deutschen Credit-Anstalt auf 17%.[129] Verluste der ADCA veranlaßten die kalifornische Großbank, zum Jahresende 3,5 Mio. Dollar abzuschreiben. Zeitgleich veröffentlichte die amerikanische Notenbank auch die strengeren Standards für Auslandsbeteiligungen amerikanischer Banken. Gleichwohl ging es der Notenbank nicht darum, die Auslandsaktivitäten der Banken zusätzlich zu erschweren, sondern darum, jenen US-Banken, die Beteiligungen auch mit deutschen Banken eingegangen waren, die Risiken klarzumachen, die mit *joint ventures* und ähnlichen Konstruktionen verbunden waren.[130] 1977 reduzierte sich Wells Fargos Anteil auf 8% des 145 Mio. DM betragenden Grundkapitals der Bank. Der *Chairman* von Wells Fargo blieb allerdings stellvertretender Vorsitzender des Aufsichtsrats der ADCA.[131]

Schließlich veräußerte Wells Fargo den 8%igen ADCA-Anteil 1983 an die Nord/LB.[132] Als 1984 mit der niederländischen Rabobank ein neuer Mehrheitsaktionär die Geschicke der ADCA in die Hand nahm, hießen die Zielgruppen: Mittelständische Unternehmen und

---

[126] O.V., "ADCA: nach Fusion auch noch US-Partner", *Zeitschrift für das gesamte Kreditwesen* 13 (1973): 596.

[127] O.V., "Wells Fargo-ADCA", *Zeitschrift für das gesamte Kreditwesen* 5 (1974): 191.

[128] E. P. Imhof, "USA: Zahlreiche Zivilprozesse folgen dem Zusammenbruch der USNB und der US Financial und nun auch Beverly Hills National Bank", *Zeitschrift für das gesamte Kreditwesen* 3 (1974): 101.

[129] Wells Fargo ging 1973 zusammen mit der Norddeutschen Landesbank eine Mehrheitsbeteiligung bei der ADCA ein. Ein Sprecher von Wells Fargo bezeichnete die Bank, die auf eine Bilanzsumme von mehr als 900 Mio. Dollar kam, als einen bedeutenden Faktor in der deutschen Kreditwirtschaft. Dieses Urteil war eindeutig zu hoch gegriffen. O.V., ohne Überschrift, *The Wall Street Journal*, 27. Juni 1973, 12.

[130] E. P. Imhof, "Wells-Fargo-Adca", *Zeitschrift für das gesamte Kreditwesen* 2 (1976): 66.

[131] O.V., "Wells Fargo reduziert ADCA-Beteiligung weiter", *Zeitschrift für das gesamte Kreditwesen* 4 (1977): 159.

[132] O.V., "Rabo Bank - Nord/LB - Adca", *Zeitschrift für das gesamte Kreditwesen* 11 (1983): 506.

vermögende Privatkundschaft. Auf das standardisierte Mengengeschäft wurde ganz verzichtet. Später erfolgte die Umbenennung von ADCA in Rabobank AG, aber ohne daß damit der erhoffte Durchbruch dieser Auslandsbank verbunden war.[133]

6. Erfahrungen mit dem *retail banking* in Deutschland

A. Einleitung

Die Währungskrise 1973 lehrte die ausländischen Banken, daß sich die große Abhängigkeit von Bankengeldern, insbesondere die Refinanzierung über den Euromarkt, nachteilig auf ihre Geschäftsmöglichkeiten in Deutschland auswirkte. Ganz oben auf der Liste der US-Banken stand deshalb der Wunsch, in das Einlagengeschäft mit den deutschen Kunden einzusteigen. Die Marktforschung brachte ferner ans Tageslicht, daß das Bankgeschäft mit Privatkunden viel lukrativer wäre als das hart umkämpfte und nur geringe Zinsmargen abwerfende Firmenkundengeschäft. Über allem stand auch noch der Diversifikationsgedanke.

Andere Banken hielten das *retail banking* im Ausland ebenfalls für verheißungsvoll. So erwarben britische Banken in den Vereinigten Staaten in der zweiten Hälfte der 70er Jahre diverse Banken mit größeren Filialnetzen - eine erfolgreiche Strategie war das allerdings nicht.[134]

Wenn man einen 4-Stufen-Prozeß zugrunde legte, den Banken üblicherweise in fremden Märkten durchlaufen, waren die amerikanischen Banken in Deutschland 1973 offenbar bei der letzten Stufe angekommen. Nur die Bank of America erreichte es schon 1967, durch den Erwerb des Bankhauses Centrale Credit ins deutsche *retail banking* vorzudringen.

Zum gesamten Prozeß gehörten die Stufen: 1. Den Inlandskunden in fremden Märkten zu dienen; 2. Mit der gewonnenen Expertise auch die Kunden von anderen Banken zu umwerben, möglicherweise durch ein Unterschreiten der üblichen Preise; 3. Wenn der Wettbewerb um große Unternehmen zu heftig geworden ist, widmet man sich mittleren und kleineren

---

133 O.V., "Rabobank sucht in Deutschland neues Profil", *Frankfurter Allgemeine Zeitung*, 23. Januar 1998, 25.

134 Es wird unverständlich bleiben, warum britische Bankmanager sich dazu haben hinreißen lassen, unter Vernachlässigung ihrer bestehenden und potentiell wertvollen Niederlassungsnetze in Asien und Afrika, in Länder wie die Vereinigten Staaten zu gehen, die einfach nur in Mode waren. Die Diversifikation der 70er und 80er Jahre hat die britischen Banken in Geschäftsfelder geführt, von denen sie nichts verstanden. Hierzu zählten die Vergabe von Konsumentenkrediten im Ausland oder das Geschäftsfeld Länderkredite. Den britischen Banken fehlte vor allem das professionelle und gut trainierte Management, wie man es von den amerikanischen Banken her kannte. Gewiß waren britische Banken eher Nachahmer der weitverbreiteten Expansionsstrategien der 70er Jahre, und sie waren auch nicht die einzigen, die sich in fremden Märkten Strategiefehler erlaubten, aber zu fragen bleibt doch: Hätte eine hundertjährige Erfahrung im multinationalen Bankgeschäft die britischen Banken nicht davor bewahren können, in Fallen zu tappen, in die sonst nur Anfänger gehen? Geoffrey Jones, *British Multinational Banking, 1830-1990* (Oxford: Clarendon Press, 1993) 385.

Unternehmen; 4. Ein weiterer, schwieriger Schritt führt ins *retail banking*. 5. Der Schritt 4. kann bei einigen Banken auch zu einem graduellen Rückzug führen.

Retail banking in Deutschland galt als extrem große Herausforderung für von außen kommende Banken, denn der Markt war *overbanked* und angesichts eines Marktanteils der Sparkassen und Genossenschaftsbanken von zusammen rund 70% nur schwer zu durchdringen, sogar für die Großbanken. Außerdem hatte in Deutschland fast jeder Erwachsene schon ein Konto.[135]

Tabelle 13: Akquisitionen und Neugründungen im deutschen Privatkundenmarkt

US-Bank	Erwerb oder Neugründung	Jahr	Trennung/ Aufgabe	Filialen
American Express Bank GmbH	WABA Warenkreditbank Utermöhl & Co.	1974	1979	1975: 12 1980: gepl. 40
Bank of America	Bankhaus Centrale Credit AG	1967	1987	1967: 14 1984: 32
Beneficial Corporation	Teilzahlungs-Kredit-Bank Willy Wall, neu: BFK-Bank, neu: Beneficial Bank AG	1977		1977: 2 1996: 15
Chase Manhattan Bank	Familienbank AG	1973	1978	1975: 29 1977: 20 1980: gepl. 70
Citibank	KKB Kundenkreditbank KGaA, neu: Citibank Privatkunden AG	1973		1973: 236 1990: 303
Security Pacific National Bank	Wifag Bank, Bankhaus Bohl & Co., Baumeister Kreditbank GmbH = ab 1987 Pacific Bank GmbH	1984	1992	n.b.

Quelle: Zeitschrift für das gesamte Kreditwesen, Hrsg., *Niederlassungen ausländischer Banken in der Bundesrepublik Deutschland* (Frankfurt: Knapp, 1973). Hoppenstedt, Hrsg., *Banken-Jahrbuch 1986* (Darmstadt: Hoppenstedt, 1986). Geschäftsberichte.

135 Mont E. McMillen, "Market Position and Market Behaviour of Foreign Banks in Europe - An American View", *International Banking Activities in the Eighties*, Hrsg. Deutsches Komitee der AIESEC und Christoph Brützel (Frankfurt: Knapp, 1981) 47.

B. Bankhaus Centrale Credit AG

Das Bankhaus Centrale Credit AG war seit 1967 voll im Besitz der Bank of America. Es wurde 1964 unter der Firma Curt Briechle GmbH, Teilzahlungsbank, in Mönchengladbach gegründet und erhielt 1967 die Konzession zur Vollbank sowie einen neuen Namen: Centrale Credit GmbH; im Jahr darauf folgte die Umwandlung in eine Aktiengesellschaft. Das Jahr 1967 markierte zugleich die Aufhebung aller Zinsbeschränkungen in der deutschen Kreditwirtschaft.

Zur Centralen Credit gehörten 14 Zweigstellen, die sich größtenteils in Nordrhein-Westfalen befanden, aber auch in Hamburg, Frankfurt, Stuttgart und München.[136] Der Schwerpunkt des Kreditgeschäfts lag in der Anfangszeit auf der Kraftfahrzeugfinanzierung, mit einem Anteil von 90% des Kreditvolumens.[137] 1969 erfolgte die Umbenennung in Bankhaus Centrale Credit AG.

Tabelle 14: Das Wachstum der Bilanzsumme des Bankhauses Centrale Credit in Mio. DM

1966	1970	1976	1980	1986	1987	1990[138]
					Verkauf an	
54,8	289,8	950	938	924	Banco de Santander	1.638

Quellen: O.V., "Centrale Credit GmbH", *Zeitschrift für das gesamte Kreditwesen* 6 (1967): 228. O.V., "Centrale Credit AG hatte große Erfolge", *Handelsblatt,* 7. Januar 1971, 19. Siehe Anhang.

Im Jahr 1970 setzte sich das Kreditvolumen zu drei Vierteln aus Kraftfahrzeugfinanzierungen zusammen, wobei es hohe Zuwachsraten bei den Barkrediten gab; von 1969 bis 1970 lag diese Rate bei 70%.[139] Die Passivseite wies größtenteils Bankengelder aus; hier war die Herkunft der Bank aus dem Teilzahlungsgeschäft unverkennbar. Der Anteil der

---

136 Die anderen Standorte waren: Aachen, Bielefeld, Bonn, Bremen, Dortmund, Düsseldorf, Duisburg, Essen, Gelsenkirchen, Hannover, Köln, Mannheim, Mönchengladbach, Wuppertal. O.V., "Centrale Credit GmbH wird Vollbank und AG", *Zeitschrift für das gesamte Kreditwesen* 23 (1967): 1077.

137 Gerhard Kutscher, "Centrale Credit GmbH mit kräftigem Umsatzplus", *Handelsblatt*, 21. Februar 1967, 7.

138 Eigentümer 1990: Banco de Santander, Spanien. Entwicklung bis dahin: 1987 Verkauf von 100% der Aktien von Bank of America an Banco de Santander, Umfirmierung in CC-Bank Aktiengesellschaft. 1988 Verkauf von 50% der Aktien von Banco de Santander an The Royal Bank of Scotland. 1992 Rückkauf des 50%igen Anteils der The Royal Bank of Scotland durch den Banco de Santander.

139 O.V., "Centrale Credit AG hatte große Erfolge", *Handelsblatt,* 7. Januar 1971, 19.

Kundeneinlagen war aber steigend. Nicht zuletzt mit aggressiver Werbung erreichte es die Bank, ihre Spareinlagen von 1969 bis 1970 zu verdoppeln.[140]

In den Jahren von 1970 auf 1971 betrug das Wachstum der Bilanzsumme absolut 137 Mio. DM, was einem Anstieg um fast 50% entsprach. Im Vorjahr kamen sogar 75% zustande. Die Bilanzstruktur war jedoch wegen der geringen Einlagenbasis nicht mit derjenigen einer deutschen Sparkasse vergleichbar. Die Zuwachsraten, auch bei den Krediten lagen sie zwischen 30% und 40%, trösteten über die Tatsache hinweg, daß die Ertragslage der Bank, gemessen an amerikanischen Verhältnissen, kaum befriedigen konnte. Aber der Blick war nach vorne gerichtet. Dazu paßte der kräftige Anstieg der Personal- und Sachkosten infolge des Ausbaus des Filialnetzes.[141]

Die Hälfte der Kredite wurde in Größenordnungen von bis zu 10.000 DM vergeben. Das Dienstleistungsangebot wurde ständig erweitert. Trotz kontinuierlicher Zunahme der Spareinlagen, konnte die Bank auf die Refinanzierung aus Bankengeldern noch nicht verzichten, weil das Neukreditgeschäft stärker wuchs als das Einlagengeschäft. Teilweise, so in der Bilanz des Geschäftsjahres 1974, wies das Bankhaus Centrale Credit auch hohe Wertpapierbestände aus, die fast auf einer Höhe mit den Forderungen aus Krediten lagen.[142]

Als das Bankhaus Centrale Credit 1974 den Hauptsitz von Mönchengladbach nach Düsseldorf verlegt hatte, spielte sicher eine Rolle, daß in Düsseldorf auch der Hauptsitz der Niederlassung der Bank of America war. Überdies verband sich mit einem zentralen Bank- und Börsenplatz wie Düsseldorf auch die Hoffnung, das Wertpapiergeschäft zu intensivieren.[143] Dennoch zog das Bankhaus Centrale Credit 1981 wieder nach Mönchengladbach zurück, wo ein eigenes Verwaltungsgebäude mit technischem Zentrum zur Verfügung stand. Im Jahr 1982 konnte das Konsumentenkreditgeschäft bei einer Bilanzsumme von annähernd 1 Mrd. DM schon weitgehend durch Kundeneinlagen refinanziert werden.[144] Von 1967 bis 1986 wurde das Gezeichnete Kapital des Bankhauses in 14 Schritten von 4 Mio. DM auf 33,5 Mio. DM erhöht. Es war der Weg einer langsam hochgepäppelten Bank, die sich aber nicht mit der dynamischen KKB Kundenkreditbank vergleichen ließ, wie in der Abbildung 6 zu erkennen ist.[145]

---

140 O.V., "Bankhaus Centrale Credit AG", *Zeitschrift für das gesamte Kreditwesen* 9 (1971): 366.

141 O.V., "Bankhaus Centrale Credit AG", *Zeitschrift für das gesamte Kreditwesen* 16 (1972): 784.

142 O.V., "Bankhaus Centrale Credit AG", *Zeitschrift für das gesamte Kreditwesen* 16 (1975): 787.

143 Bankhaus Centrale Credit AG, "Geschäftsbericht 1973", *Zeitschrift für das gesamte Kreditwesen* 12 (1974): 540.

144 In der Bank waren 612 Mitarbeiter beschäftigt. CC-Bank Bankhaus Centrale Credit AG, "Geschäftsbericht 1982", *Zeitschrift für das gesamte Kreditwesen* 14 (1983): 674.

145 Banken-Jahrbuch 1999, Hoppenstedt, 166.

Abbildung 6: Bilanzsummenvergleich KKB und Bankhaus Centrale Credit

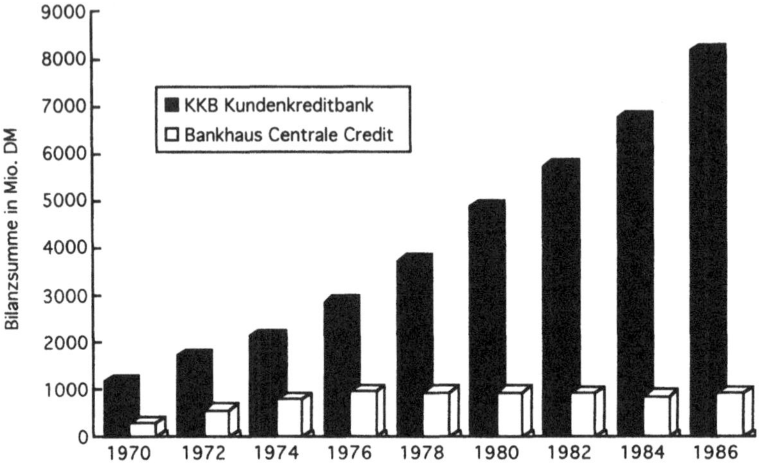

In der zweiten Hälfte der 70er Jahre begann die Bilanzsumme des Bankhauses Centrale Credit zu stagnieren. Zwar verbesserten sich die Bilanzstrukturen der Bank, indem der Anteil der Kredite an Nichtbanken an der Bilanzsumme kontinuierlich zunahm, von rund 48% im Jahr 1976 auf rund 86% im Jahr 1986, und auch der Anteil der Kundeneinlagen an der Bilanzsumme, von 45% im Jahr 1978 auf 78% im Jahr 1986, aber die Bilanzsumme überstieg in den 80er Jahren nicht mehr den Höchststand von 1976 mit rund 950 Mio. DM. Die *retail*-Bank hatte sich für ein qualitatives Wachstum entschieden, etwa durch die Reduzierung der Verwaltungskosten.

Doch 1987 kam die erfolgreiche, langfristig angelegte Verbindung von Bank of America und Bankhaus Centrale Credit zu einem überraschenden Ende, das Bankhaus wurde verkauft.

Der Grund hierfür waren Probleme des Mutterinstituts in den USA. Das Jahr 1987 stellte sich als das schlimmste Jahr des amerikanischen Bankensektors seit der Großen Depression heraus. Die 15 größten Banken der USA verloren fast 8 Mrd. Dollar, als sie Wertberichtigungen für potentielle Verluste aus den Südamerika-Krediten bildeten. Viele kleinere Institute gingen in Konkurs. Um Kapital zu bekommen und neue Erträge zu generieren, verkaufte man seine Gebäude, stieß einst hochgepriesene Divisionen ab und entließ Personal. Selbst die am besten geführten Unternehmen des Sektors wie Citicorp und J.P. Morgan & Co.

durchliefen ein traumatisches Jahr.[146] Die Bank of America beschloß daher ab Mitte der 80er Jahre, sich von mehreren ausländischen Tochtergesellschaften zu trennen. Darunter fiel auch das Mönchengladbacher Bankhaus Centrale Credit, das einschließlich der deutschen Kreditkartenoperationen im Mai 1987 an den Banco de Santander S.A., Madrid, verkauft wurde. Der Preis der Bank und des Kartengeschäfts belief sich auf rund 149 Mio. DM.[147] Das Eigenkapital des Bankhauses Centrale Credit betrug Ende 1986 48,9 Mio. DM. Da die Bank für 1986 einen Verlust von 6 Mio. DM auswies - im Vorjahr waren es sogar 13,8 Mio. DM - schien die Bewertung der Bank mit dem dreifachen Wert des Eigenkapitals hoch gewesen zu sein.

Der Verkauf war allerdings nicht unumstritten. Der ehemalige *Vice Chairman* James P. Miscoll sprach vom Verkauf einer "Perle", man hätte nicht veräußern sollen; ein anderer Manager der Bank nannte es "Tafelsilber", das verkauft wurde.

Doch die Bank of America traf die grundsätzliche Entscheidung, sich im Ausland nur noch auf das Kreditgeschäft mit Institutionen, Unternehmen und Regierungen zu konzentrieren.[148] Die Bank of America trennte sich daher auch von der profitablen Tochtergesellschaft Banca d' America in Italien, die für 603 Mio. Dollar an die Deutsche Bank ging.

Geographisch trieb es die Bank of America immer weiter von Europa weg. Der neue *head of world banking* Lew Coleman revidierte damit die in den 70er Jahren unter den "BankAmericans" Alvin Rice und Samuel H. Armacost verfolgte Filialpolitik in Europa. Seine Voraussage war, daß der Europäische Binnenmarkt 1992 ein "*consumer play*" werden würde und daher nicht mehr die Sache von der Bank of America im Ausland wäre. Präsident Clausen gab das Motto aus, daß die Zukunft der Bank of America in Asien liegen würde.[149]

---

[146] Die Restrukturierungspläne bei den amerikanischen Banken kamen in der ersten Hälfte des Jahres 1988 auf den Tisch. Während aber fast zwei Dutzend große regionale Banken aus dem schwierigen Jahr 1987 mit starken Bilanzen und hohen Erträgen hervortraten und sich Zukäufe leisten konnten, befanden sich die führenden New Yorker Großbanken in einer Abwärtsbewegung. Nur drei Banken traute man noch vorderste Positionen zu: Citicorp, J.P. Morgan und Bankers Trust. Eine gewichtige, wenn auch nicht vorherrschende Rolle wurde Chase Manhattan und Chemical beigemessen. Wegen vieler Kreditprobleme und der Gefahr, den Status eines unabhängigen Instituts zu verlieren, rangierten Manufacturers Hanover und Bank of America in der dritten Liga. Johnston, *Roller*, 347.

[147] Dies entsprach 83 Mio. Dollar. Der Wechselkurs des Dollar lag im Mai 1987 bei ungefähr 1,80 DM. Dafür erhielt der Banco de Santander eine Bank mit einer Aktiva von rund 500 Mio. Dollar, die in 31 Filialen im aufstrebenden *consumer banking* tätig war. Es gehörten auch die Vermögenswerte des deutschen Kreditkartenzweigs in Höhe von 28 Mio. Dollar bei 115.000 Karteninhabern und 35.000 Vertragspartnern in Deutschland dazu. O.V., "BankAmerica to Sell West German Units To Spanish Bank Firm", *The Wall Street Journal*, 6. März 1987, 25.

[148] O.V., "BankAmerica Corp. Completes Sale of Unit", *The Wall Street Journal*, 5. Mai 1987, 29. Um zu überleben, mußte die Bank Kapital freimachen. Während der *President* Armacost zögerte, sich von den überseeischen Tochtergesellschaften zu trennen, auch weil er an einen Aufschwung glaubte, sah der neue *President* Tom Cooper den Dingen geradewegs ins Auge. Neben dem Bankhaus Centrale Credit AG verkaufte die Bank im Frühjahr 1987 auch ihre Kreditkartengesellschaft in den Niederlanden und ihre Niederlassung in Spanien, nachdem zuvor noch weitere Vermögenswerte verkauft wurden. Hector, *Breaking*, 290.

[149] Johnston, *Roller*, 376.

C. American Express lockt die Sparer mit hohen Zinsen

Die American Express Bank GmbH war die einzige amerikanische Bank, die versuchte, unter einem Dach sowohl das Firmen- als auch das Privatkundengeschäft zu betreiben. Unabhängig von ihrer Funktion als Militärbank, begann die vielseitige American Express Bank, das Einlagengeschäft in den 70er Jahren zu intensivieren. Der schnelle Erfolg in dieser Sparte sollte über die Konditionen erreicht werden. So zahlte American Express in ihren Filialen, in denen sonst hauptsächlich Firmenkunden versorgt wurden, deutlich höhere Zinsen als die deutsche Konkurrenz: die Zinssätze für Sparbücher mit gesetzlicher Kündigungsfrist wurden zum 1. März 1974 von 6% auf 8% heraufgesetzt.[150] Üblich waren im Durchschnitt 5,51%.[151]

Der preisbewußte deutsche Kunde nahm dieses Angebot gern an, sichtbar geworden an den Schlangen, die sich vor der Frankfurter Filiale von American Express bildeten. Die deutschen Banken konnten sich darüber nicht freuen. Aber ihnen wurde klar, daß sie bei den Produkten und vor allem bei den Zinsen beweglicher werden mußten. Teilweise reagierten die alteingessenen Institute barsch auf die Konkurrenz aus Amerika. Ein deutsches Kreditinstitut drohte, keine Reiseschecks von American Express mehr verkaufen zu wollen, falls die American Express Bank nicht aufhören würde, die Kundschaft mit marktreißerischen Methoden an zu hohe Zinsen zu gewöhnen.

Die American Express Bank GmbH hielt aber an dem Ziel fest, das Einlagengeschäft mit Nicht-Bankkunden kräftig auszuweiten und erwarb zu diesem Zweck 1974 die WABA Warenkreditbank Utermöhl & Co., Köln.[152] Die Kehrseite der Expansion war, daß die überdurchschnittlichen Zinsen bereits 1975 auf das Ergebnis drückten, doch die Bank sah im *retail banking* die richtige Deutschlandstrategie. Ein starkes Argument für diese Strategie lieferten zumal die vielen alten Kunden der 120 Militärbankfilialen, die zu der American Express International Banking Corp. gehörten und deren Geschäfte auslaufen würden. Diese bald bankenlos werdenden Kunden würden eine neue Bank brauchen. Es ging dabei um 200.000 Konten.[153]

In Hamburg und Düsseldorf zog American Express in größere Geschäftsräume um, in München wurde noch eine neue Filiale eröffnet, deren dazugehörige Immobilie die Bank kurzerhand für 10 Mio. DM erwarb. Dabei räumte der Leiter John A. Stinchcombe ein, daß die bisherige Geschäftspolitik von American Express keineswegs immer richtig gewesen

---

150 O.V., "American Express zahlt 8% Zinsen", *Handelsblatt*, 5. März 1974, 11. O.V., "Über Hamburg und München hinaus", *Handelsblatt*, 7. März 1974, 14.

151 *Monatsberichte der Deutschen Bundesbank* (Dezember 1974): 48.

152 American Express Bank GmbH, *Geschäftsbericht 1974*.

153 O.V., "American Express Bank will ins Massengeschäft gehen", *Handelsblatt*, 16. Dezember 1975, 27.

wäre. "Es fehlte der richtige Mix."[154] Gemeint war, daß die Bank sich zu sehr auf große Unternehmen konzentrierte, darüber aber die Gewinnung von Girokonten vernachlässigt hatte. Letzteres war auch deshalb nicht leicht, weil die Bank keine Euroschecks ausgeben durfte - das änderte sich erst von 1976 an.

Von 1976 bis 1980 plante die American Express Bank GmbH, in Deutschland rund 30 bis 40 neue Filialen für das *retail banking* aufzubauen, bei einem prognostizierten Bilanzvolumen von annähernd 5 Mrd. DM für das Jahr 1980. Der *retail*-Arm sollte, unabhängig vom Firmenkundengeschäft, das in den bestehenden sieben Filialen angesiedelt war, den "Mann auf der Straße" umwerben.[155] Diesen Neukunden erwartete ein serviceorientiertes Sortiment, bestehend aus Klein- und Teilzahlungskrediten, Baufinanzierungen einschließlich der Vermittlung von Hypotheken, Reisebüroangeboten, Versicherungen und einem Girokonto, das wegen seiner attraktiven Konditionen als Lockmittel diente.[156] Die hochfliegenden Pläne wurden aber nie umgesetzt. Die American Express Bank mußte einsehen, daß der Weg ins *retail banking* im überbesetzten deutschen Bankenmarkt, wo eine hohe Kundenloyalität herrschte, ein mutiger Schritt war, weil er erhebliche Investitionen in Ladenlokale und Technologie erforderte.

D. Die Familienbank AG

1) Das kurze Leben einer Bank

Die Familienbank AG, die neu geschaffene Tochter der Chase Manhattan Bank für das *retail banking*, startete im März 1973 mit hohem Marketingaufwand, was die Anfangsinvestitionen auf 28 Mio. DM ansteigen ließ und der Bank im ersten Jahr Anlaufverluste von fast 5 Mio. DM einbrachte. Das erste Ladenlokal wurde in Düsseldorf, dem Sitz der Bank, eröffnet, ein weiteres war für Anfang 1974 in Frankfurt geplant. Die Chase strebte ein Filialnetz mit 50 Filialen im ganzen Bundesgebiet an, die bevorzugte Lage der Filialen sollten Einkaufsgebiete sein.[157]

Das Jahr 1974 war das erste volle Geschäftsjahr der Familienbank. Zum Grundsortiment in dieser Anlaufphase gehörten Ratenkredite, Spareinlagen und leicht verzögert auch Gehaltskonten. Ende 1974 betrug die Bilanzsumme der Familienbank rund 47 Mio. DM; in fünf

---

154 O.V. "American Express plant 40 Bankfilialen", *Blick durch die Wirtschaft*, 16. Dezember 1975, 5.

155 American Express-Filialen befanden sich 1975 bereits in Bonn, Düsseldorf, Frankfurt, Hamburg, Heidelberg, Köln und zweimal in München. American Express Bank GmbH, *Geschäftsbericht 1975*.

156 O.V., "American", 27.

157 O.V., "Retail-Banking: Erste Filiale der Familienbank", *Zeitschrift für das gesamte Kreditwesen* 22 (1973): 1094.

Jahren sollten es 460 Mio. DM sein. Das Überschreiten der Gewinnschwelle wurde ungefähr für das dritte Jahr erwartet.[158] Gleichwohl räumte die Bank frühzeitig ein, daß die Umsetzung der Expansionspläne - Monat um Monat eine neue Filiale - etwas mehr Zeit in Anspruch nehmen könnte als geplant. Die Bilanz ließ erkennen, daß der Sprung der Bilanzsumme von 47 Mio. DM im Jahr 1974 auf 356 Mio. DM im Jahr darauf im wesentlichen auf Geschäfte mit anderen Banken zurückging, wobei die Muttergesellschaft stark auf der Einlagenseite vertreten gewesen sein dürfte.[159]

Im Anfangsjahr konnten Sichteinlagen und Spareinlagen, die rund ein Sechstel der Bilanzsumme ausmachten, nicht ganz zur Refinanzierung der Ratenkredite beitragen. Ein hoher Anteil an Bankengeldern, fast 70%, füllte deshalb diese Lücke aus. Das Geld kam in der Regel von verbundenen Unternehmen.

Das Zweigstellennetz zählte 1975 im ganzen 16 Zweigstellen in 12 Städten der Bundesrepublik, darunter je drei Filialen in Düsseldorf und Hamburg.[160]

1976 erreichte die Familienbank mit 29 Filialen ihre größte Verbreitung.

Es kam danach wegen anhaltender Verluste zu Schließungen einzelner Niederlassungen, bis schließlich Mitte 1978 die Entscheidung getroffen wurde, sich vollständig aus dem Privatkundengeschäft zurückzuziehen.[161] Die Chase scheiterte mit ihrem Vorhaben, einen neuen kundenorientierten Bankentypus in Deutschland zu etablieren. Die Familienbank AG wurde liquidiert, was in den 70er Jahren einer der wenigen Fälle im Bankgewerbe war.

Vor der Liquidierung hatten die Amerikaner schon den größten Teil des Chase-Deutschlandgeschäfts aus der Zweigniederlassung sowie die restlichen Aktivitäten der Familienbank, einschließlich des Verlustvortrags von 20 Mio. DM[162], in eine neue Tochtergesellschaft mit dem Namen Chase Bank AG eingebracht.[163] Die Neuordnung der Chase Manhattan in Deutschland änderte jedoch nichts an der schlechten Ertragslage, die durch das

---

[158] O.V., "Ein neues Zinskonzept der Familienbank", *Börsen-Zeitung*, 3. November 1973, 15.

[159] O.V., "Familienbank beschneidet kräftig Einlagenzinsen", *Handelsblatt*, 11. Oktober 1976, 10.

[160] O.V., "Familienbank AG", *Zeitschrift für das gesamte Kreditwesen* 17 (1975): 832.

[161] Der Jahresfehlbetrag 1975 betrug 6,9 Mio. DM. O.V., "Familienbank schließt Filialen", *Der Spiegel*, Nr. 45 (1976): 128. Die Zeitung The Wall Street Journal sprach von heftigen Verlusten, 8,7 Mio. Dollar in 1976 und 5,9 Mio. Dollar in 1977. Die Schließung der ungefähr 20 Filialen war für Ende Mai 1978 vorgesehen. O.V., "Chase Manhattan Bank To Close Familienbank", *The Wall Street Journal*, 5. April 1978, 14.

[162] Der Redaktion der Zeitschrift für das gesamte Kreditwesen wurden die Geschäftsberichte der Familienbank AG übrigens nicht zur Verfügung gestellt, so daß der Betrag von 20 Mio. DM Verlustvortrag nicht überprüft werden konnte. Das scheinbar nicht so offene Verhältnis zwischen Bank und Zeitschrift mochte daran liegen, daß der neue Mitwettbewerber Familienbank in der Presse allgemein kritisch beäugt wurde und ein herzliches Willkommen ausblieb. Die Freude an lebendiger Konkurrenz war in Deutschland nicht weit verbreitet. O.V., "US-Banken in Deutschland: Jetzt auch "Chase Bank AG"", *Zeitschrift für das gesamte Kreditwesen* 18 (1977): 901. Auch der Autor der vorliegenden Arbeit hatte keine Möglichkeit, die Geschäftsberichte der Familienbank AG einzusehen.

[163] Die Verluste im ganzen beliefen sich in diesen drei Jahren auf 50 Mio. DM. Manche sprachen auch von 60-80 Mio. DM. O.V., "Riskanter Einstieg", *Der Spiegel*, Nr. 52 (1978): 38.

Familienbank-Unglück hervorgerufen wurde und in den Jahren 1977/78 nur durch Kapitalzuführungen der amerikanischen Mutter ausgebessert werden konnte.[164]

2) Das Konzept der Familienbank

Eine der Hauptideen der Familienbank war, für jede Bankleistung einen Preis zu nehmen, der sich auch an den tatsächlichen Kosten orientierte. Deshalb basierte das Konzept, das von Horst Slevogt, einem ehemaligen Teilhaber der KKB und vormaligen Deutsche Bank-Mitarbeiter, entworfen wurde, auf einer klaren und transparenten Kostenrechnung - im deutschen Bankwesen eine Innovation.[165] In einer Broschüre der Familienbank wurde der Ansatz in die markigen Worte gefaßt: "Gute Kunden werden nicht für schlechte Kunden mitbezahlen."[166]

Den Schliff erhielt das Konzept aber noch durch andere wichtige Bestandteile: Zielgruppenorientierung, Kundenservice, einladende Räumlichkeiten in guter Lage, Abbau von Schwellenängsten gegenüber Banken, viel Marketing, attraktive Zinsen.

Das Sortiment der Familienbank wurde bewußt schlank gehalten. Im Angebot standen Sparkonten, Girokonten, die etwas später kamen, sowie Ratenkredite; Bankdienstleistungen wie das Wertpapiergeschäft oder die Bereitstellung von Sorten gehörten nicht dazu. Auf die Einlagen zahlte die Familienbank im Vergleich zur deutschen Konkurrenz hohe Zinsen, selbst auf Girokonten; kreditseitig wurden allerdings deutlich höhere Zinsen und Gebühren verlangt.[167] Am Kapitalmarktzins orientiert, zahlte die Bank 1975 für Spareinlagen mit gesetzlicher Kündigungsfrist 6 3/4%; der Durchschnittszins lag bei 4,36%.[168]

---

164 Über die Höhe dieser Zuführungen machte die Bank keine Angaben. Sie führten zu einem ausgeglichenen Ergebnis der Chase Bank AG. Die Verringerung des Personalstands um 120 Mitarbeiter und ein entsprechender Sozialplan belasteten die Bank. O.V., "Die Mutter mußte der Chase Bank AG helfen", *Handelsblatt*, 27. Juni 1978, 14.

165 Mit der Person Slevogts hielt gewissermaßen die Aufklärung Einzug in das deutsche Bankwesen. Die Familienbank sollte den aufgeklärten Kunden ansprechen, dem die Preisgestaltung herkömmlicher Banken zu undurchsichtig war. Das neue bestechende Konzept der Familienbank sollte dieses "Unwohlsein" bei den Preisen beseitigen. Zwar mochte der Service der Bank in Teilbereichen zu höheren Kosten führen, doch es fielen beim Kunden "bedeutend weniger seelische Unkosten" an. O.V., "Ein neues Zinskonzept der Familienbank", *Börsen-Zeitung*, 3. November 1973, 15.

166 Die Chase Manhattan Bank übte in der Broschüre sogar indirekt Kritik an den deutschen Banken, indem sie den Trend zur Universalbank "für falsch" hielt. O.V., "Ziemliche Anmaßung", *Wirtschaftswoche* Nr. 24, 8. Juni 1973, 86.

167 Erstmalig in der deutschen Kreditwirtschaft unterschied eine Bank den sogenannten Wertpreis und den Stückpreis voneinander. Der Kunde entrichtete oder erhielt einen Zinssatz, der von der Entwicklung des Kapitalmarktzinses abhängig war. Daneben fielen Gebühren an. Konkret waren dies jeweils 10,- DM für das Führen eines Sparkontos über ein Jahr einschließlich von 12 Buchungen, ferner für eine Krediteinräumung, für eine Ratenzahlung, für eine Mahnung und für eine Vertragsänderung. Das Ziel dieser Preispolitik, die lobenswert genug mit der traditionellen Mischkalkulation oder dem "Prinzip der kleinen Mittel" der deutschen Kreditinstitute aufräumen wollte, dürfte gewesen sein, Kunden mit kleinen Krediten oder geringfügigen Einlagen gar nicht erst anzunehmen. Bei einem 2.000 DM-Kredit mit einer Laufzeit über 12 Monate fiel nämlich eine Tilgungsgebühr von 10 DM pro Rate ins Gewicht. Zielgruppe waren die besserverdienenden

Diese Großzügigkeit der Bank ging jedoch 1976 auch schon wieder verloren, als für Spareinlagen mit gesetzlicher Kündigungsfrist branchenübliche 3,5% gezahlt wurden, statt überdurchschnittlicher Zinsen in Höhe von 5,25%. Schließlich strich die Bank 1977 auch die irritierenden und für deutsche Kunden völlig ungewohnten Kontoführungsgebühren für Spareinlagen.[169]

Die Öffnungszeiten der Familienbank von 9 bis 18.30 Uhr waren sehr kundenfreundlich, sie sollten der Bank helfen, sich neuen Kundengruppen zu öffnen. Es war an Leute gedacht, die wegen ihrer Schwellenängste nur selten ein traditionelles Bankgebäude betraten.[170]

Die Familienbank schrieb Kundenorientierung groß und erklärte den Typus des Bankbeamtens für passé. Ebenso wie es keine Schaltertheke in der Bank mehr gab, gab es auch keine kleingedruckten Geschäftsbedingungen mehr; die Zahl der Formulare wurde auf ein Minimum reduziert. Neu war in Deutschland, daß der Kunde mit seinem Kundenberater an einem runden Tisch zusammensaß, während leise Musik durch die klimatisierten Räume rieselte.[171]

In der Branche stieß das Konzept bei Stefan Kaminsky, einem Teilhaber der KKB Kundenkreditbank, auf Sympathie: "Sowohl die Kreditzinsen als auch die Verzinsung der Spareinlagen hingen in einfacher kontrollierbarer Weise vom Leitzins am Kapitalmarkt ab. Zinszuschläge für Risiko und Ertragsspanne, ja selbst die Kosten für Liquiditätshaltung und Geldbeschaffung wurden offen bei der Berechnung des Sollzinssatzes ausgewiesen. Für Sparbücher wurde eine jährliche Bearbeitungsgebühr berechnet, die aber in Wirklichkeit eine Mindestpostengebühr war."[172]

Das Preissystem der Familienbank AG wäre in seiner Geschlossenheit das erste in Deutschland und bisher einzige in der Welt. Kaminsky empfand es als "schade", daß die Familienbank AG nur so kurz bestand und deshalb keine ausreichenden Erfahrungen mit diesem Konzept gesammelt werden konnten.

Arbeitnehmer, die dann unter dem Strich auch bessere Konditionen bei der Familienbank erwarten konnten. Ein Manko bestand darin, daß die Familienbank am Anfang noch keinen Girokontoservice anbieten konnte, was angeblich am Computer lag, und die Kunden deshalb die Verbindung zu ihrer ursprünglichen Bank noch aufrechterhalten mußten. O.V., "Retail-Banking: Erste Filiale der Familienbank", *Zeitschrift für das gesamte Kreditwesen* 22 (1973): 1094. O.V., "Die Konditionen bei der Familienbank", *Zeitschrift für das gesamte Kreditwesen* 22 (1973): 1112.

168 Für Guthaben auf Gehaltskonten gab es 4 3/4% bei der Familienbank. O.V., "Familienbank zahlt 6 3/4% für Sparbücher", *Zeitschrift für das gesamte Kreditwesen* (1975): 429. Deutsche Bundesbank, Hrsg., *40 Jahre Deutsche Mark: Monetäre Statistiken 1948-1987* (Frankfurt: Knapp, 1988) 207.

169 Das amerikanische Magazin Business Week publizierte angefallene Verluste von 20 Mio. DM für das Geschäftsjahr 1975 bei der Familienbank AG. Der Vorstand der Bank verwies jedoch auf 6,9 Mio. DM, die der eigene Geschäftsbericht ausgewiesen hatte. O.V., "Familienbank rückt von ihren hohen Zielen ab", *Handelsblatt*, 25. Oktober 1976, 6.

170 O.V., "Rockefeller an der Förde", *Der Spiegel*, Nr. 29 (1975): 53.

171 O.V., "Retail-Banking", 1094.

172 Stefan Kaminsky, *Banken für Menschen* (Frankfurt: Knapp, 1981) 353.

Doch darf nicht vergessen werden, daß die Familienbank vier volle Geschäftsjahre in Deutschland aktiv war und in diesen Jahren nur Verluste machte. Die KKB Kundenkreditbank hingegen erwirtschaftete Erträge und zwar solche, die nach der herkömmlichen pauschalen Erfolgskalkulation zustande kamen. Die KKB Kundenkreditbank war bekannt für Innovationen, aber von der Revolutionierung der Preisgestaltung in der deutschen Kreditwirtschaft ließ man lieber die Finger.

Die deutschen Banken hielten ebenfalls an der althergebrachten Kalkulation fest und sahen in Zeiten guter Geschäfte keinen Grund für einen Wechsel ihrer Kalkulationsmethoden. Ein zusätzliches Erschwernis für ein solches Vorhaben bildete das etwas rückständige Rechnungswesen in den Banken, das in den 70er Jahren, besonders im Vergleich zur Industrie, die Aufdeckung detaillierter Erfolgszusammenhänge nur unter großen Mühen zugelassen hätte.[173] Gleichwohl würden auf die Banken eines Tages schrumpfende Zinsmargen zukommen, weshalb sich Süchting für eine allmähliche Einführung von kostendeckenden Kontoführungsgebühren aussprach. Er rief allerdings den Fall der Neuen Sparcasse in Hamburg in Erinnerung, die 1970 für die Kontoführung einen Pauschalpreis von 2,- DM erhob. Daraufhin empörten sich die Kunden so sehr, daß die Einführung der Gebühren wieder rückgängig gemacht werden mußte.[174]

Der Familienbankstratege Slevogt wandte sich mit seinem Konzept eindeutig gegen die in den 60er Jahren noch vorherrschende Spartenkalkulation im Bankgewerbe, "in der der Bank die aus der Zinsspanne zufließenden Erträge überwiegend dem Kreditgeschäft zugerechnet werden, während sich der Zahlungsverkehr mit den unmittelbaren Erträgen und einem unzulänglichen Zinsübertrag als 'Arbeitsentschädigung' begnügen muß. Die enge Verbindung von Kontokorrentkonto und Liquiditätshaltung mit dem bargeldlosen Zahlungsverkehr darf jedoch nicht dazu verführen, die Teilleistungen gebührenpolitisch so eng miteinander zu verkoppeln, daß man den einen Teil durch den anderen Teil subventionieren läßt. Es erscheint gerade vom Marketing her gesehen falsch, deswegen so geringe Zinsen für Sichteinlagen zu vergüten, weil man Zahlungsverkehrs- und Kontoführungsleistungen zu nicht kostendeckenden Preisen abgibt. Die Folge ist, daß gewitzte Kunden versuchen, die Kassenhaltung bei voller Inanspruchnahme der Zahlungsverkehrsleistungen auf ein Minimum zu reduzieren, und damit den Subventionsversuch weitgehend zunichte machen."[175] Aber hierin lag Slevogts Irrtum. Denn auf den Girokonten der Kunden sammelten sich

---

173 Joachim Süchting, "Kostenlose Bankdienstleistungen?", Banken International, *Handelsblatt*, 28. Oktober 1970, XXVI.

174 Ibid., XXV.

175 Slevogt war zum Zeitpunkt dieser Äußerung persönlich haftender Gesellschafter der Kundenkreditbank Kommanditgesellschaft auf Aktien. Horst Slevogt, "Marketing im Bankgeschäft", *Die Finanzen des privaten Haushalts: Festschrift für Walter Kaminsky*, Hrsg. Franz Schneider (Frankfurt: Knapp, 1969) 190-218, 195. Siehe auch Slevogts Darstellung der Lenkpreisrechnung: Horst Slevogt, "Lenkpreisrechnung als Bankkalkulation für Planung und Marketing", *Österreichisches Bank-Archiv*, Heft III (März 1972): 84-106.

regelmäßig hohe Beträge an. Dazu stand auch nicht im Widerspruch, daß die Kunden es gern sahen, wenn die Banken ihnen einen Teil der eigenen Buchhaltung abnahmen.[176]

Slevogt hielt fest, daß im Bankgeschäft Erträge häufig wertbezogen wären. Die Kosten hingen dagegen von Stückleistungen ab, was fast immer dazu führte, daß das Geschäft in wertmäßig großen Posten das Geschäft in wertmäßig kleinen Posten subventionierte. Hierin sah er eine Gefahr, da der Kunde irgendwann versuchen würde, vorzugsweise die subventionierten anstelle der subventionierenden Leistungen in Anspruch zu nehmen. Deshalb sollten Banken sich hinsichtlich der Preise soweit wie möglich an den Kosten der einzelnen Leistungen orientieren. Diese Preispolitik wäre auch im Zusammenhang mit der zugenommenen Nachfrage nach Dienstleistungen zu sehen. Dem Kunden würde der Nutzen und der Vorteil von Dienstleistungen viel stärker bewußt werden. Daraus könnte ein Verständnis für angemessene Dienstleistungspreise erwachsen.[177]

3) Erfahrungen der Chase mit dem *retail banking* in Großbritannien

Auch in Großbritannien wollte die Chase neue Kundenkreise ansprechen. Die Wahl fiel auf den *middle market*, einer Zielgruppe, zu der kleine Firmen und die große Zahl der 20- bis 40-jährigen Gehaltsempfänger zählten. Die Briten galten im Hinblick auf Girokontoverbindungen als unterversorgt. Für diese neue Zielgruppe wollte die Chase bis Ende 1973 drei neue Filialen eröffnen und innerhalb von vier Jahren bis auf 30 Filialen aufstocken. Doch weil die Amerikaner mit Widerständen bei der britischen Bankenaufsicht angesichts ihrer Offensive im Privatkundengeschäft gerechnet hatten, - es gab auch das Argument, die Kosten einer Neugründung wären zu hoch gewesen - , entschieden sie sich dafür, eine britische Bank zu kaufen.[178] Die Wahl fiel auf den Konsumentenfinanzierer First National Finance Corporation, ohne daß der Kauf aber gleich vonstatten ging.[179]

Die Citibank war bereits in Großbritannien im *middle market* tätig; sie nannte ihre Filialen "*money shops*". Was alle international denkenden Banker antrieb, war die Vorstellung, daß sich die Schwerpunkte im Kreditgeschäft neu verteilen würden: 40% Großkundengeschäft,

---

176 Slevogt, "Marketing",195.

177 Ibid., 207.

178 Die Bank von England ermahnte die britischen Geschäftsbanken, daß sie Zurückhaltung beim Konsumentenkreditgeschäft üben sollten. Daraufhin stellte auch die Chase vorübergehend ihre Gründungsoffensive für die *money shops* ein, die schon unter dem Namen "Chasebank" und einem Chef, der zuvor das Teilzahlungsgeschäft von Ford Motor geleitet hatte, gewisse Konturen angenommen hatte. Johannes Uhlig, "Chase - sechsspännig in London", *Zeitschrift für das gesamte Kreditwesen* Nr. 22 (1973): 1112. Ungünstig für das Vorhaben von Chase in Großbritannien wirkte sich ferner aus, daß die New Yorker Bankenaufsicht kurz zuvor der britischen Barclays Bank verwehrte, die amerikanische Bank Long Island Trust zu übernehmen. O.V., "Chase Manhattan: European strategy", *The Banker* (Mai 1973): 546.

179 John Donald Wilson, *The Chase: The Chase Manhattan Bank, N.A., 1945-1985* (Boston: Harvard Business School Press, 1986) 237.

40% Privat- und Geschäftskunden, der *middle market*, und 20% in Sparten wie der Immobilienfinanzierung beispielsweise.[180] Die Vorstellung, daß eine Auslandsbank fast 80% ihrer Kredite an Großunternehmen zu vergeben hatte, gehörte der Vergangenheit an.

Die Startphase der geplanten "*money shops*" der Chase Manhattan in Großbritannien verlief jedoch mit Verzögerungen. Die anziehenden Kreditkonditionen zur Eindämmung der Inflation liefen dem Projekt zuwider.[181] Die ansteigende Arbeitslosigkeit in Großbritannien schien die Aussichten für das Kreditgeschäft mit den Konsumenten nochmals zu verschlechtern. Schließlich vereitelte 1974 die amerikanische Bankenaufsicht diese Expansion sogar ganz, indem sie die Chase daran hinderte, sich an der First National Finance Corporation zu beteiligen.[182] In der Tat half dieses Eingreifen der amerikanischen Bankenaufsicht zumindest in Großbritannien, einen eventuellen Mißerfolg bei der Chase zu verhindern. In Deutschland hingegen blieben der Chase die schlechten Erfahrungen im Privatkundengeschäft nicht erspart: "Chase probably wishes that someone had also stopped it from establishing a wholly-owned retail banking subsidiary in Germany called Familienbank, since this is a confessed failure."[183]

4) Gründe für den Mißerfolg der Familienbank

Am Anfang der Familienbank stand ein innovatives Bankkonzept, das wegen seiner Kundenorientierung und Preistransparenz den Konzepten der meisten anderen Banken in Deutschland überlegen war.[184] Insofern kam die Schließung der Familienbank Mitte 1978 etwas überraschend. Aus anderem Blickwinkel kam die Liquidierung dieser Bank allerdings weniger überraschend: Die Familienbank machte hohe Verluste und war die Tochter einer amerikanischen Bank.

Zweifel an der Lebensfähigkeit dieser Bank hätte man wegen des ungünstigen wirtschaftlichen Umfelds schon früh haben können.[185] Bei Aufnahme der Geschäfte 1973

---

180 O.V., "Chase Manhattan Sets Bank in Britain Aimed at "Middle Market", *The Wall Street Journal*, 2. Juli 1973, 26.

181 O.V., "Chase Delays Its Plans For British 'Money Shops'", *The Wall Street Journal*, 29. März 1974, 2.

182 Wilson, *The Chase*, 237.

183 Tony Thomas und Anne Segall, "Learning the hard way", A survey of American financial institutions, *The Economist*, 22. Januar 1977, 30.

184 Marketing und hier insbesondere Marktforschung waren zentrale Bestandteile des Konzepts der Familienbank. Slevogt galt in erster Linie als Marketing-Spezialist.

185 Die wirtschaftliche Realität kann jede vorbildliche Marketing-Planung nutzlos werden lassen: "Again, the most carefully devised strategies can be seriously harmed or even destroyed, by unexpected changes in the economic cycle. As I indicated earlier, changes in interest rate structures which so often mirror or parallel changes in the economic cycle, can make a significant difference to the balance of advantage between a retail based operation and wholesale base operation." M. C. Deverell, "Determinants in the Choice of Foreign Markets: Market Choice: Strategies and Problems", *International Banking Activities in the Eighties*, Hrsg. Deutsches Komitee der AIESEC und Christoph Brützel (Frankfurt: Knapp, 1981) 29.

traf die Bank auf ein wirtschaftliches Umfeld, das von einer kräftigen Ölpreiserhöhung, hohen Inflationsraten und ansteigender Arbeitslosigkeit gekennzeichnet war. Die Wachstumsrate des Bruttosozialprodukts stagnierte im Jahr 1974 bei 0,4%. Dagegen schnellte die Inflationsrate mit 7% auf eine Rekordhöhe in der Nachkriegszeit, während parallel dazu auch noch die Arbeitslosigkeit auf mehr als 1 Mio. Erwerbslose anstieg.[186] In dem für die Familienbank relevanten Markt für Konsumentenkredite herrschte große Zurückhaltung. Über Banken in diesem Segment hieß es: "some of whom have become disillusioned in their expensive bid to attract the custom of 'the small man'.[187] Gleichwohl verlief das erste Jahr der Familienbank sogar über den Erwartungen entsprechend. Die Bank wuchs: Von Ende 1974 bis Mitte 1975 verdoppelte sich die Bilanzsumme - über die Kostenseite sagte das allerdings nichts aus.[188]

Daß die Familienbank mit ungünstigen Bilanzstrukturen startete, ließ sich nicht verhindern, denn die Refinanzierung erfolgte durch Bankengelder, und es brauchte seine Zeit, bis sich diese durch Spareinlagen ersetzen ließen.[189] Im Gegensatz dazu verfügten die Großbanken und noch mehr die Sparkassen oder Genossenschaftsbanken über viele der begehrten Sparkonten, die den Spielraum bei der Kalkulation von Krediten gaben. Man konnte ahnen, wer eine Verschärfung des Wettbewerbs im Konsumtenkreditgeschäft, auf das es plötzlich so viele Banken abgesehen hatten, besser überstehen würde.[190] So entstand 1975 die Situation, daß die etablierten Banken im Neugeschäft erfolgreicher waren als die Familienbank, die sich auf Konsumentenkredite spezialisiert hatte. Dazu hatte eine Kampagne der deutschen Großbanken gegen die Kreditkonditionen der Konkurrenz, die Mitte 1974 gestartet wurde, nicht wenig beigetragen. Ausdruck des verschärften Wettbewerbs war auch die öffentliche Meinung, die sich gegen unfaire Praktiken im Ratenkreditgeschäft richtete. Im Handelsblatt wurde der Fall eines Ratenkredits über 5.500,- DM bekannt, der bei der Kundenkreditbank KKB aufgenommen wurde und den der Schuldner nicht zurückzahlen konnte. Dem säumigen Schuldner wurde der Lohn gepfändet, was nicht ungewöhnlich war, aber die zu entrichtende Summe umfaßte neben den ausgemachten Zinsen auch noch

---

186 Wilfried Feldenkirchen, Die deutsche Wirtschaft im 20. Jahrhundert, Bd. 47, *Enzyklopädie deutscher Geschichte*, Hrsg. Lothar Gall (München: Oldenburg, 1998) 31.

187 O.V., "Chase Manhattan: European strategy", *The Banker* (Mai 1973): 546.

188 O.V., "Rockefeller", 54.

189 Teilzahlungskreditinstitute, zu denen im weitesten Sinne auch diese auf Ratenkredite spezialisierte Bank gezählt werden konnte, waren sehr konjunkturanfällig. Das lag daran, daß sich diese Institute zu einem großen Teil bei anderen Banken refinanzieren mußten. Auch mußten die Teilzahlungskreditinstitute mit Zinssätzen kalkulieren, die zwar den häufig schlechteren Risiken angemessen zu sein schienen, sich aber wegen ihrer Höhe gegenüber der zunehmend zinssensibleren Kundschaft oft nur schwer durchsetzen ließen. Gleichzeitig entdeckten auch die Großbanken, Sparkassen und Genossenschaftsbanken das Mengengeschäft und machten den Teilzahlungsinstituten bei den Ratenkrediten Konkurrenz. Ein Ausweg aus dieser neuen Marktkonstellation bestand für die Teilzahlungskreditinstitute im Grunde nur darin, selber eine Universalbank mit Einlagengeschäft zu werden.

190 Wilson, *The Chase*, 236.

Verzugszinsen in Höhe von einem Prozent pro Monat, auf die gesamte Laufzeit gerechnet. Das war bei anderen Kreditinstituten so nicht üblich. Einschließlich Gebühren und Mahnkosten mußte der Kunde 9.265 DM für einen ursprünglichen Kredit über 5.500,- DM bezahlen. Das entsprach einer Gesamt-Effektivbelastung von rund 44%. Bei einer Sparkasse hätte man einen neuen Zahlungsplan aufgestellt, und der Kunde hätte ungefähr 6.600 DM zurückzahlen müssen. Auf Nachfrage räumte die KKB zwar ein, sich in diesem einzelnen Fall fehlerhaft verhalten zu haben, doch den faden Beigeschmack, der den Konsumentenbanken und ihren Managern bisweilen anhaftete, konnte die KKB nicht ganz aus der Welt schaffen.[191]

Ein wesentliches Element des Familienbankkonzepts war - um Transparenz zu schaffen - die Kopplung von Sparzins und Kapitalmarktzins. Doch gerade diese Kopplung hielt die Branche für den größten Fehler.[192] Ein Problem lag darin, daß die Kunden wegen der hohen Zinsen zur Hauptsache nur am Einlagengeschäft interessiert waren, nicht aber an Kreditgeschäften, denen relativ hohe effektive Zinsen zugrunde lagen.[193] Gebühren für Girokonten oder Sparkonten schienen den deutschen Kunden völlig unverständlich zu sein. Daß die deutschen Banken diese nicht erhoben, wirkte sich für die Familienbank als Wettbewerbsnachteil aus.

Zu den Gründen, warum die Bank nicht die erwünschte Popularität erreichte, gehörte auch ein nicht gerade glücklich gewählter Name. Familienbank - auf einige Kunden mußte er etwas anmaßend wirken.[194]

Bei der Suche nach weiteren Schwachstellen der Bank mußte auch das amerikanische Verfahren der Kreditvergabe hinterfragt werden. Das in den USA übliche *credit scoring*-Verfahren, eine Überprüfung der Bonität von Kreditnehmern anhand bestimmter Kriterien, ließ sich möglicherweise nicht problemlos auf den deutschen Markt und den dortigen Durchschnittskunden anwenden; zumindest trugen auch uneinbringliche Kredite zu den Verlusten der Familienbank bei.[195]

Auf einem anderen Blatt standen die mit der Neugründung verbundenen Kosten. Vermutlich hatte die Chase die erheblichen Anlaufkosten des Aufbaus der Filialen und des operativen Geschäfts im allgemeinen unterschätzt.[196] Die Geschäftsräume lagen z.B. in den

---

191 O.V., "Säumige Schuldner kann es hart treffen", *Handelsblatt*, 3. Januar 1974, 19.

192 O.V., "Familienbank soll Schalter schließen", *Handelsblatt*, 5. April 1978, 13.

193 O.V., "Familienbank rückt", 6.

194 Die Frage war, ob sich auch Kunden angesprochen fühlten, die sich selber keiner Familie zugehörig fühlten. Und handelte es sich schließlich um eine Familie, mußte die dann nicht feststellen, daß das Dienstleistungsangebot dieser Bank aus Sicht einer Familie recht beschränkt war: Es gab keinen Hypothekarkredit, keine Bauzwischenfinanzierungen und keine Investmentzertifikate zur Vermögensvorsorge? Oskar Betsch, "Zur Konzeption der Familienbank", *Bank und Markt* (Oktober 1974): 22. Bei Mitarbeitern der Chase Manhattan Bank in New York war es denkbar, daß sie beim Hören des Namens "Familienbank" sofort an die "Rockefeller family bank", eine gängige Bezeichnung für die Chase in den USA, dachten.

195 Wilson, *The Chase*, 236.

196 Ibid.

Hauptgeschäftsstraßen und erforderten neben hohen Mieten auch noch um 50% bis 75% höhere Investitionen in die Ausstattung der Zweigstelle, verglichen mit dem, was sonst in der Branche üblich war.[197]

Ein zusätzliches Problem war der hohe Stellenwert der Produktorientierung im amerikanischen Bankwesen. In dieser Tradition stand auch die Familienbank. Der amerikanische Kunde war an klar definierte Produkte, sowohl hinsichtlich des Leistungsumfangs als auch des Preises, gewöhnt. Ein Grund dafür war, daß der Durchschnittsamerikaner, weil er alle 6 Jahre umzog, sich immer wieder eine neue Bank suchen mußte. Jede Bank war für ihn also in der Regel neu, denn das weitgehend gültige Verbot des *interstate banking* untersagte den Banken die Ausdehnung der Filialnetze über Bundesstaatengrenzen hinweg. Bankprodukte mußten deshalb schon allein durch Produktgestaltung, Preis und Marketing einen tiefen Eindruck bei den Kunden hinterlassen. Der Kunde selbst hatte sich dabei auf die Zahlung eines Preises einzurichten, der den tatsächlichen Kosten entsprach. Dies war so geregelt, weil die Bank nicht auf spätere Früchte aus Folgegeschäften hoffen konnte. In Deutschland war dagegen die Mischkalkulation weit verbreitet, weil die Beziehungen zwischen Kunde und Bank in der Regel lange währten. Dazu paßte auch die geringe Mobilität der deutschen Bankkunden in Finanzfragen bzw. eine ausgeprägte Bankloyalität.

Es deutete außerdem viel daraufhin, daß die Geschlossenheit der Filialnetze jeder in der Fläche in Deutschland vertretenden Bank eine gewisse Untätigkeit beim Erfinden neuer Bankprodukte erlaubte. Von Eckart van Hooven von der Deutschen Bank wurde der Satz, mit Bezugnahme auf die 70er und 80er Jahre, überliefert: "Our customers feel a bank is like a lawyer or a priest, an overall consultant for a relationship. American banks sell products, we try to sell an idea: that this is your bank."[198]

Man darf schließlich davon ausgehen, daß den deutschen Banken die Familienbank wenig willkommen war, da sie zum einen mit allzu großzügigen Habenzinsen den Markt beunruhigte und zum anderen durch gezielte Werbung für Ratenkredite der Branche vorauseilte, gerade zu einem Zeitpunkt, als die deutschen Banken sich auf Wunsch der Deutschen Bundesbank dazu durchgerungen hatten, für Konsumentenkredite wenig oder gar nicht zu werben.[199]

---

197 O.V., "Familienbank rückt", 6.

198 Merril Stevenson, "Managing change", Survey International Banking, *The Economist*, 22. März 1986, 39. In den 90er Jahren waren allerdings auch in Deutschland im Mengengeschäft Bankprodukte, Markennamen sowie differenziertere Preise und Zinsen üblich geworden. Nach Ansicht der deutschen Banken sollte es im Gegenzug aber auch die "Bank als Priester" nicht mehr geben, da sie nicht mehr bezahlbar war.

199 Die deutschen Banken sahen 1974 wegen des Rückgangs im Konsumentenkredit-Geschäft um 9,1% einen klaren Zusammenhang zwischen ihrer Zurückhaltung bei der Werbung und der aggressiven Werbung der Familienbank, z.B. mit dem Slogan: "Großbanken sind für kleine Leute oft zu groß". Der Chef der Deutschen Bank, Franz Heinrich Ulrich, nannte das ganze Vorgehen dieser amerikanischen Bank eine "Unverschämtheit". O.V., "Rockefeller", 54. Ulrich wies ferner daraufhin, daß die Deutsche Bank eine Genehmigung zur Errichtung einer derartigen *retail*-Bank in den USA sicher nicht bekommen würde. O.V., "Ziemliche", 86.

Die etablierten Banken mußten vom Hecht-im-Karpfenteich namens Familienbank auch befürchten, daß die Zinsempfindlichkeit deutscher Bankkunden plötzlich zunehmen könnte. Vielleicht hätte die Familienbank ihr Modell auf ganz Europa ausdehnen können, mit dem Ziel, die erste europäische Bank zu werden.

Doch gingen diese Befürchtungen zu weit. Als Neuling im deutschen Markt blieb der Familienbank nicht viel anderes übrig, als hohe Einlagenzinsen zu zahlen, um Kunden zu gewinnen. Diese Kosten waren eingeplant. Im Ratenkreditgeschäft dagegen traten unvorhergesehene Dinge ein, die schlechte Konjunktur, der steile Anstieg der Zinsen, die äußerst preisbewußten Verbraucher und der lange Atem der deutschen Banken, die Familienbank bei den Sollzinsen zu unterbieten. Die Gegenwehr der deutschen Großbanken mußte besonders beunruhigen.[200] Wahrscheinlich wegen dieser Geschlossenheit der deutschen Kreditwirtschaft, äußerten im Oktober 1975, also gut zwei Jahre nach der Gründung, erstmals hohe Chase Manager ihre Zweifel am langfristigen Überleben der Familienbank.[201] Darüber hinaus war die Situation des Mutterhauses im amerikanischen Markt in den Jahren 1975 und 1976 sehr kritisch, so daß der Großzügigkeit in bezug auf die Familienbank gewisse Grenzen gesetzt waren.[202]

Seit den Erfahrungen der Familienbank war die Chase Manhattan Bank zumindest in Europa nicht mehr im *retail banking* aktiv geworden. Nur zwei Jahre nach ihren Abenteuern plädierte die Chase für die Konzentration der Ressourcen auf das Firmenkundengeschäft. Damit lag die Chase gegen Ende der 70er Jahre auch auf der Linie anderer Banken, die von ihren hohen Erwartungen an das *retail banking* in fremden Ländern vorerst Abschied nahmen.[203]

---

200 Wenn eine gewisse Schwelle überschritten ist, wehren sich die einheimischen Banken, z.B. mit günstigen Konditionen. Davon sollten die Bankkunden profitieren. Ingo Walter, *Global Competition in Financial Services* (Cambridge, Ma: Ballinger, 1988) 29. Doch im Falle der Auseinandersetzung mit der Familienbank führte es nur kurzzeitig zu Verbesserungen der Lage der Kunden, namentlich durch attraktive Zinsen, solange die Familienbank eben existierte. Die deutschen Banken übernahmen danach keineswegs die transparente Kostenrechnung der Familienbank, sondern blieben bei ihrer unübersichtlichen Mischkalkulation, die dazu führte, daß der eine Teil der Kunden den anderen Teil subventionierte.

201 Wilson, *The Chase*, 236.

202 Zwar litten auch andere Banken unter den gestiegenen Risiken und Kreditausfällen, aber die Chase traf es aufgrund ihres starken Engagements im amerikanischen Immobiliengeschäft besonders hart. Wilson, *The Chase*, 185.

203 O.V., "Chase Bank to Close One Branch in London, Consolidate Services", *The Wall Street Journal*, 9. April 1976, 25.

E. Die Perle des deutschen Konsumentenkreditgeschäfts namens KKB Kundenkreditbank

Dem Einstieg bei der KKB Kundenkreditbank mit Hilfe der Beteiligung am Bankhaus Trinkaus & Burkhardt im Sommer 1973 folgte bei der Citibank schon ein Jahr später die Gründung einer "global consumer banking group".[204] Die Citibank hatte unter ihrem Chef Walter Wriston die neuen Kundenschichten klar vor Augen. Das Ziel war, gerade im *retail banking* - und hierin sahen alle Banken immer die größten Schwierigkeiten -, die Vorzüge einer lokal ausgerichteten Bank mit denen einer weltweit arbeitenden Bank zu vereinen.[205]

Mit der KKB waren die Amerikaner mehrheitlich an einer Bank beteiligt, die vor allem im Ratenkreditgeschäft - zu zwei Dritteln direkt, aber auch indirekt über Händler - tätig war und beachtliche Zuwachsraten in dem allerdings stark von der Konjunktur abhängigen Geschäft erzielte.

Bemerkenswert aus Sicht einer ausländischen Bank war, daß Mitte der 70er Jahre sich schon 77% der Passivseite der Bilanz der KKB aus Kundeneinlagen zusammensetzten und damit die Refinanzierung nicht mehr über Banken, sondern über günstige Spar- und auch Sichteinlagen sichergestellt werden konnte.[206] Die KKB hatte mit der alten Teilzahlungsbank der 60er Jahre auf der Passivseite nichts mehr gemeinsam. Trotz des heftigen Konditionenwettbewerbs im Konsumentenkredit im Jahr 1975 konnte die KKB ihre Ausleihungen an Kunden um 17,5% weiter steigern. Bei den Spareinlagen, die gegenüber den Termineinlagen stark zulegten, bestand ein erheblicher Teil aus KKB-Sparbriefen mit Laufzeiten von überwiegend vier und sechs Jahren - die Refinanzierung wurde so immer günstiger und langfristiger.[207]

Das Geschäftsjahr 1977 bezeichnete die Geschäftsleitung der KKB Kundenkreditbank als gut. Das war insofern interessant, als zur gleichen Zeit die Filialen der ganz ähnlich konzipierten Familienbank AG die Pforten schließen mußten und deren Erbmasse in Form von 7.000 Kreditkonten an das Bankhaus Centrale Credit AG übergeben wurde. Ebenfalls parallel dazu verwiesen die Großbanken sogar auf die Ausdehnung ihres Privatkundengeschäfts. Der Verband der Teilzahlungsbanken wiederum beklagte den wachsenden Konkurrenzdruck.[208]

---

[204] Thomas F. Huertas, "US multinational banking: history and prospects", *Banks as multinationals*, Hrsg. Geoffrey Jones (London: Routledge, 1990) 255.

[205] Ibid.

[206] O.V., "Citicorp: First National City Bank", *Zeitschrift für das gesamte Kreditwesen* 13 (1975): 620.

[207] O.V., "KKB Kundenkreditbank - Deutsche Haushaltsbank KGaA", *Zeitschrift für das gesamte Kreditwesen* Nr. 22 (1976): 1085.

[208] O.V., "CC-Bank übernimmt 7000 Konten von Familienbank", *Handelsblatt*, 24. Mai 1978, 22. Diese "amerikanische Lösung" betraf nur die Kreditkonten, die von der Familienbank, die schon nicht mehr eigenständig und eine Abteilung der Chase Bank AG war, treuhänderisch an das Bankhaus Centrale Credit AG

Was machte die KKB anders? Die KKB hatte mit 243 Zweigstellen in der Fläche der Bundesrepublik eine gute Präsenz; sie verfügte über modernste EDV-Anlagen, die auch *online*-Kontakte zuließen. Die Girokontoinhaber erhielten Guthabenzinsen, wenn auch die Kreditzinsen deutlich höher waren als bei den Sparkassen und Großbanken. Das bei anderen Banken in Mode gekommene *cross selling* mit Wertpapieren oder Baufinanzierungen wurde bei der KKB nur am Rande betrieben. Man fokussierte sich auf die Zielgruppe der Haushalte mit niedrigen Einkommen.

Im Hinblick auf die Geschäftspolitik wurde die KKB vom Mehrheitsaktionär an der langen Leine gelassen.[209] Die Citibank ging den Weg geringer Einflußnahme bei der KKB womöglich auch vor dem Hintergrund, daß die Citibank zum Teil mehr von der KKB lernen konnte, als umgekehrt, z.B. im Hinblick auf das sehr fortschrittliche *online*-Computersystem. Der *Chairman* der Citibank, Walter Wriston, erkannte dies 1974 bei der Übernahme: "It (KKB d.V.) has an on-line centralized computing system which is extremely good. We have had our technical people over looking at that."[210] Damit praktizierte die Citibank sehr erfolgreich den Ansatz des "Von-den-anderen-etwas-lernen". Dieser Transfer von Know-how in der Datenverarbeitung entsprach einem Internalisierungsvorteil, den multinationale Banken nach der eklektizistischen Theorie haben. In späteren Jahren befruchteten sich Citibank und KKB technologisch auch gegenseitig.

Die KKB war ein Schrittmacher im Privatkundengeschäft und daneben noch ein *low cost producer*, das erkannten die deutschen Banken an: In den späten 80er Jahren wurde das Telefon Banking[211] eingeführt, die Filialen wurden mit neuen Mehrzweck-Bankautomaten ausgerüstet und die Visa Card wurde als erste Kreditkarte in Deutschland für die breite Masse konzipiert.[212] Im Jahr der Einführung 1988 wurden in den ersten 8 Monaten rund 62.000 KKB-Visa-Karten ausgegeben.[213] Die Erträge aus dem Kartengeschäft dürften in dieser Pionierzeit erheblich gewesen sein.

Das Jahr 1988 war zugleich auch das Jahr einer grundsätzlichen Neupositionierung - die Zinsstaffel wurde auf das Niveau der übrigen Banken zurückgenommen und die Zielgruppe

---

(CC-Bank) übergeben wurden. Die CC-Bank übernahm einige der Familienbank-Mitarbeiter, jedoch nicht die verbliebenen 20 Filialen der Familienbank.

[209] O.V., "Wie macht's die KKB?", *Zeitschrift für das gesamte Kreditwesen* 12 (1978): 534.

[210] O.V., "Walter Wriston Interview", *The Banker* (Juni 1974): 743.

[211] Erstaunlicherweise hatte die First National City Bank in New York, die Vorläuferbank der Citibank, bereits 1962 damit begonnen, Konsumentenkredite über das Telefon zu vertreiben. An 7 Tagen und jeweils 24 Stunden lang konnten die Kreditverträge so weit vorbereitet werden, daß am nächsten Geschäftstag das Geld in einer Filiale zur Verfügung stand, nachdem dort die Unterschrift geleistet wurde. Die First National City bezeichnete sich damals als Marktführer bei den persönlichen Krediten. Ihr Marktanteil in New York lag bei ungefähr 50 Prozent. O.V., "Bank offers 24-Hour-a-Day Loan Service by Telephone", *The Wall Street Journal*, 6. März 1962, 5.

[212] Peter Gumbel, "German Bankers Get Busy Catching Up", *The Wall Street Journal*, 29. November 1994, A 19.

[213] Paul J. Collins, "Das Ziel: Bis 1993 mindestens 5% der Haushalte in Europa zu bedienen", Beilage Banken International, *Handelsblatt*, 2. Mai 1989, B 20.

hinsichtlich der Einkommensgrenzen auf Haushalte bis 100.000 DM Jahreseinkommen erweitert, nachdem es vorher nur 30.000 DM waren.[214] Diese Umstellung machte sich in einem Rückgang des Jahresüberschusses von rund 34% bemerkbar, dem einzigen großen Gewinneinbruch der KKB bis dahin.

Die 1991 erfolgte Umbenennung in Citibank Privatkunden AG, verbunden mit einem Marketingaufwand von 25 Mio. Dollar, ließ sich so erfolgreich an, daß die Anzahl der Kundenkonten zwischen 1991 und 1993 um 12% auf 3,7 Millionen anstieg.[215]

Der Vorstoß der Citibank in Deutschland mit dem für deutsche Ohren neuen Namen fiel in eine Zeit, in der Deutschland im *retail banking* anderen Ländern wie Frankreich, Großbritannien und den Vereinigten Staaten hinterherhinkte. Die deutschen Kreditinstitute hatten sich daran gewöhnt, altmodische Finanzdienstleistungen zu guten Preisen, d.h. auch mit Hilfe der Quersubventionierung, zu verkaufen. Kreditkarten waren in Goethes Land nahezu unbekannt, und die Schalteröffnungszeiten galten als kundenunfreundlich.[216] Der Wegbereiter der ersten Direktbank in Deutschland, Gerhard Huber, erklärte die Betulichkeit im deutschen Bankensektor so: "German banks in the past earned so much that they didn't need to be customer-oriented. Nobody saw the need to take risks. There was no pressure to compete."[217]

---

214 O.V., "KKB schmückt sich mit neuem Kleid", *Börsen-Zeitung*, 22. Februar 1991, 4.

215 Die Umbenennung der KKB Kundenkreditbank fiel mit der Vereinheitlichung des Namens weiterer Citibank-Gesellschaften in Europa zusammen. Darin kam der evolutionäre Prozeß in der Citibank zum Ausdruck. Die 1926 in Königsberg gegründete Teilzahlungsbank KKB war zum Eckpfeiler des *retail banking* der Citibank in Europa geworden. Nachdem die Bank sich auch in Deutschland mit neuen Produkten neu positioniert hatte, sah der zweite Schritt der Strategie vor, die Bank durch den Markennamen Citibank aufzuwerten. Bei 130 Mio. Haushalten in der EU - das sind 30 Mio. mehr als in den USA -, rechnete die Citibank mit dem Erreichen eines Marktanteils von 5% des europäischen Privatkundenmarkts. Terence Roth, "Citibank Stresses Name Recognition in European Push", *The Wall Street Journal*, 25. Februar 1991, A 5 E.

216 Zur Kreditkarte ist allerdings zu sagen, daß diese im deutschen Zahlungsverkehr aufgrund der starken Verbreitung von Girokonten mit persönlichem Kreditrahmen, dem Zahlungsmittel Euroscheck, der problemlosen Überweisung von Konto zu Konto und der Vorliebe seiner Einwohner für Bargeld weitaus weniger notwendig war als in den Vereinigten Staaten, wo es an den genannten Einrichtungen fehlte.

217 Gumbel, "German", A 19.

VI. Die geschäftliche Neuorientierung der US-Banken in Deutschland, 1980-1990

1. Ein schwieriges Jahrzehnt für die amerikanischen Banken

In den 80er Jahren trat die Expansion der amerikanischen Banken in Europa in eine neue Phase ein. Erstmals stand nicht mehr das bloße Wachstum von Bilanzsummen im Mittelpunkt von Bankstrategien, sondern das Erreichen einer möglichst hohen Eigenkapitalrendite. Es sollten nicht mehr die Filialnetze wachsen, sondern erwünscht war, daß Banken sich auf ihre eigenen Stärken konzentrierten, um qualitativ zu wachsen. Dazu gehörte auch, die ausländischen Stützpunkte genauer zu untersuchen. Wonach alle Banken suchten, waren rentable Marktnischen, die nur geringen Personal- und Kapitaleinsatz erforderten.

In den Vereinigten Staaten zeichnete sich ab, daß der üblicherweise aus dem Einlagengeschäft refinanzierte Betriebsmittelkredit für Unternehmen weitgehend ausgedient hatte. Im Rahmen ihrer rechtlichen Möglichkeiten verschafften sich die *commercial banks* daher Zugang zu den Finanzmärkten, statt in den Märkten Konkurrenten zu sehen.[1]

Der treibende Faktor für diese Bankstrategien, die gegen Ende der 80er Jahre auf eine Konsolidierung hinausliefen, waren neben der gestiegenen Nachfragemacht der amerikanischen Bankkunden, die ein Ergebnis der Deregulierung war, vor allem die schwierigen Marktverhältnisse im Inland. Diese wirkten sich für die amerikanischen Banken speziell im Kreditgeschäft in den agrarischen und ölproduzierenden Regionen in den frühen 80er Jahren und später dann im gesamten kommerziellen Immobiliensektor äußerst negativ auf die Ergebnisse aus. Die Bonität der Banken verschlechterte sich erheblich, als gegen Ende der 80er Jahre die Preise für Vermögenswerte verfielen, insbesondere die Immobilienpreise.[2] Zu Kreditausfällen im Sektor der kommerziellen Immobilien in den USA kam es aber auch schon vorher, als dieser Markt in Folge der 1986 geänderten Steuergesetze schließlich zusammenbrach. Unter diesen Verlusten litten gerade die *money center banks*. Allgemein bereitete die abnehmende Qualität der Kredite vielen US-Banken große Sorgen.[3] Das Kreditgeschäft mit den Schwellenländern war ein weiteres Problem. Die Spätfolgen dieser Krise hielten bis zu den Endachtzigern an und belasteten die Bilanzen einiger großer Banken, wie im Fall der Citibank, deren Aktie mit 6 Dollar einen absoluten Tiefstand erreichte, noch bis in die Jahre 1990/91.

---

1 Charles W. Calomiris, "Universal Banking "American Style"", The New Institutional Economics: Financial Institutions in Transition: Banks and Financial Markets, Hrsg. Jürgen Eichberger, *Journal of Institutional and Theoretical Economics (JITE)*, Vol. 154, Nr. 1 (März 1998): 45.

2 Bank für Internationalen Zahlungsausgleich, Hrsg., *Entwicklung des internationalen Bankgeschäfts und der internationalen Finanzmärkte* (Februar 1995): 30.

3 Calomiris, "Universal Banking", 46.

Diese Not im Heimatmarkt ließ im Ausland in den meisten Fällen keine aggressiven Strategien zu, wenngleich die größeren amerikanischen Banken, offenbar mit dem Rückenwind der anspringenden US-Konjunktur der Jahre 1981/82, in der ersten Hälfte der 80er Jahre in Deutschland ihre Geschäfte noch einmal ausdehnen konnten.

Doch bei eher pessimistischer Einschätzung des deutschen Bankenmarkts um die Jahreswende 1979/1980 dachten einige US-Banken ganz offen über einen Rückzug aus Deutschland nach; in anderen europäischen Ländern kam es bereits zu solchen Entscheidungen.[4]

Die Chemical Bank AG in Frankfurt erkannte, daß es schwer werden würde, das Geschäftsvolumen in Deutschland wesentlich zu vergrößern. Nur eine kleine Gruppe von Auslandsbanken und die deutschen Großbanken besaßen das Know-how, um bei den neuen Finanzprodukten mitzuhalten.[5] Diese neuen Finanzprodukte waren Cash Management, Derivate, verbriefte Kredite, *commercial paper* und andere häufig bilanzunwirksame Finanzinstrumente. Mit ihnen verfolgten die *commercial banks* die Absicht, Provisionserträge zu erzielen. Natürlich kam es darauf an zu entscheiden, welche dieser Finanzinnovationen besonders für die Kunden in Deutschland geeignet waren.

A. Der Rückzug vom internationalen Bankenmarkt

Am sichtbarsten wurde der Rückzug der US-Banken vom internationalen Bankenmarkt an der angespannten Lage auf dem Interbankenmarkt. Tabelle 15 zeigt diese Entwicklung.

Tabelle 15: Internationale Interbankforderungen in Mrd. Dollar

	1983	1985	1987	1989	1990
Summe	1343	1739	2962	3533	4034
davon in %					
USA	33,6	24,5	16,4	15,7	13,2
Japan	23,7	28,8	38,1	41,6	39,5
EU	33,6	35,3	34,0	34,1	38,1

Quelle: Bank für Internationalen Zahlungsausgleich, Hrsg., *International Banking and Financial Market Development*, verschiedene Ausgaben.

4 In Belgien kam es zwischen 1978 und 1983 zum Rückzug sechs amerikanischer Banken. Helma Houtman-De Smedt und Herman van der Wee, Beneluxländer, *Europäische Bankengeschichte*, Hrsg. Hans Pohl (Frankfurt: Knapp, 1993) 566.

5 O.V., "Chemical Bank stark im Devisenhandel", *Börsen-Zeitung*, 25. Juni 1986, 8.

Im Interbankenmarkt reduzierten die amerikanischen und auch die kanadischen Banken in den 80er Jahren die internationalen Interbankforderungen und -verbindlichkeiten relativ gesehen, teilweise kam es sogar zu einem vollständigen Abbau der Nettogläubigerpositionen gegenüber anderen nichtverbundenen Banken. Von den japanischen und europäischen Banken gingen dagegen in dieser Zeit expansive Impulse aus.

Angesichts schrumpfender Bilanzen der US-Banken veränderte sich natürlich auch die Rangliste der 10 größten Banken der Welt. Während von 1960 bis 1980 in dieser Liste immer zwei US-Banken ganz vorne standen - bis 1974 war es sogar immer ein Trio, bestehend aus Bank of America, Chase Manhattan Bank, Citibank -, fielen diese Banken im Verlauf der 80er Jahre immer weiter nach hinten ab, so daß 1990 keine US-Bank mehr in dieser Rangliste zu finden war.[6] Anfang 1980 war die Citibank noch die größte Bank der Welt, eine Stelle vor der Bank of America und mit der Chase Manhattan Bank an 11. Stelle. Doch 1990 landete die Citibank nur noch auf Platz 21. Dahinter lag an 34. Stelle - ungewohnt weit abgeschlagen - die Bank of America.[7]

Tabelle 16: Die 10 größten Banken in der Welt nach der Aktiva in Mrd. Dollar

Bank	1970 Aktiva	Bank	1980 Aktiva	Bank	1990 Aktiva
1 Bank of America	25,6	1 Citibank	109,5	1 Dai-Ichi Kangyo B.	426,8
2 Citibank	23,1	2 Bank of America	106,8	2 Mitsubishi Bank	412,7
3 Chase Manhattan	22,2	3 Crédit Agricole	106,6	3 Sumitomo Bank	407,9
4 Barclays Bank	15,1	4 BNP	105,5	4 Mitsui Taiyo Kobe B.	407,5
5 Manufacturers Han.	12,0	5 Crédit Lyonnais	98,8	5 Sanwa Bank	401,4
6 Morgan Guaranty	11,4	6 Societé Générale	90,7	6 Fuji Bank	398,3
7 NatWest	10,6	7 Barclays Bank	88,4	7 Crédit Agricole	302,9
8 United California B.	10,6	8 Deutsche Bank	88,2	8 BNP	289,7
9 Banca N. del Lavoro	10,2	9 NatWest	82,4	9 Industrial Bank of Jap.	289,1
10 Chemical Bank	9,7	10 Dai-Ichi Kangyo B.	79,4	10 Crédit Lyonnais	285,2

Quellen: The Banker (Juni 1971): 663. The Banker (Juni 1981): 153. The Banker (Juli 1991): 74. BNP = Banque Nationale de Paris. NatWest = National Westminster Bank.

Zu dem Rückzug der US-Banken war es - um einen Teil der Erklärung zu geben - gekommen, weil die Banken auf Sonderfaktoren reagieren mußten. Einer davon war die

[6] Hervé de Carmoy, *Global Banking Strategy* (Cambridge, Ms: Basil Blackwell, 1990) 119. In der Tat konnten sich die Banken in Amerika in der Zeit vor der Deregulierung, also bis Mitte der 70er Jahre, so fühlen, als ob sie alle gleich gut wären. Selbst Unterschiede in der Kapitalstärke und der Effizienz haben sich auf die Rangliste der besten zehn US-Banken kaum ausgewirkt.

[7] The Banker, Top 1000 Banks (Juli 1991): 74. The Banker (Juni 1981): 153. Allerdings muß bei Vergleichen der Bilanzen berücksichtigt werden, daß die amerikanischen Banken 1990 bereits einen großen Anteil ihrer Forderungen und Verbindlichkeiten außerhalb der Bilanzen darstellen konnten. Die Hilfsmittel dazu waren z.B. Swaps. Viele der innovativen Finanzdienstleistungen ließen ohnehin die Bilanzen unberührt. Außerdem begünstigte der schwache Dollar gegenüber dem Yen die Dominanz der japanischen Banken erheblich. Siehe auch Jens Eckhardt, "Die Pioniere des "Global Banking" ziehen zu Beginn einer neuen Ära ihre Fahnen ein", *Handelsblatt*, 10. Juli 1990, 10.

Schuldenkrise 1982, die die US-Banken wegen ihrer großen Engagements im Kreditgeschäft mit lateinamerikanischen Ländern mit am härtesten traf.

Die Folge war, daß die Rating-Agenturen mehr und mehr von den US-Banken herabstuften und ihnen so der Zugang zum günstigen internationalen Interbankenmarkt erschwert wurde. Zur gleichen Zeit blieb die Bonität der meisten Banken in Europa und Japan unverändert hoch.

Am Euromarkt machte sich von 1979 bis 1981 die Zweite Ölpreiswelle bemerkbar, was zu einem drastischen Anstieg der Zinsen führte. Bei den Banken verringerte sich daraufhin die Bereitschaft, Schulden zu machen.

An den Bilanzen, zumindest von Ende 1980 bis Ende 1984, war die sich verschlechternde Lage der US-Banken übrigens kaum zu erkennen. Denn in diesem Zeitraum vollzog sich eine Aufwertung des Dollars gegenüber allen anderen Währungen. Dies führte dazu, daß die Bilanzen der US-Banken trotz sinkender Inflationsrate und verlangsamten Wirtschaftswachstums schneller anwuchsen als die der anderen Banken, die kanadischen und japanischen einmal ausgenommen.[8]

Auf Seiten der Zentralbanken und Aufsichtsbehörden zielten die Maßnahmen darauf ab, einen Teil des Eurogeschäfts wieder in die nationalen Märkte zurückzuholen, um die nationale Kontrolle wieder voll in der Hand zu haben. Damit wurde nochmals die Deregulierung und Liberalisierung der internationalen Finanzmärkte beschleunigt.[9]

Auf Seiten der Banken intensivierte sich der Wettbewerb um "gute" Adressen, mit der Folge des Verfalls von Margen und Provisionen. Die Kreditnehmer wiederum profitierten von dieser Position, weil es ihnen gelang, immer kostengünstigere und flexiblere Finanzierungsbedingungen durchzusetzen. Finanzinnovationen traten in Konkurrenz zum traditionellen Kreditgeschäft.[10]

Weiteren Druck auf die US-Banken übte die Baseler Eigenkapitalvereinbarung vom Juli 1988 aus, auf die sich 12 Banken geeinigt haben, um den Risiken bei der Ermittlung des Eigenkapitals mehr Rechnung zu tragen. Diese Verschärfung der Eigenkapitalvorschriften kam einer Aufforderung an die Banken gleich, nur noch rentable Geschäftsfelder zu

---

[8] Robert S. Dohner und Henry S. Terrell, "The Determinants of the Growth of Multinational Banking Organisations: 1972-86", *Protectionism and International Banking*, Hrsg. Gerhard Fels und George Sutija (London: Macmillan, 1991) 107. Der Wechselkurs des Dollars zur DM hatte sicher von 1980 bis 1985 auch einen Einfluß auf das stärkere Anwachsen der Bilanzsummen der Zweigniederlassungen und Töchter amerikanischer Banken in Deutschland. Auf lange Sicht sind aber die Auswirkungen der Wechselkurse auf die Bilanzsummen auch zu relativieren, weil die realen Wechselkursveränderungen langfristig weniger ins Gewicht fallen. Ibid., 137. Die Jahre von Ende 1984 bis Ende 1986 standen wieder unter dem Zeichen einer starken Abwertung des Dollars gegenüber den europäischen Währungen.

[9] Beispielsweise in den USA: Zulassung von *International Banking Facilities* 1981, Aufhebung der Quellensteuer 1984. In Japan: Internationalisierung des Yen. In Deutschland: Aufhebung der 25%igen Kuponsteuer 1984 sowie 1985 die sogenannte Restliberalisierung des Geld- und Kapitalmarktes.

[10] Ekkehard Storck, "Euro-Dollar-Markt", *Handwörterbuch Export und Internationale Unternehmung*, Hrsg. Klaus Macharzina und Martin K. Welge (Stuttgart: Poeschel, 1989): 471.

betreiben.[11] Es lag deshalb nahe, daß die Mehrzahl der Banken als erstes die kostspieligen ausländischen Stützpunkte unter die Lupe nahm. Unterkapitalisierte Banken, zu denen in Sonderheit die amerikanischen Banken gehörten, hatten wenig Auswahlmöglichkeiten: Sie konnten die Aktiva reduzieren, z.B. durch *securitization*, die Aktiva neu strukturieren, um das Portfolio-Risiko zu reduzieren oder zusätzliches Kapital aufnehmen. Tatsächlich reagierten die US-Banken in der Mehrzahl der Fälle mit der Reduzierung der Auslandsaktiva, wie eine Untersuchung herausfand.[12] Auf Deutschland traf dies allerdings nur auf eine Minderheit zu, etwa auf die Chase Bank AG, Bank of America und American Express Bank GmbH.[13]

B. Starker Wettbewerb unter den US-Banken

Die Erosion der heimatlichen Basis der US-Banken ging auf den starken Wettbewerb unter den amerikanischen Großbanken zurück, die sich nicht nur den hereinströmenden ausländischen Banken gegenüber sahen, sondern denen die Disintermediation und die neuen Nichtbankenanbieter von Finanzdienstleistungen viele Kunden weggenommen hatten.[14] Unter der Disintermediation wird der Verlust der Vermittlerrolle von Banken zwischen Kapitalgebern und Kapitalnehmern verstanden. Mit ihr ging auch der Trend einher, immer mehr Kreditforderungen zu verbriefen und handelbar zu machen, die *securitization*. Die neuen Strategien sahen reines Bilanzsummenwachstum nicht mehr als oberstes Ziel an.[15] Der Bilanzsumme kam nur noch eine untergeordnete Funktion zu, wie es auch die deutsche Chase Bank AG in

---

[11] Die Baseler Eigenkapitalvereinbarung vom Juli 1988, deren Umsetzung bis 1992 stufenweise erfolgte, schwebte wie ein Damokles-Schwert über den US-Banken. Studien von Salomon Brothers und der International Banking and Commerce Association, London, stellten heraus, daß es diejenigen Banken sein würden, die den größten Nachholbedarf beim Eigenkapital hätten, die auch die expansivsten in den 70er und 80er Jahren gewesen waren. Zu diesen Instituten gehörten unter anderem: Bank of America, Manufacturers Hanover, First Chicago, Chase Manhattan, Continental Illinois, Chemical Bank und Mellon Bank. Hervé de Carmoy, *Global Banking Strategy* (Cambridge, Ms: Basil Blackwell, 1990) 145. Anfang 1989 konnten übrigens noch nicht alle US-*money center banks* die Eigenkapitalanforderungen erfüllen; dies gelang ihnen erst im Verlaufe der frühen 90er Jahre. Roy C. Smith und Ingo Walter, *Global Banking* (New York: Oxford University Press, 1997) 164.

[12] Stewart R. Miller und Arvind Parkhe, "Patterns in the Expansion of U.S. Banks' Foreign Operations", *Journal of International Business Studies*, 29, 2 (2. Quartal 1998): 378.

[13] Siehe die Kerndaten der Jahresabschlüsse im Anhang 4.

[14] Der Prozeß der Disintermediation setzte übrigens schon in den 60er Jahren in Amerika ein. Große Unternehmen entdeckten, daß sie genauso kreditwürdig wie Banken waren. Daraufhin verkauften diese Unternehmen die eigenen Wertpapiere gleich direkt an die Investoren. Das war im Grunde die Geburt des *commercial paper*-Marktes in den USA. Investmentbanken profitierten von diesem Trend zum Kapitalmarkt, wenngleich sie in der Hochphase des Konsortialkredits, Mitte der 70er Jahre, auch wieder an Boden gegenüber den *commercial banks* verloren hatten. Wilfried Guth, "Bank strategy in an age of rapid change", *The Banker* (April 1986): 41.

[15] De Carmoy, *Global*, 137.

ihrem Geschäftbericht 1981 formulierte: "Die Bilanzsumme hat als Führungsinstrument der Bank heute fast nur noch residualen Charakter."[16]

In den 80er Jahren fiel insbesondere den Bankkunden eine wichtige Rolle zu, denn sie waren anspruchsvoller und illoyaler gegenüber ihren gewohnten Banken geworden. In der Tat brachten diese aufgeklärten Bankkunden erhebliche Unruhe in die Bankenmärkte. In Teilmärkten in den USA war der Wettbewerb in jedem Falle härter als in Deutschland: "One of the clear lessons from it was that the winds of change were indeed blowing through the sector, but they varied between a gentle breeze in Munich and Basle to gale force 10 in the canyons of Manhattan."[17]

Die Deregulierung des Bankensektors in den Vereinigten Staaten ließ den Banken kaum eine andere Wahl, als sich zu ändern. Die Zeiten waren vorbei, in denen die eine Bank so sein konnte wie die andere, nur weil die Regulierung jede Bank vor übermäßigem Wettbewerb geschützt hatte. Die Deregulierung öffnete den Markt für eine Vielzahl neuer Anbieter, Kaufhäuser wie Sears oder Roebuck & Co. handelten plötzlich auch mit Finanzdienstleistungen.

Wer von den Banken also die eigenen Stärken und Schwächen kannte, konzentrierte sich auf Geschäftsfelder, in denen seine einzigartigen Fähigkeiten am besten zum Tragen kommen konnten. Das Zauberwort hieß: Nische. Alle Banken waren auf der Suche nach einer Nische, was allerdings für eine große, sehr universell ausgelegte Bank, wie z.B. die Chemical Bank, auch nicht leicht war: "There aren't many $56 billion niches you can crawl into."[18]

Es mußte den Banken gelingen, wieder in neue ertragreiche Gebiete vorzustoßen, trotz der Tendenz, daß die guten Schuldner direkt an die Finanzmärkte gingen und die schlechten Schuldner in den Bilanzen der Banken verblieben. Für *commercial banks* bedeutete dies, den großen Firmenkunden in die Wertpapierbereiche zu folgen: Entweder direkt durch die Übernahme von Emissionen und den Wertpapierhandel, wo immer dies gesetzlich erlaubt war, oder indirekt durch das Angebot neuer Finanzinstrumente wie den Swaps.[19]

Die Vereinigten Staaten nahmen bei den Finanzinnovationen eine Vorreiterrolle ein, nachdem Ende 1981 an der Chicago Mercantile Exchange erstmals ein *futures*-Kontrakt auf Eurodollar-Termineinlagen eingeführt wurde. In der Folge kopierten die anderen Finanzplätze diese Kontrakte. Die Finanzinnovationen halfen denen Banken vor allem, den Anteil der Provisionserträge an den Gesamterträgen zu steigern. Auf Basis der Ertragszahlen der

---

16 Chase Bank AG, *Geschäftsbericht 1981*, 8.

17 Steven I. Davis, *Managing Change in the Excellent Banks* (London: Macmillan, 1989) 1.

18 Daniel Hertzberg, "New York's Big Banks Are Seeking Niches in the Wake of Deregulation", *The Wall Street Journal*, 28. November 1984, 28 und 44.

19 Bill Emmott, "Survival of the fittest", Survey International Banking, *The Economist*, 26. März 1988, 6.

amerikanischen Mutterhäuser zeigt die Tabelle 17, daß dies in den 80er und 90er Jahren auch gelungen war:

Tabelle 17: Die Analyse der Herkunft der Erträge von US-Banken

Jahr	Netto-Zinsmarge/Aktiva a)	Provisionserträge/Aktiva
1982	3,82	0,96
1983	3,78	1,03
1984	3,80	1,19
1985	3,93	1,32
1986	3,81	1,40
1987	3,91	1,43
1988	4,02	1,50
1989	3,99	1,62
1990	3,94	1,67
1991	4,10	1,79
1992	4,42	1,95

a) Die Netto-Zinsmarge entspricht der Differenz zwischen Zinsertrag und Zinsaufwand.

Quelle: Charles W. Calomiris, "Universal Banking "American-Style"", *Journal of Institutional and Theoretical Economics (JITE),* Vol. 154, Nr. 1 (März 1998): 48.

In jeder Hinsicht machte sich aber in den 80er Jahren noch etwas anderes entscheidend bemerkbar, was in den 70er Jahren seinen Anfang nahm: Der Fortschritt der Technologie. Schnellere Kommunikation und zunehmend bessere Computer haben die Kosten erheblich gesenkt, zu denen die jeweils besten Finanzdienstleistungen in Anspruch genommen werden konnten.[20]

Im Heimatmarkt reagierte jede Bank auf ihre Weise auf den gestiegenen Wettbewerb: Bankers Trust etwa verkaufte das Niederlassungsnetz in New York und baute im Gegenzug das Investment Banking aus; dabei konnte die Bank auf eine erfolgreiche Vermögensverwaltung sowie gute Beziehungen zu den großen Unternehmen in den USA und im Ausland zurückgreifen. Die Chemical Bank sah eine eigene gefestigte Position vor allem im *consumer banking* und im Kreditgeschäft mit der Zielgruppe *middle market*, ein drittes großes Projekt war für Chemical auch das Investment Banking. Manufacturers Hanover investierte in den

20 Arthur F. Burns, *The Ongoing Revolution in American Banking* (Washington D.C.: American Enterprise Institute for Public Policy Research, 1988) 30.

80er Jahren ebenfalls heftig in den *middle market*. J. P. Morgan hatte sich zeitlich schon vor den anderen Banken auf das Kerngebiet Großkundengeschäft konzentriert, zu denen große Firmen, institutionelle Anleger, Regierungen, andere Banken oder vermögende Privatkunden gehörten.[21]

Die Chase Manhattan trat in den USA auch weiterhin mit einem sehr breiten Programm an. Bis auf die Citibank und J.P. Morgan fiel auf, daß alle US-Banken im Heimatmarkt hohe Erwartungen an die Geschäfte mit dem Mittelstand knüpften.

Gemeinsam war den Banken die Überlegung, das Eigenkapital zu schonen und die Kosten der Refinanzierung zu drücken. Aus diesem Grund verlegten so viele Banken ihre Anstrengungen auf die Stärkung des außerbilanziellen Geschäfts. Demgegenüber waren die amerikanischen Investmentbanken aber schon lange daran gewöhnt, den Großteil ihrer Geschäfte außerhalb der Bilanz zu machen und mit wenig Eigenkapital auszukommen. Für sie war die Deregulierung in den 80er Jahren und die damit verbundene Aufwertung der Kapitalmärkte ein eindeutiges Startzeichen zur Expansion und damit zum Abwerben der Firmenkunden von den *commercial banks*. Doch während die amerikanischen Investmentbanken in dieser Hinsicht in den USA einen großen Sprung nach vorn machten, blieb das Investment Banking in der deutschen Kreditwirtschaft noch eine Randerscheinung.

2. Zur Situation der Auslandsfilialen

A. Mangelnde Rentabilität der Filialen in Übersee

Beim Herausfinden der Schwachpunkte in den Banken standen besonders die Auslandsfilialen im Verdacht, daß sie die für die Gesamtbank gesteckten Renditeziele nicht erreichen würden. Zu Anfang der 80er Jahre beschrieb der neue Präsident der Bank of America, Samuel Armacost, Bankenmärkte wie den deutschen als "schrecklich überbesetzt".[22] Die Kreditmargen würden für Auslandsbanken kaum zum Überleben ausreichen. 1980 kam die Bank of America mit ihrem Europageschäft auf eine Rendite von 0,46% der Bilanzsumme. Rechnete man den Eigenhandel davon ab, sah das Ergebnis noch kläglicher aus. Damit war Wachstum um jeden Preis nicht mehr zu rechtfertigen. Armacost handelte: In Frankreich kam es zum Verkauf fast aller Bank of America-Filialen. In Deutschland war der Plan, das Geschäft zu straffen, indem etwa die Filiale in Köln in ein kleines Büro für Kreditakquisitionen umfunktioniert wurde.[23]

---

[21] Hertzberg, "New York's", 28 und 44.

[22] Klaus C. Engelen, "Konsolidierung statt forciertes Wachstum", *Handelsblatt*, 25. Juni 1981, 7.

[23] Ibid.

Gerade die typischen Geschäfte einer Auslandsniederlassung unterlagen einem überzogenen Wettbewerb, der die Erträge abschmelzen ließ.[24] Dazu gehörten die Finanzdienstleistungen für multinationale Unternehmen, die Kreditvergabe über Konsortien am Euromarkt und das lokale Kreditgeschäft. Zunehmend waren von den Preiskämpfen auch die Bereiche der Außenhandelsfinanzierung und des Korrespondenzbankengeschäfts betroffen. Das Emissionsgeschäft am Euromarkt und die Gelddisposition entwickelten sich sogar zu Verlustbringern.

Damit die international tätigen Banken wieder auf den Pfad der Rentabilität zurückfinden konnten, mußte es gelingen, die Basisgeschäfte mit weiteren Dienstleistungen anzureichern. Aus Krediten konnten Projektfinanzierungen werden.[25]

Überlegenswert war auch, Ressourcen aus Europa abzuziehen und in Länder mit größerem Entwicklungspotential zu transferieren, z.B. nach Brasilien oder Thailand. Selbst auf die Gefahr von Imageverlusten hin, durfte die Schließung unrentabler Auslandsfilialen kein Tabu mehr sein.

Es wurde den multinationalen US-Banken im Verlauf der 80er Jahre auch bewußt, daß sich ihr Kreditgeschäft im Ausland viel zu stark am Volumen ausrichtete.[26] Generell stand das Kreditgeschäft bei den meisten Banken zu sehr im Mittelpunkt ihrer Strategien.[27]

Die neuen Vorgaben aus den USA richteten sich deshalb an einem qualitativen Wachstum der US-Banken in Deutschland aus: Nicht mehr das Volumen, sondern der Ertrag war ausschlaggebend für eine erfolgreiche Geschäftspolitik. Tatsächlich kam diese Einsicht ein bißchen spät, aber das Jahr 1979 hat vielen Bankern die Augen geöffnet. Im internationalen Kreditgeschäft war die Rede von einem "geradezu abenteuerlichen Herunterkonkurrieren der Margen".[28] Im inländischen Kreditgeschäft in Deutschland sah es nicht anders aus. Es wurde deutlich, daß das ursprüngliche Argument für die Auslandsexpansion, mit den Auslandsaktiva mehr zu verdienen als im Heimatmarkt, an Wirkung verloren hatte.

Immer häufiger wurde die Qualität internationaler Kredite in Frage gestellt.[29] Für manche amerikanische Bank wäre es besser gewesen, einen Teil der Aktivitäten aus Deutschland wieder abzuziehen. Doch bei den Banken überwog in den frühen 80er Jahren die

---

24 "For a typical bank leveraged at 20:1 and attempting to earn at least a 10% after-tax return on capital, earning a contractual 1/2% gross margin on the great bulk of its overseas assets does not provide much joy after deduction of expenses and loan loss provisions." Steven Davis, "International bank strategies beyond the debt crisis", *The Banker* (Juni 1984): 29.

25 Engelen, "Konsolidierung", 7.

26 Davis, "International", 29.

27 Ibid.

28 Zitat von Dr. Hans Friderichs, Vorstandssprecher der Dresdner Bank AG. Zitiert in: Wilfried Scheele, "Die Wettbewerbsstellung der ausländischen Banken in Deutschland", Vortrag am 30. Mai 1980, *Berichte und Materialien: Die Internationalisierung des Bankgeschäfts*, Heft 2, Hrsg. Institut für Banken und Industrie, Geld und Kredit der Freien Universität Berlin (November 1980): 93.

29 Michael v. Staudt, *Bankmarketing im internationalen Geschäft* (Wiesbaden: Gabler, 1980) 20.

Grundauffassung, daß jedes Institut ein möglichst breites Sortiment vorhalten sollte. Niemand wollte vor allem am Kreditvolumen etwas ändern, weil ein gewisses Volumen lebensnotwendig zu sein schien, und an Personalabbau dachten die Banken noch nicht.[30]

B. Ein schwaches Bankenjahr 1979 als Ausgangslage in Deutschland

Das Bankenjahr 1979 galt als schwierig, nicht nur in den Vereinigten Staaten, wo das Jahr einen Abwärtstrend bei den Bankgewinnen markierte, sondern auch in Deutschland.[31] Dort überraschte die Banken ein steiler Zinsanstieg - das Dreimonatsgeld am Frankfurter Bankplatz stieg von 4,47% im März auf 9,65% im November 1979.

Die Citibank AG in Frankfurt etwa erreichte nur durch höhere Provisionserträge aus dem Außenhandelsgeschäft, dem Devisenhandel und den Leasing-Aktivitäten ein einigermaßen befriedigendes Ergebnis. Besonderen Anlaß zur Sorge mußte das Kreditgeschäft mit den Großkunden bereiten, das zwar nur leicht rückläufig war, jedoch Zinsmargen einbrachte, die "weit unter vertretbaren Gesichtspunkten" lagen.[32]

Als Antwort darauf forcierte die Citibank das Konsortialkreditgeschäft unter den Auslandsbanken - oft als Anführer der Konsortien -, das der Bank anstelle niedriger Zinsen sichere Provisionserträge bescherte.

Unter Großkunden verstand die Citibank zu Anfang der 80er Jahre solche mit einem Umsatz von ungefähr 100 Mio. DM, ganz gleich, ob es sich dabei um deutsche oder internationale Unternehmen handelte, wobei die Tochtergesellschaften multinationaler Unternehmen, die von der Citibank in der ganzen Welt betreut wurden, von den Umsatzgrenzen ausgenommen waren.[33]

Auch die Chase Bank AG machte ähnliche Erfahrungen im Kreditgeschäft mit Großkunden und mußte einen Rückgang der Kreditkunden um 24% hinnehmen. Andererseits nahm der Geldhandel um 50% zu. Es zeichnete sich der Trend ab, daß immer größere Teile der Kundschaft den Euromarkt direkt ansteuerten und so - an den Banken vorbei - in den Genuß von zinsgünstigen Finanzierungen kamen.[34]

---

30 Wilfried Guth, "International banking: the next phase", *The Banker* (Oktober 1981): 33.

31 De Carmoy, *Global*, 143.

32 Diese Ansicht vertrat Günther E. Greiner, Vorstandsvorsitzender der Citibank AG. Gerhard Kutscher, "Das Jahr 1980 läßt sich recht gut an", *Handelsblatt*, 8. Juli 1980, 14.

33 Scheele, "Die Wettbewerbsstellung", 95.

34 Gerhard Kutscher, "Der Geldhandel wurde stark ausgeweitet", *Handelsblatt*, 9. Juli 1980, 12.

Ein ehemaliges Mitglied des *board of directors* der Bank of America erinnerte daran, daß bei manchen Kreditgeschäften die Margen so gering waren, daß davon im Grunde eine Sekretärin nicht hätte bezahlt werden können.[35]

Zusätzlich zum Wegbrechen traditioneller Geschäftszweige stiegen in den 80er Jahren auch noch die Betriebskosten, weil alle Banken beträchtliche Summen in die EDV-Bereiche investierten.

Die Kundschaft setzte sich zu Anfang der 80er Jahre bei der Chase Bank AG zu rund zwei Dritteln aus deutschen Großunternehmen zusammen; in den 60er und frühen 70er Jahren überwogen dagegen noch die deutschen Tochterfirmen von US-Konzernen.[36]

Auch bei der Citibank und der Chemical Bank stammte in den 80er Jahren der überwiegende Teil der Kunden aus Deutschland. Wenn deshalb ein Autor zu der Einschätzung kommt, die Auslandsbanken in Deutschland entdeckten den lokalen Kreditmarkt erst nach 1982, so muß dem im Hinblick auf die amerikanischen Banken widersprochen werden.[37] Diese fanden schon zu Beginn der 70er Jahre den Kontakt zu deutschen Unternehmen. Gleichwohl galt diese Einschätzung für die japanischen Banken.

Die Auslandsbanken in Deutschland stellten beim Eintritt in die 80er Jahre fest, daß ihr Marktanteil, gemessen am Geschäftsvolumen, bei rund 3,5% lag und sich gegenüber den Vorjahren kaum verändert hatte. Gleichzeitig nahm in den angestammten Geschäftsfeldern die Konkurrenz aus dem In- und Ausland zu.[38] Im Kreditgeschäft überwog der kurzfristige Kredit.[39] Die Refinanzierung der Auslandsbanken blieb unverändert stark vom Geldmarkt abhängig.[40]

Bei den Erträgen der Zweigniederlassungen in Deutschland stellte sich mit dem Jahr 1979 ein Abwärtstrend ein, der erneut die Abhängigkeit der Auslandsbanken von den Zinsen widerspiegelte. Allerdings ergaben sich für die erste und die zweite Hälfte der 80er Jahre sehr unterschiedliche Bilder. Während die in der zweiten Hälfte der 80er Jahre immer flacher gewordene Zinsstrukturkurve nur noch geringe Erträge aus der Fristentransformation zuließ, erlaubte der relativ steile Verlauf der Zinsstrukturkurve zu Mitte der 80er Jahre Erträge für die Auslandsbanken, die denen der Inlandsbanken vergleichbar waren.

---

35 James P. Miscoll, Vice Chairman (Retired), Bank of America, San Francisco, Telefongespräch am 13. August 1998.

36 Chase Bank AG, *Geschäftsbericht 1981*, 6.

37 "Foreign banks, including the Japanese, only became active in Germany in the sense that they started looking beyond their limited servicing function for their home customers after 1982 when the international syndicated loan market nearly collapsed; suddenly they became aware of a need for diversification into local foreign lending." J. Thorsten Düser, *International Strategies of Japanese Banks* (London: Macmillan, 1990) 123. Wilfried Scheele, früheres Vorstandsmitglied Citibank AG, Interview, geführt am 23. April 1998, Frankfurt.

38 Gerhard Kutscher, "Marktanteil reflektiert nicht Wert der Präsenz", *Handelsblatt*, 29. Juli 1980, 6.

39 Scheele, "Die Wettbewerbsstellung ", 97.

40 Auf der Passivseite betrug das Verhältnis von Bankengelder zu Kundeneinlagen bei den Auslandsbanken 82:18, gegenüber 33:67 bei den anderen Bankengruppen.

In der zweiten Hälfte der 80er Jahre mußte das Ergebnis aber auch noch zusätzlichen Belastungen standhalten, etwa durch steigende Wertpapierabschreibungen, erhöhten Abschreibungsbedarf im Kreditgeschäft und Rückwirkungen von den ausländischen Mutterinstituten, die selbst mit Ertragsproblemen zu tun hatten.[41]

Dabei muß allerdings erneut darauf hingewiesen werden, daß jede Auslandsbank bei der Zuordnung von Erträgen im Konzern gewisse Freiheiten hatte, die das in Deutschland ausgewiesene Ergebnis relativieren konnten. Andererseits stellte sich angesichts extrem geringer Margen immer weniger die Frage, wo etwas verbucht wurde - es war egal.[42]

Die exakte Ertragsermittlung im Euro-Kreditgeschäft z.B. schien aber ein Problem grundsätzlicher Art zu sein, wie Guth formuliert: "Wir müssen einräumen, daß unsere Bilanzen und G + V-Rechnungen in dieser Hinsicht wenig aussagefähig sind. Sie geben nie einen Hinweis auf die Rentabilität der Sparte. Sogar die 'reinen' Euro- oder Konsortialbanken unterscheiden in ihren Berichtsveröffentlichungen selten zwischen Einkünften aus dem Kreditgeschäft und aus anderen Geschäften, insbesondere dem Devisenhandel."[43]

Das Jahr 1987 war wie eine Talsohle. Die Kosten, vor allem im Technologiebereich, stiegen, während es gleichzeitig an Expansionsmöglichkeiten für die Auslandsbanken in Deutschland mangelte.[44] Doch offenbar wußten die amerikanischen Banken, worauf sie sich in Europa einließen: "Europe is generally regarded as a difficult and overbanked area with very low profitability; this view is most pronounced among major US banks. And there can be no question that Germany, Belgium, the Netherlands, France and Great Britain are typical mature markets in which it is extremely difficult to achieve adequate profit levels."[45]

Es empfahl sich also, mit gedämpften Ertragserwartungen nach Deutschland zu kommen, denn an eine aus den Vereinigten Staaten gewohnte 10-15%ige Eigenkapitalverzinsung war nicht zu denken.[46]

Abgesehen von den niedrigen Margen, mußten einige Anstrengungen unternommen werden, um sich in Deutschland ein erfolgreiches inländisches DM-Kreditgeschäft aufzubauen. Zugänglicher war in dieser Hinsicht schon das britische Bankensystem, wo die Auslandsbanken zwischen 1980 und 1990 ihren Anteil an den gesamten Sterling Ausleihungen

---

41 Landeszentralbank in Hessen, Hrsg., "Auslandsbanken in Frankfurt", *Frankfurter Finanzmarkt-Bericht*, Ausgabe 2/90 (November 1990): 7.

42 Rainer Gebbe, Vorstandsvorsitzender Chemical Bank AG, Interview, geführt am 9. November 1995, Frankfurt.

43 Wilfried Guth, "Das internationale Kreditgeschäft der Banken und seine Probleme", *Die Bank* 7 (1980): 311.

44 Ibid.

45 Spanien und Italien sah man dagegen als Länder mit guten Ertragsaussichten an. Ibid.

46 Scheele, Interview, 23. April 1998. Der langfristige Durchschnitt der Eigenkapitalrendite bei US-Banken lag 1980 bei 15%.

von 26% auf 35% erhöhen konnten.[47] In Deutschland dürfte eine vergleichbare Zahl für diesen Zeitraum bei 8% gelegen haben, mit rückläufiger Tendenz. Die Frage stellte sich allerdings, ob dieser geringe Anteil nicht auch das Ergebnis einer bewußten Strategie war, z.B. den Geschäftsschwerpunkt nur auf innovative Produkte und nicht Kredite zu setzen.[48]

Die Tabelle 18 veranschaulicht, daß die Zweigstellen ausländischer Banken wegen ihrer überwiegend von Bankengeldern abhängigen Refinanzierung nur magere Zinsüberschüsse erwirtschaften konnten. Jedoch berücksichtigt diese Tabelle nicht die Auslandsbanken in Form der Tochterbank, weshalb die Ergebnisse hier eher noch etwas schlechter ausfallen.

Tabelle 18: Zinsüberschüsse in Prozent des Geschäftsvolumens

	Zinsüberschüsse	
	1983	1987
Großbanken (Deutsche, Dresdner, Commerz)	3,12	2,50
Regionalbanken	2,35	2,15
Privatbankiers	2,50	2,07
Zweigstellen ausländischer Banken	1,26	0,90
Sparkassen	3,63	3,01
Landesbanken	0,92	0,76
Genossenschaftsbanken	3,66	3,04
Regionale Genossenschaftsbanken	1,57	1,13
Private Hypothekenbanken	0,81	0,79
Öffentlich-rechtliche Hypothekenbanken	0,94	0,75
Spezialbanken	0,65	0,66
Gesamt (Durchschnitt)	2,27	1,89

Quelle: Colin Jones, "Join the club", *The Banker* (Januar 1989): 17.

47 Geoffrey Jones, "Concentration and Internationalisation in Banks after the Second World War", *International Banking in an Age of Transition*, Hrsg. Sara Kinsey und Lucy Newton (Aldershot: Ashgate, 1998) 146.

48 So dokumentierte der Anteil von 42% des Marktes für Firmenkredite, den nicht-amerikanische Banken 1992 in den USA hielten, einerseits die Offenheit gegenüber ausländischen Banken, andererseits aber auch ein mögliches Desinteresse amerikanischer Banken an solchen z.T. sehr risikoreichen traditionellen Kreditgeschäften, abgesehen von der ihnen auferlegten Beschränkung des Geschäftsgebietes. Ibid., 145.

C. Die Nachteile der Rahmenbedingungen für Auslandsbanken in Deutschland

Ein Dauerthema für die Auslandsbanken, die sich, angefangen mit dem Verein der Auslandspräsentanten in den 70er Jahren, über die Vereinigung der Auslandsbanken in Deutschland e.V. bis zum Verband der Auslandsbanken in Deutschland e.V. immer besser organisierten, waren die Rahmenbedingungen für Auslandsbanken in Deutschland.[49] Vor allem vom Kreditwesengesetz (KWG) fühlten sich die Auslandsbanken "recht stiefmütterlich" behandelt.[50] Auseinandersetzungen rankten sich immer wieder um das Thema des Dotationskapitals, das nach § 53 KWG als Basis des Geschäfts für die ausländischen Zweigniederlassungen diente und vom Mutterhaus effektiv eingezahlt werden mußte.

Das Dotationskapital war das Betriebskapital und Hauptbestandteil des haftenden Eigenkapitals.[51] Die rechtlich selbständigen Tochterbanken betraf diese Regelung nicht. Die Höhe des Dotationskapitals richtete sich nach dem Geschäftsumfang des Instituts, ohne daß das Kapital der ausländischen Mutterbank in einer Weise berücksichtigt wurde. Damit verschloß der Bankengesetzgeber die Augen davor, daß die volle und uneingeschränkte Haftung der ausländischen Banken für die Zweigniederlassungen schon längst die Grundlage der Transaktionen im täglichen Geschäft war. Auf dem Stand von 1981 war auch noch zu beachten, daß Ausleihungen an das eigene Haus nicht gestattet waren, weil die sogenannten aktiven Verrechnungssalden, die sich dann bildeten, wie eine Kapitalentnahme gewertet wurden.[52] Ein erheblicher Wettbewerbsnachteil für die ausländischen Institute entstand vor allem dadurch, daß diese, um im Wettbewerb mit deutschen Banken bestehen zu können, ohne Not ein übermäßig hohes Dotationskapital unterhalten mußten. Gleichzeitig war ihnen der Zugang zu Ersatzkapital durch Aufnahme nachrangiger Verbindlichkeiten, wie er den inländischen Banken offenstand, versperrt.[53]

Das Bundesaufsichtsamt für das Kreditwesen in Berlin hingegen hatte Gründe, am Dotationskapital festzuhalten. Das Amt betrachtete das Dotationskapital als eine Referenzbasis, um z.B. das Verhältnis von Risiko zu Vermögen zu bestimmen oder die Einhaltung der

---

[49] Dem Verband der Auslandsbanken in Deutschland e.V. gehörten 1990 alle bedeutenden internationalen in Deutschland ansässigen Institute an. Der Verband repräsentierte mehr als drei Viertel des Geschäftsvolumens aller Auslandsbanken in Deutschland. Hans-Georg Engel, "Der Finanzplatz Frankfurt aus der Sicht der Auslandsbanken", *Zeitschrift für das gesamte Kreditwesen* 2 (1991): 61.

[50] So formulierte es Jürgen Eicke, einer der prominentesten Fürsprecher der Auslandsbanken in Deutschland. Jürgen Eicke, "Die Auslandsinstitute dringen auf Gleichstellung mit deutschen Banken", *Handelsblatt*, 16./17. Oktober 1981, 11.

[51] Zum haftenden Eigenkapital gehörten weiterhin die Betriebsüberschüsse "abzüglich eines etwaigen Überschusses der "Forderungen" über die "Verbindlichkeiten" gegenüber dem ausländischen Unternehmen, d.h. abzüglich eines aktiven Verrechnungssaldos im Sinne von § 53 Abs. 2, Nr. 4 KWG. O.V., "Die Zweigstellen ausländischer Banken in der Bundesrepublik", *Monatsberichte der Deutschen Bundesbank*, (April 1972): 22.

[52] Ibid.

[53] O.V., "Der elektronische Bankservice soll vornehmlich Großkunden ansprechen", *Handelsblatt*, 25. Juli 1984, 6.

Großkreditlinie sicherzustellen. Das vorherrschende Prinzip sollte sein, daß die Bedingungen, die speziell ausländischen Banken auferlegt wurden, dazu dienten, ausländische und deutsche Banken auf eine gleiche Ebene zu stellen.[54]

Andere unwillkommene Einrichtungen fanden die Auslandsbanken in Gestalt des deutschen Steuerwesens vor. Bei Körperschaftsteuern, die für Auslandsbanken 1981 ohne Rücksicht auf Ausschüttungen 50% betrugen, konnte kaum versteuertes Kapital gebildet werden.[55]

Insbesondere in den 80er Jahren machten sich im deutschen Bankensystem die Nachteile bemerkbar, die andere Länder wie die Vereinigten Staaten, Großbritannien oder die Niederlande im Rahmen von Deregulierungsmaßnahmen schon beseitigt hatten. Hierzu zählten neben der hohen Steuerlast der wenig flexible Arbeitsmarkt mit hohen Personalkosten und das straffe Regulierungssystem im Bankensektor.[56] Letzteres hat natürlich auch zu der Stabilität des deutschen Bankensystems beigetragen, aber die Auslandsbanken prangerten die formalistischen bankrechtlichen Bestimmungen sowie die Anforderungen an die Kapitalausstattung wiederholt als nicht geschäftsfördernd an.[57]

Die Mindestreservebedingungen der Deutschen Bundesbank stellten eine weitere Hürde dar, man könnte auch sagen ein Ärgernis.[58] Die aus den hohen Mindestreservesätzen - dies gilt für die 80er Jahre - resultierende Belastung des Eigenkapitals zwang sogar auch die deutschen Banken, den Großteil ihrer internationalen Geschäfte außerhalb der eigenen Grenzen stattfinden zu lassen. Die Orte sind bekannt: Luxemburg, London oder andere liberale Plätze.

Während das Dotationskapital der Zweigniederlassungen ausländischer Banken nicht der Mindestreserve unterlag, so waren es aber die Verbindlichkeiten gegenüber Banken im Ausland, unabhängig davon, ob im Ausland eine Mindestreserveregelung bestand. Die Mindestreserve ermäßigte sich allerdings im allgemeinen, wenn es sich dabei um den Verrechnungsverkehr mit der Zentrale handelte, z.B. bei einem passiven Verrechnungssaldo der Zweigniederlassung. Aber grundsätzlich wurde die Nettogeldaufnahme bei anderen Teilen des eigenen Hauses nach § 63 Abs. 3 KWG mindestreservepflichtig.

---

54 Dietmar K. R. Klein, "Comment", *Protectionism and International Banking*, Hrsg. Gerhard Fels und George Sutija (London: Macmillan,1991) 207.

55 Eicke, "Die Auslandsinstitute", 11.

56 Hilmar Kopper, "Panel Discussion: European Banking in the Past, Present and Future", *International Banking in an Age of Transition*, Hrsg. Sara Kinsey und Lucy Newton (Aldershot: Ashgate, 1998) 154.

57 Brian Kissack, "US-amerikanische Sicht: Die hohen deutschen Steuern wirken sich negativ aus", *Handelsblatt*, 25. November 1986, B7.

58 Kopper, "Panel", 154.

3. Strategien für den deutschen Bankenmarkt

Bankstrategien laufen im Kern auf die Beantwortung der Frage hinaus: Mit welchen Produkten soll eine Bank in welchen geographischen Märkten welche Zielgruppe umwerben?[59] Anhand dieser drei Kriterien soll auch das Vorgehen der amerikanischen Banken im deutschen Markt beurteilt werden. In die Beurteilung fliessen jeweils noch die Rolle der Preispolitik sowie Fragen der Bankorganisation und des Personals ein.[60]

Eine Übersicht über die Ereignisse in den 80er Jahren und die Geschäftsfelder der amerikanischen Banken in Deutschland findet sich im Anhang.

A. Die Strategie in Abhängigkeit von den Produkten

1) Geschäftsfelder mit neuen Produkten

Bei den neuen Produkten wurde hier eine Auswahl getroffen. Speziell die Citibank und die Chase Bank haben in den Geschäftsjahren 1984 und 1985 aufgrund ihrer guten Ergebnisse Mut geschöpft, sich verstärkt neuen Geschäftsfeldern zuzuwenden. Dies waren vor allem die Bereiche des Investment Banking, die in dieser Arbeit in dem Abschnitt "Das Investment Banking kommt nach Deutschland" behandelt werden. Bei der Citibank kam noch das kommunale Kreditgeschäft hinzu, das wenig rentierlich war, und die Immobilienfinanzierung, deren in Frankfurt aufgebaute Kapazitäten Anfang der 90er Jahre schnell wieder abgebaut wurden.[61]

a) Cash Management-Systeme[62]

Cash-Management-Systeme ermöglichten, daß Kunde und Bank ihre Informationen auf elektronischem Wege austauschen konnten. Das Ziel war eine weltweite, effiziente Kontoführung.

---

[59] Diese Kriterien entsprachen auch der C-A-P-Matrix von Walter, bestehend aus C (*Clients*), A (*Arena*) und P (*Products*). Ingo Walter, *Global competition in financial services* (Cambridge: Ballinger, 1988) 43ff.

[60] Ulrich Weiss, "Organisation und Personalpolitik", *Handbuch Bankorganisation*, Hrsg. Johann Heinrich von Stein und Jürgen Terrahe (Wiesbaden: Gabler, 1995) 705.

[61] O.V., "KKB schmückt sich mit neuem Kleid", *Börsen-Zeitung*, 22. Februar 1991, 4.

[62] Ein anderer Begriff dafür ist "Electronic Banking".

Amerikanische Banken hatten diesen von der EDV geprägten Bereich schon in den 70er Jahren für sich entdeckt.[63] In den frühen 80er Jahren kamen diese Dienstleistungen schließlich auch nach Europa, wo sie erst noch an die entsprechenden Usancen, Zahlungsarten und -wege, auch unter dem Aspekt der Grenzüberschreitung und der verschiedenen Währungen, angepaßt werden mußten. "Es ist leicht zu erkennen, daß hierbei wieder die USA und in Deutschland besonders die hier vertretenen US-Banken Pate gestanden haben."[64]

In erster Linie war Cash Management nur für das Firmenkundengeschäft und die Bedürfnisse von Banken gedacht.[65] Besonders Unternehmen konnten von den elektronischen Bankdienstleistungen profitieren, weil es in den elementaren Gebieten der Kontoführung, des Zahlungsverkehrs, des Geld- und Devisenhandels, der Kredite und des dokumentären Auslandsgeschäfts möglich wurde, über einen PC auf kostengünstige, schnelle und sichere Weise mit der Bank zu kommunizieren.

Die Chase Bank AG, die das neue Feld 1981 aufgriff, zählte im Cash Management zu den weltweit führenden Anbietern. Es gab weltweit mehr als 2.500 Firmen und Banken aus mehr als 50 Ländern, die diesen Service nutzten.[66] Gute Voraussetzungen für die aktive Vermarktung dieser Produkte sah die Bank durch ihre Präsenz mit 5 Filialen und 396 Mitarbeitern in Deutschland.[67] Den Marketing-Schwerpunkt legte die Chase eindeutig auf das Cash Management.[68]

Aufgrund dieser neuen Technik gelang es den Banken, die eigene Produktivität zu erhöhen, die Kundenkontakte zu verbessern und hochaktuelle Daten für das bankinterne Management-Informationssystem zu sammeln.[69]

Auch die Citibank setzte auf den Ausbau des elektronischen Kommunikationssystems zwischen Kunde und Bank. Die unter dem Namen CitiBanking zusammengefassten

---

63 Daß die amerikanischen Banken schon ihre Erfahrungen mit Cash Management-Systemen sammeln konnten, lag am amerikanischen Bankwesen selbst, welches besonders im Hinblick auf den Zahlungsverkehr ganz anders strukturiert war als das deutsche. Das Hauptmerkmal war die starke Fragmentierung bei den *commercial banks*. Norbert Kloten und Johann Heinrich von Stein, Hrsg., *Geld-, Bank- und Börsenwesen* (Stuttgart: Schäffer-Poeschel, 1993) 673.

64 Joachim K. Wolters und Adrian Gilmore Bray, "Wunschgemäße Lösungen durch die Kooperation zwischen Bank und Firma", Beilage Banken International, *Handelsblatt*, 26. April 1984, B 29.

65 Zwar gab es auch im *retail banking* zu Anfang der 80er einige Pilotprojekte, aber diese scheiterten an benutzerunfreundlicher Technik, mangelnder Kundenakzeptanz und der Nichtverfügbarkeit entsprechender Endgeräte beim Kunden. Man denke nur an die Erfahrungen mit dem btx-System in Deutschland - eine Enttäuschung. D. Taylor, B. Metha und T. Wurster "Facing the Challenges: Online delivery & the Information Superhighway", *Bank Management* (September-Oktober 1995): 28.

66 Chase Bank AG, Hrsg., *Chase Bank AG in Deutschland* (1984) 33.

67 Ibid.

68 Wolters und Bray, "Wunschgemäße", B 29.

69 O.V., "Verbesserung der Rentabilität: Stärkere Regional-Präsenz erwogen", *Handelsblatt*, 28. März 1984, 18.

Leistungen wurden 1982 von 150 Benutzern in Europa in Anspruch genommen. In Deutschland klinkten sich etwa 50 in- und ausländische Kunden in dieses System ein.[70]

Die Ziele des Cash Management waren: "Senkung der Kosten der Liquiditätshaltung im Konzern, Gewährleistung der Zahlungsbereitschaft, Minimierung der Risiken für Geldanlage und -aufnahme, Maximierung der Rentabilität von Geldanlagen."[71]

Die Technik war dabei weniger das Problem als vielmehr die Abstimmung und Integration von verschiedenen Verarbeitungsabläufen. Die Citibank und die Chase Manhattan sahen sich als Geburtshelfer dieser internationalen Dienstleistungen in Deutschland an, wenngleich die Citibank, deren US-*Chairman* seit 1984 ein Ingenieur war, der Chase auf diesem Gebiet voraus war.

Einen Schub bekam das Cash Management, als die Commerzbank 1982 als erstes deutsches Kreditinstitut damit begann, ein von der Chemical Bank lizensiertes System anzubieten. Die Commerzbank reagierte sehr schnell auf die Konkurrenz der US-Banken, so daß die anderen deutschen Kreditinstitute schon ein "schwarzes-Schaf-Verhalten" darin sahen. Natürlich sah auch die Commerzbank, daß Banken bei der Einführung von Cash Management-Systemen etwas zu verlieren hatten, nämlich einen Teil der sonst zinslos in den Bankbilanzen verweilenden Kundengelder. Doch kam der technische Fortschritt unausweichlich auf die Banken zu.[72] Hierin mußte auch die Dresdner Bank, die unter den deutschen Banken als leidenschaftlichster Advokat aller elektronischen Dinge im Bankgeschäft galt, der Commerzbank beipflichten.

Die Chemical Bank konnte für ihr System "BankLink", nachdem die Commerzbank 1982 den Anfang damit machte, 1987 noch weitere Lizenznehmer in Deutschland finden, und zwar die Bayerische Vereinsbank, die BHF-Bank und die Vereins- und Westbank.[73]

Auffallend blieb aber trotzdem eine gewisse Zurückhaltung der deutschen Kreditinstitute gegenüber Cash Management-Systemen: "West German banks generally have tended to put a brake on progress towards giving corporate treasurers instant control and flexibility in global financial management."[74]

---

[70] Citibank AG, Geschäftsbericht 1982, in: *Zeitschrift für das gesamte Kreditwesen* 17 (1983): 820.

[71] Die Liquidität des Unternehmens wird ermittelt, es folgt die Disposition dieser Mittel und dann müssen die komplexen Abläufe geplant werden. Die Dimension dieser Finanzdienstleistung erweitert sich noch um die Währungsdisposition und Kurssicherungsstrategien. Klaus Michael Vogel, "Computer der zweiten Generation gehen auf individuelle Kundenwünsche ein", Beilage Banken International, *Handelsblatt*, 26. April 1985, B 25.

[72] John Davies, "Growing interest in electronic banking", *The Banker* (April 1984): 113.

[73] O.V., "Chemical Bank stark im Devisenhandel", *Börsen-Zeitung*, 30. Juni 1987, 4.

[74] Davies, "Growing",111.

Die Deutsche Bank konnte sich erst 1984 dazu durchringen, mit einem eigenen, in Zusammenarbeit mit der General Electric Information Services Company entwickelten Cash Management-Produkt an den Markt zu kommen.[75]

Die Chase behauptete von sich, daß sie 1986 die einzige Bank war, die ein globales *clearing system* für die Korrespondenzbank-Kunden zur Verfügung stellen konnte. Zahlungsanweisungen konnten sowohl im SWIFT-Netzwerk als auch im Chase-eigenen globalen, elektronischen Netzwerk verschickt werden.[76]

Tatsächlich hatten die Auslandsbanken mit dem Cash Management etwas in der Hand, das sie von den deutschen Banken deutlich abhob. Von Deutschland aus konnten sich die Kunden in ein internationales Bankfilialnetz einschalten.[77] Derartige internationale Strukturen konnten nur die amerikanischen Banken aufweisen.[78]

b) Venture Capital

Mit der Gründung der Citicorp Venture Capital GmbH in Frankfurt leitete die Citibank 1984 die Erschließung eines neuen Betätigungsfeldes für amerikanische Banken in Deutschland ein. Venture Capital gehörte in das Umfeld von Corporate Finance, insbesondere auch zu den *Mergers & Acquisitions*-Geschäften. Der Fonds, der zur Finanzierung von Wachstumsunternehmen und Management Buy-Outs geschaffen wurde, war für ein Investitionsvolumen von 140 Mio. DM ausgelegt.[79] Management Buy-Outs stellten den Aufkauf eines Unternehmens durch seine führenden Angestellten dar; Unternehmensneugründungen sollten nach Möglichkeit nicht aus Mitteln des Fonds finanziert werden. Aus der Sicht deutscher Banker war die Nachfrage nach Venture Capital in Deutschland allerdings

---

75 O.V., "Cashing in on cash management", *The Banker* (April 1985): 87. Die Deutsche Bank reagierte spät. Nachdem die Deutsche Bank beobachtete, wie die amerikanischen Banken bereits 1980 deutsche Firmenkunden aggressiv bei den Cash Management-Systemen umwarben, wartete sie auch noch den Aufbau dieser Systeme bei den übrigen deutschen Banken ab, der sich unter Mithilfe der amerikanischen Banken vollzog: Erst dann handelte die Deutsche Bank. Hans E. Büschgen, "Die Deutsche Bank von 1957 bis zur Gegenwart: Aufstieg zum internationalen Finanzdienstleistungskonzern", *Die Deutsche Bank, 1870-1995*, Hrsg. Lothar Gall, Gerald D. Feldman, Harold James, Carl-Ludwig Holtfrerich und Hans E. Büschgen (München: Beck, 1995) 601.

76 O.V., "Chase clears the globe", *The Banker* (Juli 1986): 63.

77 O.V., "Der elektronische Bankservice soll vornehmlich Großkunden ansprechen", *Handelsblatt*, 25. Juli 1984, 6.

78 O.V., "Der Euro und das Liquiditätsmanagement", *Frankfurter Allgemeine Zeitung*, 7. September 1998, 34.

79 Peter Martin, "US-Bank gibt Risikokapital", *Handelsblatt*, 24. Januar 1984, 1.

noch nicht groß genug, als daß die Citibank genügend Investitionsobjekte hätte finden können.[80]

Die Citibank mischte in einer Sparte mit, die in Deutschland bisher von Unternehmen wie der Techno Venture in München, der Deutschen Wagnisfinanzierungs-Gesellschaft (WFG) oder der WestKB geprägt war.[81] Es ging darum, im Rahmen einer weltweiten Organisation die Finanzprobleme der Kunden zu lösen; Venture Capital war für die Citibank bei dieser Aufgabe nur ein Mosaikstein. Eine Grundidee bei Venture Capital-Finanzierungen bestand darin, daß die Anteilseigner ihre Unternehmen eines Tages an die Börse bringen würden.

Die Citibank malte sich sogar schon aus - da sie Mitglied der Frankfurter Wertpapierbörse war -, die Aktien ihrer Venture Capital-Unternehmen selbst an der Börse zu plazieren.[82] Dieser Optimismus ging jedoch etwas zu weit, denn der deutsche Finanzmarkt bot nicht die Breite und Liquidität, an die Fonds-Manager aus den Vereinigten Staaten und Großbritannien gewöhnt waren. Venture Capital funktionierte am besten in einer Umgebung lebhafter Kapitalmärkte und einer Kultur des unternehmerischen Risikos.[83] Beides war in den 80er Jahren in Deutschland Mangelware.

c) Bilanzunwirksame Geschäfte

Bei den Auslandsbanken übertraf der Umfang der bilanzunwirksamen Geschäfte das Geschäftsvolumen um etwa das Vierfache. Bei den Frankfurter Banken lag der Umfang dieser Geschäfte dagegen nur beim Eineinhalbfachen. Besonders aktiv waren die Auslandsbanken bei den Zinstermingeschäften, wo sie in Frankfurt einen Marktanteil von 60% erreichten.

In den Reihen der Auslandsbanken waren wiederum die amerikanischen Banken im Geschäft mit den Derivaten, zu denen auch die Zinstermingeschäfte gehörten, die engagiertesten; ihr Anteil betrug annähernd drei Viertel des Gesamtumsatzes aller Frankfurter Auslandsbanken. Die japanischen Banken waren beispielsweise im Bereich der Derivate fast gar nicht tätig.[84]

---

80 Peter Martin, "Bisher sind viele Jungunternehmer auf die Banken nicht sehr gut zu sprechen", *Handelsblatt*, 12. März 1984, 7. Womöglich war die Ablehnung solcher Instrumente wie Venture Capital der Grund dafür, daß in Deutschland nicht genügend innovative Unternehmen entstanden sind.

81 Der Deutschen Wagnisfinanzierungs-Gesellschaft (WFG) wurde nachgesagt, sie wäre zu unflexibel und zu bürokratisch. Der Vorstandsvorsitzende der Commerzbank AG, Dr. Walter Seipp, kommentierte dazu: "Ehe ein Projekt über die WFG finanziert ist, fürchte ich, ist dem Erfinder die Luft ausgegangen." Ibid.

82 Peter Martin, "Amerikanische Banker setzen Vertrauen in die Dynamik deutscher Unternehmer", *Handelsblatt*, 24. Januar 1984, 6.

83 Ingrid Lehnert, *Unternehmensübernahmen in den USA in den 80er Jahren* (Wiesbaden: Deutscher Universitäts-Verlag, 1997) 227. Carsten Hartkopf, Unternehmens-Restrukturierung und Management Buy-Outs in Großbritannien, unveröffentlichte Diplomarbeit (Universität Erlangen-Nürnberg, 1993) 78.

84 Landeszentralbank in Hessen, Hrsg., "Auslandsbanken", 4.

Im Geschäftsjahr 1988, das ganz im Zeichen der Strukturveränderungen bei der Chase Bank AG stand, belastete die Zinswende das Betriebsergebnis stark. Nach eigenen Angaben zählte sich die deutsche Chase zu den in Deutschland führenden Adressen für Swaps, Zinstermingeschäfte und Debt Equity Swaps.[85]

Die Finanzinnovationen waren Mitte der 80er Jahre eindeutig die Domäne der amerikanischen *commercial banks*. Für Zins- oder Währungsswaps wurden diese Banken häufiger in Anspruch genommen als deutsche Banken.[86]

Bei den Derivaten gehörte J.P. Morgan zur den ersten Adressen in Deutschland. Die Spezialität von Morgan war der Verkauf von maßgeschneiderten *Over the counter*-Optionen (OTC-Optionen) auf DM-Zinsinstrumente. Mit diesen außerbörslichen Instrumenten konnten sich Firmenkunden, Landesbanken und große Versicherungsgesellschaften gegen offene Zinspositionen absichern.[87]

Die Möglichkeit, das außerbörsliche Geschäft in Deutschland zu betreiben, hat die im Investment Banking tätigen Tochtergesellschaften amerikanischer Banken im Grunde erst nach Deutschland gebracht.[88] In Gestalt des außerbörslichen Geschäfts konnten die Banken mit Hilfe von *Market Maker* einen eigenen Markt organisieren, der die geforderten Kriterien erfüllte: Transparenz über öffentlich zugängliche Bildschirme, niedrige Kosten und große Liquidität.[89] Die etablierten Börsen waren dagegen nach Ansicht der Emittenten schlecht strukturiert und zeichneten sich durch mangelnde Transparenz, mangelnde Liquidität und zu hohe Kosten aus.[90]

2) Der Ausbau bestehender Geschäftsfelder

a) Geld- und Devisenhandel

Mit dem Geld- und Devisenhandel setzte die Chase Bank in Frankfurt Maßstäbe, die von vielen in- und ausländischen Banken kopiert wurden. Die Besonderheit bei der Chase lag in der Trennung von Interbanken-Handel und Kundenbetreuung. Bei der Citibank bestand eine Spezialität in Seminaren zum Thema Devisengeschäft, an denen in der Regel 150 Mitarbeiter

[85] O.V., "Chase mit erweiterter Produktpalette", *Börsen-Zeitung*, 17. Juni 1989, 3.

[86] Ludger Arnoldussen, Die Marktpolitik ausländischer Banken in der Bundesrepublik Deutschland, unveröffentlichte Diplomarbeit (Köln: 1987) 56.

[87] O.V., "J. P. Morgan mit positivem Eigenhandel", *Börsen-Zeitung*, 11. September 1991, 4.

[88] Rolf-E. Breuer, "Off-the-Exchange-Märkte als Herausforderung für die Marktpolitik der Kassa- und Terminbörsen", *Aktienmärkte im Finanzsystem*, Hrsg. Wolfgang Gebauer und Bernd Rudolph (Frankfurt: Knapp, 1994) 14.

[89] Ibid., 8.

[90] Ibid., 7.

von Großkunden teilgenommen hatten und die wesentlich zum erfolgreichen Auftritt der Citibank in diesem Bereich in Deutschland beitrugen.[91]

Bei fast allen *commercial banks* hatte der Devisenhandel in den 80er Jahren erheblich an Bedeutung gewonnen. Im Jahr 1982 stockte die Chase Bank AG das Personal bei den Kundenbetreuern und Devisenhändlern um 30 neue Mitarbeiter auf und investierte in das interne Berichtssystem.[92] Der Bereich *treasury*, die Gelddisposition mit starker Ausrichtung auf den Eigenhandel, wurde von vielen Banken als eine der Haupteinnahmequellen angesehen und dementsprechend wurden die Handelsräume weiter ausgebaut.[93] Der *treasurer* war ein Posten, der bei Banken erst in den 80er Jahren richtig zur Geltung kam.

Angeführt von der Citibank, Morgan Guaranty und Chemical Bank, wurde den US-Banken nachgesagt, sie gehörten zu den aggressivsten und innovativsten der Branche.[94] Die Chemical Bank profitierte von der weltweiten Reputation des Mutterhauses und ordnete sich 1988 rangmäßig gleich hinter den drei deutschen Großbanken ein. Chemical hatte Erfolg damit, sich nicht nur auf eine Währung zu konzentrieren, sondern zu diversifizieren.[95] Die Chemical Bank war nicht zuletzt auch deshalb eine bekannte Adresse, weil es ihr gelang, einen guten Devisenhändler von der Commerzbank abzuwerben.[96] Führend unter den inländischen Devisenhändlern in der zweiten Hälfte der 80er war die Dresdner Bank.

Während die Konkurrenz im Kassa-Markt groß war, weil sich dort die meisten Banken tummelten, verlief das Geschäft mit Derivaten nur am Rande. Das Motiv, Währungen gegen Kursverluste abzusichern, war noch nicht so ausgeprägt, weil der Großteil der Exporte in relativ währungsstabile europäische Länder ging. Was ohnehin noch fehlte, war eine Terminbörse, die das Geschäft mit *Futures* nach Frankfurt hätte holen können. Doch auf die Eröffnung der Deutschen Terminbörse mußten die Akteure noch bis 1991 warten.

Um im Devisenhandel ganz oben mitzuschwimmen, standen verschiedene Rezepte zur Auswahl. Die Citibank AG baute sich z.B. kontinuierlich einen erstklassigen Händlerkreis auf. Doch die guten Devisenhändler allein machten noch nicht den Erfolg aus. Entscheidend war auch, daß den Händlern großzügige Limits gewährt wurden.[97] Die Citibank setzte das so um.

---

[91] Gerhard Kutscher, "Auch 1983 verspricht ein gutes Jahr zu werden" *Handelsblatt*, 16. Juni 1983, 26.

[92] O.V., "Gewinn vor Steuern fast verdoppelt - Viel investiert und Einstieg ins Leasing", *Handelsblatt*, 7. März 1983, 6.

[93] Haig Simonian, "Foreign Banks Make their Mark", *The Banker* (April 1987): 41.

[94] Colin Jones, "Making its Mark", *The Banker* (September 1988): 57.

[95] O.V., "Chemical Bank stark im Devisenhandel", *Börsen-Zeitung*, 25. Juni 1986, 8.

[96] James P. Miscoll, Vice Chairman (Retired), Bank of America, San Francisco, Telefongespräch am 13. August 1998.

[97] Scheele, Interview, 23. April 1998.

Da der Service im Devisenhandel wichtig war, wurden die Firmenkunden von J.P. Morgan mittels Marktanalysen über die aktuelle Devisenkursentwicklung ausgiebig unterrichtet.[98]

Auch kleinere Institute, wie die First National Bank of Boston, waren im Devisenhandel tätig, wobei diese Bank den Devisenhandel 1989 nach London verlagerte. Im Dollar/DM-Handel galt ebenfalls die Zweigniederlassung der Continental Bank, Chicago, als eine sehr rührige Bank am Frankfurter Platz; die gesamten Erträge der Bank hingen in hohem Maße vom Devisenhandel ab.[99]

Aus der Sicht von Personalabteilungen waren Devisenhändler in Deutschland eine sehr gesuchte Spezies. Es hieß in bezug auf die Citibank: "Das Personenkarussell in Frankfurter Händlerkreisen drehe sich unverändert schnell."[100]

Im Frankfurter Geldhandel waren die Auslandsbanken schon deshalb so aktiv, weil sie auf den Geldmarkt als wichtigste Quelle ihrer Refinanzierung angewiesen waren. Die Chase spielte eine sehr aktive Rolle im Frankfurter Geldmarkt.[101]

Fast drei Viertel des Geschäftsvolumens der Auslandsbanken bestanden 1990 aus Interbankverbindlichkeiten, so daß den Auslandsbanken viel an einer raschen und einfachen Abwicklung der Geldmarkt- und Auslandstransaktionen gelegen war. Innerhalb des eigenen Konzerns gingen die ausländischen Banken dazu über, ihre weltweiten Transaktionen im DM-Bereich auf Frankfurt zu konzentrieren.[102]

b) Leasing

Am Leasing-Geschäft waren für die Banken zwei Dinge reizvoll: Erstens eine höhere Marge im Vergleich zum normalen Kreditgeschäft und zweitens die degressive Abschreibung der Leasinggüter, die eine steueraufschiebende Wirkung erzeugte.[103]

Die Chase gründete 1982 eine eigene Leasing-Gruppe als Teil der Firmenkunden-Abteilung.[104] Im Mittelpunkt standen Leasing-Geschäfte mit der Elektronik/Computer-Industrie.

---

98 Engel, "Die Rolle", 52.

99 Gerhard Kutscher, "Position gefestigt", *Handelsblatt*, 13./14. Mai 1983, 16.

100 O.V., "Citibank AG mußte einiges verkraften", *Börsen-Zeitung*, 16. Juli 1987, 6.

101 O.V., "Chase mit erweiterter", 3.

102 Arnoldussen, *Die Marktpolitik*, 5.

103 Hans-Georg Engel, "Die Rolle und Struktur der ausländischen Geschäftsbanken in der Bundesrepublik Deutschland", *Bankpolitik nach der KWG-Novelle*, Hrsg. Bernd Rudolph (Frankfurt: Knapp, 1986) 51.

104 Der Schwerpunkt lag auf Vendor-Programmen, d.h. Mietkauf/Hersteller-Mietverträge; Leasing; Ankauf von Forderungen mit/ohne Wirtschaftsgut. Chase Bank AG, *Chase*, 35.

Auch die Citibank begann mit dem Computer-Leasing, zeitlich zwei Jahre später als die Chase.[105] Ihre gesamten Leasing-Aktivitäten hatte die Citibank seit 1980 in die Citibank AG in Frankfurt integriert, nachdem vorher eine Tochtergesellschaft dafür zuständig war.[106]

Bei der Chemical Bank stand in den frühen 80er Jahren ebenfalls das internationale Leasing ganz oben auf der Liste der Geschäftsfelder.[107] Die Security Pacific National Bank aus Kalifornien, eine der größten amerikanischen Finanzholdings, betrieb seit 1976 eine Leasing-Gesellschaft in München.

Eine sehr frühe Leasing-Tradition in Deutschland begründete die First National Bank of Boston, bei der teilweise 50 der 120 Mitarbeiter im Leasing-Bereich arbeiteten. Der durchschnittliche Vertrag des Vendor-Leasing fiel mit 15.000 DM eher gering aus. Dabei arbeitete die Bank of Boston mit Unternehmen wie dem Waagenhersteller Bizerba zusammen, aber auch IBM gehörte zu den Geschäftspartnern. Konkurrenz im Bereich des Leasing von Hochtechnologie-Produkten erhielt das Kreditinstitut vor allem von der Bank of America. In den Jahren 1987/88 stellte die Bank of Boston das Leasing allerdings ein, weil bei der Größenordnung der Verträge die Prüfung der wirtschaftlichen Verhältnisse der Kreditnehmer zu teuer wurde. Hinzu kam, daß schon fast jede Sparkasse Leasing-Leistungen im Angebot hatte.[108]

c) Korrespondenzbanken-Geschäft

Im Geschäft mit Korrespondenzbanken konnten die US-Banken zwei wertvolle Eigenschaften einbringen: Die weltweite Präsenz und den in Deutschland bereits gut eingespielten Geldhandel.

Den Kern des Korrespondenzbanken-Geschäfts bildete der internationale Zahlungsverkehr. Hieran konnten die Banken mit Folgegeschäften wie dem Akkreditivgeschäft anschließen. In gleicher Weise unterstützten die US-Banken Korrespondenzbanken bei der Abwicklung von Exportgeschäften. Dabei traten sie als Dienstleister zwischen verschiedenen

---

105 O.V., "Gewinn vor", 6.

106 O.V., "Citibank voll im Leasinggeschäft", *Zeitschrift für das gesamte Kreditwesen* 3 (1980): 101.

107 Auch bei der Chemical Bank wurde die Tochtergesellschaft, die Chemco Leasing GmbH, mit der Chemical Bank AG, die 1982 als Tochterbank neu gegründet wurde, verschmolzen. O.V., "Konzentrierte Weiterentwicklung des Geschäfts über eine neue AG", *Handelsblatt*, 3. März 1982, 9.

108 Dr. Ulrich Colsman-Freyberger, früherer Leiter The First National Bank of Boston, Frankfurt, Telefongespräch am 19. August 1998. Im Jahr 1997 arbeiteten für die Bank of Boston in Deutschland in den traditionellen Geschäftsfeldern einer Auslandsbank nur noch 50 Leute. Am 30.7.1998 wurden die Geschäfte der Niederlassung ganz eingestellt.

Märkten auf, wodurch sie andere Auslandsbanken in die Lage versetzten, ihren heimischen Kunden ein vielfältiges Angebot internationaler Dienstleistungen zu offerieren.[109]

Es zeichnete sich der Trend ab, diese Leistungen gezielt nur einer Kundengruppe anzubieten, wie es die Chase zu Beginn der 80er Jahre bei den Versicherungsunternehmen tat, oder nicht nur Unternehmen, sondern auch ausländischen Banken. Die Chase entwickelte sich ab Mitte der 80er Jahre zunehmend zu einer Dollar-*clearing*-Stelle für deutsche Banken in den USA wie auch als D-Mark-*clearing*-Stelle für Auslandsbanken in Deutschland.[110]

Die Chemical Bank baute 1983 mit einer ganzen Reihe von ausländischen Korrespondenzbanken das Direktgeschäft aus. Das Korrespondenzbanken-Geschäft bestach dadurch, daß Banken endlich die Aussicht hatten, ihre Provisionserträge zu steigern und sich auf diese Weise weniger vom Zinsüberschuß abhängig zu machen.

Die Continental Bank, Chicago, nahm 1982 den Bereich Korrespondenzbanken-Geschäft ebenfalls ins Sortiment auf und konnte so - zusammen mit dem gleichfalls neuen Leasing-Geschäft - die Erträge aus Provisionsgeschäften 1982 um 44% erhöhen. Parallel dazu gab es allerdings einen Rückgang des Kreditgeschäfts der Continental Bank, der aber zur Linie der Mutterbank paßte, die wegen hoher Abschreibungen im Kreditgeschäft eine weitere Kreditexpansion nicht mehr verantworten wollte.[111]

Das Korrespondenzbanken-Geschäft litt in den Jahren 1982 und 1983 jedoch unter einer sich stark verringernden Rentabilität. Der Service, den die US-Banken ihren Korrespondenzbanken boten, war zu teuer, um durch die Preise gedeckt zu werden. In diesen Jahren einer angespannten Ertragslage fuhren die Banken die Salden bei ihren US-Korrespondenten deutlich herunter.[112]

---

109 Im Geschäftsbericht der American Express Bank GmbH hieß es: "So können beispielsweise ausländische Importeure ihren Hausbanken Akkreditive mit der Sicherheit anvertrauen, daß ihre Transaktionen mit Hilfe der American Express Bank GmbH auch dort akzeptiert werden, wo ihre Bank möglicherweise noch nicht bekannt ist. Für Exporteure hingegen übernimmt die American Express Bank GmbH in Zusammenarbeit mit der jeweiligen Korrespondenzbank Risiken, beispielsweise wenn es um die Akzeptanz eines Akkreditivs aus "schwierigen" Ländern geht. Dabei profitiert sie von ihrer Marktkenntnis, dem ausgedehnten Filialnetz der American Express Bank Ltd. und ihrem guten Ruf." American Express Bank GmbH, *Geschäftsbericht 1993*, 9.

110 Stefanie von Viereck, "Angriff aus der Nische", *manager magazin* (Dezember 1985): 271.

111 Der Leiter der Continental Bank, Chicago, in Frankfurt, Albert D. Sonntag, deutete 1983 auf Schwierigkeiten bei der Interpretation der Bilanz hin, da der größte Teil des Kundengeschäfts als Eurogeschäft in den Büchern anderer Continental-Niederlassungen zu finden wäre. Gerhard Kutscher, "Position gefestigt", *Handelsblatt*, 13./14. Mai 1983, 16.

112 Lynn R. Anderson, "Rational pricing in an irrational environment", *The Banker* (Februar 1983): 43.

d) Außenhandelsfinanzierungen

Bei der Chase Manhattan Bank gehörten Außenhandelsfinanzierungen schon seit den 60er Jahren zum festen Bestandteil des Programms. Auch die anderen US-Auslandsbanken waren traditionell stark in diesem Geschäftsfeld engagiert, zu dem vor allem Bürgschaften gehörten. Im Jahr 1990 betrug der Anteil der Bürgschaften an der Bilanzsumme der Auslandsbanken fast 9%, gegenüber 3,5% im Durchschnitt des deutschen Bankgewerbes.[113]

Die Chase nahm die gestiegene Bedeutung des Geschäftszweigs Außenhandelsfinanzierungen sogar zum Anlaß, gegen Ende der 60er und in den frühen 70er Jahren neue Filialen in Hamburg, Düsseldorf, Stuttgart und München zu errichten. Exportorientierte Unternehmen konnten folgende Leistungen bei der deutschen Chase in Anspruch nehmen: 1. Auslandszahlungsverkehr; 2. Dokumentäres Geschäft, insbesondere Export-/Import-Akkreditive, Dokumenteninkassi und Garantiegeschäft; 3. Mittel- und langfristige Export- und Importfinanzierung; 4. Dienstleistungen für Korrespondenzbanken.[114]

Aus strategischer Sicht war der Chase sehr daran gelegen, mit den mittelständischen Unternehmen ins Geschäft zu kommen. Das lag an den höheren Margen, die dieses Segment versprach, doch es dominierte weiterhin der Großkredit.[115]

In den 80er Jahren ging die Chase dazu über, die Auslandsgeschäfte auch auf Gebiete auszuweiten, die außerhalb der USA und Europas lagen. 1984 wickelte die Chase dort mehr als die Hälfte der Geschäfte ab.

Bei der Chemical Bank lassen die Geschäftsberichte der Jahre 1982 bis 1992 darauf schließen, daß das Auslandsgeschäft mit der Exportfinanzierung sowie dem Akkreditiv- und Bürgschaftsgeschäft in den frühen 80er und frühen 90er Jahren einen hohen Stellenwert einnahm.

Als im Jahr 1989 das Wachstum der deutschen Exportindustrie nach mageren Vorjahren wieder anzog, wuchs auch der Bedarf für Außenhandelsfinanzierungen. Auslandsbanken sahen hier insbesondere neue Chancen im Markt mit Mittelstandsunternehmen, doch diese Vorstöße blieben ohne Erfolg. Deshalb suchten die Banken nach Nischen, etwa in der Form, daß eine Bank komplett für einen großen Exporteur zuständig war.

Bei den großen Unternehmen war neben der Hausbank immer noch Platz für eine ausländische Bank mit einem großen, internationalen Filialnetz. Außenhandelsfinanzierungen waren natürlich auch wegen der Folgegeschäfte, dem Devisenhandel und dem *forfaiting* interessant. Von den US-Banken hatten die Citibank, Morgan Guaranty und die Chemical Bank gut entwickelte *forfaiting portfolios*, die Bestandteil umfangreicher

---

113 Verband der Auslandsbanken in Deutschland, Hrsg., *Die Auslandsbanken in der Bundesrepublik Deutschland 1992*, 17.

114 Chase Bank AG, *Chase*, 31.

115 Ibid.

Außenhandelsfinanzierungen waren.[116] Institute wie die Bank of New York in Frankfurt partizipierten ebenfalls an der starken Exportorientierung der deutschen Wirtschaft.

Die Frankfurter Niederlassung der First National Bank of Boston konnte ihren deutschen Kunden sehr gute Verbindungen nach Lateinamerika bieten, die bereits auf das Jahr 1917 zurückgingen. An Präsenz dort übertraf die Bank of Boston z.B. die Deutsche Bank - höchstens die Citibank ließ sich noch mit der Bank of Boston vergleichen. Akkreditive organisierte die Bank of Boston für deutsche Kunden auch im Fernen Osten und in Osteuropa, wo es eine rege Zusammenarbeit mit den dort ansässigen Korrespondenzbanken gab.

Dabei bereitete es auch Schwierigkeiten, im Auslandsgeschäft in Deutschland Fuß zu fassen: Die deutsche Monopolkommission errechnete, daß 100 der größten deutschen Unternehmen für 50% der gesamten deutschen Exporte verantwortlich waren. Von diesen Unternehmen wurden wiederum 88 in der Rechtsform der Aktiengesellschaft geführt, in denen die Hauptanteilseigner die drei Großbanken und die Allianz-Versicherung waren. So gesehen, gingen die deutschen Banken und Versicherungen als Begünstigte des deutschen Exports hervor, weil es Kredite an "ihre" Firmen waren und sie Prämieneinnahmen von "ihren" Firmen erhielten. Darüber hinaus war auch immer von der engen Gemeinschaft der Firmen mit den Bundesministerien für Wirtschaft, Finanzen und Außenpolitik die Rede.[117] Doch es durfte nicht übersehen werden, daß die großen Banken, zu denen auch die Landesbanken, Bayernbanken und die DG Bank zählten, untereinander im Wettbewerb standen. Zwar ließ sich aus dem Beteiligungsbesitz deutscher Banken und der Ausübung der Depotstimmrechte zu Recht ableiten, daß Banken gegenüber Unternehmen, die auch ihre Kunden waren, Informationsvorteile hatten. Aber es ergäbe ein schiefes Bild, wenn daraus gefolgert würde, daß die Auslandsbanken in Deutschland in der Sparte Außenhandelsfinanzierungen von vornherein kaum Chancen hätten.

B. Die Geschäftspolitik in Abhängigkeit von der Kundengruppe

1) Der Abbau des Kreditgeschäfts mit Großkunden

Im Gegensatz zu anderen amerikanischen Banken hatte sich die Chase Manhattan Bank auch in den 80er Jahren vorgenommen, den Kurs der Expansion in Europa weiter voranzutreiben. Gerade die negative Erfahrung mit der Familienbank AG, der neu gegründeten *retail*-Bank, hatte die Chase in Deutschland noch stärker in Richtung Großkundengeschäft gelenkt. Das

---

116 Colin Jones, "Profits of boom", *The Banker* (Dezember 1989): 44.

117 Jonathan Story und Ingo Walter, *Political economy of financial integration in Europe* (Manchester: Manchester University Press, 1997) 43.

Massengeschäft wollte man den inländischen Banken überlassen.[118] Andererseits sprach die Bank im Geschäftsbericht der Chase Bank AG 1983 aber auch von einer Hinwendung zum "Nicht-Großkunden-Geschäft".[119]

Als Teil eines umfassenden strategischen Planes gelang der Chase 1982 ein hervorragendes Ergebnis in Deutschland; zugleich investierte die Bank stark. Dabei konnte die Chase noch ein Geschäftsjahr zuvor unter ihrem neuen *President*, Thomas G. Labrecque, dem deutschen Markt kaum etwas Positives abgewinnen.[120] Aus der Rückschau malte *Chairman* Willard Butcher sogar mit noch düsteren Farben: "It is fair to say that 1982, 1983 and the early part of 1984 were basically dead years for Chase."[121]

Bezeichnend für die 80er Jahre war, daß die Banker ihren Blick verstärkt auf die Qualität der Kredite richteten. Das galt selbst für Morgan Guaranty: "Even Morgan Guaranty, which lends only to the bluest of blue-chip customers and keeps itself so well informed about the workings of the industries it lends to that no formal credit-review system has ever been thought necessary, is thinking about credit quality. It is working on ways of measuring and controlling the construction of its portfolio of loans - including the possibility of allocating credit by industry."[122]

Dieses neue Qualitätsbewußtsein stellte die amerikanischen Banken in Deutschland erneut vor die Frage, mit welchen Kundengruppen sie zusammenarbeiten und welche Risiken sie dabei eingehen wollten. Die Citibank entdeckte z.B. die Öffentliche Hand als neue Zielgruppe in Deutschland, wohingegen die Chase diese Zielgruppe lieber zu meiden suchte.[123]

Die amerikanischen *commercial banks* mußten sich entscheiden, ob sie unter erheblichen Investitionen in Personal und Technologie ihren Großkunden in die Bereiche des Investment Banking folgen oder weiter an traditionellen Bankleistungen wie Krediten und Außenhandelsfinanzierungen festhalten wollten.

Zu einer Niedrigzinspolitik im Kreditgeschäft entschieden sich Banken, die auf Marktanteile und Volumina setzten. Dazu zählten in Deutschland speziell die japanischen Banken, aber auch die US-Banken machten von diesem Mittel häufiger Gebrauch. Banken aus Großbritannien, den Beneluxländern und Kanada fielen dagegen in dieser Hinsicht gar nicht

---

118 Diese neue Deutschland-Strategie formulierte Willard C. Butcher, der Nachfolger von David Rockefeller im Amt des *Chairman* der Chase Manhattan Corporation. Klaus C. Engelen, "Chase sieht in Europa Expansionschancen", *Handelsblatt*, 18./19. Juni 1982, 3.

119 Chase Bank AG, Geschäftsbericht 1983, in: *Zeitschrift für das gesamte Kreditwesen* 15 (1984): 734.

120 Klaus C. Engelen, "Der zweite Akt im Umschuldungsdrama kommt für die Banken nicht überraschend", *Handelsblatt*, 16. Juni 1983, 7.

121 Gavin Shreeve, "Another Day, Another Dollar", *The Banker* (November 1987): 16.

122 Tim Hindle, "Estranged in America", Survey International Banking, *The Economist*, 26. März 1983, 34.

123 Gerhard Kutscher, "Die Filialorganisation der Bank hat sich gut bewährt", *Handelsblatt*, 13. Juli 1983, 5.

auf, obwohl die internationalen Firmenkunden als wenig loyal galten und wegen geringfügig besserer Konditionen die Bank schnell wechselten.[124]

Auch ein dritter Weg stand noch offen: Mit nur einigen ausgewählten Produkten in die Nischen des internationalen "wholesale banking" zu gehen.[125] Dies versprach dann ein Erfolg zu werden, wenn die Finanzdienstleistungen mit einem gewissen Mehrwert für den Kunden angeboten werden konnten, worunter etwa die Verarbeitungsgeschwindigkeit oder die Informationsqualität fielen.

Morgan Guaranty sah die eigene Zukunft im Bereich der Provisionsgeschäfte. Dies führte dazu, daß die Kredite an Firmenkunden im Geschäftsjahr 1988 auf nur noch 11,6% der Bilanzsumme zurückgefahren wurden. Ein neuer Schwerpunkt bildete stattdessen der Effektenbereich mit den verschiedenen Formen der Wertpapierleihe; ergänzend bot die Bank ein Wertpapierleih-Programm zur Unterstützung des Handels an.[126] Es war deshalb auch nur konsequent, daß sich Morgan für die Einführung eines "Repo"-Marktes in Deutschland starkmachte, weil dieser ohne einen leistungsfähigen Wertpapierzahlungsverkehr nicht funktionieren würde.

Um vom Kreditgeschäft mit Großkunden loszukommen, war auch die Übernahme von Zahlungsverkehrs-Funktionen (*clearing*) im DM-Bereich für einige Banken ein denkbares neues Geschäftsfeld, das allerdings wegen der Größenordnung, der umgesetzten Beträge, der Terminabhängigkeit und teilweise nicht unerheblicher Bonitätsrisiken viel Professionalität verlangte.[127] Im DM-*clearing* waren in Frankfurt die Bank of America und die American Express Bank GmbH sehr aktiv.

Schließlich nahm die Bedeutung des Kreditgeschäfts bei den großen amerikanischen *commerial banks* in Deutschland in der zweiten Hälfte der 80er Jahre stark ab, während sich im Gegenzug die Wertpapierbestände bei diesen Banken erhöhten. Daß dieser Wechsel in der Struktur der Aktiva in das Jahr 1984 fiel, dürfte nicht zuletzt auch auf die Abschaffung der 25%igen Couponsteuer auf festverzinsliche Wertpapiere im selben Jahr zurückzuführen sein. Die Abbildung 7 zeigt die veränderten Strukturen auf der Aktivseite bei fünf bedeutsamen US-Banken in Deutschland.

---

124 Arnoldussen, *Die Marktpolitik*, 61.

125 Klaus Michael Vogel, "Mit Hilfe der Elektronik werden die Marktnischen noch besser ausgebaut", Beilage Banken International, *Handelsblatt*, 24. April 1986, B 32.

126 J. P. Morgan GmbH, *Geschäftsbericht 1990*, 9.

127 Jürgen-Peter Kaven, "Chancen und Strategien der Auslandsbanken in Deutschland", *Zeitschrift für das gesamte Kreditwesen* 2 (1991): 58.

Abbildung 7: Der Anteil von Krediten und Wertpapieren am Geschäftsvolumen bei fünf amerikanischen *commercial banks* in Deutschland

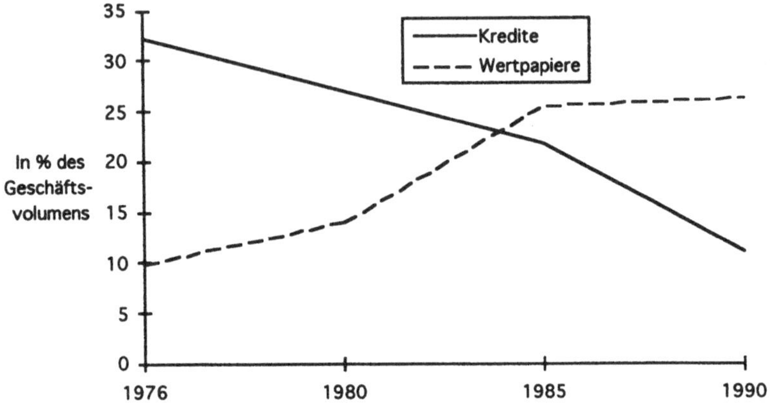

Anmerkungen: Die *commercial banks* sind Bankers Trust, Bank of America, Chase Manhattan Bank, Chemical Bank, Citibank. Quelle: Siehe Anhang 4.

Ab 1985 gingen die Impulse im Kreditgeschäft fast ausschließlich vom Auslandsgeschäft aus. Zum Teil setzte die Stagnation im inländischen Kreditgeschäft auch ein, weil die Auslandsbanken verschiedene Kreditengagements unter viel zu hohen Risiken eingingen, sei es, um einen neuen Kunden zu gewinnen oder die Rendite-Erwartungen der amerikanischen Mutterinstitute nicht zu enttäuschen.[128] In der Konsequenz ergaben sich daraus Insolvenzen, die bei manchen Auslandsbanken zu unerwartet hohen Kreditverlusten führten.

2) Fokussierung auf multinationale Unternehmen

Einen beachtlichen Wettbewerbsvorteil hatte sich die Citibank AG in Deutschland mit der weltweiten Betreuung und der datenmäßigen Erfassung multinationaler Unternehmen erworben. Eine solche länderübergreifende Vorgehensweise gab der Bank die Möglichkeit, anders zu kalkulieren und den Unternehmen bei den Konditionen entgegenzukommen.[129] Während der Anfänge in den 70er Jahren zählten zu dieser Gruppe 450 multinationale

128 Landeszentralbank in Hessen, Hrsg., "Auslandsbanken", 4.

129 Scheele, "Die Wettbewerbsstellung", 96.

Unternehmen einschließlich der etwa 20 deutschen Unternehmen. 1980 waren es schon ungefähr 1.200 Unternehmen, die einen Sitz in Deutschland hatten und von denen 50 deutsche Firmen waren.

Diese Fokussierung auf die Kundengruppe der multinationalen Unternehmen[130] mit Sitz in Deutschland erwies sich für die Citibank als gelungene Nischenpolitik, denn die Bank konnte gegenüber den "2000 Namen" zwei ihrer Hauptstärken ausspielen: Dies war erstens der ganze Bereich innovativer Produkte, zu denen z.B. das Devisen- und Zinsrisikomanagement sowie integrierte Spezialfinanzierungen gehörten, und zweitens die weltweite Präsenz und Erfahrung der Citibankgruppe.[131]

Dabei unterlag die Citibank keinem grundsätzlichen Sinneswandel. Vielmehr hatten die sinkenden Erträge in der zweiten Häfte der 80er Jahre den Blick für die ertragreicheren Geschäfte geschärft. So gehörte die Bank 1988 mit einem Geschäftsvolumen von weit über 10 Mrd. DM auf den Gebieten der Devisenoptionen, der *Forward-Rate Agreements*, der *Interest Rate Swaps* und der *Ceiling Rate Agreements* - das waren *Floors*, *Swaps* und *Collars* - zu den tonangebenden Banken in Deutschland.

Die First National Bank of Boston bediente auch die deutschen multinationalen Unternehmen und zwar mit sogenannten Dienstleistungen vor Ort, worunter Finanzierungen und Patronatserklärungen für die ausländischen Tochterfirmen zu verstehen waren. Als Verbindungsstelle diente dann die deutsche Filiale, insbesondere für Transaktionen in Lateinamerika, wo die Bank of Boston die führende Auslandsbank war.[132]

Auch die Chemical Bank setzte ganz auf die Zielgruppe der Großunternehmen und Finanzinstitutionen. 1982 gründete die Chemical Bank in Frankfurt, wie schon die Citibank und Chase Bank ein paar Jahre zuvor, eine Aktiengesellschaft, auf die dann - bis auf die Geld- und Devisenmarkttransaktionen - das gesamte Geschäft übertragen wurde.[133] Daneben bestand die Zweigniederlassung weiter.

In die neue Chemical Bank AG investierte das New Yorker Mutterinstitut rund 70 Mio. DM, was diese Investition zugleich zu dem bis dahin größten Engagement der Bank außerhalb der Vereinigten Staaten machte. Die geschäftlichen Schwerpunkte der AG und auch der Zweigniederlassung waren die Exportfinanzierung, der Ausbau der Geldhandel- und Devisenhandelsaktivitäten und die Projektfinanzierung.[134] Als filialloses Institut gelang

---

130 Später kamen *financial institutions*, institutionelle Anleger und die Öffentliche Hand dazu.

131 O.V., "Citibank AG sucht den Unterschied", *Börsen-Zeitung*, 1. Juni 1989, 13.

132 Colsman-Freyberger, Telefongespräch, 19. August 1998.

133 O.V., "Chemical Bank Frankfurt AG", *Zeitschrift für das gesamte Kreditwesen* 4 (1982): 141.

134 O.V., "Konzentrierte Weiterentwicklung des Geschäfts über eine neue AG", *Handelsblatt*, 3. März 1982, 9.

es der Chemical Bank vorbildhaft, die Verwaltungskosten unter Kontrolle zu halten; diese erhöhten sich beispielsweise in den Jahren 1979 bis 1982 überhaupt nicht.[135]

3) Morgans Verwandlung in eine Investmentbank

Aus der Gruppe der *commercial banks*, die sich auf die multinationalen Großunternehmen spezialisiert hatte, ragte Morgan Guaranty wegen der starken Investmentbank-Ambitionen hervor.

Morgan mußte in den späten 70er Jahren die Entdeckung machen, daß die großen Firmenkunden sich massenhaft vom Kreditgeschäft abwendeten und direkt an die Geld- und Kapitalmärkte gingen. Einen tiefen Einschnitt hatte es in den Vereinigten Staaten bereits am Anfang der 70er Jahre mit der Erfindung der *commercial paper* gegeben. Die Bank versuchte daher, die eigenen Ressourcen ins Provisionsgeschäft zu lenken, um dem Ziel näherzukommen: "... turning Morgan into a truly universal bank, one able to solve any problem, for any client, in any market."[136]

Die Idee war, eine Universalbank zu werden, in der die besten Aspekte des *commercial banking* und des *investment banking* unter einem Dach zusammen kamen. Neu war diese Geschäftsausrichtung allerdings nicht, denn in der Zeit vor 1933, dem Jahr, in dem der *Glass-Steagall-Act* verabschiedet wurde, war die Bank schon einmal sowohl im Einlagen- und Kreditgeschäft als auch im Wertpapiergeschäft tätig.

Während sich die Bank im Heimatmarkt auf "deals that are sufficiently complex that they don't lend themselves to the commercial paper market" spezialisierte, nahm sich die Bank in Ländern wie Deutschland, Japan, Hongkong und Belgien gezielt die Kapitalmärkte vor.[137]

Tatsächlich gelang es der Gesamtbank, das Nichtzins-Einkommen von 39% im Jahr 1983 auf 72% im Jahr 1993 zu steigern.[138]

In Deutschland verhielten sich diese Zahlen bei der J.P. Morgan GmbH jedoch viel weniger dramatisch, was aber leicht an der Rechnungslegung im Verhältnis zur Zweigniederlassung Morgan Guaranty oder auch anderen internationalen Morgan-Standorten liegen konnte: 1985 betrug der Anteil des Nichtzins-Einkommens 23%; 1993 waren es 39%.[139] Anhand der Abbildung 8 läßt sich erkennen, daß die Erträge aus dem

---

135 Ein einziger Stützpunkt in Deutschland - das entsprach während der 70er und 80er Jahre sehr fortschrittlichem Denken. Die Chemical Bank erkannte früher als andere, daß der deutsche Markt überregional bearbeitet werden konnte.

136 O.V., "A blue chip on a new block", *The Economist*, 14. Januar 1995, 73.

137 Ron Chernow, *The house of Morgan: an American banking dynasty and the rise of modern finance* (New York: Touchstone, 1990) 704.

138 O.V., "A blue", 73.

139 J.P. Morgan GmbH, *Geschäftsberichte 1985 und 1993.*

Provisionsgeschäft einen steten und steigenden Strom bilden, während auf die Zinsüberschüsse als Einnahmequelle nicht immer Verlaß ist.

Abbildung 8: Zins - und Provisionsüberschüsse bei der J.P. Morgan GmbH

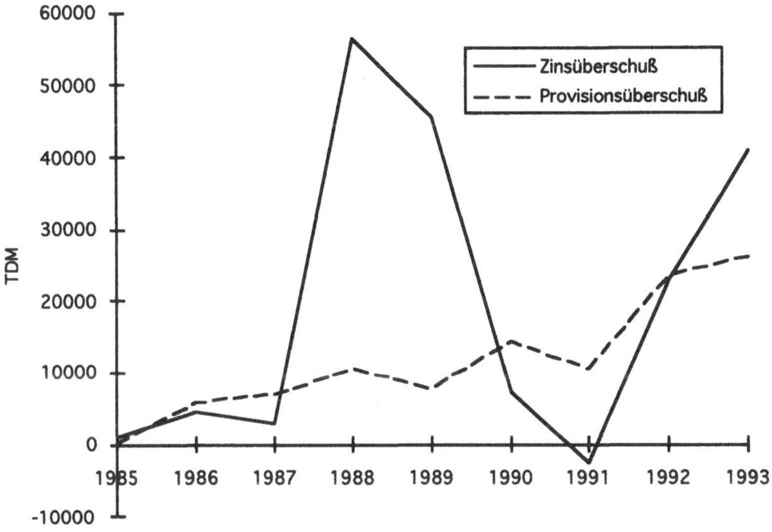

Quelle: Verschiedene Geschäftsberichte der J.P. Morgan GmbH.

In Marktanteilen ausgedrückt, kam die Morgan Guaranty Trust Company of New York in Frankfurt 1983 auf einen Anteil von 10% des gesamten Geschäfts der Auslandsbanken in Deutschland. Für diesen Markt leitete der Morgan-Konzern folgende geschäftspolitische Ziele ab:

1. "Sie (Morgan Guaranty Trust Company of New York, Frankfurt) möchte die führende Bank bei den deutschen Töchtern von US-Konzernen sein. Im Wettbewerb mit den deutschen Kreditinstituten verfügt sie häufig über den Vorteil von Geschäftsverbindungen zur Muttergesellschaft; so kann sie als weltweiter Katalysator von Konzernaktivitäten, z.B. im Rahmen des cash-managements, tätig werden."[140]

---

[140] Kurt F. Viermetz, "Ziele und Aktivitäten einer Auslandsbank in der Bundesrepublik Deutschland", *Semesterbericht Nr. 19 des Instituts für Kredit- und Finanzwirtschaft*, Leiter: Prof. Dr. Süchting, Ruhr Universität Bochum (Referat am 29. November 1983): 34. Viermetz war *General Manager* der Frankfurter Zweigniederlassung der Morgan Guaranty Trust Company of New York.

2. "Weltweit tätigen deutschen Unternehmen unterstellt man eine klar definierte "Bankenpolitik". Innerhalb der sich daraus ergebenden vielfältigen Verbindungen strebt die Morgan Bank die Rolle der führenden internationalen Bank an."[141]

3. "Sie will sich für ihre Kunden als kompetenter Partner bei allen Geschäften auf dem deutschen Geld-, Kapital- und Devisenmarkt erweisen und darüber hinaus durch eine intensive Beobachtung dieser Märkte die eigenen Konzernaktivitäten unterstützen. Gedacht wird dabei auch an die Analyse von Marktinnovationen und ihre mögliche Übertragbarkeit auf andere Märkte."[142]

Konkret sah dies so aus, daß Morgan den amerikanischen Auslandstöchtern deutscher Unternehmen anbot, sie durch eigens dafür eingesetzte Kundenberater in den USA und in Deutschland zu betreuen. In Deutschland konnte sich Morgan vor allem durch die herausragende Position bei Finanzierungen am internationalen Kapitalmarkt einbringen.[143] Dies führte dazu, daß Morgan von 1980 bis 1985 zu den zwei oder drei amerikanischen Banken gehörte, von denen die deutschen Banken im Bereich der Unternehmensfinanzierung in die Defensive gedrängt wurden. In vielen großen deutschen Unternehmen hatten ein oder zwei amerikanische Banken größere Positionen, so in der kurzfristigen Finanzierung, in den Auslandsfinanzierungen und im Devisenhandel - die sogenannte "deutsche Auswahl". Die Ausleihungen kamen aus einer Euromarkt-Position heraus, was aus Gründen einer angestrebten Mindestreservefreiheit bei der einen Bank in London, bei der zweiten in Paris und bei der dritten auf den Bahamas lokalisiert sein konnte; diese Euro-Geschäfte liefen nahezu automatisch ab.[144] Bei der Finanzierung der deutschen Tochtergesellschaften draußen in der Welt waren die Citibank, die Chase Manhattan und auch Morgan Guaranty im Grunde unschlagbar, weil sie internationaler waren als die deutschen Banken.

Morgans Öffnung zu einer mehr im Wertpapiergeschäft verhafteten Bank, die handelsorientierter dachte und deren Kundenbasis sich verbreiterte, brachte aber auch die Gefahr mit sich, daß Morgan den Ruf der Exklusivität aufgab. Denn große Teile des bisherigen Erfolges von Morgan basierten auf Beziehungen zu einer exklusiven Klientel, die aus Regierungen, erstklassigen Firmen und vermögenden Leuten bestand.

Andererseits hatte die Bank vielleicht noch mehr zu verlieren, wenn sich diese Kunden von einer zwar traditionellen, aber nicht mehr innovativen Bank abwendeten. Morgan traf daher 1986 die Entscheidung, in die neuen Bereiche des Bankgeschäfts vorzustoßen und dabei das größte Kapital der Bank - die guten Kundenbeziehungen - zu nutzen. Sehr

141 Ibid.

142 Ibid.

143 O.V., "Das Großkundengeschäft erfordert eine große Flexibilität und Innovationskraft", *Handelsblatt*, 2. Mai 1984, 6.

144 Kurt F. Viermetz, Retired Vice Chairman, J. P. Morgan & Co. Inc., New York, Interview, geführt am 5. November 1998, Berlin.

hilfreich für das Mutterhaus in New York war, daß Morgan bereits eine treibende Kraft in ausländischen *Bonds*-Märkten wie London oder Frankfurt war.[145] Schwieriger war es da schon im Aktiengeschäft. Eine Herausforderung lag auch in der Personalpolitik, denn die besten Leute bei Morgan wurden von den Investmentbanken abgeworben. Doch Morgans Motivation, eine Investmentbank zu werden, konnte sich dadurch nur erhöhen. Erhöhen mußte die Bank allerdings auch die Gehälter in einigen Bereichen, weil Investmentbanker ihren Preis hatten. Das schuf Rivalitäten zwischen *commercial*-und *investment*-Bankern; Morgan mußte aufpassen, den eigenen Ruf, klug und vorsichtig zu sein, dafür nicht aufs Spiel zu setzen.

4) Die Entdeckung des Mittelstands

Obwohl die Auslandsbanken traditionell stark im Großkundengeschäft verankert waren, kamen zur Mitte der 80er Jahre bei einigen Banken Überlegungen auf, es doch auch mal mit dem Mittelstand zu versuchen. Gedacht war an Unternehmen mit Jahresumsätzen von 20 bis 200 Mio. DM, einer für die deutsche Wirtschaft sehr charakteristischen Kundengruppe.[146]

Mit dem Mittelstand verbanden die US-Banken in erster Linie die Aussicht auf höhere Erträge. Zwar waren die Großunternehmen für die Auslandsbanken viel leichter ansprechbar als der Mittelstand und ihr Vorzug bestand in der einwandfreien Bonität, doch hatte der Wettbewerb im Segment der Großunternehmen die Kreditmargen so weit verfallen lassen, daß die jeweils zum Zuge gekommene Bank nur wenig verdiente, manchmal gar nichts.[147]

Die Zielgruppe Mittelstand schien da ein Ausweg zu sein, aber fraglich war, ob die US-Banken darauf vorbereitet waren.

So hatte man sich unter dem deutschen Mittelstand in aller Regel Familienunternehmen vorzustellen, für die Bankbeziehungen etwas sehr Persönliches und Dauerhaftes darstellten. Hier mußten die Auslandsbanken sich das Vertrauen erst erarbeiten.

---

145 O.V., "A blue chip", 74.

146 Diese Zahlen nannte die Citibank, die von allen US-Banken in Deutschland in diesem Segment die größten Pläne hatte. Anfänglich waren es noch Firmen mit einem Umsatz von bis zu 50 Mio. DM, die umworben werden sollten. Später wurde der Mindestumsatz dann auf 20 Mio. DM abgesenkt. O.V., "Der elektronische Bankservice soll vornehmlich Großkunden ansprechen", *Handelsblatt*, 25. Juli 1984, 6.

147 Die Bonität der Großunternehmen war nicht immer einwandfrei. Das demonstrierte 1989 der Konkurs des Einzelhandelskonzerns Coop. Bei der Citibank AG trug das Coop-Engagement wesentlich zu dem Verlust von 45,4 Mio. DM im Jahresabschluß 1989 bei. O.V., "Citibank faßt 1990 wieder Tritt", *Börsen-Zeitung*, 28. Juni 1990, 5. Auch bei Manufacturers Hanover Trust Co. hinterließ das Coop-Engagement Spuren in der Bilanz; 1988 gab es noch zunächst nur Wertberichtigungen. O.V., "Manufacturers Hanover: 1988 lief gut", *Börsen-Zeitung*, 3. Juni 1989, 7. In die Pleite von Coop wurden auch alle japanischen Banken in Deutschland hineingezogen; sie kamen zusammen auf 20% der ausstehenden Kredite. Eine große Schweizer Bank hatte wegen ihres Engagements ebenfalls ein schweres Los zu tragen. Der Fall zeigt, wie schwierig es für Auslandsbanken war, sich ausreichendes Wissen über deutsche Unternehmen anzueignen. Düser, *International*, 126.

Ein anderer Aspekt betraf die Krisenfestigkeit von mittelständischen Unternehmen, die als gering eingeschätzt wurde. Damit zusammenhängend kam hinzu, daß diese Unternehmen ziemlich publizitätsscheu waren und ihre Bilanzen nur ungern aus den Händen gaben, woran teilweise die deutschen Publizitätsvorschriften auch nicht ganz schuldlos waren.[148] Entstanden Schwierigkeiten in diesen Firmen, hingen die Banken meistens schnell mit drin. Nicht selten übten sich gerade Familienunternehmen in größter Bedecktheit, wenn es kriselte, und nicht weniger selten grenzten manche der eigenen Rettungsversuche in diesen Unternehmen an Betrug.

Häufig war es zu spät, wenn die Banken von der wirtschaftlichen Schieflage ihrer Kunden erfuhren. Auslandsbanken bildeten in der Kette der Bankengläubiger ohnehin meistens das letzte Glied und mußten sich Rangstellen im Grundbuch erst nach den Hausbanken gefallen lassen, wenn es dazu überhaupt reichte. Die räumliche Distanz zum Kunden schließlich hatte den Effekt, daß es schwierig für die Auslandsbank war, immer über den letzten Stand der Dinge informiert zu sein. Den Auslandsbanken entging vor allem das informelle Gespräch, wie es beispielsweise im Gasthof am Ort des Kundens stattfand. Die Filiallosigkeit oder geringe Filialdichte der Auslandsbanken war ein klarer Nachteil.[149] Nicht vergessen werden durfte auch der kurze Ergebnishorizont, der den Auslandsbanken zugeschrieben wurde, und das kleinere Sortiment verfügbarer Bankprodukte.[150]

Eine natürliche Rolle für die Auslandsbanken ließ sich höchstens da finden, wo sie eine Ergänzung zur Hausbankbeziehung sein konnten. Interessant waren deshalb Unternehmen, die zu mehreren Banken Beziehungen unterhielten und jederzeit auch noch weitere Spezialisten gebrauchen konnten.

Insgesamt brachten die Auslandsbanken keine guten Voraussetzungen mit, um im Segment der Mittelstandsunternehmen nachhaltige Erfolge zu erzielen. Das sah der Bankenberater Steven I. Davis nicht anders: "The middle-market strategy has' yet to be proven for a money center bank."[151]

---

148 Kusuo Shigyo, "Auf dem Wege vom Spezialanbieter zur konkurrenzfähigen Universalbank", Beilage Banken International, *Handelsblatt*, 5. Mai 1988, B 13.

149 Um diesen Nachteil aus der Welt zu schaffen, hätten die US-Banken ihre Filialnetze in Deutschland erweitern müssen. Kundennähe kostet Geld. Hermann Simon, "Marketing und Bankgeschäft", *Die Bank - Dienstleister im Wandel: 125 Jahre Commerzbank* (Frankfurt: Commerzbank AG und Fritz Knapp, 1994): 207.

150 Kaven, "Chancen", 58.

151 Hertzberg, "New York's", 28 und 44.

a) Die Citibank und das Segment der Mittelstandskunden

Die Citibank handelte von allen US-Banken am konsequentesten, als es darum ging, sich mit dem Mittelstand ein ganz neues Standbein in Deutschland aufzubauen. Die Bearbeitung des Mittelstands sollte die Citibank dem Ziel näher bringen, eine Universalbank in Deutschland zu werden.

Unter Ausbau des Niederlassungsnetzes hatte sich die Citibank vorgenommen, den mittelständischen und exportorientierten Unternehmen in der Region alle mit dem Auslandsgeschäft zusammenhängenden Dienstleistungen anzubieten. Dazu gehörte das Kreditgeschäft und der Bereich der Provisionsgeschäfte, z.B. das Bürgschafts- und Garantiegeschäft.[152]

Die Voraussetzung für die Investitionen in neue Filialen waren gut, denn die Citibank erzielte im Geschäftsjahr 1984 ein sehr ordentliches Ergebnis.[153] Doch der Vorstand der deutschen Citibank war geteilter Meinung über das Vorhaben. Am Ende sollten die Skeptiker Recht behalten, denn die Fokussierung auf die Kundengruppe des deutschen Mittelstands erwies sich für die amerikanische Bank als Irrweg.[154]

Entscheidend aber war, daß der Europachef der Citibank die Dinge anders sah. Nach seinem Plan sollte die in den USA erdachte *middle market*-Strategie in ganz Europa angewendet werden, also auch in Deutschland. Der Chef der Citibank in Deutschland, ein als hochklassig bezeichneter amerikanischer Banker, unterstützte diese Pläne mit großem Eifer.[155] Um die Strategie möglichst schnell umzusetzen, versuchte die Citibank am Anfang sogar, kleinere Privatbanken in Deutschland aufzukaufen - was ihren Managern aber nicht gelang. Der Markt in Deutschland war eng geworden, zumal die Schweizer Großbanken gerade auf dem Vormarsch waren und die wenigen käuflichen Institute heftigst umwarben.

Es war in diesem Zusammenhang übrigens bedauerlich, daß sich die Citibank schon 1980 von der mittelstandsorientierten Privatbank Trinkaus & Burkhardt getrennt hatte; der

---

152 O.V., "Bankdienstleistungen: Auch für den Mittelstand", *Zeitschrift für das gesamte Kreditwesen* 15 (1984): 703. Drei Vorteile hätte die Citibank dem Mittelstand zu bieten: 1. Die Präsenz der Citibank in 95 Ländern; 2. Die Expertise im Electronic Banking einschließlich des "Global Cash Management"; 3. Sehr gutes Personal, das aufgestockt wird, und das für die Kunden auch am Ort ihres ausländischen Engagements zur Verfügung steht. O.V., "Bankdienstleistungen: Auch für den Mittelstand", *Zeitschrift für das gesamte Kreditwesen* 15 (1984): 703.

153 Die Bilanzsumme stieg um 27,3% auf 4,8 Mrd. DM. Von 597 Mitarbeitern waren 452 in der Zentrale in Frankfurt beschäftigt. Gerhard Kutscher, "Stärkerer Rückgang des Dollars gilt den US-Bankern als unwahrscheinlich", *Handelsblatt*, 28./29. Juni 1985, 7.

154 Die Citibank AG sprach von einer "falschen Einschätzung der Marktgegebenheiten". Die Bank hatte den großen Wettbewerb im Markt für mittelständische Unterehmen unterschätzt und auch der Kreditbedarf entsprach nicht den Erwartungen. O.V., "Citibank AG schließt vier Filialen", *Börsen-Zeitung*, 3. Juli 1986, 8. Die Feststellung eines zu geringen Kreditbedarfs entsprach allerdings kaum den Gegebenheiten, denn der Mittelstand hatte einen beträchtlichen Nachholbedarf an Finanzierungen. O.V., "Rückzug der Citibank AG ein Signal", *Börsen-Zeitung*, 3. Juli 1986, 3.

155 Rolf Diekhof und Torsten Schubert, "Kahlschlag ohne Beispiel", *manager magazin* (Mai 1987): 32.

US-*Chairman* Reed bezeichnete den Verkauf von Trinkaus "als den größten Fehler, den Citibank in Deutschland gemacht hat."[156]

Es blieb nur noch der Weg, neue Filialen aufzubauen. Zunächst begann alles planmäßig, und die Citibank eröffnete 1984 die erste Filiale eines solchen Typs in Nürnberg, eine Einheit mit 6-7 Mitarbeitern. Doch was die deutschen Statthalter der Citibank gern als eine Testfiliale angesehen hätten, war nur der Anfang. Schon innerhalb weiterer 18 Monate sollten auch die anderen 5 Filialen in Deutschland eröffnet werden. So sah es der Europachef, der seine deutschen Kollegen für etwas lahm hielt. Damit wurde freilich auch deutlich, wer in dieser Kontroverse das Sagen hatte: Die Führung im amerikanischen Hauptquartier. 1985 kamen dann noch Hannover, Köln und Mannheim im Hauruckverfahren dazu; Freiburg befand sich in der Planung.[157]

Als allerdings Ende 1985 ein neuer Europachef kam, kümmerte sich dieser wenig um die Pläne seines Vorgängers und kündigte zur Jahresmitte 1986 die Schließung aller neuen Mittelstandsfilialen an. Bereits akquirierte Kundenverbindungen fielen den anderen Niederlassungen der Citibank zu.[158] Der Personalbestand, der im optimistischen Aufbruchsjahr 1984 noch bei 597 lag, hatte sich 1987 auf 400 reduziert.[159]

Die Citibank verstand einfach zu wenig von diesem Spezialmarkt, und die Bank hatte auch keinen guten Namen bei den Mittelständlern. Das Ziel, bessere Margen vor allem im Kreditgeschäft zu erzielen, konnte nicht erreicht werden. Im Gegenteil: Die erheblichen Kosten des Filialbetriebs und die hohen Risiken im Kreditgeschäft hinterließen tiefe Spuren im Ergebnis der Gesamtbank. Die Bank erschütterte dieser Strategiefehler aber auch personell, denn es kam zu etlichen Abwanderungen verdienter Mitarbeiter, denen der hektische Einstieg in ein neues Geschäftsfeld und der abrupte Ausstieg unüberlegt vorkamen. Der Muttergesellschaft fehlte die Strategie. Schließlich kamen noch fragliche Personalentscheidungen und die Abkehr vom Kerngeschäft der Citibank, dem *Institutional Banking*, hinzu. Besonders schwer wog, daß die Citibank AG mit ihrer 2 1/2-jährigen Episode viele Kunden verärgert und einen beträchtlichen Reputationsverlust erlitten hatte.[160]

---

156 Von Viereck, "Angriff", 263.

157 O.V., "Bankdienstleistungen", 703.

158 Am 26.5.1986 wurde die GKB Gewerbekreditbank AG, Düsseldorf, gegründet. Diese fing auch einen Teil des Kreditgeschäfts der aufgelösten Citibank Mittelstands-Filialen auf.

159 O.V., "Chase Bank AG konzentriert in Frankfurt", *Börsen-Zeitung*, 24. Januar 1987, 3.

160 Noch über die Problematik der neuen Zielgruppe Mittelstand hinaus, ging es bei der Citibank darum, wie die Mehrstufigkeit der Citibank in Deutschland am besten organisiert werden könnte. *Commercial banking* und *investment banking* mußten in einem klaren Verhältnis zueinander stehen. Daneben existierten ja noch das *retail banking* der KKB und das Kreditkartengeschäft. Zumindest hätte die New Yorker Zentrale wissen müssen, daß die überraschend wechselnden Konzepte große Unsicherheit über das Profil der Citibank in Deutschland hervorrufen würden. O.V., "Citicorp mit klaren Konzepten", *Börsen-Zeitung*, 30. Juni 1987, 3.

b) Weitere Versuche im Segment des Mittelstands

Manufacturers Hanover Trust Co. wollte sich auch den Markt der mittleren Firmen erschliessen, vermied es aber, ähnlich sprunghaft wie die Citibank vorzugehen.[161] Manufacturers sah das Kreditgeschäft noch immer als den Mittelpunkt der Geschäftspolitik an. Dieses sollte um Investmentbank-Dienstleistungen wie die Beratung und Finanzierung von Management Buy-Outs ergänzt werden.

Im Jahr 1984 zeigte sich der Vorstand zufrieden über das Euromarkt-Geschäft, das aus den deutschen Zweigstellen heraus initiiert wurde; auch das übrige Inlandsgeschäft stellte die Manufacturers Chefetage in New York zufrieden, trotz des harten Wettbewerbs in Deutschland.[162]

Die *commercial bank* war mit ungefähr 500 mittleren und großen Firmenkunden verbunden, meist über sehr traditionelle Bankgeschäfte. Manufacturers Hanover bekannte 1989: "Man werde nicht das tun, was gerade in London und New York Mode ist und in Deutschland keine entsprechende Resonanz haben könne."[163]

Im Gegensatz zu den Mitstreitern bezeichnete Manufacturers Hanover das eigene Filialnetz als unbedingt notwendig, um mit den Kunden ins Geschäft zu kommen. Neben dem Hauptsitz in Frankfurt betrieb die Bank deshalb noch Filialen in Hamburg, Düsseldorf, Hannover, München und Stuttgart. Die Bank war auch im *Mergers & Acquisitions*-Bereich tätig und sprach von einem lebhaften Geschäft, was allerdings nicht viel über die tatsächlich zustande gekommenen Geschäfte aussagte.[164]

Die Chase Bank AG erhoffte sich von neuen Kunden des Mittelstands ebenfalls eine bessere Nutzung ihres Filialnetzes, jedoch ohne dafür eigens neue Filialen zu eröffnen, wenngleich diese Möglichkeit Ende 1984 angedeutet wurde. Aus dem Projekt Mittelstand konnte allerdings nicht viel werden, denn 1987 kam es zu einem Strategiewechsel der Chase, in dessen Folge die seit den späten 60er und frühen 70er Jahren bestehenden Filialen in Düsseldorf, Hamburg, München und Stuttgart geschlossen wurden, weil der Umfang der Geschäfte eine Präsenz vor Ort nicht mehr rechtfertigte. Betroffen waren vor allem die Kundenberater, die in den Akkreditivabteilungen der einzelnen Filialen tätig waren, was zugleich als Hinweis gelten konnte, daß in den regionalen Chase-Filialen vorwiegend das Auslandsgeschäft betrieben wurde.

---

161 O.V., "Manu-Trust setzt auf den deutschen Markt", *Börsen-Zeitung*, 25. Juni 1987, 9.

162 Gerhard Kutscher, "Trotz Argentinien besser als Banken-Durchschnitt", *Handelsblatt*, 29./30. Juni 1984, 5.

163 O.V., "Manufacturers Hanover: 1988 lief gut", *Börsen-Zeitung*, 3. Juni 1989, 7.

164 Ibid. 1988 hatte die Bank bei einem Geschäftsvolumen von 3,35 Mrd. DM 220 Mitarbeiter, von denen 169 in Frankfurt beschäftigt waren.

Die neue Chase in Deutschland sollte nur noch von einem zentralen Punkt aus das ganze Spektrum einer modernen Universalbank abdecken, wobei galt, vom Kreditgeschäft wegzukommen und zum Investment Banking hinzugehen.[165]

Unter dem Druck neuer Anforderungen an die Eigenkapitalrendite traf die Chase allerdings auch einige schlechte Kreditentscheidungen, die zu hohen Verlusten führten.

Die Suche nach neuen Kundensegmenten trieb auch die American Express Bank GmbH in die Richtung mittelständischer Unternehmen, wobei die Situation entstand, daß die mittelständischen Unternehmen sich zunächst etwas an den Banknamen gewöhnen mußten: American Express - jeder dachte da in erster Linie immer nur an Reiseschecks und Kreditkarten, nicht aber an Betriebsmittelkredite.[166]

Insgesamt wurde aber aus dem Kreditgeschäft mit dem Mittelstand bei der American Express Bank nicht die erhoffte neue Ertragsquelle, denn es stellte sich heraus, daß die Kreditrisiken in diesem Segment groß waren.

C. Die Strategie in Abhängigkeit von den geographischen Märkten

1) Die Schließung von Niederlassungen

Bankers Trust begann als erste der New Yorker *money center banks*, die in Deutschland Filialen hatten, die Deutschlandgeschäfte aus nur einer Filiale heraus zu führen. Daher gab die Bank, die bis 1980 noch im Rahmen einer Mehrheitsbeteiligung unter dem Namen Deutsche Unionbank GmbH tätig war, die Zweigstellen 1982 in Düsseldorf, München und Hamburg auf.[167]

Die Bankers Trust GmbH wollte in Deutschland - wie das Mutterhaus in den USA auch[168] - nur noch im Großkundengeschäft tätig sein. Damit eiferte Bankers Trust dem Weg

---

165 O.V., "Chase Bank AG konzentriert in Frankfurt", *Börsen-Zeitung*, 24. Januar 1987, 3.

166 Christa Kaufmann, Direktor, American Express Bank GmbH, Interview, geführt am 25. September 1997, Frankfurt.

167 Die Hamburger Filiale war das ursprünglich von der Unionbank übernommene Bankhaus Carlos Z. Thomsen. Gerhard Kutscher, "Niederlassungen passen nicht mehr ins Konzept", *Handelsblatt*, 17. Februar 1982, 8.

168 Dieser Weg war nicht ohne Risiko, denn die Bank verlor durch die Aufgabe des Filialnetzes in den USA den Zugriff auf Kundeneinlagen und damit eine stabile Refinanzierungsquelle. Die neue Refinanzierung über institutionelle Anleger wie Banken und andere Kapitalsammelstellen bedeutete eine größere Abhängigkeit, weil das Kapital dieser Kapitalgeber in Krisenzeiten schnell abgezogen werden konnte. Andererseits verbesserten die Finanzinnovationen der 80er Jahre die Lage der *money center banks* erheblich, sich mit *swaps* oder anderen Derivaten vor Zins- und Währungsrisiken zu schützen.

von J.P. Morgan nach. Bankers Trust spezialisierte sich auf Derivate und andere Finanzinnovationen, Aktienemissionen sowie Vermögensverwaltung.[169]

In Deutschland kam diese vom Heimatmarkt ausgehende Wende nicht ungelegen, denn die Geschäftsjahre vor 1981 waren von den Ergebnissen her kaum befriedigend.[170] Im Verlauf der 80er Jahre zeichnete sich aber ab, daß das neue Konzept der Bank zumindest in Deutschland auch nicht den erwarteten Auftrieb gab.[171] Zum Vergleich: In Spanien startete Bankers Trust mit dem neuen Konzept ungefähr zur gleichen Zeit wie in Deutschland, bekam schnell Kontakt zu den großen spanischen Unternehmen und entwickelte sich zu einer der führenden Auslandsbanken dort.[172]

Als Bankers Trust in den 70er Jahren noch als Mehrheitsaktionär der Deutschen Unionbank seine Interessen in Deutschland wahrnahm, verliefen die Geschäfte erfreulich, weil die Unionbank in einer Nische tätig war. Die Bank hatte aufgrund der alten Eigentümerstruktur 60-70% der in Deutschland stattfindenden Banktransaktionen mit schwedischen Unternehmen auf den Büchern. Doch mit der Strategiewende verlor auch das Schwedengeschäft seine Bedeutung. Ebenso trennte sich die junge Führungsriege in New York vom Wertpapiergeschäft.[173]

Die Morgan Guaranty Trust Company of New York, Frankfurt, die nur im Großkundengeschäft tätig war, zentralisierte in der ersten Hälfte der 80er Jahre ebenfalls alle Bankgeschäfte auf Frankfurt: Die 1972 eröffnete Filiale in München wurde 1982 geschlossen; für die Düsseldorfer Filiale, die 1971 eröffnet wurde und in der ca. 12 Personen tätig waren, kam das Ende mit dem Jahr 1984.[174]

Die Straffung des Niederlassungsnetzes wurde aber auch für viele andere ausländische Kreditinstitute zu einem wichtigen Thema. Bei der Chase Bank AG fand 1982 eine Reorganisation des Firmenkundengeschäfts statt, nach der Firmenkunden nicht mehr nur allein nach geographischen Gesichtspunkten, sondern nach Branchenzugehörigkeit eingeteilt

---

169 In der Bankenwelt war Bankers Trust für die Aufgeschlossenheit gegenüber technischen Neuerungen bekannt. So verschickte Bankers Trust als eine der ersten Banken in den USA E-mails.

170 Der Leiter der Bankers Trust GmbH in Frankfurt, Bragi F. Schut, wies daraufhin, daß es schwierig für eine ausländische Bank in Deutschland wäre, angesichts der großen Konkurrenz der inländischen Banken im Segment der mittleren und kleinen Kundschaft rentabel zu arbeiten. Kutscher, "Niederlassungen", 8.

171 Die in den Vereinigten Staaten vorgelebte Strategie war des *transaction banking*. Bankers Trust hielt das traditionelle *relationship banking* als längst vom Wettbewerb unterlaufen. Statt eine am Kunden orientierte Strategie zu verfolgen, sah die Bank ihr Geschäft als eine Abfolge unabhängiger Transaktionen. Mitte der 90er Jahre kehrte Bankers Trust allerdings wieder zum Prinzip des *relationship banking* zurück. Calomiris, "Universal Banking", 52.

172 Kai Pötschke und Jay Binnler, Bankers Trust, New York, Interview, geführt am 13. September 1996, New York.

173 Dr. Ludwig Stauch, Leitender Regierungsdirektor i.R., Bundesaufsichtsamt für das Kreditwesen, Interview, geführt am 2. September 1997, Berlin.

174 Die deutschen Banken zentralisierten vergleichbare Geschäftsbereiche erst 10-15 Jahre später.

wurden.[175] Damit schuf die Chase zugleich eine Organisationsstruktur, die den Filialen in Düsseldorf, Hamburg, München und Stuttgart nur noch kundenbetreuende Funktionen zuwies.

In den Jahren 1986 und 1987 gaben schließlich nicht nur die Chase, sondern auch die Citibank und die American Express Bank ihre regionalen Präsenzen auf. Lediglich die Citibank hielt noch an zweien ihrer regionalen Standorte, Berlin und München, fest. Die Konzentration auf den Standort Frankfurt in der zweiten Hälfte der 80er Jahre verdeutlicht die nachfolgende Tabelle.

Tabelle 19: Anzahl und Standorte der amerikanischen Banken in Deutschland

	1960	1965	1970	1975	1980	1985	1990
Frankfurt	2	3	10	15	15	14	17
Düsseldorf	1	1	5	9	10	7	4
Hamburg		1	4	6	7	6	1
München			6	6	7	3	0
Stuttgart			1	3	3	3	1
Berlin		1	2	1	1	1	1
Andere			2	4	4	6	3
Gesamt	3	6	30	44	47	40	27

Anmerkungen: Die amerikanischen Banken in Deutschland umfassen hier Zweigniederlassungen und Tochterbanken. Es wurden jeweils auch die regionalen Niederlassungen mitgezählt, bis auf bei den Banken des *retail banking*, wo nur die Hauptstelle gezählt wurde.

Quelle: Siehe Anhang 1.

Als die Filialen der American Express Bank GmbH in Hamburg, Düsseldorf und München 1987 geschlossen wurden, betraf dies 40 Mitarbeiter, woraufhin die Geschäftsleitung betonte, daß in den Schließungen keineswegs das Eingeständnis eines defizitären

[175] Chase Bank AG, *Geschäftsbericht 1983*, 41. Nach Möglichkeit war die Branchenzugehörigkeit weltweit organisiert. Die Citibank verfügte z.B. über ein Expertenteam, das mit Sitz in New York für die gesamte Automobilindustrie zuständig war. Deutsche Automobilhersteller wurden also von dort aus betreut.

Filialgeschäfts zu sehen wäre, sondern eine geschäftspolitische Neuausrichtung, z.B. mit Computer-Leasing.[176]

Drei amerikanische Banken gaben den Standort Deutschland in der zweiten Hälfte der 80er Jahre ganz auf. Die Mellon Bank schloß ihre Frankfurter Zweigniederlassung Ende September 1985 - diese Entscheidung kam für die in Deutschland gut eingeführte Bank plötzlich, was jedoch unter anderem mit Problemen der Bank im Heimatmarkt zu tun hatte.

Die First National Bank of Chicago verließ Deutschland 1987. Sie litt unter den hohen Verwaltungskosten der Filialen und wies zuletzt größere Verluste aus. Die Filiale in München wurde 1984 aufgegeben, die Filiale in Düsseldorf Anfang 1987. Diese Filialschließungen hätte die First Chicago als mittelgroße Auslandsbank schon frühzeitiger vornehmen sollen.

Ebenfalls das Schicksal eines Rückzugs aus Deutschland ereilte die Continental Illinois National Bank and Trust Company of Chicago, die sich wegen unerwarteter Schwierigkeiten in den USA im Jahr 1989 zur Aufgabe der deutschen Niederlassung veranlaßt sah, obwohl die Rentabilität der 40-Mann starken Filiale nach eigenen Angaben gegeben war. Die Continental verfügte wie die First Chicago bis weit in die 80er Jahre hinein neben Frankfurt noch über Filialen in Düsseldorf und München. Während der Schieflage der Muttergesellschaft 1984 infolge faul gewordener Kredite im Energiesektor standen die Aktivitäten in Deutschland erstaunlicherweise noch nicht zur Disposition; womöglich wollte man die Diversifikation aufrechterhalten oder der direkten Konkurrentin aus Chicago, der First Chicago, das deutsche Feld nicht so einfach überlassen.[177]

Bankstrategen bewegte die Frage, ob die Eroberung ausländischer Märkte am besten über Filialnetze gelingen könnte. Gesucht wurde nach der optimalen Balance zwischen Globalisierung und Lokalisierung einer Bank.[178] Natürlich waren diese Überlegungen zielgruppenabhängig. Doch während in den 70er Jahren die Filialisierung als nahezu selbstverständlich angesehen wurde, weil diese nicht zuletzt dem Grundgedanken der Diversifikation entsprach und die Konkurrenz es auch tat, standen die 80er Jahre viel deutlicher im Zeichen eines verschärften Wettbewerbs. Die Banken wußten besser als in den Jahrzehnten zuvor, welche Kosten eine einzelne Filiale verursachte und wie hoch der Ergebnisbeitrag eines Kunden einer bestimmten Zielgruppe war. Ein Filialbetrieb in Deutschland schien danach für amerikanische Banken, die das Großkundengeschäft pflegten, nicht mehr notwendig zu sein.

---

176 O.V., "American Express Bank zentriert auf Frankfurt", *Börsen-Zeitung*, 10. Februar 1987, 7.

177 Die gängige Auffassung war, daß die Continental Illinois wegen exzessiver Kredite an den Energiesektor aufgeben mußte, eine andere Sicht war die, daß die Bank wegen einer falsch übersetzten Pressemitteilung japanische *money manager* zu einem *Run* auf die Bank veranlasst hatte. James L. Darroch, *Canadian banks and global competitiveness* (Montreal: McGill-Queen's University Press, 1994) 283.

178 Düser, *International*, 11.

2) Akquisitionen und der Aufbau von Niederlassungen

Wenn es im Großkundengeschäft tätige Banken gab, die sich von ihren Filialen trennten, so gab es im *retail banking* Banken, die ihre Zeit erst für gekommen sahen und in den Aufbau neuer Institute investierten.

Die American Express International erwarb zum 1. Januar 1987 eine 80%ige Mehrheit an der Deutschen Transportbank GmbH (DTB). Mit dieser Akquisition kam die American Express International, die bisher nur für Reiseschecks und Kreditkarten zuständig war und nichts mit der American Express Bank GmbH zu tun hatte, dem Ziel näher, sich auch in Deutschland als Allfinanzkonzern zu präsentieren. Dies erforderte neue Vertriebswege.[179] Irritierend war allerdings, daß die American Express Gruppe eine neue Bank erwarb und fast zeitgleich drei alte Filialen der American Express Bank GmbH in Düsseldorf, Hamburg und München auflöste.[180] Doch dieser Vorgang verdeutlichte, daß es in Konzernen "getrennte Taschen" gab. Der Kartenanbieter American Express wollte der Bank American Express nicht Filialen abkaufen, die wegen der großen Anzahl kleiner Sparkonten als unrentabel eingestuft wurden.[181] Das neue Konzept entsprach dem einer Direktbank und sah für die neue Bank keine Filialen vor.

Mit der Umbenennung der Deutschen Transportbank GmbH in Bankhaus Amex, die ungefähr 9 Monate nach dem Erwerb vollzogen wurde, schuf sich der Kartenanbieter American Express schließlich die gewünschte Plattform für den Vertrieb innovativer Finanzdienstleistungen.[182] Die Überlegung war, den Kundenkontakt, der aufgrund der Kreditkarte bestand, für den Aufbau einer Kontoverbindung zu nutzen. Zu dieser neuen Bank bedurfte es nicht eines Zweigstellennetzes, da ein umfangreicher Außendienst je nach Bedarf die Kunden direkt aufsuchte. In den Jahren 1988 und 1989 erwirtschaftete die Bank allerdings keinen Jahresüberschuß. Da es zu Auflösungen von Rückstellungen kam, deuteten sich Verluste an.[183]

Ein weiteres Beispiel für einen Vorstoß ins deutsche *retail banking* gab die Security Pacific Corp. ab. Die Security Pacific National Bank war als Auslandsbank für Großkunden keine Unbekannte in Deutschland; von ihrer 1972 gegründeten Zweigniederlassung in

---

179 O.V., "American Express erwirbt DTB-Mehrheit", *Börsen-Zeitung*, 31. Oktober 1986, 4.

180 Die Filiale Heidelberg wurde bereits 1981 geschlossen.

181 O.V., "Die Kontoverbindung weiter im Auge", *Börsen-Zeitung*, 11. Februar 1987, 5.

182 Als Innovation in der deutschen Kreditwirtschaft konnte das "Liquiditätszuwachskonto" gelten, ein Girokonto, auf dem sich Einlagen von über 20.000 DM mit 3% p.a. verzinsten. O.V., "DTB firmiert als Bankhaus Amex", *Börsen-Zeitung*, 17. Oktober 1987, 3.

183 Hoppenstedt, Banken-Jahrbuch 1991. Verband der Auslandsbanken in Deutschland e.V., Hrsg., "Die Auslandsbanken in Deutschland 1991".

Frankfurt aus steuerte die Bank eines der größten kommerziellen Leasingprogramme in Deutschland.[184] Die Leasing-Gesellschaft wurde 1976 in München gegründet.

Die finanzstarke kalifornische Bank wollte in Deutschland weiter expandieren und diversifizieren. Hierzu erwarb sie 1984 die Wifag Bank AG, Offenbach, mit 9 Zweigstellen aus den Händen der Badischen Kommunalen Landesbank. Unmittelbar davor hatten die Kalifornier schon das Bankhaus Bohl & Co., Freudenstadt, aus dem indirekten Eigentum der Royal Bank of Canada gekauft.

Beide im Teilzahlungsgeschäft tätigen Banken dienten der Security Pacific dazu, verschiedene in den USA entwickelte Produkte der Absatzfinanzierung auch in Europa einzuführen. Insbesondere das Kreditgeschäft mit den Konsumenten, die eigentliche Stärke von Security Pacific im US-Markt, sollte in beiden Häusern forciert werden. Zur Abrundung erwarb die Security Pacific 1985 dann noch die Baumeister Kreditbank GmbH.[185]

Alle drei Institute wurden 1987 unter dem neuen Namen Pacific Bank AG zusammengeführt, wobei die Geschäftspolitik fortan zwischen dem Anspruch des deutschen Managements, eine Universalbank zu sein, und der amerikanischen Vorstellung, einen Absatzfinanzierer in Deutschland positionieren zu wollen, hin und her schwankte. Den geschäftlichen Erfolg förderte dies nicht.

Es war ungünstig, daß die Institute Bohl & Co. und Wifag noch stark im Vermittlergeschäft verhaftet waren, was im Teilzahlungsgeschäft bedeutete, Provisionen an Kreditvermittler zahlen zu müssen, zum Teil auf der Grundlage alter, längerfristiger Verträge. Insofern handelte Security Pacific etwas blauäugig, was ihre Absichten in der Konsumentenfinanzierung anging. Bis auf die Bestände der Baumeister Kreditbank, die schon weitgehend die Wende zum Direktgeschäft vollzogen hatte, erwarb die Security Pacific im wesentlichen die Bestände eines überholten Vermittlergeschäfts, dessen hohe Zinsen am Markt nicht mehr durchsetzbar waren.[186] Verluste, häufige Managementwechsel und Schwierigkeiten der Mutter in den USA haben schließlich das Konzept eines erfolgreichen deutschen Absatzfinanzierers nie Wirklichkeit werden lassen.

Das Firmenkundengeschäft der Security Pacific in Deutschland wurde völlig getrennt vom *retail banking* in Deutschland geführt. Während die Frankfurter Zweigniederlassung an

---

[184] O.V., "Security Pacific Agrees to Acquire West German Bank", *The Wall Street Journal*, 19. April 1984, 20. Das Bankhaus Bohl & Co., das seit 1980 zur Royal Bank of Canada gehörte, konnte von der Security Pacific Corporation Holding für 36 Mio. DM erworben werden. Die Eigenmittel vom Bankhaus Bohl betrugen 24 Mio. DM. Mit diesen Akquisitionen verband die kalifornische Bank die Vorstellung, das Großkundengeschäft der Frankfurter Filiale zu ergänzen. O.V., "US-Bankholding steigt in das deutsche Geschäft mit Konsumentenkrediten ein", *Handelsblatt*, 1. März 1984, 7.

[185] Im Zuge der Verschmelzung wurde ein Teil der Baumeister Kreditbank an eine Inkassogesellschaft verkauft.

[186] Wolfgang Reichhardt, früher Mitglied der Geschäftsleitung, Pacific Bank AG, Telefongespräch am 11. Mai 1999, Stuttgart.

den Hauptsitz in Los Angeles berichtete, waren die Zuständigkeiten für die Aktivitäten der Pacific Bank in San Diego angesiedelt.

Im Zuge der Fusion mit der Bank of America 1992, die ihrerseits 1986 das Privatkundengeschäft in Deutschland aufgab, wurden die deutschen *retail*-Aktivitäten der Security Pacific 1992 an die amerikanische Beneficial Corporation veräußert; die neue Firma hieß BFK-Bank AG.[187]

3) Rückwirkungen vom Heimatmarkt am Beispiel der Bank of America

Die Strategie der Bank of America in Deutschland war nicht ohne die schwierige Lage der Mutterbank in Kalifornien zu denken.[188] Ende 1984 traf die Bank of America die Entscheidung, sich in eine große Regionalbank zu verwandeln, die kaum noch Auslandsfilialen benötigte. Angesichts einer abschmelzenden Kapitaldecke konnte die Bank es sich nicht mehr leisten, es allen Leuten recht zu machen. Im Ausland sollte das *retail banking* und das Firmenkundengeschäft mit kleinen und mittleren Firmen ganz zurückgefahren werden. Das neue und alte Geschäftsgebiet der Bank of America sollte im Westen der Vereinigten Staaten liegen; dort wollte sich die Bank auf Konsumenten und kleine Firmen konzentrieren. Große Firmenkunden kämen nur noch in Frage, wenn sie der Bank Erträge bringen würden.[189] Das war der Plan.

Doch bevor dieser umgesetzt werden konnte, siegte über ihn die Realität der alten Vision der Bank of America. Noch während der *Chairman* Armacost dem Vorstand die neuen Pläne unterbreitete, erstellten andere Führungskräfte ihre Listen von im Ausland zu erwerbenden Grundstücken und Banken. Die führenden Köpfe der Bank dachten noch immer an Größe und das Firmenkundengeschäft: "And overseas the bank was still courting any corporate customer that walked and talked."[190]

Schließlich ließen sich die Veränderungen aber nicht mehr aufhalten. Zu größeren Schwierigkeiten kam es 1986, als die Konkurrenzbank First Interstate aus Los Angeles den Bank of America-Aktionären ein Übernahmeangebot unterbreitete. Um die Selbständigkeit nicht aufzugeben, sah die Bank einen Ausweg darin, große Teile des internationalen

---

187 Im Jahre 1996 wurde die BFK-Bank in Beneficial Bank umbenannt, deren Strategie es war, in der Absatzfinanzierung mit solchen Herstellern zusammenzuarbeiten, für die sich die Gründung einer eigenen Finanzierungsbank nicht lohnte. Mit dem Übergang des Eigentums an die französische Sofinco wechselten 1998 erneut die Besitzer.

188 Auch andere Frankfurter Tochtergesellschaften und Zweigniederlassungen von ausländischen Banken bekamen es zu spüren, wenn die Mutterinstitute Ertragsprobleme hatten. Landeszentralbank in Hessen, Hrsg., "Auslandsbanken", 7.

189 Gary Hector, *Breaking the Bank: The Decline of BankAmerica* (Boston: Little, Brown and Company, 1988) 216.

190 Ibid., 217.

Geschäfts abzustoßen. Gedacht war an die radikale Abmagerung und der Verkauf von ertragreichen Beteiligungen, auch, um die Bankenaufsicht davon abzubringen, die Fusion mit der First Interstate zu favorisieren. Mit den Verkäufen wäre es der Bank of America ferner gelungen, die Anwendung bestimmter Abschreibungstechniken bei der übernehmenden Bank First Interstate zu erschweren, denn geschickte Abschreibungsmethoden spielten eine entscheidende Rolle im Übernahmeangebot.[191] Doch die Fusion konnte abgewendet werden.

In Deutschland änderte sich das Profil der Bank of America in Richtung einer produktorientierten und segmentorientierten Bank. Neue Geschäfte suchte die angeschlagene Bank vor allem im *clearing* mit anderen Auslandsbanken oder im Cash Management mit multinationalen Firmen. Das Kreditgeschäft mit Kunden wurde völlig abgebaut. Deshalb konnte die Bank auch auf Filialen verzichten, die zur Mitte der 80er Jahre bis auf den Hauptsitz Frankfurt alle geschlossen wurden.

In der zweiten Hälfte der 80er Jahre warf die Filiale in Frankfurt eine Reihe neuer Produkte auf den Markt, unter ihnen waren Devisenoptionen und DM-Swaps sowie Exportfinanzierungen. Am Großkundengeschäft in Deutschland störten die Bank die hohen Kosten und daß Frankfurt im Grunde ein eher kleiner Markt war.[192]

Die Vermögensverwaltung und das Wertpapiergeschäft der Bank of America in Europa waren in Luxemburg, Zürich und Genf angesiedelt. Um auch in Frankfurt im Wertpapiergeschäft tätig zu werden, hätten alle deutschen Filialen der Bank of America - noch vor der Schließung - zu einer Tochtergesellschaft zusammengefaßt werden können, etwa in der Form einer OHG.[193] Doch blieb dies nur eine Idee. Die Prioritäten bestimmten die Ertragspotentiale und die lagen für die Kalifornier in Asien und nicht in Deutschland.[194]

Im Zuge des Bedeutungsverlustes der deutschen Operationen verlagerte die Bank of America dann früher als andere amerikanische Banken bestimmte Geschäfte von Frankfurt nach London, z.B. den Devisenhandel.[195] Als Anzeichen des Rückzugs konnte auch gewer tet werden, daß sich die Kunden der Bank of America - im Vergleich zu den anderen

---

[191] O.V., "Das Pokerspiel geht weiter", *Handelsblatt*, 1. Dezember 1986, 10.

[192] Der Margendruck in Frankfurt war groß. Es brachte nichts ein, sich z.B. Tagesgeld von der Dresdner Bank zu leihen, um es dann geringfügig teurer an die BASF weiterzureichen. Miscoll, Telefongespräch, 14. August 1998.

[193] Gerhard Kutscher, "Bank of America möchte weg vom Mengengeschäft", *Handelsblatt*, 1. Dezember 1986, 10.

[194] Rudi Perkowsky, Geschäftsleiter, Bank of America, Frankfurt, Interview, geführt am 9. November 1995, Frankfurt.

[195] Dies taten auch die anderen amerikanischen Banken. Die amerikanischen Banken griffen damit einer Entwicklung vor, von der die deutschen Banken Ende der 80er Jahre auch erfaßt wurden: Die Verlagerung bestimmter Geschäftseinheiten nach London. Günter W. Teich, früheres Mitglied der Geschäftsleitung, Bank of America, Frankfurt, Telefongespräch am 11. August 1998.

commercial banks in Deutschland - hauptsächlich aus amerikanischen Unternehmen und Banken zusammensetzten.[196]

Ein anderer Bereich betraf das *retail banking*, von dem sich die Bank of America 1986 durch den Verkauf ihrer Tochter Bankhaus Centrale Credit AG, Mönchengladbach, völlig zurückzog. Diese Entscheidung war umstritten, denn die Centrale Credit mit 25 Filialen, 6 Kreditbüros und 560 Mitarbeitern war neben der KKB Kundenkreditbank von der Citibank die erfolgreichste ausländische Konsumentenbank.[197]

Doch der in den Jahren 1985 und 1986 im Heimatmarkt stark geschwächten Bank blieben wenig Wahlmöglichkeiten. Im nachhinein betrachtet, war der Verkauf sicher eine falsche Entscheidung. Die Bank of America gab mit der Centrale Credit eine Zielgruppe auf, von der sie viel verstand und die außerdem zukunftsträchtig und profitabel war. Das *retail banking* wurde entscheidend von der Bank of America mitgeprägt. Insofern war der Verkauf der deutschen Tochter ein Abschied von den eigenen Wurzeln.[198]

Im Jahr 1987 wurde deutlich, daß die Bank of America das Rennen mit der Citibank verloren hatte, ein Ergebnis zu vieler Managementfehler. Noch 1980 lagen die beiden Institute mit einer Bilanzsumme von rund 115 Mrd. Dollar ebenbürtig auf, aber 1987 war die Bilanzsumme der Citibank zweimal so groß und an Mitarbeitern bot die Citibank fast 30.000 Leute mehr auf. Am Aktienmarkt wurde die Citibank viermal höher bewertet als die Bank of America.[199]

4) Weichenstellungen bei der Chase Bank AG

Viele Banken versuchten in der zweiten Hälfte der 80er Jahre einen Weg zu gehen, der das Eigenkapital möglichst wenig belasten sollte. Die Chase Manhattan Bank gab deshalb das Motto aus: "... to reduce drastically its 'bricks-and-motar' presence throughout the world and to tidy up the quality of its assets".[200]

---

[196] Gebbe, Interview, 9. November 1995.

[197] Das galt auch, obwohl die Jahresabschlüsse 1985 und 1986 kräftige Verluste auswiesen, was aber unter anderem an veränderten Zinsabgrenzungsmethoden im Ratenkreditgeschäft lag.

[198] Die Bank of America bezeichnete sich selbst gern als Erfinderin des *retail banking*. Vor der Internationalisierung demonstrierte die Bank of America, daß es bei einer Bank nur auf zwei Dinge ankam, nämlich auf langfristige Einlagen von Nichtbanken und intelligente Bankmanager. Miscoll, Telefongespräch, 14. August 1998.

[199] "BankAmerica's management, board, and outside advisers failed to prepare the company to compete in the 1980s. It made mistakes right out of management textbooks: decentralizing without proper controls, losing touch with customers and markets, spending lavishly on technology (more than $ 2 billion over five years, only to end up with a system still considered antiquated by the industry), and failing to find appropiate ways to measure and reward the performance of executives." Hector, *Breaking*, 351.

[200] Gavin Shreeve, "Another Day, Another Dollar", *The Banker* (November 1987): 21.

In Deutschland bedeutete dies, das Kreditgeschäft zurückzufahren und im Gegenzug mit neuen Investmentbankdienstleistungen das Provisionsgeschäft zu aktivieren. Daraufhin schrumpfte das Bilanzvolumen von 3,6 Mrd. DM im Jahr 1984 auf 2,9 Mrd. DM im Jahr 1986, wobei ein schwächerer Dollar auch eine Rolle spielte.[201]

Ein Einschnitt stellte sich 1987 ein, als die Filialen geschlossen wurden und es zu einer Bündelung der Kräfte in Frankfurt kam. Die Mitarbeiterzahl war von 425 im Jahr 1986 auf nur noch 325 abgesunken.[202]

Es ging darum, die Verwaltungskosten zu reduzieren. Mit diesem Problem hatte aber nicht nur die Chase zu tun. Auch die beiden anderen großen Anführer des multinationalen Bankgeschäfts, die Bank of America und die Citibank, kannten in Deutschland steigende Verwaltungskosten bei gleichzeitig fallenden Gewinnen, wie Abbildung 9 zeigt.

Abbildung 9: Die Entwicklung der Verwaltungskosten und Jahresüberschüsse der Bank of America, Chase Manhattan Bank und Citibank in Deutschland

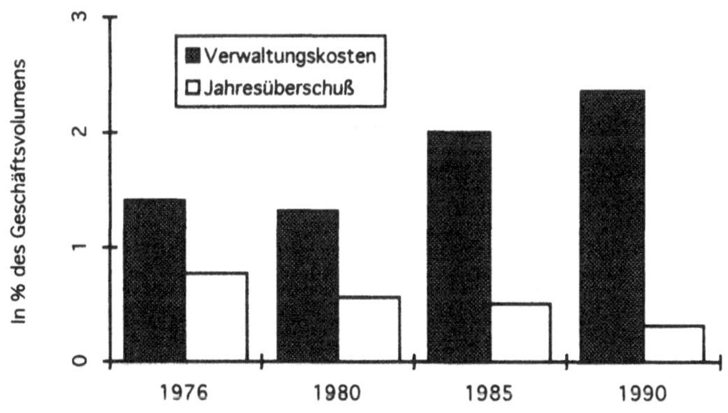

Anmerkung: Bei der Chase Manhattan Bank und der Citibank wurden jeweils die Daten von Zweigniederlassung und Tochterbank addiert.

Im Jahr 1987 nannte die Chase Bank AG erstmals das Ziel, "eine typisch amerikanische Bank in der Bundesrepublik" werden zu wollen. Damit meinte die Geschäftsleitung, den Know-how-Vorsprung in bestimmten Geschäftsfeldern auszuspielen, z.B. bei den innovativen Produkten zur Absicherung von Zins- und Währungsrisiken. Es war nicht mehr gefragt, in die eng geknüpften Hausbank-Beziehungen in Deutschland einzudringen. In zwei

201 O.V., "Wechsel an der Spitze der Chase Bank AG", *Börsen-Zeitung*, 16. September 1987, 3.
202 O.V., "Chase Bank AG feilt am eigenen Profil", *Börsen-Zeitung*, 16. Juni 1988, 6.

Geschäftsfeldern sollten Auslandsbanken nach Möglichkeit gar nicht erst tätig werden: Im Kreditgeschäft mit Privatkunden und im Immobiliengeschäft. Dabei erklärte die Chase noch 1984 das Immobiliengeschäft, vor allem die Bauzwischenfinanzierung, zu einem strategisch wichtigen Geschäftsfeld.[203]

Es schien so, als ob die Chase nach 40 Jahren in Deutschland wieder zu den Anfängen eines Spezialinstituts zurückkehrte, anstatt der Illusion einer Universalbank nachzuhängen.[204]

Bevor es allerdings zu dieser Einsicht kam, probierte die Chase Bank AG immer wieder neue Produkte und Kundengruppen im deutschen Markt aus. Es hieß: "In dieser Zeit habe man hinzugelernt".[205] In das Bild paßte auch, daß es bei der Chase Bank AG häufige Personalwechsel an der Spitze der Bank gab. Nachdem Rolf H. Reinhold den Vorstandsvorsitzenden Dr. Eberhard Weiershäuser 1983 ablöste, folgte 1987 mit Dr. Gerlach von der Malsburg schon wieder ein neuer Chef.[206]

Zwischenzeitlich kursierte sogar das Gerücht, daß ein Teil der Chase Bank AG einschließlich des 1972 errichteten Gebäudes, einem der ersten Hochhäuser Frankfurts und Symbol der Blütezeit amerikanischer Banken in Deutschland, zum Verkauf stehen würde. In Frankfurt wäre dann lediglich die Zweigniederlassung übriggeblieben, die für eine in London ansässige Europabank die DM-Transaktionen hätte steuern können.[207]

Doch es blieb zunächst ein Gerücht, wenn auch ähnliche Maßnahmen in Holland, Belgien und Frankreich zeigten, daß es keine "heiligen Kühe" mehr gab. Tatsächlich wurde das 14-stöckige Hochhaus im Frankfurter Bankenviertel dann 1990 für 180 Mio. DM verkauft.[208]

Die neuen Rezepte lauteten im Jahr 1989: Selektives Vorgehen bei den traditionellen *commercial banking*-Dienstleistungen und Aufbau und Konzentration auf Investment Banking-Dienstleistungen. Neben einer völlig neu aufzubauenden *clearing*-Stelle für Wertpapiere beinhaltete das Sortiment: Risikomanagement, *Mergers & Acquisitions*-Geschäft, Handel mit US-Regierungsanleihen und DM-*clearing*. Dazu gab es Produkte des *commercial banking*, soweit sie sich rechneten: Kredite, Einlagen, Außenhandelsfinanzierungen und Devisenhandel. Ein Großteil des Euro-DM-Handels wurde von Frankfurt nach London

---

203 O.V., Chase Bank AG, *Chase*, 6.

204 O.V., "Chase Bank AG feilt", 6.

205 Die ihr nachgesagten häufigen Strategiewechsel dementierte die Bank: "Es treffe allerdings nicht zu, daß die Chase Bank in ihrem Produktsortiment unstetig sei, vielmehr lege man Wert auf Kontinuität." Ibid.

206 O.V., "Wechsel an der Spitze der Chase Bank AG", *Börsen-Zeitung*, 16. September 1987, 3.

207 O.V., "Chase Manhattan mit neuer Europastrategie", *Börsen-Zeitung*, 24. November 1988, 1.

208 Die Chase bezog ein neues Quartier in einem Frankfurter Vorort. Die Geschäfte in Deutschland bedurften keines Renommierbaus mehr. Herbert Wolf, "Auslandsbanken: Ein buntes Bukett", *Zeitschrift für das gesamte Kreditwesen* 21 (1991): 983. Fred Zeyer, "Von der Malsburg verläßt die Chase Bank", *Frankfurter Allgemeine Zeitung*, 31. Oktober 1990, 23. Gerhard Kutscher, "Magere Erträge veranlaßten viele Institute zu einer Strategie der Nischenpolitik", *Handelsblatt*, 30. Juli 1991, 9.

verlagert. Was blieb, war nur noch ein Drei-Mann-Team in Frankfurt, das für Neuemissionen und den Primärhandel zuständig war, um den deutschen Bestimmungen zu genügen.[209]

Die Chase befand sich damit auf dem Rückzug aus Deutschland, auch wenn die Chase-Oberen es Marktanpassung, Straffung, Modernisierung und Europäisierung nannten. Es war die Rede von einer "europäischen Bank" und von "europäischen Produktteams", doch ganz konkret bedeutete dies, daß nicht mehr jedes Produkt an jedem Ort, wo es die Chase gab, zu haben war.[210] Deutschland dürfte nicht zuletzt wegen des Mißerfolgs der Familienbank einer der schwierigsten Auslandsmärkte für die Chase Manhattan Bank gewesen sein.

4. Das Investment Banking kommt nach Deutschland

A. Einleitung

Die Idee des Investment Banking kam in den 80er Jahren in den Vereinigten Staaten voll zum Tragen.[211] Die Basis dafür bildete die schon weit vorangeschrittene Deregulierung der Kapitalmärkte und der Restrukturierungsbedarf der Unternehmen. Den Investmentbanken kam es sehr gelegen, daß bei den Industrieunternehmen das große Thema die "Fokussierung auf das Kerngeschäft" war. Auf Seite der Anleger brachten *shareholder value*-Konzepte ganz neue Einflußmöglichkeiten auf Unternehmen; der Druck auf die Unternehmen, sich an den besten der Branche zu messen, nahm zu. Investmentbanken richteten sich deshalb mit folgenden Finanzdienstleistungen an den aus Unternehmen, Regierungen, institutionellen Anlegern und vermögenden Privatkunden bestehenden Kundenkreis:[212]

---

209 O.V., "Chase verlagert Aktivitäten nach London", *Börsen-Zeitung*, 27. April 1989, 6.

210 O.V., "Chase mit erweiterter", 3.

211 Die Entwicklung und Professionalisierung des Investment Banking nahm allerdings schon vor den 80er Jahren seinen Lauf. In den USA begann die Diskussion des Themas Investment Banking, als die Banken ihre Rolle als Intermediäre verloren gehen sahen. Zeitlich fiel das in den USA mit rückläufigen Margen infolge höherer Mindestreservesätze zusammen sowie der Einführung der *commercial paper* zu Anfang der 70er Jahre. Weltwirtschaftlich begünstigten diese Entwicklung das Recycling der OPEC-Gelder und die Veränderungen der *terms of trade*. Dazu kam die Ansammlung von immer mehr Liquidität in der Industrie und ein starkes Anwachsen der Privatvermögen. Deshalb war die professionelle Vermögensverwaltung und das an kurzfristiger *performance* ausgerichtete Handeln gefragt. Mit dem Prozeß der *securitization* konnte die Liquiditätsnähe vieler Finanzierungen erhöht werden. Die Handelsvolumina expandierten, und den wachsenden internationalen Ungleichgewichten mußte mit spezialisierten Instituten und neuen Produkten begegnet werden. Olav zu Ermgassen, "Das Investment Banking und seine Möglichkeiten in der Bundesrepublik Deutschland", *Semesterbericht 27*, WS 1987/88, Institut für Kredit- und Finanzwirtschaft, Hrsg. Joachim Süchting, Ruhr-Universität Bochum, 43.

212 Die meisten Finanzdienstleistungen des Investment Banking waren den deutschen Universalbanken in funktionaler Hinsicht keineswegs unbekannt, man denke nur an die Emission, die Plazierung und den Handel von Wertpapieren. Doch liegt ein wesentlicher Unterschied in der Bündelung aller Investmentbank-Bereiche. Organisatorisch sind in deutschen Banken die einzelnen zum Investment Banking zählenden Leistungen über viele Abteilungen und Ressorts verstreut, z.B. in der Kreditabteilung oder in separaten

1. Das Wertpapieremissionsgeschäft; 2. Das Wertpapierhandels- und Kommissionsgeschäft; 3. Die Strukturierung und Plazierung von Anlage-, Finanzierungs- und Absicherungsinstrumenten; 4. Die Vermögensverwaltung, Anlageberatung und Aktienanalyse; 5. Finanzberatung bei Fusionen und Übernahmen sowie bei Privatisierungen und Restrukturierungen.[213]

Als Kehrseite des Aufschwungs der Investmentbanken mußten *commercial banks* mit ansehen, wie ihre besten Kunden abwanderten, um - an ihnen vorbei - direkt an die Kapitalmärkte zu gehen. *Commercial banks* sahen auch, daß Investmentbanken viel besser als sie verdienten, oft mehr als das Doppelte, und dabei gleichzeitig mit weniger Eigenkapital auskamen.[214] Was lag also für eine *commercial bank* näher, als sich auch in die Felder des Investment Banking zu begeben?

Die amerikanischen *commercial banks* hatten insbesondere den Vorteil, daß sie im deutschen Markt etabliert waren und langjährige Kundenkontakte für das neue Geschäftsfeld nutzen konnten. Die amerikanischen Investmentbanken mußten sich demgegenüber eine breitere Kontaktbasis in der deutschen Industrie erst noch erarbeiten. In der zweiten Hälfte der 80er Jahre kamen die Auslandsbanken bei typischen Investmentbankleistungen wie Wertpapierhandel und *Mergers & Acquisitions*-Geschäften auf Marktanteile von 35-40% in Deutschland.[215]

B. Die sogenannte Restliberalisierung 1985

Für den Zuzug nach Deutschland war die von der Deutschen Bundesbank eingeleitete sogenannte Restliberalisierung des deutschen Kapitalmarktes ein auslösendes Moment gewesen. Diese Deregulierung, die den DM-Emissionsmarkt für Auslandsanleihen weiter öffnete, setzte mit dem 1. Mai 1985 ein. Sie ermöglichte den Einsatz von modernen Finanzierungsinstrumenten, zu denen Anleihen mit variabler Verzinsung, Null-Kupon-Anleihen und solche Anleihen, an die Swap-Transaktionen gekoppelt waren, gehörten. Ferner erlaubte die Restliberalisierung, die in der Amtssprache "Erklärung der Deutschen Bundesbank zur Begebung von DM-Auslandsanleihen" hieß, den rechtlich selbständigen Auslandsbanken mit

---

Tochtergesellschaften. Darin liegt ein Nachteil, weil derartige Organisationsstrukturen die Fokussierung auf das Geschäftsfeld Investment Banking enorm erschweren.

213 Hans-Georg Engel, "Investmentbank - Bank der Zukunft", *Zeitschrift für das gesamte Kreditwesen* 3 (1998): 108.

214 Jonathan Hakim, "Why they spread their wings", Survey International Banking, *The Economist*, 16. März 1985, 20.

215 O.V., "Unbefriedigende Ertragssituation", *Zeitschrift für das gesamte Kreditwesen* 3 (1991): 95.

Sitz in Deutschland, die Führung von Emissionskonsortien (*lead management*) zu übernehmen. Bis dahin konnten ausländische Schuldner, die DM-denominierte Schuldverschreibungen begeben wollten, dies nur über die Konsortialführung eines inländischen Kreditinstituts tun.

Allerdings legte die Erklärung auch noch fest - und dies kritisierten die Auslandsbanken wegen der damit verbundenen Kosten -, daß die Konsortialführung faktisch in Deutschland ausgeübt werden mußte. Es bedeutete: Nur einer eigenständigen Tochtergesellschaft mit einer voll funktionsfähigen Konsortialabteilung und Sitz in Deutschland war die Konsortialführung erlaubt.

Es zeigte sich, daß diese Maßnahme der Deutschen Bundesbank im Ausland als "Revolution" wahrgenommen wurde.[216] "The central bank had made it clear for some time that it aimed to open up this lucrative market to foreign banks despite reservations among local bankers."[217]

Von den insgesamt sehr vorsichtig agierenden Auslandsbanken im Geschäft mit der Konsortialführung kam von den US-Banken zunächst nur Morgan Guaranty an den Markt. Die anderen aktiven Auslandsbanken in diesem neuen Geschäftsfeld waren CSFB-Effektenbank, die zur Credit Suisse First Boston gehörte, und Schweizer Bankverein (Deutschland) Bank AG.[218] Der Einstieg der drei Schweizer Großbanken in den deutschen Markt im Jahre 1986 wurde als spektakulär empfunden.[219]

Die Credit Suisse First Boston-Effektenbank konnte sich auf Anhieb bei den DM-Auslandsanleihen hinter den drei deutschen Großbanken plazieren.[220] Dies verwunderte Insider allerdings nur wenig, weil die Schweizer mit Karl Miesel und Friedrich Graf Hoyos zwei Topleute von der Deutschen Bank abgeworben hatten.[221] Fraglich war jedoch, ob dieses Gespann einen bleibenden Eindruck hinterlassen würde. Zumindest hielten sich die amerikanischen Banken im Vergleich zu den Schweizer Instituten zugute, daß sie vorsichtiger im Markt agierten und sich weniger opportunistisch verhielten.

Die Bundesbank selbst gebrauchte übrigens die Vokabel "Restliberalisierung" nicht. Für sie war der deutsche Emissionsmarkt bereits seit Ende der 50er Jahre liberal und zwar auch

---

216 Karl Thomas, "Liberal ist der deutsche Emissionsmarkt schon seit den fünfziger Jahren - auch für Ausländer", Beilage Banken International, *Handelsblatt*, 24. April 1986, B 6.

217 O.V., "... Better Access in Frankfurt", *The Banker* (Mai 1985): 10.

218 Thomas, "Liberal", B 6.

219 Herbert Wolf, "Geld und Banken nach dem Zweiten Weltkrieg: Internationale Kapitalbewegungen, Bankensysteme, grenzüberschreitende Kooperation", *Europäische Bankengeschichte*, Hrsg. Hans Pohl (Frankfurt: Knapp, 1993) 533.

220 Gerhard Kutscher, "Kreditgeschäft dient vielfach nur als Vehikel für lukrative Dienstleistungen", *Handelsblatt*, 17. Juli 1986, 6.

221 Klaus C. Engelen, "Liberalisierung reicht Euro-Bankern nicht aus", *Handelsblatt*, 4. August 1986, 6.

für Ausländer.[222] Die Erklärung hatte nur das unveränderte Ziel, den Emissionsmarkt für DM-Schuldverschreibungen in Deutschland zu halten. Die Bundesbank reagierte also damit auf die Herausforderung des Finanzplatzes London.

Bis zu dieser Erklärung im Frühjahr 1985 wurde übrigens nach einem *Gentlemen's Agreement* zwischen Bundesbank und Kreditinstituten verfahren, das zum Inhalt hatte, "DM-Papiere im Ausland nicht zu begeben, bestimmte Anleiheformen zu vermeiden und Emissionshöhe und -datum in einem Unterausschuß des Zentralen Kapitalmarktausschusses abzustimmen."[223]

Neben der sogenannten Restliberalisierung verbesserten auch noch andere Maßnahmen die Bedingungen am Bankenplatz Deutschland. Hierzu gehörte die bereits im April 1984 abgeschaffte 25%ige Kapitalertragsteuer auf festverzinsliche Wertpapiere sowie der Verzicht auf die staatliche Genehmigung bei der Emission von DM-Anleihen.[224] Von besonderer Bedeutung war die Änderung des Börsengesetzes von 1989, die den Weg freimachte für die Schaffung der Deutschen Terminbörse (DTB) im Januar 1991. Der langgehegte Wunsch, die Börsenumsatzsteuer abzuschaffen, erfüllte sich ebenfalls erst 1991. Im August 1992 vollzog sich nochmals ein wichtiger Schritt zur Liberalisierung und Modernisierung der DM-Geld- und Kapitalmärkte, als auch die ausländischen Nichtbanken direkten Zugang zum rasch wachsenden DM-*commercial-paper*-Markt in Frankfurt erhielten.

Es fiel auf, daß im Vergleich zu anderen Finanzplätzen in der Europäischen Union (EU) die Maßnahmen der Deregulierung und Liberalisierung in Deutschland erst spät durchgeführt wurden. Dies mag mit dem tiefsitzenden Glauben zusammenhängen, daß eine starke DM und eine intakte, leistungsfähige Wirtschaft schon ausreichen würden, damit - gewissermaßen als ein Nebenprodukt - ein konkurrenzfähiges Finanzzentrum dabei abfiele.[225] Tatsächlich aber waren die Reformen des Finanzplatzes Deutschland, die Mitte der 80er Jahre eingeleitet wurden, dringend notwendig.

---

222 Die Bundesbank sah zwar die Notwendigkeit, den deutschen Markt zu öffnen, aber von einer Diskriminierung der Auslandsbanken konnte kaum ausgegangen werden, weil in den Heimatländern der Auslandsbanken ganz ähnliche oder noch einschränkendere Regelungen und Verfahrensweisen für die Kreditinstitute an der Tagesordnung waren. Thomas, "Liberal", B 6.

223 Ibid. Daß der Unterausschuß, der die ausländischen Schuldner auf die Einhaltung eines Zeitplans für die Emission von DM-Anleihen verpflichtete, überflüssig gemacht wurde, begrüßten die Auslandsbanken besonders. O.V., "... Better", 10.

224 Verband der Auslandsbanken in Deutschland e.V., Hrsg., *Die Auslandsbanken in Deutschland*, verschiedene Jahrgänge.

225 Rolf-E. Breuer, "Die Börsenlandschaft in Europa im Jahr 2000", *Die deutsche Aktie*, Hrsg. Ulrich Fritsch (Stuttgart: Schäffer-Poeschel, 1993) 163.

C. Die Wege ins Investment Banking

1) Strategische Überlegungen zu neuen Geschäftsfeldern im Ausland

Während in London die meisten amerikanischen *commercial banks* bereits in den 70er Jahren einen Großteil ihrer Ressourcen ins Investment Banking gelenkt und damit Neuland betreten hatten, nahmen die deutschen Stützpunkte diese Bereiche im Verlaufe der 80er Jahre in ihr Programm auf.[226] Ein umfassenderes Investment Banking war den *commercial banks* sogar erst nach der Restliberalisierung 1985 möglich.[227]

Speziell in Deutschland sprachen aus Sicht der Amerikaner drei Gründe für die Aufnahme des neuen Geschäftsfeldes Investment Banking: Erstens hatten die US-Banken gegenüber den deutschen Banken in diesem Bereich einen Know-how-Vorsprung. Zweitens veränderte sich das Nachfrageverhalten der Industriekundschaft in Deutschland dahingehend, daß anstelle traditioneller Kredite verstärkt kapitalmarktbezogene Finanzierungen nachgefragt wurden. Und drittens erlaubte der Einsatz von Swaps, als ein Teilbereich des Investment Banking, den *commercial banks* eine viel flexiblere Handhabung der Laufzeiten und Risiken ihrer Kredite.

Viele der ausländischen Banken sahen im Investment Banking die langersehnte neue Einnahmequelle, denn die Erträge im traditionellen Geschäft zeigten nur nach unten.[228] Die Citibank AG z.B. erzielte 1987 im Kreditgeschäft mit Großkunden Margen von 0 bis 3/8 Prozentpunkten, obwohl zwischen 1 bis 2 Prozentpunkte nötig gewesen wären, um die Kosten der Bank zu decken.[229]

---

226 Daß die amerikanischen *commercial banks* im Ausland im Wertpapierhandel tätig sein durften, ging auf die Ergänzungen des *Bankholding Act* von 1970 zurück. Faktisch kamen diese Ergänzungen einer Aufhebung des *Glass-Steagall Act* gleich, wenn auch nur in Gebieten außerhalb der USA. 1970 gründete die Citibank mit der Citicorp Limited schnell einen Investmentbank-Arm in London. Wilfried Scheele, "Die unterschiedlichen Strategien amerikanischer Banken im Ausland, insbesondere in der Bundesrepublik Deutschland", Manuskript eines Vortrags, gehalten am 16. Januar 1976, Institut für Banken und Industrie, Geld und Kredit, Freie Universität Berlin, 11. Ab 1986 gingen die amerikanischen *commercial banks* auch in ihrem Heimatmarkt ins Investment Banking, soweit dies gesetzlich möglich war. Die *commercial banks* erkannten, daß ihre traditionelle Stärke im Kreditgeschäft immer weniger gefragt war und die Kreditrisiken größer wurden. Deshalb interessierten sie sich für die neuen Swaptechniken. Die Swaps halfen ihnen beispielsweise, langfristige Ausleihungen mit festem Zinssatz zu verlängern. Allerdings sah das Investment Banking, mit dem die Investmentbanken in der ersten Hälfte der 80er Jahre glänzend verdient hatten, 1987 nicht mehr so rosig aus, weil es zu viele Anbieter gab. Bill Emmott, "Survival of the fittest", Survey International Banking, *The Economist*, 26. März 1988, 10.

227 O.V., "Manu-Trust setzt auf den deutschen Markt", *Börsen-Zeitung*, 25. Juni 1987, 9. O.V., "Manufacturers Hanover gründet GmbH", *Börsen-Zeitung*, 15. April 1988, 5.

228 Colin Jones, "Beautiful but elusive", *The Banker* (September 1989): 68. Zu den rückläufigen Erträgen der Auslandsbanken siehe auch Dieter Münch, "Schlechte Zeiten für Auslandsbanken", *Bankkaufmann* 11 (1990): 39-44.

229 O.V., "Citibank AG mußte einiges verkraften", *Börsen-Zeitung*, 16. Juli 1987, 6.

Auf das Eigenkapital der Banken wirkten sich Investmentbank-Geschäfte sehr schonend aus, weil sich der überwiegende Teil dieser Geschäfte nicht in den Bilanzen niederschlug.[230] Unter Marketing-Aspekten erlaubte das breitere Sortiment, einzelnen Kunden möglichst viel aus einer Hand anzubieten. Damit sollte die Gefahr gebannt werden, daß Kunden abwanderten. Interessant war natürlich das *cross selling*, d.h. einem Kreditkunden auch noch eine *Mergers & Acquisitions*-Beratung zu verkaufen.[231] Gleichwohl war bei den meisten Banken die Erwartungshaltung gegenüber *cross selling*-Effekten viel zu hoch.

2) Das Investment Banking der US-*commercial banks* in Deutschland

Als erste der amerikanischen *commercial banks* begab sich Morgan Guaranty wieder in die Felder des Investment Banking, die in der Zeit vor dem *Glass-Steagall Act* von 1933 noch wie selbstverständlich zur Bank gehörten. Da dies zunächst nur außerhalb Amerikas geschehen konnte, baute Morgan das Investmentbankgeschäft erst in London und später dann auch auf dem europäischen Kontinent und im Fernen Osten auf.[232]

Die ersten Erfahrungen im Emissionsgeschäft konnte J.P. Morgan im DM-Schuldscheingeschäft sammeln, das die Bank ab 1974 im Rahmen des Recyclings der Petrodollars von Frankfurt aus betrieb. Der Schuldschein hatte den großen Vorteil, daß ihn die amerikanische Bankengesetzgebung für *commercial banks* als Instrument zur Finanzierung erlaubte.

In großem Stil stieg J.P. Morgan dann Mitte der 80er Jahre in das DM-Schuldscheingeschäft ein, speziell mit ausländischen Kunden, und hatte damit in den Bereichen Kapitaleinlage und Kapitalaufnahme den deutschen Banken etwas voraus.[233]

Eine weitere Stufe bildete die 1984 in Deutschland gegründete Morgan Guaranty GmbH, die für das Wertpapiergeschäft, das Depotgeschäft, den Eigenhandel mit Wertpapieren, das Emissionsgeschäft und das Einlagengeschäft mit anderen Kreditinstituten zuständig war; der Devisenhandel verblieb zunächst noch in der Zweigniederlassung.

Wie aktiv die Bank am deutschen Emissionsgeschäft mitwirkte, zeigte sich 1986, als die Morgan Guaranty GmbH an der Emission von 107 Anleihen beteiligt war.[234] Im gleichen

---

230 Jones, "Beautiful", 68.

231 Steven I. Davis, "U.S. banks abroad: one-stop shopping?", *Harvard Business Review* (Juli-August 1971): 80.

232 Thomas F. Huertas, "US multinational banking: history and prospects", *Banks as multinationals*, Hrsg. Geoffrey Jones (London: Routledge, 1990) 254.

233 Das Schuldscheingeschäft darf als Vorläufer des Emissionsgeschäfts angesehen werden. Schuldscheine sind Quasi-Anleihen, die allerdings nicht die Eigenschaften eines Wertpapiers haben. Interessant war, daß es eine amerikanische Bank war, die dieses in Deutschland beheimatete Finanzierungsinstrument wieder zu neuem Leben erweckt hat. Viermetz, Interview, 5. November 1998.

234 Morgan Guaranty GmbH, *Geschäftsbericht 1986*, 4. Ihr Debüt im deutschen Emissionsgeschäft gab die Morgan Guaranty GmbH 1985 als *Lead Manager* einer DM-Emission des amerikanischen Konzerns R. J.

Jahr beteiligte sich Morgan auch an der Ausgabe von DM-Einlagenzertifikaten (CDs), unmittelbar nach der Freigabe durch die Bundesbank. Im Euromarkt machte sich Morgan einen Namen für Finanzierungen, die mit Swaps verbunden waren.[235]

Zum Ende der 80er Jahre hin wurde eine Universalbank sichtbar, die das Wertpapieremissionsgeschäft und den Wertpapierhandel genauso im Angebot hatte wie das Einlagen- und Kreditgeschäft, den Geld- und Devisenhandel und auch das *Mergers & Acquisitions*-Geschäft.[236]

Von J.P. Morgans Erfahrung im Emissionsgeschäft profitierte auch das Bundesanleihekonsortium, indem die Amerikaner dort wertvolles Wissen über international übliche Tenderverfahren weitergeben konnten.[237]

Im Geschäft mit Börsengängen junger Unternehmen war Morgan in Deutschland weniger aktiv. Hierzu fehlten der Bank für die neu emittierten Aktien die Absatzkanäle.[238]

Eine sehr beständige Einnahmequelle fand die deutsche Morgan Niederlassung in Form des Wertpapier-*clearing*, das in Verbindung mit dem Brüsseler Morgan Stützpunkt im Rahmen von *euro-clear* organisiert wurde.

Aber eine Hinwendung zum Investment Banking vollzogen auch noch andere Banken. Die Citibank hatte schon seit 1983 den Aktienhandel im DM-Bereich forciert, doch weil die Erfolge sich in Grenzen hielten, wurde der Aktienhandel später wieder nach London verlagert; der DM-Rentenhandel lief dagegen von Anfang an besser.[239] Als erstes nichtdeutsches Institut des Emissionsgeschäfts debütierte die Citibank im September 1985 mit einer 25 Mio. DM-Anleihe für die Kölner Renault Credit Bank GmbH. Zugleich machte die Citibank AG in Frankfurt aber klar, daß sie nicht beabsichtigte, in den Wettbewerb mit den etablierten deutschen Konsortialbanken zu treten. Das Feld der bekannten Schuldner und großen Emittenten beließ die Citibank den großen deutschen Adressen. Ihre Aufgabe sah die Citibank im Aufspüren neuer Namen.[240] Doch bereits 1986 konnte bei der Citibank von Zurückhaltung im Emissionsgeschäft keine Rede mehr sein. Die Bank war bei einem Drittel

---

Reynolds Inc. Da Reynolds das Kapital in Dollar erhielt, war mit der Emission auch ein Währungsswap verbunden. O.V., "Morgan Guaranty GmbH debütiert mit einer 15jährigen Reynolds-Emission", *Handelsblatt*, 23. Oktober 1985, 31.

235 Nigel Adam, "A tale of sibling rivalry", *The Banker* (März 1988): 15.

236 Ab 1988 präsentierte sich das Haus Morgan dann in Deutschland unter dem weltweit einheitlichen Namen J.P. Morgan, in Deutschland als J.P. Morgan GmbH. Die Umwandlung zog es nach sich, daß das gesamte Kundengeschäft und der überwiegende Teil des Interbankengeschäfts von der Morgan Guaranty Trust Company of New York, Zweigniederlassung Frankfurt, auf die GmbH übertragen wurde. O.V., "Morgan Guaranty jetzt J. P. Morgan", *Börsen-Zeitung*, 31. März 1988, 5.

237 O.V., "J. P. Morgan mit positivem Eigenhandel", *Börsen-Zeitung*, 11. September 1991, 4.

238 J.P. Morgan galt im Geschäftsfeld Aktien als schwach, besonders in Europa. O.V., "A blue chip on a new block", *The Economist*, 14. Januar 1995, 73.

239 Scheele, Interview, 23. April 1998.

240 Hermann Kutzer, "Die neuen DM-Bonds müssen jetzt den Zinsrückgang untermauern", *Handelsblatt*, 2. September 1985, 27.

aller DM-Auslandsanleihen als Co-Manager dabei. Sie war auch im Bundesanleihekonsortium vertreten, sogar mit der größten Quote der Auslandsbanken.[241]

Vielen Auslandsbanken lag etwas an dem DM-Emissionsgeschäft, weil sie so eine Möglichkeit sahen, ihre Stammkunden aus dem Dollar-Bereich jetzt auch im DM-Geschäft zu betreuen, doch es fehlte ihnen dazu das qualifizierte Personal.[242]

Die Chase Bank löste die Standortfrage in der Weise, daß sie Teile ihres Investment Banking von London nach Frankfurt verlagerte. Die Chase hielt eine unmittelbare Teilnahme am Marktgeschehen für wichtig. Wachstumspotentiale sah man besonders in den Feldern: Inlands- und Euro-DM-Anleihen, Aktienplazierungen, Syndizierungen, Exportfinanzierungen, Investmentleasing, Beteiligungsvermittlung, Rentenhandel und Swaps.[243] Die neuen Investmentbank-Aktivitäten sollten das Provisionsergebnis der Chase steigern und zu einem stetigen Fluß von Erträgen führen.[244]

Eine Abteilung für das Emissionsgeschäft baute die Chase - im Gegensatz zu der Rivalin Citibank - in Deutschland nicht auf. Das war verständlich, denn um DM-Auslandsanleihen emittieren zu können, schrieb die Bundesbank vor, daß ein ausländisches Emissionshaus über eine eigene organisatorische Infrastruktur in Deutschland verfügen müßte. Es war also eine Rechenaufgabe für eine ausländische Bank: Eine Konsortialabteilung mit mindestens 6 Mitarbeitern verursachte fixe Kosten in Höhe von wenigstens 600.000 DM pro Jahr.[245] Nicht zuletzt wegen dieser Kosten haftete der Liberalisierung in Deutschland etwas Zweischneidiges an, weil von den potentiellen Konsortialführern hohe und im Grunde unnötige Investitionen erwartet wurden.

Neue strategische Ziele setzte sich die Chase 1984 mit dem Private Banking und der Stärkung des Effektengeschäfts. Letzteres führte zu einer Ausweitung des Rentenhandels von den Geschäften unter Banken auf ausgewählte Firmenkunden.[246]

Im Private Banking, das alle Bankgeschäfte mit der gehobenen Privatkundschaft umfasste, konnte die Chase auf eine gewisse Tradition in Deutschland zurückblicken, da sich die Bank in diesem Feld schon Ende der 70er Jahre betätigte.[247] Die Citibank stand dem nicht nach und gab ihrerseits 1983 die Einführung einer Anlageberatung und

---

241 O.V., "Citibank AG schließt vier Filialen", *Börsen-Zeitung*, 3. Juli 1986, 8.

242 Gerhard Kutscher, "Kreditgeschäft dient vielfach nur als Vehikel für lukrative Dienstleistungen", *Handelsblatt*, 17. Juli 1986, 6.

243 Chase Bank AG, *Geschäftsbericht 1985*, 7.

244 O.V., "Verbesserung der Rentabilität: Stärkere Regional-Präsenz erwogen", *Handelsblatt*, 28. März 1984, 18.

245 Gerhard Kutscher, "Die Aktivitäten im Merchant-Banking sollen verstärkt werden", *Handelsblatt*, 12. Juni 1985, 9.

246 Chase Bank AG, *Geschäftsbericht 1985*, 7.

247 Chase Bank AG, *Chase*, 27.

Vermögensverwaltung für besonders vermögende Kunden bekannt.[248] Dieser Geschäftszweig sollte unter der Bezeichnung "Personal Banking" über alle Grenzen Europas hinweg gemanagt werden und sah insbesondere "Mehrwährungsprodukte" vor.[249] Die Chemical Bank entdeckte 1986 speziell in der Vermögensverwaltung von Pensionsfonds ein neues Geschäftsfeld.[250]

Doch diese Anstrengungen kamen verfrüht, denn ein nennenswerter Markt für das Private Banking existierte in den 80er Jahren in Deutschland noch nicht. Morgan Guaranty begann mit dem Private Banking in Frankfurt beispielsweise erst 1992, nachdem zuvor die vermögende Kundschaft aus Genf und New York heraus betreut wurde.[251]

Auf den Spuren des Investment Banking befand sich auch die Chemical Bank AG. Mit der 1984 gegründeten Gruppe "Investment Banking" war die Bank schon ein Jahr später an fast allen für deutsche Unternehmen arrangierten *Euro-Note*-Finanzierungen ganz wesentlich beteiligt.[252]

Ihren Spielraum sah die Chemical Bank vor allem im Bereich der neuen Produktarten. Zu diesen gehörten *Zerobonds*, die ganze Palette der Zins- und Währungsswaps, *Future Rate Agreements (FRAs)* und *Financial Futures*. Mit einer Zuteilungsquote von 1% wurde die Bank, die sich selber als "führende Trading- und Investment-Bank" betrachtete, in das Bundesanleihekonsortium aufgenommen, neben der Chase, Citibank und Morgan.[253]

Die Aufnahme der Auslandsbanken in das Bundesanleihekonsortium - rund 20 der Auslandsbanken wurden zur Teilnahme aufgefordert - hatte Signalwirkung für den Finanzplatz Deutschland. Allerdings waren die ausländischen Investoren als Käufer von Bundesanleihen ohnehin stark im deutschen Markt präsent. Nach einer Schätzung wurden 1986 zwischen 80% und 90% der Bundesanleihen von Ausländern gekauft. Eine Öffnung des Anleihekonsortiums für ausländische Banken schien daher nur eine Frage der Zeit gewesen zu sein.[254]

---

248 O.V., "Bankdienstleistungen: Auch für den Mittelstand", *Zeitschrift für das gesamte Kreditwesen* 15 (1984): 703.

249 O.V., "Citibank mit Personal Banking", *Börsen-Zeitung*, 2. Februar 1989, 10.

250 O.V., "Chemical Bank stark im Devisenhandel", *Börsen-Zeitung*, 25. Juni 1986, 8.

251 J. P. Morgan GmbH, *Geschäftsbericht 1992*.

252 Es sollte sich zeigen, daß Chemical bei Swaps und anderen derivativen Produkten sehr stark war und deswegen auf internationaler Ebene zu einer führenden Bank heranwuchs, noch vor Citicorp, Bankers Trust, J.P. Morgan und Chase Manhattan. Roy C. Smith und Ingo Walter, *Global Banking* (New York: Oxford University Press, 1997) 293.

253 O.V., "Chemical Bank stark im Devisenhandel", *Börsen-Zeitung*, 25. Juni 1986, 8.

254 Ausländische Anleger bevorzugten Bundesanleihen gegenüber Ecu-Anleihen oder anderen deutschen Anleihen. Die Bundesanleihen waren liquider als die anderen Papiere und genossen höchste Bonität. Die Nachfrage aus dem Ausland danach war 1985 besonders stark, weil fallende Zinsen und ein steigender DM-Wechselkurs für deutsche Investoren gar nicht verlockend waren. O.V., "Foreign Bankers Join Bond Group of West Germany", *The Wall Street Journal*, 16. Juni 1986, 16.

Die Chemical Bank nahm als *co-manager* und *underwriter* bei 26 Euro-DM-Auslandsanleihen teil, doch hätte die Bank auch gern einmal das *lead management* einer Anleihe übernommen.[255]

Als 1987 mit dem Zuzug noch weiterer Investmentbanken nach Deutschland zu rechnen war, richtete die Chemical Bank 1987 eine neue Sparte "*Mergers & Acquisitions*" ein.[256] Strategisch ließ sich die Chemical Bank von einem "*value-added*"-Konzept leiten, das die Bank nur da tätig werden ließ, wo der Kunde durch die Zusammenarbeit mit der Chemical Bank auch einen erkennbaren Wertvorteil erhielt. Die Bank nahm damit endgültig Abschied von der Vorstellung, in der ganzen Breite einer Universalbank mit den deutschen Banken zu konkurrieren.[257]

Manufacturers Hanover Trust Co. gründete erst 1988 eine Tochtergesellschaft für das Investment Banking, die Manufacturers Hanover Bank GmbH. Bis dahin wurden die in Deutschland zulässigen Investment Banking-Dienstleistungen noch über die Zweigniederlassung in Frankfurt abgewickelt. Erst die Rechtsform der GmbH ließ Manufacturers Hanover in Bereichen tätig werden, die der Bank zuvor aufgrund des *Glass-Steagall*-Gesetzes verschlossen waren. Darunter fielen das Emissionsgeschäft, der Wertpapierhandel sowie die Syndizierung und Plazierung von öffentlichen Anleihen, DM-Auslandsanleihen, Schuldscheinen und Aktien.[258]

Im Rahmen der 1991 stattgefundenen Fusion von Manufacturers Hanover und Chemical Bank wurde die Manufacturers Hanover Bank GmbH an die Caisse des Depots et Consignations, Paris, verkauft.[259] Die deutschen Zahlen der Investmentbank-Tochter von Manufacturers ließen in den Geschäftsjahren 1989 und 1990 höhere Anfangsverluste erkennen.

Ähnlich negative Ergebnisse erzielte auch die Security Pacific Bank AG in Frankfurt, die eine Gründung des kalifornischen Finanzkonzerns Security Pacific Corp. aus dem Jahr 1988 war. Auch diese Tochtergesellschaft war ergänzend zur Zweigniederlassung für das Investment Banking in Deutschland eingerichtet worden. Das Eigenkapital betrug, genau wie bei der Manufactures Hanover Bank GmbH, 25 Mio. DM.

Die Bankers Trust GmbH in Frankfurt begann 1984, sich in Übereinstimmung mit der neuen Linie des New Yorker Stammhauses auf die Investmentbank-Disziplinen zu spezialisieren. Das ansteigende Geschäftsvolumen von 2,36 Mrd. DM im Jahre 1984 auf 4,6 Mrd. DM im Geschäftsjahr 1988 deutete auf viel Eigenhandel bei hohen Wertpapierbeständen und

---

255 Dieses Segment entwickelte sich für die Auslandsbanken nur langsam: Bis Mitte 1989 nahmen nur etwa zehn Auslandsbanken die Position eines *lead manager* bei DM-Auslandsanleihen ein. Wolfgang Röller, "Wie modern ist der Deutsche Kapitalmarkt im internationalen Vergleich?", *Institutionelle Rahmenbedingungen effizienter Kapitalmärkte*, Hrsg. Wolfram Engels (Frankfurt: Knapp, 1989) 36.

256 O.V., "Chemical Bank hält an Nischenpolitik fest", *Börsen-Zeitung*, 6. Juli 1988, 4.

257 Ibid.

258 O.V., "Manufacturers Hanover gründet GmbH", *Börsen-Zeitung*, 15. April 1988, 5.

259 O.V., "CDC erwirbt deutsche Manufacturers Hanover", *Börsen-Zeitung*, 2. Oktober 1991, 1.

einen Schwerpunkt auf Interbankengeschäften hin.[260] Im Jahr 1989 fiel das Geschäftsvolumen wieder auf 3,52 Mrd. DM zurück. Bankers Trust emittierte auch eine Reihe von Optionsscheinen. Auffallend waren die nicht seltenen Personalwechsel bei Bankers Trust. In der Zeit von 1984 bis 1989 tauchten allein fünf neue Namen auf, die zum Kreis der Geschäftsleitung gehörten.[261] Wenn die Umsetzung von Strategien mit bestimmten Personen verbunden war, konnte bei Bankers Trust in Frankfurt nicht viel Klarheit über den Kurs der Bank geherrscht haben.

a) Investment Banking im Umfeld von Hausbanken

Nicht in jedem Fall hat die Hinwendung zum bilanzunabhängigen Geschäft in der zweiten Hälfte der 80er Jahre auch die Erträge gebracht, die sich die Banken vorstellten. Um das Provisionsgeschäft über das Investment Banking intensivieren zu können, bedarf es nämlich einer breiten Kundenbasis und an dieser fehlte es den amerikanischen Banken in Deutschland.[262] Was Investmentbank-Geschäften die besondere Note gab, waren - trotz der starken Konkurrenz um die beste Problemlösung - gute Kontakte und der Wunsch nach vertrauensvollen Geschäftspartnern.[263] Daher darf es nicht verwundern, daß deutsche Kunden in wichtigen Angelegenheiten immer erst mit ihrer Hausbank sprechen wollten.

Es mag sein, daß amerikanische Banken in den 80er Jahren viele neue Konzepte für die Finanzierung von Unternehmen anzubieten hatten, aber noch entscheidender war, den Fuß in die Tür deutscher Unternehmen zu bekommen. Für den *Mergers & Acquisitions*-Bereich gelang das z.B. nur sehr unbefriedigend.[264] Besser sah es dagegen bei den Derivaten, im Handel, hier vor allem im Devisenhandel, und ab 1991 im Bereich der Deutschen Terminbörse, sowie im Emissionsgeschäft für DM-Auslandsanleihen aus. Doch speziell im Emissionsgeschäft konnten die Auslandsbanken mit den Volumina der deutschen Kreditinstitute überhaupt nicht mithalten.

Was die amerikanischen Banken in Deutschland vorfanden, entsprach einem bankenorientierten System, in dem Hausbanken noch immer reichlich Kredite vergaben, weil die Kapitalmärkte unterentwickelt waren. Es war deshalb mehr als schwierig, die erhofften

---

260 O.V., "Bankers Trust verdoppelt Ergebnis", *Börsen-Zeitung*, 9. August 1986, 10.

261 Börsen-Zeitung, verschiedene Artikel.

262 Kaven, "Chancen", 57.

263 Es geht darum, das Gefühl zu haben, sich den besten Beratern auch anvertrauen zu können. Der Preis ist im wesentlichen eine zweitrangige Überlegung. Peter Martin, "Goldman's goose", *Financial Times*, 11. August 1998, 10.

264 Selbst für Morgan, die Bank mit den Kontakten in der ganzen Welt, lief das *Mergers & Acquisitions*-Geschäft in Deutschland erst spät an. Nach Aussage eines Mitarbeiters wurden bei J.P. Morgan in Frankfurt von 1987 bis 1996 ungefähr fünf Transaktionen abgewickelt. Im Geschäftsjahr 1997 veränderten sich allerdings mit sechs *Mergers & Acquisitions*-Transaktionen die Dinge sprunghaft.

Provisionserträge in der Sparte Investment Banking zu erzielen. Da half es auch nur wenig, daß die amerikanischen Banken in ihren Geschäftsberichten und Pressemitteilungen das Wort Investment Banking so oft wie möglich benutzten.[265]

b) Probleme wegen unterschiedlicher Unternehmenskulturen

Von Investmentbankern heißt es, daß sie "von ihren Einfällen leben".[266] *Commercial banks* sind demgegenüber dafür bekannt, daß sie die Geschäfte mit der Bilanz machen. Es blieb damit eine offene Frage, ob diese beiden sehr unterschiedlichen Bankkulturen unter dem Dach einer *commercial bank* auch reibungslos zusammengeführt werden konnten.

Sicher war, daß - von einigen Ausnahmen abgesehen - die obersten Führungskräfte der großen amerikanischen *commercial banks* nur wenig Kenntnis vom Investment Banking hatten. *Commercial banks* waren bekannt für ihre hohe Risikoaversion. Ihre Hauptsorgen galten dem guten Ruf der Bank und der Sicherheit der Kundeneinlagen.

Investmentbanken hingegen gingen Risiken nicht aus dem Weg. Das Hauptmerkmal in diesen Banken waren flache Hierachien, damit jederzeit schnell und flexibel entschieden werden konnte. Bürokratie war in Investmentbanken unerwünscht und Teamwork das oberste Gebot. Die Bezahlung der Mitarbeiter in Investmentbanken unterschied sich wegen der stärkeren Leistungsorientierung erheblich von derjenigen in *commercial banks*.

So gesehen, hätte erst nach gründlicher Analyse der Stärken und Schwächen einzelner großer amerikanischer *commercial banks* der Sprung in das neue Geschäftsfeld erfolgen sollen. Vielleicht hätte man dann erkannt, daß die neuen Aktivitäten gar nicht zur Kultur des eigenen Hauses und zu den Zielen des *commercial banking* passen. Es wäre den Bankern auch ins Bewußtsein gerückt, daß Investmentbank-Aktivitäten im Ausland nicht leicht zu kontrollieren waren, da das schnelllebige Geschäft das Delegieren von Verantwortung unumgänglich machte.[267]

Insgesamt fiel auf, daß der ambitionierte Ausbau des Investment Banking vielen britischen, amerikanischen, japanischen und kontinentaleuropäischen Banken in den 70er und 80er

---

265 Während die Citibank von der Forcierung des Investment Banking sprach und die Vorzüge des bilanzunwirksamen Geschäfts und der Provisionserträge herausstellte, sah die Realität des Geschäftsjahres 1987 ganz anders aus. Die Bank mußte einen Rückgang beim Provisionsüberschuß von 98 Mio. DM auf 22 Mio. DM hinnehmen. O.V., "Citibank AG mit 1987 nicht zufrieden", *Börsen-Zeitung*, 15. Juni 1988, 5.

266 "to live on their wits".

267 Davis benannte die Probleme, die auf eine *commercial bank* mit Investmentbank-Ambitionen zukommen können, schon am Anfang der 70er Jahre: "Characteristically, investment banking, financial and management consulting, mutual fund management and sales, and securities brokerage not only put greater stress on individual initiative, but also have more horizontal organizational structures, a shorter decision-making process, and promotion and compensation based on measurable results." Davis, "U.S. Banks", 81.

Jahren wenig Glück gebracht hat.[268] Nur die größten unter den amerikanischen *commercial banks* hatten die Kapitalkraft und Ausdauer, etwas im Ausland zu bewegen. Kleinere Banken gingen aus diesen internationalen Expansions- und Diversifikationsschritten in neue Märkte eher geschwächt hervor. Begrüßenswert aus Sicht der amerikanischen *commercial banks* war jedoch, daß sie die in Deutschland erlernten Fähigkeiten, speziell im Wertpapiergeschäft, wieder mit ins eigene Land nehmen konnten.[269] Dies traf insbesondere auf Morgan Guaranty zu.

Im Ausland ließ sich so ein Teil des Know-how aneignen, das die *commercial banks* im Konkurrenzkampf mit den Investmentbanken dringend brauchten. Die ausländischen Märkte waren daher immer auch ein Experimentierfeld für neue Geschäftsideen.

D. Die amerikanischen Investmentbanken siedeln sich in Frankfurt an

Das Interesse amerikanischer Investmentbanken am Standort Deutschland war, im Gegensatz zu den *commercial banks*, nie sehr groß gewesen. Noch bis in die 80er Jahre hinein sahen die Investmentbanken keine Veranlassung, mit einer eigenen Niederlassung und Vollbankeigenschaft in Deutschland vertreten zu sein.[270] Dies hatte drei Ursachen: Erstens bestanden für die amerikanischen Investmentbanken in den 60er und 70er Jahren noch genügend Aufgaben im inländischen Markt. Zweitens hatten die Investmentbanken alle ein großes Standbein in London, von wo aus auch der deutsche Markt betreut wurde. Und drittens erhielt das Investment Banking einen kräftigen Schub erst in den 80er Jahren, der von der Deregulierung und Liberalisierung der Finanzmärkte ausgelöst wurde.

In Deutschland betätigten sich Investmentbanken wie Shearson Lehman, Merrill Lynch und Bache & Co. zunächst nur als Broker für amerikanische Aktien und Anleihen. Eine Banklizenz für eine Vollbank benötigten sie dazu nicht. Shearson war seit Mitte der 70er Jahre in Deutschland tätig, hauptsächlich mit institutionellen Anlegern. Merrill Lynch versorgte zusätzlich auch noch private Anleger.

Das Interesse, in Deutschland auch mit einer Vollbank vertreten zu sein, erhöhte sich erst, als mit der sogenannten Restliberalisierung 1985 letzte Hindernisse für die Betätigung ausländischer Banken im Bereich innovativer Wertpapiere und des Emissionsgeschäfts aus dem

268 Geoffrey Jones, *British Multinational Banking 1830-1990* (Oxford: Clarendon Press, 1993) 335.

269 Der Chef von Morgan Guaranty Trust Co. in New York, Dennis Weatherstone, sagte: "We get the opportunity to make money (and) to learn". Anders und Hertzberg, "U.S. Banks", 38.

270 Das Interesse der amerikanischen Investmentbanken erstreckte sich in Europa im wesentlichen nur auf London. Dort zog sie der 1963 entstehende Eurobond-Markt an. Zuvor waren die Wall Street Häuser wegen der Brokergeschäfte mit amerikanischen Aktien in London vertreten. Roy C. Smith, *The Global Bankers* (New York: Truman Talley Books, 1990) 39. Adam, "A tale", 15.

Weg geräumt wurden. Doch sahen das nicht alle amerikanischen Investmentbanken als Grund an, sofort nach Frankfurt zu gehen.

Während Salomon Brothers sich im Sommer 1986 in Frankfurt einrichtete und Morgan Stanley im weiteren Verlauf des Jahres dasselbe tat, nahmen andere erstklassige Adressen eine abwartende Haltung ein. Es folgten schließlich Lehman Brothers[271] im Jahr 1987 sowie Merrill Lynch im Jahr 1988 nach.

Von den großen Investmentbanken waren somit in den 80er Jahren nur Goldman, Sachs & Co. und Bear Stearns noch nicht in Deutschland vertreten; ihre Leute saßen in London oder auch in New York und betreuten von dort aus den deutschen Markt. In Deutschland mit einer eigenen Filiale oder Tochter tätig zu sein, das hätte auch bedeutet, zahlreiche regulative und steuerliche Hemmnisse in Kauf zu nehmen, etwa die als störend und unzeitgemäß empfundene Börsenumsatzsteuer. Man wartete daher lieber ab.

Es gab auch Investmentbanken, wie z.B. Dillon Read, die überhaupt nicht nach Deutschland kamen. Dillon Read hätte sogar an die eigenen deutschen Aktivitäten der 20er Jahre anknüpfen können.[272]

Die Tabelle 20 zeigt die Gründungsjahre und, soweit bekannt, die Mitarbeiterzahlen der US-Investmentbanken in Deutschland.

Tabelle 20: Gründungsjahr und Mitarbeiterzahlen der US-Investmentbanken in Deutschland

Banken	Gründungsjahr	1986	1987	1988	1989	1990
Salomon Brothers AG	1986	20	35	40	44	69
Morgan Stanley Bank AG	1986	n.b.	n.b.	n.b.	55	75
Lehman Brothers Bankhaus AG	1987		n.b.	n.b.	n.b.	25
Merrill Lynch Bank AG	1988			1	7	14
Goldman, Sachs & Co. oHG	1991					
Bear Stearns Bank GmbH ('95 geschl.)	1993					

Quellen: O.V., "Frankfurter Tochter wird schrittweise aufgebaut", *Handelsblatt*, 3. Dezember 1986, 8. Banken-Jahrbücher, Hoppenstedt. Geschäftsberichte. Colin Jones, "Beautiful but elusive", *The Banker* (September 1989): 68.

271 Damals noch Shearson Lehman.

272 Siehe Seite 48 dieser Arbeit.

Morgan Stanleys frühen Gang nach Frankfurt erklärten die Investmentbanker mit dem starken Engagement dieser Bank im DM-Bonds-Geschäft.[273] Andererseits war Goldman Sachs ebenfalls einer der Haupthändler in DM-Bonds, doch bestand der Unterschied darin, daß Goldman weiterhin von London aus agierte.[274]

In jedem Falle aber favorisierten die Investmentbanken eine Triangel-Struktur, basierend auf New York, London und Tokio. Nur Morgan Stanley und Salomon Brothers gingen noch einen Schritt weiter, indem sie in möglichst vielen europäischen Kapitalmärkten lokal verankert sein wollten.[275] Damit kamen die beiden dem Ansatz von J.P. Morgan sehr nahe, die als *commercial bank* viel von der Präsenz vor Ort hielt und deshalb in den meisten kontinentaleuropäischen Zentren mit einer Zweigniederlassung und oft auch mit einer eigenen Wertpapierfirma vertreten war.[276]

Als Salomon Brothers 1986 die Bankerlaubnis erhielt, existierte die Niederlassung in Frankfurt bereits seit einem Jahr. Die offizielle Einweihung wurde Anfang 1987 gefeiert, weil Salomon erst bis dann die richtigen Leute gefunden hatte und Mitglied der Börse geworden war.[277] Salomon gab an, wegen der Bedeutung des deutschen Kapitalmarktes und der Unternehmenskonzentration nach Deutschland gekommen zu sein.[278] Das Startsignal gab die Restliberalisierung.[279] Den Schwerpunkt der Geschäfte legte die Bank auf die Neuemission von DM-Titeln und den Sekundärmarkthandel von DM-Anleihen. Salomon erwartete nämlich, daß der größte Teil des Handels in DM-Anleihen, der sich 1987 noch außerhalb Deutschlands abspielte, bald wieder nach Frankfurt zurückkommen würde - was allerdings nicht der Fall war.

Salomon deckte auch den Bereich Corporate Finance ab, nicht zuletzt, um dem Image eines nur auf festverzinsliche Wertpapiere spezialisierten Unternehmens entgegenzutreten. Für das Aktiengeschäft, das man ebenfalls im Auge hatte, sollten zwei Mitarbeiter von London nach Frankfurt kommen.[280] Die Salomon Brothers AG sah sich in der Rolle, eine neue Dimension nach Frankfurt zu bringen. Aber mit Blick auf den Gesamtmarkt war die Bank doch nur "ein kleiner Fisch". Aus diesem Grund, so äußerte sich der *Chief Executive*

---

273 Klaus C. Engelen, "Liberalisierung reicht Euro-Bankern nicht aus", *Handelsblatt*, 4. August 1986, 6.

274 Adam, "A tale",15.

275 Ibid., 14.

276 In Frankreich zahlte sich Morgan Guaranty Trusts jahrhundertelange Anwesenheit aus: Morgan wurde 1986 als einzige ausländische Bank zum *primary dealer* französischer Staatsanleihen ernannt. Ibid.

277 Simonian, "Foreign", 43.

278 O.V., "Salomon Brothers: Frankfurt hat Priorität", *Börsen-Zeitung*, 14. August 1986, 6.

279 Es hieß: "daß Salomon Brothers damit auf den Abbau nationaler Zugangsbeschränkungen zu den wichtigsten Kapitalmärkten reagiert habe, was auch für die Gründung der Niederlassungen in Tokio und London gelte." O.V., "Gutfreund: Salomon bringt eine neue Dimension", *Börsen-Zeitung*, 3. Februar 1987, 2.

280 Ibid.

Officer (*CEO*) Gutfreund, "werde sein Haus in bezug auf die Kommissions- und Gebührenstrukturen nicht den aggressiven Part spielen."[281]

Das Grundkapital der Salomon Brothers AG war im Jahr 1987 mit 110 Mio. DM sehr großzügig bemessen, verglichen mit der Morgan Stanley GmbH, die nur mit 12 Mio. DM auskommen mußte. Lehman startete mit einem Gründungskapital von 25 Mio. DM, bei der Merrill Lynch Bank AG betrug 1988 das Eigenkapital 20 Mio. DM. Diese Zahlen belegten, daß Salomon im Vergleich zu den anderen Investmentbanken ein großes Rad drehte: Der gesamte Handel mit DM-Papieren war in Frankfurt konzentriert, so daß die Bilanz umfangreiche Wertpapierbestände enthielt.

Eigene Stärken sah Salomon in den Gebieten neuartiger Finanzierungstechniken, zu denen Zerobonds öffentlicher Schuldner oder Optionsscheine auf Bundesanleihen zählten. Wie Goldman Sachs auch, hatte Salomon Brothers seine Ursprünge im Handel. Für beide Banken war die Liberalisierung der Finanzmärkte in den 70er Jahren deshalb ein Segen, und sie stiegen zur Elite auf. Doch während Goldman Sachs seine überragende Bedeutung halten konnte, fiel Salomon in den frühen 90er Jahren wegen der stärkeren Handelslastigkeit und den dadurch hervorgerufenen Gewinnschwankungen im Feld der Investmentbanken etwas zurück.[282]

Morgan Stanley arbeitete im Gegensatz zu Salomon intensiv an einer günstigen Marktposition bei den Standardprodukten, wobei es der Bank zugute kam, daß sie im Handel mit DM-Instrumenten in London die bessere Reputation genoß.[283] Daher war es kein Zufall, daß Morgan Stanley unter den Amerikanern in den Bereichen Handel in deutschen und internationalen Bonds und Aktien sowie dem Emissionsgeschäft mit DM-Auslandsanleihen und Corporate Finance schnell eine führende Position einnahm. Morgan Stanley hatte ferner über die früheren *Chairmen* Bob Baldwin und Frank Petito einen besonders guten Draht zu deutschen *blue ship*-Unternehmen, was Morgan Stanley sogar leichte Vorteile gegenüber dem alteingesessenen Konkurrenten J.P. Morgan verschaffte.[284] Die Morgan Stanley-Leute in Deutschland schätzten, daß sie 1989 für 2,5% - 3% des Handels an der Frankfurter Börse und für 3% - 5% des täglichen Umsatzes von japanischen Aktienoptionsscheinen verantwortlich waren.[285]

Demgegenüber hatte Salomon 1987 eine eigene Swap-Gruppe eingerichtet und zählte sich zur Spitze im Geschäft mit Derivaten. Das Swap-Geschäft der anderen Banken wurde

---

281 O.V., "Gutfreund", 2.

282 Martin, "Goldman's", 10.

283 Simonian, "Foreign", 43.

284 Adam, "A tale", 15.

285 Ingo Walter und Roy C. Smith, *Investment Banking in Europe: Restructuring for the 1990s* (Oxford: Basil Blackwell, 1990) 150.

überwiegend im Ausland abgewickelt, weil die Auslandsbanken mit aufsichtsrechtlichen Beschränkungen in Deutschland rechneten.[286]

Das Bankhaus Lehman Brothers Bankhaus AG in Frankfurt firmierte im ersten Jahr seines Bestehens, 1987, noch als Shearson Lehman Brothers AG Bankhaus.[287] Im Jahr 1990 erhielt die Investmentbank dann im Zuge einer weltweiten Reorganisation den Namen Lehman Brothers Bankhaus AG.[288]

Shearson setzte die geschäftspolitischen Akzente klar auf den Bereich Corporate Finance, was die Bank veranlaßte, sich vor allem um die Pflege enger Beziehungen zur deutschen Industrie zu bemühen. Ein Ansatzpunkt der internationalen Investmentbank war, die Kunden "in ihrer industriellen Strategie weltweit kompetent beraten zu können".[289] Eine wichtige Aufgabe übernahm deshalb der *Mergers & Acquisitions*-Bereich.

Aber auch in den Feldern Emissions- und Konsortialgeschäft sowie dem Wertpapierhandel war Shearson aktiv.[290] Als Mitglied des Bundesanleihekonsortiums erhielt die Bank schnell den Kontakt zu den deutschen Bundesländern, für die man Schuldscheindarlehn organisierte. Später kamen *commercial paper* und *medium term notes* hinzu, die Shearson Lehman im Zuge der Wiedervereinigung ebenfalls für die hungrige Öffentliche Hand arrangierte. Für Shearson Lehman war die Teilnahme am Bundesanleihekonsortium wichtiger als die Möglichkeit, DM-Auslandsanleihen zu begeben. Als Mitglied des Bundesanleihekonsortiums ließen sich Gebühren einsparen, die sonst von den deutschen Kreditinstituten für die Weitergabe vereinnahmt worden wären.

Der Durchbruch in Deutschland gelang der ab 1990 unter Lehman Brothers firmierenden Investmentbank mit der Beratung der Allianz Versicherung bei der Übernahme des US-Versicherers Fireman's Fund, dem bis dahin mit 3,3 Mrd. Dollar größten *Mergers & Acquisitions*-Geschäft eines deutschen Unternehmens.[291]

Auf Seite des Kapitalmarktgeschäfts richteten sich alle Hoffnungen auf den deutschen Rentenmarkt. Diesen sah Lehman Brothers wegen seiner hohen Realzinsen als einen der attraktivsten Rentenmärkte überhaupt an.[292] Große Erwartungen verbanden die Lehman Banker auch mit der Zulassung von Geldmarktfonds in Deutschland. Doch nutzte der

---

[286] Wolfgang Schaaf, "Markteintrittsstrategien ausländischer Banken in der Bundesrepublik Deutschland", *Mitteilungen und Berichte* (Jahrgang 19/1988, Nr. 55): 34.

[287] Bevor es zu dem Namen Lehman Brothers Bankhaus AG kam, änderte sich die Firma 1988 fusionsbedingt noch einmal in Shearson Lehman Hutton AG Bankhaus.

[288] Karin Minor, "Lehman Brothers führten Allianz die Braut zu", *Börsen-Zeitung*, 22. August 1990, 3.

[289] O.V., "Shearson Lehman Hutton gut gestartet", *Börsen-Zeitung*, 2. Juni 1989, 8.

[290] Shearson erhielt 1989 die Zulassung zur Teilnahme am Handel der Frankfurter Börse und wurde in das Bundesanleihekonsortium aufgenommen. Ibid.

[291] Minor, "Lehman", 3.

[292] Ibid.

Know-how-Vorsprung von Lehman Brothers in diesem Feld nur wenig, weil die deutschen Sparer weiterhin an den traditionellen Sparformen festhielten.[293]

Als die Merrill Lynch Bank AG im Jahr 1988 die deutsche Bankerlaubnis erhielt, sah sich die Bank selbst als Finanzhaus und nicht als Vollbank an. Die mit dem Universalbankstatus verbundenen Auflagen empfand die Bank eher als hinderlich. Merrills Geschäftsschwerpunkte in Deutschland lagen auf den Gebieten rund um das Wertpapier.[294]

Goldman Sachs hatte die Vorstellung, nur mit einer kompletten Investmentbank in Deutschland zu starten. Deshalb blieb die Bank während der Aufbauphase mit allen deutschsprachigen Mitarbeitern in London. Erst 1991 wurde die deutsche Tochtergesellschaft Goldman Sachs & Co. OHG gegründet, und die für Deutschland zuständige Mannschaft wechselte von London nach Frankfurt. Viel Aufmerksamkeit erregte Goldman bei der Privatisierung der Deutschen Telekom, weil die Investmentbank die Rolle des *Global Coordinator* einnahm. Das war ein hart umkämpftes Mandat, für das Goldman schon im Vorfeld alle Hebel in Bewegung setzte, etwa dadurch, daß sich Mitarbeiter der Bank zusammen mit einem deutschen Partner in einem Bonner Hotel einquartierten und für die Telekom kostenlose Analysen erstellten.

1) Das Wettbewerbsumfeld in Deutschland

Neben den amerikanischen Banken zog es auch die Schweizer und die japanischen Banken wegen des Wertpapieremissionsgeschäfts, des Wertpapierhandels und des Corporate Finance nach Deutschland.[295] Die Schweizer, die mit ihren Großbanken Mitte der 80er Jahre auf einen Schlag nach Deutschland kamen, waren für ihre Plazierungskraft und Kapitalstärke sowie konservative und verschwiegene Grundhaltung bekannt; die japanischen Banken hatten sich einen Namen als langfristig denkende Unternehmer gemacht.

Im Jahr 1989 gehörten Morgan Stanley und die Schweizerische Kreditanstalt, die heutige Credit Suisse, zu den erfolgreichsten Auslandsbanken im Emissionsgeschäft.[296] Die meisten Neulinge mußten jedoch ihre hohen Anfangserwartungen zurückschrauben. Alle Auslandsbanken hatten mit schrumpfenden Margen im Euro-DM-Anleihegeschäft und mageren

---

293 Ibid.

294 Die Anfänge dieser Investmentbank in Deutschland gingen noch auf die Zeit als Broker zurück, und zwar mit der Firma Merrill Lynch, Pierce, Fenner & Smith International Ltd. Die damals größte amerikanische Brokerfirma eröffnete 1961 eine Niederlassung in Frankfurt. 1967 kam eine zweite Niederlassung in Hamburg dazu. Zu Merrills Kunden zählten neben den deutschen Banken auch zahlreiche Privatleute, die an amerikanischen Wertpapieren interessiert waren. Der Hamburger Standort war von Reiz, weil die Broker sich dort auch mit dem Handel von Rohstoffen beschäftigen konnten. O.V., "Merrill Lynch in Hamburg", *Zeitschrift für das gesamte Kreditwesen* 20 (1967): 958.

295 Jones, "Beautiful", 57.

296 Ibid.

Erträgen im inländischen Anleihegeschäft zu kämpfen. Im Anleihegeschäft sah die Situation so aus, daß auf die 40 Auslandsbanken, die im Bundesanleihekonsortium Mitglied waren, ein Kontingent von 20% jeder regulären Anleiheemission entfiel.

Eine Klage aus dem Jahr 1988 lautete: "Today the market is virtually wide open in theory, but in practice the success of foreigners has been conspicuous by its absence."[297] Die natürliche Grenze bildeten stets die deutschen Kreditinstitute, an denen die ausländischen Banken nicht so leicht vorbeikamen: "The lively markets in Euro-DM and DM bonds have attracted the US, Swiss, Japanese and other houses which flooded into Frankfurt once the lead management of Euro-DM issues was opened up. But their initial experiences have hardly been heartwarming - mainly thanks to the local houses' awesome placing-power."[298]

Das Geschäft bei den Euro-DM-Emissionen lag traditionell - und daran änderte sich nichts - in den Händen der drei oder vier großen Banken in Deutschland.[299] Nur die beiden US-Banken J.P. Morgan und Morgan Stanley sowie die Schweizer Credit Suisse waren 1987 überhaupt in *Lead Manager*-Positionen vertreten, wie Tabelle 21 zeigt.

Tabelle 21: Top *Lead Manager* bei Euro-DM-Emissionen 1987 (in Mio. Dollar)

	Betrag	Anzahl der Emissionen	Prozentanteil
Deutsche Bank	5.773	42	39,8
Commerzbank	2.155	20	14,9
Dresdner Bank	1.598	14	11,0
J.P. Morgan GmbH	949	6	6,5
Westdeutsche Landesbank	825	8	5,7
Trinkaus & Burkhardt	558	7	3,9
Credit Suisse First Boston	442	6	3,1
Bayerische Vereinsbank	359	2	2,5
Morgan Stanley	321	2	2,2

Quelle: David Frank, "Spurred into Action", *The Banker* (Mai 1988): 21.

297 David Frank, "Nothing too fancy", *The Banker* (Mai 1988): 28.

298 Colin Jones, "Time to take a starring role", *The Banker* (September 1988): 51.

299 Ein Vergleich ergibt, daß die Konzentration der Top-Banken im Segment der Neuemissionen in Deutschland viel höher ist als bei den Top-Banken in den USA. So kamen 1987 Deutsche Bank, Commerzbank, Dresdner Bank und Westdeutsche Landesbank auf 80% des Volumens bei Neuemissionen. Dagegen hielten die 4 Top-Investmentbanken aus den USA in ihrem Heimatmarkt nur einen Marktanteil von 17%. Frank, "Nothing", 28.

Was die formale Gleichberechtigung aller Banken im Neuemissionsgeschäft anging, so machten die ausländischen Banken die Erfahrung, daß es im täglichen Geschäft feine Formen der Benachteiligung gab. Zum Beispiel wurde eine DM-Neuemission arrangiert, bei der die Swiss Bank Corporation International nicht zum Zuge kam, obwohl sie die 2-Tagesfrist für die Ankündigung einer DM-Neuemission bei der Bundesbank einhielt. Letztlich machte die Deutsche Bank AG das Rennen. Aus Sicht der Schweizer lag die Verantwortung für diese Ungereimtheit bei der Bundesbank, weil die Bundesbank sehr irritierende Zeitsignale gegeben hatte. Die Bundesbank wies diese Vorwürfe zurück. Für einen außenstehenden Banker war das bezeichnend: ""Recent events in West Germany show how hard it is, whatever the level of international demand, to fight against local houses when they exert themselves.""[300] Auch J.P. Morgan beklagte im Geschäftsbericht für 1986: "So behindern die derzeitigen Anmelderichtlinien für DM-Auslandsanleihen ein in jedem Falle marktnahes Emissionsverfahren; ...".[301]

2) Schwierigkeiten beim Start

Nach Öffnung des DM-Kapitalmarkts für ausländische Kreditinstitute plazierten die amerikanischen Investmentbanken bereits eine Vielzahl von Bundesanleihen im Ausland. Diese Anfangsphase, für die 1984 mit der Abschaffung der Couponsteuer eine wichtige Voraussetzung geschaffen wurde, verlief ziemlich stürmisch. Doch als 1988 eine deutsche Quellensteuer auf inländische Zinserträge eingeführt wurde, schlug das Pendel zurück und verunsicherte viele Marktteilnehmer. Die Plazierung der Anleihen wurde schwieriger, selbst wenn ausländischen Anlegern ein Erstattungsverfahren für einbehaltene Quellensteuern offenstand - im allgemeinen scheuten Anleger aber diese Verfahren.[302]

Das erste größere Geschäftsjahr 1987 war ebenfalls ein schlechtes Emissionsjahr für die DM-Renten, weil nur ungefähr die Hälfte des Volumens des Vorjahres emittiert wurde. Aber auch sonst verlief das Jahr ungünstig für die Auslandsbanken: "It's not just the new issue volume which hurt the foreign firms; their strategies were frequently wrong from the start."[303]

Als ein elementarer Strategiefehler wurde z.B. angesehen, daß ein Teil der ausländischen Investmentbanken die Stützpunkte in Frankfurt viel zu schnell aufbauen wollte. Die Salomon

---

300 David Frank, "Spurred into Action", *The Banker* (Mai 1988): 21.

301 Kritisiert wurde hier noch der Modus der 14-tägigen Einplanung von DM-Auslandsanleihen. Morgan Guaranty GmbH, *Geschäftsbericht 1986*, 4.

302 Verband der Auslandsbanken in Deutschland e.V, *Die Auslandsbanken in der Bundesrepublik Deutschland 1989*, 7.

303 Frank, "Nothing", 28.

Brothers AG etwa holte sich auf einen Schlag eine ganze Reihe neuer Führungskräfte, doch zeigte sich dann, daß die neuen Führungskräfte in erster Linie gut darin waren, Kontakte zu Banken und Kreditnehmern auf Vorstandsebene herzustellen; sie waren weniger gut darin, auch die nachgeordneten Ebenen der noch jungen Bank miteinzubeziehen. Salomon in Deutschland mußte sich den Vorwurf gefallen lassen, einen sehr arroganten und kontraproduktiven Weg gewählt zu haben.[304]

Andere Kritiker warfen Salomon vor, in Kontinentaleuropa anfangs nicht mit der genügenden Härte vorgegangen zu sein.[305] Möglicherweise lag das auch an der Verfolgung zu vieler Ziele auf der lokalen Ebene, wie Paul Clarke, ein hoher Salomon-Mann, einräumte: "Satellite networks are good for distribution. Some people think it's better to do it all from London and use the input from the whole trading floor. But I personally believe that local relationships pay off eventually. However, we have to recognise that we just can't do everything."[306]

In jedem Falle hatte Salomon einen furiosen Auftakt in Deutschland gewählt. Doch schien alles eine Spur zu euphorisch zu sein, und Kenner der Szene merkten an, daß der *CEO* Gutfreund, der durch Deutschland tourte, keine guten Berater hatte. Im Ergebnis hatte Salomon mit viel Aufwand wenig erreicht.[307]

Eine bessere Startphase erwischte dagegen Morgan Stanley in Deutschland. Morgan Stanley nahm sich von Beginn an vor, die gesamten Wertpapieraktivitäten so behutsam wie möglich aufzubauen. Dafür waren vier oder fünf Jahre eingeplant. Erst nach und nach sollten die Abwicklungs- und Handelsräume mit deutschen Mitarbeitern besetzt werden. Tatsächlich beließ Morgan Stanley aber den ganzen DM-Handel in London, was allein schon deshalb vorausschauend war, weil mehr als die Hälfte der Bundesanleihen von ausländischen Anlegern gekauft wurde. Salomon Brothers hingegen baute unter hohen Kosten den DM-Handel zunächst in Frankfurt auf - eine Entscheidung, die später durch das Zurückgehen nach London wieder korrigiert wurde.

London hatte die Vorzüge eines internationalen Finanzplatzes. Dazu gehörten die englische Sprache als *lingua franca* des Finanzgewerbes, das Know-how in den neuesten Finanzgeschäften einschließlich der Fachleute, eine internationale Investorenschar und sehr liquide Kapitalmärkte. Im Gegensatz zu Deutschland wurde in Großbritannien auch keine Börsenumsatzsteuer erhoben und keine Mindestreserve von der Zentralbank verlangt. Ein Pluspunkt Londons lag nicht zuletzt auch in dem spezifischen Anlegerverhalten am Londoner Markt, das dazu führte, daß die Papiere dort häufiger den Besitzer wechselten als

---

304 Ibid.

305 David Frank, Neil Wilson und Edi Cohen, "Hold The Trumpets", *The Banker* (März 1989): 17.

306 Ibid.

307 Axel Hirschberg, früheres Vorstandsmitglied Lehman Brothers Bankhaus AG, Telefongespräch am 26. August 1998, Frankfurt.

in Deutschland, mit der Folge tendenziell höherer Wertpapierumsätze. In Deutschland behielt der Käufer seine Anleihe z.B. in der Regel bis zur Fälligkeit oder nahm zumindest eine mittel- bis langfristige Sichtweise ein.[308]

Doch das Hauptproblem der in Deutschland tätigen US-Investmentbanken lag in dem Umstand, "that they cannot compete with the big West German houses on "plain vanilla" deals because they do not have the placing power."[309]

Es gelang den deutschen Banken auch noch immer, ihren Großkunden Brot-und-Butter-Geschäfte, wie etwa die Durchführung einer Kapitalerhöhung, zu verkaufen. Das stellten leicht zu erzielende Gewinne dar. Amerikanische Banken gingen bei diesen Standardprodukten häufig leer aus. Sie wurden allerdings gern in Anspruch genommen, wenn es um aufwendige und kompliziertere Lösungen ging.[310]

Unerwarteten Druck löste bei den ehrgeizigen Investmentbanken auch der Börsencrash vom 19. Oktober 1987 aus. Speziell der Aktienhandel litt darunter, daß es noch keine *Hedging*-Instrumente in Deutschland gab.[311] Manche verglichen die Situation in Deutschland mit dem Big Bang in London. Aufgrund dieser britischen Deregulierungsoffensive aus dem Jahre 1986 reduzierte der Wettbewerb die Margen so sehr, daß bestimmte Geschäftsbereiche gar nicht mehr rentabel waren.[312] Morgan Stanley hielt aber dagegen, daß Spitzenpositionen in bestimmten Geschäftsfeldern nur durch hohe Investitionen erreicht werden könnten.[313] In der Tat investierte die Morgan Stanley GmbH am meisten von allen Investmentbanken in den deutschen Stützpunkt: Von 1987 bis 1990 betrugen die Verwaltungskosten (Personal- und Sachkosten sowie Abschreibungen) bei Morgan Stanley durchschnittlich 23,9 Mio. DM pro Jahr. Die Abbildung 10 veranschaulicht die unterschiedlichen Verwaltungskosten der in Deutschland vertretenen amerikanischen Investmentbanken.

---

308 In London kommen viel häufiger institutionelle Investoren zum Zuge, die auf Kursgewinne spekulieren und weniger auf die Zinsen achten. Ein Wertpapierhaus in London macht daher mehr Umsätze. Aber die Verhältnisse in Deutschland müssen nicht unbedingt von Nachteil sein, wie ein deutscher Händler meinte: ""We 're proud if we find an investor who holds for five years, it's not good news if your business relies on heavy turnover as do some of the big US houses - they have to keep their traders busy."" Frank, "Nothing", 28.

309 Ibid.

310 Ulrich Weiss, Vorstandsmitglied Deutsche Bank AG, Vortrag am 26. September 1997, Arbeitskreis für Bankgeschichte, Gesellschaft für Unternehmensgeschichte e.V., Frankfurt am Main.

311 O.V., "Manufacturers Hanover gründet GmbH", *Börsen-Zeitung*, 15. April 1988, 5.

312 Der Big Bang setzte speziell die im Eurobond-Markt tätigen US-Investmentbanken unter Druck. Deren Hauptkunden waren Emittenten, die regelmäßigen Kapitalbedarf hatten, und eben die Käufer der Eurodollar-Emissionen. Doch der Big Bang und der rasante Margenverfall infolge des erhöhten Wettbewerbs ließen das Neuemissionsgeschäft mit Eurodollar-Papieren einbrechen, ohne daß die US-Investmentbanken dies durch Nicht-Dollar-Geschäfte hätten ausgleichen können. Die Handelserlöse verringerten sich und die Profite schwanden. Zu Beginn des Jahres 1987 markierten Entlassungen und Personalwechsel den Dollar-Sektor im Eurobond-Markt. Mit dem Börsencrash vom Oktober 1987 erfolgten weitere Einschnitte beim Personal. Walter und Smith, *Investment*, 96.

313 Ibid., 150.

Abbildung 10: Die durchschnittlichen Verwaltungskosten der US-Investmentbanken in Deutschland in den Anfangsjahren bis 1990

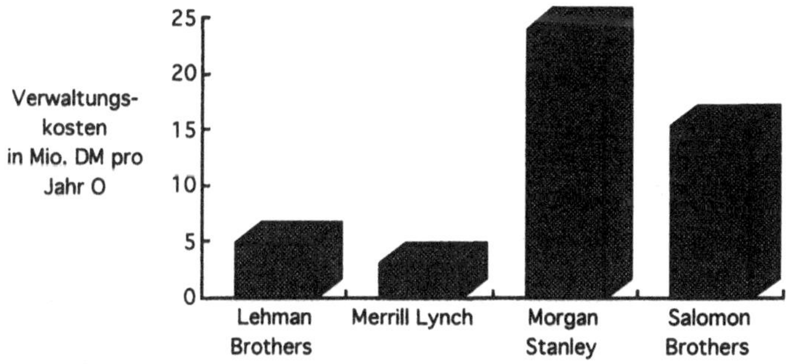

Quelle: Eigene Berechnungen.

Mit Blick auf die Ertragssituation der amerikanischen Investmentbanken in Deutschland lassen sich in den Fällen, in denen positive Jahresüberschüsse ausgewiesen wurden, keine gesicherten Aussagen machen. Die in den Jahresabschlüssen der deutschen Tochterbanken ausgewiesenen Verwaltungskosten überstiegen in fast allen Fällen die Zins- und Provisionsüberschüsse, so daß keine Gewinne anfallen konnten.[314]

Jedoch galt für die hier betrachteten Investmentbanken mehr noch als für die *commercial banks*, daß nicht alles, was in Frankfurt als Geschäft seinen Ausgang nahm, auch dort verbucht wurde. Investmentbanken sind produktorientiert, d.h. es ist von zweitrangiger Bedeutung, wo der Gewinn anfällt und die Steuern bezahlt werden. Mit den Finanzämtern in Deutschland wurde deshalb z.B. nach einer bestimmten Formel verfahren, die sich an den Verwaltungskosten der deutschen Tochtergesellschaften orientierte.[315]

In bezug auf die Produktpalette machten die amerikanischen Banken in Deutschland die Erfahrung, daß Standardprodukte mehr Anklang fanden als ausgefallene Neuschöpfungen. Am Anfang urteilten einige Londoner Banker allerdings noch großzügig: "Anything which goes in London will go in Frankfurt".

Später fanden die gleichen Leute dann heraus, daß in dieser Anfangsphase längst nicht alle innovativen Finanzprodukte in Frankfurt ihre Abnehmer fanden und daß dort eine Vorliebe für äußerst konventionelle Bankprodukte vorherrschte, z.B. Anleihen der Öffentlichen

314 Siehe die Kerndaten der Jahresabschlüsse im Anhang.

315 Hirschfeld, Telefongespräch, 26. August 1998. O.V., "Gutfreund: Salomon bringt eine neue Dimension", *Börsen-Zeitung*, 3. Februar 1987, 2.

Hand.[316] Umso schwieriger war es deshalb für die Auslandsbanken, diese konventionellen Bereiche mit entsprechendem Personal zu besetzen, denn es stand in Deutschland nur eine begrenzte Anzahl guter Wertpapierhändler zur Verfügung.[317]

3) Die Wiedervereinigung als Chance für das Investment Banking

Die durch die deutsche Wiedervereinigung 1990 bedingte Geschäftsbelebung im *Mergers & Acquisitions*-Geschäft (*M & A*) kam den Investmentbanken sicher gelegen, aber ein Durchbruch im Investment Banking in Deutschland war damit noch nicht verbunden.

Es handelte sich um einen Boom von zwei oder drei Jahren, in denen die Investmentbanken ihre Geschäfte mit der Treuhandanstalt, die die ostdeutschen Betriebe verwaltete, machten. Insbesondere stiegen auch zahlreiche kleinere *M & A*-Beratungsfirmen in diesen Markt ein: "Jeder der eins und eins in dieser Branche zusammenzählen konnte, war irgendwie involviert. Doch mußten viele dieser *M & A*-Berater ihre Aktivitäten zurückfahren, weil das Geschäft zusammenbrach."[318]

Die Salomon Brothers AG eröffnete 1990 ein zusätzliches Büro in Berlin. Lehman Brothers Bankhaus AG hielt sich bei den *M & A*-Mandaten in den Neuen Bundesländern sehr zurück. Das Interesse galt schon eher der Refinanzierungsseite, d.h. der Zusammenarbeit mit der Treuhandanstalt im Emissionsgeschäft. An qualitativ hochwertigen *deals* war man zwar interessiert, aber große Investmentbanken wie Morgan Stanley wollten die eigenen Kunden nicht in Schwierigkeiten bringen oder verärgern.[319]

Andere waren dagegen im Verhältnis zu ihrer sonstigen Marktstellung viel aktiver in Ostdeutschland vorgegangen, etwa Warburg aus Großbritannien, und wurden zu etlichen Beratungsmandaten im Zusammenhang mit der Privatisierung der ehemals staatlichen Betriebe herangezogen. Nicht wenige dieser Transaktionen waren allerdings auch stark politisch motiviert, so daß die Bewertungen der maroden Betriebe oft nicht den üblichen Bewertungskriterien der Branche entsprachen.

Von den *commercial banks*, die auch mit den Leistungen des Investment Banking dienen konnten, engagierte sich in den Neuen Bundesländern nur die Citibank deutlich sichtbar. Die Citibank nahm die Öffnung der ehemaligen DDR zum Anlaß, den Einzugsbereich der Filiale West-Berlin auf ganz Berlin, Brandenburg und den Norden der DDR zu erweitern und

---

316 Im *The Banker* hieß es: "Floaters, dual-currency bonds and warrants are not the staple diet of the average German investor." Frank, "Nothing", 28.

317 Ibid.

318 Frank Henkelmann, Morgan Stanley Bank AG, Frankfurt, Interview, geführt am 24. September 1997, Frankfurt.

319 Axel Hirschfeld, Telefongespräch am 26. August 1998.

daneben eine Repräsentanz in Dresden zu gründen, aus der Ende 1990 eine Niederlassung wurde, sowie Leipzig als weiteren Standort in die Planung mitaufzunehmen.[320] Geschäftspotentiale wurden im Immobilien- und Corporate Finance-Bereich gesehen.[321] Für die Citibank stand dabei die Tuchfühlung mit potentiellen Kunden im Osten im Vordergrund.

Von den Investmentbanken betonte auch die J.P. Morgan GmbH in Frankfurt, als Ansprechpartner für Bankgeschäfte in den Neuen Bundesländern zur Verfügung zu stehen. J.P. Morgan war sogar die erste nicht-deutsche Bank, die in der Anfangsphase des Privatisierungsprozesses 1990 eigenes Personal in die Treuhandanstalt entsandte.

J.P. Morgan beriet die Treuhandanstalt beispielsweise bei der Privatisierung von 12 regionalen großen Zeitungen. Die andere für Banken interessante Seite der Wiedervereinigung betraf den Bereich der Kapitalaufnahme. Hier wirkte Morgan für die Bundesregierung und die Treuhandanstalt gleichermaßen, etwa bei der Plazierung von Schuldscheinen, der Teilnahme an einem DM-*commercial paper*-Programm oder als Kreditgeber für Firmen, die im Besitz der Treuhandanstalt waren.[322]

---

320 Die Filiale der Citibank war damit die erste ausländische Bank in Dresden. Wie bei den anderen 1990 noch bestehenden Filialen in Berlin, Düsseldorf, Hamburg, München und Stuttgart wurden auch von Dresden aus vornehmlich Firmenkunden, Banken und institutionelle Anleger betreut. O.V., "Citibank eröffnet Filiale in Dresden" , *Börsen-Zeitung*, 27. Oktober 1990, 5.

321 O.V., "Citibank faßt 1990 wieder Tritt", *Börsen-Zeitung*, 28. Juni 1990, 5.

322 J.P. Morgan, Hrsg., *Investing in Eastern Germany* (Frankfurt: 6. März 1992): 8.

VII. Zusammenfassung und Ergebnisse

Es war das Ziel der vorliegenden Arbeit, die Geschäftspolitik der amerikanischen Banken in Deutschland in der Zeit von 1960 bis 1990 zu untersuchen.

In den 60er Jahren waren die amerikanischen Banken Vorreiter des multinationalen Bankgeschäfts geworden. Dieses Konzept sah vor, daß eine Bank auch außerhalb des Heimatmarktes mit eigenen Bankstellen tätig werden sollte. Die Anführer dieser Expansion waren Citibank, Morgan Guaranty Trust, Chase Manhattan Bank und Bank of America. Ihnen folgten knapp ein Dutzend weiterer amerikanischer Banken an die ausländischen Standorte. Auch in Deutschland errichteten diese Banken ihre Stützpunkte, in erster Linie als Zweigniederlassungen, aber auch als Tochterbanken oder Beteiligungen an inländischen Banken. Von dort aus betrieben sie das internationale und zunehmend das lokale Geschäft. Eine Blütezeit konnten die amerikanischen Banken in den frühen 70er Jahren erleben.

Am Ende der 80er Jahre befanden sich jedoch schon viele der amerikanischen Banken wieder auf dem Rückzug aus dem Ausland oder bauten dort Kapazitäten ab. Das galt ebenso für die deutschen Standorte. Während die amerikanischen Banken in den frühen 70er Jahren auf einen Marktanteil beim Geschäftsvolumen in Relation zu allen Bankengruppen in Deutschland von rund 2% kamen, erreichten sie 1990 nur noch einen Anteil von rund 1%. Im gleichen Zeitraum konnte dagegen die Gruppe der Auslandsbanken in Deutschland, zu der die amerikanischen Banken gehören, den Marktanteil von ca. 2,5% auf 5% verdoppeln.

Trotz der eingeschränkten Aussagefähigkeit von Marktanteilen im Bankensektor, wie in der Einleitung bereits erläutert wurde, läßt sich hier für den deutschen Markt ein Trend feststellen, der eine Abkehr der amerikanischen Banken vom Konzept des multinationalen Bankgeschäfts bedeutet.

Dabei muß eingeräumt werden, daß die Bezeichnung amerikanische Banken sehr unterschiedliche Banken einschließt. So gibt es Banken, die sich auf das Firmenkundengeschäft, Interbankengeschäft, *investment banking* oder *retail banking* spezialisiert haben. Hinzu kommen die unterschiedlichen Größen der Banken.

Insgesamt weist die Geschäftspolitik bei den amerikanischen Banken aber viele Gemeinsamkeiten auf. Dies gilt besonders für die amerikanischen *commercial banks*, die in den 60er und 70er Jahren mit für Auslandsbanken sehr typischen Geschäftsfeldern - kurzfristige Kredite, Außenhandelsfinanzierungen und Devisenhandel - auf den deutschen Markt kamen.

Für die Untersuchung der Geschäftspolitik und des offenbar geringer gewordenen Einflusses amerikanischer Banken in Deutschland wurden vier Schwerpunkte gebildet. Diese lagen auf der Analyse der rechtlichen und wirtschaftlichen Rahmenbedingungen in Deutschland und den Vereinigten Staaten, der Erörterung der Gemeinsamkeiten und Unterschiede in der Geschäftspolitik der einzelnen Banken, der Untersuchung der

Wettbewerbsvorteile von amerikanischen Banken und ihrer Rolle als Schrittmacher bei den Finanzinnovationen.

Die Theorien des multinationalen Bankgeschäfts wurden im zweiten Kapitel der Arbeit vorgestellt. Der eklektische Ansatz von Dunning konnte das strategische Verhalten der Banken noch am umfassendsten erklären, weil er der Vielzahl der Faktoren einer Auslandsexpansion gerecht wird. Das C-A-P-Modell von Smith und Walter erwies sich wiederum als ein pragmatischer Ansatz, der die Geschäftspolitik in die Bestandteile Kundenkreis, Geschäftsgebiet und Produkte zerlegt. Speziell für die Analyse der Geschäftspolitik der 80er Jahre war dieser Ansatz sehr nützlich. Gleichwohl bestand mit der vorliegenden Arbeit nicht die Absicht, die Theorien in einer systematischen Weise am Beispiel der amerikanischen Banken in Deutschland auf ihre Gültigkeit hin zu überprüfen. Eng damit zusammenhängend, wurde auch nicht der Versuch unternommen, die Geschäftspolitik allein aus der Auswertung der Bilanzen und Gewinn- und Verlustrechnungen der amerikanischen Niederlassungen und Tochterbanken herzuleiten. Die Gründe für beide Einschränkungen hängen mit der Datenlage der amerikanischen Banken in Deutschland zusammen. Dies betrifft sowohl die Verfügbarkeit der Daten als auch deren Interpretation. Zum einen war es nicht möglich, Zahlenmaterial der amerikanischen Banken für die Zeit vor 1976 zu bekommen. Zum anderen trat mit den Geschäftszahlen nach 1976, die es dank der Veröffentlichung im Bundesanzeiger gibt, das Problem einer nur begrenzten Aussagefähigkeit von Jahresabschlüssen einzelner Auslandsfilialen eines weltweit tätigen Bankkonzerns auf, d.h. nicht jedes in Deutschland vermittelte Geschäft wurde auch dort verbucht. Darüber hinaus wanderten speziell bei den amerikanischen Banken in den 80er Jahren immer mehr Finanzdienstleistungen aus den Bilanzen ab, etwa Devisentermingeschäfte, so daß die Bilanzsummen als Gradmesser für die Aktivitäten und die Größe einer Bank an Bedeutung verloren haben.

Die Ergebnisse der Arbeit beruhen daher auf mehreren Säulen. Es werden ausgewählte Theorien des multinationalen Bankgeschäfts, das verfügbare Zahlenmaterial der amerikanischen Banken, der Forschungsstand der Literatur, die Auswertung der wirtschaftlich relevanten Tagespresse und die aus Interviews gewonnenen Erkenntnisse miteinander verbunden. Im Untersuchungszeitraum konnten vier verschiedene Phasen der Geschäftspolitik der amerikanischen Banken in Deutschland identifiziert werden, die auch den Kapiteln der Arbeit entsprechen.

Die erste Phase umfaßt die Geschichte der Internationalisierung der US-Banken vor 1960 sowie die Pionierjahre der amerikanischen Filialen in Deutschland bis 1966.

Die amerikanischen Banken brachen im Vergleich zu den europäischen Banken spät ins multinationale Bankgeschäft auf. Erst mit der Gründung der amerikanischen Notenbank im Jahr 1913 ging auch die Erlaubnis einher, daß die amerikanischen Banken Auslandsfilialen errichten durften. Die Industrieunternehmen des Landes besaßen zu dieser Zeit schon zahlreiche Produktions- und Vertriebsstätten im Ausland, doch die Finanzierung des amerikanischen Außenhandels lag in den Händen der international führenden britischen Banken.

Dies änderte sich mit dem Ersten Weltkrieg und in den Folgejahren, als es in den Vereinigten Staaten zu einer starken Konjunkturbelebung kam, vor allem im Außenhandel, der mehr und mehr auch von amerikanischen Banken finanziert wurde, während die europäischen Banken weltweit an Einfluß verloren. New York gelang es in diesem Umfeld in den 20er Jahren, zum neuen internationalen Finanzzentrum aufzusteigen.

In Deutschland traten die amerikanischen Banken vermehrt in der zweiten Hälfte der 20er Jahre in Erscheinung, jedoch ohne dort eigene Filialen zu haben. Zu den aktiven Banken in der Funktion als Kapitalgeber zählten mittels Repräsentanten Dillon, Read & Co., Lee Higginson and Company sowie Bankers Trust Company. Die Chase Manhattan Bank und die First National City Bank, die heutige Citibank, besaßen 1928 Repräsentanzen in Berlin - die First National Bank verließ Deutschland 1941 wieder. Die American Express Company betrieb seit 1907 eine Tochterbank mit drei Zweigstellen in Deutschland. Dagegen hielten sich die Partner von J.P. Morgan and Company dem Land fern und warnten in den 20er Jahren immer wieder vor übertriebenen Krediten an Deutschland. Als Folge der Weltwirtschaftskrise 1929, der deutschen Bankenkrise 1931 und des Zweiten Weltkriegs schrumpften die Aktivitäten im multinationalen Bankgeschäft.

Nach dem Ende des Zweiten Weltkriegs konnten die amerikanischen Banken den Faden der internationalen Expansion wieder aufnehmen. Mit der Konkurrenz anderer Banken im internationalen Geschäft war nicht zu rechnen, denn die britischen Banken hatten ihre herausragende internationale Stellung verloren und die deutschen Banken verfügten infolge des Krieges mit wenigen Ausnahmen über keine ausländischen Filialen mehr. In Deutschland knüpften die Chase Manhattan Bank 1947 und die First National City 1953 mit der Gründung von Repräsentanzen an die Aktivitäten der Vorkriegszeit an; beide ließen sich in Frankfurt nieder. Die Bank of America kam neu ins Land und gründete 1951 eine Repräsentanz in Düsseldorf. Zu den wesentlichen Aufgaben der Repräsentanzen gehörte die Finanzierung des Außenhandels, die in Kooperation mit den deutschen Banken abgewickelt wurde. Zwei US-Banken erfüllten noch eine besondere Funktion: Die Chase Manhattan Bank und die American Express Company hatten ab 1947 beide den Status einer Militärbank und versorgten in Deutschland das amerikanische Militärpersonal und deren Angehörige mit Bankdienstleistungen.

Ein neuer Abschnitt begann für die Chase, die First National City Bank und Bank of America im Jahr 1960 mit der Umwandlung der Repräsentanzen in Zweigniederlassungen. Dieser Schritt stellte die Auslandsbanken auf eine Stufe mit den inländischen Banken. Die Voraussetzungen dazu schufen die Aufhebung der Devisengesetze 1958 und das 1961 erlassene, aber schon 1960 de facto angewendete Kreditwesengesetz (KWG). Die Gründung einer Tochtergesellschaft in Deutschland erlaubten die amerikanischen Bankgesetze nicht. Den Zweigniederlassungen übertrug man zunächst bestehendes Geschäft der Mutterinstitute. Die wesentlichen Finanzdienstleistungen betrafen das Firmenkundengeschäft in den Feldern kurzfristige Kredite, Außenhandelsfinanzierungen und Devisenhandel.

Die neue Funktion der Vereinigten Staaten, Weltmacht zu sein, begünstigte die Entwicklung der US-Banken in der Nachkriegszeit. Neben der Vorherrschaft des Dollars wirkte sich für das Bankenwachstum im Ausland vor allem die natürliche Geschäftsbeziehung zwischen multinationalen US-Unternehmen und US-Banken positiv aus. Dies entsprach der Theorie eines Standortvorteils im Rahmen des eklektischen Ansatzes: Banken folgen ihren Kunden. So waren die Kunden größtenteils die deutschen Tochterfirmen von amerikanischen Konzernen, wobei diese Tochterfirmen häufig schon mit deutschen Banken zusammenarbeiteten und nur mit Mühe für die amerikanischen Banken zurückzugewinnen waren. Die deutsche Auslandsfiliale ermöglichte darüber hinaus, Neukunden zu akquirieren, denn an Orten wie Frankfurt konzentrierten sich viele amerikanische Firmen. Über den Umweg im Ausland konnten auf diese Weise der Zentrale in den Vereinigten Staaten neue Kunden zugeführt werden. In den 60er Jahren wollten die US-Banken nicht den Anschein erwecken, den deutschen Banken Konkurrenz zu machen. Allerdings mußte dieser Verdacht aufkommen, als die First National City Bank im Jahr 1965 eine zusätzliche Filiale in Hamburg eröffnete. Dies war zugleich der Auftakt für die anderen großen US-Banken, ebenfalls Filialen in den deutschen Wirtschaftszentren zu eröffnen, um besseren Zugang zu den deutschen Unternehmen zu erhalten.

Die Motive der Expansion amerikanischer Banken gingen sowohl auf *push*-Faktoren als auch *pull*-Faktoren zurück. Im Sinne der letzteren sprachen für den Bankenstandort Deutschland folgende Gründe: 1. Die deutsche Wirtschaft nahm im Außenhandel nach den USA den zweiten Platz ein; 2. Die DM hatte sich zur zweitwichtigsten Reserve-, Handels- und Finanzierungswährung nach dem Dollar entwickelt; 3. Deutschland galt als politisch stabiles Land mit einer liberalen Wirtschaftsordnung mit freiem Handels- und Devisenverkehr; 4. Es herrschten liberale Niederlassungsbedingungen für ausländische Banken vor; 5. Der Standort Deutschland konnte eine Brückenkopffunktion in einem europäischen Binnenmarkt einnehmen.

Auf der Seite der *push*-Faktoren waren für den Schritt in fremde Bankenmärkte vor allem die geringen Wachstumsmöglichkeiten im Heimatland und demgegenüber die guten Ertragsaussichten im Ausland bei gleichzeitiger Diversifizierung der Risiken und Erträge zu nennen.

Hinsichtlich der Wachstumsmöglichkeiten ist die Expansion der US-Banken als Flucht vor den Beschränkungen des Geschäftsgebiets und der Geschäftsfelder im Heimatland, den zinspolitischen Reglementierungen (*Regulation Q*) und den ab 1963 von der Regierung vorgenommenen Maßnahmen zur Verringerung des amerikanischen Zahlungsbilanzdefizits (*Interest Equalization Tax Act, Foreign Credit Restraint Program* und *Overseas Foreign Direct Investment Guidelines*) zu verstehen. Letztere Maßnahmen der Regierung erschwerten und verteuerten die Finanzierung der international expandierenden Bankkunden vom Inland aus erheblich. Steuerliche Erwägungen sprachen auch für die Errichtung von Auslandsfilialen. Während einer "Kreditklemme" ermöglichten die Auslandsfilialen außerdem den amerikanischen Stammhäusern, sich im Ausland zu refinanzieren, wie es z.B. 1969 der Fall war.

Als Reaktion auf die Expansion der amerikanischen Banken nach Europa gründeten die europäischen Banken ab Mitte der 60er Jahre Konsortiumsbanken. Diese Zusammenschlüsse, an denen sich auch amerikanische Banken beteiligten, erlaubten den deutschen Banken, bei den Größenordnungen im internationalen Kreditgeschäft mitzuhalten, Risiken zu teilen und sich das Know-how der Euromarkt-Transaktionen anzueignen.

Doch schon in der zweiten Hälfte der 70er Jahre lösten sich die Konsortiumsbanken wieder auf, wobei sich die amerikanischen Banken als erste zurückzogen. Die meisten Banken fühlten sich stark genug, um im internationalen Geschäft allein bestehen zu können. Daneben bereiteten die Konsortiumsbanken auch etwas Sorgen, weil die Teilnehmerbanken weiterhin auf eigene Rechnung tätig blieben und es daher zu starker Konkurrenz um die "guten Risiken" kam.

Die zweite Phase dauerte von 1967 bis 1973. In dieser Phase siedelten sich die meisten amerikanischen Banken in Deutschland an. Die Anzahl der Zweigniederlassungen - ohne die regionalen Niederlassungen - erhöhte sich von 9 auf 27. Neben den New Yorker *money center banks* kamen nun auch Kreditinstitute aus den Regionen, etwa aus Chicago oder Boston. Es war von einer Invasion die Rede, und es wurde deutlich, daß die amerikanischen Banken mehr im Sinn hatten, als nur ihre eigenen Kunden im Ausland zu versorgen. Im Geschäftsjahr 1975 erzielten die 13 größten amerikanischen Banken 48% ihrer Erträge mit den *overseas operations*.[1]

Eine zentrale Rolle bei den Expansionsüberlegungen nahm der Euromarkt ein, der zunächst in London, später auch in Luxemburg, auf den Bahamas und an weiteren Orten lokalisiert war. Der Euromarkt, dessen Hauswährung der Dollar war, war ein Finanzmarkt ohne Zinsbegrenzungen und Mindestreserveanforderungen. Er diente in bezug auf die Aktivitäten in Deutschland vor allem der Refinanzierung der deutschen Filialen oder wurde von den großen Firmenkunden - nach Vermittlung durch die amerikanischen Banken - auch direkt in Anspruch genommen.

---

[1] O.V., "US-Banken im Ausland", *Die Bank* 7 (1980): 321.

Weitere Gründe der Expansion waren der Investitionsanreiz eines starken Dollars, wenn dieser auch unter Abwertungsdruck stand, oder dies gerade der Grund war, in die DM zu investieren, und die Furcht der regionalen US-Banken, die eigenen Kunden an die führenden internationalen Banken zu verlieren, und zwar nicht nur im Ausland, sondern auch im Inland. Diese Furcht war allerdings übertrieben und stand in keinem Verhältnis zu den Kosten, die z.B. die First National Bank of Chicago in Deutschland, die dort drei Filialen betrieb, auf sich nahm und zwischen 1976 und 1990 nur zweimal ein positives Ergebnis erzielte.

Ferner spielte das Prestigedenken von Bankmanagern eine wichtige Rolle. Außerdem neigten Banken dazu, die Strategien ihrer Konkurrenten nachzuahmen. Dieses Verhalten ist Gegenstand der Behaviourismus-Theorie.

Klare Wettbewerbsvorteile besaßen die amerikanischen Banken gegenüber den deutschen Banken wegen ihres Internationalisierungsvorsprungs, der sich positiv auf den Devisenhandel, die Außenhandelsfinanzierung und den internationalen Zahlungsverkehr auswirkte. Aufgrund der dichten Filialnetze in Europa war es nur den amerikanischen Banken möglich, Gelder in verschiedenen Währungen von einem Land ins andere zu transferieren; sie waren die einzigen "europäischen" Banken. In der eklektischen Theorie entspricht diese Vernetzung einem Internalisierungsvorteil.

Die deutschen Banken verfügten dagegen nach Kriegsende über kein internationales Filialnetz mehr und steuerten ihre Bankaktivitäten im Ausland über Korrespondenzbanken. Daran änderte sich bis Mitte der 70er Jahre kaum etwas.

Nachdem 1967 die Zinsbeschränkungen in Deutschland aufgehoben wurden, nutzten die amerikanischen Banken die Gelegenheit, eine Innovation nach Deutschland zu bringen: den geldmarktorientierten, kurzfristigen Kredit.[2] Dieser unterschied sich von den üblichen Betriebsmittelkrediten dadurch, daß er stärker auf die Bedürfnisse der Kunden zugeschnitten war und die Besicherung durch die Ertragskraft der Kreditnehmer erfolgte. Mit dieser Innovation erhielten die amerikanischen Banken Zutritt zu den deutschen Unternehmen.

Die Geschäftspolitik der Zweigniederlassungen amerikanischer Banken in Deutschland war von 1967 bis 1973 erstaunlich homogen. Bezüglich der geographischen Präsenz wich von den größeren Banken nur die Chemical Bank von den anderen ab und bediente die Kunden überregional von nur einem Standort aus. Sehr früh hatte sich die Bank of America 1967 mit dem Erwerb des Bankhauses Centrale Credit ein Standbein im *retail banking* zugelegt; die American Express Bank zählte ebenfalls Privatkunden zu ihren Kunden, zusätzlich zu den Firmenkunden.

Die Bilanzstrukturen der amerikanischen Banken - ausgenommen die Banken des *retail banking* - unterschieden sich von den deutschen Banken darin, daß die Refinanzierung

---

2 Dieser wurde unter dem Begriff *term loan* in den 50er Jahren in den Vereinigten Staaten erfunden.

hauptsächlich über Bankengelder erfolgte, die zumeist von verbundenen Unternehmen stammten. 1976 lag der Anteil der Bankengelder bei den betrachteten amerikanischen Banken in Deutschland bei rund 75%, in den 80er Jahren bei ca. 70%. Die vergleichbaren Anteile bei den Kreditbanken[3] in Deutschland betrugen rund 33% bzw. ca. 40%.[4]

In den Jahren 1970 bis 1973 wuchsen die Geschäftsvolumina der Zweigniederlassungen ausländischer Banken in Deutschland mit Zuwachsraten von durchschnittlich 32,8%, verglichen mit 11,5% bei den Großbanken. Ein Teil dieses Wachstums dürfte auch auf die Aufwertung der DM gegenüber dem Dollar zurückgegangen sein.

Eine besondere Situation trat in Deutschland mit den von 1972 bis 1974 eingeleiteten Kapitalverkehrsbeschränkungen zur Eindämmung der starken Dollar-Zuflüsse ein. Das sogenannte Bardepot erschwerte die Refinanzierung der ausländischen Banken am Euromarkt erheblich. Gleichwohl gelang es den amerikanischen Banken, im Rahmen langfristiger Refinanzierungsverträge das Bardepot und die hohen Mindestreservebestimmungen zu umgehen, was sich sehr lohnte, weil die Zinsdifferenzen zwischen Euromarkt und Inland teilweise mehr als zwei Prozentpunkte betrugen und diese Vorteile an die Kreditkunden weitergegeben werden konnten. Nach der Angleichung der Zinsen, wozu die Aufhebung der Kapitalverkehrsbeschränkungen in Deutschland beitrug, lohnten sich Eurowährungsgeschäfte in Deutschland nicht mehr, weil die Mindestreservesätze, die von der Bundesbank wegen der Geldwertstabilität für notwendig gehalten wurden, weiter hoch blieben. Auch die deutschen Banken wickelten fortan das Eurogeschäft außerhalb Deutschlands ab, vorzugsweise in Luxemburg.

Das Jahr 1973 wirkte schließlich wie eine Wasserscheide in der Entwicklung der US-Banken in Deutschland. Dazu trugen das Ende des Systems fester Wechselkurse, der Wertverlust des Dollars gegenüber der DM von fast 40% zwischen 1967 und 1973 und das von Ölpreisschock, Rezession und steigenden Zinsen geprägte wirtschaftliche Umfeld bei. Im Jahr 1974 brach das Bankhaus Herstatt zusammen, in den Vereinigten Staaten kam die Franklin Bank zu Fall. Die größeren US-Banken überlegten, wie sie ihre Geschäftspolitik in Deutschland an die verschlechterten Bedingungen anpassen könnten. Die Idee war, sich als deutsche Universalbank und nicht mehr als amerikanische Bank in Deutschland zu präsentieren. Dazu gehörten die Verbreiterung des Sortiments und der Einstieg in das deutsche *retail banking*. Diese Schritte passten auch zu den allgemeinen Diversifikationsbestrebungen im Bankensektor, die der Chef der City Bank, Walter Wriston, auf seine Weise beschrieb: "Irgendwo auf der Welt scheint immer die Sonne". Noch 1973 gelang der First National City Bank der Erwerb von Anteilen an der KKB Kundenkreditbank und dem

---

3 Zu den Kreditbanken zählen: Großbanken, Regionalbanken und sonstige Kreditbanken, Zweigstellen ausländischer Banken und Privatbankiers.

4 Eigene Berechnungen.

Bankhaus Trinkaus & Burkhardt. Im Jahr 1974 wurde daraus, als die deutschen Banken wegen des Konkurses des Bankhauses Herstatt unter Druck standen, eine Mehrheitsbeteiligung. Die Chase Manhattan Bank kam bei der KKB trotz großen Interesses nicht zum Zuge und entschied sich für eine Neugründung mit Namen Familienbank AG.

Die dritte Phase dauerte von 1974 bis 1979. Bei den Auslandsfilialen der amerikanischen Banken in Deutschland war diese Phase durch ein schwächeres Wachstum der Bilanzsummen, Einsparmaßnahmen bei den Verwaltungskosten, z.B. durch die Schließung der Schalter in den Nebenfilialen und Konzentration von *back office*-Tätigkeiten auf die Hauptfiliale, und die Verbreiterung der Geschäftsbasis durch Innovationen wie Leasing gekennzeichnet. Organisatorisch bauten die meisten amerikanischen Banken in dieser Phase den Standort London zu einem europäischen Hauptquartier aus, nachdem zuvor die europäischen Filialen noch von Weisungen ihrer Zentrale in den Vereinigten Staaten abhängig waren. Die Citibank verfolgte darüber hinaus als erste die Idee der *multiple headquarters* und räumte den Filialleitern vor Ort sehr weitreichende Kompetenzen ein.

Die Ertragslage der Auslandsbanken in Deutschland verschlechterte sich gegenüber den frühen 70er Jahren. Der Vorsprung in der Internationalisierung der amerikanischen Banken nahm ab, weil die deutschen Banken ihrerseits draußen in der Welt Filialnetze aufbauten. Da die amerikanischen Direktinvestitionen in Deutschland nachließen, mußten viele ursprünglich amerikanische durch deutsche Kunden ersetzt werden. Das Augenmerk in der zweiten Hälfte der 70er Jahre richtete sich daher auf die großen deutschen multinationalen Firmen sowie im Falle der größeren amerikanischen Banken auch auf die Privatkunden. Daneben galt das Interesse großen bis mittelgroßen Firmen mit Umsätzen von 500 Mio. DM bis 5 Mrd. DM.

Morgan Guaranty in New York profitierte von den Erfahrungen, die in der deutschen Filiale im Geschäft mit Schuldscheinen, einem quasi-Wertpapier, gesammelt werden konnten. Da der Schuldschein nicht unter die Regelungen des amerikanischen *Glass-Steagall Act* fiel, konnte Morgan Guaranty dieses Geschäft in Deutschland, später auch in Frankreich, als Vorläufer des Emissionsgeschäfts betreiben. Es war einer der Grundsteine für Morgans Rückkehr ins Investment Banking, der interessanterweise außerhalb Amerikas gelegt wurde. Im Sinne der eklektischen Theorie lag hier ein Internalisierungsvorteil vor.

Der 1973 erfolgte Einstieg von Citibank und Chase ins deutsche *retail banking* brachte zwei sehr unterschiedliche Ergebnisse: Während die Citibank mit der KKB Kundenkreditbank ein herausragendes Kreditinstitut für das Konsumentenkreditgeschäft erwerben konnte, machte die Chase Manhattan Bank mit der Neugründung Familienbank AG keine guten Erfahrungen. Die Familienbank wurde 1978 liquidiert. Das Beipiel Familienbank demonstrierte eindrücklich, wie schwierig es war, trotz eines ausgefeilten, kundenorientierten und marketing-inspirierten Konzeptes in fremden Märkten im *retail banking* Erfolg zu haben.

Das Bankhaus Centrale Credit AG, die *retail*-Tochter der Bank of America, entwickelte sich in den frühen 70er Jahren verheißungsvoll, doch von 1975 bis 1985 gab es kein Wachstum des Bilanzvolumens mehr, das bei knapp 1 Mrd. DM lag. Zum Vergleich: Im gleichen Zeitraum verdreifachte sich das Bilanzvolumen der KKB Kundenkreditbank von ca. 2,5 Mrd. DM auf 7,3 Mrd. DM. Die American Express Bank kündigte Ende 1975 vollmundig an, mit dem Aufbau von 40 Filialen in Deutschland den Eintritt in das Mengengeschäft zu vollziehen - die Pläne wurden aber nie verwirklicht.

Daß die Familienbank scheiterte, hatte viele Ursachen. Auf dem Höhepunkt ihrer Expansion besaß die Familienbank 29 Filialen, doch die unter hohen Investitionen eingerichteten kundenfreundlichen Ladenlokale und eine mit dem Kapitalmarkt verbundene Verzinsung, die im Vergleich zu der Mischkalkulation deutscher Kreditinstitute für Transparenz sorgte, konnten die deutschen Kunden nicht von der Bank überzeugen. Zwar legte die Kundschaft ihr Geld wegen der hohen Sparzinsen, wenn auch in viel zu geringem Umfange, bei der Familienbank an, aber sie nahm im Gegenzug nicht genug Ratenkredite in Anspruch. Ein Problem der Ratenkredite war, daß diese nach den tatsächlichen Kosten kalkuliert wurden und deshalb höhere Zinsen als bei den deutschen Banken anfielen. Insgesamt fand die Bank zu wenig Zuspruch. Wegen der Rezession 1974 kam es auch zu ungewöhnlich hohen Kreditverlusten. Da eine kundenorientierte Bank ein Filialnetz brauchte, waren die Sachkosten erheblich, die noch dazu im Falle des Scheiterns - anders als im Großkundengeschäft - versunkene Kosten waren, womit die Theorie der bestreitbaren Märkte auf das *retail banking* nicht anwendbar war. Schließlich machte die deutsche Kreditwirtschaft, die wegen der rezessionsbedingt schwachen Nachfrage der Industrie auf reichlich Geld saß, dem Neuling mit attraktiven Kreditzinsen das Leben schwer und demonstrierte Geschlossenheit. Die Familienbank ihrerseits zog den Zorn der Branche auf sich, als sie in Zeiten steigender Arbeitslosenzahlen verstärkt für Konsumentenkredite Werbung machte.

Auch in anderen *retail*-Märkten in Europa schien es den amerikanischen Banken wenig zu nützen, daß sie den europäischen Banken technologisch und vom Marketing her überlegen waren: Die Bankkunden blieben loyal und gingen zu wenig zu den US-Banken.

Auf die Herstatt-Krise reagierte das Bundesaufsichtsamt für das Kreditwesen in den Geschäftsjahren 1974 und 1976 mit Verschärfungen des KWG in Form neuer Liquiditätsgrundsätze, höherer Eigenkapitalanforderungen bei Großkrediten und einer erweiterten Bankenaufsicht. Die Citibank nahm diese strengere Regulierung und die eigenen Expansionspläne zum Anlaß, 1976 eine Aktiengesellschaft zu gründen. Äußerlich versprach dies mehr Ähnlichkeit mit einer deutschen Universalbank. Die Citibank entdeckte bei der AG auch steuerliche Vorteile. Die Chase übertrug ein Jahr später ebenfalls einer AG das gesamte Kundengeschäft, wobei hier im Vordergrund stand, die aufzulösende und mit

Verlustvorträgen versehene Familienbank zu integrieren. Die Chemical Bank gründete 1982 eine AG, wobei die Chemical und auch die anderen amerikanischen Banken in der Rechtsform einer AG ihre Zweigniederlassungen für Interbankengeschäfte weiter bestehen ließen, was aus Haftungsgründen von Nutzen war.

Das Spektrum der Finanzdienstleistungen bei der Citibank reichte 1975 neben dem allgemeinen Bankgeschäft vom Konsumentenkreditgeschäft über *merchant banking*, Hypothekenfinanzierung, Leasing, Factoring, Vermögensverwaltung bis hin zur Treuhandtätigkeit. Die KKB Kundenkreditbank, der man viel Eigenständigkeit ließ, stellte sich wegen ihres EDV-Systems als sehr fortschrittlich heraus, so daß man das Know-how auch in New York gebrauchen konnte.[5] Damit ging Citibankchef Wristons Rechnung erneut auf, sich aus der ganzen Welt die besten Leute und die besten Ideen zusammenzuholen. In der eklektischen Theorie entsprach dieser Transfer von Know-how einem Internalisierungsvorteil, den multinationale Banken haben. Etliche der Citibank-Pläne für den deutschen Markt, z.B. das zum *merchant banking* gehörende Beratungsgeschäft bei Fusionen und Akquisitionen, müssen als zu ehrgeizig angesehen werden. So gab es etwa in Deutschland in den 70er Jahren noch keine Kultur des Unternehmenshandels, als daß die Beratung bei Fusionen lohnend gewesen sein könnte.

Ins Leasing-Geschäft stiegen neben der Citibank vor allem die First National Bank of Boston, Manufacturers Hanover, Security Pacific National und Chemical Bank ein. Die geringe Kreditnachfrage in den Jahren von 1975 bis 1979 führte dazu, daß die amerikanischen Banken vermehrt Wertpapiere als Ersatzdebitoren in den Bestand nahmen.

Im ganzen wurde die Geschäftspolitik heterogener. Während die Bank of America unter schrittweisem Abbau der Bilanzsumme den Rückzug aus Deutschland einleitete, setzten andere Institute wie z.B. Manufacturers Hanover auf Expansion im Kreditgeschäft, vorzugsweise mit mittelständischen Unternehmen. Mit dem Jahr 1979 kam es zu einem erneuten Einschnitt in der Entwicklung der amerikanischen Banken. Nachdem die Präsenz in Deutschland bis dahin kaum in Zweifel gezogen wurde, verlangten der zunehmende Kostendruck und die begrenzten Expansionsmöglichkeiten in Verbindung mit unzureichenden Margen neue Strategien. Einer der Auslöser für dieses neue kritische Bewußtsein waren die 1979 kräftig gestiegenen Zinsen in Deutschland.

Die vierte Phase von 1980 bis 1990 stand im Zeichen einer umfassenden geschäftlichen Neuorientierung der amerikanischen Banken in Deutschland. Diese Phase war zweigeteilt: In der ersten Hälfte weiteten die Banken ihre Geschäfte in Deutschland aus, das Geschäftsvolumen erhöhte sich um rund 35%, offenbar getragen von der anspringenden Konjunktur

[5] Die KKB Kundenkreditbank wurde erst 1991 in Citibank umbenannt.

in den Vereinigten Staaten, doch in der zweiten Hälfte der 80er Jahre stagnierte das Geschäftsvolumen der traditionellen *commercial banks* in Deutschland nahezu.

Verglichen mit der zweiten Hälfte der 70er Jahre, in der die amerikanischen Banken im wesentlichen auf äußere, also regulative, volkswirtschaftliche oder konkurrenzbedingte Umstände reagiert haben, gründete sich die Neuorientierung in den 80er Jahren mehr auf betriebswirtschaftliche Überlegungen. Im Mittelpunkt standen Fragen nach den Wettbewerbsvorteilen oder Ergebnissen von Auslandsfilialen.

In den frühen 80er Jahren beklagten sich die Auslandsbanken über die Rahmenbedingungen in Deutschland: "Die Gründe dafür, daß ein erheblicher Teil des Geschäfts außerhalb der Grenzen stattfindet, sind bekannt: eine rigide Mindestreservepolitik in Verbindung mit den Liquiditätsgrundsätzen haben den *Rollover*-Kredit in Deutschland diskreditiert."[6] "Ein einfacher Dollarkredit läßt sich beispielsweise aus Deutschland kaum darstellen. Dementsprechend ist der Geldmarkt fast gänzlich aufs Inland beschränkt."[7]

Gleichwohl galten die Aufsichtsregeln in Deutschland im internationalen Vergleich als liberal, ausgewogen, sachgerecht und ordnungspolitisch vertretbar. Der Bankenwettbewerb war nicht, wie z.B. in den Vereinigten Staaten, eingeschränkt. Es gab keine gesetzliche Trennung in Kredit- und Wertpapierbanken. Es herrschte das Universalbankprinzip. Im deutschen Bankenmarkt existierte keine Regionalbegrenzung. Jedes Kreditinstitut konnte in allen Bundesländern Filialen unterhalten. Verzinsungsverbote oder -beschränkungen gab es nicht.[8]

Eine Folge des neuen Kosten- und Strategiebewußtseins war, daß die amerikanischen Banken begannen, in einer Reihe von Ländern ihre Niederlassungsnetze zu straffen. In Deutschland machte Bankers Trust den Anfang mit Schließungen der regionalen Filialen, es folgte Morgan Guaranty. In der zweiten Hälfte der 80er Jahre verließen die Mellon Bank (1985), die First Chicago (1987) und die Continental Illinois (1989) den deutschen Bankenmarkt vollständig. Die Bank of America, Chase Manhattan und - größtenteils - die Citibank gaben gegen Ende der 80er Jahre die regionalen Niederlassungen auf. Prägend für die Geschäftspolitik in den 80er Jahren war eine stärkere Hinwendung der amerikanischen Banken zum Heimatmarkt. Dort wurden zum einen gewisse Kundengruppen und Geschäftsfelder vernachlässigt. Zum anderen verlangten Kreditverluste in der Landwirtschaft, im

---

[6] Jürgen Eicke, "Standort der Auslandsbanken in Deutschland", *Börsen-Zeitung*, 26. Februar 1983, 11.

[7] Ibid., 12.

[8] Alfred Herrhausen, *Wettbewerb und Regulierung in der Kreditwirtschaft* (Tübingen: J. C. B. Mohr, 1983) 7. Eine Diskriminierung der Auslandsbanken konnte auch das amerikanische Finanzministerium nicht erkennen, als es die Zugangsbedingungen des KWG untersuchte. U.S. Treasury, National Treatment Study, 422, in: Christoph Weber, *Marktzugang von Auslandsbanken: unter Berücksichtigung der neuen Regeln des GATS* (Heidelberg: Verlag Recht und Wirtschaft, 1996) 51. Weber selbst sieht dies auch so: "Im Ergebnis behindern weder die bankaufsichtsrechtliche Kontrolle noch die kartellrechtliche Kontrolle den Zugang zum deutschen Bankenmarkt. Diskriminierende Bestimmungen gibt es nicht. Überfremdungserscheinungen spielen keine Rolle." Ibid., 66.

Energie- und Immobiliensektor sowie die äußerst problematischen Schwellenländerkredite die volle Aufmerksamkeit der Zentralen.

Das neue Denken in den *commercial banks* führte die amerikanischen Banken mehrheitlich vom Kreditgeschäft weg und zum Provisionsgeschäft sowie den außerbilanziellen Geschäften hin.[9] Die Größe der Aktiva wurde ein immer weniger aussagekräftiges Merkmal für die Bonität, die Beständigkeit und Ertragskraft von Banken.[10] Im Kreditgeschäft mit internationalen Unternehmen konnte man immer weniger verdienen. Statt Bilanzsummenwachstum sollte es Ertragswachstum geben. Um den Umbau der Bilanzen verwirklichen zu können und zugleich eine stärkere Abgrenzung von den deutschen Banken zu fördern, konzentrierten sich die großen amerikanischen Banken in Deutschland auf Finanzinnovationen. Das waren vor allem Cash Management, Venture Capital, Derivate und Investment Banking. Ferner wurden Leasing-Finanzierungen, Devisenhandel, Korrespondenzbanken-Geschäft und Außenhandelsfinanzierungen ausgebaut.

Diese Arbeit konnte zeigen, daß die amerikanischen Banken mit dem Cash Management zu Anfang der 80er Jahre eine sehr wirkungsvolle Innovation in Deutschland einführten. Allerdings hielt der damit verbundene Wettbewerbsvorteil nicht lange an, da die deutschen Banken ebenfalls, wenn auch teilweise, wie im Fall der Deutschen Bank sehr zögerlich, als Nachahmer ins Cash Management einstiegen.

Bei den bilanzunwirksamen Geschäften lagen die Hoffnungen auf den Derivaten. Doch anders als im amerikanischen Finanzmarkt, erlaubte die deutsche Gesetzeslage die Nutzung dieser Instrumente zur Steuerung der Zins- und Währungsrisiken in den Niederlassungen ausländischer Banken in den 80er Jahren noch nicht; eine deutsche Terminbörse sollte erst 1991 ins Leben gerufen werden.

Im Devisenhandel hatten die Citibank, Chase Manhattan und Chemical Bank eine starke Stellung in Deutschland.

Hinsichtlich der Kundengruppen wollten alle amerikanischen Banken in den 80er Jahren fokussierter vorgehen. Banken, die im Firmenkundengeschäft tätig waren, hatten die Wahl zwischen Großkunden, die nur kleinste Margen zuließen, und Mittelstandskunden, die höhere, aber auch risikoreichere Margen ermöglichten. Ab Mitte der 80er Jahre akquirierten daher einige amerikanische Banken auch mittelständische Unternehmen mit Umsätzen ab 50 Mio. DM bis zu 200 Mio. DM. Zu diesem Zweck eröffnete insbesondere die Citibank weitere regionale Filialen in Städten wie Nürnberg und Mannheim. Doch diese im New Yorker Hauptquartier erdachte Strategie erwies sich als Irrweg. Mangels ausreichender Rentabilität wurden die neu errichteten Filialen schon nach 2 1/2 Jahren wieder geschlossen.

---

[9] Marcel Morschbach, "Zur Rentabilität von Auslandsfilialen", *Zeitschrift für das gesamte Kreditwesen* 6 (1996): 258.

[10] O.V., "A New Leaf", *The Banker* (Juni 1989): 17.

Es entstand ein erheblicher Imageschaden für die Citibank in Deutschland. Das Beispiel zeigte, daß eine amerikanische Bank in Deutschland im direkten Wettbewerb mit den deutschen Kreditinstituten nur wenig bewirken konnte. Hinzu kam, daß die Citibank ein Segment ausgewählt hatte, in dem sie ihren größten Wettbewerbsvorteil, die weltweite Präsenz, gar nicht ausspielen konnte.

Im Firmenkundengeschäft in Deutschland legte die Citibank danach den Fokus nur noch auf die größten multinationalen Unternehmen. Im *retail banking* in Deutschland war die Citibank mit der KKB Kundenkreditbank mittlerweile Schrittmacher geworden: 1985 ergänzten hauseigene Versicherungen das Bankangebot, 1988 wurde die Visa-Kreditkarte als Massenkarte eingeführt - die deutsche Kreditwirtschaft verhinderte jahrelang den Eintritt amerikanischer Kreditkartenanbieter - und 1989 kam das Telefon Banking hinzu. Auf diese Weise wurde die 1926 in Königsberg gegründete Konsumentenbank mit Hilfe der Citibank zum Vorbild für standardisierte und fokussierte Bankgeschäfte. Die beiden Steckenpferde des KKB-Gründers Walter Kaminsky, die EDV und das Marketing, sind heute der Dreh- und Angelpunkt jeder *retail*-Bank.

Die Chase, die ebenfalls dem Geschäft mit auslandsorientierten mittelgroßen Unternehmen strategische Bedeutung zugemessen hatte, kündigte 1984 an: "Ende der 80er Jahre wird das Gesicht der Chase Bank AG mehr dem einer deutschen Universalbank gleichen als dem einer Auslandsbank."[11] Doch wurde daraus nichts. Die Strategie wechselte in der zweiten Hälfte der 80er Jahre wieder, und die Chase Bank AG war eher in Nischen zu finden, so zunehmend als Dollar-*Clearing*-Stelle für deutsche Banken in den USA oder als D-Mark-*Clearing*-Stelle für Auslandsbanken in Deutschland. Die Umstrukturierungen und hohen Verluste der Mutterbank führten schließlich zu einer Verringerung der Belegschaft, der Aufgabe des Zweigstellennetzes, Personalwechseln und 1990 zum Verkauf des Hochhauses im Frankfurter Bankenviertel.[12]

Die Bank of America fuhr schon länger ihre Firmenkunden-Aktivitäten in Deutschland herunter. Ab 1985 sah sie ihre Chancen in Deutschland im Korrespondenzbankengeschäft. In das Bild eines Rückzugs der Bank of America paßte, daß die deutsche *retail*-Tochter Bankhaus Centrale Credit 1986 an den Banco de Santander verkauft wurde, als die amerikanische Mutter in Schwierigkeiten steckte. Einige Verantwortliche bezeichneten das als einen Fehler, weil die Centrale Credit ihre Bilanzstrukturen in den 80er Jahren deutlich verbessert hatte, etwa indem eine Relation von fast 80% Krediten zu ebenso hohen Kundeneinlagen

---

11 Chase Bank AG, Hrsg., *Chase Bank in Deutschland* (1984) 6. Im Jahr 1984 erholte sich die Konjunktur in Deutschland, vor allem die Exportwirtschaft. Hartmut Kiehling, *Kursstürze am Aktienmarkt* (München: Beck, 1991) 163.

12 Fred Zeyer, "Von der Malsburg verläßt die Chase Bank", *Frankfurter Allgemeine Zeitung*, 31. Oktober 1990, 23. Gerhard Kutscher, "Magere Erträge veranlaßten viele Institute zu einer Strategie der Nischenpolitik", *Handelsblatt*, 30. Juli 1991, 9.

erreicht werden konnte und die Verwaltungskosten teilweise reduziert wurden. Allerdings wies die Centrale Credit im Jahr des Verkaufs und im Vorjahr Verluste aus.

Die Diversifikation als Argument für das multinationale Bankgeschäft hatte für einzelne Banken sehr unterschiedliche Bedeutung. Obwohl die deutsche Zweigniederlassung der Mellon Bank schwarze Zahlen schrieb, gab die Bank 1985 plötzlich den deutschen Standort auf. Die Continental Illinois hingegen hielt noch bis 1989 an ihren verlustbringenden deutschen Filialen fest, obwohl die Bank schon Mitte der 80er Jahre kurz vor dem Konkurs stand. Die Citibank hätte während ihres Überlebenskampfes Ende der 80er Jahre auch die sehr rentable KKB Kundenkreditbank verkaufen können, doch die *cash cow* wurde nicht verkauft. Vielmehr nutzte Citibank-Chef Reed die Notlage der Bank im amerikanischen Inlandsmarkt, um das globale Konsumentenkreditgeschäft zum Kerngeschäft zu machen.

Die Reaktionen auf Probleme im Heimatmarkt fielen demnach unterschiedlich aus, wobei die Aufgabe eines Standortes bei den kleineren Instituten die gängige Maßnahme war. Offenbar trugen die deutschen Filialen der betroffenen amerikanischen Banken nicht ausreichend zur Diversifizierung der weltweiten Erträge bei.

Aber auch bei den anderen amerikanischen Banken deutete sich eine unbefriedigende Ertragssituation an, die nur mit Argumenten einer Langfristperspektive verteidigt werden konnte. Die amerikanischen Banken haben in ihren Zweigniederlassungen und Tochterinstituten in den Jahren von 1976 bis 1990 durchschnittlich mit 0,34% ihres Geschäftsvolumens weniger als halb soviel an Jahresüberschuß erwirtschaftet wie der Durchschnitt der deutschen Großbanken mit 0,76%.[13] Den übrigen multinationalen Banken in anderen Ländern schien es zumindest für den Zeitraum von 1985 bis 1990 nicht anders gegangen sein: Nach grober Schätzung dürfte das internationale Bankgeschäft als Teil des Jahresüberschusses - relativ zum Geschäftsvolumen - nicht mehr als die Hälfte der Nettoerträge der nationalen Bankgeschäfte erbracht haben.[14]

Wegen des heruntergefahrenen Kreditgeschäfts hingen die Ergebnisse der amerikanischen Banken in Deutschland stärker von anderen Risikogeschäften, etwa dem Garantiegeschäft oder dem Eigenhandel mit Währungen, Zinsen und Wertpapieren ab. Bei den meisten von ihnen entschieden in der zweiten Hälfte der 80er Jahre die Eigengeschäfte darüber, ob positive Ergebnisse erzielt wurden oder nicht.

Ein innovatives Geschäftsfeld meinten die amerikanischen *commercial banks* in den 80er Jahren mit dem Investment Banking gefunden zu haben. Dabei handelte es sich zwar nicht um ein angestammtes Geschäftsgebiet der *commercial banks*, doch das Reizvolle war, die

---

[13] Eigene Berechnungen.

[14] Wolfgang Röller, "Globalisierung in der Banking-Industrie", *Zeitschrift für Betriebswirtschaft, Ergänzungsheft 2/92: Globalisierung und Wettbewerb: In memoriam Alfred Herrhausen*, Schriftleitung Horst Albach (Wiesbaden: Gabler, 1992) 135.

bestehenden Kundenkontakte in Deutschland sowie einen Zeitvorsprung zu nutzen, solange die Investmentbanken selbst noch nicht in Deutschland vertreten waren.

Wegen der *Glass-Steagall*-Einschränkungen in den Vereinigten Staaten mußten *commercial banks* die Sparte Investment Banking im Ausland im Rahmen rechtlich selbständiger Tochterbanken betreiben. Während es für die Chase Bank AG, Citibank AG und Chemical Bank AG ausreichte, nur eine neue Abteilung einzurichten, wurden 1984 die Morgan Guaranty GmbH, später J.P. Morgan GmbH, sowie 1988 die Security Pacific Bank AG und die Manufacturers Hanover Bank GmbH gegründet. Die beiden letzteren Banken, die sich nur dem Investment Banking widmeten, konnten in den Anfangsjahren den Verwaltungskosten keine entsprechenden Erträge entgegensetzen.

Im Jahr 1985 leitete die Deutsche Bundesbank die sogenannte Restliberalisierung ein. Die Auslandsbanken durften sich danach als *Lead-Manager* von DM-Auslandsanleihen betätigen, konnten Mitglied des Bundesanleihekonsortiums werden oder neue innovative Anleiheformen wie z.B. Zero Bonds in Deutschland emittieren. Die Restliberalisierung entsprach dem neuen Denken der Bundesbank, einen möglichst großen Teil der innovativen DM-Geschäfte wieder nach Deutschland zurückzuholen und unter eigener Kontrolle zu halten.

Diese Maßnahme hatte für die amerikanischen Investmentbanken Signalwirkung, nach Deutschland zu kommen. Salomon Brothers machte im Sommer 1986 den Anfang. Nach und nach gründeten auch andere Investmentbanken ihre Tochtergesellschaften - diese Rechtsform war für das Emissionsgeschäft vorgeschrieben - und konzentrierten sich auf das *Mergers & Acquisitions*-Geschäft, das Emissionsgeschäft und den Handel.

Doch insbesondere das Emissionsgeschäft lag fest in den Händen der deutschen Großbanken. Für einen *Mergers & Acquisitions*-Markt war Deutschland noch nicht reif genug - diese Erfahrung mußten auch schon die *commercial banks* machen. Management Buy-Outs beispielsweise, die in Großbritannien und in den USA weit verbreitet waren, kamen in Deutschland fast gar nicht zur Anwendung und galten als exotisch. Die Banken übersahen, daß die Finanzinstrumente des Investment Banking nur im Umfeld liquider Kapital- und Finanzmärkte gedeihen können; an diesen fehlte es aber in Deutschland. Die Vermögensverwaltung als Geschäftsfeld war in den 80er Jahren für deutsche Kunden noch ein weitgehend fremdes Phänomen. Die Impulse für eine Investmentbank-Kultur in Deutschland waren auch deshalb so schwach, weil die amerikanischen Investmentbanken weiterhin den Großteil des Devisenhandels und zahlreiche DM-Wertpapierabteilungen in London betrieben. Salomon Brothers, die als einzige der US-Investmentbanken mit einem vergleichsweise hohen Eigenkapital von über 100 Mio. DM größere Handelskapazitäten in Frankfurt aufgebaut hatte, erlebte eine Enttäuschung. Der Handel, auch der Handel mit vielen DM-Produkten, blieb vorwiegend in London stationiert. Dort gab es die Terminbörse sowie mehr Personal für das Investment Banking und mehr Kunden.

Die meisten Investmentbanken positionierten sich in Deutschland zwar relativ schnell nach der Liberalisierung, aber eine mehrjährige, kostspielige Anlaufphase blieb ihnen nicht erspart. Als Goldman, Sachs & Co erst 1991 eine Tochterbank in Frankfurt gründete, schien dieser Marktzutritt noch nicht zu spät gekommen zu sein. Zuvor betreute Goldman die Kunden von London aus. Ein Bewußtsein für Investmentbank-Dienstleistungen, wie in den Vereinigten Staaten und Großbritannien üblich, entwickelte sich in Deutschland nur langsam. Von einem Durchbruch des Investment Banking in Deutschland kann erst in der zweiten Hälfte der 90er Jahre gesprochen werden.

Abschließend kann festgestellt werden, daß die amerikanischen Banken in Deutschland entsprechend der ersten These aus der Einleitung dieser Arbeit von 1960 bis 1973 so erfolgreich expandieren konnten, weil sie von Faktoren begünstigt wurden, die in hohem Maße auf die dominierende Stellung der amerikanischen Wirtschaft in der Nachkriegszeit zurückgingen, sei es wegen der Leitwährung Dollar, die zugleich die Hauswährung der amerikanischen Banken und des unregulierten Euromarkts war, sei es wegen der Begleitung der expandierenden US-Industrieunternehmen an die ausländischen Standorte. Die amerikanischen Banken, die als Filialen in Deutschland teilweise einen starken Vertriebscharakter hatten, besaßen aber auch zwei wesentliche Wettbewerbsvorteile: Die weltweite Präsenz sowie zinsgünstige, geldmarkt-orientierte Festkredite.

Den deutschen Banken sagte man hingegen mit Blick auf ihr Inlandsgeschäft altmodische Angewohnheiten nach: Sie liehen bei Betriebsmittelkrediten im Überziehungsfall zu hohen Zinsen anstatt neue Kreditverträge zu machen, nahmen hohe Gebühren und profitierten von Wertstellungsgewinnen im Zahlungsverkehr.[15] Im Auslandsgeschäft waren die deutschen Banken auf Korrespondenzbanken angewiesen und konnten sich daher mit den amerikanischen Banken nicht messen lassen. Aufgrund dieser Konstellation war der deutsche Bankenmarkt insbesondere in den 60er Jahren für die amerikanischen Banken sehr ertragreich.[16]

Dann erfolgte 1973/74 ein Einschnitt in der Entwicklung. Durch zeitweilige Kapitalverkehrsbeschränkungen und eine Politik anhaltend hoher Mindestreservesätze seitens der Deutschen Bundesbank, die einer Unterwanderung der Geldpolitik keine Chance geben wollte, wurden die Eurowährungsgeschäfte aus Deutschland vertrieben und somit die Refinanzierung der amerikanischen Banken am Euromarkt erschwert. Organisatorisch reagierten die größeren Banken, nicht zuletzt auch wegen stark gestiegener Verwaltungskosten und verschärfter KWG-Bestimmungen, die vor allem das Eigenkapital und die

---

15 Marjorie Deane, "Square-bashing in Frankfurt", International Banking, *The Economist*, 31. März 1979, 76.

16 Ibid.

Liquiditätsgrundsätze betrafen, mit einer Herunterstufung der regionalen Filialen auf Vertriebsstellen und einer Konzentration von *back office*-Tätigkeiten auf die Zentralen.

Entsprechend der zweiten These aus der Einleitung, nach der die Expansion der amerikanischen Banken wegen der Schwierigkeiten beim Aufbau einer natürlichen Firmenkundenbasis nicht mehr so glatt verlief, mußten sich die amerikanischen Banken in der zweiten Hälfte der 70er Jahre bei zunehmendem Wettbewerb seitens der deutschen Banken, die ihre eigene Internationalisierung endlich vorantrieben, immer häufiger fragen, was sie besser konnten als die deutschen Banken. Im kommerziellen Kreditgeschäft war kaum damit zu rechnen, daß die Auslandsbanken auf höhere Marktanteile als 5% kamen, denn die engen Beziehungen zwischen den großen deutschen Banken und der Industrie machten es den Auslandsbanken sehr schwer, permanente Bindungen mit deutschen Firmenkunden aufzubauen. Hinzu kam, daß sowohl den Großbanken als auch den Auslandsbanken in Form der Landesbanken bittere Konkurrenten erwachsen waren. Die Landesbanken hatten dank ihres fast unbegrenzten Zugriffs auf die stabilen Einlagen der Sparkassen vor allem keine Probleme mit der Bereitstellung von langfristigen Krediten, die in der zweiten Hälfte der 70er Jahre besonders gefragt waren.

Es ist zu vermuten, daß die US-Banken von 1967 bis 1973 weniger expansiv in Deutschland und anderen Ländern vorgegangen wären, wenn nicht die Wachstumsmöglichkeiten im Heimatmarkt durch die restriktive Bankenregulierung, Zinsbegrenzungen und Maßnahmen zur Verringerung des Zahlungsbilanzdefizits so eingeschränkt gewesen wären.

Wettbewerbsvorteile im *retail banking*, die im Bereich der Technologie und des Marketing vorhanden waren, liefen angesichts der Loyalität der deutschen Bankkunden sowie der Geschlossenheit der deutschen Kreditwirtschaft und ihrer günstigeren Refinanzierungsbasis ins Leere. Nur die Citibank konnte mit der übernommenen KKB Kundenkreditbank einen Erfolg im *retail banking* verbuchen, der allerdings ohne den alten Kundenstamm der KKB auch nicht möglich gewesen wäre.

Wettbewerbsvorteile durch Innovationen wie Leasing oder Cash Management, mit denen die amerikanischen Banken deutsche Unternehmen aggressiv umwarben, wurden schnell von den deutschen Kreditinstituten imitiert. Die anfänglichen Wettbewerbsvorteile der Amerikaner führten also keineswegs zur Eroberung des deutschen Bankenmarkts.

Da die meisten amerikanischen Banken über keinen natürlichen Kundenstamm verfügten - selbst der Anteil der Hauptquartierskunden war eher gering - konnten sie nicht sauber akquirieren. Die US-Banken verfielen deshalb zuweilen in einen Rhythmus, für den das Einschwenken auf eine neu definierte Zielgruppe und das rasche Verlassen dieser Gruppe charakteristisch war. Das Schwanken zwischen Universalbank- und Nischenstrategien, das nach 1973 begann, endete aber ungefähr Mitte der 80er Jahre, als die amerikanischen *commercial banks* sich nur noch auf bestimmte Kundengruppen und Finanzdienstleistungen konzentrierten. Während das Kreditgeschäft mit Firmen reduziert wurde, nahm der Einsatz von und das Geschäft mit Derivaten enorm zu.

Gegen Ende der 80er Jahre hatten die amerikanischen Banken es erreicht, globale und lokale Erfordernisse im multinationalen Bankgeschäft besser auszubalancieren. Wichtiger Bestandteil der Geschäftspolitik war auch die Desinvestion der als nicht mehr tragfähig angesehenen Stützpunkte. Scheinbar unbeeindruckt von der Wirkung in der Öffentlichkeit, trennten sich die Amerikaner von Bankstellen oder restrukturierten sie; betroffen waren neben den in dieser Arbeit erwähnten Standorten in Deutschland auch solche in Italien, Spanien, Fernost und insbesondere in London. Waren die Amerikaner auf der einen Seite in wissenschaftlicher und pragmatischer Hinsicht die Vorreiter des multinationalen Bankgeschäfts, sieht man von der Auslandsfilialpolitik der Banken der europäischen Kolonialmächte einmal ab, so waren sie auf der anderen Seite auch die ersten, die ihre Meinungen wegen unerfüllter Erwartungen revidierten.[17] Die Not der amerikanischen Mutterbanken im Heimatmarkt in der zweiten Hälfte der 80er Jahre hatte diesen Prozeß beschleunigt.

Im Hinblick auf die Ertragslage ist eine Diskussion nicht leicht, ob ein Geschäft in Deutschland profitabel war oder nicht. Eine Exportfinanzierung nach Argentinien z.B. wurde in London, New York oder den Bermudas verbucht. Auf den deutschen Büchern stand die Gewinnmarge bei den meisten amerikanischen Banken immer unter Druck. Dies war auch eine Folge des starken Wettbewerbs, der mit den Auslandsfilialen von deutschen Banken stattfand.[18] Wenn nicht aus den Geschäftsberichten, so legen die in der vorliegenden Arbeit dokumentierten geschäftlichen Neuorientierungen und Reorganisationen einzelner Perioden den Schluß nahe, daß die Suche nach einer optimalen, vor allem rentierlichen Strategie für eine amerikanische Bank in Deutschland mühsam war.

Gemessen an den in Deutschland bilanzierten Zahlen bildeten Citibank, Chase Manhattan und J.P. Morgan eine Ausnahme von der schwachen Ertragslage der übrigen amerikanischen Banken, wenn auch bei ihnen an Kapitalverzinsungen von 10-15% nicht zu denken war. Die Citibank konnte sich scheinbar kleine Irrtümer leisten. Für die Chase Manhattan Bank dürfte Deutschland wegen des Mißerfolges der *retail*-Tochter Familienbank sicher der schwierigste ausländische Markt gewesen sein. Unter dem Strich hing die Ertragslage einer Auslandsbank in Deutschland wegen der niedrigen Margen und hohen Kosten stark vom Eigenhandel und der Risikobereitschaft des Managements ab.[19]

---

[17] Röller, "Globalisierung", 135. Hans E. Büschgen, "Entwicklungsphasen des internationalen Bankgeschäfts", *Handbuch des internationalen Bankgeschäfts*, Hrsg. Hans E. Büschgen und Kurt Richolt (Wiesbaden: Gabler, 1989) 18.

[18] Rudolf Bachfeld, "Die Auslandsbanken in Deutschland", *Zeitschrift für das gesamte Kreditwesen* 1 (1987): 21.

[19] Kurt F. Viermetz, "Ziele und Aktivitäten einer Auslandsbank in der Bundesrepublik Deutschland", *Semesterbericht Nr. 19 des Instituts für Kredit- und Finanzwirtschaft*, Leiter: Prof. Dr. Süchting, Ruhr Universität Bochum (Referat am 29. November 1983): 32.

Daß der Einfluß der amerikanischen Banken in den 70er und 80er Jahren im gesamten deutschen Bankenmarkt vergleichsweise gering war, lag weniger am regulatorischen Umfeld, das die ausländischen Banken nicht diskriminierte, als an den gewachsenen Marktstrukturen, welche die etablierten Banken begünstigten, und am harten Wettbewerb unter den Banken. Letzterer ging auf die hohe Bankstellendichte in Deutschland sowie den geringen Konzentrationsgrad der Banken zurück. Mehr als die Hälfte des deutschen Marktes teilten sich öffentlich-rechtliche Institutionen und genossenschaftliche Banken untereinander auf, die beide über eine sehr gute Refinanzierungsbasis verfügten. Diese besondere Bankenstruktur wurde von den amerikanischen Banken in Deutschland häufiger übersehen. Die amerikanischen Banken hatten da nur wenig Marktchancen, wo sie in direkter Konkurrenz zu den vielen deutschen Kreditinstituten standen.

Anhang

Anhang 1: Das Eintrittsjahr und die Standorte der amerikanischen Banken in Deutschland, 1960-1990

Banken	1960	1965	1970	1975	1980	1985	1990
American Express Bank GmbH	American Express Co. (1907)	American Express Co.	American Express Bank GmbH (1966)	Düsseldorf Frankfurt* Hamburg Heidelberg Köln München	Düsseldorf Frankfurt* Hamburg Köln München	Düsseldorf Frankfurt* Hamburg München	Frankfurt
und							
American Express Inc.	Frankfurt + 20 Filialen	Frankfurt + 15 Filialen	Düsseldorf Frankfurt* Hamburg Heidelberg München				
Bankers Trust GmbH			Name früher: Deutsche Unionbank GmbH (1967)		Bankers Trust GmbH (Name seit 1980)	Frankfurt* München (R) Frankfurt (R)	Frankfurt Frankfurt (R)
			Düsseldorf Frankfurt* Hamburg München	Düsseldorf Frankfurt* Hamburg München	Düsseldorf Frankfurt* Hamburg München		
Bankhaus Amex GmbH (Tochter der American Express Bank)						Frankfurt (1987)	Frankfurt
Bankhaus Centrale Credit AG (Tochter der Bank of America)			Mönchen-gladbach (1967) + Filialen	Düsseldorf (1974) + 25 Filialen (1972)	Düsseldorf + Filialen	Mönchen-gladbach (1981)	- 1987 Verkauf an den Banco de Santander

Citibank N.A. und Citibank AG	Frankfurt (1960) Früher: First National City Bank	Berlin (1965) Frankfurt* Hamburg (1965)	Berlin Düsseldorf (1968) Frankfurt* Hamburg München (1968)	Berlin Düsseldorf Frankfurt* Hamburg München Stuttgart (1970)	Frankfurt Citibank AG (1976): Berlin Düsseldorf Frankfurt* Hamburg München Stuttgart	Frankfurt Citibank AG: Berlin Düsseldorf Frankfurt* Hamburg München Stuttgart + Nürnberg (1984) Köln (1985) Mannheim (1985)	Frankfurt Citibank AG: Berlin Frankfurt* München
Citibank Privatkunden AG				Düsseldorf (1973) + 236 Filialen Name bis 1991: KKB Kundenkredit-bank	Düsseldorf + 249 Filialen	Düsseldorf + 279 Filialen	Düsseldorf + 303 Filialen
Continental Illinois National Bank & Trust Company of Chicago			Frankfurt* (1968) München (1970)	Düsseldorf(R) (1973) Frankfurt* München	Düsseldorf (1978) Frankfurt* München	Frankfurt Schließung der Bank 1989	
Familienbank AG (Tochter der Chase)				Düsseldorf (1973) + 29 Filialen	Schließung der Bank 1978		
First National Bank of Boston				Frankfurt (R) (1971) Frankfurt* (1974)	Frankfurt* Hamburg (1980)	Frankfurt* Hamburg	Frankfurt

	1960	1965	1970	1975	1980	1985	1990
Chase Manhattan Bank und Chase Bank AG	Frankfurt (1960)	Frankfurt	Frankfurt* Düsseldorf (1966) Hamburg (1970) München (1968) Stuttgart (1970)	Düsseldorf* Frankfurt Hamburg München Stuttgart	Frankfurt Chase Bank AG (1977): Düsseldorf Frankfurt* Hamburg München Stuttgart	Frankfurt Chase Bank AG: Düsseldorf Frankfurt* Hamburg München Stuttgart	Frankfurt Chase Bank AG: Frankfurt (keine Filialen mehr seit 1.4.1987)
Chemical Bank New York und Chemical Bank AG			Frankfurt (1969)	Frankfurt	Frankfurt Chemical Bank AG (1982): Frankfurt	Frankfurt Chemical Bank AG: Frankfurt	Frankfurt Chemical Bank AG: Frankfurt

	1960	1965	1970	1975	1980	1985	1990
Bank of America National Trust & Savings Association	Düsseldorf* (1960)	Düsseldorf*	Düsseldorf* Frankfurt (1968) München (1967)	Düsseldorf* Frankfurt Hamburg (1972) München Stuttgart (Köln)	Düsseldorf Frankfurt Hamburg München	Düsseldorf Frankfurt Hamburg Mainz (R) München	Frankfurt
The Bank of New York				Frankfurt Name früher: Irving Trust Company (1972)	Frankfurt	Frankfurt	Frankfurt 1988: Fusion von Irving Trust Company und Bank of New York and Fifth Avenue Bank
Beneficial Bank AG					BFK-Bank AG seit 1977 Stuttgart + Filialen	Stuttgart + Filialen	Stuttgart + Filialen

	1960	1965	1970	1975	1980	1985	1990
First National Bank of Chicago			Frankfurt (1966)	Düsseldorf (1973) Frankfurt* München (R)	Düsseldorf Frankfurt* München	Düsseldorf Frankfurt* Schließung der Bank zum 24.7.87	
GKB Gewerbekreditbank AG (Tochter der KKB Kundenkreditbank bzw. Citibank)							Düsseldorf (1986) Mittelstands-bank (1989 verkauft)
Lehman Brothers Bankhaus AG			W. E. Hutton & Co. als Broker in München (1967) Frankfurt (1970)				Frankfurt (1987) Umfirmierung (1990) Zuvor: Shearson Lehman Hutton AG Bankhaus
Manufacturers Hanover Trust Company	Frankfurt (R)	Frankfurt (R)	Frankfurt (1969)	Frankfurt	Düsseldorf (1977) Frankfurt* Frankfurt (R) Hamburg (1975) Hannover (1979) München (R)	Düsseldorf Frankfurt* Frankfurt (R) Hamburg Hannover München (R)	Düsseldorf Frankfurt* Hamburg Hannover
Manufacturers Hanover Bank GmbH							Frankfurt (1988)

	1960	1965	1970	1975	1980	1985	1990
Mellon Bank N.A.				Frankfurt (1973)	Frankfurt	Frankfurt Schließung der Bank 1985	
Merrill Lynch Bank AG							Frankfurt (1988)
Morgan Guaranty Trust Company of New York und JP Morgan GmbH		Frankfurt (1965)	Frankfurt	Düsseldorf (1971) Frankfurt* München (1972)	Düsseldorf Frankfurt* München Morgan GmbH (1984) Frankfurt	Frankfurt*	Frankfurt Umbenennung: JP Morgan GmbH (1987) JP Morgan Investment GmbH (1989)
Morgan Stanley Bank AG							Frankfurt (1986)
NBD Bank, N.A.				Frankfurt National Bank of Detroit (1972)	Frankfurt	Frankfurt	Frankfurt Seit 1990: NBD Bank,N.A.
Pacific Bank GmbH (Tochter der Security Pacific Corporation) (Fusion von Wifag-Bank AG, Bankhaus Bohl und Baumeister Kreditbank GmbH)						Offenbach (1987) + ca. 9 Filialen	Offenbach
Salomon Brothers AG							Frankfurt (1986)

	1960	1965	1970	1975	1980	1985	1990
Security Pacific National Bank				Frankfurt (1972)	Frankfurt Leasing-Gesellschaft: München (1976)	Frankfurt	Frankfurt
Security Pacific AG							Frankfurt (1988)
State Street Bank GmbH			München (1970)	München (R) Schließung der Bank (1975)	München (R)	München (R)	München (R)
Trinkaus & Burkhardt (Tochter der Citibank)				Düsseldorf (1973)	Düsseldorf (Verkauf der Mehrheits-beteiligung 1980)		

Legende: (R) = Repräsentanz. * = Hauptsitz. Hier werden Zweigniederlassungen, Tochterbanken und Mehrheitsbeteiligungen aufgeführt. In den Klammern befindet sich das Eintrittsdatum in den deutschen Markt oder das Gründungsdatum einer Filiale.

Anhang 2: Übersicht über die Ereignisse in den 80er Jahren und Geschäftsfelder der amerikanischen Banken in Deutschland

	1980				1990
US-Banken im Heimatmarkt	Deregulierung, Disintermediation (Verlust der Vermittlerrolle von Banken zwischen Kapitalgebern und Kapitalnehmern), Securitization (Verbriefungstrend), bilanzunwirksame Geschäfte, neue Anbieter von Finanzdienstleistungen (Sears & Roebuck), das Bankgeschäft wird von der Macht der Nachfrager getrieben			Schwierigkeiten im Kreditgeschäft in den Sektoren Landwirtschaft, Energie und Immobilien sowie mit Schwellenländern	
Bankgesetze in Deutschland			1984: Aufhebung der 25%igen Kapitalertragssteuer auf Anleihen	1985: Restliberalisierung: Zulassung der Auslandsbanken zum Bundesanleihekonsortium, Lead Manager von DM-Auslandsanleihen, neue Anleiheformen (z.B. Floating Rates Notes, Nullkupon-Anleihen)	1988: Basler Eigenkapitalvorschriften
US-Banken in Deutschland	1979: Abwärtstrend der Erträge beginnt, Kostendruck steigt, Kunden finanzieren sich über die Kapitalmärkte, mangelhafte Margen im Kreditgeschäft, zunehmende in- und ausländische Konkurrenz, begrenzte Expansionsmöglichkeiten im Inlandsgeschäft, Marktanteil ca. 2,9% des Geschäftsvolumens aller Banken in Deutschland Nachdenken über neue Strategien	1982: Neue Geschäftsfelder: Electronic Banking/Cash Management, Venture Capital, Bilanzunwirksame Geschäfte (Derivate), Immobiliengeschäft, Investment Banking (Aktien- und Rentenhandel, Derivate, Mergers & Acquisitions, Vermögensverwaltung) Ausbau von Geschäftsfeldern: Außenhandelsgeschäft, Leasing, Devisenhandel, Korrespondenzbankengeschäft, Wertpapier-Zahlungsverkehr, Interbankengeschäfte	1984: Teilweiser Rückzug aus dem Kreditgeschäft mit Großkunden Commercial Banks drängen ins Investment Banking: Bankers Trust, Morgan Guaranty, Chase, Citibank, Chemical (1984), American Express Teilweise neuer Kundenkreis: Mittelstand (Unternehmen mit Umsätzen von 50-200 Mio. DM) 1984: Filialeröffnungen in der Region (Citibank und Manufacturers Hanover) Commercial/Investment Bank: J.P. Morgan GmbH 1984	1986-1988: Schließung der neuen Citibank-Filialen 1987: Schließung von Filialen der Chase und von American Express Gründung von Investmentbanktöchtern: Manufactures Hanover Bank GmbH (1988), Security Pacific Bank AG (1988) 1986-1988: Die US-Investmentbanken kommen: Salomon Brothers AG 1986 Morgan Stanley Bank AG 1986 Lehman Brothers Bankhaus AG '87 Merrill Lynch Bank AG 1988	

Anhang 3: Die Anzahl der in Deutschland vertretenen ausländischen Banken nach der Form der Stützpunkte

Jahr	Insgesamt (ohne Repräsen-tanzen)	Zweignie-derlassungen	Tochter-banken u. Mehrheits-beteiligungen	Repräsen-tanzen
1960	18	15	3	31
1971	54	24	30	70
1977	82	50	ca. 32	130
1980	84	54	42	162
1982	102	58	44	n.b.
1985	114	64	50	168
1986	130	60	70	168
1987	140	60	80	n.b.
1988	150	60	90	178
1989	160	60	100	172
1990	172	62	110	183

Quellen: Deutsche Bundesbank, "Die Auslandsbanken - eine neue Untergruppe der Bankenstatistik", *Monatsberichte der Deutschen Bundesbank* (Januar 1987): 34. Deutsche Bundesbank, "Die Zweigstellen ausländischer Banken in der Bundesrepublik", *Monatsberichte der Deutschen Bundesbank* (April 1972): 22. O.V., "Zahl der Auslandsbanken wächst", *Handelsblatt*, 10. September 1980, 9. Jürgen Eicke, "Standort der Auslandsbanken in Deutschland", *Börsen-Zeitung*, 26. Februar 1983, 11. Verband der Auslandsbanken in Deutschland e.V., Hrsg., *Die Auslandsbanken in Deutschland 1998* (Frankfurt 1998) 43. *Banken-Jahrbuch*, Hrsg. Hoppenstedt, verschiedene Jahrgänge. Verschiedene Monatsberichte der Deutschen Bundesbank.

Anhang 4: Die Kerndaten aus den Jahresabschlüssen der amerikanischen Banken in Deutschland, 1976-1990

Erklärungen zu den Tabellen:

Geschäftsvolumen: Bilanzsumme + Eventualverbindlichkeiten aus weitergegebenen und abgerechneten Wechseln sowie dem Wechselbestand vor Verfall zum Einzug versandter Wechsel.

Eigenkapital: Grundkapital + offene Rücklagen + stille Einlagen + Bilanzgewinn.

Zinsüberschuß: Zinserträge zuzüglich der laufenden Erträge aus Aktien und und anderen Wertpapieren sowie Beteiligungen und Anteilen an verbundenen Unternehmen abzüglich der Zinsaufwendungen.

Provisionsüberschuß: Provisionsertrag abzüglich Provisionsaufwendungen.

Verwaltungskosten= Gehälter und Löhne + Soziale Abgaben + Aufwendungen für Altersversorgung und Unterstützung + Sachaufwand für das Bankgeschäft + Abschreibungen und Wertberichtigungen auf Grundstücke und Gebäude sowie auf Betriebs- und Geschäftsausstattung.

Jahresüberschuß= Jahresüberschuß + Gewinnabführung - etwaige Erträge aus Verlustübernahmen.

Anmerkung: Bei den Banken des *retail banking* wurde statt der Position "Wertpapiere" die Position " Kundeneinlagen" ausgewählt.

Quellen der Kerndaten: Bundesanzeiger, Jahrgänge 1977 bis 1991. Hoppenstedt Banken-Jahrbuch, verschiedene Jahrgänge. Verband der Auslandsbanken in Deutschland e.V., Hrsg., *Die Auslandsbanken in Deutschland*, 1988 bis 1992.

American Express Bank GmbH (alle Angaben in Tausend DM)

	Geschäfts-volumen	Bilanzsumme	Eigenkapital (Kernkapital)	Kredite an Nichtbanken	Wertpapiere	Zinsüber-schuß	Provisions-überschuß	Verwaltungs-kosten	Jahresüber-schuß
1976	419.576	391.450	25.481	167.910	54.844	11.252	3.937	21.134	134
1977	846.336	675.759	44.999	272.004	68.985	16.730	4.175	18.834	168
1978	1.038.351	871.497	50.578	449.249	72.180	20.373	4.156	19.917	5.578
1979	1.221.561	982.455	105.908	512.789	101.304	21.853	5.936	21.098	5.330
1980	1.355.517	1.027.460	116.376	501.815	100.210	28.823	7.802	24.735	10.468
1981	1.604.293	1.231.506	128.568	674.217	106.487	44.985	12.110	28.417	12.191
1982	1.725.957	1.318.767	136.985	626.379	102.299	46.608	15.569	30.284	9.736
1983	1.824.786	1.310.086	132.502	608.281	100.494	38.110	12.082	33.176	5.117
1984	2.102.613	1.587.608	135.741	766.340	147.998	40.516	16.833	36.693	8.738
1985	2.094.929	1.666.562	119.446	666.976	103.825	39.109	36.351	39.176	19.005
1986	1.905.638	1.558.586	100.653	504.485	177.419	29.336	31.093	42.047	207
1987	2.149.300	1.788.965	80.667	393.187	109.811	21.556	23.480	62.576	15
1988	1.519.886	1.214.784	80.676	419.766	212.675	16.132	18.758	39.048	8
1989	1.179.066	1.090.013	80.684	265.236	210.451	21.675	18.481	28.223	9
1990	1.480.731	1.184.496	80.692	306.406	218.727	14.601	20.289	31.641	8

Bankers Trust GmbH (vor 1980 Deutsche Unionbank GmbH, alle Angaben in Tausend DM)

	Geschäfts-volumen	Bilanzsumme	Eigenkapital (Kernkapital)	Kredite an Nichtbanken	Wertpapiere	Zinsüber-schuß	Provisions-überschuß	Verwaltungs-kosten	Jahresüber-schuß
1976	1.026.488	860.997	44.410	367.385	87.831	15.003	3.347	15.826	2.850
1977	1.285.511	1.140.524	45.510	375.065	147.068	15.781	2.749	17.455	1.100
1978	1.338.840	1.176.125	46.620	447.811	190.955	17.445	2.651	17.989	1.900
1979	1.257.103	1.095.639	47.640	455.319	164.657	13.242	3.082	18.141	1.100
1980	1.349.021	1.137.238	48.640	482.816	144.553	11.336	3.365	23.963	1.000
1981	n.b.	996.051	52.340	545.482	19.854	21.327	4.167	25.206	3.700
1982	1.490.751	1.149.689	67.040	447.761	172.127	29.448	3.561	24.366	14.700
1983	2.059.774	1.771.229	67.040	549.622	307.964	30.984	4.096	29.357	0
1984	2.357.955	2.054.075	122.040	632.701	437.898	34.961	5.490	30.749	5.016
1985	3.313.704	3.078.457	140.281	515.208	977.809	41.761	6.325	26.972	19.419
1986	3.340.803	3.248.524	155.059	499.333	703.468	45.974	3.372	23.688	11.359
1987	3.174.203	3.125.391	168.658	380.521	1.221.351	38.630	3.326	30.154	15.135
1988	4.661.107	4.632.624	176.393	250.912	1.716.445	49.988	1.005	26.784	2.623
1989	3.533.332	3.516.114	181.716	88.199	961.523	57.737	2.649	29.396	7.344
1990	3.569.067	3.552.899	193.025	45.300	1.077.775	40.390	3.184	31.189	16.123

Bankhaus Amex GmbH (alle Angaben in Tausend DM)

	Geschäfts-volumen	Bilanzsumme	Eigenkapital (Kernkapital)	Kredite an Nichtbanken	Kunden-einlagen	Zinsüber-schuß	Provisions-überschuß	Verwaltungs-kosten	Jahresüber-schuß
1987	246.929	222.507	13.625	163.729	157.427	7.162	565	7.960	625
1988	297.507	274.341	13.625	157.918	228.983	6.410	586	10.109	0
1989	300.447	281.086	13.625	203.815	215.939	6.746	748	10.565	0
1990	316.172	295.555	n.b.	n.b.	n.b.	n.b.	n.b.	n.b.	1.068

Anmerkung: 1991 Fusion mit American Express Bank GmbH.

Bankhaus Centrale Credit Aktiengesellschaft (Tochter der Bank of America, alle Angaben in Tausend DM)

	Geschäfts-volumen	Bilanzsumme	Eigenkapital (Kernkapital)	Kredite an Nichtbanken	Kunden-einlagen	Zinsüber-schuß	Provisions-überschuß	Verwaltungs-kosten	Jahresüber-schuß
1976	964.220	950.162	32.900	457.134	518.117	37.954	7.589	34.869	2.800
1977	943.956	923.509	33.750	454.779	476.499	44.651	7.570	45.665	1.650
1978	936.485	931.578	33.922	488.440	463.651	50.032	7.407	49.208	1.822
1979	949.375	936.408	36.163	531.208	543.643	47.348	11.155	49.777	1.063
1980	961.574	938.855	36.669	586.655	517.676	55.487	-3.869	45.861	-430
1981	928.608	894.344	39.902	666.094	580.775	61.535	-4.529	48.622	233
1982	987.134	926.804	41.902	670.972	568.849	61.013	-639	46.837	2.000
1983	936.150	880.673	39.903	681.339	637.058	64.058	560	47.648	0
1984	918.777	859.633	44.903	729.278	657.006	61.078	1.784	48.621	2.490
1985	952.001	891.480	44.903	755.215	649.430	42.042	4.496	51.363	-13.800
1986	970.151	924.118	48.903	797.094	723.795	50.964	4.683	60.892	-5.965
1987	1.107.485	1.084.064	63.091	856.379	832.260	75.024	4.235	56.936	4.188
	Verkauf								
1988	1.287.054	1.228.610	73.178	913.291	1.013.435	70.693	4.455	65.117	4.275
1989	1.461.701	1.401.355	72.789	1.007.049	1.146.077	69.003	4.228	71.750	3.886
1990	1.690.485	1.638.019	88.877	1.145.860	1.311.967	78.021	1.235	81.316	5.274

Anmerkung: Verkauf der Bank im Mai 1987 an den Banco de Santander.

Bank of America (alle Angaben in Tausend DM)

	Geschäfts-volumen	Bilanzsumme	Eigenkapital (Kernkapital)	Kredite an Nichtbanken	Wertpapiere	Zinsüber-schuß	Provisions-überschuß	Verwaltungs-kosten	Jahresüber-schuß
1976	3.702.900	3.431.084	119.000	887.590	305.183	43.083	13.068	37.895	5.398
1977	3.518.784	3.201.719	167.000	699.528	417.433	39.183	14.462	39.757	3.133
1978	3.242.065	2.865.804	167.000	528.582	430.687	39.990	8.119	44.772	-9.393
1979	3.137.674	2.544.519	167.000	565.030	463.992	24.656	8.706	37.087	-4.480
1980	2.962.530	2.322.253	167.000	584.993	491.303	31.578	11.377	42.027	6.168
1981	2.325.870	1.908.713	167.000	523.436	395.381	27.596	13.073	49.960	18.286
1982	2.253.518	1.837.828	167.000	496.442	415.072	29.753	16.069	76.502	-30.004
1983	3.025.966	2.529.357	167.000	1.042.435	727.464	44.825	16.771	93.467	3.497
1984	2.921.017	2.158.110	206.903	926.519	676.356	38.948	26.547	102.720	-2.143
1985	3.049.481	2.458.072	206.903	933.741	712.912	38.727	28.361	99.930	-32.437
1986	2.492.544	2.086.559	206.903	615.134	704.789	34.176	26.547	84.476	-17.056
1987	2.055.837	1.538.889	206.903	427.371	394.380	31.223	11.580	67.460	23.495
1988	1.714.737	1.243.257	150.000	324.965	289.537	26.471	4.820	35.924	2.745
1989	1.801.180	1.566.131	150.000	308.779	371.714	26.149	4.777	30.545	2.941
1990	1.576.465	1.381.593	150.000	198.874	403.162	27.550	4.318	28.829	3.140

The Bank of New York (vor 1989 Irving Trust Company, alle Angaben in Tausend DM)

	Geschäftsvolumen	Bilanzsumme	Eigenkapital (Kernkapital)	Kredite an Nichtbanken	Wertpapiere	Zinsüberschuß	Provisionsüberschuß	Verwaltungskosten	Jahresüberschuß
1976	578.882	571.440	30.000	85.409	15.348	3.584	843	5.631	0
1977	449.202	429.472	30.000	77.359	15.348	3.587	1.546	6.211	0
1978	576.203	531.766	30.000	109.117	24.997	3.288	2.000	6.793	0
1979	508.029	490.546	30.000	130.061	27.107	2.578	623	6.836	0
1980	586.950	559.411	30.000	181.303	46.503	3.424	2.595	6.755	0
1981	614.387	583.190	30.000	182.253	61.114	3.742	3.254	9.071	0
1982	766.512	732.275	30.000	192.473	75.144	5.461	2.020	9.750	0
1983	802.014	758.913	33.496	162.864	93.218	8.140	4.376	8.550	3.496
1984	952.019	823.117	42.112	238.900	179.307	11.389	6.141	9.393	2.016
1985	875.725	756.553	40.096	201.868	186.803	12.414	6.124	9.941	805
1986	816.658	692.918	40.096	83.164	199.460	11.803	1.407	10.893	1.683
1987	744.026	602.414	40.096	42.451	142.482	12.041	3.735	11.946	1.429
1988	617.088	517.711	40.096	36.632	173.965	8.271	5.184	12.694	-1.173
1989	691.394	550.668	40.096	29.275	153.201	4.940	5.636	8.318	-1.668
1990	755.797	592.374	40.096	18.307	143.760	4.440	5.825	8.088	-801

Beneficial Bank AG (BFK-Bank AG, TKB-Wall-Bank AG Teilzahlungskredit, alle Angaben in Tausend DM)

	Geschäfts-volumen	Bilanzsumme	Eigenkapital (Kernkapital)	Kredite an Nichtbanken	Wertpapiere	Zinsüber-schuß	Provisions-überschuß	Verwaltungs-kosten	Jahresüber-schuß
1977	87.295	87.295	6.000	85.695	0	10.713	635	5.261	-305
1978	n.b.	n.b.	n.b.	n.b.	n.b.	n.b.	n.b.	n.b.	n.b.
1979	128.797	128.797	8.295	127.011	0	12.437	335	7.962	964
1980	138.111	138.111	5.174	136.103	0	15.687	-4.325	8.749	1.288
1981	143.268	143.269	22.376	141.893	0	16.530	-4.307	9.125	1.109
1982	142.084	142.084	28.388	140.950	0	22.080	-3.591	9.505	6.012
1983	158.719	158.719	34.574	157.527	0	22.564	-5.325	9.751	6.824
1984	172.666	172.666	35.415	171.042	0	23.604	-5.269	10.514	3.173
1985	177.149	177.149	29.534	175.792	0	19.596	-4.605	10.714	-2.181
1986	605.056	605.056	28.247	492.167	0	38.628	-9.600	15.434	1
1987	316.789	316.789	56.456	312.416	0	38.414	-2.786	21.418	2.041
1988	263.515	263.515	63.815	258.788	0	27.852	-1.846	18.089	7.698
1989	282.255	256.395	73.673	256.396	1.020	27.511	-2.019	18.226	6.648
1990	385.320	354.471	81.484	291.294	994	28.948	-3.021	18.175	7.123

Chase Bank AG (alle Angaben in Tausend DM)

	Geschäfts-volumen	Bilanzsumme	Eigenkapital (Kernkapital)	Kredite an Nichtbanken	Wertpapiere	Zinsüber-schuß	Provisions-überschuß	Verwaltungs-kosten	Jahresüber-schuß
1977	1.870.500	1.646.198	150.000	917.845	33.887	15.238	4.934	26.273	0
1978	2.542.820	2.254.302	155.149	1.044.937	214.665	30.163	25.541	48.622	5.149
1979	3.103.195	2.647.198	162.747	793.772	285.934	24.386	22.807	38.174	7.598
1980	3.084.757	2.357.544	179.404	775.147	342.169	32.847	25.717	39.478	16.657
1981	4.237.354	3.490.300	191.439	838.398	287.117	43.081	36.983	43.208	12.034
1982	4.029.045	3.116.671	195.833	837.360	305.592	59.703	27.252	49.065	17.011
1983	4.498.554	3.379.002	201.403	953.691	393.068	57.896	31.279	58.388	8.679
1984	5.099.157	3.682.234	207.265	981.691	557.320	55.802	15.842	59.014	13.706
1985	4.393.719	3.336.153	215.168	1.104.131	642.887	60.013	48.930	59.042	29.410
1986	3.811.490	2.928.679	224.791	815.233	961.170	52.683	7.681	66.451	39.389
1987	3.457.021	2.827.202	228.696	653.240	865.919	46.555	6.960	57.081	40.802
1988	3.428.131	2.795.714	224.359	772.119	700.386	34.982	2.576	57.074	26.014
1989	3.439.221	2.770.305	221.681	723.830	860.682	13.094	10.406	55.846	3.513
1990	2.889.637	2.416.569	225.126	453.035	758.008	23.155	6.995	55.624	6.453

Chase Manhattan Bank N.A. Zweigniederlassung (alle Angaben in Tausend DM)

	Geschäfts-volumen	Bilanzsumme	Eigenkapital (Kernkapital)	Kredite an Nichtbanken	Wertpapiere	Zinsüber-schuß	Provisions-überschuß	Verwaltungs-kosten	Jahresüber-schuß
1976	2.330.467	2.116.606	154.000	949.109	172.587	30.623	20.019	47.761	0
1977	428.268	393.164	25.000	3.681	121.411	18.223	21.407	33.720	2.143
1978	494.825	491.712	25.000	1.563	115.108	5.268	1.642	12.520	202
1979	645.245	636.210	25.000	1.650	42.896	3.251	8.230	12.406	2.732
1980	496.553	484.276	25.000	19.958	50.926	1.919	2.198	12.012	736
1981	523.934	508.001	25.000	20.516	76.275	1.213	2.215	12.160	217
1982	635.947	532.087	25.000	2.057	96.289	2.085	698	11.796	416
1983	673.259	561.236	25.000	2.875	55.486	3.632	1.320	16.111	440
1984	598.273	593.594	25.000	3.321	61.187	2.317	1.160	12.551	733
1985	550.431	546.532	25.000	21.411	32.963	2.350	1.084	12.151	638
1986	533.128	528.833	25.000	4.477	58.064	2.149	-109	12.909	422
1987	454.880	452.542	25.000	4.060	41.557	1.963	-135	12.916	-2
1988	468.130	466.563	25.000	1.811	41.220	1.873	-91	3.532	366
1989	472.410	472.410	6.000	1.817	41.220	1.095	-100	3.402	58
1990	59.853	59.853	6.000	1.685	40.532	168	-90	2.893	388

Chemical Bank AG (alle Angaben in Tausend DM)

	Geschäfts-volumen	Bilanzsumme	Eigenkapital (Kernkapital)	Kredite an Nichtbanken	Wertpapiere	Zinsüber-schuß	Provisions-überschuß	Verwaltungs-kosten	Jahresüber-schuß
1982	1.831.526	1.600.242	79.000	497.973	213.520	28.088	1.967	12.941	18.608
1983	2.023.448	1.788.036	82.000	549.757	689.010	30.637	-145	19.651	6.510
1984	2.704.030	2.312.126	94.000	495.781	888.181	30.384	-4.033	22.915	25.890
1985	2.329.394	2.024.416	104.000	339.144	718.364	31.339	-2.745	23.173	22.359
1986	1.998.199	1.838.415	132.000	329.863	565.053	25.332	-3.239	30.065	3.943
1987	2.023.683	1.903.130	132.000	259.257	779.700	27.944	-2.338	33.794	4.588
1988	2.246.599	2.125.640	135.000	323.495	512.418	38.067	-2.470	31.055	4.635
1989	2.250.574	2.194.289	135.000	320.918	548.224	13.102	-6.759	31.326	-4.880
1990	2.298.297	2.144.645	135.000	287.238	548.802	33.878	-5.028	33.322	1.749

Chemical Bank Zweigniederlassung (alle Angaben in Tausend DM)

	Geschäfts-volumen	Bilanzsumme	Eigenkapital (Kernkapital)	Kredite an Nichtbanken	Wertpapiere	Zinsüber-schuß	Provisions-überschuß	Verwaltungs-kosten	Jahresüber-schuß
1976	1.852.257	1.694.749	70.000	439.223	84.786	14.023	2.123	10.852	2.931
1977	1.944.483	1.820.307	70.000	490.551	102.077	15.062	2.858	12.655	1.720
1978	1.804.788	1.692.200	70.000	500.060	138.441	16.821	2.153	12.799	-2.568
1979	1.545.761	1.409.370	70.000	525.645	150.465	14.257	1.357	13.904	0
1980	1.814.195	1.667.533	70.000	515.849	195.690	11.872	1.525	13.987	603
1981	1.702.331	1.431.200	70.000	531.327	174.985	18.757	1.608	14.025	-1.502
1982	538.718	538.718	6.000	108.529	136.628	2.617	307	2.508	206
1983	643.452	643.452	6.000	40.332	99.572	5.141	175	2.165	1.055
1984	677.648	677.468	6.000	58.550	200.908	6.505	-34	2.480	-2.986
1985	646.459	646.459	6.000	0	336.327	8.603	-67	2.633	500
1986	663.722	663.722	6.000	0	419.228	7.532	-247	2.749	1.000
1987	639.698	637.736	6.000	0	510.631	6.188	-154	2.866	3.000
1988	552.845	545.750	6.000	0	332.413	-429	-3	3.092	500
1989	411.531	405.531	6.000	0	314.124	765	-311	3.435	5.749
1990	309.327	306.580	6.000	0	274.424	1.165	234	1.098	-918

Citibank AG (alle Angaben in Tausend DM)

	Geschäfts-volumen	Bilanzsumme	Eigenkapital (Kernkapital)	Kredite an Nichtbanken	Wertpapiere	Zinsüber-schuß	Provisions-überschuß	Verwaltungs-kosten	Jahresüber-schuß
1976	2.582.603	2.352.462	472.990	1.256.118	0	21.919	7.001	11.419	8.878
1977	2.823.970	2.485.191	473.582	1.258.289	2.524	46.003	28.722	37.043	20.088
1978	2.956.200	2.629.127	490.839	1.282.918	297.247	54.522	50.822	38.473	38.806
1979	3.468.206	2.808.662	499.669	1.185.345	442.387	48.059	69.724	43.563	27.759
1980	4.356.155	3.503.875	523.799	1.484.139	774.269	42.385	75.996	49.307	37.326
1981	4.713.900	3.538.524	504.707	1.578.303	578.025	73.877	133.899	55.075	63.764
1982	5.108.402	3.881.771	507.363	1.730.081	867.903	84.972	163.854	65.893	68.744
1983	3.771.122	3.769.301	495.903	1.459.795	1.232.285	109.460	110.131	75.239	36.593
1984	6.957.483	4.799.884	501.696	1.749.498	1.603.097	101.845	135.112	95.603	63.149
1985	6.817.443	4.898.067	512.772	1.748.390	2.003.517	100.639	192.927	118.570	78.539
1986	5.854.833	4.260.257	508.715	1.437.612	1.863.850	98.938	161.676	119.291	33.942
1987	5.371.796	4.111.583	506.904	1.182.867	2.017.064	91.359	100.171	113.306	29.497
1988	5.327.558	4.215.868	516.535	1.562.664	1.384.392	99.805	120.591	114.789	26.069
1989	5.842.130	4.721.637	462.600	1.147.562	1.500.333	60.689	131.663	128.713	1.066
1990	5.204.283	3.979.993	481.974	812.665	1.154.145	43.169	192.114	134.039	22.262

Citibank N.A. Zweigniederlassung (alle Angaben in Tausend DM)

	Geschäfts-volumen	Bilanzsumme	Eigenkapital (Kernkapital)	Kredite an Nichtbanken	Wertpapiere	Zinsüber-schuß	Provisions-überschuß	Verwaltungs-kosten	Jahresüber-schuß
1976 a	622.412	622.412	16.500	0	538.775	44.122	3.117	31.804	56.878
1977	552.164	552.146	16.500	0	385.495	16.629	-1.216	5.144	223
1978 a	411.152	411.151	16.500	0	306.070	17.746	624	4.711	0
1979 a	351.096	351.095	16.500	0	175.065	9.960	19	3.646	1.916
1980	259.452	259.452	16.500	0	4.104	4.706	-94	4.443	1.524
1981	278.045	278.045	16.500	0	4.102	5.525	-201	6.600	395
1982	302.665	302.665	16.500	0	4.102	5.362	-309	9.325	494
1983	248.540	248.540	16.500	0	0	5.074	187	8.758	352
1984	238.433	238.433	16.500	0	0	4.385	-291	8.730	16
1985	236.433	236.433	16.500	0	0	5.370	1.484	11.087	204
1986	221.542	221.542	16.500	0	0	4.824	94	8.890	754
1987	262.131	262.131	16.500	0	0	4.161	-240	8.557	108
1988	230.510	230.510	16.500	0	0	2.617	-227	9.309	1.153
1989	408.599	408.599	16.500	0	0	4.270	-272	12.158	2.053
1990	341.663	341.654	16.500	0	0	5.420	-313	16.197	0

a) Geschäftsjahr zum 21.12.1976.

Citibank Privatkunden AG (früher KKB Kundenkreditbank KGaA, KKB Bank AG, alle Angaben in Tausend DM)

	Geschäfts-volumen	Bilanzsumme	Eigenkapital (Kernkapital)	Kredite an Nichtbanken	Kunden-einlagen	Zinsüber-schuß	Provisions-überschuß	Verwaltungs-kosten	Jahresüber-schuß
1976	2.856.536	2.851.523	161.102	2.072.225	2.249.200	291.271	21.632	208.766	20.946
1977	3.375.953	3.375.368	182.826	2.310.208	2.699.123	290.624	35.240	221.894	21.606
1978	3.717.254	3.714.424	194.102	2.598.948	3.138.535	338.914	6.382	247.806	25.449
1979	4.028.744	4.003.518	216.451	2.956.733	3.238.591	326.391	64.593	218.726	37.269
1980	4.933.175	4.863.344	262.939	3.512.461	3.903.487	320.181	67.336	243.948	30.604
1981	5.246.697	5.130.036	289.846	3.923.364	4.107.784	356.080	56.607	273.865	39.164
1982	5.820.201	5.710.533	318.591	4.400.780	4.815.945	455.433	73.888	305.920	44.943
1983	6.369.985	6.206.933	345.986	4.891.006	4.986.541	517.127	57.389	354.276	43.725
1984	6.955.001	6.718.634	371.274	5.336.694	5.023.889	513.695	68.787	386.039	43.526
1985	7.439.937	7.337.819	416.413	5.891.686	5.813.974	537.643	102.455	399.110	62.479
1986	8.281.052	8.137.971	451.637	6.435.194	6.671.319	573.215	113.440	424.857	57.513
1987	8.762.284	8.556.842	491.660	6.786.793	7.430.812	665.695	95.518	428.406	58.321
1988	9.086.788	8.856.632	510.485	7.058.302	7.638.430	678.619	98.128	458.859	37.989
1989	9.907.759	9.642.221	547.309	8.006.836	7.689.297	691.268	117.024	507.634	56.820
1990	11.143.509	10.880.564	602.995	9.075.179	8.637.468	751.079	151.468	564.647	76.421

Continental Illinois National Bank and Trust Company of Chicago (Continental Bank N.A., alle Angaben in Tausend DM)

	Geschäfts-volumen	Bilanzsumme	Eigenkapital (Kernkapital)	Kredite an Nichtbanken	Wertpapiere	Zinsüber-schuß	Provisions-überschuß	Verwaltungs-kosten	Jahresüber-schuß
1976	543.610	524.105	40.000	114.265	77.185	6.976	-1.325	11.820	1.599
1977	576.061	520.527	40.000	148.429	101.341	7.403	-1.725	11.032	1.765
1978	520.170	471.318	40.000	161.329	75.115	7.793	-1.353	12.237	2.639
1979	632.169	581.035	40.000	83.699	130.454	4.481	-725	12.792	213
1980	424.223	374.637	40.000	88.445	75.296	2.579	-88	11.428	1.590
1981	667.244	508.945	40.000	92.585	61.037	3.163	509	12.597	4.204
1982	640.434	499.292	40.000	76.528	106.795	7.598	1.133	14.033	3.142
1983	606.360	492.988	40.000	90.024	95.911	8.185	1.211	15.710	194
1984	793.007	704.080	40.000	164.079	135.810	8.581	4.042	16.572	124
1985	826.658	760.664	40.000	191.343	152.487	7.988	1.340	18.371	-318
1986	753.900	713.094	40.000	195.569	215.641	8.808	99	17.572	-170
1987	707.254	659.078	40.000	167.236	187.831	8.342	1.547	18.480	3.061
1988	447.574	399.879	70.000	155.239	100.689	6.280	157	20.024	-6.361
1989	620.764	577.263	40.000	111.069	191.575	4.713	60	17.832	-17.053

Familienbank AG (Tochter der Chase Manhattan Bank, alle Angaben in Tausend DM)

	Geschäfts-volumen	Bilanzsumme	Eigenkapital (Kernkapital)	Kredite an Nichtbanken	Kunden-einlagen	Zinsüber-schuß	Provisions-überschuß	Verwaltungs-kosten	Jahresüber-schuß
1973	n.b.	n.b.	n.b.	n.b.	n.b.	n.b.	n.b.	n.b.	n.b.
1974	47.457	47.457	5.000	32.215	8.016	1.498	-446	5.054	0 a
1975	356.187	356.017	21.000	94.025	92.721	5.719	-337	10.442	0 b
1976	326.187	326.187	21.000	109.248	62.176	6.493	797	17.740	0 c

a) Andere Erträge: 4.514 TDM. b) Andere Erträge: 7.578 TDM. c) Andere Erträge: 22.278.

Anmerkungen: Im Jahr 1977 Eingliederung in die Chase Bank AG. Im Jahr 1978 Schließung der Familienbank-Filialen.

The First National Bank of Boston (alle Angaben in Tausend DM)

	Geschäfts-volumen	Bilanzsumme	Eigenkapital (Kernkapital)	Kredite an Nichtbanken	Wertpapiere	Zinsüber-schuß	Provisions-überschuß	Verwaltungs-kosten	Jahresüber-schuß
1976 a	667.548	657.208	40.000	143.839	43.962	3.096	177	4.344	101
1977 a	823.251	815.888	40.000	148.094	61.205	-86	-94	6.666	-898
1978 a	693.404	671.431	40.000	109.982	87.314	253	33	8.280	493
1979 a	876.438	848.210	40.000	172.887	99.863	-920	-80	9.825	2.537
1980 a	735.116	701.274	40.000	171.714	98.610	-7.053	97	12.349	-4.054
1981 a	873.028	817.516	40.000	119.559	95.712	-13.425	345	11.279	-4.833
1982	993.041	945.017	40.000	118.436	80.036	-11.576	842	13.341	-12.110
1983	1.009.130	945.585	40.942	162.765	244.254	-2.283	1.487	16.431	942
1984	1.045.674	955.380	43.571	262.500	152.551	756	1.786	14.712	2.629
1985	977.743	911.476	50.000	310.965	169.149	7.172	1.767	14.636	6.429
1986	1.289.956	1.215.362	50.000	337.491	165.359	13.249	867	37.080	6.000
1987	822.770	753.822	51.000	308.671	288.277	13.770	320	19.135	1.000
1988	877.229	808.291	51.200	313.062	344.451	14.006	267	18.065	200
1989	1.068.012	977.489	40.000	256.678	131.054	7.084	732	12.886	-17.200
1990	937.513	769.363	40.000	180.337	99.019	6.412	2.272	16.134	124

a) Geschäftsjahr bis zum 20.12.

The First National Bank of Chicago (alle Angaben in Tausend DM)

	Geschäfts-volumen	Bilanzsumme	Eigenkapital (Kernkapital)	Kredite an Nichtbanken	Wertpapiere	Zinsüber-schuß	Provisions-überschuß	Verwaltungs-kosten	Jahresüber-schuß
1976	606.107	565.836	40.000	112.609	30.527	10.013	272	9.411	-737
1977	790.780	753.900	40.000	174.266	44.107	8.541	569	9.472	-1.909
1978	792.075	756.930	40.000	119.189	145.671	7.309	692	9.300	4.303
1979	576.984	529.435	40.000	130.442	122.017	5.060	978	11.397	-8.216
1980	770.654	713.260	40.000	188.732	143.172	6.750	246	11.783	-4.891
1981	917.246	782.533	40.000	146.546	167.771	5.364	1.344	14.243	-5.004
1982	1.010.828	828.076	40.000	87.409	202.039	7.902	1.604	15.804	-4.732
1983	1.312.549	1.137.890	30.000	354.985	230.704	12.284	1.292	16.187	-5.297
1984	1.200.243	1.057.959	30.000	315.913	169.748	11.715	1.825	14.706	1.170
1985	942.791	849.902	30.000	146.976	185.274	8.985	2.790	12.630	-9.004
1986	524.862	470.481	30.000	112.722	38.349	6.794	1.878	12.665	-6.799
1987 a	448.973	386.270	30.000	66.327	70.089	3.439	773	5.679	-620

a) Rumpfgeschäftsjahr vom 1.1.1987 bis 24.7.1987.

GKB Gewerbekreditbank Aktiengesellschaft (Tochter der KKB Kundenkreditbank bzw. Citibank, alle Angaben in Tausend DM)

	Geschäfts-volumen	Bilanzsumme	Eigenkapital (Kernkapital)	Kredite an Nichtbanken	Wertpapiere	Zinsüber-schuß	Provisions-überschuß	Verwaltungs-kosten	Jahresüber-schuß
1986 a	51.613	51.608	6.000	42.029	0	720	15	2.061	0
1987	91.854	90.500	6.000	80.189	0	2.111	-48	4.993	-3.955
1988	148.121	148.026	13.000	125.765	0	3.674	-107	6.098	-3.848
1989	111.839	103.843	13.000	95.507	0	3.559	18	4.270	-2.171

a) Rumpfgeschäftsjahr vom 18.06.86 bis 31.12.86. Im Jahr 1990 Verkauf an die DAF Finance Company, Eindhoven, Niederlande.

Lehman Brothers Bankhaus AG (Shearson Lehman Hutton AG, alle Angaben in Tausend DM)

	Geschäfts-volumen	Bilanzsumme	Eigenkapital (Kernkapital)	Kredite an Nichtbanken	Wertpapiere	Zinsüber-schuß	Provisions-überschuß	Verwaltungs-kosten	Jahresüber-schuß
1987 a	27.384	27.384	25.031	302	0	181	1.635	1.583	30
1988	38.490	38.940	25.016	5.002	489	440	3.740	4.643	-15
1989	59.963	59.963	25.016	330	32.065	760	3.198	5.883	0
1990	48.024	48.024	25.016	344	22.124	603	3.507	7.198	-586

a) Rumpfgeschäftsjahr 3.6.87 bis 31.12.87.

Manufacturers Hanover Trust Company (alle Angaben in Tausend DM)

	Geschäfts-volumen	Bilanzsumme	Eigenkapital (Kernkapital)	Kredite an Nichtbanken	Wertpapiere	Zinsüber-schuß	Provisions-überschuß	Verwaltungs-kosten	Jahresüber-schuß
1976	1.239.770	1.181.088	50.000	365.107	30.037	17.716	-1.192	12.059	1.371
1977	1.119.956	998.545	60.000	372.950	60.724	16.271	-6.350	15.023	-4.761
1978	1.295.360	1.164.265	60.000	463.768	96.683	21.341	-1.623	15.715	92
1979	1.357.866	1.191.004	60.000	668.188	134.441	15.232	46.249	18.498	5.773
1980	1.661.406	1.414.265	60.000	628.898	145.223	11.165	14.697	22.248	-15.795
1981	1.886.858	1.476.056	70.000	730.137	201.088	18.096	4.882	26.530	-25.684
1982	1.916.162	1.476.379	80.000	681.570	204.159	27.041	26.662	31.433	2.973
1983	2.303.358	1.826.894	80.000	775.630	229.346	34.013	49.951	35.011	11.253
1984	2.883.292	2.058.573	110.000	1.037.407	359.383	33.736	83.810	38.982	21.962
1985	3.326.207	2.632.013	130.000	1.049.464	778.491	40.146	114.331	42.231	20.625
1986	3.449.524	2.787.674	150.000	999.031	1.006.240	39.691	85.640	48.709	4.232
1987	2.950.737	2.319.123	150.000	774.915	954.807	40.586	11.000	52.048	745
1988	3.352.230	2.787.096	150.000	1.031.853	860.162	40.186	8.954	46.543	10.869
1989	3.250.790	2.714.530	150.000	847.993	842.923	16.146	10.193	42.672	-30.397
1990	2.819.623	2.345.671	150.000	767.378	744.936	892	11.264	41.961	-15.908

Manufacturers Hanover Bank GmbH (alle Angaben in Tausend DM)

	Geschäfts-volumen	Bilanzsumme	Eigenkapital (Kernkapital)	Kredite an Nichtbanken	Wertpapiere	Zinsüber-schuß	Provisions-überschuß	Verwaltungs-kosten	Jahresüber-schuß
1988 a	246.708	246.647	25.000	10.799	142.439	2.654	-100	2.940	-1.534 b
1989	315.189	315.173	25.000	660	148.818	1.255	989	4.722	-6.283 b
1990	949.935	949.874	25.000	345	103.803	336	-736	4.406	-4.849 b

a) Rumpfgeschäftsjahr vom 4.5.1988 bis 31.12.1988. b) Erträge aus Verlustübernahme.

Anmerkung: Die Manufactures Hanover Bank GmbH wurde 1991 an die Caisse des Depotes et Consignations GmbH verkauft.

Mellon Bank N.A. (alle Angaben in Tausend DM)

	Geschäfts-volumen	Bilanzsumme	Eigenkapital (Kernkapital)	Kredite an Nichtbanken	Wertpapiere	Zinsüber-schuß	Provisions-überschuß	Verwaltungs-kosten	Jahresüber-schuß
1976	649.550	613.766	30.000	122.752	33.970	4.758	1.131	3.986	532
1977	427.533	402.987	30.000	134.583	45.271	5.253	1.578	4.373	481
1978	536.000	502.110	30.000	132.971	84.664	6.479	1.421	4.747	648
1979	453.338	427.294	30.000	107.389	71.940	4.491	3.386	5.150	-230
1980	490.866	465.543	30.000	158.092	59.828	4.313	3.262	5.594	-191
1981	464.852	418.870	35.000	171.040	50.761	4.003	3.962	5.960	-205
1982	850.425	774.971	35.000	176.808	75.578	6.297	3.218	5.927	-446
1983	514.767	460.053	35.000	176.022	101.721	5.176	5.359	6.656	-706
1984	649.054	601.265	35.000	188.182	146.307	3.986	5.453	7.548	-559
1985 a	42.267	42.267	35.000	11	0	6.011	2.688	9.750	4.669

a) Jahresabschluß zum 30.9.1985. Schließung der Bank.

Merrill Lynch Bank AG (alle Angaben in Tausend DM)

	Geschäfts-volumen	Bilanzsumme	Eigenkapital (Kernkapital)	Kredite an Nichtbanken	Wertpapiere	Zinsüber-schuß	Provisions-überschuß	Verwaltungs-kosten	Jahresüber-schuß
1988	20.102	20.102	20.003	0	0	731	0	723	3
1989	23.866	23.838	20.003	6.542	5.320	1.047	1.359	3.428	-1.395
1990	148.206	148.166	20.403	62.854	22.394	1.205	2.259	5.295	2.262

Morgan Guaranty Trust Company of New York (alle Angaben in Tausend DM)

	Geschäfts-volumen	Bilanzsumme	Eigenkapital (Kernkapital)	Kredite an Nichtbanken	Wertpapiere	Zinsüber-schuß	Provisions-überschuß	Verwaltungs-kosten	Jahresüber-schuß
1976	1.648.256	1.519.896	100.000	641.258	251.652	26.092	1.495	14.194	8.444
1977	1.756.925	1.610.730	100.000	760.433	288.607	26.542	2.149	15.939	4.343
1978	1.743.009	1.582.954	100.000	773.091	268.021	29.851	3.465	18.027	5.499
1979	2.105.314	1.795.958	100.000	825.346	451.485	18.043	2.260	22.139	-2.379
1980	2.785.056	2.134.027	150.000	1.066.549	395.179	5.729	4.153	24.277	-14.306
1981	3.729.021	2.775.254	200.000	1.135.631	464.518	17.214	6.008	26.093	6.390
1982	4.672.448	3.733.347	200.000	1.520.087	773.429	35.897	7.979	29.325	15.042
1983	5.928.064	4.771.535	275.000	2.042.189	886.270	77.318	7.477	31.850	16.096
1984	5.804.106	4.849.623	275.000	1.727.073	1.398.135	87.529	6.550	35.810	20.953
1985	6.424.945	5.521.477	275.000	1.999.491	1.461.197	82.832	8.878	38.552	24.506
1986	5.909.426	5.267.023	275.000	1.472.361	1.276.142	89.781	11.312	45.364	26.457
1987	4.534.629	3.986.239	275.000	859.823	1.671.398	82.987	11.509	56.326	13.224
1988	219.854	219.854	50.000	23.239	93.032	19.811	3.545	17.366	10.560
1989	224.809	214.435	50.000	30.574	9.618	3.674	230	10.927	4.998
1990	513.917	504.783	50.000	4.693	11.945	3.501	3.067	5.213	889

J.P. Morgan GmbH (zuvor Morgan Guaranty GmbH, alle Angaben in Tausend DM)

	Geschäfts-volumen	Bilanzsumme	Eigenkapital (Kernkapital)	Kredite an Nichtbanken	Wertpapiere	Zinsüber-schuß	Provisions-überschuß	Verwaltungs-kosten	Jahresüber-schuß
1984 a	189.100	179.152	10.183	14.066	78.403	1.004	1	681	183
1985	601.454	598.054	21.343	34.473	247.025	4.463	605	2.906	2.627
1986	1.436.486	1.434.386	22.769	50.416	134.527	4.628	5.811	4.925	1.988
1987	1.369.862	1.369.862	25.014	23.993	239.734	2.806	6.993	7.276	2.799
1988 b	5.769.123	5.180.678	301.014	600.072	1.271.999	56.158	10.508	50.983	30.681
1989	6.572.298	6.038.970	301.014	593.368	2.147.265	45.531	7.840	68.301	12.394
1990	6.372.235	5.833.776	351.014	1.127.107	2.537.625	7.340	16.090	64.236	433

a) Rumpfgeschäftsjahr vom 1.6.1984 bis 31.12.1984. b) Nicht vergleichbar mit dem Vorjahr; Umbenennung in J.P. Morgan GmbH.

Morgan Stanley Bank AG (Morgan Stanley GmbH, alle Angaben in Tausend DM)

	Geschäfts-volumen	Bilanzsumme	Eigenkapital (Kernkapital)	Kredite an Nichtbanken	Wertpapiere	Zinsüber-schuß	Provisions-überschuß	Verwaltungs-kosten	Jahresüber-schuß
1987	40.683	40.656	12.000	310	10.317	397	5.656	6.545	20
1988	153.080	153.040	12.406	2.407	41.722	-1.677	23.504	24.743	465
1989	377.662	377.613	16.043	1.946	182.319	-4.386	9.292	34.524	7.262
1990	220.258	220.087	19.210	20.783	132.780	-1.703	14.851	29.633	3.167

National Bank of Detroit (NBD Bank, alle Angaben in Tausend DM)

	Geschäfts-volumen	Bilanzsumme	Eigenkapital (Kernkapital)	Kredite an Nichtbanken	Wertpapiere	Zinsüber-schuß	Provisions-überschuß	Verwaltungs-kosten	Jahresüber-schuß
1976	442.260	405.804	25.576	23.983	23.892	3.754	11	2.193	421
1977	403.524	372.262	25.000	35.912	29.223	2.884	260	2.062	222
1978	409.011	388.028	25.000	44.220	29.473	2.785	263	1.907	295
1979	314.681	303.457	26.215	30.619	29.020	2.185	221	1.628	119
1980	324.089	307.061	26.596	43.216	29.381	3.141	244	1.664	381
1981	380.437	370.569	25.000	60.444	29.771	4.561	285	1.748	-2.813
1982	434.035	413.891	25.000	54.945	32.256	4.760	291	2.375	573
1983	388.298	365.130	25.000	68.220	41.512	5.363	384	2.020	354
1984	419.704	390.177	25.000	78.211	36.613	6.480	419	2.188	259
1985	426.741	397.088	29.856	69.500	38.284	5.841	649	2.071	4.885
1986	378.732	351.271	31.434	89.768	49.983	5.165	341	2.201	1.578
1987	370.344	346.582	32.543	69.194	65.736	5.376	308	2.295	1.109
1988	358.569	337.762	31.071	67.298	65.492	5.665	406	2.534	-1.472
1989	400.064	383.544	28.846	62.840	65.395	4.312	455	2.641	-2.225
1990	433.856	418.691	29.794	89.314	65.983	3.602	454	2.973	948

Pacific Bank GmbH (Tochter der Security Pacific; früher WIFAG-Bank, Bankhaus Bohl, Baumeister Kreditbank; alle Angaben in Tausend DM)

	Geschäfts-volumen	Bilanzsumme	Eigenkapital (Kernkapital)	Kredite an Nichtbanken	Kunden-einlagen	Zinsüber-schuß	Provisions-überschuß	Verwaltungs-kosten	Jahresüber-schuß
1983	320.453	317.383	14.040	304.914	54.873	24.987	-1.993	11.455	1.140
1984	329.656	325.605	14.400	307.850	77.855	25.183	-955	12.887	0
1985	350.530	346.380	41.400	290.080	111.311	18.994	-341	14.460	0
1986	544.692	541.341	41.400	464.134	282.268	37.127	-2.542	25.369	0
1987	518.751	514.629	41.400	446.183	234.951	26.370	1.435	23.330	0
1988	459.727	450.769	41.400	378.451	201.413	23.886	1.081	25.563	0
1989	430.646	414.895	41.400	325.046	232.049	20.031	587	22.702	0
1990	400.470	381.710	41.400	274.698	202.513	20.194	261	23.428	0

Salomon Brothers AG (alle Angaben in Tausend DM)

	Geschäfts-volumen	Bilanzsumme	Eigenkapital (Kernkapital)	Kredite an Nichtbanken	Wertpapiere	Zinsüber-schuß	Provisions-überschuß	Verwaltungs-kosten	Jahresüber-schuß
1986 a	12.798	12.798	10.000	1.938	0	130	-1	2.259	0
1987	552.329	552.329	110.000	25.100	113.693	7.993	1.300	14.098	0
1988	1.591.035	1.558.642	112.750	50.918	1.032.933	10.323	4.228	15.356	3.271
1989	2.936.313	2.880.407	115.500	52.087	2.453.607	10.117	6.188	17.670	5.672
1990	7.819.661	7.742.769	115.500	53.434	5.400.846	11.552	5.993	26.514	0

a) Rumpfgeschäftsjahr vom 18.4.1986 bis 31.12.1986.

Security Pacific National Bank (alle Angaben in Tausend DM)

	Geschäfts-volumen	Bilanzsumme	Eigenkapital (Kernkapital)	Kredite an Nichtbanken	Wertpapiere	Zinsüber-schuß	Provisions-überschuß	Verwaltungs-kosten	Jahresüber-schuß
1976	385.483	381.272	20.000	51.818	28.839	3.945	1.851	4.588	966
1977	554.200	527.902	35.000	138.782	41.086	4.557	1.491	5.239	769
1978	369.560	334.775	35.000	57.853	46.766	4.352	457	4.935	-851
1979	381.159	327.489	35.000	62.614	46.542	1.919	202	4.990	0
1980	381.851	372.794	35.000	49.924	103.915	3.214	7	6.643	0
1981	450.246	423.964	35.000	90.106	46.513	4.845	135	7.664	2.698
1982	451.762	375.496	35.000	74.776	57.721	6.218	161	8.980	1.904
1983	477.486	443.236	35.000	60.519	66.512	6.389	79	9.999	1.887
1984	525.877	433.783	35.000	117.999	70.290	6.708	336	12.858	762
1985	473.218	426.978	35.000	145.963	50.211	6.495	750	14.427	3.585
1986	407.743	387.813	35.000	133.132	59.033	6.105	1.683	14.413	1.265
1987	618.145	596.057	35.000	141.840	110.768	6.744	1.126	17.212	959
1988	584.843	556.915	35.000	88.875	103.404	6.883	880	20.820	-11.968
1989	584.574	541.610	35.000	107.701	91.982	2.477	2.221	25.705	-1.585
1990	362.522	318.081	35.000	55.570	85.752	802	2.175	21.463	0

Security Pacific Bank AG (alle Angaben in Tausend DM)

	Geschäfts-volumen	Bilanzsumme	Eigenkapital (Kernkapital)	Kredite an Nichtbanken	Wertpapiere	Zinsüber-schuß	Provisions-überschuß	Verwaltungs-kosten	Jahresüber-schuß
1988 a	32.426	32.426	25.000	1.002	30.211	824	1.159	1.095	0
1989	128.981	128.656	25.000	40.781	35.680	1.409	1.511	6.103	0
1990	92.717	92.603	25.000	15.219	35.680	6.638	836	8.636	-1.700

a) Rumpfgeschäftsjahr vom 26.5.88 bis 31.12.88.

Trinkaus & Burkhardt (Tochter der Citibank 1973-80, alle Angaben in Tausend DM)

	Geschäfts-volumen	Bilanzsumme	Eigenkapital (Kernkapital)	Kredite an Nichtbanken	Wertpapiere	Zinsüber-schuß	Provisions-überschuß	Personal-kosten	Jahresüber-schuß
1976	3.840.643	3.308.937	162.650	1.349.219	511.582	k.A.	k.A.	40.233	k.A.
1977	4.343.512	3.656.978	162.650	1.421.415	611.005	k.A.	k.A	40.486	k.A.
1978	4.691.774	3.831.250	162.650	1.539.498	716.547	k.A.	k.A.	42.463	k.A.
1979	4.346.807	3.260.690	162.650	1.578.861	607.650	k.A	k.A.	42.415	k.A
1980	4.682.594	3.439.091	187.000	1.591.072	462.654	k.A.	k.A.	46.207	k.A

Anmerkung: Im Jahr 1980 Verkauf der Bank an Midland Bank, Großbritannien.

Quellen- und Literaturverzeichnis

1. Interviews

Bachfeld, Rudolf, früherer Geschäftsleiter, Citibank AG, Interview am 29. April 1999, Berlin.

Bartels, Volckmar, Regierungsdirektor, Bundesaufsichtsamt für das Kreditwesen, Berlin, Interview, geführt am 4. März 1996, Berlin.

Binnler, Jay, Analyst, Bankers Trust, New York, Interview, geführt am 13. September 1996, New York.

Colsman-Freyberger, Dr. Ulrich, früherer Geschäftsleiter, The First National Bank of Boston, Frankfurt. Telefongespräch am 19. August 1998.

Coym, Dr. Peter, Vorstandsmitglied, Lehman Brothers Bankhaus AG, Interview, geführt am 30. August 1995, Frankfurt.

Deicke, Hanns, Geschäftsleiter, The First National Bank Bank of Boston, Frankfurt, Telefongespräch am 20. August 1998.

Dickler, Dr. Robert A., Vice President, Senior Financial Analyst, Chase Bank AG, Frankfurt, Interview, geführt am 8. November 1995, Frankfurt.

Eickmann, Wolfgang, Vorstandsmitglied Merrill Lynch Bank AG, Frankfurt, Interview, geführt am 28. August 1995, Frankfurt.

Elm, Dr. Susanne, früher J.P. Morgan GmbH, Frankfurt, Telefongespräch am 8 Januar 1998, Berlin.

Engel, Dr. Hans-Georg, Geschäftsleiter, Morgan Guaranty Trust Company of New York, Frankfurt, Vorsitzender des Verbands der Auslandsbanken in Deutschland e.V., Interview, geführt am 28. August 1995, Frankfurt.

Fehr, Dr. Benedikt, Frankfurter Allgemeine Zeitung, Wirtschaftskorrespondent USA, Interview, geführt am 20. September 1996, New York.

Fraser, Donald R., Professor of Finance, Texas A & M-University, College Station, Interview, geführt am 8. Oktober 1996, College Station.

Gebbe, Rainer, Vorstandsvorsitzender, Chemical Bank AG, Interview, geführt am 9. November 1995, Frankfurt.

Guldiman, Till M., Executive Vice President, Infinity Financial Technology, Mountain View, Kalifornien, Interview, geführt am 25. September 1996, Mountain View.

Halvorson, David T., Deputy General Counsel, Institute of International Bankers, New York, Interview, geführt am 13. September 1996, New York.

Händel, Dr. Wolfgang, Geschäftsleiter, Bankers Trust International PLC, Frankfurt, Interview, geführt am 30. August 1995, Frankfurt.

Henkelmann, Frank, Morgan Stanley Bank AG, Frankfurt, Interview, geführt am 24. September 1997, Frankfurt.

Hipp, Mario, Verband der Auslandsbanken in Deutschland e.V., Interview, geführt am 22. Mai 1997, Frankfurt.

Hirschberg, Axel, früheres Vorstandsmitglied, Lehman Brothers Bankhaus AG, Frankfurt, Telefongespräch am 26. August 1998.

Kaufmann, Christa, Direktor, American Express Bank GmbH, Frankfurt, Interview, geführt am 25. September 1997, Frankfurt.

Kennedy, W.D. "Don", Executive Vice President, First American Bank, Bryan, Texas, Interview, geführt am 8. Oktober 1996, College Station.

Lee, Daniel R., Vorstandsvorsitzender, Salomon Brothers AG, Interview, geführt am 29. August 1995, Frankfurt.

Lucas, Johannes H., Director Investment Banking, Lehman Brothers Bankhaus AG, Frankfurt, Interview, geführt am 30. August 1995, Frankfurt.

Mindermann, Folkert, Geschäftsführender Direktor Öffentlichkeitsarbeit, Citibank Privatkunden AG, Düsseldorf, Interview, geführt am 20. November 1996, Düsseldorf.

Miscoll, James P., Vice Chairman (Retired), Bank of America, San Francisco, Telefongespräch am 13. August 1998.

Neumann, Peter, Geschäftsleiter, American Express Bank GmbH, Frankfurt, Interview, geführt am 25. September 1997, Frankfurt.

Parker, Prof. George G.C., Graduate School of Business, Stanford University, Interview, geführt am 24. September 1996, Stanford, Kalifornien.

Perkowsky, Rudi, Geschäftsleiter, Bank of America, Frankfurt, Interview, geführt am 9. November 1995, Frankfurt.

Pötschke, Kai, Analyst, Bankers Trust, New York, Interview, geführt am 13. September 1996, New York.

Puri, Dr. Manju, Assistant Professor of Finance, Littlefield Management Center, Stanford University, Interview, geführt am 24. September 1996, Stanford, Kalifornien.

Regnery, Dr. Peter, Referent, Verband der Auslandsbanken in Deutschland e.V., Interview, geführt am 29. August 1995, Frankfurt.

Reichhardt, Wolfgang, früherer Geschäftsleiter, Pacific Bank AG, Offenburg, Telefongespräch am 11. Mai 1999.

Schäfer, Wolfgang K., Geschäftsleiter, The Bank of New York, Interview, geführt am 8. November 1995, Frankfurt.

Scheele, Wilfried, früheres Vorstandsmitglied, Citibank AG, Frankfurt, Interview, geführt am 23. April 1998, Frankfurt.

Shiels, Lucy, Referentin, Verband der Auslandsbanken in Deutschland e.V., Frankfurt, Interview, geführt am 22. Mai 1997, Frankfurt.

Smith, Prof. Roy C., Professor of Finance and International Business, New York University, Salomon Center, Interview, geführt am 18. September 1996, New York.

Stauch, Dr. Ludwig, Leitender Regierungsdirektor i.R., Bundesaufsichtsamt für das Kreditwesen, Berlin, Interview, geführt am 2. September 1997, Berlin.

Teich, Günter W., früherer Geschäftsleiter, Bank of America, Frankfurt, Telefongespräch am 11. August 1998.

Viermetz, Kurt F., Retired Vice Chairman of the Board, Director, J.P. Morgan & Co. Inc., New York, Interview, geführt am 5. November 1998, Berlin.

Walter, Prof. Ingo, Charles Simon Professor of Applied Financial Economics, New York University, Salomon Center, New York, Interview, geführt am 4. September 1996 und 1. Oktober 1996, New York.

2. Korrespondenz

American Express Bank GmbH, Frankfurt, Schreiben vom 30. Oktober 1997.

Kruse, E. Michel, früherer Senior Executive Vice President, Chase Manhattan Bank, New York, E-mail vom 18. August 1999.

3. Zeitungen und Zeitschriften

Die folgenden Zeitungen und Zeitschriften enthielten wertvolle Informationen und wurden für diese Studie ausgewertet: *Bundesanzeiger, Handelsblatt, Börsen-Zeitung, Frankfurter Allgemeine Zeitung, Zeitschrift für das gesamte Kreditwesen, The Banker, The Economist, The Wall Street Journal, Monatsberichte der Deutschen Bundesbank, Die Auslandsbanken in Deutschland, Banken-Jahrbuch, Bankers' Almanac.*

4. Literaturverzeichnis

Adam, Nigel, "A tale of sibling rivalry", *The Banker* (März 1988): 14-16.

Aliber, Robert Z. Hrsg., *The Handbook of International Financial Management* (Homewood: Dow Jones-Irwin, 1989).

Aliber, Robert Z., "International Banking", *Journal of Money, Credit, and Banking*, Vol. 16, Nr. 4, Teil 2 (November 1984): 661-678.

Aliber, Robert Z., "Toward a Theory of Multinational Banking", *Economic Review, Federal Reserve Bank of San Francisco* (Frühling 1976): 5-8.

American Express Bank GmbH, diverse Geschäftsberichte.

Andersen, Arthur und Andersen Consulting, Hrsg., *European banking and capital markets: A strategic forecast* (London: The Economist Intelligence Unit, 1993).

Anderson, Lynn R., "Rational pricing in an irrational environment", *The Banker* (Februar 1983): 43-48.

Arnoldussen, Ludger, *Die Marktpolitik ausländischer Banken in der Bundesrepublik Deutschland*, unveröffentlichte Diplomarbeit (Köln: 1987).

Aspinwall, Richard C. und Robert A. Eisenbeis, Hrsg., *Handbook for Banking Strategy* (New York: John Wiley & Sons, 1985).

Bachfeld, Rudolf, "Die Auslandsbanken in Deutschland", *Zeitschrift für das gesamte Kreditwesen* 1 (1987): 19-21.

Baehring, Bernd, "Are the Germans happy in clubs?", *The Banker* (August 1973): 915-921.

Ball, Clifford und Adrian Tschoegl, "The decision to establish a foreign bank branch or subsidiary: An application of binary classification procedures", *Journal of Financial and Quantitative Analysis* 17 (1982): 411-424.

Bank for International Settlements, Hrsg., *Recent Innovations in International Banking* (April 1986).

Bank für internationalen Zahlungsausgleich (BIS), Hrsg. *61. Jahresbericht*, 1. April 1990 - 31. März 1991. Basel (1991).

Bank für internationalen Zahlungsausgleich (BIS), Hrsg. *65. Jahresbericht*, 1. April 1995 - 31. März 1996. Basel (Juni 1995).

Bank für internationalen Zahlungsausgleich (BIS), Hrsg. *Entwicklung des internationalen Bankgeschäfts und der internationalen Finanzmärkte* (Februar 1995).

Bank für internationalen Zahlungsausgleich (BIS), Hrsg. *International Banking and Financial Market Development*, verschiedene Ausgaben.

Bankhaus Centrale Credit AG, "Geschäftsbericht 1973" in: *Zeitschrift für das gesamte Kreditwesen* 12 (1974): 574.

Bankhaus Centrale Credit AG, "Geschäftsbericht 1982" in: *Zeitschrift für das gesamte Kreditwesen* 14 (1983): 674.

Barry, Brian, "All aboard", A Survey of Fund Management, *The Economist*, 25. Oktober 1997, 1-30.

Baumanns, Frans Joseph, *Faktoren einer Internationalisierungsentscheidung der Kreditinstitute* (Frankfurt: Harri Deutsch, 1984).

Benfey, Fritz, *Die neuere Entwicklung des deutschen Auslandsbankenwesens 1914-1925* (Berlin: Industrieverlag Spaeth & Linde, 1925).

Betsch, Oskar, "Zur Konzeption der Familienbank", *Bank und Markt* (Oktober 1974): 20-22.

Borchert, Manfred, "Euro-Geldmarkt", *Handwörterbuch des Bank- und Finanzwesens*, Hrsg. Wolfgang Gerke und Manfred Steiner (Stuttgart: Schäffer-Poeschel, 1995) 532-542.

Bray, Nicholas, "Street Brawl: Bare-knuckled U.S. firms are remaking the culture of investment banking in Europe", *The Wall Street Journal*, 30. September 1994, R 18:1.

Bresser, Karl-Ludwig, "Market Position and Market Behaviour of Foreign Banks in Europe", *International Banking in the Eighties*. Hrsg. Deutsches Komitee der AIESEC und Christoph Brützel (Frankfurt: Knapp, 1981) 33-42.

Breuer, Rolf-E., "Die Börsenlandschaft in Europa im Jahr 2000", *Die deutsche Aktie*. Hrsg. Ulrich Fritsch (Stuttgart: Schäffer-Poeschel, 1993) 157-165.

Breuer, Rolf-E., "Off-the-Exchange-Märkte als Herausforderung für die Marktpolitik der Kassa- und Terminbörsen", *Aktienmärkte im Finanzsystem*. Hrsg. Wolfgang Gebauer und Bernd Rudolph (Frankfurt: Knapp, 1994) 7-20.

Brimmer, Andrew F. und Frederick R. Dahl, "Growth of American International Banking: Implication for Public Policy", *Journal of Finance* (Mai 1975): 341-363.

Brink, Manfred A. ten, "Geschäftspolitik deutscher Banken im 'commercial banking' an ausländischen Finanzplätzen", *Mitteilungen und Berichte*, Universität Köln, Jahrgang 19, Nr. 55 (1988): 48-51.

Brinker, Bernhard, *Strategische Herausforderungen im Investment-Banking* (Wiesbaden: DUV, 1998).

Brosset, Michel, *Multinationale Bankenverflechtungen - Joint Ventures und Partnerschaften* (Bern: Haupt, 1983).

Brüker, Georg, *Probleme der Einlagensicherung inländischer Filialen ausländischer Kreditinstitute* (Berlin: Duncker & Humblot, 1995).

Buckley, Peter J. und Mark Casson, *The Future of the Multinational Enterprise* (Basingstoke: Macmillan, 1976).

Bundesverband deutscher Banken, Hrsg., *Stationen deutscher Bankgeschichte* (Köln: Bank-Verlag, 1976).

Bürkner, Hans-Paul und Claudia Woerz, "Entwicklung und Implementierung von Strategien im Firmenkundengeschäft", *Handbuch Firmenkundengeschäft*. Hrsg. Klaus Juncker und Erich Priewasser (Frankfurt: Knapp, 1993) 715-738.

Burns, Arthur F., *The Ongoing Revolution in American Banking*(Washington D.C.: American Enterprise Institute for Public Policy Research, 1988).

Büschgen, Hans E., "Die Deutsche Bank von 1957 bis zur Gegenwart: Aufstieg zum internationalen Finanzdienstleistungskonzern", *Die Deutsche Bank, 1870-1995*, Hrsg. Lothar Gall, Gerald D. Feldman, Harold James, Carl-Ludwig Holtfrerich und Hans E. Büschgen (München: Beck, 1995).

Büschgen, Hans E., "Entwicklungsphasen des internationalen Bankgeschäfts", *Handbuch des internationalen Bankgeschäfts*, Hrsg. Hans E. Büschgen und Kurt Richolt (Wiesbaden: Gabler, 1989).

Büschgen, Hans E., "Geld und Banken nach dem Zweiten Weltkrieg: Internationale Kapitalbewegungen, Bankensysteme, grenzüberschreitende Kooperation: Allgemeine Entwicklungslinien", *Europäische Bankengeschichte*, Hrsg. Hans Pohl (Frankfurt: Knapp, 1993) 455-485.

C.G. Trinkaus & Burkhardt, Jahresabschluß 1973.

Calomiris, Charles W., "Universal Banking "American Style"", The New Institutional Economics: Financial Institutions in Transition: Banks and Financial Markets, Hrsg. Jürgen Eichberger, *Journal of Institutional and Theoretical Economics (JITE),* Vol. 154, Nr. 1 (März 1998): 44-57.

Cameron, Rondo, "Banking and Industrialisation: An Essay in Comparative Economic History", *Wirtschaft, Gesellschaft, Unternehmen: Festschrift für Hans Pohl*, 2. Teilband, Hrsg. Wilfried Feldenkirchen, Frauke Schönert-Röhlk und Günther Schulz (Stuttgart: Steiner, 1995) 852-861.

Cameron, Rondo, "Introduction", *International Banking, 1870-1914*, Hrsg. Rondo Cameron und V. I. Bovykin (New York: Oxford University Press, 1991) 3-21.

Campayne, Paul, "The impact of multinational banks on international financial centres", *International Business and Global Integration*, Hrsg. Mark Casson (Basingstoke: Macmillan Press, 1992) 121-162.

Canals, Jordi, *Competitive strategies in European banking* (Oxford: Clarendon, 1993).

Carmoy, Hervé de, *Global Banking Strategy* (Cambridge, Ms: Basil Blackwell, 1990).

Carosso, Vincent P. und Richard Sylla, "U.S. banks in International Finance", *International Banking: 1870-1914*, Hrsg. Rondo Cameron und V. I. Bovykin (New York: Oxford University Press, 1991) 48-71.

Casson, Mark, "Evolution of multinational banks: a theoretical perspective", *Banks as multinationals*, Hrsg. Geoffrey Jones (London: Routledge, 1990) 14-29.

Casson, Mark, Hrsg., *Multinational Corporations* (Aldershot: Elgar, 1990).

Caves, Richard E., "International Corporations: The Industrial Economics of Foreign Investment", *Economica* (Februar 1971): 1-27.

Chandler, Alfred D. Jr., *Scale and Scope: The Dynamics of Industrial Capitalism* (Cambridge: The Belknap Press of Harvard University Press, Paperback 1994).

Channon, Derek F., *Global Banking Strategy,* (New York: John Wiley & Sons, 1988).

Chase Bank AG, Geschäftsbericht 1982, in: *Zeitschrift für das gesamte Kreditwesen* 19 (1983): 911.

Chase Bank AG, Geschäftsbericht 1983, in: *Zeitschrift für das gesamte Kreditwesen* 15 (1984): 734.

Chase Bank AG, Hrsg., *Chase Bank AG in Deutschland* (1984).

Chase Bank AG, verschiedene Geschäftsberichte.

Chase Manhattan Corporation, *Annual Report 1971.*

Chemical Bank, Hrsg., "Manhattan on the Main", *Chemical Chronicle*, Volume 23, Nr. 2 (April-Mai 1989).

Chernow, Ron, *The house of Morgan: an American banking dynasty and the rise of modern finance* (New York: Touchstone, 1990).

Cho, K. R., "Determinants of Multinational Banks", *Management International Review (MIR)* Vol. 26 (1986/1): 10-23.

Cho, K. R., *Multinational Banks: Their Identities and Determinants* (Ann Arbor: Umi Research Press, 1985).

Citibank AG, Geschäftsbericht 1982, in: *Zeitschrift für das gesamte Kreditwesen* 17 (1983): 820.

Citibank AG, verschiedene Geschäftsberichte.

Clarke, Stephen V.O., "American Banks in the International Interbank Market", *The Monograph Series in Finance and Economics: Salomon Brothers Center for the Study of Financial Institutions* (New York: 1984).

Clemm, Michael von, "The Rise of Consortium Banking", *Harvard Business Review* (Mai-Juni 1971): 125-142.

Cleveland, Harold van B. und Thomas F. Huertas, *Citibank: 1812-1970* (Cambridge: Harvard University Press, 1985).

Coase, Ronald H. , "The Nature of the Firm", *Economica* ,Vol. 4 Nr. 16 (1937): 386-405.

Collins, Paul J., "Das Ziel: Bis 1993 mindestens 5% der Haushalte in Europa zu bedienen", Beilage Banken International, *Handelsblatt*, 2. Mai 1989, B 20.

Cookson, Richard, "Renaissance men", Survey International Banking, *The Economist*, 17. April 1999, 6.

Cordes, Jens, *Internationale Kapitalströme, multinationale Banken und staatliche Regulierungen* (Aachen: Shaker, 1995).

Coulbeck, Neil, *The Multinational Banking Industry* (London: Croom Helm, 1984).

Coym, Peter, "Die Aktivitäten einer US-Investmentbank - unter besonderer Berücksichtigung der Harmonisierung der EG-Vorschriften", *Instrumente und Strategien im Investment Banking*, Hrsg. Bernd Rudolph (Frankfurt: Knapp, 1990) 95-112.

Dale, Richard, *International Banking Deregulation: The Great Banking Experiment* (Oxford: Blackwell, 1992).

Dale, Richard, *The Regulation of International Banking* (Cambridge: Woodhead-Faulkner, 1984).

Dannenberger, Jean, "Die Repräsentanten", *Zeitschrift für das gesamte Kreditwesen* 21 (1980): 1012-1014.

Darby, Michael R., "The Internalization of American Banking and Finance: Structure, Risk, and World Interest Rates", *Journal of International Money and Finance*, 5 (1986): 403-428.

Darroch, James L., *Canadian banks and global competitiveness* (Montreal: McGill-Queen' s University Press, 1994).

Davies, Glyn, *A History of Money: From Ancient Times to the Present Day* (Cardiff: University of Wales Press, 1994).

Davies, John, "Growing interest in electronic banking", *The Banker* (April 1984): 111-116.

Davis, E. P., "International Financial Centres - An Industrial Analysis", *Bank of England Discussion Paper*, Nr. 51 (September 1990): 1-23.

Davis, Steven I., "International bank strategies beyond the debt crisis", *The Banker* (Juni 1984): 29-34.

Davis, Steven I., *Managing Change in the Excellent Banks* (London: Macmillan, 1989).

Davis, Steven I., *The Management Function in International Banking* (New York: John Wiley & Sons, 1979).

Davis, Steven I., "U.S. banks abroad: one-stop shopping?", *Harvard Business Review* (Juli-August 1971): 75-84.

Deane, Marjorie, "Square-bashing in Frankfurt", International Banking, *The Economist*, 31. März 1979, 76-80.

Deutsche Bundesbank, Hrsg., *40 Jahre Deutsche Mark: Monetäre Statistiken 1948-1987* (Frankfurt: Knapp, 1988).

Deutsche Bundesbank, Hrsg., *Geschäftsbericht der Deutschen Bundesbank für 1972.*

Deutsche Bundesbank, Hrsg., *Deutsches Geld- und Bankwesen in Zahlen 1876-1975* (Frankfurt: Knapp, 1976).

Deutsche Bundesbank, verschiedene Monatsberichte.

Deverell, M. C., "Determinants in the Choice of Foreign Markets: Market Choice: Strategies and Problems", *International Banking Activities in the Eighties*, Hrsg. Deutsches Komitee der AIESEC und Christoph Brützel (Frankfurt: Knapp, 1981) 25-31.

Diehl, Wolfram, *Zweigniederlassungen ausländischer Banken: Rechtsfragen und Besteuerung* (Frankfurt: Knapp, 1978).

Diekhof, Rolf und Torsten Schubert, "Kahlschlag ohne Beispiel", *manager magazin* (Mai 1987): 30-35.

Dohner, Robert S. und Henry S. Terrell, "The Determinants of the Growth of Multinational Banking Organisations: 1972-86", *Protectionism and International Banking*, Hrsg. Gerhard Fels und George Sutija (London: Macmillan, 1991) 100-143.

Drucker, Peter, "Innovate or die", *The Economist*, 25. September 1999, 31.

Dufey, Gunter und Ian Giddy, "Innovation in the International Financial Markets", *Journal of International Business Studies* (Herbst 1981): 33-51.

Dunning, John H., "Multinational Enterprises and the Growth of Services: Some Conceptual and Theoretical Issues", *Transnational Corporations in Services*, Hrsg. Karl P. Sauvant und Padma Mallampally (London: Routledge, 1993) 33-74.

Dunning, John H., *Multinational Enterprises and the Global Economy* (Wokingham: Addison-Wesley, 1993).

Dunning, John H., "The Study of International Business: A Plea for a More Interdisciplinary Approach", *Journal of International Business Studies* 20 Jg. Nr. 3 (1989): 411-436.

Dunning, John H., "Towards an Eclectic Theory of International Production: Some Empirical Tests", *Journal of International Business Studies* 11 Jg. Nr. 1 (1980): 9-31.

Dunning, John H., "Trade, Location of Economic Activity and the Multinational Enterprise: A Search for an Eclectic Approach", *The Theory of Transnational Corporations*, Hrsg. John H. Dunning (London: Routledge, 1993) 183-218.

Düser, J. Thorsten, *International Strategies of Japanese Banks* (London: Macmillan, 1990).

Eckhardt, Jens, "Die Pioniere des "Global Banking" ziehen zu Beginn einer neuen Ära ihre Fahnen ein", *Handelsblatt*, 10. Juli 1990, 10.

Edwards, Jeremy und Klaus Fischer, *Banks, finance and investment in Germany* (Cambridge: Cambridge University Press, 1994).

Eichengreen, Barry, *Globalizing Capital: A History of the International Monetary System* (Princeton: Princeton University Press, 1996) 129.

Eicke, Jürgen, "Das Haftkapital der Auslandsbanken", *Zeitschrift für das gesamte Kreditwesen* 34 (1981): 520-524.

Eicke, Jürgen, "Standort der Auslandsbanken in Deutschland", *Börsen-Zeitung*, 26. Februar 1983, 11.

Emmott, Bill, "Survival of the fittest", Survey International Banking, *The Economist*, 26. März 1988, 5-10.

Engel, Hans-Georg, "Der Finanzplatz Frankfurt aus der Sicht der Auslandsbanken", *Zeitschrift für das gesamte Kreditwesen* 2 (1991): 59-62.

Engel, Hans-Georg, "Die Rolle und Struktur der ausländischen Geschäftsbanken in der Bundesrepublik Deutschland", *Bankpolitik nach der KWG-Novelle*, Hrsg. Bernd Rudolph (Frankfurt: Knapp, 1986) 45-54.

Engel, Hans-Georg, "Investmentbank - Bank der Zukunft", *Zeitschrift für das gesamte Kreditwesen* 3 (1998): 108-112.

Engelen, Claus C., "Multinationale Banken und Firmen im Kreuzfeuer", Beilage Banken International, *Handelsblatt*, 24. Juli 1973, XX.

Engelen, Klaus C. , "Chase sieht in Europa Expansionschancen", *Handelsblatt*, 18./19. Juni 1982, 3

Engelen, Klaus C., "Der zweite Akt im Umschuldungsdrama kommt für die Banken nicht überraschend", *Handelsblatt*, 16. Juni 1983, 7.

Engelen, Klaus C., "Konsolidierung statt forciertes Wachstum", *Handelsblatt*, 25. Juni 1981, 7.

Engelen, Klaus C., "Liberalisierung reicht Euro-Bankern nicht aus", *Handelsblatt*, 4. August 1986, 6.

Engels, Wolfram und Friedrich Thießen, "Die Chancen Frankfurts im Vergleich zu den großen Finanzplätzen der Welt", *Finanzplatz Frankfurt*, Hrsg. Landesbank Hessen-Thüringen (Frankfurt: Knapp, 1994) 255-279.

Ermgassen, Olav zu, "Das Investment Banking und seine Möglichkeiten in der Bundesrepublik Deutschland", *Semesterbericht 27*, WS 1987/88, Institut für Kredit- und Finanzwirtschaft, Hrsg. Joachim Süchting, Ruhr-Universität Bochum, 42-45.

Erramilli, M. Krishna und C. P. Rao, "Choice of foreign market entry modes by service firms: Role of market knowledge", *Management International Review (MIR)* 30 (1990): 135-150.

Esperanca, Jose-Paulo, "International Business Strategies in the European Service Sector", *International Business and Global Integration*, Hrsg. Mark Casson (Basingstoke: Macmillan, 1992) 87-120.

Federal Reserve Bank of New York, Hrsg., *International Competitiveness of U.S. Financial Firms: Products, Markets, and Conventional Performance Measures*, A Staff Study (New York: Mai 1991).

Fehr, Benedikt, "Die Citicorp bewegt sich wieder auf Erfolgskurs", *Frankfurter Allgemeine Zeitung*, 10. September 1993, 21.

Fehr, Benedikt, "J.P. Morgan kehrt wieder zurück zu den Ursprüngen als Universalbank", *Frankfurter Allgemeine Zeitung*, 9. November 1993, 26.

Fehr, Benedikt, "Lehman Brothers haben nach Turbulenzen jetzt wieder mehr Erfolg", *Frankfurter Allgemeine Zeitung*, 4. September 1993, 16.

Fehr, Benedikt, "Merrill Lynch will seine internationale Präsenz weiter ausbauen", *Frankfurter Allgemeine Zeitung*, 27. August 1993, 16.

Fehr, Benedikt, "Nach Skandal und Krise ist Salomon Brothers wieder da", *Frankfurter Allgemeine Zeitung*, 6. Oktober 1993, 23.

Feldenkirchen, Wilfried, Die deutsche Wirtschaft im 20. Jahrhundert, Bd. 47, *Enzyklopädie deutscher Geschichte*, Hrsg. Lothar Gall (München: Oldenburg, 1998).

Feldman, Gerald D., "Die Deutsche Bank vom Ersten Weltkrieg bis zur Weltwirtschaftskrise 1914-1933", *Die Deutsche Bank 1870-1995*, Hrsg. Lothar Gall, Gerald D. Feldman, Harold James, Carl-Ludwig Holtfrerich und Hans E. Büschgen (München: Beck, 1995) 137-314.

Fieleke, Norman S., "The Growth of U.S. Banking Abroad: An Analytical Survey", *Federal Reserve Bank of Boston Conference Series* 18 (Oktober 1977): 9-40.

Fieleke, Norman S., "The Growth of US Banking Abroad: An analytical Survey", *The Internationalisation of Financial Markets and National Economic Policy* (New York: JAI Press, 1983) 195-243.

First National City Corporation: First National City Bank, *Geschäftsbericht 1972*.

Fischer, Wolfram, "Wirtschaft, Gesellschaft und Staat in Europa 1914-1980", *Handbuch der europäischen Wirtschafts- und Sozialgeschichte*, Band 6, Hrsg. Wolfram Fischer (Stuttgart: Klett-Cotta, 1987) 1-221.

Foldessy, Edward P., "U.S. Banks Find Money in Offices Abroad; Foreign Profit Gains Outpace Home Results", *The Wall Street Journal*, 26. Mai 1972, 28.

Frank, David, Neil Wilson und Edi Cohen, "Hold The Trumpets", *The Banker* (März 1989): 17.

Frank, David, "Nothing too fancy", *The Banker* (Mai 1988): 27-28.

Frank, David, "Spurred into Action", *The Banker* (Mai 1988): 21.

Franke, Günter, "Notenbank und Finanzmärkte", *Fünfzig Jahre Deutsche Mark*, Hrsg. Deutsche Bundesbank (München: Beck, 1998) 257-306.

Frankel, Allen B., "International Banking: The Activities of U.S. Banks Abroad", *Current Perspectives in Banking*, Hrsg. Thomas M. Havrilesky und John T. Boorman (Arlington Heights, Ill.: AHM Publishing, 1976) 293-301.

Friedman, Alan, "Battle for unity in retail banking", *The Banker* (Januar 1982): 97.

Frobenius, Sebastian, "Japans Banker empfinden deutschen Markt als ein schweres Pflaster", *Handelsblatt*, 19. Juni 1978, 8.

Fuhrmann, Wilfried, *Die Aktivastruktur deutscher Banken* (Berlin: Duncker & Humblot, 1978).

Fuhrmann, Wilfried, "Zum Kapitalverkehr zwischen deutschen und ausländischen Kreditinstituten", *Kredit und Kapital* 2 (1983): 267-283.

Galbraith, John Kenneth, *The Affluent Society* (Boston: Houghton Mifflin, 1958).

Glüder, Dieter, *Die Entstehung multinationaler Banken* (Wiesbaden: Gabler, 1988).

Goeke, Manfred, *Die Foreign Banks in der Bundesrepublik Deutschland* (Dissertation Universität Erlangen-Nürnberg, 1978).

Goldberg, Lawrence G. und Anthony Saunders, "The cause of US banking expansion overseas: The case of Great Britain", *Journal of Money, Credit, and Banking* 12 (1980): 630-643.

Goldberg, Lawrence G. und Anthony Saunders, "The Growth of Organizational Forms of Foreign Banks in the United States", *Journal of Money, Credit and Banking* (August 1981): 365-374.

Goldberg, Lawrence G. und Denise Johnson, "The determinants of US banking activity abroad", *Journal of International Money and Finance* 9 (1990): 123-137.

Gray, Jean M. und H. Peter Gray, "The Multinational Bank: A Financial MNC?", *Journal of Banking and Finance* 5 (1981): 33-63.

Greenbaum, Stuart I. und Anjan V. Thakor, *Contemporary Financial Intermediation* (Fort Worth: The Dryden Press, 1995).

Greiner, Günther E., "Citibank", *Zeitschrift für das gesamte Kreditwesen* 21 (1980): 1016-1018.

Grubel, Herbert G., "A Theory of Multinational Banking", *Banca Nazionale del Lavoro Quarterly Review*, 123 (Dezember 1977): 349-363.

Grubel, Herbert G., *Multinational Banking*, Research Notes and Discussions Paper No. 56, Institute of Southeast Asian Studies (Singapur: 1985).

Gruson, Michael und Ralph Reisner, Hrsg., *Regulation of Foreign Banks: United States and International* (Salem: Butterworth, 1991).

Gumbel, Peter, "German Bankers Get Busy Catching Up", *The Wall Street Journal*, 29. November 1994, A 19.

Gut, Rainer E., "Die Internationalisierung des Kreditgeschäfts", *Banken: Erfahrungen und Lehren aus einem Vierteljahrhundert 1958 - 1983*, Hrsg. Landesbank Rheinland-Pfalz (Frankfurt: Knapp, 1983) 81-94.

Guth, Wilfried, "Bank strategy in an age of rapid change", *The Banker* (April 1986): 36-45.

Guth, Wilfried, "Das internationale Kreditgeschäft der Banken und seine Probleme", *Die Bank* 7 (1980): 308-316.

Guth, Wilfried, "Die amerikanische Herausforderung - Wandlungen im internationalen Kapitalverkehr", *Zeitschrift für das gesamte Kreditwesen* 9 (1969): 770-773.

Guth, Wilfried, "International banking: the next phase", *The Banker* (Oktober 1981): 27-34.

Guthoff, Markus, *Finanzinnovationen und der Wettbewerb der Banken an den Eurofinanzmärkten* (Bergisch Gladbach: Josef Eul, 1994).

Hagen, Jürgen von, "Geldpolitik auf neuen Wegen (1971-1978)", *Fünfzig Jahre Deutsche Mark*, Hrsg. Deutsche Bundesbank (München: Beck, 1998) 439-473.

Hagenmüller, Karl Friedrich, "Die Entwicklung von einer nationalen zu einer internationalen Großbank - am Beispiel der Dresdner Bank", Protokoll vom 6. Juli 1979, *Berichte und Materialien: Die Internationalisierung des Bankgeschäfts*, Heft 2, Hrsg. Institut für Banken und Industrie, Geld und Kredit, Freie Universität Berlin (November 1980): 116-117.

Hahn, Oswald, *Struktur der Bankwirtschaft: Band II: Spezialbanken und internationale Banken* (Berlin: Erich Schmidt, 1991).

Hakim, Jonathan, "Why they spread their wings", Survey International Banking, *The Economist*, 16. März 1985, 20.

Haley, John C. und Barnard Seligman, "The Development of International Banking by the United States", *The International Banking Handbook*, Hrsg. William H. Baughn und Donald R. Mandich (Homewood, Illinois: Dow Jones-Irwin, 1983) 35-46.

Hallow, Mary Jane S., *Over there: American banks abroad* (New York: Garland, 1993).

Hanley, Thomas H. u.a. , "Multinational Money Center Banking: The Evolution of a Single European Banking Market", Hrsg. Salomon Brothers (1990).

Hartkopf, Carsten, Unternehmens-Restrukturierung und Management Buy-Outs in Großbritannien, unveröffentlichte Diplomarbeit (Universität Erlangen-Nürnberg, 1993).

Hartmann, Heinz, *Amerikanische Firmen in Deutschland* (Köln und Opladen: Westdeutscher Verlag, 1963).

Hector, Gary, *Breaking the Bank: The Decline of BankAmerica* (Boston: Little, Brown and Company, 1988).

Hein, Manfred, *Die internationalen Geldmarktgeschäfte westdeutscher Banken* (Berlin: Duncker & Humblot, 1966).

Hein, Manfred, *Einführung in die Bankbetriebslehre*, 2. Auflage (München: Vahlen, 1993).

Hein, Manfred, Hrsg., "Internationales Bankgeschäft (Gastvorträge 1994)", Institut für Bank- und Finanzwirtschaft, *Berichte und Materialien*, Heft 19, Freie Universität Berlin (1994).

Hendrix, Jan A. M., "Banken entwickeln Kartenangebote für die unterschiedlichen Zielgruppen", Beilage Banken International, *Handelsblatt*, 2. Mai 1989, B 29.

Hermanns, Fritz, "eurocard-Kundschaft: Gut situiert und reiselustig", *Handelsblatt*, Beilage Banken International, 25. März 1976, 32.

Herrhausen, Alfred, "Die strategischen Implikationen der Globalisierung für die deutschen Banken", *Banken und Börsen im internationalen Wettbewerb*, Hrsg. Georg Bruns und Karl Häuser (Frankfurt: Knapp, 1988) 177-192.

Herrhausen, Alfred, *Wettbewerb und Regulierung in der Kreditwirtschaft* (Tübingen: J. C. B. Mohr, 1983).

Hertzberg, Daniel, "New York's Big Banks Are Seeking Niches in the Wake of Deregulation", *The Wall Street Journal*, 28. November 1984, 28 und 44.

Hindle, Tim , "Estranged in America", Survey International Banking, *The Economist*, 26. März 1983, 27-34.

Hine, Susan und John Olienyk, "The Evolution of US Multinational Banking", *The global structure of financial markets: an overview*, Hrsg. Dilip K. Gosh und Edgar Ortiz (London: Routledge, 1997) 319-327.

Hofmann, Sabine, *Die Beurteilung der Inlandskonkurrenz der Foreign Banks in der Bundesrepublik Deutschland*, Veröffentlichungen des Lehrstuhls für Allgemeine, Bank- und Versicherungs-Betriebswirtschaftslehre an der Friedrich-Alexander-Universität Erlangen-Nürnberg, Nr. 56 (1989).

Holtfrerich, Carl-Ludwig, *Finanzplatz Frankfurt: Von der mittelalterlichen Messestadt zum europäischen Bankenzentrum* (München: Beck, 1999).

Holtfrerich, Carl-Ludwig, "Geldpolitik bei festen Wechselkursen (1948-1970)", *Fünfzig Jahre Deutsche Mark*, Hrsg. Deutsche Bundesbank (München: Beck, 1998) 347-438.

Holtfrerich, Carl-Ludwig, "Zur Entwicklung der deutschen Bankenstruktur", *Standortbestimmung: Entwicklungslinien der deutschen Kreditwirtschaft*, Hrsg. Deutscher Sparkassen- und Giroverband (Stuttgart: Deutscher Sparkassenverlag, 1984) 13-42.

Holtfrerich, Carl-Ludwig und Hans Otto Schötz, *Vom Weltgläubiger zum Weltschuldner: Erklärungsansätze zur historischen Entwicklung und Struktur der internationalen Vermögensposition der USA* (Frankfurt: Knapp, 1988).

Hoppenstedt, Hrsg., *Banken-Jahrbuch* (1982-2000).

Houpt, James V., "International Activities of U.S. Banks and in U.S. Banking Markets", *Federal Reserve Bulletin* (September 1999): 599-615.

Houpt, James V., *International Trends for US Banks and Banking Markets* (Washington, DC: Board of Governors of the Federal Reserve System, 1988).

Houtman-De Smedt, Helma und Herman van der Wee, "Beneluxländer", *Europäische Bankengeschichte*, Hrsg. Hans Pohl (Frankfurt: Knapp, 1993) 561-574.

Huertas, Thomas F., "US multinational banking: history and prospects", *Banks as multinationals*, Hrsg. Geoffrey Jones (London: Routledge, 1990) 248-267.

Hütz, Gerhard, *Die Bankenaufsicht in der Bundesrepublik Deutschland und in den USA: ein Rechtsvergleich* (Berlin: Duncker & Humblot, 1990).

Hymer, Steven Herbert, *The International Operations of National Firms: A Study of Direct Foreign Investment* (Cambridge: The MIT Press, 1976).

Imhof, Eckard Paul, "Der Konsortialkredit gefährdet ... ", *Zeitschrift für das gesamte Kreditwesen* 6 (1977): 214.

Imhof, Eckard Paul, "USA: Zahlreiche Zivilprozesse folgen dem Zusammenbruch der USNB und der US Financial und nun auch Beverly Hills National Bank", *Zeitschrift für das gesamte Kreditwesen* 3 (1974): 100-101.

Imhof, Eckard Paul, "Wells-Fargo-Adca", *Zeitschrift für das gesamte Kreditwesen* 2 (1976): 66.

Institut für Banken und Industrie, Geld und Kredit, Freie Universität Berlin, Hrsg., *Berichte und Materialien: Die Internationalisierung des Bankgeschäfts: Gastvorträge 1979/1980.* (November 1980).

J.P. Morgan GmbH, verschiedene Geschäftsberichte.

J.P. Morgan, Hrsg., *Investing in Eastern Germany* (Frankfurt: 6. März 1992).

Janssen, Richard F., "Economic Worries, Monetary Crisis Make Bankers More Cautious in Business Lending", *The Wall Street Journal*, 1. Juni 1971, 32.

Johnston, Moira, *Roller Coaster: The Bank of America and the Future of American Banking* (New York: Ticknor & Fields, 1990).

Jones, Colin, "Beautiful but elusive", *The Banker* (September 1989): 57-68.

Jones, Colin, "Join the club", *The Banker* (Januar 1989): 17.

Jones, Colin, "Making its Mark", *The Banker* (September 1988): 57.

Jones, Colin, "Profits of boom", *The Banker* (Dezember 1989): 43-46.

Jones, Colin, "Time to take a starring role", *The Banker* (September 1988): 49-51.

Jones, Geoffrey, *British Multinational Banking, 1830-1990* (Oxford: Clarendon Press, 1993).

Jones, Geoffrey, "Concentration and Internationalisation in Banks after the Second World War", *International Banking in an Age of Transition*, Hrsg. Sara Kinsey und Lucy Newton (Aldershot: Ashgate, 1998) 136-150.

Jones, Geoffrey, Hrsg., *Banks as multinationals* (London: Routledge, 1990).

Jones, Geoffrey, Hrsg., *Multinational and International Banking* (Hants: Edward Elgar, 1992).

Jones, Geoffrey, "Introduction", *Banks and Money: international and comparative finance in history*, Hrsg. Geoffrey Jones (London: Frank Cass & Co. Ltd., 1991) 1-7.

Jones, Geoffrey, "Introduction", *Multinational and International Banking*, Hrsg. Geoffrey Jones (Hants: Edward Elgar, 1992) xiii-xxiii.

Jörg P. Schäfer, "Continental Bank", *Zeitschrift für das gesamte Kreditwesen* 21 (1980): 1018-1020.

Kalff, P. Jan, "The Internalization of ABN AMRO in the period from 1975 to 1999", *European Banking Overseas 19th-20th Century*, Konferenz der European Association for Banking History, Amsterdam, 18. Juni 1999.

Kaminsky, Stefan, *Banken für Menschen* (Frankfurt: Knapp, 1981).

Kaminsky, Stefan, "Die technologische Herausforderung", *Die Finanzen des privaten Haushalts: Festschrift für Walter Kaminsky*, Hrsg. Franz Schneider (Frankfurt: Knapp, 1969) 172-189.

Kaven, Jürgen-Peter, "Chancen und Strategien der Auslandsbanken in Deutschland", *Zeitschrift für das gesamte Kreditwesen* 2 (1991): 57-59.

Kelly, Janet, *Bankers and Borders: The Case of American Banks in Britain* (Cambridge: Ballinger, 1977).

Kennedy, Don, "E Pluribus Unum: How 11 Savings & Loans Became First American Bank", *Journal of Retail Banking Services* Vol. 10 Nr. 3 (Herbst 1995): 25-34.

Keswick, Chips, "A Time for Common Sense", *The Banker* (November 1988): 51-53.

Key, Sydney J., "The Internationalization of U.S. Banking", *Handbook for Banking Strategy*, Hrsg. Richard C. Aspinwall und Robert A. Eisenbeis (New York: John Wiley & Sons, 1985) 267-292.

Khambata, Dara M., *The Practice of Multinational Banking* (New York: Quorum Books, 1986).

Khoury, Sarkis J., *Dynamics of International Banking* (New York: Praeger Publishers, 1980).

Khoury, Sarkis J., "International banking: A special look at foreign banks in the U.S.", *Journal of International Business Studies* 10 Nr. 3 (1979): 36-52.

Kiehling, Hartmut, *Kursstürze am Aktienmarkt* (München: Deutscher Taschenbuch Verlag, 1991).

Kindleberger, Charles P., *American Business Abroad* (New Haven: Yale University Press, 1969).

Kindleberger, Charles P., "International Banks as Leaders or Followers of International Business", *Journal of Banking and Finance* 7 (1983): 583-595.

Kindleberger, Charles P., "Introduction", *The International Corporation*, Hrsg. Charles P. Kindleberger (Cambridge: The M. I. T. Press, 1970) 1-13.

Kissack, Brian, "US-amerikanische Sicht: Die hohen deutschen Steuern wirken sich negativ aus", *Handelsblatt*, 25. November 1986, B7.

Kloepfer, Inge, "Die Expansion von ABN Amro ist noch lange nicht zu Ende", *Frankfurter Allgemeine Zeitung*, 7. April 1997, 18.

Kloepfer, Inge, "Eine eindeutige Überlebensstrategie für Banken gibt es nicht", *Frankfurter Allgemeine Zeitung*, 8. Februar 1997, 15.

Klopstock, Fred H., "A New Stage in the Evolution of International Banking", *Revue Internationale d'Histoire de la Banque*, 6 (1973): 1-22.

Kloten, Norbert und Johann Heinrich von Stein, Hrsg., *Geld-, Bank- und Börsenwesen* (Stuttgart: Schäffer-Poeschel, 1993).

Knickerbocker, Frederick T., *Oligopolistic Reaction and the Multinational Enterprise* (Boston: Harvard University Press, 1973).

Knör, Alfred, "Chemical Bank", *Zeitschrift für das gesamte Kreditwesen* 13 (1975): 594-596.

Knör, Alfred, "Währungskrise engt Ausländer-Aktivität ein", Banken International, *Handelsblatt*, 24. Juli 1973, XIII.

Kopper, Hilmar, "Panel Discussion: European Banking in the Past, Present and Future", *International Banking in an Age of Transition*, Hrsg. Sara Kinsey und Lucy Newton (Aldershot: Ashgate, 1998).

Koszul, Julien-Pierre, "American Banks in Europe", *The International Corporation*, Hrsg. Charles P. Kindleberger (Cambridge: The M.I.T. Press, 1970) 273-289.

Krägenau, Henry, *Internationale Direktinvestitionen* (Hamburg: Verlag Weltarchiv, 1987).

Krahnen, Joachim, "Banken in der aktuellen Konkurrenz wandelnder Finanzierungsangebote an die Unternehmen", *Der Bankbetrieb zwischen Theorie und Praxis: Festschrift zum 60. Geburtstag von Karl Friedrich Hagenmüller*, Hrsg. Joachim Süchting (Wiesbaden: Gabler, 1977) 103-115.

Kroszner, Randall S., *Introduction to the International Capital Market* (Seminarunterlagen: John F. Kennedy-Institut, Freie Universität Berlin/University of Chicago, Sommersemester 1995).

Krümmel, Hans Jacob und Bernd Rudolph, Hrsg., *Strategische Bankplanung* (Frankfurt: Knapp, 1983).

Krumnow, Jürgen, "Konzernsteuerung in Kreditinstituten", *Bank- und Versicherungslexikon*, Hrsg. Henner Schierenbeck (München: Oldenbourg, 1990) 381-388.

Kutscher, Gerhard, "Auch 1983 verspricht ein gutes Jahr zu werden", *Handelsblatt*, 16. Juni 1983, 26.

Kutscher, Gerhard, "Bank of America möchte weg vom Mengengeschäft", *Handelsblatt*, 1. Dezember 1986, 10.

Kutscher, Gerhard, "Centrale Credit GmbH mit kräftigem Umsatzplus", *Handelsblatt*, 21. Februar 1967, 7.

Kutscher, Gerhard, "Chase Manhattan Bank auch in Hamburg", *Handelsblatt*, 2. Juli 1970, 7.

Kutscher, Gerhard, "Chemical Bank forciert die Exportfinanzierung", *Handelsblatt*, 16. Mai 1978, 10.

Kutscher, Gerhard, "Citibank: Das Wachstum wird sich verlangsamen", *Handelsblatt*, 24. April 1975, 10.

Kutscher, Gerhard, "Das Jahr 1980 läßt sich recht gut an", *Handelsblatt*, 8. Juli 1980, 14.

Kutscher, Gerhard, "Das neue Konzept trägt bereits reiche Früchte", *Handelsblatt*, 5./6. Juli 1985, 8.

Kutscher, Gerhard, "Der Geldhandel wurde stark ausgeweitet", *Handelsblatt*, 9. Juli 1980, 12.

Kutscher, Gerhard, "Deutsche Citibank wandelt in Aktiengesellschaft um", *Handelsblatt*, 20. September 1976, 12.

Kutscher, Gerhard, "Die Aktivitäten im Merchant-Banking sollen verstärkt werden", *Handelsblatt*, 12. Juni 1985, 9.

Kutscher, Gerhard, "Die Bank of America legt zum Jubiläum erstmals Zahlen vor", *Handelsblatt*, 24./25. September 1976, 20.

Kutscher, Gerhard, "Die Chemical Bank wich auf Auslands-Markt aus", *Handelsblatt*, 6. April 1977, 13.

Kutscher, Gerhard, "Die Filialorganisation der Bank hat sich gut bewährt", *Handelsblatt*, 13. Juli 1983, 5.

Kutscher, Gerhard, "Illinois bremst deutsche Bilanz", *Handelsblatt*, 27. März 1975, 28.

Kutscher, Gerhard, "Kreditgeschäft dient vielfach nur als Vehikel für lukrative Dienstleistungen", *Handelsblatt*, 17. Juli 1986, 6.

Kutscher, Gerhard, "Magere Erträge veranlaßten viele Institute zu einer Strategie der Nischenpolitik", *Handelsblatt*, 30. Juli 1991, 9.

Kutscher, Gerhard, "Marktanteil reflektiert nicht Wert der Präsenz", *Handelsblatt*, 29. Juli 1980, 6.

Kutscher, Gerhard, "Mellon Bank gibt in Frankfurt auf", *Handelsblatt*, 27. Juni 1985, 7.

Kutscher, Gerhard, "Niederlassungen passen nicht mehr ins Konzept", *Handelsblatt*, 17. Februar 1982, 8.

Kutscher, Gerhard, "Position gefestigt", *Handelsblatt*, 13./14. Mai 1983, 16.

Kutscher, Gerhard, "Security Pacific schon nach einem Jahr im Plus", *Handelsblatt*, 18. Juli 1974, 8.

Kutscher, Gerhard, "Stärkerer Rückgang des Dollars gilt den US-Bankern als unwahrscheinlich", *Handelsblatt*, 28./29. Juni 1985, 7.

Kutscher, Gerhard, "Trotz Argentinien besser als Banken-Durchschnitt", *Handelsblatt*, 29./30. Juni 1984, 5.

Kutzer, Hermann, "Die neuen DM-Bonds müssen jetzt den Zinsrückgang untermauern", *Handelsblatt*, 2. September 1985, 27.

Landeszentralbank in Hessen, Hrsg., "Auslandsbanken in Frankfurt", *Frankfurter Finanzmarkt-Bericht*, Ausgabe 2/90 (November 1990).

Lanz, Karl, "Finanzmarkt Europa", *Zeitschrift für das gesamte Kreditwesen* 2 (1965): 55-57.

League of Nations, Hrsg., *Commercial Banks: 1913 - 1929* (Genf: 1931).

Lehnert, Ingrid, *Unternehmensübernahmen in den USA in den 80er Jahren* (Wiesbaden: Deutscher Universitäts-Verlag, 1997).

Lewis, Alfred und Gioia Pescetto, *EU and US Banking in the 1990s* (London: Academic Press, 1996).

Macharzina, Klaus und Michael-Jörg Oesterle, "Das Konzept der Internationalisierung im Spannungsfeld zwischen praktischer Relevanz und theoretischer Unschärfe", *Handbuch Internationales Management*, Hrsg. Klaus Macharzina und Michael-Joerg Oesterle (Wiesbaden: Gabler, 1997) 4-21.

Macharzina, Klaus und Michael-Jörg Oesterle, Hrsg., *Handbuch Internationales Management* (Wiesbaden: Gabler, 1997).

Makus, Klaus-Dieter, *Auslandsfilialen westdeutscher Geschäftsbanken in betriebswirtschaftlicher Sicht* (Dissertation Göttingen, 1986).

Marois, Bernard und Francois Lépineux, "Universal Banks' Internalization: Contradictory Lessons from Theoretical Research - the Need for a New Integrated Approach", *Advances in International Banking and Finance Volume 1*, Hrsg. Sarkis Joseph Khoury (Greenwich, Connecticut: Jai Press, 1995) 205-225.

Marsh, Donald R., "Foreign Branches", *The International Banking Handbook*, Hrsg. William H. Baughn und Donald R. Mandich (Homewood, Illinois: Dow Jones-Irwin, 1983) 557-579.

Martin, Peter, "Amerikanische Banker setzen Vertrauen in die Dynamik deutscher Unternehmer", *Handelsblatt*, 24. Januar 1984, 6.

Martin, Peter, "Bisher sind viele Jungunternehmer auf die Banken nicht sehr gut zu sprechen", *Handelsblatt*, 12. März 1984, 7.

Martin, Peter, "Goldman's goose", *Financial Times*, 11. August 1998, 10.

Martin, Peter, "US-Bank gibt Risikokapital", *Handelsblatt*, 24. Januar 1984, 1.

McMillen, Mont E., "Market Position and Market Behaviour of Foreign Banks in Europe - An American View", *International Banking Activities in the Eighties*, Hrsg. Deutsches Komitee der AIESEC und Christoph Brützel (Frankfurt: Knapp, 1981) 43-51.

McNeil, William C., *American Money and the Weimar Republic* (New York: Columbia University Press, 1986).

Mellon National Corporation, Mellon Bank N.A., Geschäftsbericht 1973, in: *Zeitschrift für das gesamte Kreditwesen* 7 (1974): 280.

Mellon National Corporation: Mellon Bank N.A., Geschäftsbericht 1972, in: *Zeitschrift für das gesamte Kreditwesen* 4 (1974): 140.

Mendelsohn, M.S., "New challenges for the recycling mechanism", *The Banker* (Januar 1980): 63.

Miller, Stewart R. und Arvind Parkhe, "Pattern in the Expansion of U.S. Banks' Foreign Operations", *Journal of International Business Studies* 29 Nr. 2 (Zweites Quartal 1998): 359-390.

Minor, Karin, "Lehman Brothers führten Allianz die Braut zu", *Börsen-Zeitung*, 22. August 1990, 3.

Miossi, Alfred F., "Chicago as an international financial centre", *The Banker* (Dezember 1971): 1506-1508.

Miossi, Alfred F., "The Future Role of U.S. Banks in the World Economy", *The International Banking Handbook*, Hrsg. William H. Baughn und Donald R. Mandich (Homewood, Illinois: Dow Jones-Irwin, 1983) 800-816.

Mitusch, Kay, *Modelle zur Funktion der Bank* (München: Verlag V. Florentz, 1995).

Moreno, Glen, "Die multinationale Geschäftstätigkeit US-amerikanischer Banken", Institut für Bankwirtschaft und Bankrecht an der Universität Köln, *Mitteilungen und Berichte* 19 (1976): 12-15.

Morgan Guaranty GmbH, verschiedene Geschäftsberichte.

Morschbach, Marcel, "Zur Rentabilität von Auslandsfilialen", *Zeitschrift für das gesamte Kreditwesen* Nr. 6 (1996): 256-258.

Mülhaupt, Ludwig und Hans Wielens, Hrsg., *Fragen des Auslandsgeschäfts: Chancen und Risiken der Unternehmen und Kreditinstitute* (Frankfurt: Knapp, 1979).

Müller, Horst, "Das Verhältnis von Kooperation und Alleingang im internationalen Geschäft einer Großbank", *Internationales Bankgeschäft (Gastvorträge 1994)*, Hrsg. Manfred Hein, Institut für Bank- und Finanzwirtschaft, Berichte und Materialien Heft 19, Freie Universität Berlin (1994) 19.

Mullineux, Andrew, *International Banking and Financial Systems: A Comparison* (London: Graham & Trotham, 1987).

Münch, Dieter, "Schlechte Zeiten für Auslandsbanken", *Bankkaufmann* 11 (1990): 39-44.

National Monetary Commission Reports USA, Hrsg. N.W. Aldrich u.a.(1908-12), in: Davies, *A History*, 673.

Neumann, Manfred, *Theoretische Volkswirtschaftslehre II* (München: Vahlen, 1987).

Nigh, Douglas, Kang Rae Cho und Suresh Krishnan, "The Role of Location-Related Factors in U.S. Banking Involvement Abroad: An Empirical Examination", *Journal of International Business Studies* (Herbst 1986): 59-72.

Northrup, Bowen, "Consortiums of Banks Multiply in Europe: Some U.S. Banks Join, Others Shy Away", *The Wall Street Journal*, 25. Mai 1973, 28.

O.V., "... Better Access in Frankfurt", *The Banker* (Mai 1985): 10.

O.V., "25 years Bank of America in Germany", *Zeitschrift für das gesamte Kreditwesen* 19 (1976): 914.

O.V., "30 Auslandsbanken im Bundesgebiet", *Handelsblatt*, 17. April 1972, 17

O.V., "A blue chip on a new block", *The Economist*, 14. Januar 1995, 73.

O.V., "A Chase in the crowd", *The Economist*, 12. Mai 1973, 89.

O.V., "A New Leaf", *The Banker* (Juni 1989): 17.

O.V., "ADCA: nach Fusion auch noch US-Partner", *Zeitschrift für das gesamte Kreditwesen* 13 (1973): 596.

O.V., "American banks take another trip abroad", *The Economist*, 20. November 1976, 131.

O.V., "American Express Bank GmbH mit 10 Mill. DM Stammkapital", *Handelsblatt*, 2. November 1966, 9.

O.V., "American Express Bank will ins Massengeschäft gehen", *Handelsblatt*, 16. Dezember 1975, 27.

O.V., "American Express Bank zentriert auf Frankfurt", *Börsen-Zeitung*, 10. Februar 1987, 7.

O.V., "American Express Company", *Zeitschrift für das gesamte Kreditwesen* 5 (1964): 188.

O.V., "American Express erwirbt DTB-Mehrheit", *Börsen-Zeitung*, 31. Oktober 1986, 4.

O.V., "American Express gut im Geschäft", *Handelsblatt*, 17./18. Oktober 1969, 11.

O.V., "American Express plant 40 Bankfilialen", *Blick durch die Wirtschaft*, 16. Dezember 1975, 5.

O.V., "American Express zahlt 8% Zinsen", *Handelsblatt*, 5. März 1974, 11.

O.V., "American-Express-Filiale in Düsseldorf", *Handelsblatt*, 5. Januar 1961, 4.

O.V., "Amex-Bank aktiviert das Deutschlandgeschäft", *Handelsblatt*, 17. April 1967, 7.

O.V., "Ausländische Banken in der Bundesrepublik, *Handelsblatt*, 17. September 1973, 15.

O.V., "Ausländische Banken in Deutschland", *Zeitschrift für das gesamte Kreditwesen* 21 (1980): 1007.

O.V., "Ausländische Banken: Mehr Zusammenhalt", *Zeitschrift für das gesamte Kreditwesen* 4 (1987): 141.

O.V., "Auslandsbanken in der Bundesrepublik", *Zeitschrift für das gesamte Kreditwesen* 23 (1975): 1117

O.V., "Bache wird Bank", *Handelsblatt*, 27. Dezember 1966, 7.

O.V., "Bache-Bank gibt Lizenz zurück", *Handelsblatt*, 3. Juni 1975, 29.

O.V., "Bache-Filiale in Hamburg eröffnet", *Handelsblatt*, 22. Februar 1966, 8.

O.V., "Bank of America Group Sets $175 Million Loan To East German Bank", *The Wall Street Journal*, 7. Juni 1976, 20.

O.V., "Bank offers 24-Hour-a-Day Loan Service by Telephone", *The Wall Street Journal*, 6. März 1962, 5.

O.V., "BankAmerica Corp. Completes Sale of Unit", *The Wall Street Journal*, 5. Mai 1987, 29.

O.V., "BankAmerica to Sell West German Units To Spanish Bank Firm", *The Wall Street Journal*, 6. März 1987, 25.

O.V., "Bankdienstleistungen: Auch für den Mittelstand", *Zeitschrift für das gesamte Kreditwesen* 15 (1984): 703.

O.V., "Bankers Trust Boots Its Ownership of Bank in Frankfurt to 65%", *The Wall Street Journal*, 5. März 1970, 6.

O.V., "Bankers Trust Co. beteiligt sich an der Deutschen Unionbank", *Zeitschrift für das gesamte Kreditwesen* 22 (1966): 1089.

O.V., "Bankers Trust expansion", *The Banker* (Dezember 1966): 881.

O.V., "Bankers Trust GmbH mit neuem Konzept", *Zeitschrift für das gesamte Kreditwesen* 7 (1982): 271.

O.V., "Bankers Trust übernimmt Deutsche Unionbank GmbH", *Zeitschrift für das gesamte Kreditwesen* 1 (1980): 26.

O.V., "Bankers Trust verdoppelt Ergebnis", *Börsen-Zeitung*, 9. August 1986, 10.

O.V., "Bankhaus Centrale Credit AG", *Zeitschrift für das gesamte Kreditwesen* 9 (1971): 366.

O.V., "Bankhaus Centrale Credit AG", *Zeitschrift für das gesamte Kreditwesen* 16 (1972): 784.

O.V., "Bessere Struktur", *Handelsblatt*, 22. Juli 1983, 15.

O.V., "Beteiligungen ausländischer Banken an deutschen Banken", *Zeitschrift für das gesamte Kreditwesen* 13 (1975): 601.

O.V., "Breaking out", Survey of International Banking, *The Economist*, 27. Januar 1973, 63

O.V., "C. G. Trinkaus & Burkhardt", *Zeitschrift für das gesamte Kreditwesen* 14 (1974): 634-635.

O.V., "Cashing in on cash management", *The Banker* (April 1985): 87.

O.V., "CC-Bank übernimmt 7000 Konten von Familienbank", *Handelsblatt*, 24. Mai 1978, 22.

O.V., "CDC erwirbt deutsche Manufacturers Hanover", *Börsen-Zeitung*, 2. Oktober 1991, 1.

O.V., "Centrale Credit AG hatte große Erfolge", *Handelsblatt*, 7. Januar 1971, 19.

O.V., "Centrale Credit GmbH wird Vollbank und AG", *Zeitschrift für das gesamte Kreditwesen* 23 (1967): 1077.

O.V., "Centrale Credit GmbH", *Zeitschrift für das gesamte Kreditwesen* 6 (1967): 228.

O.V., "Chase Bank AG feilt am eigenen Profil", *Börsen-Zeitung*, 16. Juni 1988, 6.

O.V., "Chase Bank AG konzentriert in Frankfurt", *Börsen-Zeitung*, 24. Januar 1987, 3.

O.V., "Chase Bank AG konzentriert in Frankfurt", *Börsen-Zeitung*, 24. Januar 1987, 3.

O.V., "Chase Bank to Close One Branch in London, Consolidate Services", *The Wall Street Journal*, 9. April 1976, 25.

O.V., "Chase clears the globe", *The Banker* (Juli 1986): 63.

O.V., "Chase Delays Its Plans For British 'Money Shops'", *The Wall Street Journal*, 29. März 1974, 2.

O.V., "Chase Deutschland wird eine AG", *Börsen-Zeitung*, 1. September 1977, 2.

O.V., "Chase Manhattan Bank macht keine Konkurrenz", *Handelsblatt*, 13. September 1960, 10.

O.V., "Chase Manhattan Bank To Close Familienbank", *The Wall Street Journal*, 5. April 1978, 14.

O.V., "Chase Manhattan mit neuer Europastrategie", *Börsen-Zeitung*, 24. November 1988, 1.

O.V., "Chase Manhattan Sets Bank in Britain Aimed at "Middle Market"", *The Wall Street Journal*, 2. Juli 1973, 26.

O.V., "Chase Manhattan stark im deutschen Geschäft", *Handelsblatt*, 6. Juni 1968, 7.

O.V., "Chase Manhattan: European strategy", *The Banker* (Mai 1973): 546.

O.V., "Chase mit erweiterter Produktpalette", *Börsen-Zeitung*, 17. Juni 1989, 3.

O.V., "Chase on the chase", *The Economist*, 26. Mai 1973, 94.

O.V., "Chase verlagert Aktivitäten nach London", *Börsen-Zeitung*, 27. April 1989, 6.

O.V., "Chase-Angriffe auf das deutsche Massengeschäft", *Börsen-Zeitung*, 26. Mai 1973, 3.

O.V., "Chemical Bank Expects Profit Abroad to Rise", *The Wall Street Journal*, 20. März 1972, 16.

O.V., "Chemical Bank Frankfurt AG", *Zeitschrift für das gesamte Kreditwesen* 4 (1982): 141.

O.V., "Chemical Bank hält an Nischenpolitik fest", *Börsen-Zeitung*, 6. Juli 1988, 4.

O.V., "Chemical Bank in Frankfurt", *Handelsblatt*, 10. November 1969, 7.

O.V., "Chemical Bank stark im Devisenhandel", *Börsen-Zeitung*, 25. Juni 1986, 8.

O.V., "Chemical Bank stark im Devisenhandel", *Börsen-Zeitung*, 30. Juni 1987, 4.

O.V., "Chemical New York Cooperation: Chemical Bank", *Zeitschrift für das gesamte Kreditwesen* 33 (1975): 280.

O.V., "Chemical verdient im Ausland besser", *Handelsblatt*, 4. Juni 1974, 14.

O.V., "Chemical's branch in Frankfurt", *The Banker* (Dezember 1969): 1364.

O.V., "Citibank AG mit 1987 nicht zufrieden", *Börsen-Zeitung*, 15. Juni 1988, 5.

O.V., "Citibank AG mußte einiges verkraften", *Börsen-Zeitung*, 16. Juli 1987, 6.

O.V., "Citibank AG schließt vier Filialen", *Börsen-Zeitung*, 3. Juli 1986, 8.

O.V., "Citibank AG sucht den Unterschied", *Börsen-Zeitung*, 1. Juni 1989, 13.

O.V., "Citibank AG", *Zeitschrift für das gesamte Kreditwesen* 18 (1976): 892-894.

O.V., "Citibank AG", *Zeitschrift für das gesamte Kreditwesen* 18 (1977): 934.

O.V., "Citibank eröffnet Filiale in Dresden" , *Börsen-Zeitung*, 27. Oktober 1990, 5.

O.V., "Citibank faßt 1990 wieder Tritt", *Börsen-Zeitung*, 28. Juni 1990, 5.

O.V., "Citibank Set to Acquire Stake in a German Bank and in Its Affiliate", *The Wall Street Journal*, 25. Juli 1973, 4.

O.V., "Citibank to Increase Stake in German Bank", *The Wall Street Journal*, 19. September 1974, 29.

O.V., "Citibank voll im Leasinggeschäft", *Zeitschrift für das gesamte Kreditwesen* 3 (1980): 101.

O.V., "Citicorp mit klaren Konzepten", *Börsen-Zeitung*, 30. Juni 1987, 3.

O.V., "Citicorp: First National City Bank", *Zeitschrift für das gesamte Kreditwesen* 13 (1975): 617-619.

O.V., "Citicorp: First National City Bank", *Zeitschrift für das gesamte Kreditwesen* 13 (1975): 618-620.

O.V., "Cross-border alliances in banking and financial services in the single market", *Bank of England Quarterly Bulletin* (August 1993): 372.

O.V., "Das Engagement der Ausländer", *Wirtschaftswoche* Nr. 48, 1. Dezember 1972, 96.

O.V., "Das Filialnetz der Bank of America", *Zeitschrift für das gesamte Kreditwesen* 21 (1967): 555.

O.V., "Das Großkundengeschäft erfordert eine große Flexibilität und Innovationskraft", *Handelsblatt*, 2. Mai 1984, 6.

O.V., "Das Pokerspiel geht weiter", *Handelsblatt*, 1. Dezember 1986, 10.

O.V., "Der elektronische Bankservice soll vornehmlich Großkunden ansprechen", *Handelsblatt*, 25. Juli 1984, 6.

O.V., "Der Euro und das Liquiditätsmanagement", *Frankfurter Allgemeine Zeitung*, 7. September 1998, 34.

O.V., "Deutsch-amerikanische Banken-Kooperation", *Zeitschrift für das gesamte Kreditwesen* 3 (1966): 104.

O.V., "Deutsche Unionbank", (Bilanz) *Zeitschrift für das gesamte Kreditwesen* 18 (1973): 912.

O.V., "Deutsche Unionbank", (Bilanz), *Zeitschrift für das gesamte Kreditwesen* 13 (1972): 592.

O.V., "Deutsche Unionbank", (Bilanz), *Zeitschrift für das gesamte Kreditwesen* 14 (1974): 636-638.

O.V., "Deutsche Unionbank", *Zeitschrift für das gesamte Kreditwesen* 16 (1975): 785-786.

O.V., "Die Auslandsbanken - eine neue Untergruppe der Bankenstatistik", *Monatsberichte der Deutschen Bundesbank* (Januar 1987): 32-37.

O.V., "Die Citybank steigt bei Trinkaus ein", *Handelsblatt*, 25. Juli 1973, 1.

O.V., "Die Ertragslage der Banken im Jahre 1976", *Monatsberichte der Deutschen Bundesbank* (Januar 1978): 14-24.

O.V., "Die Ertragslage der Kreditinstitute im Jahre 1979", *Monatsberichte der Deutschen Bundesbank* (August 1980): 18-31.

O.V., "Die Geschäftsentwicklung der Bankengruppen, 1960-1970", *Monatsberichte der Deutschen Bundesbank* (April 1971): 30-54.

O.V., "Die Konditionen bei der Familienbank", *Zeitschrift für das gesamte Kreditwesen* 22 (1973): 1112.

O.V., "Die Kontoverbindung weiter im Auge", *Börsen-Zeitung*, 11. Februar 1987, 5.

O.V., "Die Mutter mußte der Chase Bank AG helfen", *Handelsblatt*, 27. Juni 1978, 14.

O.V., "Die Zweigstellen ausländischer Banken in der Bundesrepublik", *Monatsberichte der Deutschen Bundesbank* (April 1972): 21-32.

O.V., "Direkter Draht nach Amerika", *Zeitschrift für das gesamte Kreditwesen* 9 (1968): 372.

O.V., "DTB firmiert als Bankhaus Amex", *Börsen-Zeitung*, 17. Oktober 1987, 3.

O.V., "Ein "neuer" Amerikaner in Frankfurt", *Zeitschrift für das gesamte Kreditwesen* 21 (1968): 1021.

O.V., "Ein neues Zinskonzept der Familienbank", *Börsen-Zeitung*, 3. November 1973, 15.

O.V., "Ertragsentwicklung im Bankgewerbe", *Monatsberichte der Deutschen Bundesbank* (November 1976): 16-29.

O.V., "Experts Pick Banks They Expect to Be Global Elite by 2000", *The Wall Street Journal*, 25. März 1991, A 4.

O.V., "Falscher Dampfer", *Der Spiegel*, Nr. 41 (1980): 158.

O.V., "Familienbank AG", *Zeitschrift für das gesamte Kreditwesen* 17 (1975): 832.

O.V., "Familienbank beschneidet kräftig Einlagenzinsen", *Handelsblatt*, 11. Oktober 1976, 10.

O.V., "Familienbank rückt von ihren hohen Zielen ab", *Handelsblatt*, 25. Oktober 1976, 6.

O.V., "Familienbank schließt Filialen", *Der Spiegel*, Nr. 45 (1976): 128.

O.V., "Familienbank soll Schalter schließen", *Handelsblatt*, 5. April 1978, 13.

O.V., "Familienbank zahlt 6 3/4% für Sparbücher", *Zeitschrift für das gesamte Kreditwesen* (1975): 429.

O.V., "Financial Indicators: Trade in Services", *The Economist*, 29. April 2000, 117.

O.V., "First National Bank of Chicago jetzt auch in Düsseldorf", *Handelsblatt*, 18./19. April 1969, 11.

O.V., "First National City Bank in Frankfurt", *Handelsblatt*, 18. Oktober 1960, 6.

O.V., "First National City Bank in Hamburg", *Handelsblatt*, 26. Januar 1971, 17.

O.V., "First National City Bank in Hamburg", *Zeitschrift für das gesamte Kreditwesen* 22 (1965): 1087

O.V., "First National City Bank", *Zeitschrift für das gesamte Kreditwesen* 2 (1965): 71.

O.V., "First National City Branch", *The Wall Street Journal*, 12. Juni 1964, 5.

O.V., "Foreign Bankers Join Bond Group of West Germany", *The Wall Street Journal*, 16. Juni 1986, 16.

O.V., "Foreign banks in Germany", *The Banker* (April 1972): 590.

O.V., "Frankfurter Niederlassung der Morgan-Bank, *Zeitschrift für das gesamte Kreditwesen* 14 (1965): 681.

O.V., "Fremdfinanzierung: Schon 49 Auslandsbanken in Deutschland", *Capital* 2 (1976): 111-112.

O.V., "Gewinn vor Steuern fast verdoppelt - Viel investiert und Einstieg ins Leasing", *Handelsblatt*, 7. März 1983, 6.

O.V., "Gewinnexplosion trotz Rezession", *Handelsblatt*, 30. Oktober 1979, 18.

O.V., "Gutfreund: Salomon bringt eine neue Dimension", *Börsen-Zeitung*, 3. Februar 1987, 2.

O.V., "International Finance Hub Shifts to Europe, Banking Group Says", *The Wall Street Journal*, 1. Dezember 1966, 32.

O.V., "Interview mit Howard Clark, Chairman of American Express", *The Banker* (Juni 1970): 556-569.

O.V., "Investment Bankers in U.S. Said to Regain Much Foreign Business", *The Wall Street Journal*, 3. Dezember 1965, 13.

O.V., "Irving Trust enthüllt ein Geheimnis: Eine Auseinandersetzung über den Notenbankkredit", *Blick durch die Wirtschaft*, 4. November 1972, 6.

O.V., "J. P. Morgan mit positivem Eigenhandel", *Börsen-Zeitung*, 11. September 1991, 4.

O.V., "KKB Kundenkreditbank - Deutsche Haushaltsbank KGaA", *Zeitschrift für das gesamte Kreditwesen* Nr. 22 (1976): 1085.

O.V., "KKB schmückt sich mit neuem Kleid", *Börsen-Zeitung*, 22. Februar 1991, 4.

O.V., "Konzentrierte Weiterentwicklung des Geschäfts über eine neue AG", *Handelsblatt*, 3. März 1982, 9.

O.V., "Kooperation Trinkaus & Burkhardt - First National City Bank", *Zeitschrift für das gesamte Kreditwesen* 15 (1973): 739.

O.V., "Kun/Bau-Kredit-Bank - ein Menetekel", *Zeitschrift für das gesamte Kreditwesen* 14 (1973): 655.

O.V., "Manu-Trust setzt auf den deutschen Markt", *Börsen-Zeitung*, 25. Juni 1987, 9.

O.V., "Manufacturers Hanover gründet GmbH", *Börsen-Zeitung*, 15. April 1988, 5.

O.V., "Manufacturers Hanover: 1988 lief gut", *Börsen-Zeitung*, 3. Juni 1989, 7.

O.V., "Mellon Bank", *Zeitschrift für das gesamte Kreditwesen* 14 (1985): 677.

O.V., "Merrill Lynch in Hamburg", *Zeitschrift für das gesamte Kreditwesen* 20 (1967): 958.

O.V., "Midland Bank Acquires Citicorp's Holding In West German Bank", *The Wall Street Journal*, 8. Oktober 1980, 39.

O.V., "Morgan Guaranty GmbH debütiert mit einer 15jährigen Reynolds-Emission", *Handelsblatt*, 23. Oktober 1985, 31.

O.V., "Morgan Guaranty jetzt J. P. Morgan", *Börsen-Zeitung*, 31. März 1988, 5.

O.V., "Morgan Guaranty Trust jetzt auch in der Bundesrepublik", *Handelsblatt*, 5. Dezember 1961, 9.

O.V., "National Bank of Detroit in Frankfurt", *Zeitschrift für das gesamte Kreditwesen* 19 (1972): 912.

O.V., "Neuere Geschäftsentwicklung der Bankengruppen", *Monatsberichte der Deutschen Bundesbank* (Mai 1974): 24-50.

O.V., ohne Überschrift, *The Wall Street Journal*, 27. Juni 1973, 12.

O.V., "Rabo Bank - Nord/LB - Adca", *Zeitschrift für das gesamte Kreditwesen* 11 (1983): 506.

O.V., "Rabobank sucht in Deutschland neues Profil", *Frankfurter Allgemeine Zeitung*, 23. Januar 1998, 25.

O.V., "Readjustment for America's big banks?", *The Banker* (August 1973): 907- 913.

O.V., "Retail-Banking: Erste Filiale der Familienbank", *Zeitschrift für das gesamte Kreditwesen* 22 (1973): 1094.

O.V., "Riskanter Einstieg", *Der Spiegel* Nr. 52 (1978): 38.

O.V., "Rockefeller an der Förde", *Der Spiegel* Nr. 29 (1975): 53.

O.V., "Rückzug der Citibank AG ein Signal", *Börsen-Zeitung*, 3. Juli 1986, 3.

O.V., "Salomon Brothers: Frankfurt hat Priorität", *Börsen-Zeitung*, 14. August 1986, 6.

O.V., "Säumige Schuldner kann es hart treffen", *Handelsblatt*, 3. Januar 1974, 19.

O.V., "Security Pacific Agrees to Acquire West German Bank", *The Wall Street Journal*, 19. April 1984, 20.

O.V., "Shearson Lehman Hutton gut gestartet", *Börsen-Zeitung*, 2. Juni 1989, 8.

O.V., "State Street Bank GmbH", *Zeitschrift für das gesamte Kreditwesen* 23 (1970): 1122.

O.V., "The American Express Company, Inc.", *Zeitschrift für das gesamte Kreditwesen* 23 (1963): 1101.

O.V., "The First National City Bank of New York", *Zeitschrift für das gesamte Kreditwesen* 6 (1960): 244.

O.V., "The First Pennsylvania in Frankfurt", *Zeitschrift für das gesamte Kreditwesen* 19 (1972): 912.

O.V., "The Top 300: The Banker's list of leading commercial banks", *The Banker* (Juni 1971): 656-661.

O.V., "Top 1000 Banks", *The Banker* (Juli 1991): 74.

O.V., "Transatlantik-Nachrichtendienst von Chase Manhattan", *Zeitschrift für das gesamte Kreditwesen* 8 (1973): 304.

O.V., "Über Hamburg und München hinaus", *Handelsblatt*, 7. März 1974, 14.

O.V., "Umschau: Beteiligungen ausländischer Banken an deutschen Banken", *Zeitschrift für das gesamte Kreditwesen* 13 (1975): 604.

O.V., "Unbefriedigende Ertragssituation", *Zeitschrift für das gesamte Kreditwesen* 3 (1991): 95.

O.V., "US-Banken expandieren weltweit", *Zeitschrift für das gesamte Kreditwesen* 24 (1971): 1137.

O.V., US-Banken im Ausland", *Die Bank* 7 (1980): 321-322.

O.V., "US-Banken in Deutschland: Jetzt auch "Chase Bank AG"", *Zeitschrift für das gesamte Kreditwesen* 18 (1977): 901.

O.V., "US-Bankholding steigt in das deutsche Geschäft mit Konsumentenkrediten ein", *Handelsblatt*, 1. März 1984, 7.

O.V., "US-Firmen: Riskanter Einstieg", *Der Spiegel* Nr. 52 (1978): 37f.

O.V., "US-Fonds-Bank gründet Niederlassung in München", *Handelsblatt*, 24. November 1970, 25.

O.V., "US-Großbanken wachsen im Ausland schneller", *Handelsblatt*, 6. März 1974, 13.

O.V., "Verbesserung der Rentabilität: Stärkere Regional-Präsenz erwogen", *Handelsblatt*, 28. März 1984, 18.

O.V., "Verstärkte Aktivität amerikanischer Banken in der Bundesrepublik Deutschland", *Bank-Betrieb* (Mai 1969): 191.

O.V., "Visa-Karten-Zentrum in Frankfurt", *Zeitschrift für das gesamte Kreditwesen* 18 (1979): 900.

O.V., "Walter Wriston Interview", *The Banker* (April 1971): 462-470.

O.V., "Walter Wriston Interview", *The Banker* (Juni 1974): 741-745.

O.V., "Was wollen Sie in der Bundesrepublik?", *Capital* 2 (1976): 114.

O.V., "Wechsel an der Spitze der Chase Bank AG", *Börsen-Zeitung*, 16. September 1987, 3.

O.V., "Weitere amerikanische Großbank in Frankfurt", *Zeitschrift für das gesamte Kreditwesen* 21 (1968): 1034.

O.V., "Wells Fargo reduziert ADCA-Beteiligung weiter", *Zeitschrift für das gesamte Kreditwesen* 4 (1977): 159.

O.V., "Weniger US-Investitionen für die Bundesrepublik - Kostensituation erheblich verschlechtert", *Handelsblatt*, 29. März 1976, 2.

O.V., "Who goes home?", *The Economist*, 14. April 1973, 103.

O.V., "Wie macht's die KKB?", *Zeitschrift für das gesamte Kreditwesen* 12 (1978): 534.

O.V., "Yankee Doodle comes home", Survey International Banking, *The Economist*, 4. März 1978, 36.

O.V., "Ziemliche Anmaßung", *Wirtschaftswoche* Nr. 24, 8. Juni 1973, 86.

O.V.,"Bankhaus Centrale Credit AG", *Zeitschrift für das gesamte Kreditwesen* 16 (1975): 787.

OECD, Hrsg., *Banks under Stress* (Paris: 1992).

OECD, Hrsg., *Regulations Affecting International Banking Operations of Banks and Non-Banks* (Paris: 1978).

Oganesoff, Igor, "Global U.S. Finance: Big American Banks, Brokers Speed Opening Of Branches Overseas", *The Wall Street Journal*, 8. September 1964, 1.

Ost, Friedhelm, "Wachsende Auslandspräsenz der deutschen Banken", *Bank-Betrieb* (Oktober 1969): 343-350.

Park, Yoon S. und Jack Zwick, *International banking in theory and practice* (Reading, Massachusetts: Addison-Wesley, 1985).

Pausenberger, Ehrenfried und Harald Völker, *Praxis des internationalen Finanzmanagement: Eine empirische Untersuchung von Finanzierung, Kapitalstrukturgestaltung und Cash Management in internationalen Unternehmen* (Wiesbaden: Gabler, 1985).

Pecchioli, R. M., *The Internationalisation of Banking: The Policy Issues* (OECD, 1983).

Peltzer, Martin, "How to invest in Germany despite the snags", *The Banker* (Oktober 1973): 1202-1203.

Perlitz, Manfred, "Entwicklung und Theorien der Direktinvestitionen im Ausland", *Internationale Unternehmensführung: Management-Probleme international tätiger Unternehmen*, Hrsg. Wilhelm H. Wacker (Berlin: Schmidt, 1981) 95-119.

Pfundt, Dieter, "Wertpapierhandel im Wandel", CeBIT'95-Beilage, *Frankfurter Allgemeine Zeitung*, 7. März 1995, B 6.

Phelps, Clyde William, *The Foreign Expansion of American Banks* (New York: Ronald Press, 1927) 102.

Pohl, Manfred und Kathleen Burk, *Die Deutsche Bank in London 1873-1998* (München: Piper, 1998).

Pohl, Manfred, *Deutsche Bank Buenos Aires*, 1887-1987 (Mainz: Hase und Köhler, 1987).

Pohl, Manfred, "Festigung und Ausdehnung des deutschen Bankwesens zwischen 1870 und 1914", *Deutsche Bankengeschichte Band 2*, Hrsg. Institut für bankhistorische Forschung e.V. (Frankfurt: Knapp, 1982) 223-356.

Premauer, Werner, "Interview - German Banking", *The Banker* (Januar 1972): 170-179.

Pringle, Robin, "New Freedom for German Banks", *The Banker* (August 1967): 684-690.

Pringle, Robin, "Why American Banks Go Overseas", *The Banker* (November 1966): 771-785.

Puri, Manju, "The long-term default performance of bank underwritten security issues", *Journal of Banking & Finance* 18 (1994): 397-418.

Raettig, Lutz R., "Neuere Entwicklungen im investment banking", *Instrumente und Strategien im investment banking*, Hrsg. Bernd Rudolph (Frankfurt: Knapp, 1990) 35-55.

Reischauer, Friedrich, "Die Niederlassung ausländischer Banken in der Bundesrepublik", *Zeitschrift für das gesamte Kreditwesen* 10 (1960): 434-436.

Röller, Wolfgang, "Globalisierung in der Banking-Industrie", *Zeitschrift für Betriebswirtschaft, Ergänzungsheft 2/92: Globalisierung und Wettbewerb: In memoriam Alfred Herrhausen*, Schriftleitung Horst Albach (Wiesbaden: Gabler, 1992) 121-143.

Röller, Wolfgang, "Wie modern ist der Deutsche Kapitalmarkt im internationalen Vergleich?", *Institutionelle Rahmenbedingungen effizienter Kapitalmärkte*, Hrsg. Wolfram Engels (Frankfurt: Knapp, 1989) 31-42.

Rometsch, Sieghardt, "Banken mit weltumspannenden Filialnetz", *Blick durch die Wirtschaft*, 6. November 1972, 3.

Rometsch, Sieghardt, "Chase Manhattan Bank", *Zeitschrift für das gesamte Kreditwesen* 13 (1975): 592.

Rometsch, Sieghardt, "Multinationale Banken", *Frankfurter Allgemeine Zeitung*, 31. Oktober 1972, 15.

Roth, Terence, "Citibank Stresses Name Recognition in European Push", *The Wall Street Journal*, 25. Februar 1991, A 5 E.

Roussakis, E. N., "Modelle im internationalen Bankwesen", *Zeitschrift für das gesamte Kreditwesen* 2 (1980): 50-56.

Rudolph, Bernd, "Die deutsche Kreditwirtschaft im europäischen Markt", *Geschichte der deutschen Kreditwirtschaft seit 1945*, Hrsg. Hans Pohl (Frankfurt: Knapp, 1998) 465-492.

Rugman, Alan M., *Inside the Multinationals* (London: Croom Helm, 1981).

Rugman, Alan M., *International diversification and the multinational enterprise* (Lexington, MA: Lexington Books, 1979).

Rugman, Alan M., *Multinationals and technology transfer* (New York: Praeger, 1983).

Sabi, Manijeh, "An application of the theory of foreign direct investment to multinational banking in LDCs", *Journal of International Business Studies* 19 (1988): 433-447.

Sagari, Silvia B., "United States foreign direct investment in the banking industry", *Transnational Corporations*, Vol. 1, Nr. 3 (Dezember 1992): 93-123.

Saunders, Anthony und Ingo Walter, Hrsg., *Universal Banking: Financial System Design Reconsidered* (Chicago: Irwin, 1996).

Saunders, Anthony und Ingo Walter, *Universal Banking in the United States* (New York: Oxford University Press, 1994).

Saunders, Anthony, *Financial Institutions Management* (Chicago: Irwin, 1996).

Sauvant, Karl P. und Padma Mallampally, "Introduction: Transnational Corporations in Services", *Transnational Corporations in Services*, Hrsg. Karl P. Sauvant und Padma Mallampally (London: Routledge, 1993) 1-30.

Schaaf, Wolfgang, "Markteintrittsstrategien ausländischer Banken in der Bundesrepublik Deutschland", *Mitteilungen und Berichte* (Jahrgang 19/1988, Nr. 55): 31-34.

Schäfer, Rainer, "Finanzmärkte, internationale", *Handwörterbuch Export und Internationale Unternehmung*, Hrsg. Klaus Macharzina und Martin K. Welge (Stuttgart: Poeschel, 1989) 638-650.

Schaft, Wolfgang, *International Banks: A documentation of their foreign establishments* (Hamburg: Verlag Weltarchiv, 1980).

Scheele, Wilfried, "Citibank", *Zeitschrift für das gesamte Kreditwesen* 13 (1975): 589-592.

Scheele, Wilfried, "Die Bedeutung ausländischer Banken in der Bundesrepublik Deutschland", *Manuskript eines Vortrags in Dresden*, gehalten am 26. September 1991.

Scheele, Wilfried, "Die unterschiedlichen Strategien amerikanischer Banken im Ausland, insbesondere in der Bundesrepublik Deutschland", *Manuskript eines Vortrags*, gehalten am 16. Januar 1976, Institut für Banken und Industrie, Geld und Kredit, Freie Universität Berlin.

Scheele, Wilfried, "Die Wettbewerbsstellung der ausländischen Banken in Deutschland", Vortrag am 30. Mai 1980, *Berichte und Materialien: Die Internationalisierung des Bankgeschäfts*, Heft 2, Hrsg. Institut für Banken und Industrie, Geld und Kredit der Freien Universität Berlin (November 1980) 90-99.

Schierenbeck, Henner und Reinhold Hölscher, *Bank Assurance: Institutionelle Grundlagen der Bank- und Versicherungsbetriebslehre* (Stuttgart: Schäffer-Poeschel, 1992).

Schoeppler, Otto, "Der Eurodollarmarkt aus Londoner Sicht", *Der Dollar und der Kapitalmarkt*, Hrsg. Georg Bruns und Karl Häuser (Frankfurt: Knapp, 1980) 86-97.

Schoppe, Siegfried G., *Kompendium der Internationalen Betriebswirtschaftslehre* (München: Oldenbourg, 1991).

Schubert, Thomas, *Strategische Allianzen im internationalen Bankgeschäft* (Wiesbaden: Gabler, 1995).

Scott-Quinn, Brian, "US investment banks as multinationals", *Banks as multinationals*, Hrsg. Geoffrey Jones (London: Routledge, 1990) 268-293.

Seipp, Walter, "Strategien und Perspektiven im International Banking", *Die Betriebswirtschaft* 49 (1989): 681-688.

Servan-Schreiber, Jean-Jacques, *Die amerikanische Herausforderung* (Berlin: Deutsche Buch-Gemeinschaft, 1969).

Shigyo, Kusuo, "Auf dem Wege vom Spezialanbieter zur konkurrenzfähigen Universalbank", Beilage Banken International, *Handelsblatt*, 5. Mai 1988, B 13.

Shreeve, Gavin, "Another Day, Another Dollar", *The Banker* (November 1987): 16-23.

Sias, David K. jr., "Ausländische Banken in Deutschland", Banken International, *Handelsblatt*, 28. Oktober 1970, II-III.

Simon, Hermann, "Marketing und Bankgeschäft", *Die Bank - Dienstleister im Wandel: 125 Jahre Commerzbank* (Frankfurt: Commerzbank AG und Fritz Knapp, 1994) 206-219.

Simonian, Haig, "Foreign Banks Make their Mark", *The Banker* (April 1987): 41-43.

Sinkey, Joseph F., Jr., *Commercial Bank Financial Management* (New York: Macmillan, 1983).

Slevogt, Horst, "Lenkpreisrechnung als Bankkalkulation für Planung und Marketing", *Österreichisches Bank-Archiv*, Heft III (März 1972): 84-106.

Slevogt, Horst, "Marketing im Bankgeschäft", *Die Finanzen des privaten Haushalts: Festschrift für Walter Kaminsky*, Hrsg. Franz Schneider (Frankfurt: Knapp, 1969) 190-218.

Smith, Roy C. und Ingo Walter, *Global Banking* (New York: Oxford University Press, 1997).

Smith, Roy C. und Ingo Walter, *Global Financial Services: Strategies for Building Competitive Strengths in International Commercial and Investment Banking* (New York: Harper Business, 1990).

Smith, Roy C., *Comeback: The Restoration of American Banking Power in the New World Economy* (Boston: Harvard Business School Press, 1993).

Smith, Roy C., *The Global Bankers* (New York: Truman Talley Books, 1990).

Staudt, Michael v. , *Bankmarketing im internationalen Geschäft* (Wiesbaden: Gabler, 1980).

Stein, Johann Heinrich v., "Die Multinationalisierung im Bankwesen", *Zeitschrift für das gesamte Kreditwesen* 10 (1977): 436-442.

Steltzner, Holger, "Risikomanagement mit Augenmaß", *Frankfurter Allgemeine Zeitung*, 5. April 1995, 15.

Steuber, Ursel, *Internationale Banken* (Hamburg: Weltarchiv, 1974).

Steuber, Ursel, *Internationale Bankenkooperation: Deutsche Banken in internationalen Gruppen* (Frankfurt: Knapp, 1976).

Stevenson, Merril , "Managing change", Survey International Banking, *The Economist*, 22. März 1986, 39.

Stevenson, Merril, "Plastic money", Survey International Banking, *The Economist*, 22. März 1986, 49-55.

Stevenson, Merril, "Wiring Main Street", Survey International Banking, *The Economist*, 22. März 1986, 15-19.

Stigler, George J., "A theory of oligopoly", *The Journal of Political Economy* Vol. 72, Nr. 1 (Februar 1964): 44-61.

Storck, Ekkehard, "Euro-Dollar-Markt", *Handwörterbuch Export und Internationale Unternehmung*, Hrsg. Klaus Macharzina und Martin K. Welge (Stuttgart: Poeschel, 1989) 468-478.

Storck, Ekkehard, "Euro-Markt wächst trotz Krisen weiter", Beilage Banken International, *Handelsblatt*, 24. Juli 1973, XXII.

Storck, Ekkehard, "Euromarkt", *Enzyklopädisches Lexikon des Geld-, Bank- und Börsenwesens*, Hrsg. Zeitschrift für das gesamte Kreditwesen (Frankfurt: Knapp, 1999) 528-534.

Storck, Ekkehard, *Euromarkt: Finanz-Drehscheibe der Welt* (Stuttgart: Schaeffer-Poeschel, 1995).

Storck, Ekkehard, "Internationale Banken tragen zur Integration der Weltwirtschaft bei", Beilage Banken International, *Handelsblatt*, 26. März 1979, 12.

Storck, Ekkehard, "Off-shore-Märkte", *Handbuch des Firmenkundengeschäft*, Hrsg. Klaus Juncker und Erich Priewasser (Frankfurt: Knapp, 1993) 548-566.

Story, Jonathan und Ingo Walter, *Political economy of financial integration in Europe: The battle of the systems* (Manchester: Manchester University Press, 1997).

Strachan, Stan, "US banking - profits and prospects", *The Banker* (April 1973): 409-415.

Süchting, Joachim, "Elemente der Auslandsstrategie einer Bank", *Der Bankbetrieb zwischen Theorie und Praxis: Festschrift zum 60. Geburtstag von Karl Friedrich Hagenmüller*, Hrsg. Joachim Süchting (Wiesbaden: Gabler, 1977) 131-149.

Süchting, Joachim, "Kostenlose Bankdienstleistungen?", Banken International, *Handelsblatt*, 28. Oktober 1970, XXV-XXVII.

Sylla, Richard, US Banks and Europe: strategy and attitudes (erscheint demnächst).

Taylor, D. , B. Metha und T. Wurster, "Facing the Challenges: Online delivery & the Information Superhighway", *Bank Management* (September-Oktober 1995): 24-44.

The Banker, verschiedene Ausgaben.

The First National City Bank of New York, *Zeitschrift für das gesamte Kreditwesen* 6 (1960): 244.

Thomas, Karl, "Liberal ist der deutsche Emissionsmarkt schon seit den fünfziger Jahren - auch für Ausländer", Beilage Banken International, *Handelsblatt*, 24. April 1986, B 6.

Thomas, Tony und Anne Segall, "Learning the hard way", A survey of American financial institutions", *The Economist* , 22. Januar 1977, 30.

Thomas, Tony und Anne Segall, "Like Topsy, they just grow'd", Survey of American Finance, *The Economist*, 22. Januar 1977, 9-13.

Thomas, Tony und Anne Segall, "Moneyweight contenders", Survey American Finance, *The Economist*, 22. Januar 1977, 5-9.

Thomas, Tony und Anne Segall, "The leopards change their spots", Survey American Finance, *The Economist*, 22. Januar 1977, 17-21.

Thomas, Tony und Anne Segall, "The smaller they are the harder they fall", Survey of American Finance, *The Economist*, 22. Januar 1977, 13.

Tilly, Richard, "ADCA", *Handbook on the History of European Banks*, Hrsg. European Association for Banking History, Schriftleitung Manfred Pohl (Aldershot: Elgar, 1994) 337-340.

Tilly, Richard, "Banks and Industry: Lessons from History?", *European Economic Integration as a Challenge to Industry and Government*, Hrsg. Richard Tilly und Paul J.J. Welfens (Berlin: Springer, 1995).

Trouvain, Franz-Josef und Herbert Wolf, "Die europäische Bankenkooperation", *Das Bankwesen im größeren Europa*, Hrsg. Rudolf Regul und Herbert Wolf (Baden-Baden: Nomos, 1974) 551-596.

Tschoegl, Adrian E., "International Retail Banking as a Strategy: An Assessment", *Journal of International Business Studies 19 2* (Sommer 1987): 67-88.

Tschoegl, Adrian E., "Size, growth, and transnationality among the world's largest banks", *Journal of Business* 56 Nr. 2 (1983): 187-201.

Uhlig, Johannes, "Chase - sechsspännig in London", *Zeitschrift für das gesamte Kreditwesen* Nr. 22 (1973): 1112.

United Nations, Hrsg., *Transnational Banks: Operations, Strategies and their Effects in Developing Countries* (New York: 1981).

Verband der Auslandsbanken in Deutschland, Hrsg., *Die Auslandsbanken in der Bundesrepublik Deutschland*, verschiedene Jahrgänge (1988-1999).

Viereck, Stefanie von, "Angriff aus der Nische", *manager magazin* (Dezember 1985): 258-271.

Viermetz, Kurt F., "Devisenhandel einer internationalen Großbank", *Internationaler Kapitalverkehr und Devisenhandel*, Hrsg. Wolfram Engels (Frankfurt: Knapp, 1986) 11-25.

Viermetz, Kurt F., "Ziele und Aktivitäten einer Auslandsbank in der Bundesrepublik Deutschland", *Semesterbericht Nr. 19 des Instituts für Kredit- und Finanzwirtschaft*, Leiter: Prof. Dr. Süchting, Ruhr Universität Bochum (Referat am 29. November 1983) 32-35.

Vlierden, C. M. van, "New Era for International Banking", *The Banker* (Februar 1971): 146-149.

Vogel, Klaus Michael, "Computer der zweiten Generation gehen auf individuelle Kundenwünsche ein", Beilage Banken International, *Handelsblatt*, 26. April 1985, B 25.

Vogel, Klaus Michael, "Mit Hilfe der Elektronik werden die Marktnischen noch besser ausgebaut", Beilage Banken International, *Handelsblatt*, 24. April 1986, B 32.

Wagner, Gerhard, "Bernies Reich bekommt neue Provinzen", *Handelsblatt*, 7./8. November 1969, 14.

Walter, Herbert, *Standortpolitik multinationaler Banken* (Frankfurt: Harri Deutsch, 1983).

Walter, Ingo und H. Peter Gray, "Protectionism and International Banking", *Journal of Banking and Finance* 7 (April 1983): 597-609.

Walter, Ingo und Roy C. Smith, *Investment Banking in Europe: Restructuring for the 1990s* (Oxford: Basil Blackwell, 1990).

Walter, Ingo, "Erklärungskonzepte zum Internationalisierungsprozeß der Banken", *Internationales Bankgeschäft*, Hrsg. Hans-Jacob Krümmel (Berlin: Duncker & Humblot, 1985) 163-193.

Walter, Ingo, *Global Competition in Financial Services* (Cambridge: Ballinger, 1988).

Walter, Ingo, *High Performance Financial Systems* (Singapur: Institute of Southeast Asian Studies, 1993).

Weber, Christoph, *Marktzugang von Auslandsbanken: unter Berücksichtigung der neuen Regeln des GATS* (Heidelberg: Verlag Recht und Wirtschaft, 1996).

Weiss, Ulrich, "Organisation und Personalpolitik", *Handbuch Bankorganisation*, Hrsg. Johann Heinrich von Stein und Jürgen Terrahe (Wiesbaden: Gabler, 1995) 705-712.

Weiss, Ulrich, Vorstandsmitglied Deutsche Bank AG, Vortrag am 26. September 1997, Arbeitskreis für Bankgeschichte, Gesellschaft für Unternehmensgeschichte e. V., Frankfurt am Main.

Werner, Welf, "Etappensieg auf dem Weg zur Weltfinanzordnung", *Frankfurter Allgemeine Zeitung*, 20. November 1999, 15.

Werner, Welf, "Liberalisierung von Finanzdienstleistungen: Atlantische Positionen und Konzepte auf dem Weg zur Interimslösung im multilateralen Dienstleistungsabkommen (GATS)", *Aussenwirtschaft*, 51. Jahrgang, Heft III (1996): 327-362.

Werner, Welf, "Späte Reform der amerikanischen Filialgesetzgebung", *Die Bank* (Dezember 1994): 712-716.

White, Lawrence J., "Why Now? Change and Turmoil in U.S. Banking", *Occasional Paper 38*, Hrsg. Group of Thirty (Washington, DC: 1992).

Wilkins, Mira, "The Evolution of Manufacturing Multinational Enterprise", *Wirtschaft, Gesellschaft, Unternehmen: Festschrift für Hans Pohl zum 60. Geburtstag*, Hrsg. Wilfried Feldenkirchen, Frauke Schönert-Röhlk und Günther Schulz (Stuttgart: Franz Steiner Verlag, 1995) 1209-1236.

Williams, Barry, "Positive Theories of Multinational Banking: Eclectic Theory versus Internalisation Theory", *Journal of Economic Surveys*, Vol. 11, No. 1 (März 1997): 71-100.

Williams, Ben Ames, Jr., *Bank of Boston 200* (Boston: Houghton Mifflin, 1984).

Wilson, John Donald, *The Chase: The Chase Manhattan Bank, N.A., 1945-1985* (Boston: Harvard Business School Press, 1986).

Wolf, Herbert, *30 Jahre Nachkriegsentwicklung im deutschen Bankwesen* (Mainz: v. Hase & Koehler, 1980).

Wolf, Herbert, "Auslandsbanken: Ein buntes Bukett", *Zeitschrift für das gesamte Kreditwesen* 21 (1991): 982-983.

Wolf, Herbert, "Deutschland, Geld und Banken nach dem Zweiten Weltkrieg: Internationale Kapitalbewegungen, Bankensysteme, grenzüberschreitende Kooperation", *Europäische Bankengeschichte*, Hrsg. Hans Pohl (Frankfurt: Knapp, 1993) 517-550.

Wolters, Joachim K. und Adrian Gilmore Bray, "Wunschgemäße Lösungen durch die Kooperation zwischen Bank und Firma", Beilage Banken International, *Handelsblatt*, 26. April 1984, B 29.

Yannopoulos, George N., "The growth of transnational banking", *The growth of international business*, Hrsg. Mark Casson (London: Allen and Irwin, 1983) 236-272.

Yi, Lee Sheng, "Developing Asian Financial Centres", *Pacific Growth and Financial Interdependence*, Hrsg. Augustine H.H. Tan und Basant Kapur (Sydney: Allen and Unwin, 1986) 205-236.

Zeitschrift für das gesamte Kreditwesen, Hrsg., *Niederlassungen ausländischer Banken in der Bundesrepublik Deutschland* (Frankfurt: Knapp, 1973).

Zeyer, Fred , "Von der Malsburg verläßt die Chase Bank", *Frankfurter Allgemeine Zeitung*, 31. Oktober 1990, 23.

Firmen- und Institutionenregister

Kolibri 360 GmbH
Ferdinand-Jühlke-Straße 7
99095 Erfurt, Deutschland
produktsicherheit@kolibri360.de

Druck:
CPI Druckdienstleistungen GmbH
im Auftrag der
Kolibri 360 GmbH
Ferdinand-Jühlke-Str. 7
99095 Erfurt